U0871812

道路工程

（第三版）

徐家钰　王凤丽　杜海明　编著

徐一峰　主审

同济大学出版社
TONGJI UNIVERSITY PRESS

内容提要

本书根据近年来道路桥梁隧道工程技术发展和建设成就以及2012年、2014年最新技术标准和规范编写，主要讲述公路、城市道路桥梁隧道线形和路基路面结构的基本知识及规划设计方法。书中附有大量的计算和设计实例与工程案例。

本书可作高等工科院校城市规划、土木工程、交通工程、道路工程、桥梁隧道工程等专业的教材，也可作为道路工程的培训教材以及注册规划师、“注册土木工程师(岩土工程)”、“公路工程”、“市政工程”建造师资格考试的自学教材，供从事公路和城市道路交通的设计人员及公路、市政建设部门的工程技术与管理人员参阅。

图书在版编目(CIP)数据

道路工程/徐家钰，王凤丽，杜海明编著．--3版
--上海：同济大学出版社，2015.8（2021.8重印）
ISBN 978-7-5608-5943-9

Ⅰ．①道… Ⅱ．①徐… ②王… ③杜 Ⅲ．①道路工程—高等学校—教材 Ⅳ．①U41

中国版本图书馆CIP数据核字(2015)第190662号

道路工程(第三版)

徐家钰　王凤丽　杜海明　编著　徐一峰　主审

责任编辑　高晓辉　陆克丽霞　　责任校对　徐春莲　　封面设计　陈益平

出版发行　同济大学出版社　　www.tongjipress.com.cn
（地址：上海市四平路1239号　邮编：200092　电话：021－65985622）
经　　销　全国各地新华书店
印　　刷　常熟市大宏印刷有限公司
开　　本　787mm×1092mm　1/16
印　　张　24.75
字　　数　617000
版　　次　2015年8月第3版　　2021年8月第5次印刷
书　　号　ISBN 978-7-5608-5943-9

定　　价　49.00元

第三版前言

本书为高等学校学生使用的道路工程课程教材，是1995年初版的《道路工程》教材的第三版。该课程在城市规划、城镇建设、桥梁工程、隧道和地下工程、交通工程、汽车工程以及土木工程等专业的教学计划中均属必修或选修课程。1995年初版的《道路工程》教材（同济大学出版社）深受各高校师生和广大读者的青睐，原书第一、第二版已经14次印刷。随着我国经济的快速增长，道路交通事业蓬勃发展，为适应新形势下培养具有扎实基础、实践能力、创新思维的专业卓越人才的需要，编制了第三版《道路工程》教材。在编写过程中，力图在总结改革开放以来道路建设成就的基础上，把握好科学技术发展和教学需要的关系，努力体现教育面向现代化、面向未来的要求，使专业教材达到先进性和实用性兼备。

本书继续吸取国外先进经验，结合国情和最新国家标准和技术规范，阐述了道路工程的基本理论、基本知识和基本方法。对不同专业的特殊需要如路网规划、高架道路快速路、桥隧线形、桥面铺装分列章、节、目，以便不同专业教学取舍。书中大量实例可供高校师生去当地参观实习时学习。

本书原由同济大学交通运输学院教授徐家钰、程家驹编著，第三版由徐家钰主编，由王凤丽任副主编，杜海明编辑插图，徐一峰主审。书中第2章由林熙改编，第4、5、6章由管星宇参与改编，第8章由李贞姬参与改编，第9章由岳光参与改编，第10章由赵剑改编，第11—13章由王凤丽改编，第14—15章由王飞改编，余由徐家钰统编。为体现本书的先进性和实用性特聘请上海城建设计研究总院教授级高工徐一峰作全书主审。

本书在收集设计实例和图纸制作过程中得到不少设计院工程技术人员以及同济校友（如，涂辉招、李峰、黄延、府俊婷、祝志海、吴啸宇、郑咪咪、季斌斌、邬凌剑、郭燕玲、夏平、刘为良、俞晓东、王学良、鲍晓俊、吴育科、刘量、毛华富、万元、黄振英、钱科峰、鹿业东及张贻桑等）的关心和帮助，在此深表感谢。

书中错误之处在所难免，敬请读者批评指正。

编　者

2015年7月

目　录

1 绪 论

1.1 道路运输特点和道路功能

1.1.1 道路运输特点

交通运输是国民经济的大动脉，是国民经济发展的物质基础。

一个完整的交通运输体系由铁路、道路、航空、管道及水路等运输方式构成。它们各具特点，既承担各自的运输任务，又互相联系和相互补充，形成综合的运输能力。铁路运输投资大、建设周期长，但是运输能力大，速度较快，运输成本和能耗都较低，通用性能好，受自然条件的影响也比较小，宜于承担中长距离客货运和大宗物资的运输，高铁的发展使人们出行时间大大缩短；航空运输在快速运送旅客、运载紧急物资方面显示优越性，宜于承担大中城市间长距离客运以及边远地区高档和急需物资的运输，但运输成本高，能耗大；管道运输用于原油、成品油、煤炭（加水或添加剂）的运输；水路则以其低廉的运价显示其明显的经济效益，海上旅游也日益蓬勃发展。

在综合运输体系中，道路运输可承担其他运输方式的客货集散与联系，承担铁路、水运及空运固定路线之外的延伸运输任务；可以深入到城镇、乡村、山区、港口及机场等的各个角落，能独立实现"门到门"的直达运输。例如，为了减少装卸次数，缩短运输总时间，像运输鲜、活、易腐物品时，可以避免多种交通环节的转运而用道路直达运输。

道路运输与其他运输方式的比较见表 1-1。

表 1-1 各种运输方式特性比较表

名称	可达性 方便性	安全性	舒适性	运输能力	运输速度/ ($km\cdot h^{-1}$)	能源 消耗	货物	经济运距/ km	投资
铁路	受地形限制	好	好， 有餐厅	11.5 万人/日 1500 人/列车	160～350	低	集装箱 大宗散装货物	—	大
道路	门对门直达 运输方便	略差	差	2.5 万人/日 60 人/车	≤120	中	集装箱 散装货物	<200 或不限	中
水路	受可通航道 和港口限制	好	好，有 餐厅、游 艺室	大	16～30	低	集装箱 散装货物	—	小
航空	受机场限制 直捷性好	尚可	中	小 200 人/架	160～1000	高	贵重货物	500～1000	大
管道	普及面差	好	—	大	1.6～30	低	油、天然气	—	大

由表 1-1 可见，道路运输的特点如下：

(1) 机动灵活性大。货物装卸可以实现直达运输，在小于 100～200km 短途运输中，可以做到经济可靠、迅速及时。

(2) 普及面广、适应性强。能满足政治、经济、国防各方面的需要,战时输送部队与军事装备,出现灾情时,能疏散居民及运送救援物资,平时则促进经济繁荣。

(3) 速度快、造价低。现代汽车的时速仅次于飞机。每公里造价比铁路低,道路运输投资少,周转快,收益大。建设新厂矿和修筑新铁路前,必须先修道路,我国新疆、青海、西藏等地广人衡或铁路较少地区,主要靠公路运输。

(4) 运量大。虽然单车载客载货量较小,但车辆数量多,道路运输客货总运量和总周转量所占的比重日益增大,美国客运周转量占各种运输方式总运量 80%左右。

1.1.2 道路的功能

道路具有交通、形成国土结构、公共空间、防灾和繁荣经济等方面功能(图 1-1)。

道路是交通的基础,是社会、经济活动所产生的人流、物流的运输载体,担负着城市内部和城际之间交通中转、集散的功能。

在改善投资环境的形势下,要求有一个安全、通畅、方便和舒适的道路交通运输体系,在发生火灾、水灾、地震和空袭等自然灾害或紧急情况时,能提供疏散和避险的通道与空间。

道路功能
- 交通功能
  - 工作、学习、生活、娱乐出行
  - 货物运输
- 形成国土结构功能
  - 用地结构的骨架
  - 组成街坊
- 公共空间功能
  - 保证日照、通风、景观
  - 提供综合交通体系的空间(高架路、地面轨道、地下铁道(图 1-1(b))
  - 提供公用设施管线走廊(电力、电讯、煤气、给水、雨污水管)
- 防灾功能
  - 保证消防活动、救援活动畅通无阻
  - 紧急疏散、避难场地
  - 防火带
- 繁荣经济
  - 开发国土
  - 活跃市场

(a) 道路功能

1—地面动态交通;2—地下停车场;3—地下轨道交通;4—公用设施管线走廊

(b) 城市道路提供的交通和公共空间功能

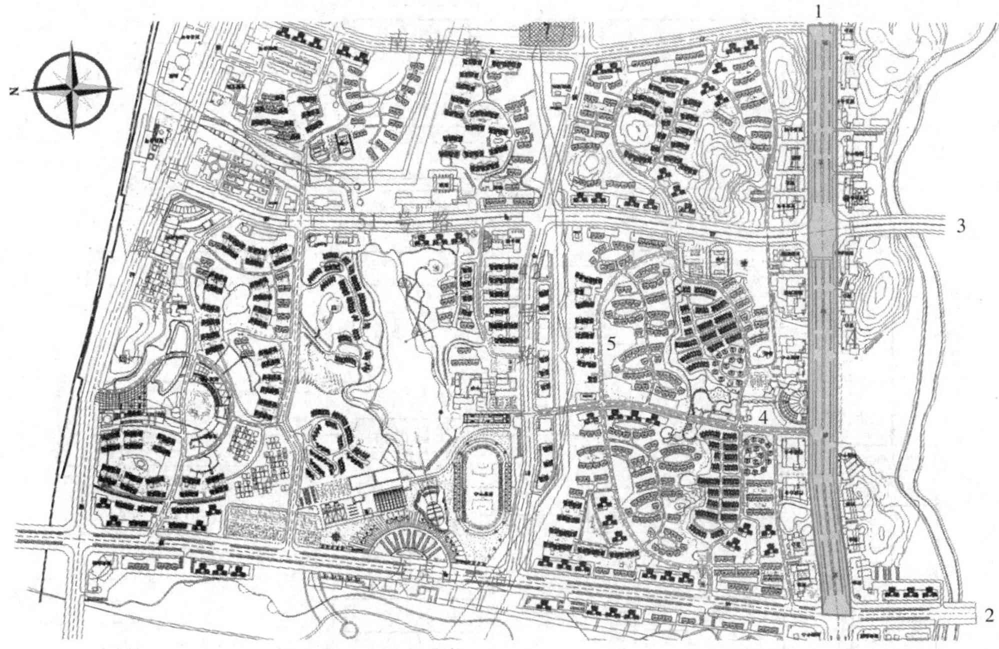

1—快速路;2—主干路;3—次干路;4—支路;5—街坊内部道路

(c) 城市道路组成街坊功能实例

图 1-1 道路的功能

道路是国土结构的骨架,城市道路则是城市建设的基础,城市各类建筑依据道路的走向布置而反映城市的风貌,所以,城市道路是划分街坊、形成城市结构的骨架。

道路作为公共空间,不仅提供交通体系的空间,且能保证日照、通风,提供绿化、管线布置的场地,为地面排水提供条件。各种构筑物的使用效益,有赖于道路先行来实现。

在道路建设过程中,各项基础设施得以同步进行,随着道路的建成,可使土地使用与开发得以迅速发展,经济市场得以繁荣,所以,健全的道路系统能促进经济发展,方便生活。

道路是经济建设的先行设施,正如民间谚语所说:"要致富,先修路;小路小富,大路大富,快路快富。"它对商品流通、发展经济、巩固国防、建设边疆、开发山区和旅游事业的发展等方面都有巨大的作用。

1.2 道路工程体系组成

道路在公路建设和城市市政建设中作为单项项目立项,其项目名称确定后,以其类别和级别立项,其建设阶段流程见图 1-2。在各设计阶段,除进行道路工程本身的各阶段设计施工之外,还进行相关附属工程的各阶段设计和施工管理,见图 1-3,即道路本身由线形组成(平面、纵断面、横断面详见本书第 3 章、第 4 章)和结构组成(路基、路面工程,详见本书第 11—第 15 章)。

由于公路和城市道路项目是长距离线形土木工程,故沿线跨越河流、沟谷或立体跨越相交路线必须有桥梁工程构筑物,为排除路面水、山洪水(公路)以及汇集街坊地面水(城市道路),有附属设施——排水工程,当路线穿越山区和跨越江海,为了少绕道和缩短路程,还须修建隧

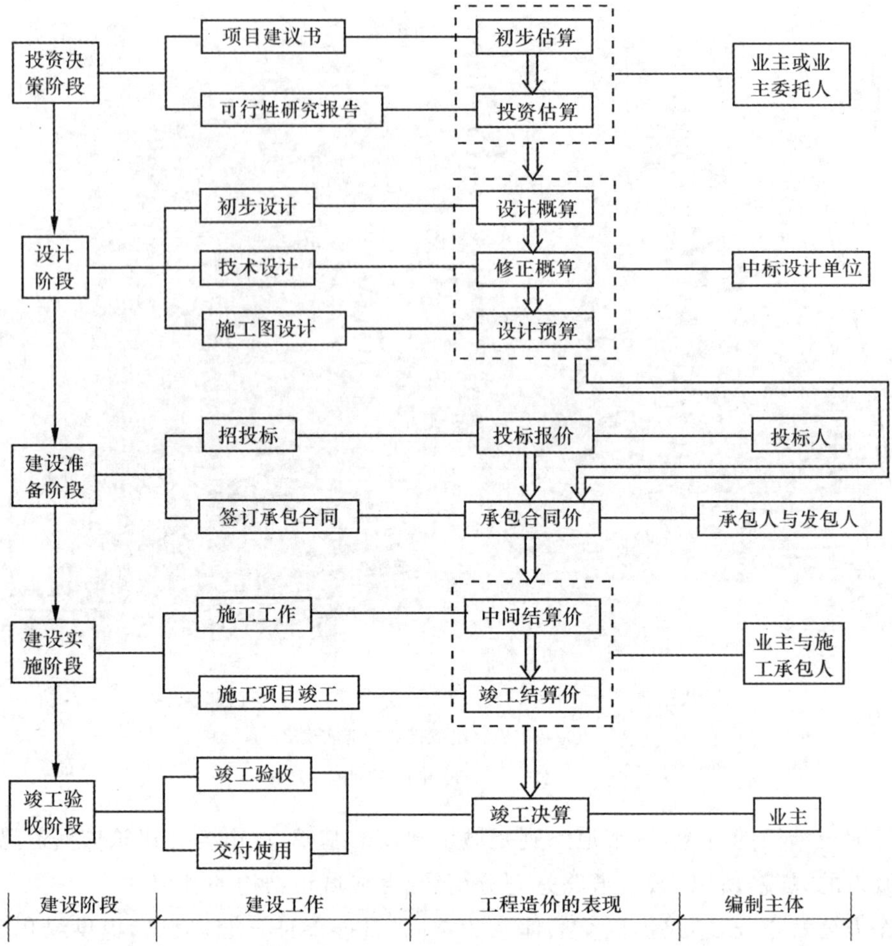

图 1-2　建设工程审批制的程序

道(详见本书第 8 章),此外,沿线有交通安全设施,绿化照明工程,这些附属工程列于道路大项目内,以“单位工程”进行设计和结算(工程量计算和投资成本计算等)。

由此可见,从事大土木工程建设的各工程技术人员应掌握和了解道路工程的基本理论、基本知识和基本技能,而从事道路专业相关工程技术人员除学习本专业知识外,还需要掌握桥隧、排水、交通、机电等各种市政配套工程的专业知识。而建筑、城市规划、交通工程、测绘和地理信息专业的工程技术人员也须掌握、了解道路工程。

我国公路和城市道路分别由交通部和城乡建设部管辖,因此,在规划设计与施工管理中分别制定和实施各自的规范和技术规程。

本书在编著道路工程各部分理论中分别列述了公路和城市道路两套规范和规程,而设计原理是按其共性阐述,鉴于道路专业学生先学习公路勘测设计后再学习本课程,故本书在公路选线勘测和路基横断面计算方面从略,限于篇幅与《交通工程学》中的交叉口通行能力计算也从原书一、二版中精简,本书提供大量实例、算例和案例,旨在适当列举引进全国甲级设计院编制的优秀作品和某地优秀建设项目,供初学者交流使用,并使学生增加实践知识和提高创新水平。

1.3 道路分类

道路是供车辆和行人通行的工程设施。按使用范围分为连接城际的公路、城市道路(城市指直辖市、市、镇,以及未设镇的县城);厂矿道路(主要供工厂、矿山运输车辆通行的道路);林区道路(建在林区,主要供各种林业运输工具通行的道路);乡村道路(建在乡村、农场,主要供行人及各种农业运输工具通行的道路)。

道路工程是以道路为对象而进行的规划、勘测、设计、施工、养护维修和管理等技术活动的全过程及其所从事的工程实体。其中作为某单项项目的道路工程体系组成见图 1-3。

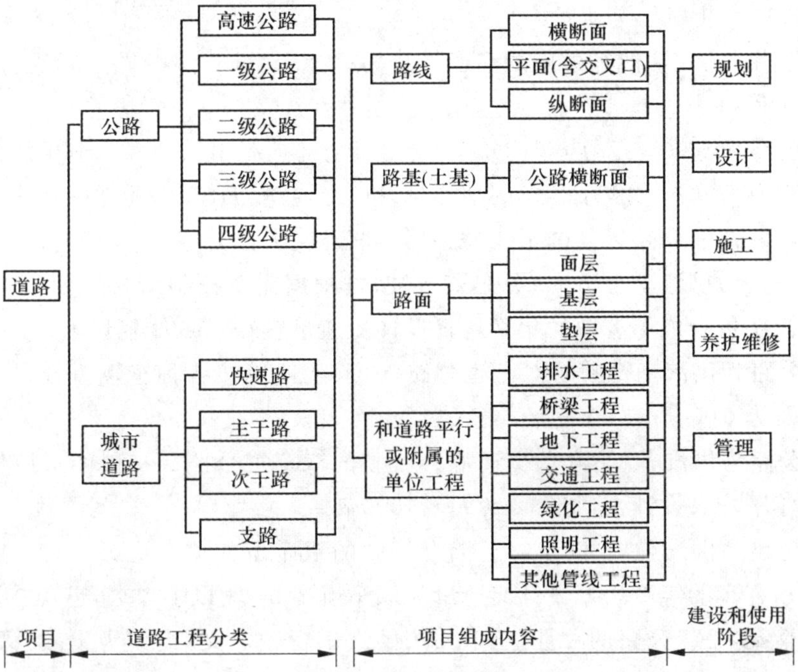

图 1-3 作为某单项项目的道路工程体系组成

本书以介绍公路和城市道路工程设计为主。

1.3.1 公路分类与分级

1. 公路的分类

公路分为主要干线公路、次要干线公路、主要集散公路、次要集散公路和支线公路,详见表 1-2(a)。

干线公路按行政管理分为:

(1) 国道——在国家公路网中,具有全国性的政治、经济、国防意义,并经确定为国家主要干线的公路,简称国道,以英文字母“G”表示。

(2) 省道——在省公路网中,具有全省性的政治、经济、国防意义,并经确定为省级干线的公路,简称省道,以“S”表示。

(3) 县道——具有全县性的政治、经济意义,并经确定为县级的公路。

支线公路指在公路网中起连接作用的公路。

表 1-2(a) **公路分类指标**

分类指标	分类				
	主要干线公路	次要干线公路	主要集散公路	次要集散公路	支线公路
适应地域与路网连续性	人口 20 万以上的大中城市	人口 10 万以上重要的市县	人口 5 万以上的县城或连接干线公路	连接干线公路与支线公路	直接对应于交通发生源
期望速度/(km · h^{-1})	80	>60	40	30	—
出入控制	全部控制出入	部分控制出入或接入管理	接入管理	视需要控制横向干扰	不控制

2. 公路分级(表 1-2(b))

公路根据使用任务、功能和适应的交通量分为高速公路、一级公路、二级公路、三级公路、四级公路共 5 个等级。

(1) 高速公路为专供汽车分方向、分车道行驶,全部控制出入的多车道干线公路。高速公路应能适应按各种汽车折合成小客车的平均日设计交通量为15000辆以上。

其他公路为除高速公路以外的干线公路、集散公路、地方公路,分 4 个等级。

(2) 一级公路为供汽车分方向、分车道行驶,可根据需要控制出入的多车道公路,一级公路适应按各种汽车折合成小客车的年平均日设计交通量宜在 15000 辆以上。

(3) 二级公路为供汽车行驶的双车道公路,一般能适应按各种车辆折合成小客车的年平均日设计交通量为 5000~15000辆。

(4) 三级公路为供汽车、非汽车交通混合行驶的双车道公路。一般能适应按各种车辆折合成小客车的年平均日设计交通量为 2000~6000辆。

(5) 四级公路为供汽车、非汽车交通混合行驶的双车道或单车道公路。一般能适应按各种车辆折合成小客车的年平均日设计交通量为双车道 2000 辆以下,单车道 400 辆以下。

根据我国情况,一级公路两种性能,但均按供汽车行驶定义,当作为集散公路时,纵、横向干扰较大,为保证供汽车行驶,可设慢车道供非机动车行驶,而作为干线公路时,为保证其运行速度、运行安全和服务水平,应根据需要采取控制出入的措施;二级公路为供汽车行驶,为保证车辆行驶速度和运行安全,在慢车多时,可设慢车道供非机动车行驶;三、四级公路主要供汽车行驶,是指主要设计指标按供汽车行驶考虑,但同时也允许慢速车和非机动车使用行车道,混合交通特征明显,运行速度在 40km/h 以下。各级公路路基横断面如图1-4所示。

道路的等级应根据路网规划、道路的功能、使用任务和要求以及远景交通量大小综合论证后确定。

表 1-2(b) **公路分级**

等级	高速	一级	二级	三级	四级
设计年限/年	20	15	15	15	10
设计速度/(km · h^{-1})	80,100,120	60,80,100	40,60,80	30,40	20,30
AADT/(pcu · d^{-1})	>15000	>15000	5000~15000	2000~6000	400~2000
出入口控制	完全控制	部分控制	部分控制或不控制	—	—

注:*AADT* 为标准车的年平均日交通量(双向),四级公路数字为双向单车道交通量,标准车辆一律用小客车。

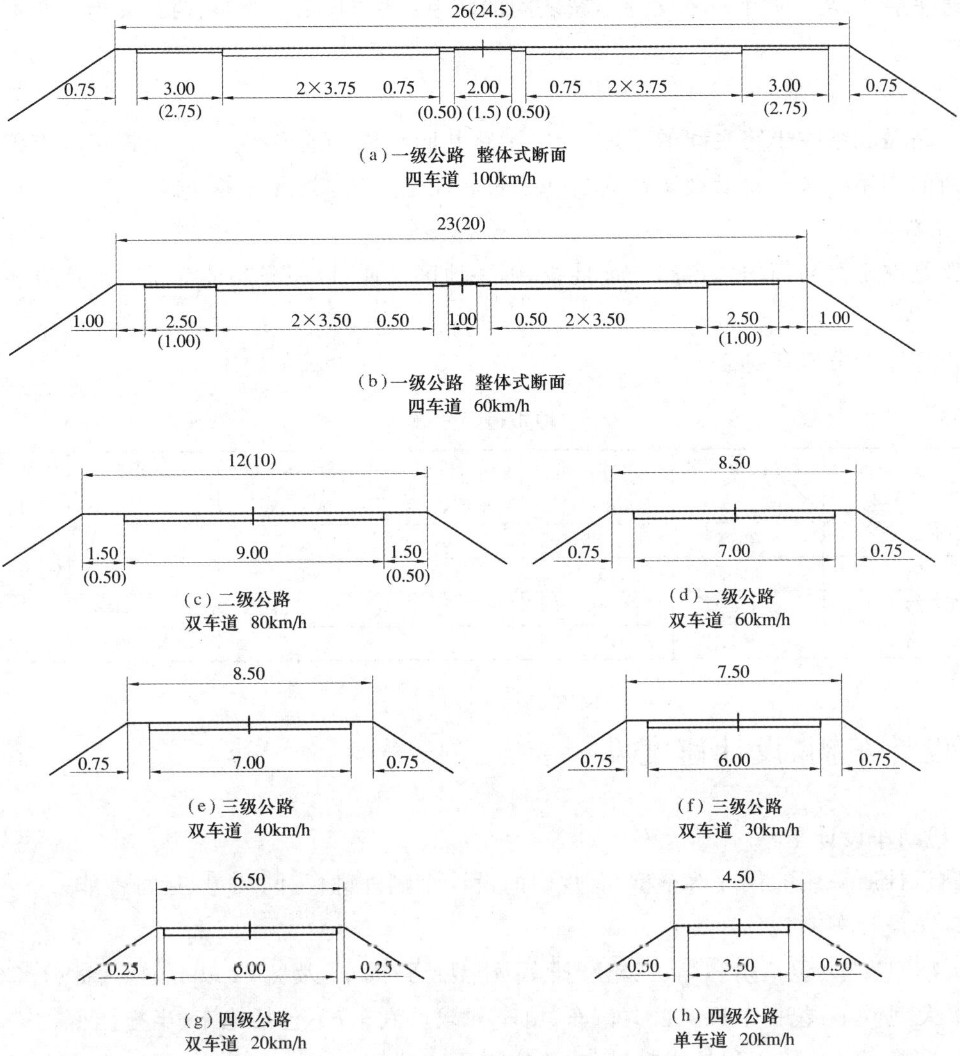

(a)一级公路 整体式断面
四车道 100km/h

(b)一级公路 整体式断面
四车道 60km/h

(c)二级公路
双车道 80km/h

(d)二级公路
双车道 60km/h

(e)三级公路
双车道 40km/h

(f)三级公路
双车道 30km/h

(g)四级公路
双车道 20km/h

(h)四级公路
单车道 20km/h

注:高速公路见第10章。

图1-4 公路路基横断面图实例(单位:m)

1.3.2 城市道路分级

城市道路按其在城市道路系统中的地位、交通、服务功能分为下述四级:

1. 快速路

城市道路中设有中央分隔带,具有4条以上的车道,全部或部分采用立体交叉与控制出入,供车辆以较高的速度行驶的道路。

快速路完全为交通功能,是解决城市长距离快速交通运输的动脉。在快速路两侧不宜设置吸引大量人流的公共建筑物的进出口。两侧一般建筑物的进出口应通过辅路加以控制。

2. 主干路

在城市道路网中起骨架作用的道路。以交通功能为主(小城市的主干路可兼沿线服务功能)。自行车交通量大时,宜采用机动车与非机动车分隔的形式。主干路上平面交叉口间距以800~1200m为宜,以减少交叉口交通对主干路交通的干扰。交通性的主干路解决大城市各区之间的交通联系,以及与城市对外交通枢纽之间的联系。例如,北京的东、西长安街是全市性东西向主干路。

3. 次干路

次干路是联系主干路之间的干道,与主干路共同组成干道网,起到广泛连接城市各部分和集散交通的作用。次干路沿街多数为公共建筑和住宅建筑,兼有服务功能。

4. 支路

支路是次干路与街坊内道路的连接线,解决地区交通,以服务功能为主。沿街以居住建筑为主。

城市道路的分级详见表 1-3。

表 1-3　城市道路分级

项目 类别	设计使用年限/年	设计车速/($km \cdot h^{-1}$)	双向机动车车道数/条	机动车车道宽度/m	分隔带设置	横断面采用形式
快速路	20	100,80,60	4,6,8	3.75	必须设	双、四幅路
主干路	20	60,50,40	4,6	3.5	应　设	双、三、四幅路
次干路	15	50,40,30	4	3.5	宜　设	双、三幅路
支　路	10～15	40,30,20	2～4	3.5	不　设	单幅路

1.4　设计车辆、设计速度

1.4.1　机动车设计车辆

道路设计所采用的代表性车型,有规定的设计车辆外廓尺寸、质量、运行性能。

机动车设计车辆共分 3 类:

(1) 小型汽车:包括小客车、三轮摩托车、轻型越野汽车,及 2.5t 以下的客、货运汽车。

(2) 大型汽车:包括单机式公共汽车、电车和载重汽车,不包括拖车、半拖挂车。

(3) 铰接车:《公路工程技术标准》中规定以鞍式列车为主。

机动车设计车辆的外廓尺寸详见表 1-4 和图 1-5。

表 1-4　机动车设计车辆外廓尺寸界限　　单位:m

各项指标 车辆类型	总长	总宽	总高	前悬	轴距	后悬	净高
小客车	6.0	1.8	2.0	0.8	3.8	1.4	3.5
大型汽车	12	2.5	4.0	1.5	6.5	4.0	4.5
铰接车	18	2.5	4.0	1.7	5.8 +6.7	3.8	4.5*

注:① 总长——车辆前保险杠至后保险杠的距离(m);

② 总宽——车厢宽度(不包括后视镜)(m);

③ 总高——自车厢顶至地面之高度(m);

④ 前悬——车辆前保险杠至前轴中的水平距离(m);

⑤ 轴距——双轴时为两轮轴中至中的距离(m),三轴时为前轴中至中轴中的距离和中轴中至后轴中的距离(m);

⑥ 后悬——车辆后保险杠至后轴中的水平距离(m)。

* 无轨电车 5.0,有轨电车 5.5。

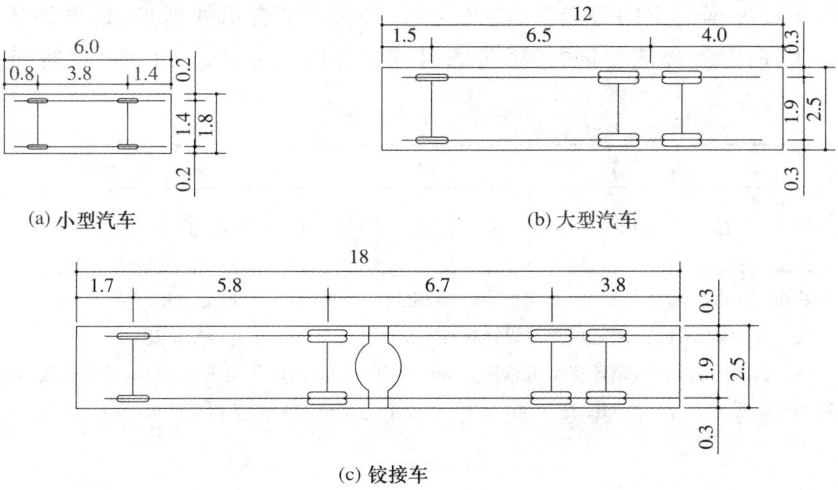

图 1-5 机动车设计车辆外廓尺寸(单位:m)

1.4.2 非机动车设计车辆

目前,我国道路行驶的非机动车主要是自行车,还有少量三轮车。

设计道路宽度和转弯半径时,宜采用 28 型自行车为设计标准车。三轮车指货运三轮车。非机动车设计车辆外廓尺寸如表 1-5 所列。

表 1-5　　非机动车设计车辆外廓参考尺寸与换算系数

车辆类型	项目			换算系数	净高/m
	总长/m	总宽/m	总高/m		
自行车	1.93	0.60(0.75)	2.25	1.0	2.5
三轮车	3.40	1.25	2.25	3.0	2.5

注:① 总长:自行车为前轮前缘至后轮后缘的距离;三轮车为前轮前缘至车厢后缘的距离(m)。
② 总宽:自行车为车把宽度,其余车种均为车厢宽度(m)。
③ 总高:自行车为骑车人骑在车上时,头顶至地面的高度,其余车种均为载物顶部至地面的高度(m)。

1.4.3 设计速度

道路几何设计包括平纵线形指标、视距等所采用的行车速度,称为设计速度。它是在气候良好、车辆行驶只受道路本身的条件影响时,具有中等驾驶技术的人员能够安全、顺适驾驶车辆的速度。

设计速度值会影响道路的几何线形要素,并决定道路的技术标准和影响道路建设投资。所以,设计速度的取值要根据道路类别、级别、地形特征等具体情况抉择,并在道路设计规范或技术标准一类文件中有所规定。平原地区道路要比山区、丘陵区道路采用高一些的设计速度。城市中商业街、文化街的道路功能是服务性的,过境交通应受到限制,如果只允许某种客运交通通过时,设计速度可采用低值。隧道内也可采用低值。

同一条道路上的设计速度应该一致,以使车辆行驶平稳。倘若行驶时经常变换排挡,改变车速,则将导致燃料和时间的额外消耗以及车辆机件和轮胎的磨损加剧,驾驶员也倍感疲劳。

道路设计速度根据道路的等级、功能及交通组成,并结合沿线地形、地质等状况,经土地利用、控制条件、工程性质、经济发展、投资等因素综合分析论证确定,如表 1-6 所列。

表 1-6　　各级公路设计速度

公路等级	高速公路			一级公路			二级公路		三级公路		四级公路	
设计速度 /$(km \cdot h^{-1})$	120	100	80	100	80	60	80	60	40	30	30	20

注:① 一级公路作为干线公路且纵、横向干扰小时,宜采用设计速度 100km/h 或 80km/h。一级公路作为集散公路时,应结合混合交通量、平面交叉间距等对设计速度 60km/h 或 80km/h 进行论证比选。

② 二级公路作为干线公路时,设计速度可选用 80km/h 或 60km/h;作为集散公路时,设计速度宜选用 60km/h。二级公路局部路段的设计速度可采用 40km/h,但长度不宜大于 10km,且相邻路段的设计速度不应大于 60km/h。

1.5 交通量和通行能力

1.5.1 交通量

交通量是指在单位时间内通过道路某一地点或某一断面的车辆数量或行人数量。前者称车流量,后者称人流量。交通量是道路规划、设计和交通规划、交通管理的依据。交通量的大小与经济发展速度、文化生活水平、气候、物产等多方面因素有关,并且随时间和空间的不同而变化。以下为几种常用的交通量。

1. 年平均日交通量(*AADT*)

将全年统计的日交通量总和除以全年总天数,所得平均值为年平均日交通量,单位为 pcu/d。它是确定道路等级的依据。

2. 平均日交通量(*ADT*)

平均日交通量为一年中给定时间段内统计所得双向车辆的总和除以观测期间内的总天数,所得的平均值为平均日交通量,简称 *ADT*,单位为 pcu/d。平均日交通量可采用抽样观测的方法获得,也可按月或按周观测统计得月平均日交通量(*MADT*)或周平均日交通量(*WADT*)。表达式概括为

$$\text{平均日交通量}=\frac{1}{n}\sum_{i=1}^{n} Q \tag{1-1}$$

式中　Q——各规定时间段内的双向交通量,pcu/d;

n——各规定时间段的天数。

$$AADT=\frac{1}{365}\sum_{i=1}^{n} Q_i \tag{1-2}$$

$$WADT=\frac{1}{7}\sum_{i=1}^{7} Q_i \tag{1-3}$$

月交通量的变化与各地区季节和气候有很大关系。一般来说,我国北方第一季度的月交通量比较小,因为天气较冷,出车不多,而第二、第三季度的交通量显著增加。我国公路一周内交通量变化要比城市的小,这是由于城市道路在节日或休假日货运交通量明显减少所致。而

国外在节假日,由于外出游览的小汽车多,交通量反而增多。因此,不同地区或城市不能机械套用,宜各自建立观测站,长期观测。

3. 高峰小时交通量

一天中各小时的交通量不均衡,一般,上、下午各有一个高峰。交通量呈现高峰的那一个小时,称为高峰小时。所以,一定时间内(通常指一日或上午、下午)出现的最大小时交通量称为高峰小时交通量。

4. 设计小时交通量

作为道路规划和设计依据的交通量,称为设计交通量。进行道路规划和设计,必须考虑交通量随时间变化出现高峰的特点。若以平均日交通量或平均小时交通量作为设计依据,必将在很大一部分时间内不能满足实际交通量的通行要求而发生交通拥挤阻塞;若按年最大的小时交通量作为设计依据,又嫌偏大而浪费。美国和日本的研究认为,取一年的第 30 位最大小时交通量作为设计小时交通量。即将一年中测得的 8760 小时交通量按大小顺序排列,取序号为第 30 位的小时交通量作为设计交通量,如图 1-6 所示。

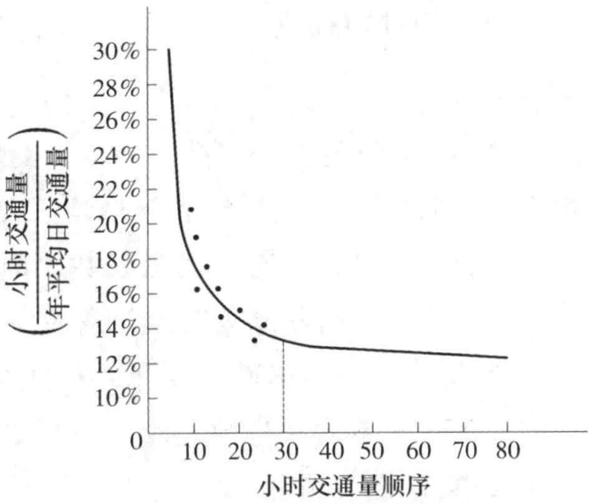

图 1-6 第 30 位最高小时交通量示意图

如图 1-6 所示,在第 30 位以上,曲线斜率较大,而在第 30 位以下,曲线变得平缓。采用第 30 位小时交通量做设计,全年只有 29 个小时的交通量超出交通设施的容量,保证率达 99.67%。

第 30 位小时交通量与年平均日交通量的比值,称为第 30 位小时交通量系数,以 K 表示。我国国家干线公路 9 个省的 10 个观测站资料统计得出,K 值的分布为 11%~15%,平均为 13.3%。

我国《城市道路设计规范》把系数 K 称为设计高峰小时交通量与年平均日交通量的比值。K 值的分布在 7%~12%之间。当城市道路交通量饱和度较高时,则 K 值较小,当交通量饱和度较低时,则 K 值较大。

设计小时交通量根据 K 值和通过预测推算设计年限末预期的平均日交通量求得。

设计年限年平均日交通量的推求:一般应由规划部门整理的 OD 调查表,并经远景出行分布分配到道路上的数据取得。若无此数据,改建道路可以调查年的交通量为准,推算增长交通量、吸引交通量与发展交通量,从而估算出远景年平均日交通量或平均日交通量。新建道路可根据邻近道路转移到新路的交通量进行估算。

增长交通量可按下列公式计算:

$$N_t = N_i (1+\gamma)^{t-1} \tag{1-4}$$

式中 N_t——设计年限第 t 年的交通量,pcu/d;

N_i——起算年份的交通量,pcu/d;

t——设计年限,指确定道路宽度而采用的交通量增长年限,在该年限内车行道的宽度

能满足道路交通增长的要求;

γ——交通量的年递增率。

交通量年递增率 γ,应由各地分别确定。它与当地的社会经济发展有关,确定过程中宜用多种途径反复求证。

吸引交通量,是指道路改善后或新路出现时吸引过来的交通量,应从各项交通资料的综合分析中得出。一般由交通工程研究部门提供。

发展交通量,是指随道路两侧建筑物发展而增加的交通量,可根据未来建筑物性质预估。一般由规划部门提供。

$$AADT=\frac{C_D \cdot N}{K} \tag{1-5}$$

式中 $AADT$——预测年的年平均日交通量,pcu/d;

K——设计小时交通量系数,即设计高峰小时交通量与年平均日交通量的比值,当不能取得年平均日交通量时,可用有代表性的平均日交通量;

C_D——一条车道的设计通行能力,pcu/d;

N——单向车道数。

5. 交通量的换算

统计交通量所得结果是混合交通量。为计算交通量,应将各种车种在一定的道路条件下的时间和空间占有率进行换算,从而得出各车种间的换算系数,将各种车辆换算为单一车种,称当量交通量(pcu)。我国公路和城市道路均以小客车为标准换算车辆,换算系数见表 1-7。

表 1-7　各种车辆对标准车的换算系数

车辆类型 \ 道路类别	公路	城市道路
小客车	1.0	1.0
大型客车(公共汽车)	1.5	2.0
大型货车	2.5	2.5
铰接车	3.0	3.0
拖挂车	4.0	4.0

注:小型车指小于或等于 19 座的客车和载重量小于或等于 2t 的货车;大货车指大于 7t 而小于或等于 20t 的货车;拖挂车指大于 20t 的货车。

1.5.2　道路路段通行能力

通行能力是道路规划、设计及交通管理的基本依据,其具体数值随道路等级、线型、路况、交通管理与交通状况的不同而有显著的变化。此外,道路通行能力还受交叉路口通行能力的制约。

1. 通行能力的基本概念

道路通行能力是指在一定的道路和交通条件下道路上某一路段单位时间内通过某一断面的最大车辆数或行人数量。车辆中有混合交通时,则采用等效通行能力的当量汽车单位,英文缩写为 pcu.(passenger car unit),故“规范”中通行能力单位为 pcu/h 或 pcu/d。

道路通行能力与交通量概念不同，交通量是指某时段内实际通过的车辆数，一般交通量均小于道路的通行能力。在小得多的情况下，驾驶员可以自由行驶，可以变更车速、转移车道，还可以超车。交通量等于或接近于道路通行能力时，车辆行驶的自由度就明显降低，一般只能以同一速度列队循序行进。当交通量稍微超过通行能力时，车辆就会出现拥挤甚至堵塞。所以，道路通行能力是一定条件下通过车辆的极限值，不同的道路条件和交通条件下，有不同的通行能力。通常，在交通拥挤经常受阻的路段上，应力求改善道路或交通条件，以期提高通行能力。

道路通行能力是道路交通特征的一项重要指标，它是道路路线与交通设施方案比选的依据，也是道路改建的依据。

2. 机动车通行能力的类别

1）基本通行能力

机动车的基本通行能力是指在理想的道路、交通、控制和环境条件下，在单位时间内通过一条车道或道路均匀路段或交叉路口某一断面的最大车辆数。

2）实际通行能力

一条车道的实际通行能力：

$$N_p = 3600/t_i \tag{1-6}$$

式中 N_p——一条车道实际通行能力，pcu/h；

t_i——连续小客车车流平均车头时距，s/pcu。

道路路段一条车道的通行能力见表 1-8。

表 1-8　道路路段一条车道的通行能力

设计速度/(km·h^{-1})	100	80	60	50	40	30	20
基本通行能力/[pcu·(h·ln)$^{-1}$]	2200	2100	1800	1700	1650	1600	1400
设计通行能力/[pcu·(h·ln)$^{-1}$]	2000	1750	1400	1350	1300	1300	1100

3）设计通行能力

设计通行能力系指道路交通的运行状态保持在某一设计的服务水平时，道路上一车道的通行能力。所谓服务水平，主要以道路上的运行速度和交通量与通行能力之比综合反映道路的服务质量。服务水平高，车速快、驾驶自由度大而舒适，这时，相应服务水平的通行能力小，反之，低服务水平的通行能力大。

多车道路段设计通行能力分为两类计算：

(1) 不受平面交叉口影响的一条机动车车道的设计通行能力 N_m

不受平面交叉口影响的交通流一般指快速路、高架道路上车流或两相邻交叉口相距特长其间存在的连续流。

$$N_m = \alpha_c \cdot N_p \tag{1-7}$$

式中 N_m——不受平面交叉口影响的一条机动车车道的设计通行能力，pcu/(h·ln)$^{-1}$；

α_c——道路分类系数，数值一般取 0.8；

N_p——一条车道的基本通行能力。

车道数的折减:当在一个方向上的车行道有两条或多于两条车道时,因车辆经常由外侧车道转入内侧车道,或由内侧驶出通过外侧车道,这种车道转移对外侧车道干扰最大,所以,多车道的车行道,要考虑车道转移影响。位于外侧位置的车道通行能力应予折减。通常以靠近中线的第一条车道的通行能力作为1(即100%),第二条车道的通行能力为第一条车道的0.85,第三条车道的通行能力则为0.79,第四条车道为0.61,见表1-9。

表1-9　城市道路车道数修正系数

车道数	单向一车道	单向二车道	单向三车道	单向四车道	单向五车道
折减系数	1.0	1.85	2.64	3.25	3.70

由表1-9可见,车道数增加,通行能力相应折减,故从实际效果出发,过多的车道并不能提高太大的通行能力。

不计交叉口影响多车道的设计通行能力为

$$N_m' = N_p \alpha_c \alpha_m \tag{1-8}$$

式中　N_m'——不受平面交叉口影响的多车道设计通行能力,pcu/h;

N_p——基本通行能力;

α_c——道路分类系数,都取0.8;

α_m——通行能力车道折减系数。

(2) 受平面交叉口影响的机动车道设计通行能力

公路上,路段距交叉口远,可不考虑交叉口影响;城市道路上,因为交叉口之间距离近,车流不能连续通行,因此,对路段设计通行能力还应予以修正,修正系数主要受交叉口之间距离与信号灯配时的影响,称为交叉口折减系数。交叉口折减系数α_a计算公式如下:

$$\alpha_a = \frac{S_c' \Big/ \dfrac{V}{3.6}}{\left(S_c' \Big/ \dfrac{V}{3.6}\right) + \dfrac{V}{7.2\alpha_m} + \dfrac{V}{7.2d_m} + \dfrac{t_c - t_g}{2}} \tag{1-9}$$

式中　α_a——交叉口折减系数,是无阻时的路段行程时间和实际行程时间之比值;

S_c'——交叉口的间距,m;

V——设计速度,km/h;

α_m——启动时平均加速度,小客车采用0.8m/s^2,混合车辆采用0.5m/s^2;

d_m——制动时平均减速度,小客车采用1.7m/s^2,大型汽车采用1.5m/s^2;

t_c——交通信号周期,s;

t_g——绿灯时间,s。

考虑交叉口影响的路段通行能力公式为

$$N_n = N_p \alpha_c \alpha_m \alpha_a (\text{pcu/h}) \tag{1-10}$$

1.6　服务水平分级

服务水平是描述交通流之间的运行条件及其对汽车驾驶者和旅客感觉的一种质量测定标

准。服务水平一般由下列要素反映，即速度、行程时间、驾驶自由度、交通间断、舒适和方便以及安全等。所以，服务水平的好坏，在设计车速确定的前提下，主要与路段上的交通量大小即负荷度 V/C 有关，在达到基本通行能力之前，交通量愈大，则交通密度也愈大，而车速愈低，运行质量也愈差，即服务水平愈低。达到基本通行能力之后，则交通量不可能再增加，而是运行质量愈低，交通量也愈低，但交通密度仍越高，直至车速均下降为零。

我国公路服务水平现分为六级，根据交通流状态，各级服务水平分定性描述如下：

(1) 一级服务水平，交通流处于完全自由流状态。交通量小，速度高，行车密度小，驾驶员能自由地按照自己的意愿选择所需速度，行驶车辆不受或基本不受交通流中其他车辆的影响。在交通流内驾驶的自由度很大，为驾驶员、乘客或行人提供舒适度和方便性非常优越。较小的交通事故或行车障碍的影响容易消除，在事故路段不会产生停滞排队现象，很快就能恢复到一级服务水平。

(2) 二级服务水平，交通流状态处于相对自由流的状态，驾驶员基本上可按照自己的意愿选择行驶速度，但是开始要注意到交通流内有其他使用者，驾驶人员身心舒适水平很高，较小交通事故或行车障碍的影响容易消除，在事故路段的运行服务情况比一级差些。

(3)三级服务水平，交通流状态处于稳定流的上半段，车辆间的相互影响变大，选择速度受到其他车辆的影响，变换车道时驾驶员要格外小心，较小交通事故仍能消除，但事故发路段的服务质量大大降低，严重的阻塞后面形成排队车流，驾驶员心情紧张。

(4) 四级服务水平，交通流处于稳定流范围下限，但是车辆运行明显地受到交通流内其他车辆的相互影响，速度和驾驶的自由度受到明显限制。交通量稍有增加就会导致服务水平的显著降低，驾驶人员身心舒适水平降低，即使较小的交通事故也难以消除，会形成很长的排队车流。

(5) 五级服务水平，为交通流拥堵流的上半段，其下是达到最大通行能力时的运行状态。对于交通流的任何干扰，例如车流从匝道驶入或车辆变换车道，都会在交通流中产生一个干扰波，交通流不能消除它，任何交通事故都会形成长长的排队车流，车流行驶灵活性极端受限，驾驶人员身心舒适水平很差。

(6) 六级服务水平，是拥堵流的下半段，是通常意义上的强制流或阻塞流。这一服务水平下，交通设施的交通需求超过其允许的通过量，车流排队行驶，队列中的车辆出现停停走走现象，运行状态极不稳定，可能在不同交通流状态间发生突变。

各级公路设计服务水平应不低于表 1-10 的规定。

表 1-10　　各级公路设计服务水平

公路等级	高速公路	一级公路	二级公路	三级公路	四级公路
服务水平	三级	三级	四级	四级	—

注：① 一级公路用作集散公路时，设计服务水平可降低一级。

② 长隧道及特长隧道路段、非机动车及行人密集路段、互通式立体交叉的分合流区段以及交织区段，设计服务水平可降低一级。

1. 高速公路路段的服务水平分级

高速公路路段的服务水平见表 1-11。

表 1-11　　高速公路路段的服务水平分级

服务水平等级	v/C 值	设计速度		
		120km/h	100km/h	80km/h
		最大服务交通量 /[pcu·(h·ln)$^{-1}$]	最大服务交通量 /[pcu·(h·ln)$^{-1}$]	最大服务交通量 /[pcu·(h·ln)$^{-1}$]
一	$v/C \leqslant 0.35$	750	730	700
二	$0.35 < v/C \leqslant 0.55$	1200	1150	1100
三	$0.55 < v/C \leqslant 0.75$	1650	1600	1500
四	$0.75 < v/C \leqslant 0.90$	1980	1850	1800
五	$0.90 < v/C \leqslant 1.00$	2200	2100	2000
六	$v/C > 1.00$	0～2200	0～2100	0～2000

注:v/C 是在基准条件下,最大服务交通量与基准通行能力之比,基准通行能力是五级服务水平条件下对应的最大小时交通量。

2. 一级公路服务水平分级

一级公路的服务水平见表 1-12。

表 1-12　　一级公路路段服务水平分级

服务水平等级	v/C 值	设计速度		
		100km/h	80km/h	60km/h
		最大服务交通量 /[pcu·(h·ln)$^{-1}$]	最大服务交通量 /[pcu·(h·ln)$^{-1}$]	最大服务交通量 /[pcu·(h·ln)$^{-1}$]
一	$v/C \leqslant 0.3$	600	550	480
二	$0.3 < v/C \leqslant 0.5$	1000	900	800
三	$0.5 < v/C \leqslant 0.7$	1400	1250	1100
四	$0.7 < v/C \leqslant 0.9$	1800	1600	1450
五	$0.9 < v/C \leqslant 1.0$	2000	1800	1600
六	$v/C > 1.0$	0～2000	0～1800	0～1600

注:v/C 是在基准条件下,最大服务交通量与基准通行能力之比,基准通行能力是五级服务水平条件下对应的最大小时交通量。

3. 二、三、四级公路服务水平分级

二级、三级、四级双车道公路以延误率和平均运行速度作为划分服务水平的主要指标。其路段的服务水平分级见表 1-13。

表 1-13　　二、三、四级公路路段服务水平分级

服务水平	延误率（%）	设计速度									
		80km/h				60km/h				≤40km/h		
		速度（km/h）	v/C			速度（km/h）	v/C			v/C		
			禁止超车区（%）				禁止超车区（%）			禁止超车区（%）		
			<30	30～70	≥70		<30	30～70	≥70	<30	30～70	≥70
一	≤35	≥76	0.15	0.13	0.12	≥58	0.15	0.13	0.11	0.14	0.12	0.10
二	≤50	≥72	0.27	0.24	0.22	≥56	0.26	0.22	0.20	0.25	0.19	0.15
三	≤65	≥67	0.40	0.34	0.31	≥54	0.38	0.32	0.28	0.37	0.25	0.20
四	≤80	≥58	0.64	0.80	0.57	≥48	0.58	0.48	0.43	0.54	0.42	0.35
五	≤90	≥48	1.00	1.00	1.00	≥40	1.00	1.00	1.00	1.00	1.00	1.00
六	>90	<40	—	—	—	<48	—	—	—	—	—	—

注：① 设计速度为 80km/h、60km/h 和 40km/h 时，路面宽度为 9m 的双车道公路，其基准通行能力分别为：2800pcu/h、2500pcu/h、2400pcu/h。

② v/C 是在基准条件下，最大服务交通量与基准通行能力之比。基准通行能力是五级服务水平条件下对应的最大小时交通量。

③ 延误率为车头时距小于或等于 5s 的车辆数占总交通量的百分比。

4. 城市快速路服务水平

城市快速路服务水平分四级，见表 1-14，采用第三级为设计准则。

表 1-14　　快速路基本路段服务水平分级

设计速度/$(km\cdot h^{-1})$	服务水平等级		密度/$[pcu\cdot(km\cdot ln)^{-1}]$	平均速度/$(km\cdot h^{-1})$	饱和度（V/C）	最大服务交通量/$[pcu\cdot(h\cdot ln)^{-1}]$
100	一级（自由流）		≤10	≥88	0.40	880
	二级（稳定流上段）		≤20	≥75	0.69	1520
	三级（稳定流）		≤32	≥62	0.91	2000
	四级	（饱和流）	≤42	≥53	≈1.00	2200
		（强制流）	>42	>53	>1.00	—
80	一级（自由流）		≤10	≥72	0.34	720
	二级（稳定流上段）		≤20	≥64	0.61	1280
	三级（稳定流）		≤32	≥55	0.83	1750
	四级	（饱和流）	≤50	≥40	≈1.00	2100
		（强制流）	>50	>40	>1.00	—
60	一级（自由流）		≤10	≥55	0.30	590
	二级（稳定流上段）		≤20	≥50	0.55	990
	三级（稳定流）		≤32	≥44	0.77	1400
	四级	（饱和流）	≤57	≥30	≈1.00	1800
		（强制流）	>57	>30	>1.00	—

注：快速路设计时采用的最大服务交通量：

① 双向四车道快速路折合成当量小客车的年平均日交通量为 40000～80000pcu；

② 双向六车道快速路折合成当量小客车的年平均日交通量为 60000～120000pcu；

③ 双向八车道快速路折合成当量小客车的年平均日交通量为 100000～160000pcu。

2 道路规划和附属公用设施

2.1 城市道路系统规划

路网是点、线和面的集合。点是交叉口;线是快速路、主干路、次干路和支路;面是与点、线相关的路网系统。点、线和面的均衡配置,才能形成路网的最佳效应。道路设计不仅侧重于点、线设计,还应将点、线放到路网系统中去构思。

2.1.1 城市干道网的类型

从国内外城市形成与发展的实践中,可以把常用的干道网平面几何图形归纳为 5 种图式:放射环式、方格式、自由式、混合式、组团式。前 3 种为基本类型。混合式是由 2 种或 3 种基本图式综合而成的系统;组团式是由多中心的路网系统组合而成,每个中心的路网图式可以是前 4 种中的某一种。

1. 放射环式

放射环式路网图式由放射干道和环形干道组成,通常均由旧城中心区逐渐向外发展,向四周引出放射道,而内环干道则沿着拆除的城墙要塞旧址形成。随着城市发展的进程逐渐形成中环、外环干道等组成连接中心区、新发展区以及与对外公路相贯通的干道系统。环形干道可以是全环、半环或多边折线形;放射干道可以由内环干道放射,也可以从二环或三环干道放射,大多宜顺应地形和现状发展建设而成。

放射环式便于市中心与外围市区和郊区的直捷快速联系,常用于特大城市的快速道路系统。为避免市中心地区交通负荷的过分集中,放射干道不宜均通至内环,以严禁过境交通进入市区。对于特大城市,宜设置两个甚至两个以上的辅中心区。如上海浦西、浦东各有中心区,浦西除市中心区外,还有徐家汇和五角场辅中心。图 2-1 为莫斯科放射多环式示意图。

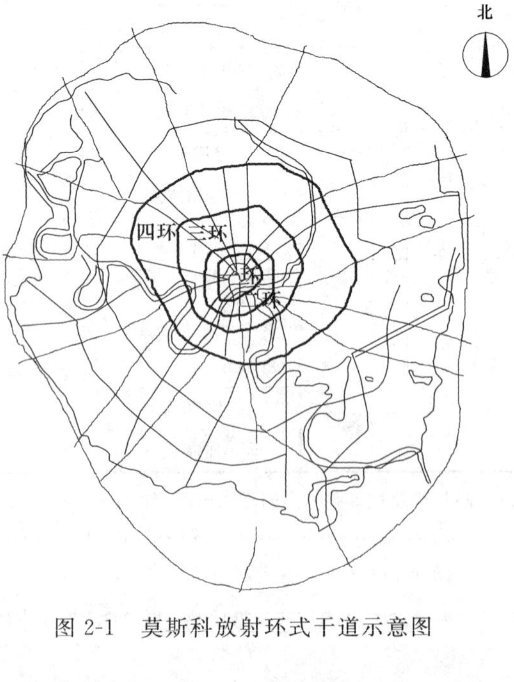

图 2-1 莫斯科放射环式干道示意图

莫斯科为解决好外地及邻近卫星城汇入的多条高等级公路与城市的连接,采用环形放射形式,使莫斯科作为首都同全国各地保持直接方便的联系,而又不让所有高等级公路直接进入市中心,影响市内道路的通畅,并运用多层环形干道,使外地进入的高等级公路,有的终止于四环,有的通到三环,少数可直达二环。各级公路的过境车辆根据其各自要求分别从外环或三环驶出。保证了城市各区之间联系,使乘客方便,这种多层次环形放射式布置方式克服了单纯放射式的缺点,使环向、径向各区间均可就近联系。

莫斯科从市中心辐射出17条主干道,由5条环城路相贯通。第五环城路就是市界,周长109km。其中最繁忙的第二环城路车道6~8条。

采用典型环形放射式布局,可将外地及邻近城市主要干道汇集起来,车辆按各自需要分别与城市各环道连接,使各类交通车辆各行其道。

放射环式道路系统,实际由放射式与环层式(又称圈层式)组合而成。单放射式又称"星状",是由城市中心向四周引出放射形道路,通常是城郊道路或对外公路的形式。单纯放射式道路系统,不如放射环式方便。市内道路只呈圈状,则不便于各层之间的联系。大城市的外围地区,以环形辐射为宜。国内外城市建设的经验均证明了这一点。

北京道路系统在原有城区棋盘状道路和郊区放射状道路基础上,在城区布置了6条贯穿东西和3条贯穿南北的干线,在城区以外布置了9条放射形道路和5条环路,已构成新的棋盘、环形、放射相结合的道路系统。内环路在商业中心区,二环路在中心区周围,三环路位于规划区中部,四环路则在城市外围联系城外几个工业区。通往外省市并和全国公路网相衔接的国道公路起讫点均位于城市道路的二环和三环之间。既深入市区,又避开了对城市中心的干扰。三环路位于市区和近郊区边缘,是市区各边缘部分和近郊区之间相联系的干道和过境车辆绕行的主要道路。在北京近郊区外围设有公路内环和公路二环,承担与郊区及距城区较近的县镇之间通道的职能。公路三环,则是联系远郊县镇和工业区的干道(图2-2)。北京目前已是5条方框形环路和十几条放射路所组成的混合式干道系统。

上海市的三环9射框架路网是由延安路(东西)和成都路(南北)两条高架组成十字形框架,贯穿中心区,内环线沿中山路经过两座浦江大桥与浦东相接;中环70km,外环全长97km,路幅宽100m,9射都为高架桥向外辐射;外环之外为高速公路一环G1501郊环线。

2. 方格式

方格式路网又称棋盘式,是最常见、最实用的道路系统类型,适用于地形平坦的城市(图2-2)。按此图式,在城区相隔一定距离,分别设置同向平行和异向垂直的交通干道,在主干线之间再布置次要干道,从而形成整齐的方格形街坊。这种图式有利于建筑物的布置和识别方向。由于相平行的道路有多条,使交通分散、灵活,当某条道路受阻或翻建施工时,车辆可绕道行驶,路程不会增加过多,交通组织简单,整个系统的通行能力大。

方格式干道系统的缺点是对角线方向交通不便,非直线系数达1.2~1.41。在流量大的方向,如增加对角线道路,则可保证重要吸引点之间有便捷的联系,但因此形成三角形街坊和复杂的多路交叉口,这又将不利于交叉口的交通组织。故一般城市中不宜多设对角线道路。方格式道路系统不宜机械划分方格,应结合地形、现状与分区布局进行,如应注意与河流的夹角,不宜建造过多的斜桥;新规划的方格路网与原有路网形成夹角时,应减少或避免形成K形交叉口,以利交通。方格式主干道间距宜为800m。

一些大城市的旧城区历史遗留的路幅狭窄、密度较大的方格网,不能适应现代汽车交通的要求,可以组织单向交通,以提高道路通行能力。如美国纽约中心区单向交通街道占80%。

3. 自由式

由于地形起伏变化较大,道路网结合自然地形呈不规则形状。我国山城重庆、青岛、南平

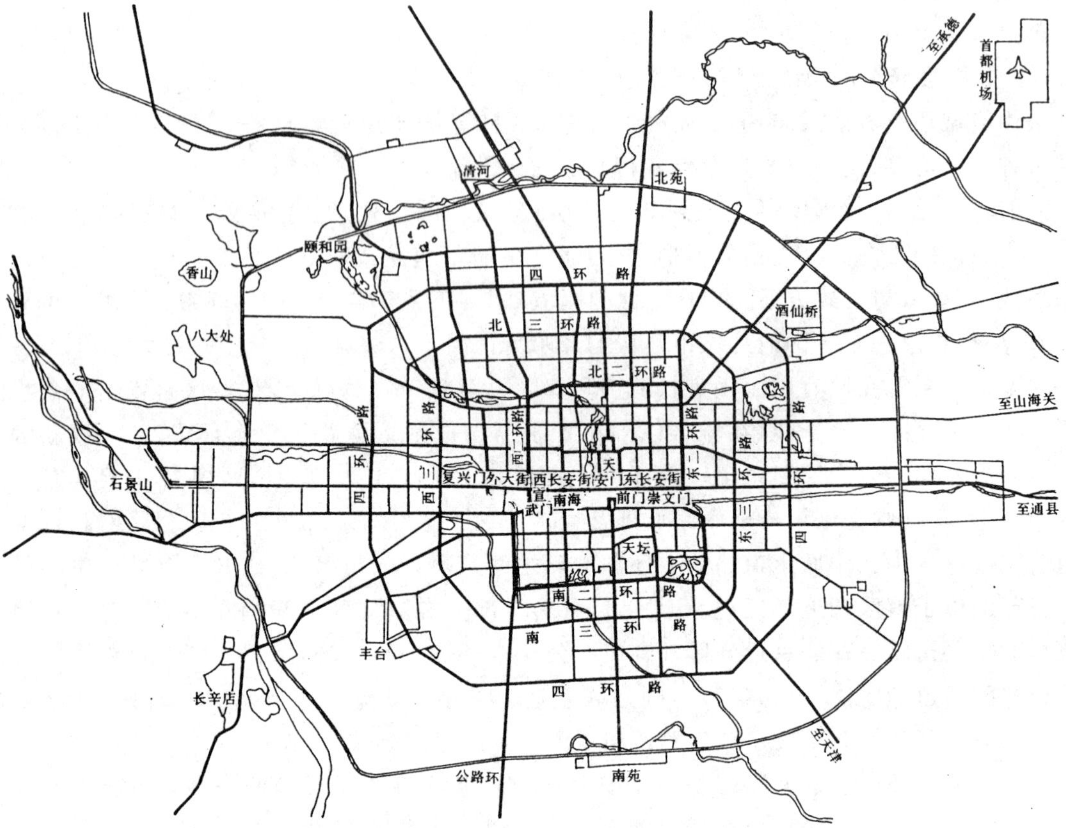

图 2-2　北京市方格放射环式混合式道路系统示意图

和渡口等城市的干道系统均属于自由式(图 2-3),其道路沿山麓或河岸布置。如青岛市,是依山临海的港口城市,城市布局顺胶州湾沿岸延伸成带状;干道顺地形自由延伸,内部街道呈不规则的方格或三角、五角形。非直线系数较大、街坊不规则是这种图式的缺点。

4. 混合式

混合式是由上述 3 种基本图式组成的道路系统。这种类型大多是受历史原因逐段发展形成的,有的在旧市区方格网式的基础上再分期修建放射干道和环形干道(由折线组成);也有的是原有中心区呈放射环式,而在新建各区或环内加方格网式道路,如圣彼得堡。我国大中城市,如北京、上海、南京、合肥等均属这种类型。

图 2-2 为北京混合式干道系统示意图。北京市中心是典型的方格式街道系统。

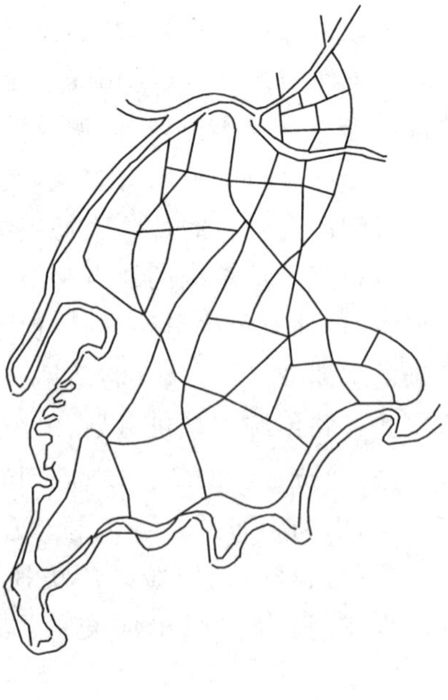

图 2-3　自由式路网示意图

5. 组团式

河流或其他天然障隔的存在,使城市用地分成几个系统。组团式道路系统为多中心系统，如深圳、厦门等城市(图 2-4)。

我国目前约有 667 个城市，城市用地大多为集中式布局，单中心团状占 62%，带状城市占 10%，卫星式城市占 18%，多中心组团式城市占 10%。由于我国人口众多，土地紧张，所以大多数城市的布局形式是单中心。大中城市规划的模式是以市中心、区中心、居住区中心、小区中心的分级结构所组成；对于大城市，宜从单一中心向多中心发展，以适应限制中心区交通的战略，减少不必要的穿越中心的交通量。网络形式基本为方格式，大城市和特大城市可加环形辐射状，以使交通网络体系有利于解决市中心与各周围综合单元及对外交通的便捷联系。

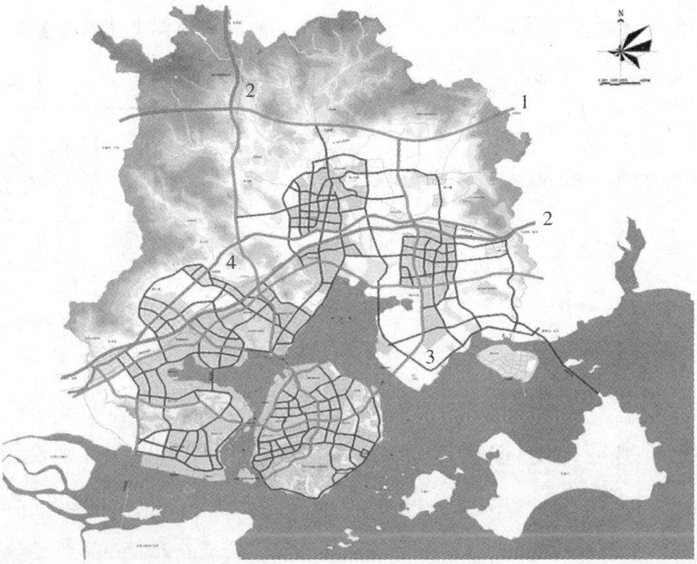

图 2-4 厦门市道路系统规划图——组团式路网示意图

2.1.2 城市路网规划技术指标

1. 非直线系数

非直线系数系指道路起讫点间实际距离与其空间直线距离之比，它是衡量道路便捷程度的一个指标。

方格式道路的非直线系数(图 2-5)为

$$\rho=\frac{a+b}{\sqrt{a^2+b^2}} \tag{2-1}$$

当方格为正方形时，其边长 $a=b$，则 $\rho=1.41$。

放射式道路的非直线系数为

$$\rho=\frac{a+b}{\sqrt{a^2+b^2-2ab\cos\alpha}} \tag{2-2}$$

如非直线系数计算图(图 2-6)，以 ABC 近似为一个三角形，当 $a=b$，$\alpha=45°$时，则 $\rho=2.6$(图2-6)。而放射环式路$\overset{\frown}{AB}$间非直线系数则为 1.1～1.2。

2. 干道网密度

干道网密度是干道总长度与城市用地面积 F 之比值，即

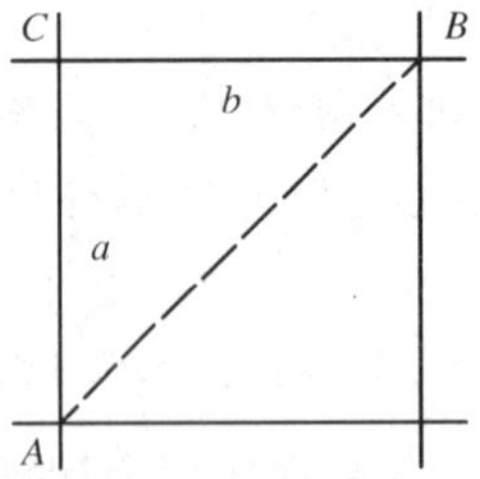

图 2-5 方格式道路非直线系数计算图示

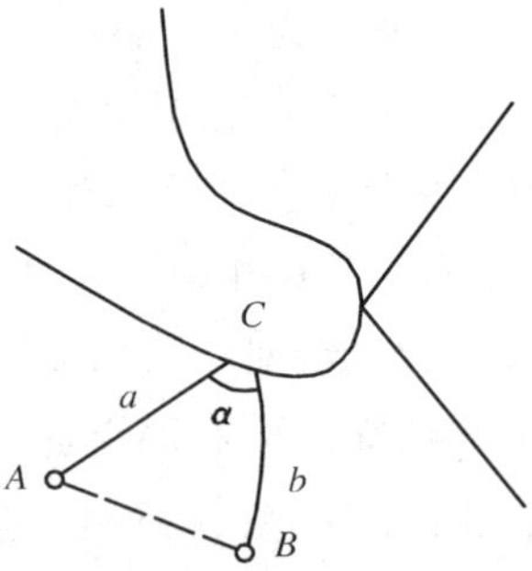

图 2-6 放射式道路非直线系数计算图示

$$\delta=\frac{\sum L}{F}\quad(\mathrm{km/km^2})\tag{2-3}$$

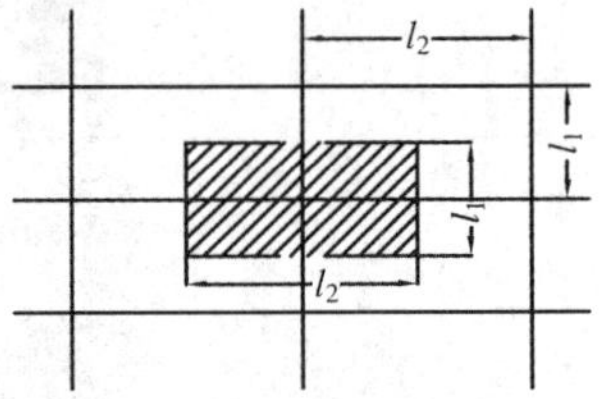

图 2-7 干道网密度计算图示

如图 2-7 所示,干道网均匀一致的矩形方格,其间距为 l_1 和 l_2 时,则

$$\delta_{矩}=\frac{1}{l_1}+\frac{1}{l_2}\quad(\mathrm{km/km^2})\tag{2-4}$$

当 $l_1=l_2=l$ 时,$\delta_{矩}=\frac{2}{l}\mathrm{km/km^2}$。 (2-5)

干道网密度越大,则交通越是方便;但密度过大,就使交叉口间距过小,则交叉口过多,反而使车速和通行能力降低。一般主干道的合适间距为 800～1000m 时,干道网密度为 2.5～2km/km²。

干道网密度一般由中心区向市郊逐渐递减,以适应居民出行流量分布规律。

干道网密度,仅考虑干道长度,而未计入道路宽度的影响,即反映干道的分布与交通的方便。

道路网的密度,是指单位城市用地面积内所具有的各级道路的长度。

道路网的密度反映了城市用地的各类道路间距。在规划时,各地块上的道路间距应比较均匀,才能使道路发挥网络的整体效益。

3. 道路面积密度

道路网面积密度是指道路用地总面积(包括公共停车场、广场)与城市用地面积之比值,又称道路用地率。

$$m=\sum\frac{(L\times B)}{F}\tag{2-6}$$

式中 m——道路面积密度,km²/km²;

L——道路长度,m;

B——道路宽度,m;

F——道路所服务的城市用地面积,km²。

城市道路用地面积应占城市建设用地面积的 8%～15%。对规划人口在 200 万以上的大城市,宜为 15%～20%。

4. 人均道路占有率

人均道路占有率指道路面积与人口数量之比：

$$\lambda=\frac{\sum(L\times B)}{n}\quad (m^2/人) \tag{2-7}$$

式中，n 为道路服务地区的城市人口。

规划城市人口人均占有道路用地面积宜为 7～15m²，其中，道路用地面积宜为 6.0～13.5m²/人，广场面积宜为 0.2～0.5m²/人，公共停车场面积为 0.8～1.0m²/人。

人均道路和街道用地面积中不含居住用地中的人均道路面积；交叉口和广场面积是指大型立体交叉口、环形交叉口、各种交通集散广场和游憩集会广场等的面积，公共停车场地面积不含公共交通、出租汽车和货运交通场站设施的用地面积，其面积属于交通设施用地面积；也不包括各种建筑的配建停车场的用地面积，其面积属于公共建筑用地面积。

2.1.3 城市道路系统规划基本要求

城市道路系统是城市总平面的骨架，其布局是否合理直接影响城市经济发展与居民的生活。而影响城市道路系统布局的因素，主要是城市在区域中所处的自然地理条件、城市用地布局、城市对外交通联系以及市内交通体系。城市道路系统规划由市规划部门在交通规划的基础上拟定和执行，应满足下列 5 项要求。

1. 合理用地、因地制宜，符合城市用地布局规划的需求

道路系统规划须密切结合城市用地布局，为城市发展创造条件；应经济合理地布置工业、商业、文化、居住区及其他功能区。城市中各功能区与交通枢纽之间借助干道系统构成一个有机联系的整体。用地布局合理，可以减少不必要的往返运输和远距离交通。

道路网的规划应结合地形，尤其在自然地形起伏较大或丘陵洼地情况下，尽量减少土方量、路线的大填大挖，将造成建筑群的大填大挖，而城市中则缺少土方来源。通常道路沿等高线布置较为合理，既可节省土方量，又可满足行车要求。如，山城重庆市的主要干道均沿较半缓的山坡或谷地布置，一般居住区道路也沿等高线布置。为连接主干道和次干道，可以按斜割等高线的方向布置，采用“之”字线形。

2. 合理安排公路和城市的连接

城郊公路交通的性质有下列三类：

(1) 以城市为目的地的到达交通，要求线路直通市区，并与城市干道直接衔接。

(2) 同城市关系不大的过境交通，或者是通过城市但可不进入市区，或者是上下少量客货作暂时停留或过夜的车辆，一般宜尽量由城市边缘通过。

(3) 联系市郊各区的交通，一般多采用环城干道解决，根据城市大小，可设立一条至多条环线。

公路与城市道路的连接类型如下：

(1) 环形道路。环形道路尤为适用于大城市或交通枢纽型城市，因其对外联系方向多、客运量大、集散点多，可使城市生活免受过路交通的影响。对于交通量特大的过境道路同城市干道相交的交叉口，可考虑设置立交，如广州的环城高速公路。环行道路的建设，对疏解市中心拥挤的交通极为有效。

(2) 半环形道路。对于仅有少量公路干线进城的中等城市，可用半环形道路连接。无论全环、半环或部分环路，与对外放射干道衔接时，环路等级不宜低于主干道，而环路的设置则应

根据其流量和流向而定。

(3) 开辟连接公路与城市的支线(图 2-8(a))。目前高速公路经过小城镇时，常采用这种类型连接，使过境交通畅行无阻。连接线的等级应与一级公路或主干路的等级类同，目前我国各地连接线道路负荷大、损坏严重。

(4) 直穿式。如图 2-8(b)所示过境公路直接进入市中心或通过市区，既是公路的组成部分，又是城镇的街道，这种方式不宜采用。但由于历史的原因，实际上，我国有不少小城镇是随着公路交通运输事业的发展而形成和发展起来的，所以，穿城路段既是公路干线，又是城市性质的街道，既为市内交通服务，又为过境交通服务，从而造成功能混乱，过境车辆难以通行，车速降低，事故增多。目前，公路穿越市区，甚至穿越主要生活区或商业中心的问题依然存在，必须引起重视。应将过境交通与市内交通分隔开予以调整、改善。其办法是改线、避城、绕行，把公路与城市道路分开，过境与城市交通分开。

通常，公路穿越或连接小城镇后，公路两侧常形成新的生活、商业或工业区。公路性质的这种变化，带来交通的复杂化。因此，公路宜从城镇边缘通过，而不宜分隔城镇或穿越其中心。不少城市的工业区和生活区被公路分隔，常导致交通事故频频发生。已被公路分隔的城市，可采取下列补救措施：① 拓宽市区公路路面，降低标高，设置人行道及街灯，敷设排水管线，将之改造为城市道路；② 具有两重性功能的道路，可迁移两侧住宅及商业服务设施，保留交通运输服务设施。

(5) 绕行线。公路由城镇一侧或两侧绕行通过。如图 2-8(c)所示线路穿市区，可布置为单行线双侧绕行，减少工程量。总之，绕行应视实际状况而定。必须充分考虑城镇远期发展用地，图 2-8(d)中，原来公路分割城镇，绕行线可布置在城镇一侧通过，这样，线路既短又顺。

(6) 切线式。如图 2-8(e)所示的切线式是改造原有城镇与公路矛盾的常用方式之一，避免了过境交通进入城镇，原公路成了市内主要街道。改造后，使高等级公路沿城镇的一侧切线布置，另修支线连接城镇。这样，过境车辆可以高速安全通过，而城市也不受其干扰。

(7) 分离式。高等级公路在离城镇或市区一定距离处通过。通过设置高架桥或路堑，在国外可见。

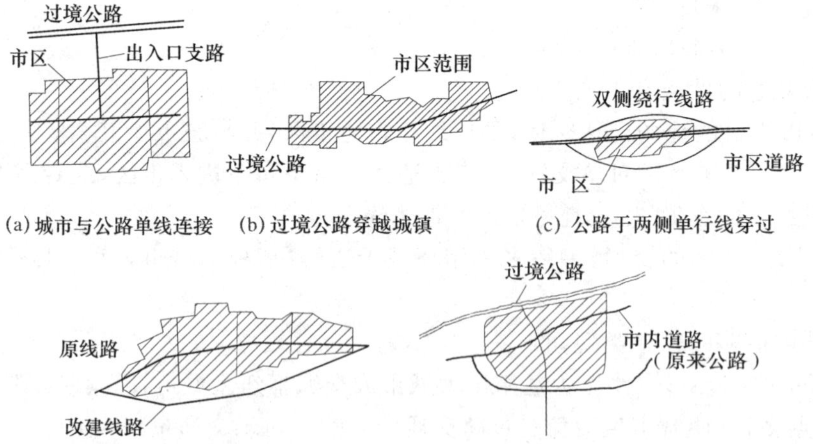

(a) 城市与公路单线连接　(b) 过境公路穿越城镇　(c) 公路于两侧单行线穿过

(d) 过境公路于原路内侧绕过城镇　(e) 过境公路与城市相切

图 2-8　公路与城市的衔接

城市道路系统与公路的衔接形式，取决于城市等级、性质以及过境交通占总交通的比例。

通常，城市越大，以进城为目的地的车流所占的比重也越大，而过境车辆的比重则越小。位于交通干线或处在公路枢纽上的城市则例外，其过境车流的比重，则取增势。不论城市大小，宜将过境车流与地方车流互相分隔，以利交通安全和保护居住环境。

3. 正确处理新建道路和原有路网的关系

城市原有路网，是规划新道路系统的基础，对城市道路系统的形成和发展有很大的影响。规划时，首先应对城市交通现状和存在问题进行分析。考虑原有路网的改造时，既要防止简单化地将旧城道路向外延伸或拓宽，又要避免轻易废除原有路网而重建道路系统。如某些城市将新路网系统的方位，在原路网系统上转了一个角度。由于原路两侧街坊已形成，路线不可能废除，则新路、老路必然共存，使交叉口上就形成了“K”字形或“米”字形的多路畸形交叉，以致交叉口的交通组织复杂化。

可见，对旧城市进行系统规划时，应尽量结合原有街道系统，充分利用旧街路面或路基及管线等公用设施，减少房屋拆迁量。线型较差的路段，可截弯取直或放大弯道半径；过于狭窄的道路可适当拓宽，并打通断头路，以形成贯通市区的主干道。

改造原有路网时，必遇拆迁问题，因此道路系统的规划应与旧城市的整体改造相结合，慎重决策。一般宜选择房屋稀少、质量差的次要街道开辟为新的交通干道。如，合肥市在开辟城区东西主干道时，避开商店集中、房屋密集的东大街与后大街，而选择房屋稀少的前大街，拓宽为主干道。

用地困难时，水乡地区城市可以结合河流系统的改造，个别处可适当填河筑路。如杭州利用中河修建南北向交通干道。有些城市则利用古城墙开辟环道，用废铁路路基改建成交通干道。又如，南京利用一段旧城墙，建成城西干道，吸引了来自长江大桥的过境交通，减轻了市中心干道中山路的压力，取得了良好效果。

在旧城街道系统中，也可利用狭窄街道辟筑自行车车道系统，使汽车与自行车分道行驶，不但可减少交通干道的总宽度，还可提高机动车道的通行能力，并且简化交叉口的交通组织。

4. 按交通需求规划路网

规划路网时，应充分考虑交通运输现状及发展的需求：

(1) 路网应具有一定的联通性、可达性、成网性，避免断头、堵口和卡口。

(2) 从实际出发，尽可能使纵、横、环各方向的道路均衡分布，合理组合，以发挥各种道路的特点。

(3) 各类道路的各自间距和相互间距应相互协调，相互适应。

(4) 道路的红线宽度、断面形式，应与道路的功能、性质、等级及所处环境协调，并能适应城市规模和交通需求的不断发展；适应交通工具和出行方式。

(5) 路网结点(交叉口)应贯彻分解疏导的原则，不宜将多条道路相交于一处(不超过4条为好)，相交角度在60°～120°之间，在结点处相交的各条道路的等级，不宜相差太大(两级以内)；如快速路与主干道上的结点过多，则行车速度难以提高；如间距太大，则不宜分流交通。

(6) 重要交通枢纽或大型客货集散地，不宜过分集中，以免造成交通拥挤和停车困难；应力求在全部道路网络内均衡分布，以利道路功能的正常发挥，防止流量集中在几条干道或几个结点上；如上海徐家汇是城市辅中心，但因节点过于集中，商业中心、行政中心、交通枢纽各项功能集于一体，造成交通严重堵塞，需多次改造和整治。

(7) 路网中交叉口形式应视相关道路等级、流量、流向等确定(详见本书第5章平面交叉口)。

(8) 道路系统规划要有利于交通分流。

城市道路系统以交通规划为基础,并体现交通规划的主要成果。整个道路系统应主次分明、功能明确,组成一个合理的交通运输网,以满足交通方便、安全、迅速和运输经济的要求。最终达到客货流通行路线最短、运输工作量最小、交通运输费用最省的目的。对于大城市,路网布置还应符合综合交通体系的要求,做到快慢分流,人车分隔,各行其道。

为实施交通分流,在大城市中可酌情设置下列不同功能的专用道:

(1) 机动车专用道。机动车专用道旨在限制非机动车的通行,从而提高机动车的运行速度和道路的通行能力。通常,快速干道和主干道可实行这一措施。如旧城狭窄的原主干道,无条件拆迁两侧建筑物或拓宽成三幅路(机非分隔的),但可以将之辟成机动车专用道。

(2) 货运车专用道。货运车专用道旨在限制客运车的通行,而以货运车为主。通常不设在市中心区,而设于边缘区,或连接重要工业区及港区码头等集散点。

(3) 公交专用道。公交专用道旨在限制其他机动车的行驶,以确保公共交通的正常运行。目前专门辟筑此种专用道的尚少。旧城狭窄街道有供公交单行或双行行驶之举;公交专用道也可设置在客运专用道上的专门车道上,以保证公交车优先通过交叉口。也有公交专用道上实行非机动车逆向行驶的实例。

(4) 非机动车专用道。自行车出行比重较大的大城市,可开辟非机动车专用道系统。

(5) 步行专用道。步行专用道则指在限制一切车辆的通行,又称步行街。在小区中心、河岸、公园用地延伸处及市中心区开设步行专用道,可将商业、娱乐、交通中转枢纽等地区连接起来。

5. 道路系统规划要满足城市环境保护的需求

交通噪声和空气污染是城市交通给城市环境带来的危害,因此,规划道路系统时,应合理确定路网密度;适当设置环路,控制穿越市区的过境车辆;限制货运车辆进入居住区;保证道路横断面中必要的防护绿地,以吸收噪声和净化空气;建筑物尽可能后退红线,临街布置前面有绿地的公共建筑。主干道走向应有利于城市通风,并使沿街建筑获得良好的日照。

按日照要求,南北向街道有利于临街建筑获得均匀的日照,从交通安全分析,街道应避免正东西方向,以免日光耀眼导致交通事故。实际上,城市干道系统是由相互垂直的道路所组成的,不可能使所有道路均符合通风与日照要求。因此,道路走向宜在南北和东西的中间方位,并与南北子午线成 30°~60°的夹角。对于炎热的南方城市,应考虑平行夏季主导风向;对于寒冷的西北地区和沙漠地区,则应考虑抗御冬季寒风的正面袭击。街道应与大风的主导风向成直角或一定的偏斜。

6. 城市景观的需求

城市道路的景观是反映城市风貌的重要标志之一。城市道路,不仅是城镇的交通要道,它与自然环境、沿街建筑群体、绿化布置及广场的有机配合,对城市的景观起着重要的作用。道路的造型不仅通过平面和纵断面线型的柔顺以及横断面各组成部分恰当的比例体现,还靠路旁多彩多姿的绿化设施、沿街建筑物的进退、高低错落、丰富的色调以及一些建筑小品美化点缀。此外,道路的附属设施,交通标志牌、照明灯杆的配置等均是协调道路平面和空间组合的手段,不同特点的城市,结合其固有的特色,如山河绿地、自然景色或宝塔、亭台楼阁等古建筑,或新建城市雕塑和纪念碑等现代建筑,形成统一协调的街景。

干道走向,可以指向制高点、风景点(如高峰、宝塔、纪念碑)以及现代化的著名高层建筑或大型广场,使路上行人和车中乘客能观瞻眺望宜人的景色,开阔视野。如直线路段长而枯燥时,可在适当地点布置广场,大型建筑后退,配置建筑小品(如凉亭、画廊、花坛或喷水池等)以调节视线。例如，北京东、西长安街平坦宽直，但通过花坛绿化、绚丽多姿的照明灯、纪念碑、天安门城楼以及高大宏伟的人民大会堂、历史博物馆等建筑物有机地协调配置，突出显示了首都的雄伟壮丽。上海外滩地区则将黄浦江沿岸的船舶、外白渡桥、陈毅塑像、喷水池、小品浮雕以及入夜时分流光溢彩的现代灯饰与现代化宏伟的建筑物、浦江对岸的东方明珠融为一体，呈现出现代城市的特色和朝气。南京市北京路，则利用近旁山丘起伏、浓密树丛以及沿线的鸡鸣寺、北极阁和鼓楼等古建筑相连形成整体街景，取得在繁忙交通流的旁侧动中有静的良好效果。杭州西子湖畔的滨河路则更使行人心旷神怡，流连忘返，在步行交通中获得美的享受。

7. 符合路面排水和工程管线敷设的需求

路网竖向规划时，纵断面要配合排水系统的走向，使之通畅地排向江河，街道标高应稍低于街区高程，街道中心线的纵坡和两侧建筑物纵坡方向一致，道路规划还应符合道路工程管线敷设的要求。

8. 城市道路规划应考虑城市防灾的要求

各相邻片区之间至少有两条道路相通，可使城市发生突发事件或交通事故而堵塞道路时，仍有一条道路能通行。

城市对外联系的道路，主要是为市际交通和郊县交通服务的。为了确保在受地震等灾害后，外来救灾交通能畅通，或平时道路上发生交通事故、道路和桥梁维修时，交通不致受阻、中断，都要求城市每个方向至少有两条与外界相联系的道路。

地震设防的城市为保证震后道路交通畅通，规划时，应将干道两侧的建筑物由道路红线向后退 5～10m；路网中多设置小广场和空地，平时为绿地，灾时作疏散避难用地。地震区宜建造柔性路面和建造下穿式立体交叉，因为地震区若采用刚性路面，受灾后路面板块翘曲、撕裂，接缝处高差达数十厘米至 1m 多；立体交叉的高架桥梁下坠，切断交通，且一时无法清除，严重影响抢救车辆的通行。压力主干管不宜设在快速路和主干路的车行道下面，因为维系生命线的各种主干管，若埋设在快速路和主干路下，一旦遭到破坏，需要抢修，会影响甚至中断交通。

2.2　步行街规划

在交通集中的市中心区域，随着汽车交通量的增加，导致交通阻塞，事故频发，危及行人安全，严重恶化环境。市中心区各种建筑物鳞次栉比，土地利用已达饱和，道路的拓宽和停车场的修建均受到限制，购物顾客步行距离增大，商品的运入日趋困难，汽车泛滥使市中心区的魅力陡降，对顾客的吸引力日减。因此，步行街理论应运而生：将市中心一定的区域作为行人专用区，在这里原则上排除汽车交通，改建成适合行人活动的优先区，在其周围设置停车场。

这一理论，由美国在 20 世纪 30 年代提出，至 70 年代已趋完善。在美国明尼阿波利斯、德国、澳大利亚堪培拉市均已形成完善的步行街系统。

德国是较早建造步行街的国家之一，早在 20 世纪初，就采用封闭式或定时封闭式街道，不准车辆进入，只对行人开放的交通管理措施，从而形成了步行商业大街。近 20 年来，步行街已不仅是在原有街道基础上通过管理手段来实施步行功能，而已发展到，从规划设计到建设管理，贯穿了要将街道建设成为步行天堂的思想。步行街不仅设有商业服务，而且还有供居民休闲、漫步、娱乐的设施以及绿化地带和美化环境的建筑小品。如荷兰鹿特丹的市中心商业步行区——林朋，由纵、横几条步行街组成，周围则是交通干道，设有地铁和公共汽车站以及地下车库等，游人可便捷到达。

欧洲很多国家把步行街作为振兴旧城中心区或商业区的商业经营和提高地价的一种手段,把步行街的建设列为城市规划的一项具体内容。西欧、日本和加拿大等国家各有几十个城市或城镇开辟了几百条步行街,德国也有300多座城市设有不同规模和类型的步行街。

步行街的发展趋势表明,步行街建设已越出了单纯解决道路交通这一狭窄的范围,而同旧城改建、市中心复兴密切相连,它所产生的作用已在推动社会文明,提高经济效益方面日益显示其巨大的优越性。

如德国慕尼黑绕市中心直径500m设有内环路,在直径3km外侧设有外环路供汽车交通。为了控制市区的汽车交通,1965年已将市中心区域作为以行人为主的地区,诺伊豪斯大街、考弗恩加大街改造为商业街林荫道——人行专用道。汽车靠内环路或尽头路式的支线道路进入市中心。其他交通靠地下铁道和有轨电车的车站和行人空间的有机联系来进入市区。地铁直通广场底部,由自动扶梯把人流送至地面广场,使喧闹、嘈杂的市中心出现一块宁静、舒适、优美的生活地带,犹如沙漠中的绿洲。

就步行街的雏形而言,我国很早就有先例,如北京的大栅栏、上海的豫园、南京的夫子庙都是商业繁荣地区专设仅供人行的街道,两旁商店、酒楼、娱乐场所林立。在这些步行街中商业和文化生活设施比较集中,一直是吸引人流的地带。但是,随着城市人口的增加和用地的扩大发展,机动车和自行车量剧增,步行街原有路幅显得狭窄,不仅人流阻塞,而且缺乏足够的自行车和汽车的停放场地,甚至在线形上也不便于消防车和救护车的进出,至于绿化设施,则更显不足。车辆拥挤、道路阻塞、汽车噪声和废气的污染、环境恶化等均成为大多数城市商业中心普遍存在的严重问题。目前,我国大多数城市采取限制商业街交通的措施,并通过修造平行的交通干道或环路来吸引中心区交通,减少商业街的交通量。目前,步行街的规划建造,已在我国大中城市商业中心区普遍推广。

2.2.1 步行街类型

1. 完全步行街

完全步行街,又称封闭式步行街。封闭一条旧城内原有的交通道路或在新城中规划设计一段新的街道,禁止车辆通行,专供行人步行,原来的车行道与人行道拉平,设置新的路面铺筑,并布置各种设施,如树木、座椅、雕塑小品等以改善环境,使人乐意前往。如巴尔的摩的老城步行街全长500m,宽14m。自从禁止原来阻塞交通的机动车通行以后,行人倍感步行舒适,并大大提高了商业零售额。我国的合肥城隍庙、南京夫子庙和上海城隍庙等,也属于这种类型。

2. 公共交通步行街

公共交通步行街是对完全步行街所做的改进,允许公共交通(汽车或电车或出租车)进入,以方便居民到达或回家,并保持全城公共汽车网络系统的完整。它除了布置改善环境的设施外,还增加设计美观的停车站,这类步行街仍有车行道与人行道的高差之分,通常将人行道拓宽,使车行道改狭甚至国外有将车行道建成弯曲线形,以减低其车速。

3. 局部步行街

局部步行街又称半封闭式步行街。将部分路面划出作为专用步行街,仍允许客运车辆运行,但对交通量停车数量以及停车时间加以限制,或每日定时封闭车辆交通,或节日暂时封闭车辆交通,如凯华顿步行街,全长跨越6个街坊,街道一端设单向交通,另一端实行双向交通,中心路段禁止交通进入,只准行人步行。步行街中央设置3.7m宽的曲线车道,专为紧急和服务车辆通行。允许公交车、出租车和部分客车通行,使原来的非机动车道供行人步行。

4. 地下步行街

地下步行街是20世纪20年代兴起的城市地下交通设施，即在街道狭窄、人口稠密、用地紧张的市中心地区，开辟地下步行街。日本大阪是修建地下街最多的城市之一，其面积达191 800m^2，每天可吸引人流超过300万人。使城市感觉不到拥挤，这就是地下街的突出作用。我国的地下街未成系统，但利用人防系统建成商业街，起到地下步行区的作用，如哈尔滨地下街及苏州人民路下的地下商业街等。

5. 高架步行街

高架步行街是沿商业大楼的二层楼人行道，它与人行天桥往往连成一体，成为天桥系统。这类人行道不少采用全天候的空中走廊形式，雨、雪、寒暑均可通行。如明尼阿波利斯的人行天桥系统在世界上享有盛名，已成为该城市的象征。

2.2.2 步行街布置原则

1. 保证便捷的交通联系

新建步行街必须考虑其与周围地区有便捷的客运交通联系，以便恰当地为其他地区的居民提供灵活方便的交通。将现有街道改建为步行街时，则要考虑原来街道与周围道路的关系，合理组织过境交通，不能因为步行街的设置影响整体城市交通的畅通。

实现步行街的规划或改造，对步行街区和周围街道要进行交通量调查，预测邻近街道能否容纳因步行街禁行车辆而增加的交通量以及能否形成环路的可能性。商业步行区的紧急安全疏散出口间隔距离不得大于160m。区内道路网密度可因地制宜，采用13～18km/km^2。

2. 体现公交优先并注重地区经济效益

商业中心区的步行区化，是依靠分散过境交通，实现人车分流同时鼓励公共交通的发展，适当限制私车交通而建立的特定区域。对道路系统实行公交优先、改善出行方式比例较有利。步行街实施的可行性研究中，要用投入与产出效益的比较来决策。经济效益中，应考虑销售量与就业量的增加，潜在效益中，则应考虑地价的增值、公共交通使用率的增高以及由于公交车速提高和减少汽车延误等带来的效益。此外，还应考虑环境、社会效益等。

商业步行区距城市干路的距离不宜大于200m，步行区进出口距公共交通停靠站的距离不宜大于100m。

完全封闭交通，对较长的步行街难以做到，不但将给周围道路造成过重的负担，而且因公共交通之不便而影响商业营业额，甚至导致降低该地区的土地利用价值。所以，在选择步行街的形式时，要遵循可达性要求和适意性原则。一般采用限时限制某种车辆较为合适，可达到人车之间的平衡，在时间上对车流予以分流，以保证在夜间完成商业街的货运、服务运输等功能。此外，可从行人步行的舒适性来考虑步行街的长度及规模。一般，长度以800m左右为佳。超过此长度时，宜设置小广场，以增加空间变化的方法予以调节。即使是完全的步行街，也应在平面规划和设施的布设中留出货运、急救（救护车、警车、消防车）和服务性（垃圾清运车）车辆运行的通道。

3. 步行街的横断面布置要便于步行

步行街横断面的形式多为单幅路形式，旧街改造的也有三幅路形式，平峰时原非机动车道仅供行人行走。原有人行道狭窄的，可采用骑楼式人行道，以达到加宽人行道的目的，还可起到遮阳避雨的作用。

横断面可采用不对称式代替传统的对称式。通常宜拓宽人行道，以便为布设设施提供空间。在高差处理上，可以变换形式，以达到人车分离、增加空间适意性。

步行街路幅的宽度,主要取决于临街建筑物的性质、层次与绿化布置的要求。人行道应有足够的宽度,以方便行人过境、停驻、进出商店。大中城市的主要商业步行街其宽度不宜小于6.0m,区级商业服务中心及小城市,也不宜小于4.5m(不包括行道树及绿带)。对于完全步行街(即无公共交通)车行道的宽度,也应以消防车、救护车及早晚营业时间前后为商店服务的货运车及垃圾车可以驶入为度,还可供限时准许穿越或进入的自行车行驶,其宽度至少为7～8m。新规划的城镇步行街的路幅总宽度,应有较高功能要求,一般以25～35m总宽为宜。对中小城市的旧商业街改造,为了减少拆迁量,也应力求使路幅保持20～24m;还应尽可能结合旧城改造,利用局部旧房拆迁空地来增加绿化,以改善环境气氛。

步行街道路绿化用地宽度占路幅总宽度的比例一般在25%～30%之间。行道树的布置可因地制宜,采取错列、并列或自由式布局。树木间距的变化,能加强环境的连续感和统一性。树木还可以用来自然划分步行区、站立处或休息区,作为动区和静区的屏风。行道树可以作为行人行走的路标。而花坛的布置更可使步行区灵活多变,绚丽多姿,其布设从无统一模式,完全可以依据步行人流活动的模式,当地的风俗习惯或设计者的巧妙构思,以造成一种宜人的环境。

为使步行区不介入过境交通,在道路的连接处可改成U形或建成尽端路,在地区的进口处设置横向突起故障,或者将车行道做成多弯的线形。如图2-9所示,尼科莱特林荫道即设计成多弯的车行道,该街地处明尼阿波利斯市商业中心区,约1.1km长,涉及8个街坊,以茂密多姿的绿化覆盖步行街,并延伸到市中心区。

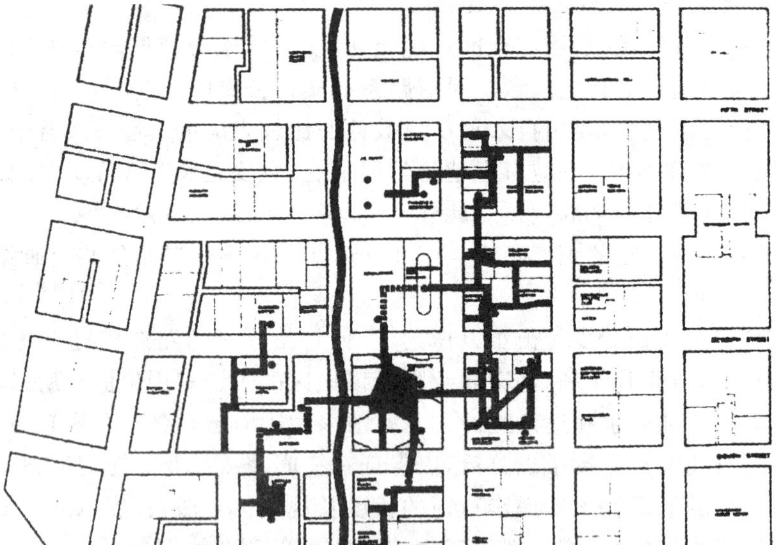

图2-9　明尼阿波利斯市现有的步行道

步行街出入口的设置颇为重要,各种交通的转换要求能迅速疏散大量的步行人流,又不致因大量的人流涌入流出,而对周围道路的车流引起干扰,构成新的阻塞。在这种情况下,小型集散广场的设置将有利于公共交通站点的布设。为便于人流的集散,步行街区的静态交通——停车场，宜规划在步行区出入口附近，以边缘集中式为宜。在个别规模过大、线路较长的地区，还可考虑与分散式结合。停车场也已向地下发展，从而避免大面积地面停车场与街区景观的不协调。商业步行区附近相应规模的机动车和非机动车停车场或多层停车库，距步行区进出口的距离不宜大于 100m，并不得大于 200m。

我国步行街区，以苏州观前街及上海豫园商业旅游步行街较为典型。哈尔滨奋斗路民益街至东大直街，采用近远期改造为步行街的方案。近期以民益街、红军街、花园街和阿什河街形成环路，拆除人行道栅栏，设隔离墩，禁止除公交、出租车以外的车辆通行。远期则在博物馆交通疏远后，使车辆完全分流，隔离带内侧改为人行道，地面重新铺装，安置各种设施，对周围街区进行整体改造，并设置停车场。

重庆将解放碑民族路、邹容路十字大街划为无车区，在外围布置停车场，实现商业步行街的人车分流系统。其卫星城——北培区中心，是著名风景疗养地，禁止机动车辆进入，在步行区周围布置外环路与停车场地。

[案例 2-1]　上海豫园商业旅游步行系统

上海豫园是闻名中外的旅游景点，其商业与美食服务有鲜明的地方特色。

地区面积为 39 公顷，处于上海市中心区的繁忙地带，周边道路的交通量皆名列前茅。预计 2020 年该地区节假日的吸引人流达 35.9 万人次/日，其中 35.3 万人次为步行方式。步行系统的功能明确以为游客服务为主，以购物为次。采取了既充分方便步行又不过分影响车行的步行街方案。整个区域内地面步行街、过街设施和路侧人行道的面积之和占该地区道路总面积的 49%，高峰时节假日人均步道面积为 $2m^2$/人，步行系统高峰时节假日步行密度为 5 人/$10m^2$。

对于非步行街的横断面布置，则根据沿街用地性质，确定人行道的不同宽度。同为步行街，视要求和条件的区别，在同一断面中分别安排出不同宽度的快步行带与慢步行带，满足不同出行目的的步行需要。

[案例 2-2]　上海南京路步行街

南京路步行街位于上海南京东路的河南中路至西藏中路路段，全长 1033m，路幅宽 18～28m，约占南京东路总长的三分之二，是集购物、旅游、商务、文化五大功能为一体的特色步行街。

步行街路面铺设彩色砖石，并以 4.2m 宽的金带为主线，金带所使用的材料是意大利进口的印度红花岗岩，金带上另有 37 个雨水窨井盖，盖面刻有上海不同时期的建筑。路面还设有无障碍盲道。道路两旁设有座椅、花坛、电话亭等公共设施。在河南中路、浙江中路和西藏中路口分别摆有 3 座雕塑，主题分别为“三口之家”、“少妇”、“母与女”。在河南中路入口及西藏中路出口树立有“南京路步行街”街碑。步行街的中部有一个世纪广场，广场为演出需要设立了一个舞台，广场内还有重 4.5t 的“东方宝鼎”和景观钟，周围花团锦簇。

2.3　自行车专用道

自行车是一种门到门、连续性的个体交通工具，是我国中小城市常规三大出行方式(公交车、自行车、步行)之一。自行车行驶在低等级公路上占用机动车和非机动车的混行车道，在高等级公路上(除汽车专用道外)行驶在非机动车道或路肩上。城市道路中，自行车行驶在三幅路或四幅路的非机动车道上。在单幅路和双幅路的城市道路上自行车混行在机非混合车道上,由于车速差异,是交通不安全的重要因素。因此,开辟自行车专用车道和专用道路是解决机动车和非机动车交通矛盾的彻底办法。国外大多数国家自行车不是主要交通工具,故采取与人行道合道的办法,或单独的自行车专用道。

目前支路、次干路修筑三幅路或用隔离栏改造单幅路为三幅路是有效的机非分流措施。但是高峰时间自行车流如潮涌,交叉口的交通矛盾高度集中,因此三幅路不能作为城市交通分流的唯一措施,还需要在路网上实现机非分流,各行其道。

开辟自行车专用道路,可有效地分解干道流量,降低交叉口的负荷,提高路网利用率。自行车对道路的要求是路面平坦、有一定的照明。可见,大多数支路均能满足要求,所以,利用支路,开辟独立的自行车专用道路,甚至形成系统。此外,还可以在干道一侧或两侧开辟平行的自行车道,分解干道自行车流量,从而提高干道通行能力。通过交通管理实行高峰限时自行车专用道,也不失为一有效措施。如沈阳市在南五马路、云峰南街实施了潮汐式可变自行车道,即在自行车高峰时间允许自行车占用机动车道行驶,高峰时间过后,自行车让出非机动车道供机动车行驶,自行车则占用人行道,这一管理措施,也收到了明显的效果。

优化自行车交通环境,并非是鼓励自行车的发展,而是一种迂回式的限制自行车发展的策略,其目的是在强化自行车远距离交通的同时,提高公交服务水平,增强公交吸引力,实现自行车向公共交通的转化。

如,沈阳铁西的建设大道,原来机非混行,相互干扰很大,车速低、事故多。将平行的北侧四马路和南侧的六马路改为自行车专用道后,使建设大道汽车行驶速度提高了 20%,事故下降了 20%,居民上下班出行时间节约了 10～15min。

2.3.1 专用自行车道设计

专用自行车道是专为自行车通行而修建的道路,通常指与其他路面隔离的道路。

1. 设置条件

德国规定,当汽车交通量为 3000 辆/日、自行车交通量超过 200 辆/日时,应设自行车道。英国规定,自行车交通量超过 100 辆/日的工矿居民区,需要设置自行车道。在超过 1500 辆/日的城镇地区,应独立设置自行车专用道。

2. 专用自行车道的线形设计

1) 视距

制动停车视距是反应时间(骑车人发现障碍物后,到开始控闸的时间)、骑行的距离及控闸后到停车时所行距离之和。反应时间按 1s 计算,以 15km/h 的速度行驶,反应时行驶距离为

$$l_{反}=\frac{V_{自}}{3.6}t_{反}=4.1\text{m} \tag{2-8}$$

日本经实验测定,控闸到停车的距离 $S_{制}=2$m,则视距 S 为

$$S_{自}=l_{反}+S_{制}=4.1+2=6.1\text{m} \tag{2-9}$$

2) 自行车道的曲线半径

在居住区街坊,自行车专用道曲线半径可小些,日本取用极限半径为 3m,而风景区自行车专用道的曲线半径采用 30m。美国采用标准为 2～15m,常用标准转弯半径为 6m。下坡时,为确保安全,应增大半径。

3）超高

在纵坡平缓及单向上坡路段，有无超高并不影响安全。在3%以上的连续下坡时，自行车有相当的速度，其坡长与坡度的乘积大于500时，应设小于5%的超高。

4）曲线加宽

在曲线部分及陡坡路段上，因自行车的“蛇行”情况比一般路段上多。为保证行车安全，超过3%的下坡路段、坡长与坡度之乘积大于500的路段以及坡长很长的陡坡路段，需设置加宽，每条车道加宽为0.25m。

5）纵坡

下坡路段为陡坡时，由于加速度使行驶速度增快，这种情况最为危险，不利于行车，所以，对陡坡要限制坡长，见表2-1。表列纵坡如连续，并达到限制坡长时，应设置纵坡坡度小于3%、坡长大于100m的缓和路段。

表 2-1 自行车限制坡长

纵 坡 度	5.0%	4.5%	4.0%	3.5%	3.0%	2.5%
限 制 坡 长/m	50	100	200	250(150)	500(200)	(300)

注：（ ）内数值为我国自行车限制坡长数值；无括弧内数值为日本自行车限制坡长数值。

当下坡坡度大于3%、其坡长与坡度乘积大于500时，为防止险情，宜划分自行车道的每条车道线，并且要严格分开自行车道与行人道。

6）竖曲线

在专用自行车道变坡处，为缓和冲击及保证视距，也应设置竖曲线，其长度为5～10m。

2.3.2 自行车专用道与机动车道的交叉

自行车专用道与机动车道或铁路在同一平面交叉或连接时，应按交叉口视距三角形（见本书第5章）计算。为保证适当的视距，在三角形内不宜设置电杆、公用电话亭、广告塔以及妨碍视线的大树，交叉口形状宜正交。

德国的自行车专用道，设在机动车道两侧独立路基上，其与机动车道横向道路相交时，使自行车道离开机动车道边设置，以使左、右转弯的汽车与自行车几乎都能正交，不妨碍后面的直行车。

交叉口要标有鲜明的路面标志线，并采用防滑路面，以利安全，连接处的路面尽可能平顺。

实施机动车专用道和自行车专用道后，虽可有效地提高通行能力，缓解交通拥挤，但在交叉口上仍会严重堵塞，这是因为自行车如潮涌般通过交叉口时，车流不断，多有不遵守交通规则者肇事。除了加强交叉口的渠化设计外，在流量大的交叉口还宜设置简易立交。一般可建造自行车下穿过街道，因其净空较小，并有利于自行车上下坡。在地下管线复杂处，可将自行车与人行立交组合在一起。如广州在海珠桥南及陵园西路东风路口等五处均建造了推行通过的自行车、人行两用天桥。由于自行车专用天桥受限于3%的坡度而使引桥坡道过长，不为旧城狭窄道路所容纳，所以，采用阶梯式自行车推行坡道，其纵坡可取15%～17%，为减少推行人体力消耗，可在一定阶梯高度间隔设一定长度的平台。其他构造见人行立交和路面的有关章节。

2.3.3 自行车道和人行道合道

在不具备设置专用自行车道系统的城市，在自行车交通量或行人交通量不大的街道上可对城市道路横断面布置方案作如下优化设计：①非机动车与人行道设在同一平面，机动车道在另一平面;②在交叉口建造无障碍通道;③完善隔离措施;④合理安排道路附属设备;⑤合理布置地下管线。具体方案如图 2-10 所示。

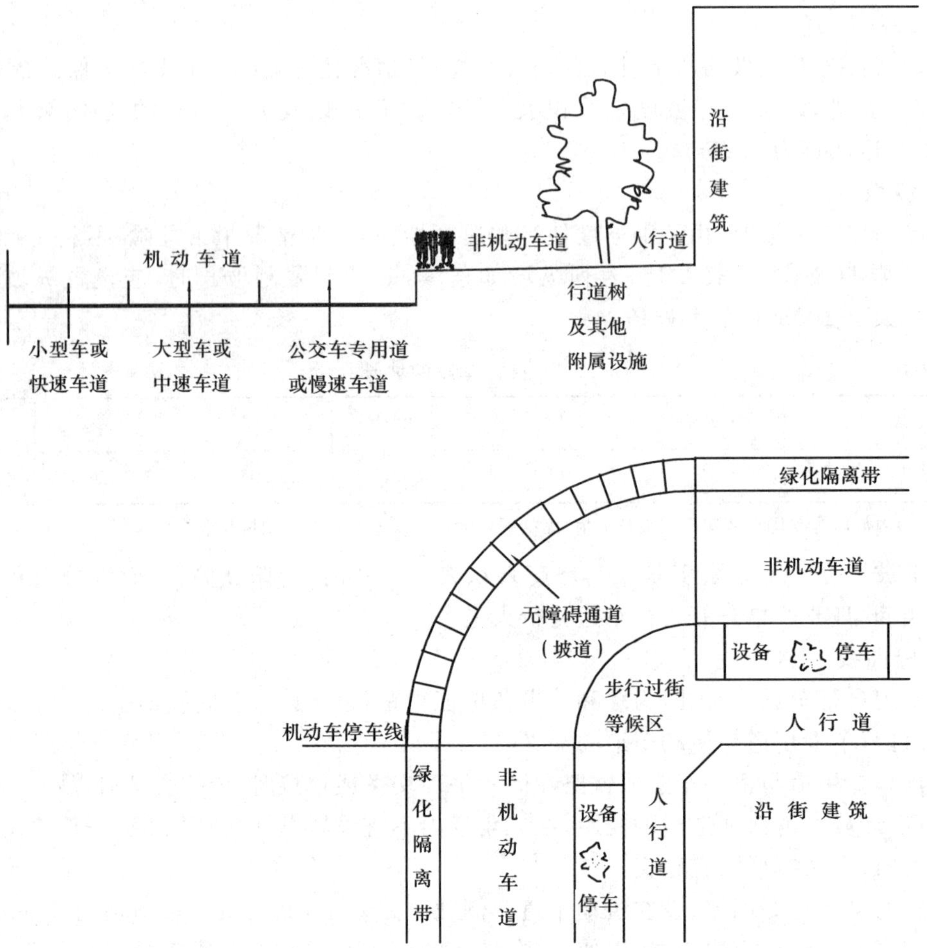

图 2-10　自行车与行人合道

自行车和行人合道方案的优点如下:

(1) 机动车与非机动车彻底隔离:采用不同平面布置可根治机非混行弊端,非机动车道与机动车道不在同一平面,骑车人可减少废气污染、粉尘及悬浮颗粒的侵袭。

(2) 无障碍系统得到保证:与国际接轨(现代都市标准之一)。

(3) 降低道路建设成本:非机动车道采用低负载的路面结构,可明显降低建设成本。

(4) 非机动车停车问题有较好的空间位置:在绿化隔离带辟出。

(5) 污染隔离完善:一定的高差与机非间隔离带(如采用较矮的灌木丛)有较强的隔离作用。

(6) 地下管线共同沟位置较好:可在绿化带中布置,或在非机动车道采用预制盖板布置,由于非机动车道路面载荷较小,盖板强度问题较易解决。

(7) 留有较大的余地:由于非机动车流量随时间变化波动较大,且与生活出行步行流的时间有交错,在一定的管理手段配合下,非机动车道与人行道可互相借道使用(因为在一个平面较易处理);另一方面,随着社会经济发展与公共交通改善,交通性干道上非机动车流量会有所下降。如广东省中山市主要道路已把主干路的四幅路形式改为双幅路形式,把自行车道纳入与人行道同一平面上,其间用绿带和不同的路面结构分隔行人与自行车。这种合道又称“人非共板”。

2.3.4　自行车道和公交专用道合道

浙江省嘉兴市中环支路把公共汽车从机动车道分离出来与原三幅路的非机动车道合并,这样,使高峰时间公共交通优先行驶,路面结构要据公交车所需考虑(图 2-11)。

图 2-11　嘉兴广益路公共交通专用道和非机动车道合用实例

2.4　公共交通用专用车道和停靠站设计

道路平面设计中应包括与道路相关的公共交通专用车道和停靠站的设计。

2.4.1　常规公交专用车道设计

主、次干路每条车道交通量大于 500pcu/h 及公交车辆大于 90 辆/h 时,宜设置常规公交专用车道。常规公交专用车道通常设置在最外侧车道上。常规公交专用车道单车道宽度不应小于 3.5m。常规公交专用车道在平交路口宜连续设置。城区公共交通停靠站间距宜为 400～800m,郊区停靠站间距可根据具体情况确定。

2.4.2　公交停靠站的设置

公交停靠站可分为直接式和港湾式,城市主、次干路和交通量较大的支路上的车站,宜采用港湾式公交停靠站。

常规公交车站人多为单侧停靠车站,单侧停靠的站台宽度不应小于 3m。路宽有条件的公共交通车站宜设置为港湾式停车道,停车道的宽度不应小于 3m。站台长度应满足车辆停靠、人流集散及相关设施布设的要求。车辆停靠长度应根据车辆停靠数量和车型确定,最小长度应满足两辆车同时停靠的要求,车辆长度应根据选择的车型确定。港湾式停车站如图 2-12(a)所示。

港湾式停靠站设置在机动车道与非机动车道间的较宽绿化分隔带上站台处,这样机非互不干扰,但行人要穿越非机动车流。在行人不多的路上,可缩窄人行道,设置港湾式停靠站,如图 2-12(b)所示。

在三幅路上,在机动车道与非机动车道间只有较窄绿化分隔带,其上设置港湾式停靠站,如图 2-12(c)所示,上述三种形式的弊端是行人上、下公共汽车都要穿过非机动车道,特别是与飞速驶来的助动车相遇,为避免冲突,需提前在月台候车。否则,为靠近人行道停靠,公共汽车需驶入非机动车道,则造成机非冲突。常规直接式公交停靠站即这样,所以,高峰时间,在交通繁忙道路设置公交专用车道是最佳措施。

较窄的单幅路上,通常设置直接式停靠站,并且上、下行停靠站不宜设在道路的同一个断面上,宜错位设置(图 2-12(d)),以免影响道路的通行能力,道路交叉口附近的停靠站宜安排在交叉口出口道一侧,距交叉口出口缘石转弯半径终点宜为 80～150m。

港湾式公交停靠站的设计参考尺寸见图 2-12(e),站台长度最短应按同时停靠两辆车布置,最长不应超过同时停靠四辆车的长度,否则应分开设置。站台高度宜采用 0.15～0.20m,港湾式站台宽度不宜小于 2m;当条件受限时,站台宽度不得小于 1.5m。

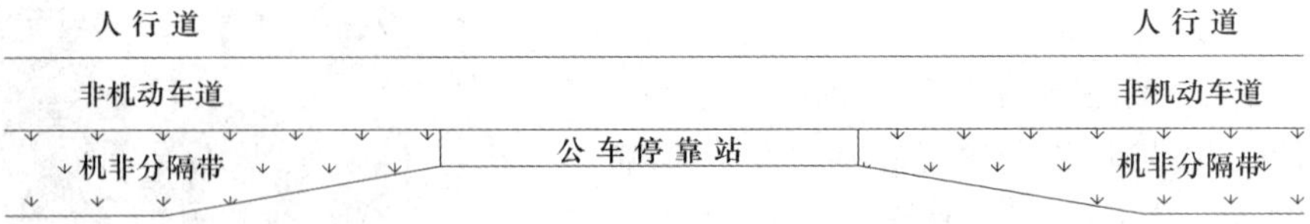

(a) 缩窄绿带在机动车道与非机动车道间设置的港湾式停靠站

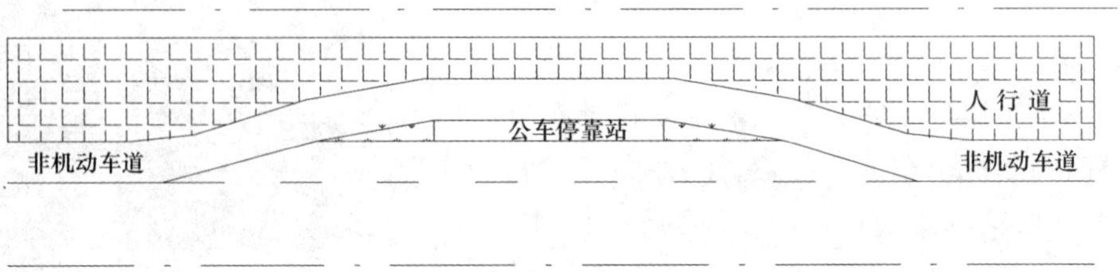

(b) 缩窄人行道设置的港湾式停靠站

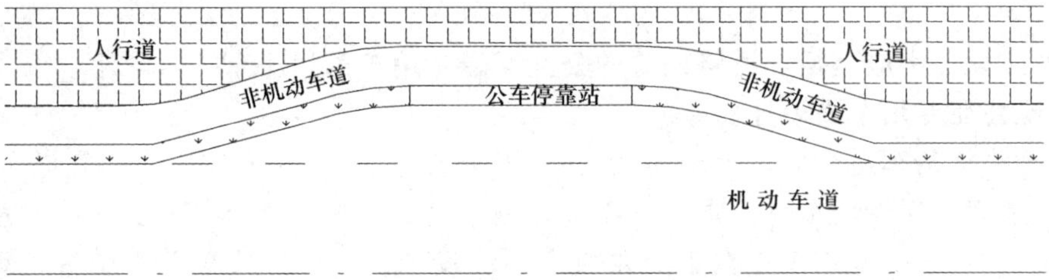

(c) 较窄绿化分隔带上设置的港湾式停靠站

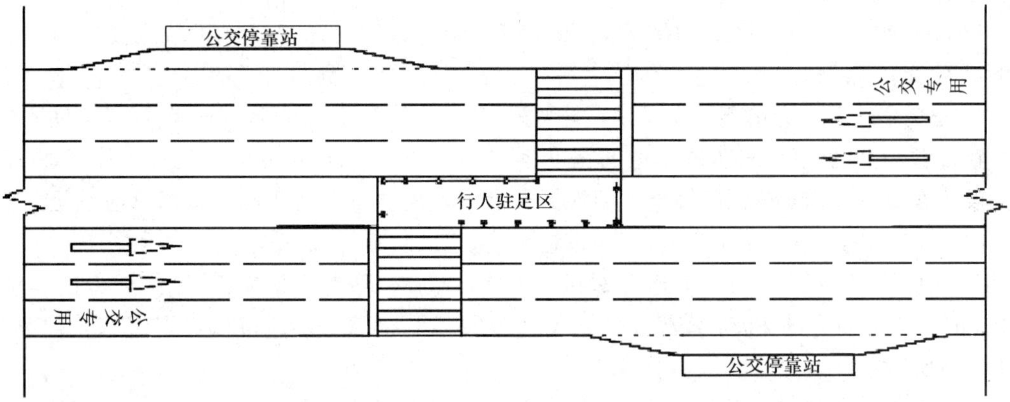

(d) 公交专用车道停靠站错位设置,行人过街横道设置在公交车站的上游

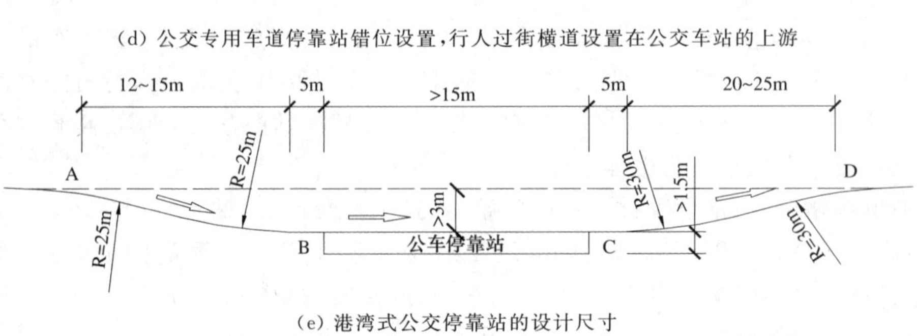

(e) 港湾式公交停靠站的设计尺寸

图 2-12 公共交通停靠站设计

2.5　道路无障碍系统设施

随着全国城镇化水平的提高，城市建设中体现的以人为本的设计理念进一步建立，目前，大中城市乃至中小城市新建改建道路中都开始重视建设城镇道路的无障碍环境，提高人民社会生活质量，以确保行动不便者能够安全方便地使用城市道路，使乘轮椅者、拄盲杖者以及使用助行器者能方便地上、下人行道和沿线交通设施。

2.5.1　缘石坡道

缘石坡道是为乘轮椅者避免人行道路缘石带来的通行障碍(原为15～17cm的高差)而设置的一种坡道。一般通过斜坡使人行道与车行道的高差仅为2cm(图2-13)。缘石坡道通常设在人行道的交叉路口、街坊路口、单位出入口、广场入口、人行横道及桥梁、隧道、地铁站的入口。

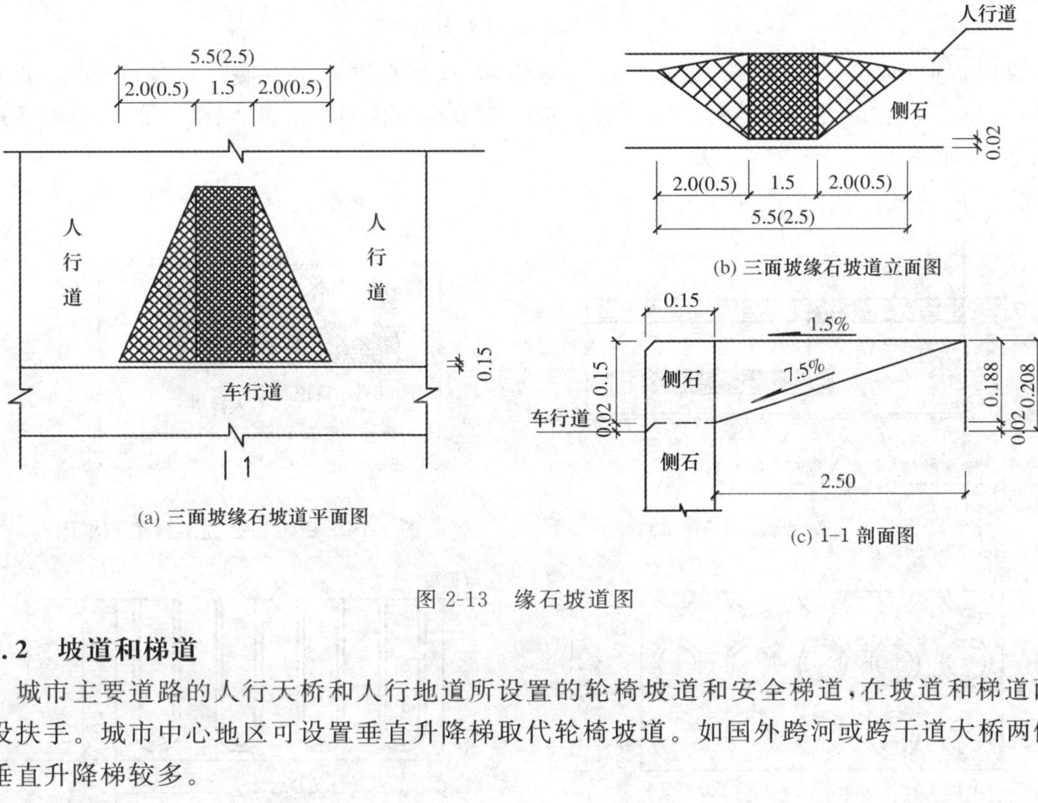

图2-13　缘石坡道图

2.5.2　坡道和梯道

城市主要道路的人行天桥和人行地道所设置的轮椅坡道和安全梯道，在坡道和梯道两侧应设扶手。城市中心地区可设置垂直升降梯取代轮椅坡道。如国外跨河或跨干道大桥两侧设置垂直升降梯较多。

2.5.3　盲道

盲道是在人行道上铺设一种固定形态的地面砖，使视残者产生不同的脚感，借助盲杖触及，诱导他们向前行走和辨别方向以及到达目的地的通道。

盲道已从原来铺设在中心区道路、广场、步行街、商业街及主要建筑物地段推广到所有的人行道上。

盲道表面触感部分以下的厚度应与人行道砖一致，盲道应连续，中途不可有电线杆、拉线、树木等障碍物。

盲道分行进盲道和提示盲道两种。行进盲道是在人行道纵向辟出一条适当宽度的带状范围，表面呈条状形，使视残者通过脚感和盲杖触感后，指引视残者直接向正前方继续行走的盲道。行进盲道的宽度一般为0.3～0.6m，视人行道宽度选下限或上限。人行道设有树池的，行进盲道可设在距树池 0.25～0.5m 处;人行道外侧有围墙、花台或绿地带的,行进盲道距它们 0.25～0.5m。行进盲道的起点、终点及拐弯处应设圆点形的提示盲道(图 2-14)。

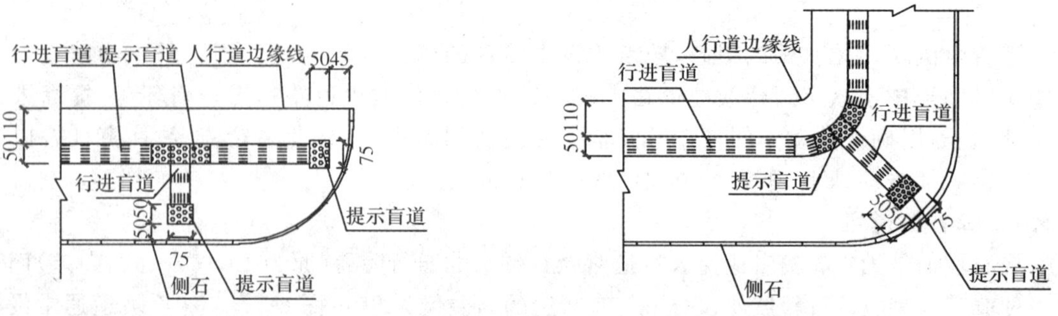

(a) 人行道横道线处　　(b) 交叉口转角处

图 2-14　盲道板材平面布置图

提示盲道表面呈圆点形状,设在盲道拐弯处,终点处和需要示意服务设施的地方,如人行横道处、公交车站处、有障碍物处,故也称为转向停步块(图 2-15 和图 2-16)。板块的尺寸规格见图 2-17 和图 2-18。

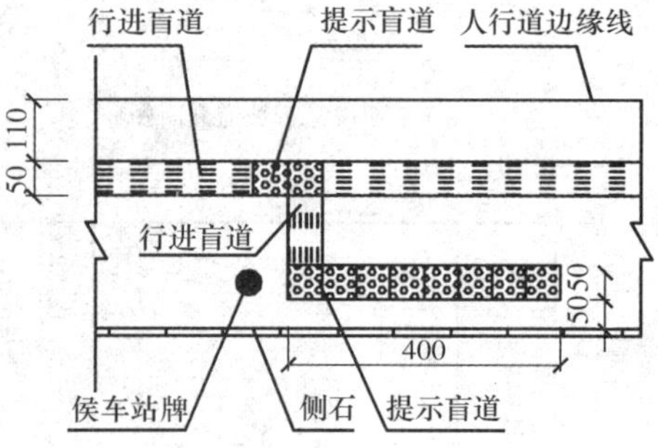

图 2-15　公交车站处提示盲道布置图

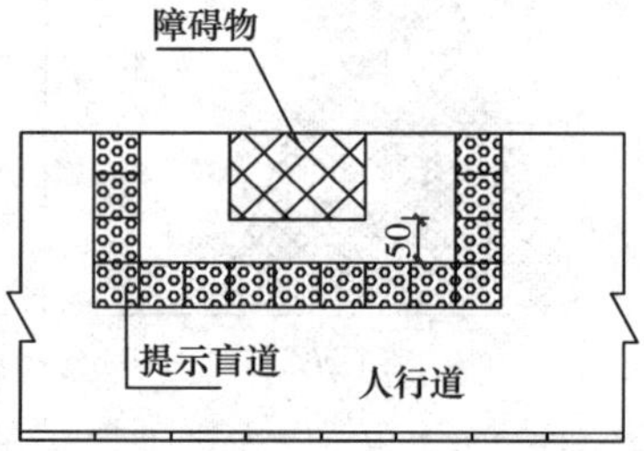

图 2-16　障碍物处提示盲道布置图

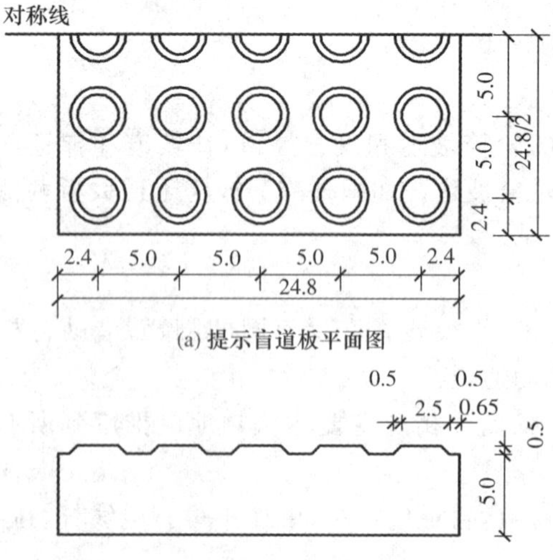

(a) 提示盲道板平面图

(b) 提示盲道板剖面图

图 2-17　提示盲道触感圆点规格

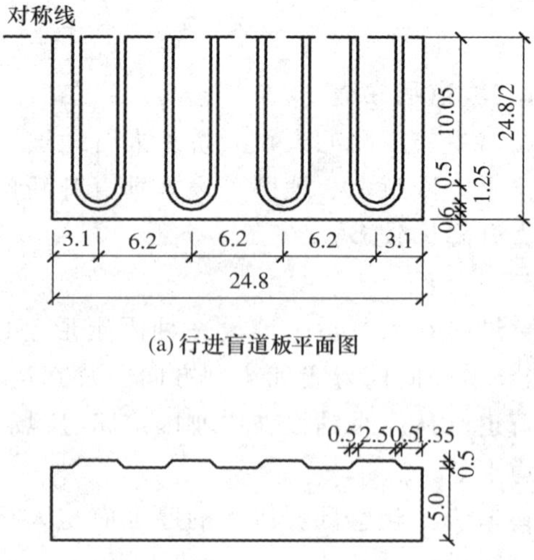

(a) 行进盲道板平面图

(b) 行进盲道板剖面图

图 2-18　行进盲道板规格

提示盲道的长度大于行进盲道的宽度(图 2-14),人行道中有台阶、坡道和障碍物等,在相距 0.25～0.5m 处应设提示盲道。距人行横道入口、广场入口、地下铁道入口等 0.25～0.5m 处应设提示盲道,其长度与各入口的宽度相对应。提示盲道的宽度为 0.3～0.6m。候车站牌一侧应设提示盲道,其长度为 4～6m,提示盲道距路边应为 0.25～0.5m。

无障碍步道设施的建设是体现城市现代文明的一个侧面,宜根据城市的经济实力、街道繁华程度逐步实施,主要结合城市改造和道路的改建,在建造中要注意保证区域内无障碍步道的连通性和向区域外延伸的连续性,不要造成系统的内部间断,以免给残疾人的交通带来对路况判断的不确定性。

2.6　道路地下管线工程

当今,我国正处在经济迅速发展时期,城镇的扩展,新区、开发区、产业区的建设方兴未艾,旧城区改造的任务依然繁重。城市建设先要进行城市基础设施的建设,其中城市道路是最基本的设施。由城市道路系统组成的道路网成为城市的骨架,城市道路也是城市公用事业管网系统的主要通道。一个现代化城市的存在与发展与其公用事业的供应水平密切相关。在城市道路地下密布着各种管线,它们保证不间断地供应电能、煤气、自来水,保证通信线路畅通,并排除自然界的雨水和生活污水,从而使城市生产和生活朝气蓬勃。随着城镇化迅速发展和城市现代化水平的日益提高以及人们对城市环境质量的进一步要求,城市公用事业的供应种类和水平也日益扩大和提高,城市管线的地下化趋势越来越大。各种管线沿着道路网形成了地下管网。发达的城市地下管网系统又成为决策道路设计、改建修建和管理条件的重要因素之一。

为了合理地在城市道路横断面上妥善布置各种管线,经济地使用道路空间及维护管线的安全运行,因此,在城市道路设计之初,应搜集街道规划红线范围以内的现状、规划管线的资料加以综合研究、统筹兼顾。并根据管道的性能、输送物质的危害程度、管径、现状管网布置状况及道路上各种设施,确定规划管线在道路断面上的具体位置,避免在设计位置和高程上的矛盾,以便采取措施,避免造成损失。

2.6.1　城市道路地下管线工程的分类及布置

城市管线工程按其性能用途划分,主要可分下列 6 类,并且由各主管部门分管。

(1) 给水管道:工业给水、生活给水、消防给水。(通常由自来水公司或市政设计和施工)

(2) 排水管道:污水(工业与民用分开)、雨水管道。(由市政设计和施工,即道路部门负责施工和管理)

(3) 电力管道:高压动力、低压照明管道。(供电部门设计与施工)

(4) 电讯管道:电话、广播、电视、宽带等电缆管道。(邮电设计院设计,电话电讯部门施工和管理)

(5) 热力管道:热水、蒸汽等管道。(企业、工厂用)

(6) 燃气管道:煤气、天然气等管道。(煤气公司设计与施工)

地下管道按埋设深度分为深埋和浅埋两种,它与气候、冰冻线深度有关。覆土大于 1.5m 者为深埋,如给排水管道、湿煤气管道等。

按输送方式又分为压力管道和重力自流管道。给水煤气多为压力输送,污水、雨水多为自流输送,后者要受到地形和标高的制约。

1. 道路排水

1) 公路路面排水

道路排水分公路排水和城市道路排水。公路排水通过道路纵坡和横坡排放至设于路基两侧的排水明沟内,再通过明沟纵向坡度排入附近天然河、沟内。公路排水有两种方式排除路表水:一种是在路肩设置拦水缘石和急流槽,将水集中排出路基;另一种是让路表水沿路面漫流至路肩顺边坡排出路基。这两种方式在正常情况下都能达到有效排路表水、保证行车安全的目的,但当降水强度大于设计值时,集中排水法即第一种方法会导致路面发生积水现象而影响行车安全;而第二种路面漫流排水可以保证路表水能够顺利地排出路基,而不发生积水现象,对行车安全保障较好。采用漫流排水方式需要对道路路肩及边坡采取相应有效的防护,通常在土路肩上铺植草砖,高填土路基用拱形护圈护坡,低填土路基用植草砖植草护坡。以确保边坡不受路表水的冲刷(图 2-19)。

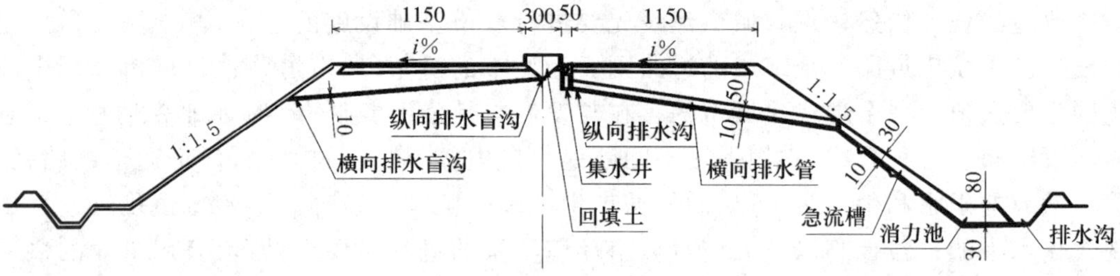

(a) 横断面图

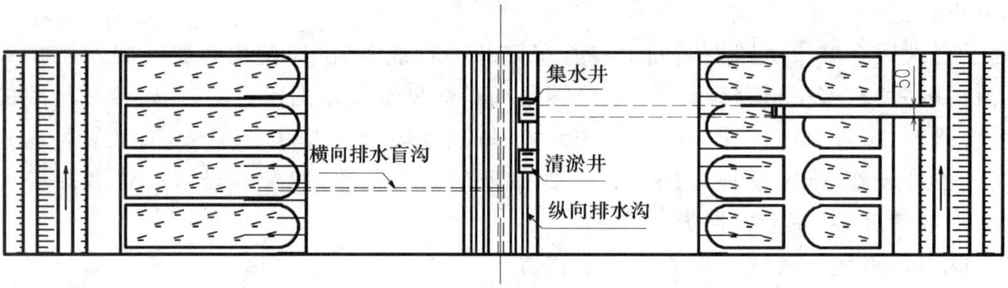

(b) 平面图

图 2-19 公路排水示意图

2) 城市排水系统及路面排水

城市排水工程的任务是把雨污废水按一定系统汇集起来,并经处理符合排放标准后再排泄至水体。排水系统的体制,一般分为合流制和分流制两种类型。

(1) 污水管道

从道路交通要求考虑,污水主干管不宜放在交通频繁的道路上,最好设置在次要街道,以便施工及维护检修。污水管道常设在污水量较大、地下管线较少一侧的人行道、绿化带和慢车道下。根据实际情况,也有在街道两侧各设污水管道的。

污水管道难免渗漏,对相邻的电缆、煤气管、给水管及房屋基础都会产生不利的影响。因此,污水管道与其他建筑构造物应有一定距离。

污水管道的最小埋设深度需要满足 3 个因素：

① 必须防止管道内的污水冰冻和因土壤冰冻膨胀而损坏管道。无保温措施的生活污水管道或水温和它接近的工业废水管道，管底可埋设在冰冻线以上 0.15m，并应保证管顶最小覆土厚度。

② 必须防止管壁因地面荷载而受到破坏，这个覆土厚度值取决于管材的强度、地面荷载的大小以及荷载的传递方式与路面类型及覆土的情况等因素。在车行道下，管顶最小覆土厚度一般不小于 0.7m。在管道保证不受外部荷载损坏时，最小覆土厚度可适当减少。

③ 必须满足街道连接管在衔接上的要求。在气候温暖的平坦地区，管道的最小覆土厚度往往取决于连接管在衔接上的要求，因此，它受室内污水出户管埋深的控制。街道污水管必须能承接街坊污水管，而街坊污水管又必须承接房屋污水出户管，从安装技术上讲，房屋污水出户管的最小埋深，通常采用 0.55～0.65m。所以，街坊或庭院污水管起端的最小埋深也应为 0.55～0.65m。

除考虑管道起端的最小埋深外，还应考虑最大埋深问题。污水在管道中依靠重力从高处流向低处。当管道的坡度大于路面坡度时，管道的埋深就愈来愈大，尤其在地形平坦地区更为突出。最大埋深的确定应根据技术经济指标及施工方法而定。超过最大埋深时，应考虑设提升泵站。一般，在干燥土壤中，最大埋深不超过 7～8m；在多水、流砂、石灰岩地层中，最大埋深不超过 5m。

(2) 雨水管道

城市道路排水是城市排水系统的一个部分，也是城市道路的一个组成部分，城市道路应根据当地降水与路面的具体情况，设置必要的排水设施，及时将降水排出路面，改善城市的卫生条件，避免雨水渗入路基致降低路基强度进而使路面过早损坏，以及保证行车安全。特别是行车速度高的城市快速路、主干路等高等级路面水应迅速排泄，以防止路面形成水膜而影响行车安全。城市道路排水一般采用暗管渠形式，道路上及其相邻地区的地面水依靠道路设计的纵、横坡度，流向车行道两侧的街沟，然后顺街沟的纵坡流入沿街设置的雨水口，再由地下的连接支管通到干管，见图 2-20(a)。对于宽阔的道路，雨水管道可以安排两根，图2-21为双管排水用在三幅路上的横断面示意。

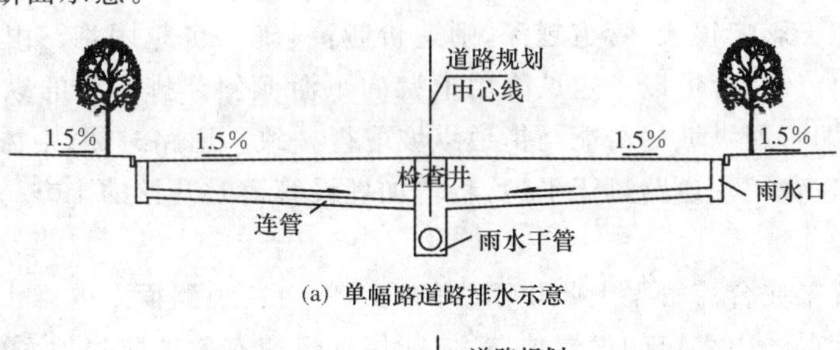

(a) 单幅路道路排水示意

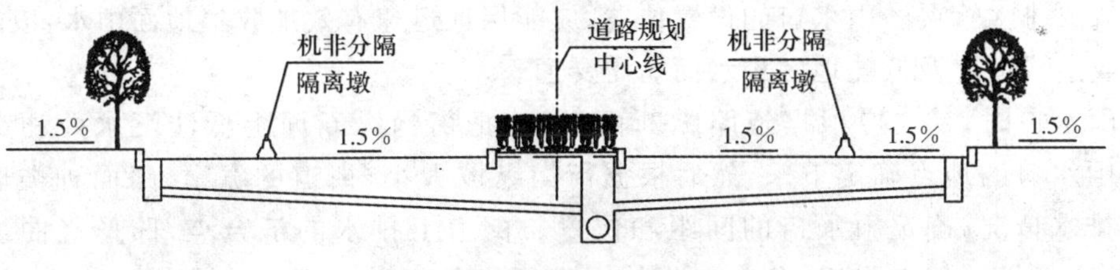

(b) 双幅路道路排水示意

图 2-20　城市道路单管排水图

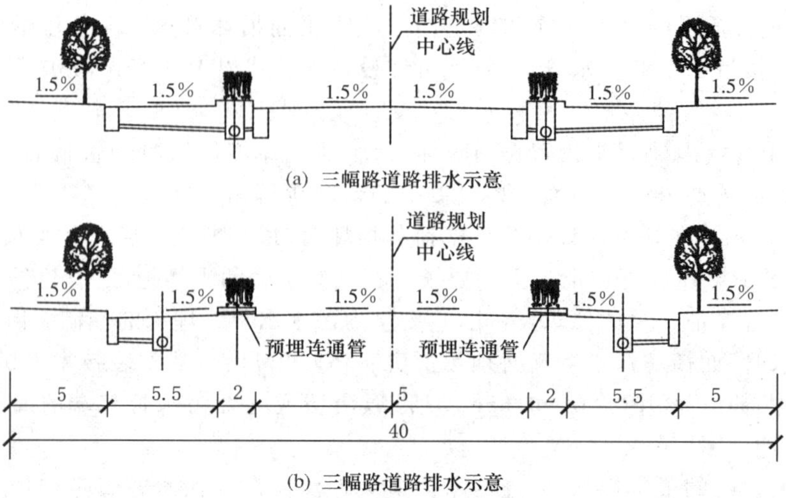

图 2-21 城市道路双管排水图

① 雨水管和道路的平面关系

雨水管布置应平行于道路的中心线。雨水干管一般布置在街道一侧,不宜设在中间(图 2-20(a))。通常,道路中心线是路面分水线,是横坡的变坡点,是路拱的拱顶,雨水管宜设在快车道以外,如慢车道、绿化带、较宽的人行道下,但不宜埋设在种植树木的绿带下(图 2-20(b))和灯杆线及侧石线下。在路面较窄的道路上,雨水管线不得不布置在车行道下时,应尽量避开车轮轨迹集中地带,以便减少管线承受的车辆荷载,并且防止车轮经常对窨井盖挤压振动而产生跳盖现象。在路面较宽的情况下,有时采用双线分置于街道的两侧,这主要是根据街道的等级、横断面的形式、车辆交通情况、地下管线复杂程度及沿街建筑等技术条件和经济决定。

② 路面排水、排水管道和道路纵坡的设计关系

城市道路纵断面设计时,要妥善处理地下管线覆土的要求。排水管道的埋设深度对整个管道系统的造价和施工影响很大,管道越深,则造价越高,施工也越困难。由于雨污水在管道内是靠它本身的重力流动,管道以一定坡降由上游向下游倾斜。排水管的纵断面设计应尽量与街道地形相适应,即管道纵坡尽可能与街道纵坡取得一致。道路过陡,则需要设置跌水井等特殊构筑物,增加基建费用。道路过于平坦,将增加埋设管道时开挖的土方。

③ 雨水口的布置

雨水口是雨水管渠或合流管渠上收集雨水的构筑物。街道路面上的雨水首先经雨水口通过连接管流入排水管渠。雨水口的设置位置,应能保证迅速有效地收集地面雨水,以防止雨水漫过道路或造成道路及低洼地区积水而妨碍交通。

布置雨水口时,首先应根据道路纵断面设计,把街沟纵断面上低洼汇水处和交叉口上必须设置雨水口的地点确定下来,然后根据街沟纵坡大小、街道的宽窄、路面种类以及两旁街坊院落排水情况,确定雨水口的间距和位置。街道上排水的汇合点,凹形竖曲线的低洼处,道路转弯半径的切点附近(分水点除外),人行横道上游位置均应布置雨水口,沿街大单位出入口上游,停车站处的上游,依靠地面径流排水的街坊的出入口也应布置雨水口。平交路口应按交叉口的竖向设计布设雨水口,防止路段的路面水流入交叉口,造成局部面积

的积水现象。

雨水口的形式(有平式、立式、联合式)和数量通常应按设计汇水面积所产生的流量和雨水口的汇水能力确定。道路上雨水口的间距一般为35～50m,当道路纵坡较大时,雨水口的间距适当取大值。

2. 给水管道的布置和敷设

给水管网一般由输水管(由水源到水厂及水厂到配水管的管道)和配水管(把水送到各用户的管道)组成。城市给水管线一般沿道路布置,平行于道路规划线,给水管线在道路下的平面和高程应符合管网综合设计的要求,一般输水管敷设在慢车道下,配水管道敷设在人行道下。给水管道应在道路标准横断面设计图中标出。

输水管线一般按规划道路布置,应尽量不在重要道路(交通要道或建筑物密集的商业街道)下敷设,以免在维修管道时影响交通。

1) 水平净距

配水管道距离建筑物的最小水平净距为1.5m。对于大型高压输水干管,距离建筑物最小水平净距为5m,以避免爆管时冲击建筑物墙身造成危害,及维修管道需大开挖时对建筑物基础造成的危害。对大孔性土壤,漏水后还会造成地坪坍塌的影响。例如,浙江台州市的椒江青年路外沙段,因其路基为原地的海砂,在给水管漏水后,造成沥青路面沉陷进而形成了较大的坑槽。

2) 覆土深度

给水管道和道路二者在竖向设计上应配合。给水管道虽然属压力式输送管道,设计时对纵坡度没有十分严格的要求,管道安装时,管内底高允许偏差值也较重力式排水管道大,但为保证管道安装顺直,以减少管道接口处的应力,管线的纵坡最好与路线纵坡相应,这样,既能保证管道有一定的覆土要求,也不会使部分管段因挖深过大,而增加了不必要的工程量。在一些填挖较大地段,管道的最大覆土一般不得超过4m,地面活载超过汽-10时,覆土不得小于1m。通常,在人行道下的最小覆土厚度0.7m,非机动车道下的最大覆土厚度为0.8m,个别管线处的最小覆土厚度可为0.6m。若覆土厚度不足0.5m覆土,可在管面上加设盖板,盖板两端要砌支墩,并内填黄沙。

水平净距和竖向间距:通常与给水管本身的管径和管内水头压力,以及相邻管线性质有关。设计和施工时,应按照规范保证足够距离,无法满足要求时,要做特殊处理。在两管交叉相距不足5cm时,应加垫木板或橡胶衬垫,上侧管道还应加砌支墩以防止下沉断裂。给水管线不能直接穿越雨污水管的窨井,在路径困难处,可加上套管后穿过加砌较大的窨井。

管线过桥,可利用道路桥梁的结构空档,挂设、穿越或外挑在桥侧。某些荷载较大的管道,也可自建管桥过河。

3. 燃气管道的布置和敷设

城市燃气供应系统是城市建设的一项重要基础设施。实现民用燃料气体化是城市现代化的重要标志之一。我国中小城市中的燃气普及率还相当低,在一些地区,其输配管道建设时常滞后于城市道路建设。因此,在新建的或改建道路时,应根据规划在城市道路重要地段(如重要交叉口、交通繁忙、管线设施繁杂的水泥混凝土路面下)做好预埋管。

在城市市区布置燃气管网时,必须服从地下管网综合规划的安排。燃气管道一般采用直埋敷设,应尽量避开主要交通干道和繁华的街道,以免给施工和运行管理带来困难。新敷设管线必须平行于道路红线,通常,输气管敷设在慢车道下,也有敷设在车道绿化分隔带下,而配气支管则放在人行道下,燃气管道可以单侧布置,也可以双侧布置,双侧布置一般在街道很宽、横穿马路的支管较多或输送燃气量较大、一条管道不能满足要求的情况下采用。

燃气管道的事故屡见不鲜,因此必须保证燃气管和相邻管线、建(构)筑物在水平和竖向有一定安全距离。采取行之有效的防护措施,并与有关单位协商,酌情减少其安全、防火距离。例如,增加管子壁厚,将有缝钢管改为无缝钢管,选用强度更高的管材,增加保护套管,管道交叉时对位于上方的管道两端加砌砖墩等,以提高该管段的强度及安全性。

行道树对燃气漏气特别敏感,因此,煤气管与行道树的间距应大于1m,并尽可能使管道接头与树干位置相互错开。燃气管的泄漏燃气常袭入雨水窨井,再经户内沟管危害居民,所以要适当加大与雨水管及房屋的间距。燃气管禁止穿越雨水窨井。

4. 电讯电缆的布置与敷设

电讯电缆线路的建筑方式一般有管道电缆、直埋电缆和架空电缆等。而架空电缆由于受到容量少、使用寿命短、维护费用高、市容不美观等缺点影响,在城市中愈来愈多采用地下电缆。

地下电缆布置应尽量短直,以节省线路工程造价,并应选择在比较永久性的道路上敷设,还需考虑各种电缆建筑方式的敷设条件、技术合理、便于施工和维护等因素。管道电缆的中心线应与道路中心线平行,分支管道、引出管道和引入管道应尽量与道路中心线垂直。管道位置应尽量选择在人行道下或绿化地带(但应注意某些生根能力很强的乔木地带不宜选为管道位置)。有时不得已选择车行道下,应尽量靠近人行道边侧的非机动车道下,并注意雨水的排泄,采取措施使雨水不会流到人孔和管道内。

为了避免雨污水渗漏到管道中,在管孔内产生淤积,造成电缆腐蚀或管孔淤塞的现象,两人孔间的管道应有一定的坡度,使管道中的积水能流入孔而便于清除,管道坡度一般为0.3%～0.4%,最小不宜小于0.25%。而一般城市道路为达到路面排水要求,其最小纵坡也在0.3%～0.4%。所以在敷设管道时,应参照道路纵断面,使管道坡度和路面纵坡一致,防止埋深过大或覆土厚度不足,在路线纵坡较大的道路上,宜在坡度变换处设置人孔。

5. 电力电缆的敷设

电力网的敷设方式分为架空电力网和电缆电力网。随着城市电气化的发展,各种用途的强电和弱电网络的增加,逐渐开始采用地下电缆。地下电缆相对安全,线路隐蔽,又不碍市容。除特殊情况外,新区建设均采用地下电缆。

地下电缆的敷设方法有直埋电缆、电缆沟、电缆隧道几种。一般布置在人行道下。

地下电缆不应长距离与其他地下管线平行敷设,且间距不可太近。

2.6.2 管线综合

城市管线综合,对于城市规划、城市建设与管理都有十分重要的意义。综合的目的是为了合理地利用城市用地,综合确定城市工程管线在城市地上、地下空间位置,避免工程管线之间及其与相关构筑物之间的相互矛盾和干扰。工程管线综合应在空间方面解决管线的矛盾。在空间上解决如何对管线作统一安排,确定其合理的水平间距以及相互交叉时的垂直净距。

1. 城市道路地下管线综合原则

(1) 建筑物、道路、各种管线的位置都要采用统一的城市坐标系统及标高系统。厂内的管线也可以采用自己定出的坐标系统和相对标高系统,但厂界、管线进出口则应与城市管线的坐标和标高一致。如存在几个坐标系统和标高系统,必须加以换算,取得统一。如常用的黄海高程和吴淞高程系统的换算,二者高差为1.787m。

例如,某城市老城区采用吴淞高程而新区采用黄海高程,今新区设计一排污管需经老城排污干管输送至污水处理厂，接口处污水管内底为 2.738m 的吴淞标高，那么，新区设计的排污出口管内底标高不得大于 0.951m(2.738－1.787＝0.951m)的黄海高程。

(2) 地下管线应根据地下管网规划，合理确定其位置和坐标，并要考虑到发展的需要。既要节约用地，又应近、远期相结合，为远期扩建或可能建设的管线留有余地。我国仍有较多的城镇没有污水处理厂，污水常就近排入江河，因此一般要在江河边的道路下留出一定空间，为将来敷设污水截流干管备用。

(3) 布设地下管线时，应尽量使管线线路短捷，以节约投资，但应注意尽量埋在城市道路红线以内，不要乱穿空地，造成今后对其他设施修建的不利。

(4) 地下管线应与道路中线平行，分配管线应敷设在支管线较多的同侧。同一管线，不应从道路的一侧转到另一侧，以免多占位置并增加管线间的交叉。

(5) 安排管线时，首先应考虑在人行道及非机动车道下面(图 2-22)，因其维修便利，不影响交通，且挖掘损失会最少。如街道宽度不足，不得已将地下管道布置于车行道之下，布置时，也应选择其挖掘路面的可能性最少者。同时还应考虑到汽车荷载的影响，在接近中心线的位置，宜布置埋深较大的管道。一般地下管线安排次序，自建筑红线至路中心线依次为电力电缆、电讯电缆(或电讯管道)、煤气配气管道、热力管道、给水配水管道、燃气输气、给水输水、雨水管道、污水管道(图 2-23)。

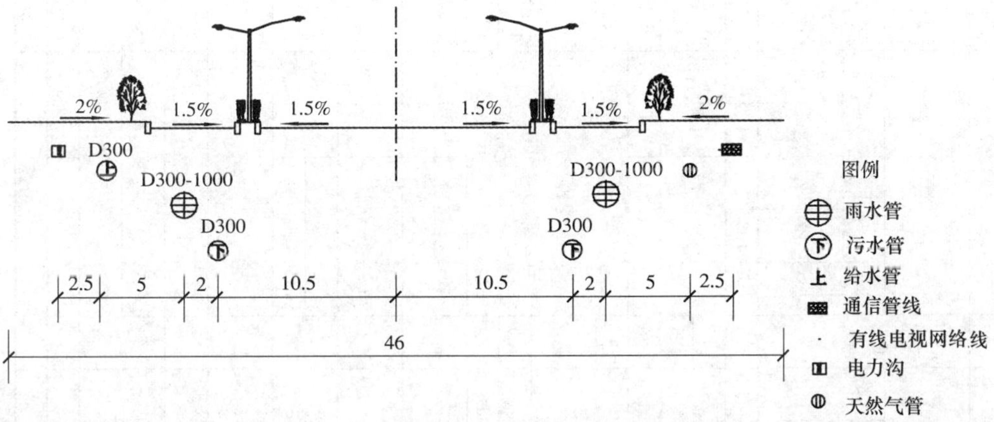

图 2-22 街道地下管线的布置示意图

(6) 各种管线与建筑、树木、杆柱、缘石、其他管线间的水平距离和管线的最小覆土深度应符合表 2-2 和表 2-3 的规定，而且应满足开挖沟槽施工时不影响旁侧管线的安全运行以及管线构筑物宽度的要求。管线的施工实践证明，凡是埋深较深的管线，不能过于靠近建筑物(图 2-24)，否则，常会因施工沟槽坍方、土壤滑坡、水土流失、流沙等原因使沿街建筑发生裂痕、沉陷、塌毁等事故。

为防止深沟槽的坍方对房屋基础的影响，沿街建筑的外墙与预埋管线的管中水平距离应按式(2-10)计算。

表 2-2　　工程管线之间及其与建(构)筑物之间的最小水平净距　　单位:m

序号	管线名称	1	2		3	4					5		6		7		8	9	10			11	12
		建筑物	给水管		污水雨水排水管	燃气管					热力管		电力电缆		电信电缆		乔木	灌木	地下杆柱			道路侧石边缘	铁路钢轨(或坡脚)
			$d\leqslant$200mm	$d>$200mm		低压	中压		次高压		直埋	地沟	直埋	缆沟	直埋	管道			通信照明及<10kV	高压铁塔基础边			
							B	A	B	A										≤35kV	>35kV		
1	建筑物		1	3	2.5	0.7	1.5	1.5	4	6	2.5	0.5	0.5		1	1.5	3	1.5	*				6
2	给水管 d/mm ≤200	1			1	0.5			1	1.5	1.5		0.5		1		1.5		0.5	3		1.5	5
	给水管 d/mm >200	3.0			1.5																		
3	污水、雨水排水管	2.5	1	1.5		1	1.2		1.5	2	1.5		0.5		1		1.5		0.5	1.5		1.5	
4	燃气管 低压/MPa $P\leqslant0.05$	0.7	0.5		1	($DN\leqslant$300mm)0.4 ($DN>$300mm)0.5					1		0.5		0.5	1	1.2		1	1	5	1.5	
	燃气管 中压/MPa $0.005<P\leqslant0.2$	1.0			1.2						1	1.5											
	燃气管 中压/MPa $0.2<P\leqslant0.4$	1.5																					
	燃气管 次高压/MPa $0.4<P\leqslant0.8$	4	1		1.5						1.5	2	1		1							2.5	
	燃气管 次高压/MPa $0.8<P\leqslant1.6$	6	1.5		2						2	4	1.5		1.5								
5	热力管 直埋	2.5	1.5		1.5	1	1		1.5	2			2		1		1.5		1	2	3	1.5	1
	热力管 地沟	0.5					1.5		2	4													
6	电力电缆 直埋	0.5	0.5		0.5	0.5	0.5		1	1.5	2				0.5		1		0.6			1.5	3
	电力电缆 缆沟																						
7	电信电缆 直埋	1	1		1	0.5			1	1.5	1		0.5		0.5		1	1	0.5	0.6		1.5	2
	电信电缆 管道	1.5				1											1.5						
8	乔木(中心)	3	1.5		1.5	1.2					1.5		1		1	1.5			1.5			0.5	
9	灌木	1.5													1								
10	地上杆柱 通讯照明及小于10kV的杆柱	—	0.5		0.5	1					1		0.6		0.5		1.5					0.5	
	地上杆柱 高压铁塔基础边 ≤35kV		3		1.5	1					2				0.6								
	地上杆柱 高压铁塔基础边 >35kV					5					3												
11	道路侧石边缘		1.5		1.5	1.5			2.5		1.5		1.5		1.5		0.5		0.5				
12	铁路钢轨(或坡脚)	6.0	5								1		3		2								

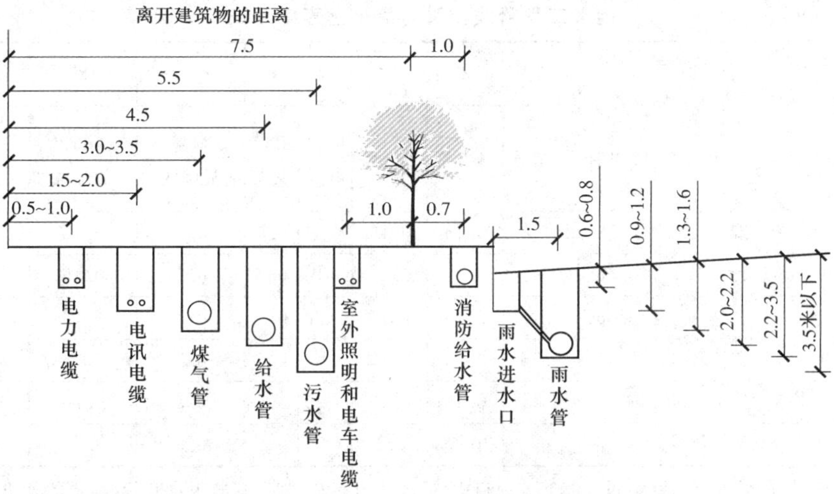

图 2-23　管线在不同深度和水平距离的布置和推荐排列次序(单位:m)

$$L=\frac{H-h}{\tan\varphi}+l+\frac{B}{2} \tag{2-10}$$

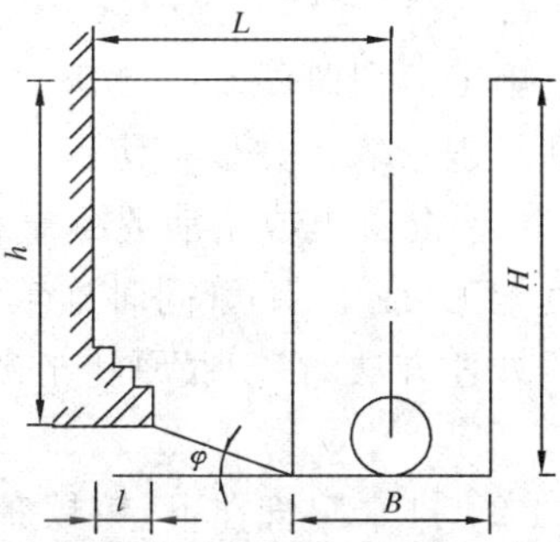

图 2-24　地下管道与建筑物的水平距离

式中　L——管道中心与建筑物基础边水平距离,m;
H——管道沟槽深,m;
h——建筑物基础砌置深度,m;
φ——土壤内摩擦角(°);
l——建筑基础扩大部分长度,m;
B——沟槽底宽,m。

表 2-3　工程管线的最小覆土深度　单位:m

序号		1		2		3		4	5	6	7
管线名称		电力管线		电信管线		热力管线		燃气	给水	雨水	污水
		直埋	管沟	直埋	管沟	直埋	管沟				
最小覆土深度	人行道下	0.50	0.40	0.70	0.40	0.50	0.20	0.60	0.60	0.60	0.60
	车行道下	0.70	0.50	0.80	0.70	0.70	0.20	0.90	0.70	0.70	0.70

注:10kV 以上直埋电力电缆管线的覆土深度不应小于 1.0m。

(7) 应减少管线与铁路、道路及其他干管的交叉。当管线与铁路或道路交叉时,应为正交,在困难情况下,其交叉角不宜小于 45°。管线交叉时,应有 10～50cm 的竖向间距,各管道的垂直净距要满足表 2-4 的要求。两管竖向间距小于 5cm 时,应加弹性垫块及加砌支墩。

(8) 管线位置发生矛盾时,要按具体情况处理,一般综合布置避站原则是:压力流管道让重力自流管道,小口径管道让大口径管道,可弯曲的管道让不易弯曲的管道,还没有修建的管道让已建成的管道,临时管道让永久管道。

表 2-4 地下工程管线交叉时最小垂直净距表 单位:m

序号	净距 安设在上面的管线名称 / 埋设在下面的管线名称	1 给水管	2 排水管	3 热力管	4 燃气管	5 电信电缆	6 电力电缆	7 沟渠(基础底)	8 涵洞(基础底)	9 电车(轨底)	10 铁路(轨底)
1	给 水 管	0.15	0.40	0.15	0.15	0.5	0.5	0.5	0.15	1.0	1.0
2	排 水 管	0.40	0.15	0.15	0.15	0.5	0.5	0.5	0.15	1.0	1.2
3	热 力 管	0.15	0.15	0.15	0.15	0.5	0.5	0.5	0.15	1.0	1.2
4	燃 气 管	0.15	0.15	0.15	0.15	0.5	0.5	0.5	0.15	1.0	1.2
5	电 信	0.15	0.15	0.15	0.15	0.25	0.5	0.5	0.20	1.0	1.0
6	电力电缆	0.5	0.5	0.5	0.5	0.5	0.5	0.5	0.5	1.0	1.0

注:表中所列为净距数字,如管线敷设在套管或地道中,或者管道有基础时,其净距自套管、地道的外边或基础底边(如果有基础的管线在其他管线上面越过时)算起。

2. 城市道路地下管线交叉

施工阶段管线交叉处理方法实例列举如下。无论采用什么方法处理,应与有关管道的主管部门进行联系并取得协助。

(1) 混凝土或钢筋混凝土排水圆管在下,铸铁管、钢管在上。上面管已建,进行下面排水圆管施工(或上、下管同时施工)。

处理方法:在槽底原状土砌砖墩,并要求不超过地基承载能力,以满足管体受力要求,如图 2-25 所示。

(2) 排水圆管在下,铸铁管、钢管在上,高程上有冲突,必须压低下面排水圆管改为双排铸铁管,其过水断面的大小,应由水力计算确定,两端变断面处,必须加设检查井,如图2-26所示。

(3) 排水方沟在下,铸铁管或钢管在上。上面管已建,进行下面排水方沟的施工。

处理方法:在排水方沟或顶板上砌砖墩,当砖墩在盖板上时,应对盖板强度予以核算,如图 2-27 所示。

(4) 排水方沟在下,铸铁管、钢管在上,高程上有冲突,上面已建,进行下面排水方沟的施工。

处理方法:在方沟盖板上填砂,验算方沟和盖板是否有足够的承载能力。管底与盖板之间填实厚度应不小于 5cm。必要时,可将方沟盖板减薄,如将平板改为如图 2-28 所示的梁板结构等。

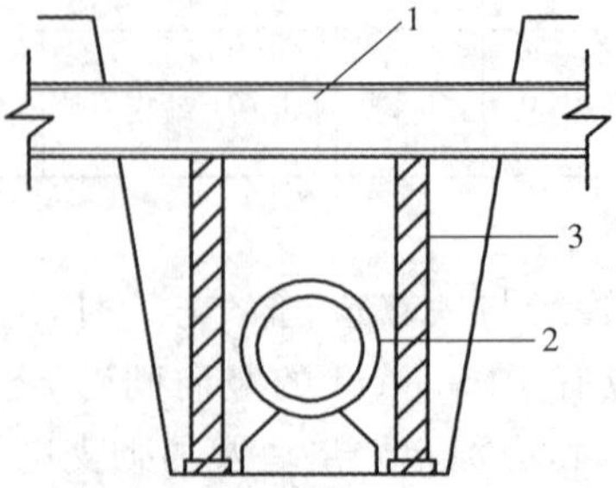

1—铸铁管道或钢管道;2—混凝土圆形管道;
3—砖砌支墩

图 2-25 圆形管道砖砌支墩图

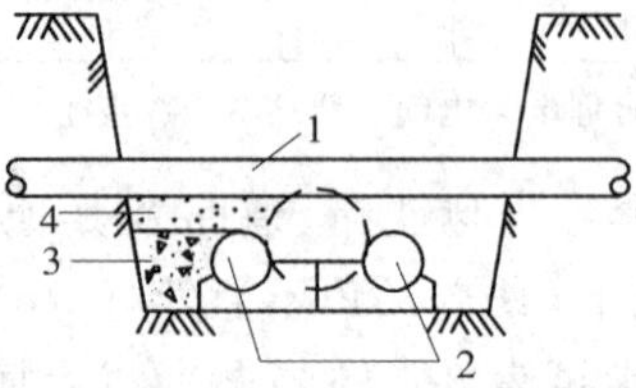

1—铸铁管、钢管;2—双排铸铁管(交叉段);
3—砌砖墩或 C8 混凝土;4—填砂振实(至少厚 50mm)

图 2-26 管道交叉示意图

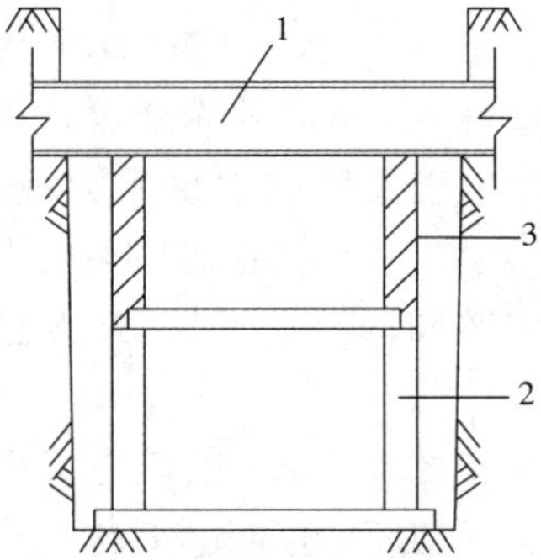

1—铸铁管道或钢管道；
2—混合结构或钢筋混凝土矩形管道；3—砖砌支墩

图 2-27　矩形管道砖砌支墩图

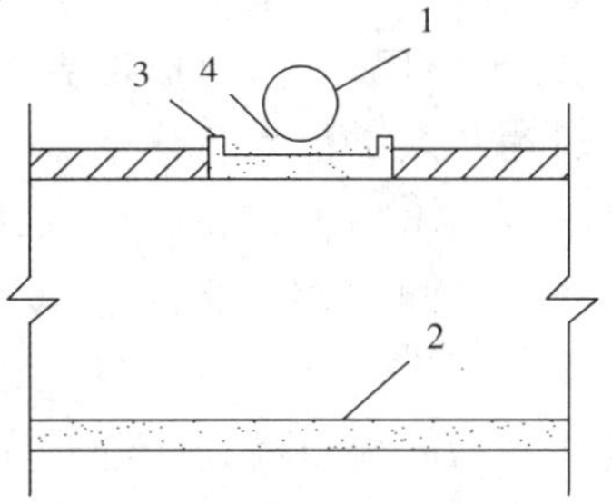

1—铸铁管、钢管或预应力管；2—排水方沟；
3—反梁；4—填砂

图 2-28　压扁交叉示意图

(5) 排水管道在上，铸铁管、圆管在下，上下管同时施工。

处理方法：在铸铁管、钢管外加套管或砖砌混合结构矩形管廊，如图 2-29 所示。

(6) 排水管道在上，铸铁管、钢管在下，埋深较大，挖到槽底有困难，进行上面排水管道施工。

处理方法：上面排水管道基础在跨越下面管道的原开槽断面处增强，如图 2-30 所示。

(7) 排水管道在下，电缆管块在上，上下管道同时施工。

处理方法：在管块下部沟槽回填 C10 混凝土(或砌砖)填砂。混凝土或砖砌体长度应比管块基础大 300mm，如图 2-31 所示。

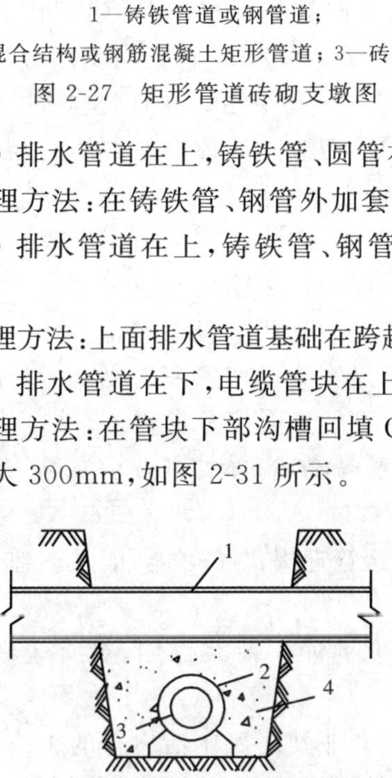

1—排水管道；2—外套管；3—铸铁管或钢管；
4—砌砖或 C8 混凝土(或三七灰土)

图 2-29　排水管道在上的交叉保护

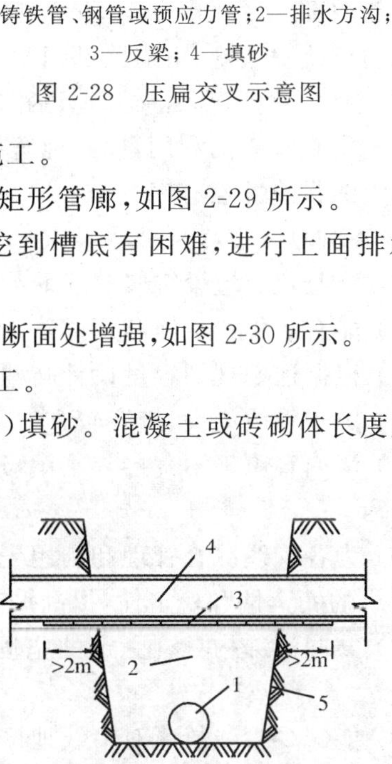

1—已建铸铁管、钢管；2—素土分层夯实或三七灰土
3—钢筋混凝土基础；4—排水管道；5—原开槽断面

图 2-30　已建管道上的排水管道保护

2.6.3　共同沟及案例

1. 定义和概况

设置于道路下，用于容纳两种以上公用设施管线的构造物及其附属设备，称为共同沟，又称为综合管道或综合管廊。

道路的挖掘工程，不仅削弱道路结构，而且严重妨碍交通，对沿线居民的生活干扰也很大。为了保持道路的功能及保证城市中供应和处理设施的安全，世界各国采用共同沟越来越广泛。

共同沟最早见于法国，1832 年，由于在巴黎霍乱

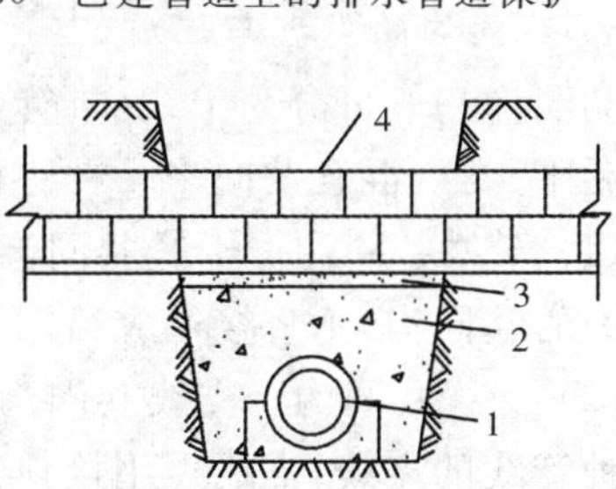

1—排水管道；2—满槽砌砖或 C10 混凝土；
3—填砂；4—电缆管块

图 2-31　排水管道与电缆管块交叉保护

大流行,为了改善城市环境,1833 年即有系统地在城市道路下规划建设大规模的下水道网络,同时开始建共同沟。由于下水道断面相当大(宽约 6.0m,高约 5.0m),就在其中接纳了给水管、通讯电缆等公用设施,形成世界上最早的共同沟。1861 年,英国伦敦先修建地下管道。之后,汉堡、纽约及东京都先后建立了公用管道。20 世纪 30 年代及第二次世界大战后,原苏联和东欧各国也都出现了共同沟。1926 年日本关东大地震后,作为东京地区复兴的主要环节也试验性地建造共同沟,至 20 世纪 60 年代,日本各大城市的共同沟迅速发展,迄今已累计建造了 250km 之多。

我国共同沟的建设尚处于起步阶段,最早始建于 1959 年的北京市,以后在大同、天津、平顶山等市相继出现。这些共同沟主要建于重要的广场和交叉口下,也有建于高层建筑群下和厂矿企业内部。台北市也于 1991 年 10 月着手进行共同沟的规划、设计和筹建工作。共同沟由国家制订统一法规,由道路部门协调预定占用管道各单位间的关系、计划与费用分担等。集中修建,避免道路通车后又开挖道路埋设某种管线的浪费与中断交通。并且将电缆"入地",使路面空间得到有效的利用,而其他管线综合在共同的公用管道内,不必单独占用空间,从而使城市的管线设施井然有序。

2. 共同沟的优越性

(1) 能避免因埋设维修管线而导致道路反复开挖,确保交通运输畅通。

(2) 能有效集约化地利用道路下的空间资源,为城市发展预留宝贵空间。

(3) 根据远期规划容量设计与建设共同沟,从而能满足管线远期发展需要。

(4) 由于管线增设、扩容较方便,管线可分阶段敷设,管线资金可分期投资。

(5) 沟内管由于不直接与土壤、地下水、道路结构层酸碱物质接触,可减少腐蚀,延长管线使用寿命。

(6) 为各管线综合管理和利用先进监视系统进行综合管理提供了可能,能及时维修管理,提高管线的安全性和稳定性,提高城市的安全度。

(7) 共同沟结构具有一定的坚固性,能抵御一定程度的冲击荷载作用,具有较好的防灾性能。

(8) 能减少管线故障对沿线地区工矿企业生产、商业营业及居民生活出行的影响。

(9) 由于架空线进入共同沟,改善了城市景观和提高城市的安全性,又避免了架空线与绿化的矛盾,提高城市的环境质量。

(10) 避免了反复挖掘道路,提高城市的环境质量。

3. 共同沟的类型与性质

共同沟一般可分为干线(干管)共同沟,支线(供给管或配给管)共同沟,电线、电缆专用共同沟和干、支线混合共同沟 4 种。

(1) 干线共同沟。干线共同沟是位于输送原站(如水厂、发电厂、燃气制造厂等)与支线共同沟间的共同沟,不直接供应给用户,因此,干线共同沟大都设置于车行道下。

(2) 支线共同沟。支线共同沟是位于干线共同沟及直接用户之间的输送共同沟,其中容纳各种管线的支线,支线再用接户线提供给用户,支线共同沟大都设置于人行道下且布置于道路左、右两侧。

(3) 电线、电缆专用共同沟。此类共同沟是仅将各类电线、电缆(如电力线、通信线等)集中设置在一起而直接供应给用户,共同沟内不容纳其他管线。

(4) 干、支线混合共同沟。此类共同沟兼有干线共同沟及支线共同沟的功能。

4. 共同沟敷设要求

(1) 管沟内相互无干扰的工程管线可设置在管沟的同一个小室,相互有干扰的工程管线应分别设在管沟的不同小室。

(2) 电信电缆管线与高压输电电缆管线必须分开设置;给水管线与排水管线可在综合管沟一侧布置,排水管线应布置在综合管沟的底部。也可不设在共同沟内。

(3) 工程管线干线综合管沟的敷设,应设置在机动车道下面,其覆土深度应根据道路施工、行车荷载和综合管沟的结构强度以及当地的冰冻深度等因素综合确定;敷设工程管线支线的综合管沟,应设置在人行道或非机动车道下,其埋设深度应根据综合管沟的结构强度以及当地的冰冻深度等因素综合确定。

(4) 共同沟设计的主要技术关键有:断面模式及内空尺寸确定,最小埋置深度,主体结构计算,防水设计,共同沟交叉口设计,各类孔口布置,附属设备设计,防火设计,各类管线技术设计,等等。

5. 共同沟断面设计原则及断面模式选择

共同沟断面设计原则、断面模式和内空尺寸确定是直接关系共同沟的安全、功能和造价,是共同沟设计的首要问题和重要技术关键。

1) 断面设计原则

(1) 共同沟断面形式与各类管线的布置应满足共同沟安全运行的要求。

(2) 共同沟断面空间应能满足各类管线的敷设空间、维修空间以及扩容空间的需要。

(3) 共同沟特殊断面的空间应能满足各类管线的支接口、分支口、通风口、人员出入口、材料投入口等孔口以及集水井的断面尺寸的要求。

(4) 共同沟内的缆线一般布置在支架上,支架的宽度与纵向净空应能满足缆线敷设及维修需要,支架的跨距应根据计算确定;大口径的管道一般安置在支墩或基座上,支墩或基座的跨距也应根据计算确定。

(5) 共同沟的断面形状应结合道路断面形式、沿线地质条件和施工方案等情况因地制宜合理确定。如上海浦东新区张杨路共同沟全线采用开挖的施工方法,因此,断面形式采用矩形较合理经济。

2) 断面模式选择

共同沟断面模式的确定与施工方法、容纳的管线种类等因素有关,其断面尺寸的确定与其收容管线所需空间有关。

6. 管线共沟敷设原则

(1) 热力管不应与电力、通信电缆和压力管道共沟;

(2) 排水管道应布置在沟底,当沟内有腐蚀性介质管道时,排水管应位于其上面;

(3) 腐蚀介质管道的标高应低于沟内其他管线;

(4) 火灾危害性属于甲、乙、丙类的液体、液化石油气、可燃气体、毒性气体和液体以及腐蚀性介质管道,不应共沟敷设;

(5) 凡有可能产生相互影响的管线,不应共沟敷设。

7. 案例

[案例 2-3]　上海浦东新区张杨路共同沟

1. 张杨路建设共同沟的必要性

(1) 上海浦东新区开发开放的需要。上海浦东新区的基础设施起点高、标准高,浦东新区总体规划中提出“管线综合要集约和渠化,设集中管线用地,管线走廊和管线共同沟”。

(2) 张杨路交通功能的需要。张杨路是浦东新区东西向三大主干道之一,交通量大,繁重的交通运输不允许道路反复开挖,建设共同沟就能避免重复挖掘道路,保证交通畅通。

(3) 张杨路商业街性质的需要。张杨路位于浦东陆家嘴金融贸易中心,是上海 21 世纪现代化商务、办公中心网络的重要组成部分。

(4) 张杨路地下管线敷设的需要。张杨路路幅宽度虽有 60m,但因目前路中预留的 20m 轻轨用地暂不能敷设地下管线。若按传统的地下管线敷设方法,则地下管线敷设用地十分紧张,建设共同沟,由于充分利用了地下空间,能满足张杨路规划的各类地下管线的敷设要求。

2. 张杨路共同沟项目概况

张杨路工程西起浦东南路东到上川路,全长 7.04km。

张杨路共同沟(图 2-32)是建在城市道路干道南、北两侧人行道下的供给管共同沟,两侧共同沟全长约 11.04km,其中自浦东南路到源深路为双孔共同孔,一孔主要敷设燃气管道(又称燃气室);另一孔主要敷设电力电缆、通信电缆和给水管道(简称电力室)。两侧双孔共同沟长度约为 3.04km,宽度为 5.60~5.90m,高为 2.60m。自源深路到上川路,为单孔共同沟,即取消燃气室,仅有电力室。共同沟的宽度为 3.70m,高为 2.60m。

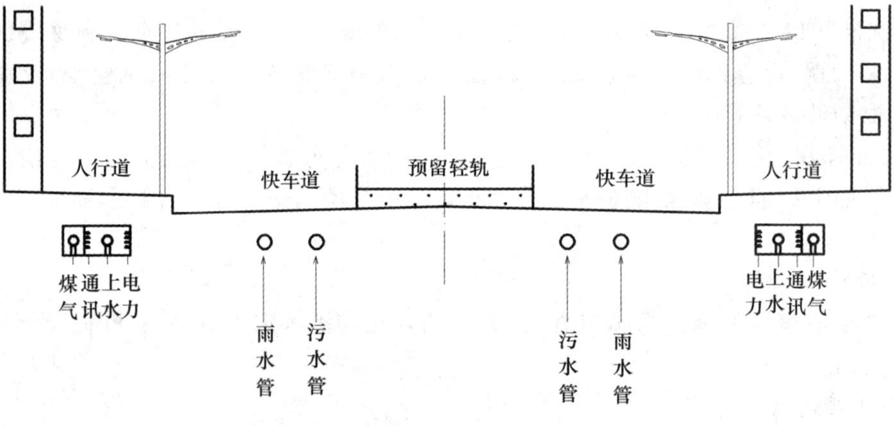

图 2-32　张杨路共同沟实例

[案例 2-4]　上海安亭新镇共同沟

1. 工程系统方案

安亭新镇一期 2.5km^2 范围内,有 5 条市政道路,形成环+环内“井”字形道路,分别是环镇路、东西向纬一路、新镇路、南北向经一路、经二路,以及纬一路环外向西延伸的新镇入城段道路。其中,环镇路和新镇路道路红线为 40m,是安亭新镇的主要道路,其他市政道路红线为 28m。

安亭新镇共同沟工程系统方案经多方案比选,最终确定在环镇路、新镇路以及新镇入城段道路上实施共同沟,形成“日”字形共同沟系统,共同沟全长约 5780m,见图 2-33。该工程分两阶段实施,第一阶段实施新镇入城段以及新镇路共同沟,第二阶段实施环镇路共同沟。

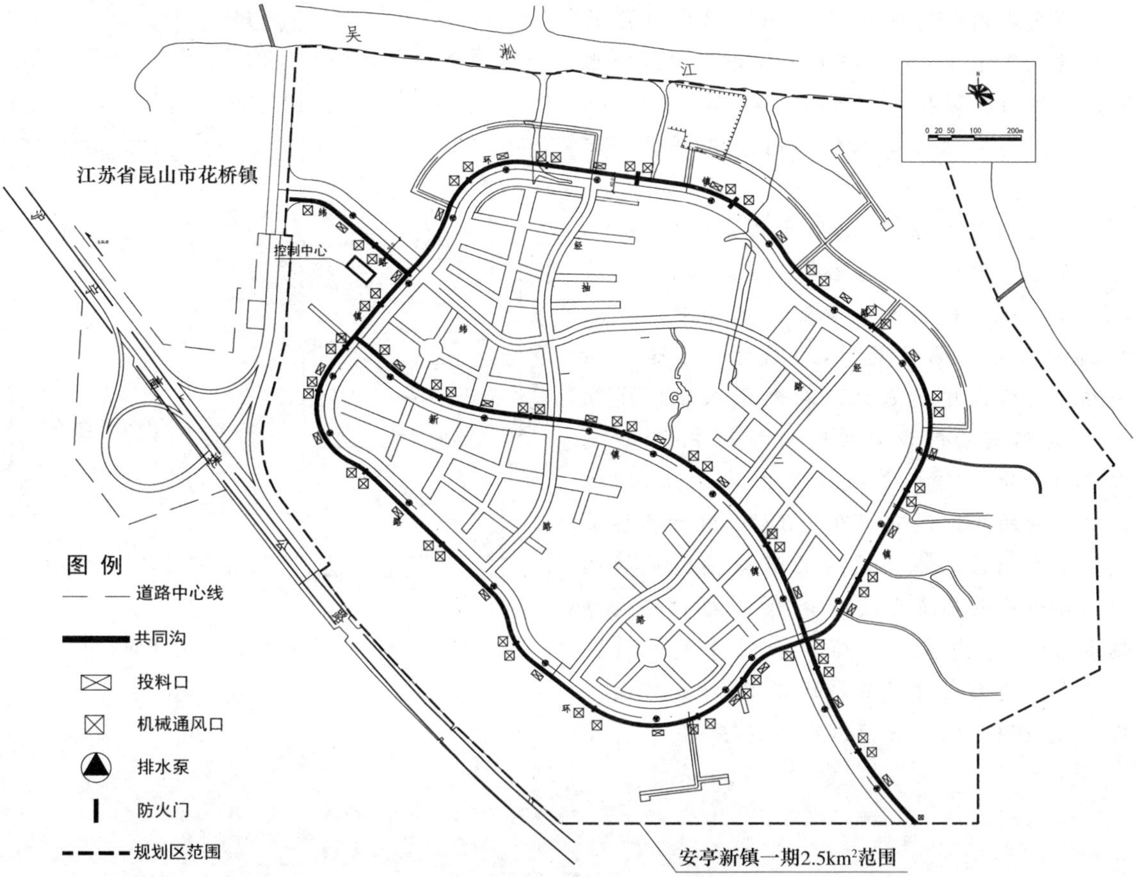

图 2-33 共同沟系统布置图

2. 工程设计

1) 共同沟内纳入的管线种类

共同沟内纳入的管线最终确定为供水管线、电力电缆、通信电缆、广播电视电缆等，燃气管道敷设在共同沟顶端的专用管槽内，但雨水污水管线不纳入共同沟内。

2) 工程总体设计

新镇入城段、新镇路共同沟布置在道路的北侧人行道下，环镇路共同沟布置在道路外侧人行道下，均采用单侧布置。

共同沟标准断面净尺寸采用 2.40m×2.40m，如图 2-34 所示，在“丁”字路口、“十”字路口以及预留管线接入地块接口等特殊地段，共同沟断面将局部放大，以满足上述特殊地段各类管线交叉的空间需要。

共同沟覆土深度在新镇入城段为 1.0m，新镇路及环镇路共同沟覆土深度不小于 1.65m。

共同沟按不超过 200m 设置一个防火分区，每个防火分区内设置如下设施：共同沟进料口、通风系统、排水系统、消防系统和应急出口。

共同沟进料口，设置在防火分区的中间位置。

共同沟的通风方式采用自然通风与机械通风相结合的方式，设置两个机械通风口和一个自然通风口，自然通风口结合进料口一起设置。在通风口处设置不锈钢丝网，以防止小动物从通风口进入共同沟内，对共同沟内的电缆等设施造成破坏。

共同沟内设有排水沟,在每一防火分区的低处设置集水坑,坑内安装潜水排水泵,排水管出沟体后就近接入道路雨水管。

共同沟应急出口结合共同沟进料口一起设置。

共同沟消防系统,采用干式水喷雾系统,同时在应急出口附近设置卤代烷灭火器,两边各设置 4 瓶。当共同沟与雨污水管道发生交叉,管道无法正常穿越时,由雨污水管道采用倒虹管的方式进行避让。在新镇入城段道路南侧、环镇路西侧设置共同沟控制中心,控制中心内设有工作人员进出共同沟的出入口。在共同沟的端部设置端部交汇井,用于各类管线进出共同沟。在共同沟的沿途预留足够的进入各地块的各类管线接口,管线接口横向穿越道路时,考虑采用预留涵管的方式进行穿越。在共同沟内设置必要的标识,标识分引导标识、管理标识、企业标识及注意事项。

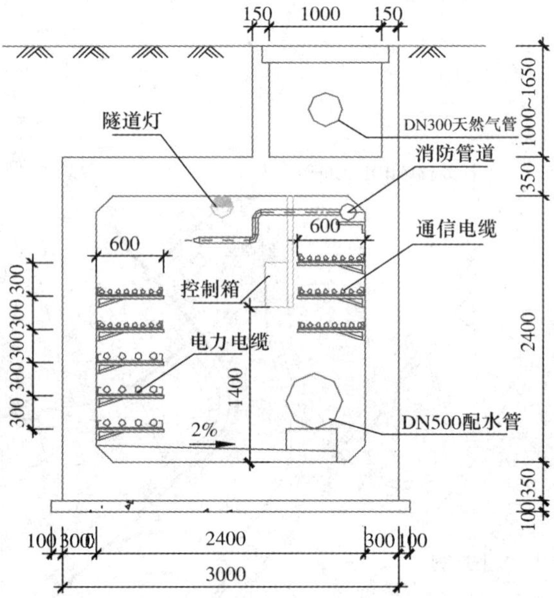

图 2-34　共同沟标准断面布置图(单位:mm)

3 道路横断面

道路是具有一定宽度的带状构筑物。在垂直道路中心线的方向上所做的竖向剖面称为道路横断面。

公路横断面由车行道、路肩、分隔带、边沟、边坡及护坡道等组成。两端路肩边缘之间的距离称为路基宽度。若含边沟、边坡的宽度在内,则为用地范围,又称为地界宽度,见图3-1(a)。

城市道路横断面由机动车道、非机动车道、人行道和绿地等部分组成。近期横断面宽度,通常称为路幅宽度;远期规划道路用地总宽度则称为红线宽度。红线是指城市中的道路用地和其他用地的分界线。道路两侧建筑房屋的台阶、门厅、风雨棚、阳台等均属红线之外范围,见图 3-1(b)。

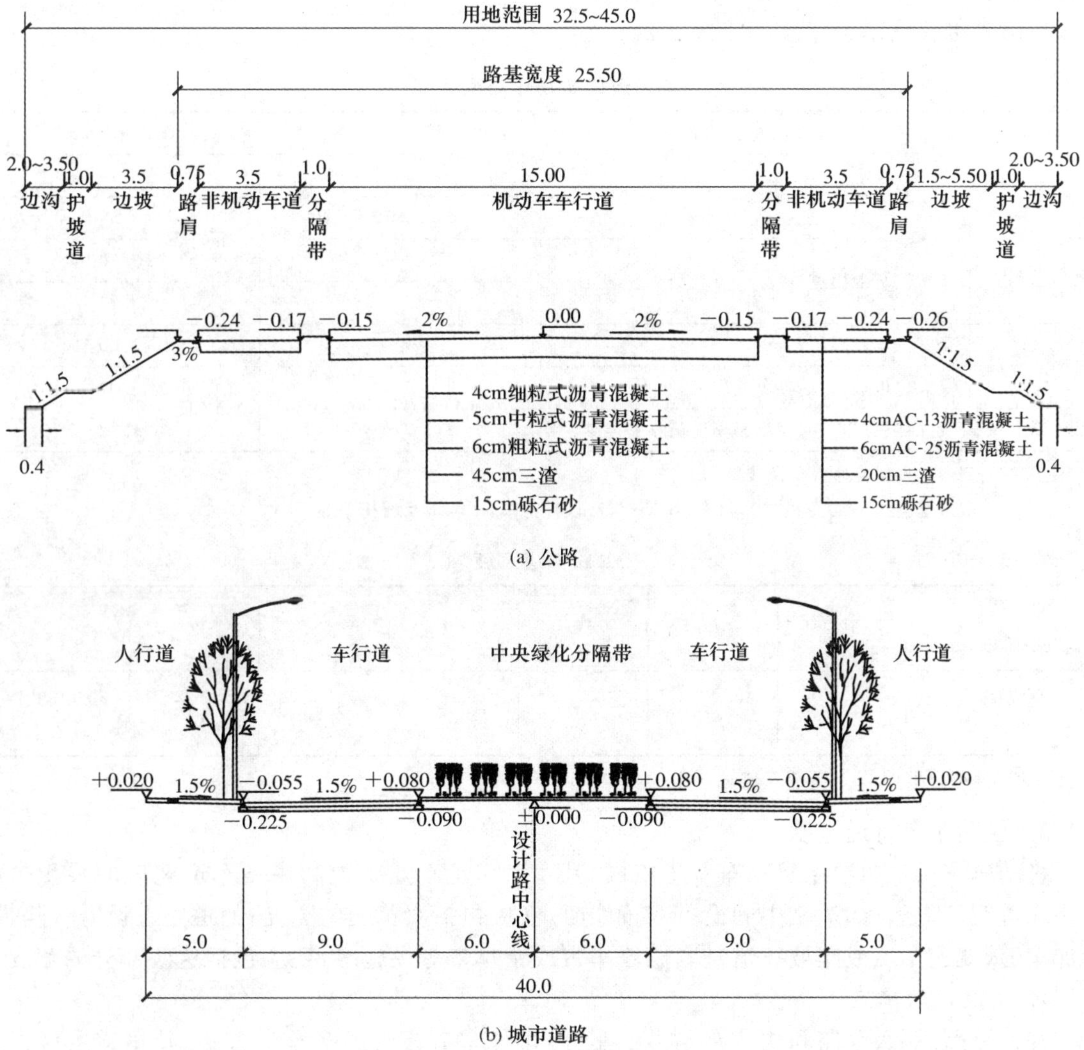

图 3-1 公路和城市道路标准横断面实例(单位:m)

横断面规划与设计的主要任务是在满足交通、环境、公用设施管线敷设以及排水要求的前提下,经济合理地确定各组成部分的宽度及相互之间的位置与高差。通常红线由规划部门确定,在设计方案阶段必须做几个横断面的方案比较。

3.1 机动车车行道

道路上供车辆行驶的部分称车行道。车行道由数条车道组成。

3.1.1 车道宽度

在车行道上供单一纵列车辆安全行驶的地带,称为一条车道。机动车车道的宽度(表3-1)决定于设计车辆外廓宽度、横向安全距离,以及不同车速行驶时的车辆摆动宽度等。不同车种和不同行驶车速要求不同车道宽度与之适应。主干路和高等级公路上的小型车车道宽度宜采用 3.5m,大型车车道或混合行驶车道宽度则采用 3.75m,支路上最窄车道宽度不宜小于 3m。考虑到我国载重汽车所占比重较大的特点,车道要求较宽,所以当设计速度大于 60km/h 时,采用 3.75m;反之,采用 3.5m。

我国各级公路车道宽度列于表 3-2。

表 3-1　城市道路机动车车道宽度

序号	车型及行驶状态	设计速度/($km \cdot h^{-1}$)	车道宽度/m
1	大型车或车混行车道	>60	3.75
		≤60	3.50
2	小型汽车专用道	>60	3.50
		≤60	3.25
3	公共汽车停靠站		3.00
4	交叉口进口道、小客车专用道		3.00
5	交叉口进口道、混行汽车车道最小宽度		≥3.25

注:① 大型汽车包括普通汽车及铰接车。
② 小型汽车包括 2t 以下的载货汽车、小型旅行车、吉普车、小客车及摩托车等。

表 3-2　公路车道宽度

设计速度/($km \cdot h^{-1}$)	120	100	80	60	40	30	20
车道宽度/m	3.75	3.75	3.75	3.50	3.50	3.25	3.00(单车道时 3.50m)

注:设计速度为 20km/h 且为单车道时,车道宽度应采用 3.5m。

3.1.2 机动车车行道宽度

机动车车行道由数条机动车车道组成,其宽度应是车道条数和一条车道宽度的乘积与两侧路缘带宽度之和,如道路中间设有双黄线时,尚应包括双黄线的宽度;如道路上设有分隔带、附加车道(变速车道或爬坡车道)、紧急停车带或错车带等设施时,还应包括这些部分的宽度。

1. 车道数的确定

高速公路、一级公路和快速路是供汽车分向、分车道行驶的多车道公路,其车道数应根据预测的交通量、设计速度和服务水平等确定。当计算交通量超过四车道容量时,其车道数应按双数增加。

《公路工程技术标准》规定：高速公路、一级公路的车道数应为四车道，四条以上应按双数增加。二级、三级公路原则上为双车道，四级公路为双车道，但当交通量小时，也可采用单车道。各级公路路基横断面图见图 1-4。

2. 计算公式

确定机动车车行道宽度时，可先估算车道条数，经验算后，再确定宽度，计算公式如下：

$$w_c = n \times 2 \times b + 2w_{mc} \tag{3-1}$$

式中 w_c——机动车车行道总宽/m；

n——单向车道条数，由下式计算并取整数：

$$n = \frac{\text{设计小时交通量}}{\text{一条车道的设计通行能力}} = \frac{N_h}{N_m} \tag{3-2}$$

b——一条车道的宽度，m，取值见表 3-1；

w_{mc}——机动车道路缘带宽度，m，一般取 0.25～0.5m。

如果经计算，车道数为单向两车道或两车道以上，则设计通行能力，除进行交叉口影响折减与道路分类系数折减外，还应进行车道系数折减(详见本书第 1.5 节表 1-7)。折减后的通行能力除以设计小时交通量，以验算车道数是否能满足要求，从而再考虑路缘带以及分车带宽度，得出车行道总宽度(见[算例 3-1])。

必须注意，式(3-1)仅供估算或验算参考，即机动车车行道总宽，不能单纯按公式计算确定。还应根据道路等级、红线宽度、服务水平以及所设计道路的交通组成、类型、比例考虑合理的交通组织方案，经综合分析后才能确定。例如，对于有用地条件、客运交通繁忙的特大城市主干道，需要考虑是否设置公共交通专用道；又如对于重要的商业大街，若允许沿街停车或局部路段停车的，宜另增设宽度为 2.75～3m 的停车带。个别情况下，机动车车行道总宽度的确定，并不基于技术经济因素，有的尚需考虑特殊要求。如首都北京西长安街的红线宽度为 120m，机动车车行道总宽达 36m。

【算例 3-1】 经预测，某三幅路东向西的高峰小时交通量为：公共汽车为 50 辆/h，摩托车 50 辆/h，大型货车为 240 辆/h，小客车 355 辆/h。V=60km/h，试计算机动车车行道的宽度。

【解】

1. 换算交通量

因属主干路(三幅路)把各种车辆根据表 1-7 换算为小型汽车：

小客车 355×1.0=355(pcu/h)

大型货车 240×2.5=600(pcu/h)

公交车 50×2.0=100(pcu/h)

摩托车 50×0.5=25(pcu/h)

合计 1080 (pcu/h)

2. 方向不均匀系数

上述交通量为最大方向交通量，本题已无须考虑方向不均匀系数。

3. 计算可能通行能力

根据 V=60km/h 实测得车头时距为 2.08s，则一条车道的可能通行能力

$$N = 3600/t = 3600/2.08 = 1730(\text{pcu/h})$$

4. 计算设计通行能力

根据主干路道路分类系数为 0.80,设交叉口影响系数为 0.5,则

$$N_i = N\times0.8\times0.5 = 1730\times0.8\times0.5 = 692(\text{pcu/h})$$

5. 估算单向车道数

$$n = Q/N_i = 1080/692 = 1.56,取整,定为两车道。$$

6. 复算通行能力,单向两车道,则最靠边的车道通行能力还应予以折减,单向两车道通行能力为:

$$N = 692(1+0.80) = 1280(\text{pcu/h})$$

实际通行能力大于交通量,说明能满足要求。

7. 验算服务水平

1080/1280=0.84,服务水平属较差,三级。

8. 车行道宽度计算

除考虑双向外,尚应计入两侧路缘带。

根据交通组成,可取车道宽为 3.5m,根据表 3-8 路缘带宽度取 0.5,所以车行道总宽应为

$$B = 2(n\times b_{车}+0.5) = 2\times(2\times3.5+0.5) = 15(\text{m})$$

3.2 横断面组成

高速公路、一级公路的路基(图 1-4)整体式横断面包括行车道、中间带(中央分隔带及左侧路缘带)、路肩(硬路肩及土路肩)以及应急停车带、爬坡车道、变速车道等组成部分;分离式横断面包括行车道、路肩(硬路肩及土路肩)以及应急停车带、爬坡车道、变速车道等组成部分。

二、三、四级公路的路基横断面包括行车道、路肩以及错车道等组成部分。

3.2.1 附加车道

1. 错车道

四级公路路基宽度采用 4.5m 时,应在不大于 300m 的距离内选择有利地点设置错车道,并使驾驶人员能看到相邻两错车道之间的车辆。设置错车道路段的路基宽度应不小于 6.5m,有效长度应不小于 20m。

2. 爬坡车道

高速公路、一级公路以及二级公路在连续上坡路段,当行驶速度、通行能力、安全等受到载重汽车影响时,应设置爬坡车道,爬坡车道宽度应为 3.5m。高速公路、一级公路的爬坡车道应紧靠车道的外侧设置,并利用硬路肩宽度,爬坡车道的外侧可利用硬路肩宽度应设置路缘带和土路肩(图3-2(a))。

二级公路的爬坡车道应紧靠车道的外侧设置,供非汽车交通行驶的部分应移至爬坡车道外侧,行驶的硬路肩部分应移至爬坡车道的外侧(图 3-2(b))。

(1) 沿上坡方向载重汽车的行驶速度降低到表 3-3 的容许最低速度以下时,宜设置爬坡车道。

表 3-3　上坡方向容许最低速度　单位:km/h

设计速度	120	100	80	60	40
容许最低速度	60	55	50	40	25

(2) 上坡路段的设计通行能力小于设计小时交通量时，宜设置爬坡车道。车道的右侧应设 0.50m 宽的路缘带。分流与合流渐变段的位置如图 3-2 所示，其长度规定如表 3-4 所示。

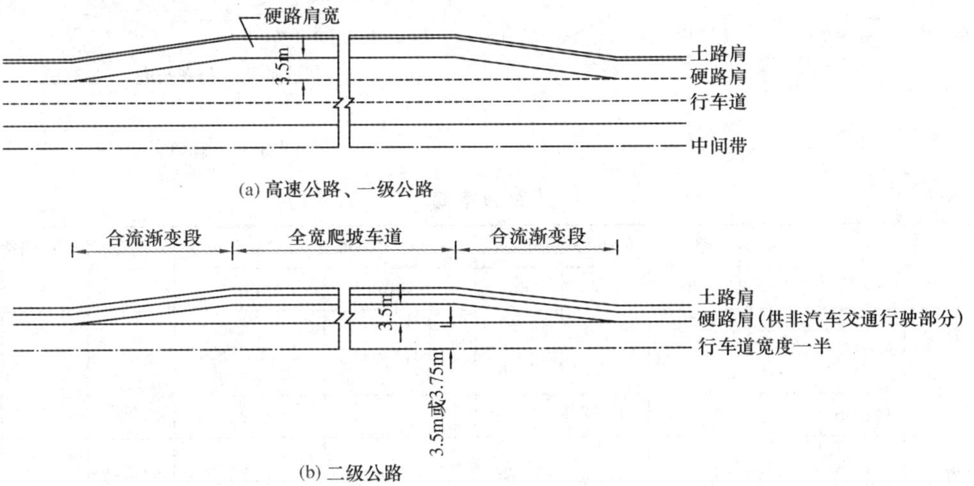

图 3-2　爬坡车道(半幅平面)

表 3-4　**爬坡车道渐变段长度**　**单位:m**

公路等级	分流渐变段长度	合流渐变段长度
高速公路、一级公路	100	150～200
二级公路	50	90

3. 加减速车道

高速公路、一级公路的互通式立体交叉，服务区、停车区、公共汽车停靠站、管理与养护设施等与土线衔接出入口处，应设置加减速车道，其宽度为 3.5m。

设置加减速车道路段，路基应相应加宽，不可占用硬路肩宽度，详见第 10 章。

4. 紧急停车带

高速公路、一级公路的右侧硬路肩宽度小于 2.50m 时，应设置紧急停车带。紧急停车带宽度应为 3.50m，间距不宜大于 500m。

5. 避险车道

连续长、陡下坡路段，宜设置避险车道。避险车道宽度不应小于 4.50m。

3.2.2　路肩

公路和郊区道路上位于车行道外缘至路基边缘，具有一定宽度的带状部分，称为路肩。其作用是保护车行道的功能、供临时停放故障车辆；并作为路面的横向支承，以及供行人通行。路肩分硬路肩和土路肩(图 3-3)。硬路肩与车行道相邻并铺以路面结构，以供偶然停车之用。高速公路与一级公路以及设计速度大于等于 60km/h 的公路，设置硬路肩，其宽度见表 3-5。考虑临时停车的硬路肩宽度应大于或等于 2.5m，如果右侧硬路肩宽度小于 2.5m，应每隔 300～500m 设置紧急停车带，以便发生故障的车辆临时停车。紧急停车宽度包括硬路肩在内为 3.5m，有效长度大于或等于 40m(图3-4)。

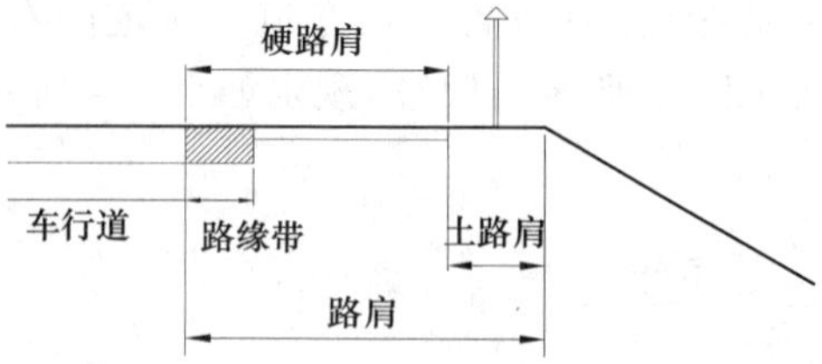

图 3-3 路肩示意图

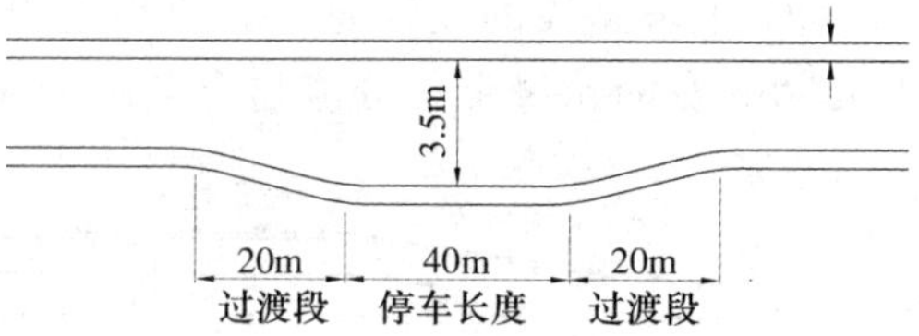

图 3-4 紧急停车带

表 3-5 **路肩宽度**

设计速度/(km·h^{-1})		高速公路	一级公路(干线)		一级公路(集散)、二级公路		三级公路、四级公路		
		120,100,80	80	60	80	60	40	30	20
右侧硬路肩宽度/m	一般值	3.00 (2.50)	3.00 (2.50)	3.00 (2.50)	1.50	0.75	—	—	—
	最小值	1.50	1.50	1.50	0.75	0.25			
土路肩宽度/m	一般值	0.75	0.75	0.75	0.75	0.75	0.75	0.50	0.25 (双车道)
	最小值	0.75	0.75	0.75	0.5	0.5			0.50 (单车道)

注:① "一般值"为正常情况下的采用值。

② "最小值"为条件受限制时,经技术经济论证可采用的值。

③ 高速公路和一级干线公路以通行小客车为主时用括号内数值。

高速公路、一级公路采用分离式断面时,应设置左侧硬路肩,其宽度应符合表 3-6 的规定。

表 3-6 **分离式断面高速公路、一级公路左侧路肩宽度**

设计速度/(km·h^{-1})	120	100	80	60
左侧硬路肩宽度/m	1.25	1.00	0.75	0.75
左侧土路肩宽度/m	0.75	0.75	0.75	0.50

注:① 分离式断面指道路上下行构筑物不在同一路基上。

② 八车道高速公路应设置左侧硬路肩,其宽度宜采用 2.50m,见图 10-1。

3.2.3 分车带

多幅路横断面范围内,沿道路纵向设置的带状非行车部分称为分车带。分车带的作用是分隔车流,安设交通标志、公用设施与绿化等。此外还可供设置公交车停靠站、在交叉口为增设进口道提供场地以及保留远期车行道拓宽的可能。分车带由分隔带及两侧路缘带组成。

分车带分为中间分车带和两侧分车带两类。中间分车带(图 3-5)通常在高速公路、一级公路与城市快速路上,用来分隔对向车流、防止车辆互撞,以保障交通安全。其中,设施带用来设置防护栅、标志与绿化等。两侧分车带,用作分隔机动车和非机动车。公路中间带宽度见表 3-7,城市道路分车带最小宽度见表 3-8。当分隔带较宽时,分隔带上的绿化可种球形灌木。若分隔带较狭窄时,可用灌木、草皮,或围以绿篱,或金属、预制混凝土图案护栏,切忌种植高度大于 0.7m 的灌木丛,以免妨碍行车视线。

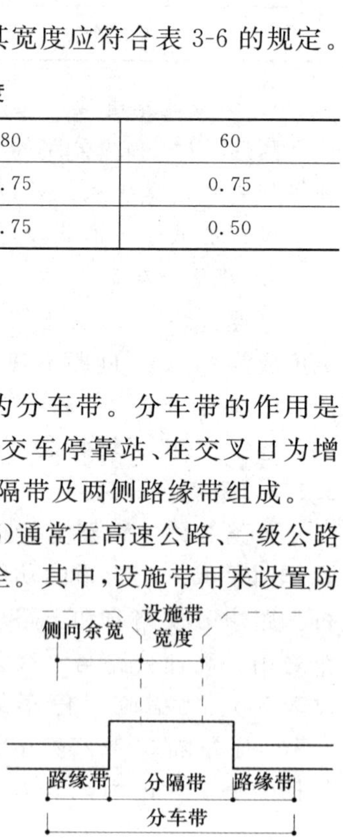

图 3-5 中间分车带

表 3-7 公路中间带宽度

设计速度/(km·h^{-1})		120	100	80	60
中央分隔带宽度/m	一般值	3.00	2.00	2.00	2.00
	最小值	1.00	1.00	1.00	1.00
左侧路缘带宽度/m	一般值	0.75	0.75	0.50	0.50
	最小值	0.75	0.50	0.50	0.50
中间带宽度/m	一般值	4.50	3.50	3.00	3.00
	最小值	2.50	2.00	2.00	2.00

注:① "一般值"为正常情况下的采用值。
② "最小值"为条件受限制时,经技术经济论证后可采用的值。
③ 宽度为 1m 仅限于在中间带内不埋设管线时采用。

中间带由分隔带和路缘带组成,在分隔带的两侧设置路缘带,既引导驾驶员的视线,又增加行车安全,还可保证行车必需的侧向余宽,提高行车道的使用效率。

表 3-8 城市道路分车带最小宽度

类别		中间带		两侧带	
设计速度/(km·h^{-1})		≥60	<60	≥60	<60
路缘带宽度/m	机动车道	0.50	0.25	0.50	0.25
	非机动车	—	—	0.25	0.25
安全带宽度/m	机动车道	0.25	0.25	0.25	0.25
	非机动车	—	—	0.25	0.25
侧向净宽/m	机动车道	1.00	0.50	0.75	0.50
	非机动车	—	—	0.50	0.50
分隔带最小宽度/m		1.50	1.50	1.50	1.50
分车带最小宽度/m		2.50	2.00	2.50(2.00)	2.00

注:① 侧向净宽为路缘带宽度与安全带宽度之和;
② 两侧带分隔带宽度中,括号外为两侧均为机动车道时取值;括号内数值为一侧为机动车道,另一侧为非机动车道时的取值。

固定式分隔带一般用缘石围砌,高出路面 15～20cm,在人行横道及公共汽车停靠站处分隔带应予铺装。

此外,在旧城或市中心用地紧张的道路上,常用活动式分隔带作为组织车辆分向、分流的交通设施。活动式分隔带系用混凝土柱、铁柱或石柱做成,柱与柱之间缀以铁链或钢管。这种隔离墩的高度 0.7m,占路面宽度为 0.3～0.5m。在繁忙的商业大街上,限于路幅宽度不足,为分隔车流还有用占用路面宽度仅 0.1～0.15m 的高护栏(1.2～1.3m 高)的。活动式分隔带的优点在于,根据交通组织的变动,可作灵活调整,但不及固定式分隔带美观。新建道路分车带宜采用由侧石围砌的绵长绿化带,其宽度应适应绿化布置、植草皮、栽灌木的基本要求以及地上杆线、交通标志布设的需要。分隔带的连绵长度,以分隔机动车和非机动车、保证交通安全、提高通行能力为目的,城区取 200～150m 长为宜,特殊情况下,也不得小于停车视距。此外在道路上重要的公共建筑、街坊出入口处与交叉路口以及过长路段须增设人行横道处应中断分隔带。近交叉口的分隔带端部,当交叉口转弯半径较小时,应自人行横道线外缘起缩进不小于

15m。以利渠化分流。

公路中央分隔带开口应设置在通视良好的路段,一般情况下每 2km 设一处为宜。互通式立体交叉、隧道、特大桥、服务区等设施的前后,必须设置中央分隔带开口。

中央分隔带开口端部形状,视宽度而异,当宽度小于 3m 时可采用半圆形(图 3-6),当宽度大于 3m 时宜采用弹头形。

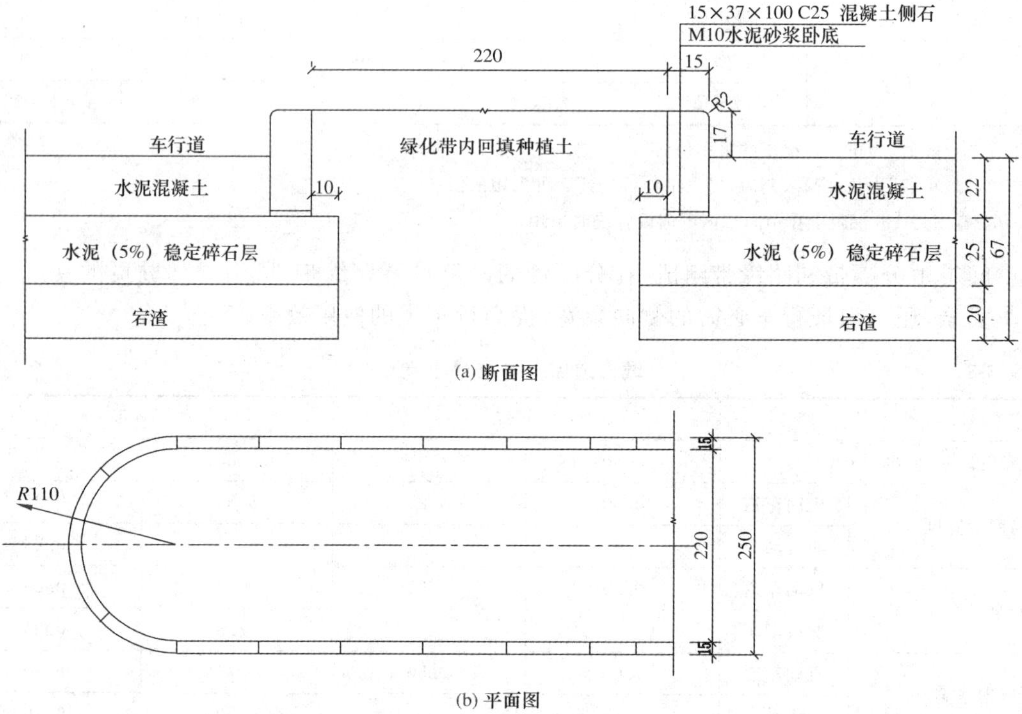

图 3-6 绿化分隔带实例

3.2.4 公路横断面形式和路基宽度

高速公路、一级公路根据地形、地物等情况,其路基横断面形式可分段采用整体式断面或分离式断面。在山岭、丘陵地段或地形受制约地段,当采用整体式断面而工程量过大时,宜采用分离式断面。二、三、四级公路均为双车道公路,一般采用整体式断面,见第 1 章图 1-4。

二级公路紧靠行车道布设慢车道时,可利用路基宽度中的硬路肩及土路肩部分,作为非机动车道使用。也可加宽硬路肩增设慢车道,通过画线或分隔带分快慢车道进行通行管理。

设计速度为 80km/h 的二级公路位于中、小城市城乡接合部混合交通量大的连接线,需设置慢车道的路段,实例见图 3-1(a)。

现行《公路工程技术标准》对路基总宽度不作规定,由各地根据项目建设条件,因地制宜选用横断面的布置形式和宽度。

3.2.5 路缘石

路缘石是设在路面边缘与横断面其他组成部分分界处的标石,如人行道边部的缘石与绿化带边部的缘石(图 3-6),分隔带、交通岛、安全岛等四周的缘石,以及路面与路肩分界处的缘石。

缘石的形式有立式、斜式与平式。立式用于城市道路车行道路面的两侧。斜式或平式适用于出入口、行人道两端及人行横道两端,便于推行儿童车、轮椅及残疾人车通行。在分隔带端头或路口转弯半径处，缘石应做成曲线形（图 3-7）。

立式缘石又称侧石，其顶面高出路面边缘 10～20cm。通常为 15cm，锯齿形偏沟（见本书第 4 章）处的缘石可高出路面 12～18cm。为保证隧道、桥梁、线型弯曲或陡峻路段的行车安全，缘石可加高至 25～40cm。缘石的埋设深度，应考虑能抵抗人行道荷载的侧压力。

缘石材料可用坚硬的石料或水泥混凝土制作。后者的抗压强度不宜低于 30MPa。

平缘石（图 3-7）铺砌在路面与立缘石之间。

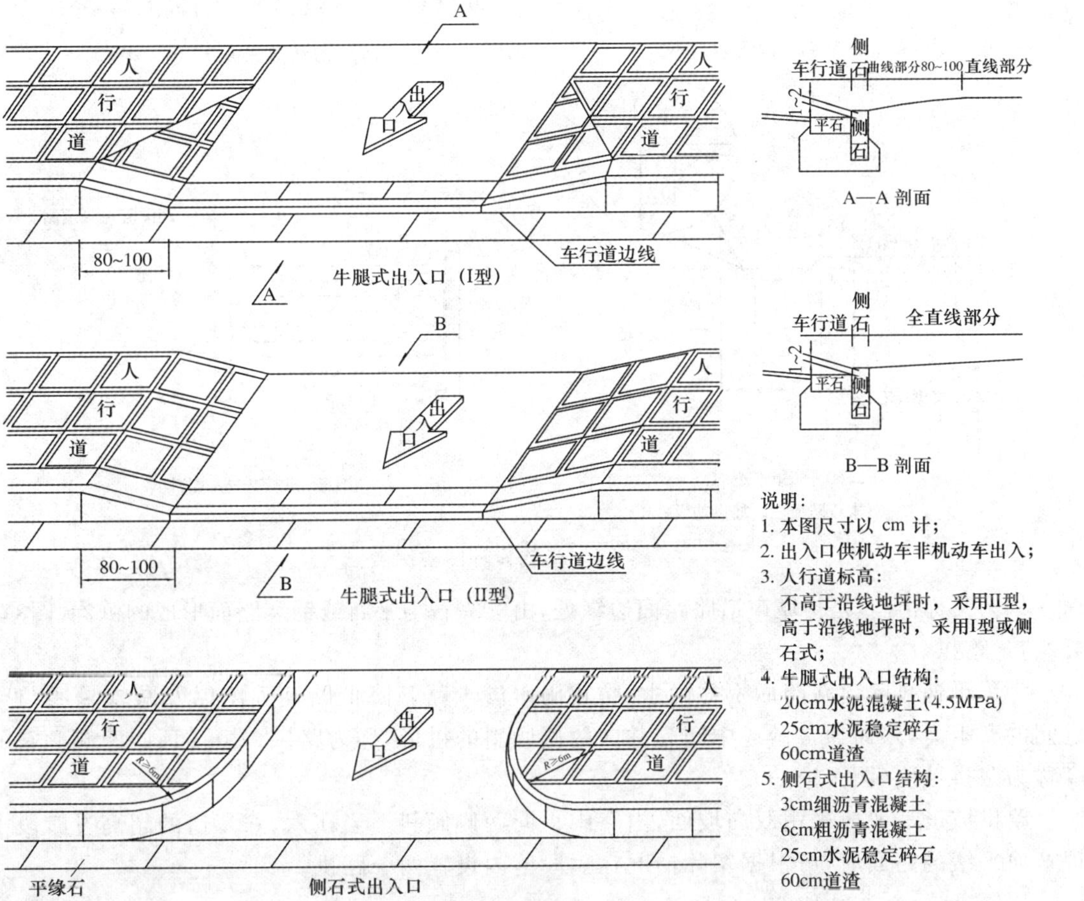

图 3-7　路缘石—街坊出入口实例

3.2.6　边沟

边沟（图 3-8）的功能是排除路面及边坡处汇集的地表水，以确保安全行车和路基与边坡的稳定。一般在公路路堑及低填方地段设置。边沟形式大多采用梯形，在石质地段可采用三角形。

梯形边沟的设置宜遵守如下规定：

(1) 底宽和深度不小于 0.4m。

(2) 边沟纵坡一般不小于 0.5%，特别情况下允许减至 0.2%；当边沟纵坡较大，易使土壤产生冲刷时，应对边沟进行加固。

(3) 边沟的坡度一般为 1∶1～1∶1.5，其中一侧与填方段或挖方段边坡一致；路堤与路堑边坡依土壤类别而异。

(4) 边沟长度，多雨地区以 200～300m 为宜，一般不宜超过 500m 设出口排水（图3-8）。

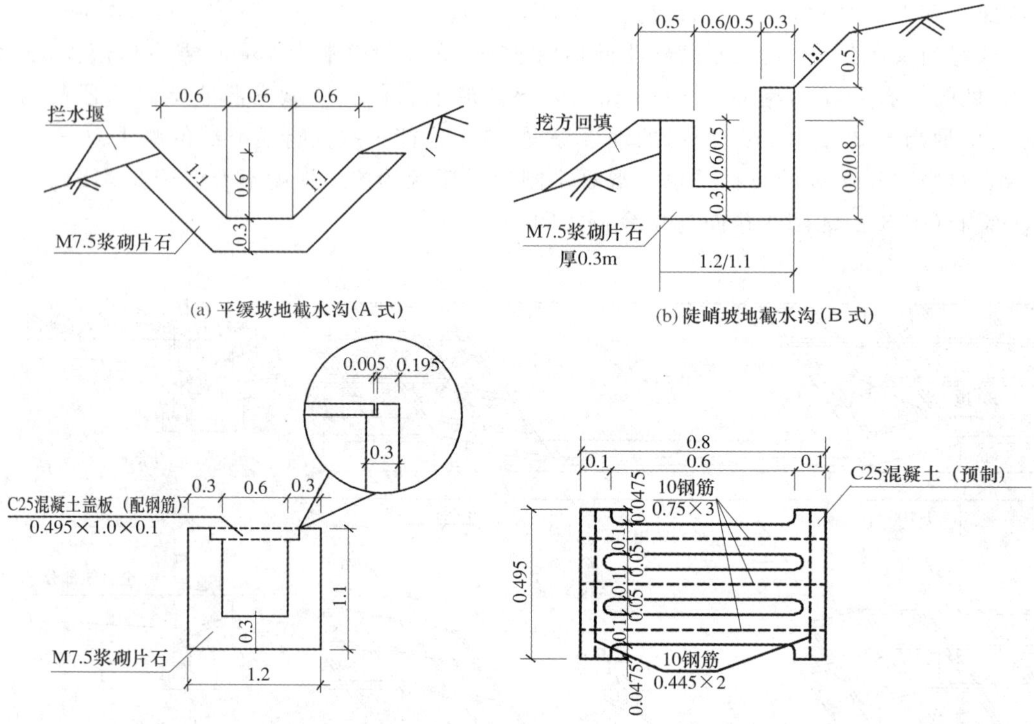

(a) 平缓坡地截水沟(A式)

(b) 陡峭坡地截水沟(B式)

(c) 60×80矩形边沟

(未设防撞拦,加设盖板)

(d) 矩形边沟盖板大样图

图 3-8 边沟设计图实例

偏沟又称街沟,是指城市道路路面边缘处,由立缘石与平石或铺装路面形成的侧沟(图3-7)。

3.2.7 路拱

为了迅速排除落在路面上的雨水,防止雨水渗入路基降低路基强度以及减少轮胎与路面之间的摩阻力,路面通常做成中间高并向两侧倾斜的拱形,称为路拱。由拱顶向两侧倾斜的坡度称为路拱坡度(图 3-9(a))。

路拱坡度一般应采用双向坡面,由路中央向两侧倾斜。当在六、八车道的超高过渡段中出现宽而平缓的路面时,可根据实际情况在短段落内设置两个路拱。

1. 路拱坡度与道路横坡的取值

路拱坡度指车行道横坡,其值的确定应有利于行车安全和路面排水。坡度大小视路面类型、行车速度、当地气候(降雨量)与道路纵坡大小而定(表 3-9)。

表 3-9 路拱坡度

路面		路拱设计坡度 i
一般路面	水泥混凝土 沥青混凝土	1.0%~2.0%
快速路及降雨量大的地区		1.5%~2.0%
块石路面、透水路面		1.0%~1.5%

注:① 快速路路拱设计坡度宜采用大值。

② 纵坡度大时取小值,纵坡度小时取大值。

③ 严寒积雪地区路拱设计坡度宜采用小值。

行车速度高的道路的横坡应较大，以防止高速行车使雨水雾化，影响司机视线，并可避免雨水在路面形成薄膜致使汽车滑移。

道路横坡指路面、分车带、人行道、绿化带等的横向倾斜度，以百分率表示。

1）一般公路的路拱坡度

应根据路面类型和当地自然条件确定，最小宜采用2%。

2）城市道路专用非机动车道以及人行道

宜做成1.5%～2%的单面坡向路边的雨水口倾斜，以使毗邻街坊建筑物出入口的地面水均能流向道路两侧的边沟或雨水口。

分车带、绿化带的横坡可做成0.3%～1%的单面坡。

3）公路硬路肩的横坡

(1) 直线路段的硬路肩横坡。直线路段的硬路肩一般应设置向外倾斜的横坡度，其坡度值可与车道横坡度相同；路线纵坡平缓，且设置拦水带时，其坡度值宜采用3%～4%。

(2) 曲线路段的硬路肩横坡。对全铺式硬路肩，曲线内、外侧硬路肩横坡度的方向及其横坡度应与相邻的车道相同。

(3) 平坡区段或直线向曲线过渡段的硬路肩横坡。对平坡区段或直线向曲线过渡段的硬路肩，采用与邻近车道相同的横坡度进行过渡，并控制硬路肩横坡度过渡的渐变率小于1/150，大于1/330之间。

4）公路土路肩横坡

直线或位于曲线较低一侧的土路肩横坡度，应比行车道及硬路肩横坡度大1%或2%，曲线或过渡段位于较高一侧的土路肩横坡度，应采用3%或4%的反向横坡度。

2. 路拱形式

车行道路拱线形的基本形式有直线形、折线形和抛物线形。

1）直线形路拱

简单的直线形路拱系由两条倾斜的直线组成(图3-9(b))。由于这种路拱中部成屋脊形，对行车不便，适用于横坡小的双车道水泥混凝土路面以及机械化摊铺的沥青路面。

直线接不同方次的抛物线形路拱，在路面两边部分的坡度较平缓，适用于路面宽度大于20m的沥青路面(图3-9(c))。

2）折线形路拱

折线形路拱由路中心向路边逐渐增大横坡的若干段短折线组成的路拱(图3-9(d))。由于路拱的直线段较短，横坡变化缓，对行车、排水均有利，适用于多车道的水泥混凝土路面。

3）抛物线形路拱

如图3-9(e)所示，抛物线形路拱的特点是车行道中间部分坡度小，近缘石部分横坡度大，对行车和排水均有利，适用于路面宽度小于20m的沥青路面。

抛物线形路拱以车行道中心为原点(O)，以水平方向为x轴，纵坐标值y与x的关系按不同方次的抛物线公式求得。

通常用修正三次抛物线公式计算：

$$y=\frac{4h}{B^3}x^3+\frac{h}{B}x \tag{3-3}$$

式中　x——距中心的横向距离，m；

y——相应于 x 点的竖向距离,m;

h——路拱高度,$h=\frac{B}{2}i$; (3-4)

i——路面平均横坡(%)即路拱坡度,取值 1.5%或 2%;

B——车行道宽度,m。

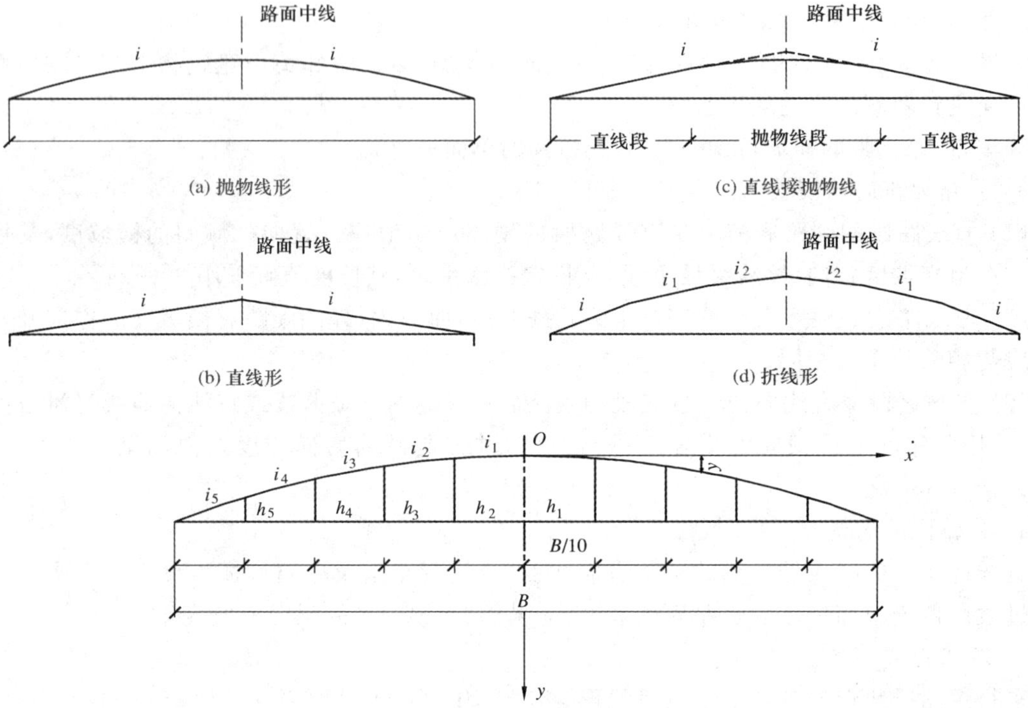

(e) 抛物线形的计算图式

图 3-9 路拱示意图

3.3 非机动车道、人行道

3.3.1 非机动车道

非机动车道是专供自行车和三轮车等行驶的车道。各种车辆具有不同的横向宽度和相应的平均车速。各种非机动车道宽度推荐值可按表 3-10 采用。例如,自行车车把宽度为 60cm,行驶时两侧横向摆动各 20cm,则一条自行车车道宽度为 1m。此外,由数条自行车车道组合的非机动车道宽还应计入两侧各 25cm 的路缘带宽度。

表 3-10 非机动车特性及所需车道宽度

车辆类型	自行车	三轮车
长/m	1.9	2.6
宽/m	0.6	1.2
速度/(km · h^{-1})	13～18	10.8
最小纵向间距/m	1.0～1.5	1.0
单车道通行能力/(辆 · h^{-1})	800～1000	300
所需单车道宽度/m	1.5(1.0)	2.0

非机动车道如以行驶自行车为主(三轮车不超过 5%),其双车道宽度为 2.5m;三车道为 3.5m;四车道为 4.5m;依次类推。若非机

动车某一车种的数量达到一条车道的设计通行能力的50%以上，即需要设一条车道；若小于50%，则宜组织混合车道。其组合排列时，要考虑到不同车辆之间所要求的横向安全距离：自行车与三轮车为0.8m。自行车道数通常根据预估自行车交通量除以一条车道的设计通行能力算得。机非分流的公路或立交孔中，非机动车道宜采用3.5～4.5m；大中城市的机非分流的非机动车道采用4.5～6.5m；当机、非混行的道路断面上借画线分流时，非机动车道数不小于2条，宽度不得小于2.5m；若机动车交通量很小，自行车与机动车高峰小时有所错开得以借道时，对非主干道可在机动车道宽度基础上每侧另加1.5m。非机动车专用道路宽度，单向不应小于3.5m，双向不宜小于4.5m。

3.3.2 人行道

人行道的主要功能是满足步行交通的需要，同时也应满足绿化布置、地上杆柱、地下管线、交通标志、信号设施、护栏等公用附属设施安置的需要。人行道的宽度，应包括步行道、设施带、绿化带等的宽度。

1. 人行道宽度

我国由于人口众多，用地紧张，居住密度较大，客运交通尚不发达等原因，步行交通所占比重较大。因此，在规划或设计人行道时，应充分考虑人行道的足够宽度，宽度不足，势必导致行人侵占车行道而影响汽车与行人的交通安全和顺畅。步行道宽度按下式计算：

$$w_p = \frac{N_w}{N_{w1}} \tag{3-5}$$

式中 w_p——步行道宽度，m；

N_w——高峰小时行人流量，人/h；

N_{w1}——1m宽步行道的设计行人通行能力，人/(h·m)。

高峰小时行人流量 N_w，应考虑远期人流的发展。

根据我国部分城市调查资料可知：大城市现有人行道宽度为3～10m，中等城市人行道宽为2.5～8m，小城市人行道宽度为3～6m。

表3-11列出了人行道最小宽度。表3-12列出了人行道和各类道路总宽度的比值。

表3-11 人行道最小宽度

项目	人行道最小宽度/m	
	一般值	最小值
各级道路	3.0	2.0
商业或公共场所集中路段	5.0	4.0
火车站、码头附近路段	5.0	4.0
长途汽车站	4	3.0

表3-12 单侧人行道宽度与道路总宽度之比值参考表

道路类别	横断面形式			道路类别	横断面形式		
	单幅式	双幅式	三幅式		单幅式	两幅式	三幅式断面
快速路		1/8～1/6		次干路	1/6～1/4		1/7～1/4
主干路	1/7～1/5		1/8～1/5	支　路	1/5～1/3		

此外,人行道宽度还需考虑设施带和绿化带的宽度。设施带指道路两侧的行人护栏、照明杆柱等。护栏一般采用钢管,不设基座的宽度为 0.25m,设基座的宽度为 0.5m。杆柱含基座宽度为 1～1.5m。人行道用地困难处的绿带可与设施带合并,但应避免各种设施与树木间纵向的干扰。绿化带净宽度灌木丛为 0.8～1.5m,单行乔木为 1.5～2.0m。方形树池每边净宽为 1.5m;矩形树池的净宽与净长为 1.2m×1.8m。

2. 人行道的布置

人行道通常对称布置在道路两侧,受地形、地物限制时,可不等宽或不在一个平面上。人行道布置基本形式见图 3-10。

图 3-10(a)中,仅在小圆穴(或方穴)中种植单行树木。这种形式多用于人行道宽度受限制以及道路两侧有商业、公共文化服务设施而用地又不足的路段。其行道树距临街建筑物外墙不宜小于 4.5m,因为其间距过窄时,往往导致行道树树干向车行道倾斜。某些城镇中由于人行道过窄,行道树距临街建筑物不到 2.0～3.0m,值得引以为戒。

图 3-10(b)中,行人与车行道借绿带(草地或矮灌木)隔开,而仅在人行过街横道线及重要公共建筑出入口处将绿带断开。它适用于车辆交通繁忙的干道,因为这种布置有利于交通安全和提高车行道的通行能力。国内如北京的景山前街、重庆市北培镇的主街和深圳市上埗区的许多三幅路干道均系采取这种布置。

图 3-10(c)中,除车行道与人行道之间种植有单行行道树外,在建筑物前布置有绿带,种植有草皮、花卉并围以扁柏、黄杨或冬青绿篱,从而形成绿化人行道。它多用于沿街公共建筑办公楼多的路段和居住区道路,这种形式宜在建筑物墙脚做散水坡以利排水。

图 3-10(d)为在人行道上布置两条有所划分的步行带,其靠近建筑物的步行带系供

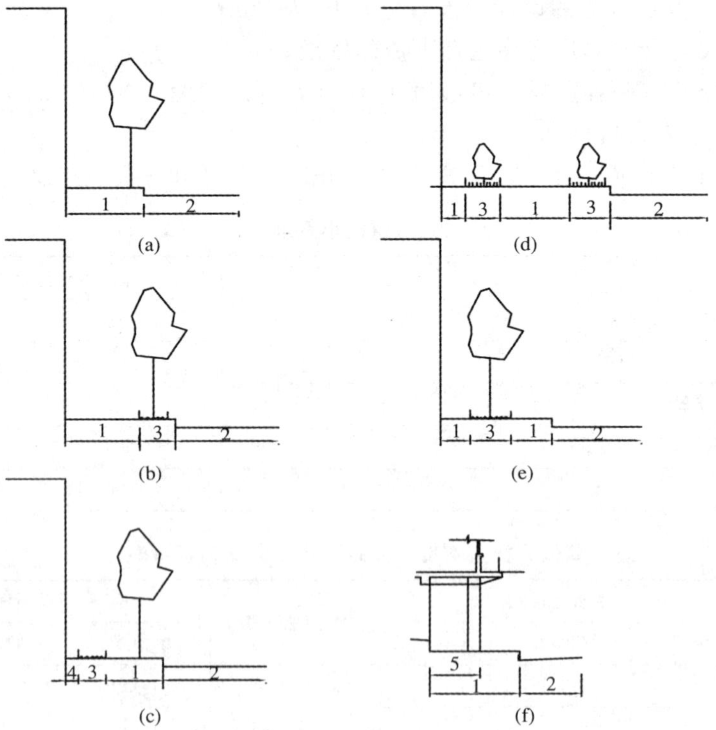

1—步行道;2—车行道; 3—绿带; 4—散水; 5—骑楼

图 3-10 人行道的布置形式

建筑物活动人群进出商店或其他文化服务场所使用;另一步行道则系供纵向穿越街道和过街行人交通使用。图 3-10(e)也为类似的方案之一。由于这种方式可使两种不同出行目的的人流不相互干扰,因而多用于城市中心地区或区中心的商业、行政大街或专门设置的步行街、滨河路。北京东西长安大街东单至王府井段的北侧林荫式步行道、重庆沙坪坝区主街即按此布置。

图 3-10(f)为骑楼式人行道,通常用在旧城原车行道与人行道均显狭窄的道路上,为拓宽路幅把沿街两旁的房屋底层改建为骑楼,腾出宽度 3～4.5m 孔道供行人通行,行人穿梭于骑楼下,既可避雨又能遮阳,成为别具一格的城市道路。骑楼式人行道,在南方炎热多雨地区的城市较多,如广州、厦门、泉州以及上海的南京东路和金陵东路商业街都取得很好的效果。

3.4 道路横断面布置

3.4.1 道路横断面的形式与选择

道路横断面根据交通组织特点的不同,可分为四种形式。

1. 单幅路

车行道上不设分车带,以路面画线标志组织交通,或虽不作画线标志,但机动车在中间行驶,非机动车在两侧靠右行驶的称为单幅路。我国旧城道路、一般公路、城市次干路、支路均采用这种形式。其占地少,投资省,具有机动车和非机动车高峰时间错峰时路面利用率高的优点,单幅路缺点在于车种混杂和不安全,故只能适用于交通量不大的次要道路(图3-11(a))。

2. 双幅路

用中间分车带分隔对向机动车车流,将车行道一分为二的,称为双幅路。高速公路与一级公路系汽车专用公路,为提高其行车速度,保障交通安全,均采用双幅路断面形式。城市道路双幅路上的机动车外侧行驶非机动车时,仍属混行,加之行人若从中央绿带突然穿出时,易发生交通事故,因此双幅路的中间带的绿化要妥善布置(详见本章第 2 节分车带)。双幅路不宜用于城市中心及临街吸引人流公共建筑较多的街道(图 3-11(b)),但可用于横向高差大、迁就地形现状而建成的道路,并适用于中小城市。双幅路如车行道只行驶机动车,则可把非机动车设在人行道上,称为“人非共板”(图 3-11(b)和图 2-10)。

3. 三幅路

用两条分车带分隔机动车和非机动车流,将车行道分为三部分的,称为三幅路。鉴于我国城市道路上自行车流量极大,三幅路形式比较适应城市交通发展的要求,是中小城市主干路应首先选用的断面形式。三幅路还具有机动灵活,便于分期修建的特点。对中等城市近期交通量不大的道路,可先建机动车道部分,以供机动车、非机动车并道行驶;待交通量增长后,再扩建为三幅路(图 3-11(c))。三幅路适用于路幅较宽(≥36m)的道路,多用于机动车、非机动车流量均较大的主干路,而不宜用于地形复杂的山城干道。

4. 四幅路

用三条分车带使机动车对向分流、机非分隔的道路称为四幅路。四幅路具有车速高、交通安全的优点,由于用地大、造价高,故适用于快速路和大城市交通量大的主干路(图 3-11(d))。

上述四种横断面形式各有优缺点,应根据城市规模、道路等级、交通量之不同,参照表3-13所列比较对照进行选择。

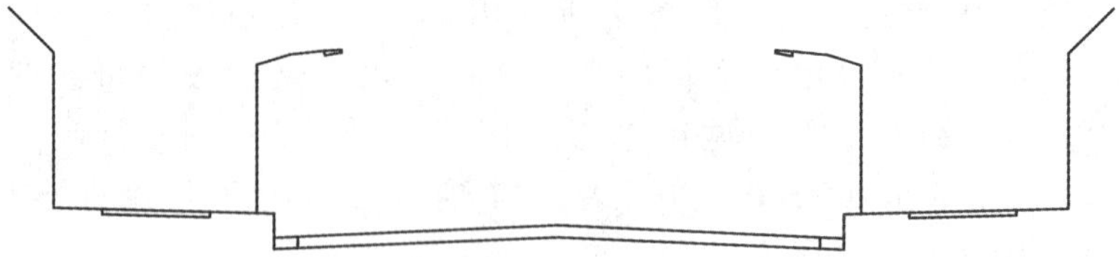

(a) 单幅路

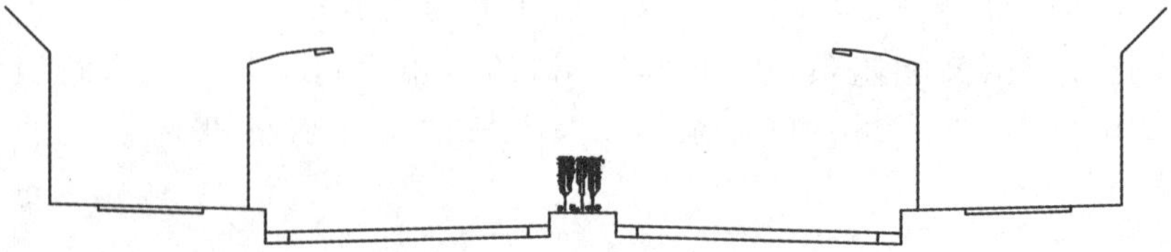

(b) 双幅路

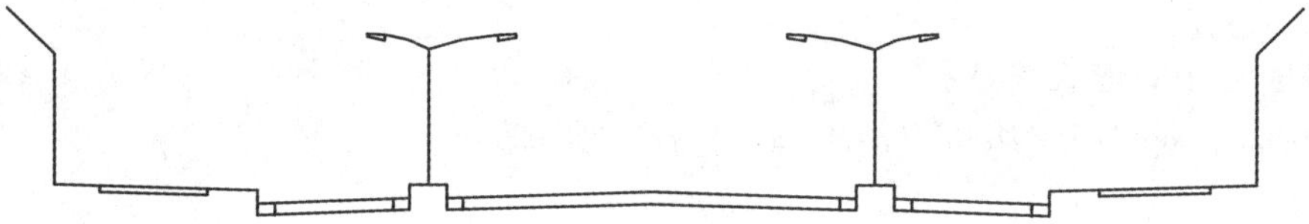

(c) 三幅路

(d) 单幅路改为有分隔带的三幅路实例

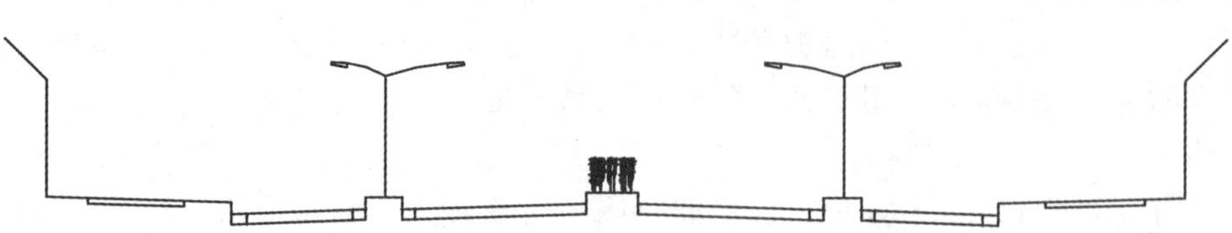

(e) 四幅路

图 3-11　道路横断面的基本形式

表 3-13　　城市道路横断面基本形式

序号	项目		单幅路	双幅路	三幅路	四幅路
1	分车带(条)		无	1	2	3
2	交通组织		机动车、非机动车混行	机动车对向分流，机非混行	机非分行	对向分流，机非分行
3	机动车道条数		不限，以偶数为佳	单向2条以上	单向至少2条	单向至少2条
4	行车速度		低	较高	高	最高
5	交通安全		差 机非干扰，公交车停靠与非机动车干扰	一般 机非干扰，公交车停靠与非机动车干扰	尚安全 公交停靠站上下乘客人流与非机动车干扰	最安全 公交停靠站上下乘客人流与非机动车干扰
6	绿化		仅在人行道上绿化	中间分车带绿化	佳	最佳
7	噪音减少		差	尚可	佳	最佳
8	照明		在人行道上布置	分车带上设置	照明效果佳	佳，方便
9	用地(宽度)		省	一般	≥40m	>40m
10	造价		低	较低	高	最高
11	适用性	机动车交通量 非机动车交通量 步行交通量	机动车交通量不大 非机动车流量少	机动车多 非机动车少 少	机动车多或量中等，方向不均匀 非机动车多	双向机动车流量均大 非机动车流量也大 少
		道路等级	具有游行、迎宾等含特殊功能的主干路； 用地不足拆迁困难的旧城道路； 红线较窄的次干路； 车速低的支路	高科技园区道路； 风景区道路； 中小城市非机少的主干路； 红线宽的次干路； 上、下分行的山城道路	主干路； 大城市红线宽的次干路	中间设电车的路； 高架下地面道路； 设置辅路的快速路； 大城市主干路； 重要工业区道路

3.4.2 城市道路横断面的综合设计和实例

道路横断面设计，关系到交通、环境、景观和沿线公用设施的协调安排，所以除根据道路等级、交通量确定断面形式外，还应考虑下列问题。

1. 路幅与沿街建筑高度的协调

道路路幅应使道路两侧的建筑物有足够日照和良好通风；对有防护抗震要求的城市，一旦房屋倒塌后，道路尚有余地维持交通。因此，以 $H:B=1:2$ 左右为宜。

2. 横断面布置与道路功能的协调

交通性干道应保证足够的机动车车道和必要的分隔设施，达到双向分流、人车分流以保障交通安全。商业性大街应保证足够宽的人行道。车行道应考虑公交车辆停靠的方便。风景游览道路或河滨路是吸引人流观赏景色的场所，其横断面布置应增加绿化用地，布置多条人行道，并根据河岸高度、用地条件，做不对称布置，可使行人靠车行道旁的人行街道行走，而沿河漫步与凭眺的游人走河滨人行道。

3. 横断面布置与地形的协调

山城或丘陵地区坡度高差较大的道路横断面设计,可因地制宜,不对称地布置,结合地形设计成两条单向道路或双幅路。人行道的高度、宽度也可采用不对称设计。

4. 施工横断面

在道路施工图阶段设计,要绘制各整桩(每隔 20m 或 50m)和特殊桩的设计施工横断面图,即在各个桩号的现状横断面(由测量队提供)上,根据相应桩号在纵断面图上所得的设计标高,以相同的比例(一般纵横均为 1∶100 或 1∶200)尺,把标准横断面绘上去。用此图可算得填挖方面积和土方工程量,并据此编制概预算。施工横断面也是施工放样的依据。施工横断面绘制程序自左至右、自下而上,小的桩号在下面,图 3-12 列出了一个施工横断面。

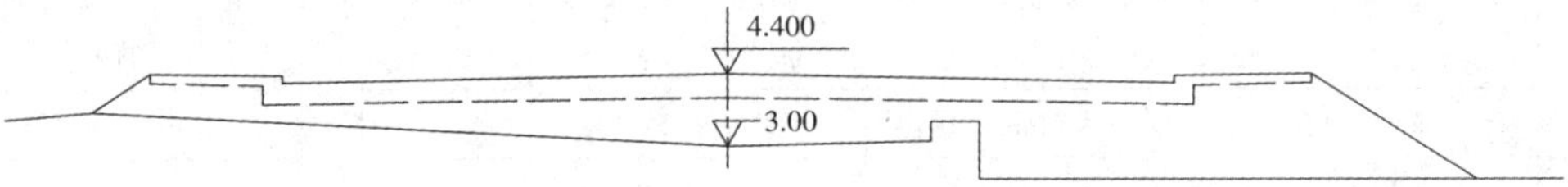

桩号:0+000.000

路中心填方高度=1.440

左　　宽=19.810　　右　　宽=23.079

填方面积=63.342　　挖方面积=0.000

图 3-12　施工横断面图实例

通常中小桥横断面同道路近期路幅宽度,而大桥则宜一次性投资,其宽度应按远期道路横断面宽度建造。

5. 主次干道设计实例

主次干道定义详见本书第 1 章,图 3-13(a)为大城市主干路三幅路断面形式,该图适用于旧城用地不宽,但机动车数量较多的干道,对向车流用双黄线分隔双向六车道的车流,由于用地紧,其他组成部分较窄。图 3-13(b)为大城市新区主干道,四幅路断面形式,机动车流量也大,为上下行各 3 车道,考虑路缘带宽度在内,需各向 12m,其他各组成部分定量计算得,红线宽 50m。图 3-13(c)为大城市次干路双幅路断面形式,非机动车数量不大,故机非混行对向分

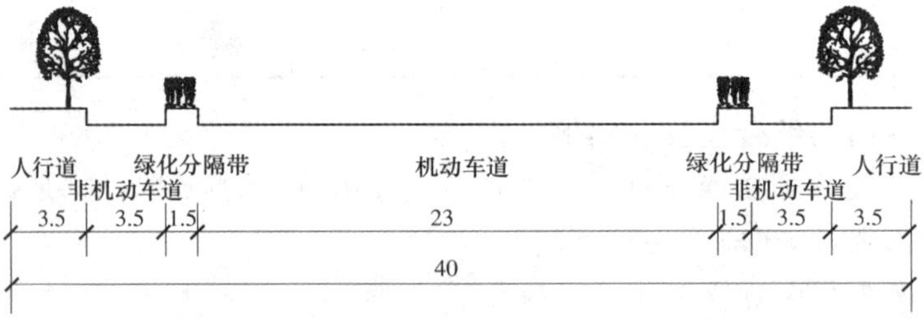

(a) 三幅路主干路(*B*=40)

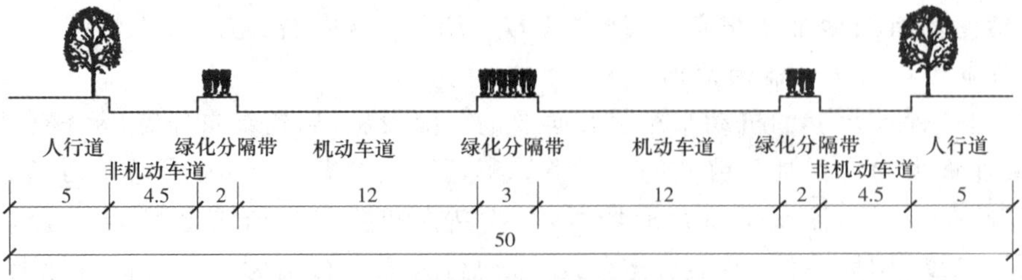

(b) 四幅路主干路(*B*=50)

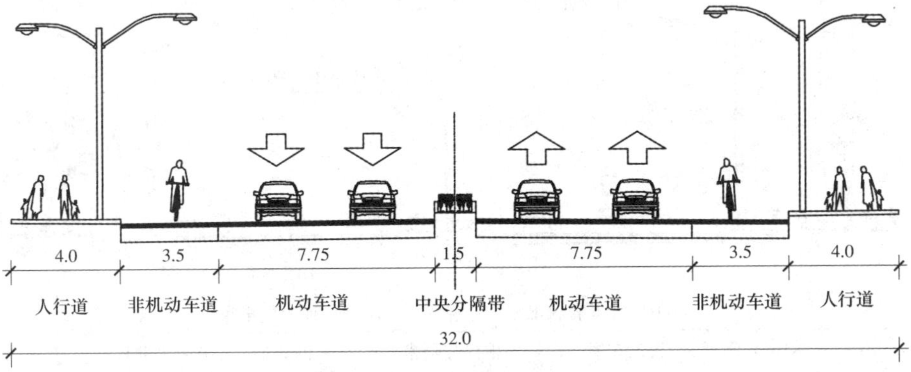

(c) 双幅路次干路

图 3-13 横断面设计实例(单位:m)

行,由于旧城区次干路不宜太宽,红线 32m,灯杆可以设在中央,也可设在两侧,该断面形式也可用于中等城市的主干路。

6. 横断面布置的近远期结合

道路红线规划时,应考虑各组成部分必要的宽度和横断面选型,并注意留有余地。实施过程中,宜近远期结合,使近期工程成为远期工程的组成部分,路面宽度及标高等应留有发展的余地。近期工程,应根据现有交通量,考虑正常增长及建成后吸引交通量和发展交通量,以确定路面宽度及路面结构。如因受投资限制,而占地、拆迁无困难时,路面宽度宜一次建成,但路面标高应偏低制定,以便使用一段时间后,根据发展情况再进行路面的增铺补强,避免日后沿街建筑物地坪标高低于道路路面而不利于排水。如果既受投资限制,拆迁又有困难时,在满足交通的情况下,路面宽度可分期实现。如,先修机动车车行道部分,建成为单幅路;远期工程中,再修建非机动车道实现三幅路断面;也可将人行道先铺砌 部分,并预留规划管线位置。在快速路、主干路上可预埋过街管线,以免实现规划断面时再伐树、移杆与掘路。

如图 3-1(b)和图 3-14(a)所示的双幅路,中央分隔带较宽,远期交通量增长后,可再开辟建造机动车道(图3-14(b)),也有的城市把中央分隔带留作远期轨道交通用地,见图 3-14(c)。

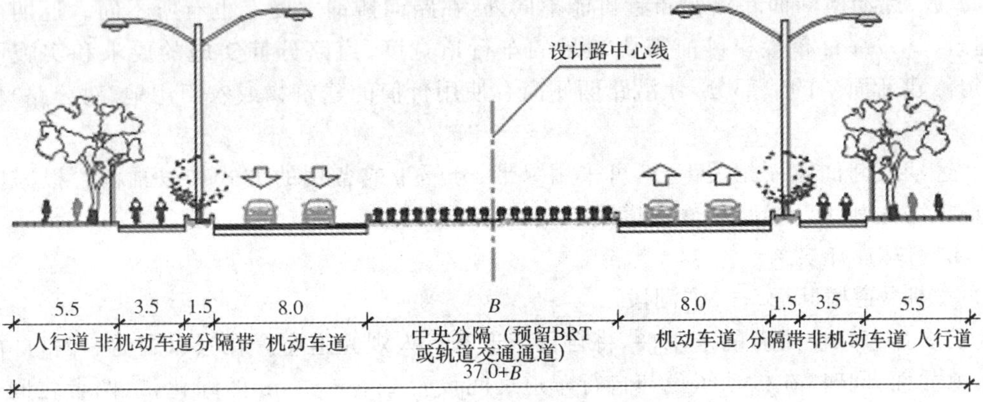

(a) 道路标准横断面(近期)

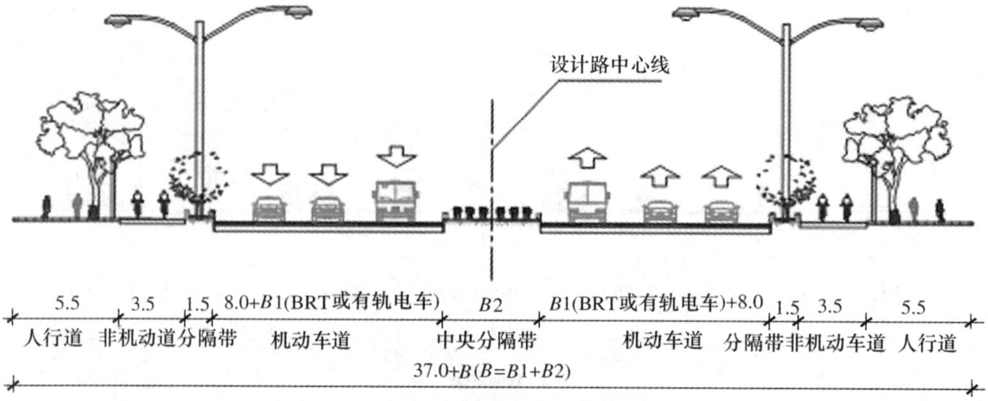

(b) 道路标准横断面1(远期)

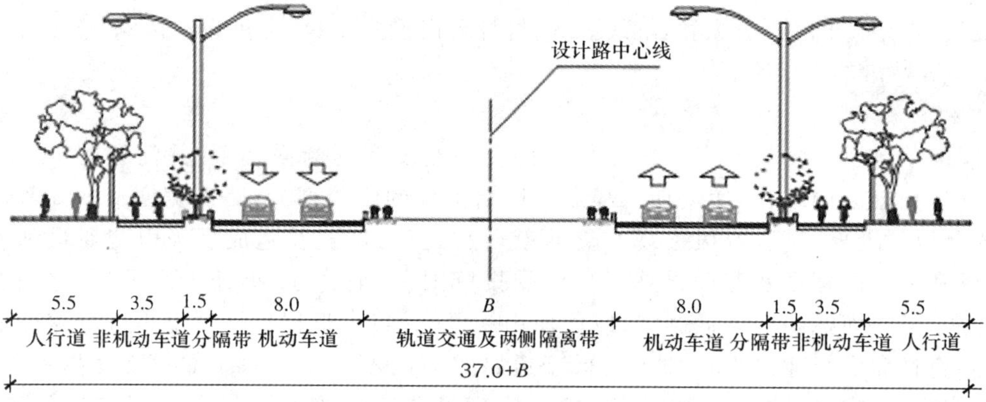

(c) 道路标准横断面2(远期)

图 3-14 近、远期结构的道路横断面布置(单位:m)

近、远期结合分期修建的横断面应满足下列要求:

(1) 在近期路幅布置时应明确新建道路远期功能和红线宽度,对于改建道路还应明确其目前使用功能和特点。

(2) 近、远期横断面除路幅布置可能不同外,在路面摊铺宽度上也有所不同。近期可根据沿街建筑、管线综合布置和目前需要满足的车行道宽度、道路分期实施的要求和实施可行性等,确定修建断面中的一部分,让沿路两侧尚有使用价值的建筑物或农田用地(对公路)仍能发挥作用。

近、远期横断面宽度相关部分,可采用绿带、分隔带或备用的方式加以预留。根据拆迁条件,近期也可先利用一半路幅修建道路。

7. 滨湖路设计实例

1) 滨湖大道横断面——临湖段

为了加强道路使用者的亲水性,将自行车道和行人观光道布置在紧靠湖的一侧,自行车道与人行道共面,同时,在机动车道与自行车道之间设置 2.5~5.5m 的绿化带,两者之间布置 0~80cm 的高差,见图 3-15(a)。

2）滨湖大道横断面——离湖段

自行车道与行人与机动车道分离，自行车道和行人休闲道利用原湖大堤，共板 5m，考虑到沿线相关景点和主题公园都会有部分行人交通，设置了两侧各 3m 的人行道，见图 3-15(b)。

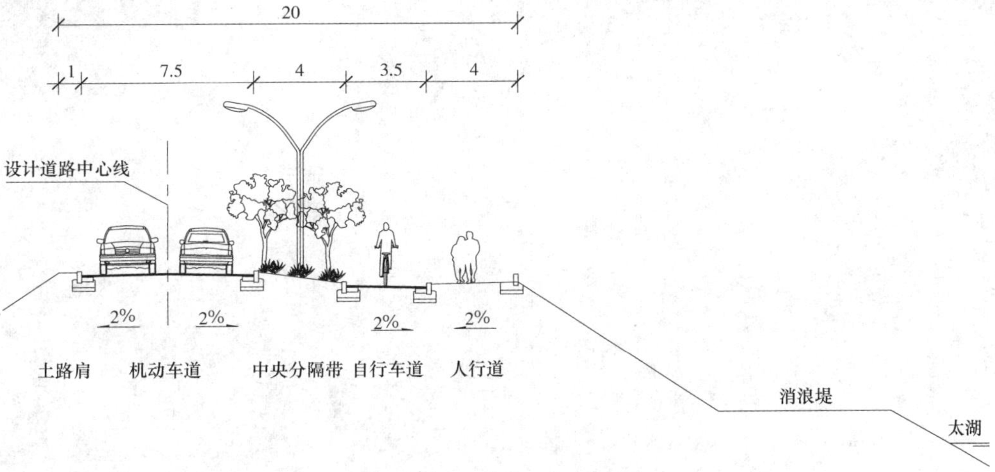

(a) 滨湖大道横断面——临湖段

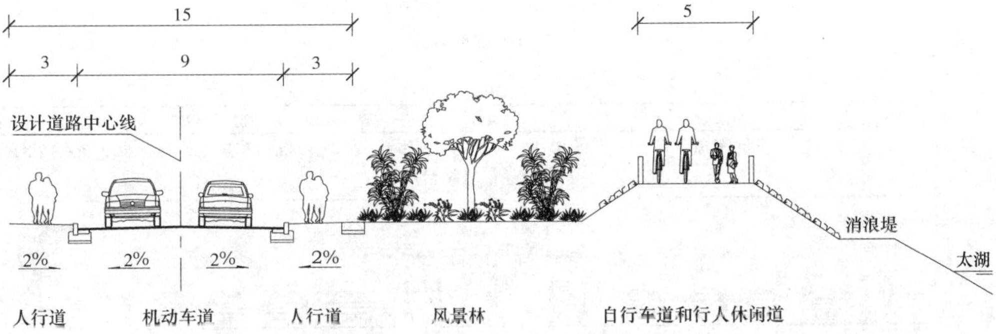

(b) 滨湖大道横断面——离湖段

图 3-15 滨湖路设计实例(单位:m)

8. 设有有轨电车的横断面实例

为减少空气污染，国内外大中城市兴起绿色交通热潮，再度建设有轨电车，其在道路上横断面实例见图 3-16。

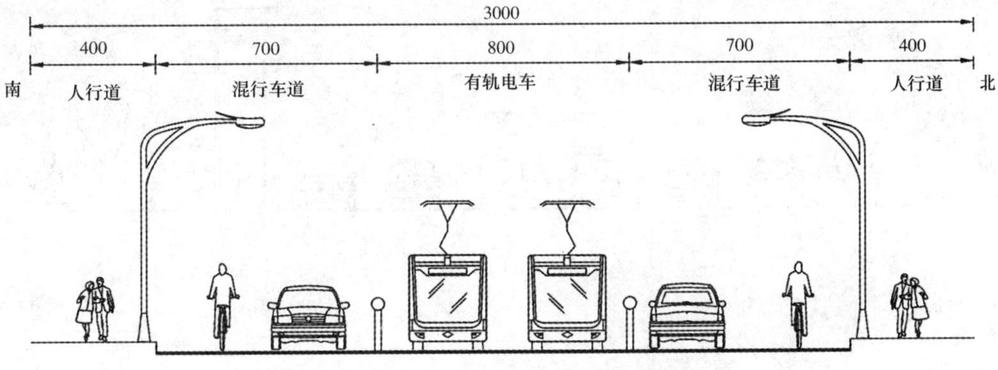

(a) 有轨电车居中的机非混行道路

(b) 实景

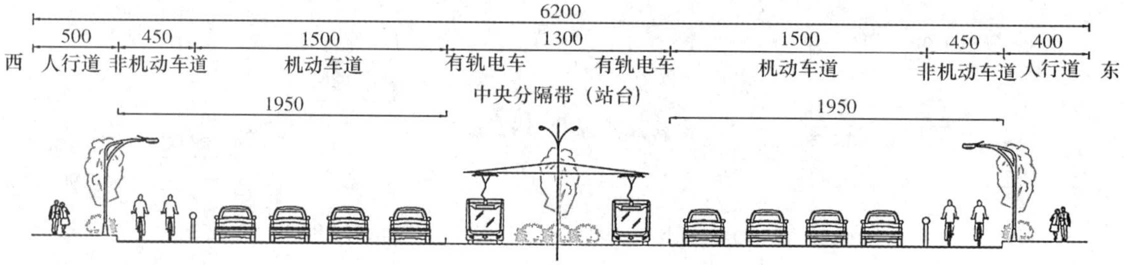

(c) 站台居中的多车道道路

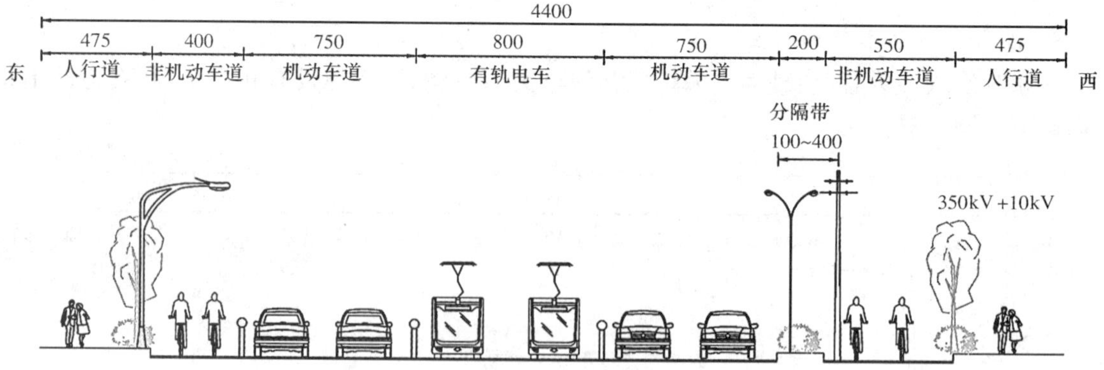

(d) 有轨电车居中的道路

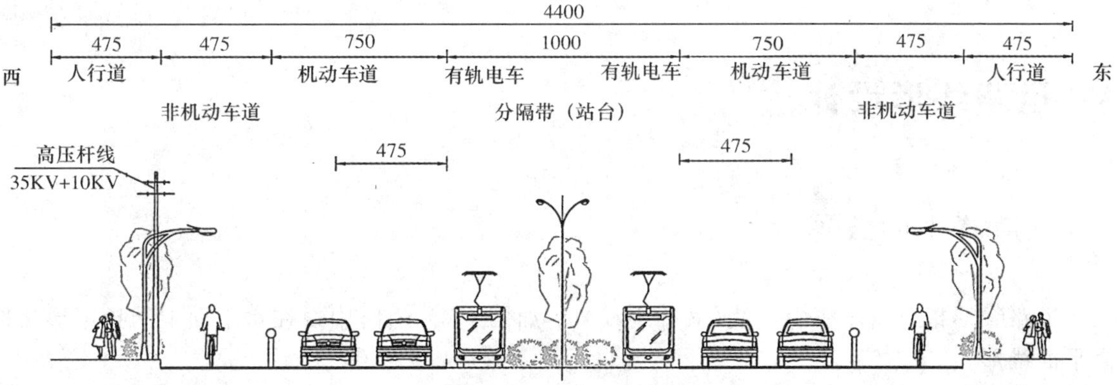

(e) 设有中间站台的 4 车道道路

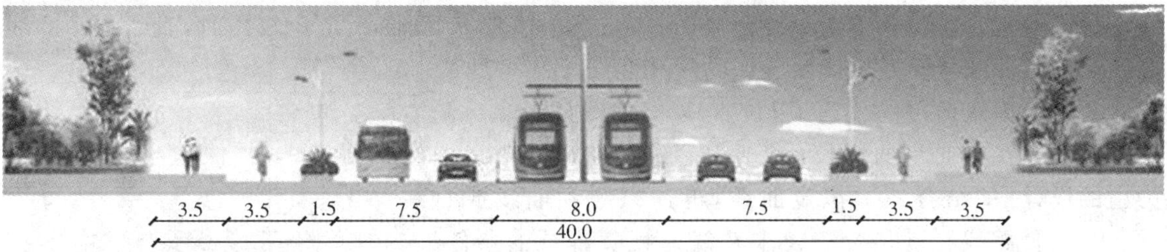

(f) 有轨电车居中的四幅路

(g) 上下行合用站台

(h) 站台在两侧的有轨电车

图 3-16 设有轨电车的道路横断面实例

4 道路线形设计

4.1 道路平面线形

道路线形指道路路幅中心线(又称中线)的立体形状。道路中线在水平面上的投影形状称为平面线形。

道路平面线形常受地形地物等障碍的影响,在线形转折时,就需要设置曲线,所以平面线形由直线、曲线组合而成。曲线又可分曲率半径为常数的圆曲线和曲率半径为变数的缓和曲线两种。通常直线与圆曲线直接衔接(相切);当车速较高、圆曲线半径较小时,直线与圆曲线之间以及圆曲线之间要插设回旋型的缓和曲线。

公路平面线形,过去多采用长直线-短曲线的形式。随着车速的提高及交通量的增长,对于高等级公路已趋于以曲线为主的设计,即结合地形拟定曲线,再连以缓和曲线或直线(图 4-1),使路线在满足行车要求及线形视觉舒顺的条件下,增加了结合地形设置线形的自由,使道路的经济效益较为显著。连续曲线的线形,特别适用于有山、谷的乡区道路线形设计,对于平原地区的城市则首先应考虑敷设以直线为主的线形。高速公路线形多以圆曲线及回旋线为主,其间也可插入适当长度的直线,但应以更好地满足线形舒顺与地形的合理结合为原则。

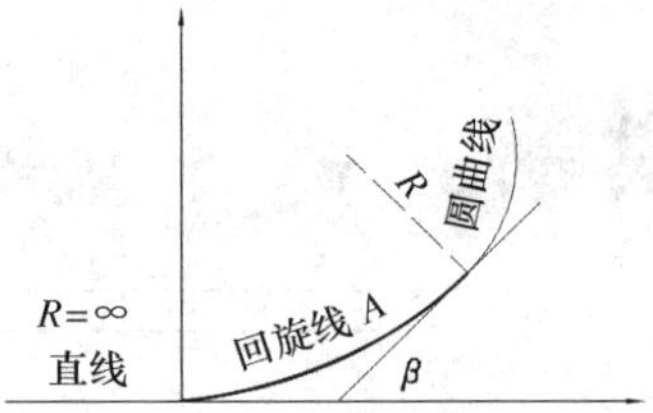

图 4-1 平面线形组合

道路线形对交通安全、行驶舒适具有重要作用。必须保证道路线形的连续与均衡性,城市道路的平面定线要受到城市道路网布局、道路规划红线宽度和沿街建筑物位置等因素的约束,平面线形只能局限在一定范围内动,定线的自由度要比公路小得多,所以必须加强城市道路网规划对道路定线的指导。

道路线形还受用地开发、征地拆迁、环境、景观、美学、文物保护、名树保留、社区影响、公众参与等因素的影响,特别是对道路的拓宽、辟通、改造等,当前提倡“和谐交通”的理念。调整线形或变更局部路段的布置。

城市道路两侧建筑物、街坊道路出入口及多幅路分隔断口对道路通行能力及安全有较大影响,在设计时应适当减少、合得布置,通过交通组织、标志标线设置,以保证交通安全和畅通。

4.1.1 圆曲线

道路为了绕避障碍、利用地形以及通过必要的控制点,致使在平面上常出现转折。在路线转折处,一般均用圆曲线连接,以使车辆平顺地由前一条直线路段转向驶入后一条直线路段,所以要分析研究汽车在弯道上行驶的规律和特点,以便采取有效措施来确保汽车行驶的通畅、安全、迅速、经济和舒适。

1. 圆曲线半径公式的推导

汽车在弯道上行驶时,作用在汽车横截面上的力,有垂直向下的汽车重力 G、水平方向的离心力 C,以及轮胎与路面间的横向摩阻力,如图 4-2 所示。

当汽车进入曲线行驶时,便产生离心力,不仅使汽车有向曲线外侧滑移或倾覆的可能,并增大了燃料消耗和轮胎磨损，还使乘客感到不舒适。因此，汽车转弯时的受力特点、行车的安全和舒适、燃料和轮胎的耗损，以及驾驶员的视觉和心理均与在直线上行驶有显著不同。

作用在汽车上的离心力为

$$C=m\frac{v^2}{R}=\frac{Gv^2}{gR}\quad(\mathrm{N})\tag{4-1}$$

式中　m——汽车的质量，kg；

G——汽车的重量，N；

g——重力加速度，m/s²；

v——行车速度，m/s；

R——平曲线半径，m。

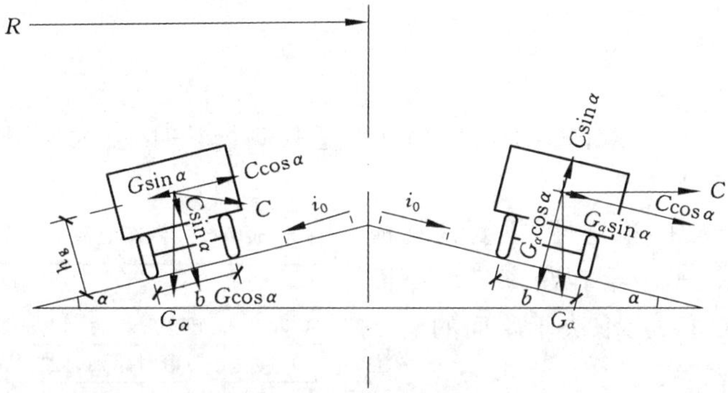

(a) 曲线内侧　　(b) 曲线外侧

图 4-2　横向力解析图

由式(4-1)可知，车速越大，离心力也越大；曲线半径越小，离心力越大。因此，在小半径曲线上高速行车时，对行车安全有着严重的威胁。

把作用在汽车上(通过重心)的汽车重力 G 和水平方向的离心力 C，分解为垂直于路面的分力 $G\cos\alpha$ 及 $C\sin\alpha$ 和平行于路面的分力 $G\sin\alpha$ 及 $C\cos\alpha$，则横向力为

$$Y=C\cos\alpha\pm G\sin\alpha$$

因 α 很小，故 $\cos\alpha\approx1$，$\sin\alpha\approx\tan\alpha\approx i$(路拱坡度)。于是，有

$$Y=C\pm Gi=\frac{Gv^2}{gR}\pm Gi\tag{4-2}$$

式中，“+”是指汽车在曲线外侧车道上行驶；“−”指汽车在曲线内侧车道上行驶。

单位车重的横向力，称为横向力系数 μ，即：

$$\mu=\frac{Y}{G}=\frac{v^2}{gR}\pm i$$

将车速 v 的单位转化为 km/h，则得：

$$\mu=\frac{V^2}{127R}\pm i\tag{4-3}$$

横向力系数 μ，即表示汽车单位重量所受到的横向力，它可以表示汽车在曲线上行驶时横

向的稳定程度,μ 值越大,表示横向愈不稳定,汽车就可能产生侧向滑移。

横向力 Y 使汽车向曲线外侧滑动,而轮胎与路面间的摩阻力 $X\varphi_0$,则阻止汽车滑移。因此,保证汽车不产生横向滑移的必要条件是:

$$Y \leqslant X\varphi_0 \tag{4-4}$$

因 $Y=\mu G$,竖向力 $X=G$,式(4-4)可改写为

$$\mu \leqslant \varphi_0 \tag{4-5}$$

式中,φ_0 为横向摩阻系数。

由式(4-3)可得到圆曲线半径的计算公式,即:

$$R=\frac{V^2}{127(\mu \pm i)} \quad (\text{m}) \tag{4-6}$$

式中 V——设计速度,km/h;

μ——横向力系数;

i——路拱横坡度,对双向横坡的路面在弯道外侧行驶时,公式中用"－"号,在内侧行驶时用"＋"号。

汽车在弯道上行驶的稳定性,主要是指横向抗滑稳定,即保证汽车不会在超高横坡路面上产生横向滑移。抗滑稳定取决于路面的潮湿程度、车速及路面类型等。

横向力系数 μ 的选用不仅考虑汽车在弯道行驶时对行车的力学稳定性,还应考虑乘客的舒适程度(表 4-1)。

表 4-1 汽车在弯道上行驶时乘客的舒适感

μ 值	乘客舒适感
≤0.10	转弯时不感到有曲线存在,很平稳
0.15	转弯时感到有曲线存在,尚平稳
0.20	转弯时已感到有曲线存在,略感到不稳
0.35	转弯时感到有曲线存在,已感到不稳定
0.40	转弯时非常不稳定,站立不住而有倾倒危险

2. 圆曲线最小半径的选用

圆曲线半径分极限最小半径、一般最小半径、不设超高的最小半径三种。《公路工程技术标准》的规定值见表 4-2,城市道路的规定值见表 4-3。

表 4-2 公路圆曲线最小半径

设计速度/(km·h^{-1})		120	100	80	60	40	30	20
一般值/m		1000	700	400	200	100	65	30
极限值/m $i=8\%$		650	400	250	125	55	30	15
不设超高最小半径/m	路拱≤2.0% $\mu=0.035\sim0.04$	5500	4000	2500	1500	600	350	150
	路拱>2.0% $\mu=0.04\sim0.05$	7500	5250	3350	1900	800	450	200

注:① 一般情况下宜采用最小圆曲线半径的 4～8 倍,或超高为 2%～4%的圆曲线半径。

② 地形条件受限制时,应采用大于或接近于圆曲线最小半径的"一般值"。

③ 地形条件特殊困难而不得已时,方可采用圆曲线最小半径的"极限值"。

表 4-3 城市道路圆曲线最小半径

设计速度/($km \cdot h^{-1}$)	100	80	60	50	40	30	20
不设超高的最小半径/m	1600	1000	600	400	300	150	70
设超高的最小半径一般值/m	650	400	300	200	150	85	40
设超高的最小半径极限值/m	400	250	150	100	70	40	20

圆曲线半径的选用应同前后线形要素相协调，使之构成连续、均衡的曲线线形。并注意与纵面线形相配合，必须避免小半径曲线与陡坡相重合。

设计时，应尽量采用较大的半径，一般应采用大于或等于表 4-2 或表 4-3 所列的不设超高的最小半径；当条件不允许时，才采用设超高的一般最小半径或极限最小半径。

1）极限最小半径

极限最小半径是指圆曲线半径采用的最小极限值。当地形困难或条件受限制时方可采用。采用极限最小半径时，设置最大超高。城市道路在郊区可用超高 2%～6%，《公路工程技术标准》中的规定值是：μ 值采用 0.15(0.10～0.17)；最大超高 i 一般取 8%(高速公路、一般公路取 10%，严寒积雪情况取 6%)，按公式 $R=\frac{V^2}{127(\mu+i)}$ 计算而确定的。

位于平地或下坡的长直线尽头，不应采用小半径平曲线。大、中桥隧道内一般应为直线。必须设置曲线时，应尽量采用较大半径，至少不小于不设超高的最小半径。

改建公路利用现有公路路段，对二级公路，山岭重丘区的极限最小半径可采用 50m；对于三级公路，山岭重丘区的极限最小半径可采用 25m。采用以上极限最小半径时宜相应地增加超高横坡度。

2）不设超高的最小半径

不设超高的最小半径是指道路曲线半径较大、离心力较小时，汽车沿双向路拱(不设超高)外侧行驶的路面摩擦力足以保证汽车行驶安全稳定时所采用的最小半径。《公路工程技术标准》中的规定值，是按路面泥泞或结冰时的不利情况，并考虑线形的舒顺协调，μ 用 0.035～0.04，路拱外侧横坡 $i_0 \leqslant 2\%$(或 1.5%)，用公式 $R=\frac{V^2}{127(\mu-i_0)}$ 计算而确定的。城市道路 μ 值可比公路采用值大，《城市道路设计规范》采用 $\mu=0.067$，算得表 4-3 所列不设超高的最小半径。在建成区，城市道路两侧建筑物已形成，故尽可能不设超高，以免与建筑物标高不协调而影响街景美观。

3）一般最小半径

一般最小半径是指设超高时的推荐半径。其数值介于极限最小半径与不设超高最小半径之间，其超高值随半径增大而按比例减小。《公路工程技术标准》所采用的一般最小半径值是按照表4-3所得出的($\mu+i$)值来确定的。其中，μ 值与 i 值均按该道路的 $R_{极限}$ 与 $R_{不设}$ 数值的比例而变化。$\mu=0.05$～0.06，$i=0.06$～0.08。

选用的圆曲线半径值，应与当地地形、经济等条件相适应，并应尽量采用大半径曲线以提高道路使用质量，但最大半径不宜超过 10000m。

4.1.2 缓和曲线

1. 设置目的

当汽车从直线进入小半径圆曲线时，司机应逐渐改变前轮的转向角，使其适应相应半径的圆曲线,前轮的逐渐转向是在进入圆曲线前的某一路段内完成的。直线的半径为无穷大;进入圆曲线时,则半径为 R,所以从直线过渡到圆曲线时,汽车的行驶曲率半径是不断变化的,这一变化路段即为缓和曲线段(图 4-3)。

由图 4-3 可见,设置缓和曲线的目的在于通过曲率的逐渐变化,适应汽车转向操作的行驶轨迹及路线的顺畅,缓和行车方向的突变和离心力的突然产生;使离心加速度逐渐变化,不致产生侧向冲击;并缓和超高,作为超高变化的过渡段,来减少行车震荡。所以,缓和曲线是平面线形中直线与圆曲线、圆曲线与圆曲线之间设置的曲率连续变化的曲线。

缓和曲线,宜采用与汽车行驶轨迹相一致的曲线形式。该轨迹的曲率半径 ρ 与汽车的转角 φ 成反比例变化,汽车的转角 φ 从道路直线段上的零逐渐增加到圆曲线上的固定值(图 4-3)。

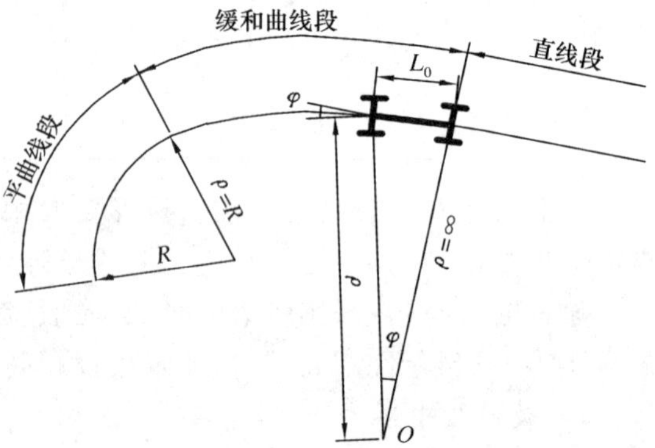

图 4-3 汽车在缓和曲线上行驶的情况

设汽车在缓和曲线上的行驶速度为 v(m/s),行驶 t 秒后,方向盘转动角度为 φ,前轮的转动角 Φ,则两者关系为

$$\Phi=K\varphi \quad (K\leqslant 1) \tag{4-7}$$

如方向盘转动的角速度为 ω,t 秒后转动角度为 $\varphi=\omega t$,前轮转动角度为 $\Phi=K\varphi=K\omega t$。

汽车前后轮轴距为 L_0,则汽车的转动半径为

$$\rho=\frac{L_0}{\sin\Phi}\approx\frac{L_0}{\Phi}=\frac{L_0}{K\omega t} \tag{4-8}$$

汽车沿缓和曲线行驶 t 秒后,在曲线上行驶的距离为 l,则

$$l=vt=v\left(\frac{L_0}{K\omega}\cdot\frac{1}{\rho}\right)$$

设 $v\left(\frac{L_0}{K\omega}\right)=C'=$常数,则

$$l=\frac{C'}{\rho} \tag{4-9}$$

式(4-9)即为汽车等速行驶并以不变角速度转动方向盘所产生的轨迹。汽车行驶轨迹半径值,随其行驶距离的增加而递减,即缓和曲线上任一点的半径与其距起点的距离成反比例。在缓和曲线终点处,$\rho=R$,$l=L$,则 $R=\frac{C'}{L}$,取 $C'=A^2$,则行驶轨迹方程为

$$RL=A^2 \tag{4-10}$$

由此可知,回旋线方程与汽车行驶轨迹是相一致的。即一般缓和曲线多采用回旋线,曲线半径 R 与回旋长度 L 成反比

$$\frac{1}{R}=C_0L$$

式中，C_0 为系数。

设$\frac{1}{C_0}=A^2$，则 $RL=A^2$，A 称为回旋线参数。

在确定回旋线参数时，宜在下述范围内选定：

$$\frac{R}{3}\leqslant A\leqslant R \tag{4-11}$$

式中　A——回旋线参数；

R——与回旋线相连接的圆曲线半径，m。

A 值的大小依据地形条件及线形要求而确定。

当 R 接近于 100m 时，取 $A=R$；当 $R<100$m 时，取 $A\geqslant R$。当 R 较大或接近于 3000m 时，取 $A=R/3$；当 $R>3000$m 时，取 $A<R/3$。

2. 缓和曲线长度的计算

1）按离心加速度变化率计算

即离心加速度从直线上的零增加到进入圆曲线时的最大值，离心加速度变化率限制在一定的范围内。离心加速度变化率为

$$P=\frac{v^3}{LR}\quad (\mathrm{m/s^3}) \tag{4-12}$$

设置缓和曲线通常采用 $P=0.6\mathrm{m/s^3}$，并以 V(km/h)代替 v(m/s)，则

$$P=\frac{\left(\frac{V}{3.6}\right)^3}{LR}=\frac{V^3}{47RL}\leqslant 0.6$$

所以

$$L=0.036\frac{V^3}{R}\quad (\mathrm{m}) \tag{4-13}$$

2）按司机操作反应时间计算

已知 $L=vt=\frac{1}{3.6}Vt$，若一般采用 $t=3$s，则

$$L=\frac{3V}{3.6}=0.83V\quad (\mathrm{m}) \tag{4-14}$$

3）按视觉条件计算

从回旋线特性知，$RL=C'$，经验认为，$C'=\frac{R^2}{9}\sim R^2$，即可使线型舒顺协调。所以

$$L=\frac{R}{9}\sim R \tag{4-15}$$

根据实践研究得出：

(1) $L=\frac{R}{9}$是相当于缓和曲线的最小转向角 $\beta=0.0556\mathrm{rad}=3°15'59''$。

由

$$\beta=\frac{L}{2R}=\frac{A^2}{2R^2},\ A^2=RL$$

$$A=R\sqrt{\frac{2\times 0.0556}{1}}=R\sqrt{0.1112}\approx\frac{R}{3}$$

所以
$$L=\frac{A^2}{R}=\frac{R}{9} \tag{4-16}$$

(2) $L=R$ 是相当于缓和曲线的最大转向角$\widehat{\beta}=0.5\text{rad}=28°38'52''$。

$$A=R$$

所以
$$L=\frac{A^2}{R}=R \tag{4-17}$$

实际采用的缓和曲线长度应取上述计算中的大值(一般取 5m 的整倍数)。《公路路线设计规范》(JTG D20—2006)规定见表 4-4。

表 4-4　缓和曲线最小长度

设计速度/($km\cdot h^{-1}$)	120	100	80	60	(50)	40	30	20
最小长度/m	100	85	70	60(50)	(45)	40(35)	30(25)	20

注:① 直线与小于表 4-4 所列不设超高最小圆曲线半径相衔接处,应设置回旋线。

② 四级公路直线与小于不设超高最小圆曲线半径相衔接处,可不设置回旋线,用超高、加宽缓和段径相连接。

③ 括弧内为《城市道路设计规范》(CTJ 37—2012)。

3. 不设缓和曲线的平曲线半径

在直线与圆曲线间插入缓和曲线后,将产生一位移量 ΔR,当此位移量 ΔR 与已包括在车道中的富余宽相比为很小时,则可将缓和曲线省略,直线与圆曲线可径相连接,因为它已能满足汽车行驶的轨迹(图 4-4)。

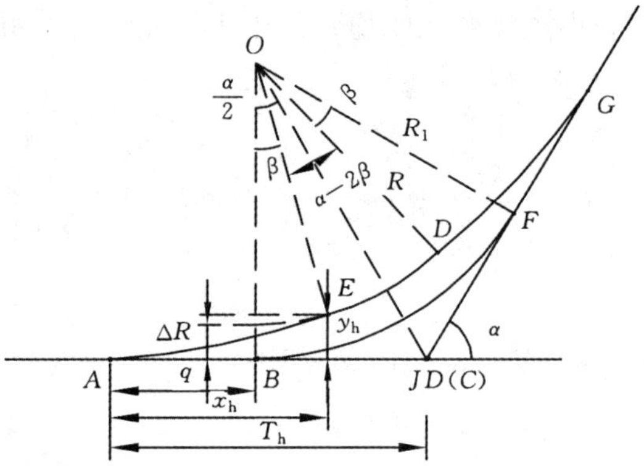

图 4-4　缓和曲线与圆曲线的衔接

从回旋线数学表达式可知:

$$\Delta R=\frac{1}{24}\cdot\frac{L^2}{R},\quad 而\ L=\frac{V}{3.6}\times t$$

当采用 $\Delta R=0.20\text{m}$ 及 $t=3\text{s}$ 行驶时,即可得出不设缓和曲线的临界半径为

$$R=0.144V^2\quad(\text{m}) \tag{4-18}$$

各种车速的临界曲线半径计算结果见表 4-5。

表 4-5　不设缓和曲线的圆曲线半径值

设计速度/($km\cdot h^{-1}$)	120	100	80	60	(50)	40	30	20
不设缓和曲线的临界曲线半径/m	2100	1450	930	520		230	130	58
不设缓和曲线的半径/m	5500	4000 (3000)	2500 (2000)	1500 (1000)	(700)	600 (500)	350 (350)	150 (150)

注:括弧内为城市道路规定值,当计算值≤40km/h 时,城市道路缓和曲线可用直线代替。

考虑到司机的视觉与舒适感，不设缓和曲线的圆曲线半径与不设超高的平曲线半径相同，约相应于 $\Delta R=0.07\sim0.08\text{m}$，规定数值如表 4-5 所示。

各级公路在直线与半径小于表 4-5 所列的圆曲线的相连接处，应设置缓和曲线。公路缓和曲线采用回旋线，四级公路不设缓和曲线，可用超高、加宽缓和段代替。

4. 缓和曲线的要素计算

缓和曲线设置在直线与圆曲线间，在起点处与直线段相切，而在终点处与圆曲线相切，所以圆曲线的位置必须向内移动一距离 ΔR。通常公路上多采用圆曲线的圆心不动，使半径略为减小而向内移动。在图 4-4 中，JD 是道路中线的交点，B 点是原来圆曲线的起点，F 点是原来圆曲线的终点，插入缓和曲线 AE 后，缓和曲线与圆曲线相接于 E 点，缓和曲线起点则为 A 点，而原来的圆曲线向内移动一距离 ΔR。在测设时，已知圆曲线半径 R、偏角 α、圆曲线起点 B 及终点 F 的位置，所以必须定出缓和曲线起点 A 的位置（q 值）、缓和曲线与圆曲线衔接点 E 的位置（x_h，y_h 值），以及原来的圆曲线向内移动的距离 ΔR。这 3 个数值确定后，即可设置缓和曲线。设置缓和曲线后，将减小圆曲线的中心角 α，减小后的中心角等于（$\alpha-2\beta$），因而设置缓和曲线的可能条件即为 $\alpha\geqslant2\beta$。

当 $\alpha=2\beta$ 时，两条缓和曲线将在弯道中央连接，而形成一条连续的缓和曲线；当 $\alpha<2\beta$ 时，则不能设置所规定的缓和曲线，这时必须缩短缓和曲线的长度或增大圆曲线半径（直至不设缓和曲线的圆曲线半径）。

在计算时，为了保持圆曲线原来的半径，须将圆曲线半径增大，使增大值等于内移值 ΔR，即取 $R_1=R+\Delta R$（图 4-4），因此，设置缓和曲线后的圆曲线半径仍为 R。

由图 4-5 可知，$\mathrm{d}\beta=\dfrac{\mathrm{d}l}{\rho}=\dfrac{l\cdot\mathrm{d}l}{C'}$ 或 $\beta=\dfrac{l^2}{2C'}$，因为 $l=\dfrac{C'}{\rho}$，所以在回旋线终点处，若回旋线长为 L，则得

$$\beta=\frac{L^2}{2C'} \tag{4-19}$$

β，ΔR 和 q 的计算式如下：

$$\beta=\frac{L^2}{2C'}=\frac{L}{2R}\quad(\text{rad}) \tag{4-20}$$

$$\Delta R=y_h-R(1-\cos\beta) \tag{4-21}$$

因为

$$y_h=\frac{L^2}{6R}-\frac{L^4}{336R^3} \tag{4-22}$$

$$\cos\beta=1-\frac{\beta^2}{2!}+\frac{\beta^4}{4!}-\cdots \tag{4-23}$$

$$\beta=\frac{L}{2R}$$

故

$$\Delta R=\left(\frac{L^2}{6R}-\frac{L^4}{336R^3}\right)-\frac{L^3}{8R}+\frac{L^4}{384R^3} \tag{4-24}$$

$$\Delta R=\frac{L^2}{24R}-\frac{L^4}{2\,688R^3}\quad(\text{m}) \tag{4-25}$$

$$q=x_h-R\sin\beta=x_h-R\left(\beta-\frac{\beta^3}{6}\right)=x_h-R\beta+R\frac{\beta^3}{6} \tag{4-26}$$

因为

$$\beta=\frac{L}{2R},\ X_h=L-\frac{L^3}{40R^2} \tag{4-27}$$

故

$$q=L-\frac{L^3}{40R^2}-R\frac{L}{2R}+\frac{R}{6}\cdot\frac{L^3}{8R^3}=\frac{L}{2}-\frac{L^3}{240R^2}\quad(\text{m}) \tag{4-28}$$

由上两式可知，内移值 ΔR 约等于缓和曲线中点纵坐标 y 的两倍，而 q 近似地等于缓和曲线中点的横坐标 x。

得出上列三值后，就可以进行缓和曲线要素的计算，参见图 4-5。

切线总长

$$T_h=T+q=(R+\Delta R)\tan\frac{\alpha}{2}+q \tag{4-29}$$

外矢距

$$E_h=(R+\Delta R)\sec\frac{\alpha}{2}-R \tag{4-30}$$

曲线总长

$$L_h=\frac{\pi}{180}R(\alpha-2\beta)+2L \tag{4-31}$$

超距

$$D=2T_h-L_h \tag{4-32}$$

全部曲线有 5 个基本桩点，见图 4-5。

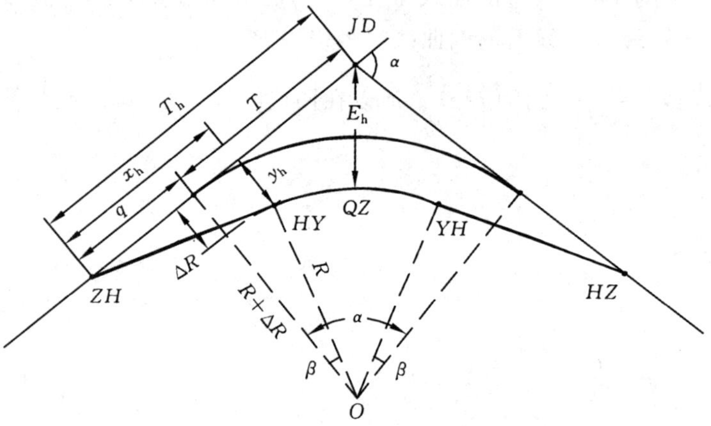

ZH—第一缓和曲线起点(直缓)；
HY—第一缓和曲线终点(缓圆)；
QZ—圆曲线中点(曲中)；
YH—第二缓和曲线终点(圆缓)；
HZ—第二缓和曲线起点(缓直)。

图 4-5 有缓和曲线的圆曲线的全部桩位

【算例 4-1】 平原区某二级公路有一弯道 $R=250$m，交点 JD 的桩号为 K17+568.38，转角 $\alpha=38°30'00''$，试计算该曲线上设置缓和曲线后的 5 个基本桩号。

【解】

1. 缓和曲线长度 L

平原区二级公路设计速度为 80km/h，则

$$L=0.036\frac{V^3}{R}=0.036\times\frac{80^3}{250}=73.73\quad(\text{m})$$

$$L\geqslant\frac{V}{3.6}\times 3=\frac{80}{3.6}\times 3=66.67\quad(\text{m})$$

$$L=\frac{R}{9}\sim R=\frac{250}{9}\sim 250=27.78\sim 250 \quad (\text{m})$$

取整数，采用缓和曲线长 75m(《公路工程技术标准》规定：$V=80\text{km/h}$ 时，最小缓和曲线长为 70m)。

2. 圆曲线的内移值 ΔR

$$\Delta R=\frac{75^2}{24\times 250}-\frac{75^4}{2\,688\times 250^3}=0.94 \quad (\text{m})$$

3. 总切线长 T_h

先求
$$q=\frac{75}{2}-\frac{75^3}{240\times 250^2}=37.47 \quad (\text{m})$$

所以
$$T_h=(250+0.94)\tan 19°15'+37.47=87.63+37.47=125.10 \quad (\text{m})$$

4. 曲线总长度 L_h

$$\beta=\frac{L}{2R}\rho=\frac{75}{2\times 250}\times 57.295\,8=8°35'39.72''$$

$$L_h=250\times\left(38°30'-2\times 8°35'39.72''\times\frac{1}{\rho}+2\times 75\right)=92.99+150=242.99 \quad (\text{m})$$

满足表 4-6 关于平曲线最小长度的规定，其中圆曲线长度为 92.99(m)，符合表 4-7 所列圆曲线最小长度 70m 的规定。

5. 5 个基本桩号

JD	K17+568.38
−) T_h	125.10
ZH	K17+443.28
+) L	75
HY	K17+518.28
+) (L_h-L)	167.99
HZ	K17+686.27
−) L	75
YH	K17+611.27
−) $\frac{1}{2}(L_h-2L)$	46.495
QZ	K17+564.775

超距 $D=2T_h-L_h=2\times 125.10-242.99=7.21(\text{m})$。所以，由 QZ 桩号算出的 JD 桩号为 K17+564.775+$\frac{7.21}{2}$=K17+568.38，与原来的 JD 桩号相同，说明计算无误。

5. 平曲线最小长度

汽车在道路曲线段行驶时，如果曲线很短，则司机操作方向盘频繁，在高速驾驶的情况下是危险的。同时，如不设置足够长度的曲线使离心加速度变化率小于一定数值，从乘客心理状况来看也是不好的。一方面，当转角在 7°以下时，曲线长度就显得比实际短；另一方面，也引起曲线半径很小的错觉。因此，具有一定的曲线长度是必要的。

如此，确定平曲线的最小长度应按下述三方面考虑：

1) 曲线过短，司机操作困难

根据经验要保证有 6s 的行驶时间，平曲线最小长度见表 4-6。

表 4-6　　公路平曲线最小长度表

设计速度/($km \cdot h^{-1}$)	120	100	80	60	40	30	20
平曲线最小值/m	200	170	140	100	70	50	40
一般值/m	600	500	400	300	200	150	100

$$L = vt = \frac{V}{3.6} \times 6 = 1.67V \quad (\mathrm{m}) \tag{4-33}$$

当受条件限制时,汽车在圆曲线行驶至少要有 3s 的时间。所以,各级道路平曲线中,一般包括圆曲线和两端的回旋线或超高加宽缓和段。此时,平曲线最小长度需符合表 4-6 规定,而圆曲线的最小长度则应按表 4-7 的规定取用。

表 4-7　　城市道路平曲线与圆曲线最小长度表

设计速度/($km \cdot h^{-1}$)	100	80	60	50	40	30	20
圆曲线最小长度/m	85	70	50	40	35	25	20
平曲线最小长度/m	170	140	100	85	70	50	40

2) 满足离心加速度变化率所要求的曲线长度

当平曲线由两个缓和曲线组成时,依离心加速度允许变化率确定。

设离心加速度变化率为 $P(\mathrm{m/s^3})$,则

$$P = \frac{v^2}{Rt} \tag{4-34}$$

式中　v——行车速度,m/s;

R——曲线半径,m;

t——曲线上行驶的时间,s。

设一条缓和曲线行驶的长度为 $l(\mathrm{m})$,则

$$l = vt$$

故 $P = \dfrac{v^3}{Rl}$,一般离心加速度变化率 $P = 0.6\mathrm{m/s^3}$,

故
$$L = 2l = \frac{2V^3}{(3.6)^3 \times 0.6R} = 0.072\frac{V^3}{R} \quad (\mathrm{m}) \tag{4-35}$$

式中,V 为行车速度,以 km/h 计。

3) 按视觉的要求

当曲线转角 $\alpha < 7°$时,容易产生错觉,即不易识别出曲线,并会误认为比实际曲线长度要短,因此,为使司机不产生错觉,应使 $\alpha < 7°$的曲线的外矢距 E,与 7°时曲线的 E 相等,即采用较长的曲线(图 4-6)。《公路路线设计规范》的规定见表 4-8,现行《城市道路路线设计规范》(CJJ 193—2012)对小偏角的平曲线长度只有城市道路 $V = 100 \sim 60\mathrm{km/h}$的采用值与表 4-8 值相同。

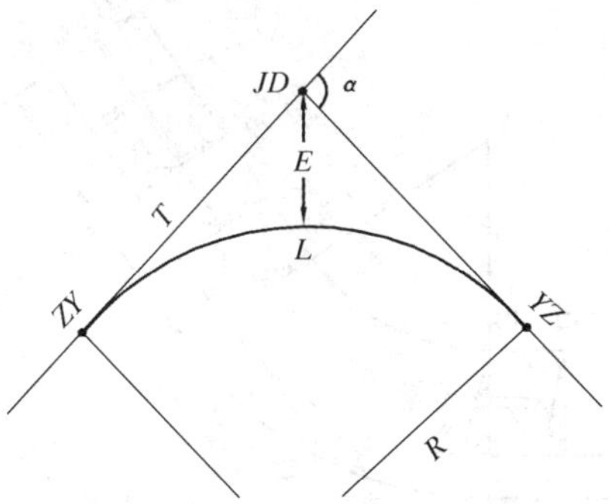

图 4-6 曲线的外矢距(E)

表 4-8 曲线外矢距(E)及≤7°的最小曲线长度(L)

$V/(km \cdot h^{-1})$	外矢距/m	最小曲线长/m	
(1)	(2)	(3)	(4)
120	2.04	1400/α	200
100	1.73	1200/α	170
80	1.42	1000/α	140
60	1.02	700/α	100
40	0.71	500/α	70
30	0.51	350/α	50
20	0.41	280/α	40

4.1.3 曲线上的超高与加宽

1. 超高设置和超高值

在弯道上，当车辆行驶在双向横坡的车道外侧时，车重的水平分力将增大横向侧滑力，所以当采用的圆曲线半径小于不设超高的最小半径时，为抵消车辆在曲线路段上行驶时所产生的离心力，将曲线段的外侧路面横坡做成与内侧横坡同方向的单向横坡称为超高。

超高计算公式如下：

$$i_{超} = \frac{V^2}{127R} - \mu \tag{4-36}$$

式中 V——设计速度，km/h；

R——圆曲线半径，m；

μ——横向力系数，极限最小半径时，μ 取 0.15；公路设计采用不设超高的最小半径时，μ 取 0.035；城市道路采用不设超高的最小半径时，μ 取 0.067；介于中间的半径值 μ 按比例变化取用。

当圆曲线半径为极限最小半径时，曲线上的超高采用最大超高值，其值见表 4-9 和表 4-10。介于中间数值半径的圆曲线(小于不设超高最小半径)超高依变动的横向力系数来计算。

表 4-9 城市道路最大超高横坡度

设计速度 $/(km \cdot h^{-1})$	100	80	60,50	40,30,20
最大超高横坡度	6%	6%	4%	2%

表 4-10 公路最大超高值

等 级	高速公路,一级	二级 三级 四级
一般地区	8%(10%)	8%
积雪严寒地区	6%	

2. 超高缓和段

从直线段的路拱双向坡断面，过渡到小半径曲线上具有超高横坡的单向坡断面，要有一个逐渐变化的区段，称为超高缓和段，如图 4-7 所示。

超高缓和段长度的计算随超高横坡过渡方式之不同而异，通常超高横坡有下述两种过渡方法。

1) 绕内边缘旋转

先将外侧车道绕路中线旋转，当达到与内侧车道同样的单向横坡后，整个断面绕未加宽前

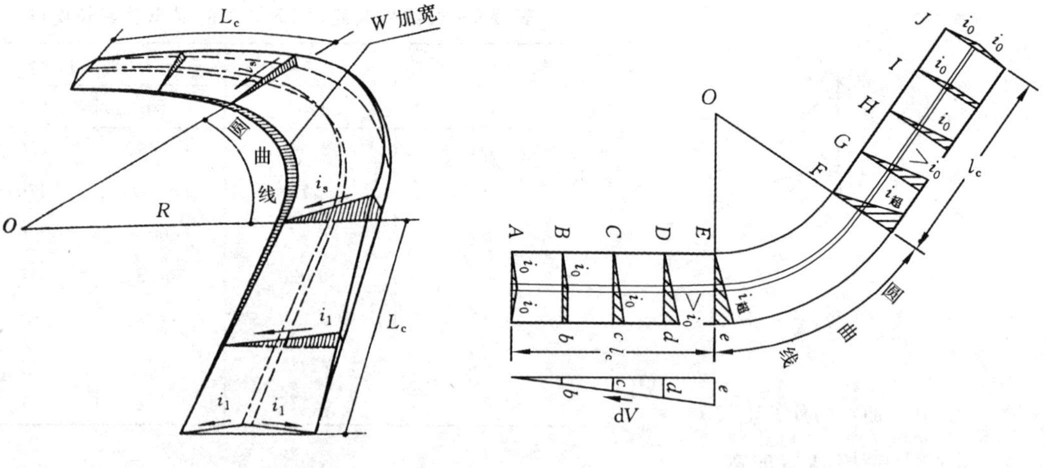

(a) 超高加宽示意图　　(b) 曲线的超高

图 4-7　平曲线上路面的超高加宽示意图

的内侧车道边缘旋转,直至超高横坡值。一般新建工程多采用此种方法(图 4-8(a))。但在纵断面设计时,应注意中心线标高设计应符合超高横坡过渡的要求。此时超高缓和段长度 $L_{超}$ 按下式计算:

$$L_{超}=\frac{B\Delta i}{P} \tag{4-37}$$

式中　B——路面宽度,m;

Δi——超高横坡(%)与正常路拱坡度的代数差(%);

P——超高渐变率,即旋转轴与车行道(设置路缘带时,则为路缘带)外侧边缘线之间相对升降的比率,其值参见表 4-11 与表 4-12。

表 4-11　公路超高渐变率

设计速度/(km·h⁻¹)	超高旋转轴位置	
	绕中线旋转	绕边缘旋转
120	1/250	1/200
100	1/225	1/175
80	1/200	1/150
60	1/175	1/125
40	1/150	1/100
30	1/125	1/75
20	1/100	1/50

表 4-12　城市道路超高渐变率

设计速度/(km·h⁻¹) \ P 超高渐变率	100	80	60	50	40	30	20
超高渐变率(绕中线)	$\frac{1}{225}$	$\frac{1}{200}$	$\frac{1}{175}$	$\frac{1}{160}$	$\frac{1}{150}$	$\frac{1}{125}$	$\frac{1}{100}$
超高渐变率(绕边缘)	$\frac{1}{175}$	$\frac{1}{150}$	$\frac{1}{125}$	$\frac{1}{115}$	$\frac{1}{100}$	$\frac{1}{75}$	$\frac{1}{50}$

2) 绕中线旋转

先将外侧车道绕中线旋转,当达到与内侧车道构成单向横坡时,整个断面一同绕路中线旋转,直至达到超高横坡值。一般多用于旧路改建工程(图 4-8(b))。

超高缓和段 $L_{超}$ 计算公式如下:

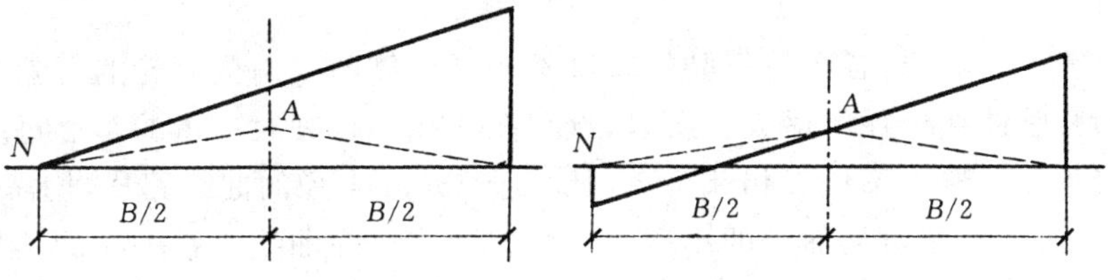

(a) 绕路边旋转　　(b) 绕中线旋转

图 4-8 无分车带的超高方式

$$L_{超}=\frac{B}{2}\left(\frac{i_0+i_{超}}{P}\right) \tag{4-38}$$

式中，i_0 为路拱横坡(%)。

由超高缓和段长度计算公式可知，绕中线旋转的方式，在同样超高值下，缓和段长度较短，但内缘降低较多，在纵坡不大的挖方路段将不利于排水。这种绕中线旋转的方式，对纵断中心线设计标高无影响。所以，在设计时，要综合考虑边沟排水、构造物控制标高等因素，合理选用旋转方式。

对于有中间带的道路绕中线旋转又可分为以下几种：

(1) 绕中间带的中心线旋转。此时，先将外侧车行道绕中间带的中心线旋转，当达到与内侧车行道构成单向横坡时，整个断面一同绕中心线旋转，直至达到超高横坡值为止。此时中央分隔带呈倾斜状。这种方式(图 4-9(a))宜用于窄中间带的公路。

(2) 绕各自车行道中线旋转。这种方式(图 4-9(b))是将两侧车行道分别绕各自的中线旋转，使之各成为独立的单向超高断面。此时中央分隔带两边缘分别升高与降低而成为倾斜断面。通常车道数大于 4 的公路多采用此种方式。

(3) 绕中间分隔带的边缘旋转。将两侧车行道分别绕中央分隔带边缘旋转，使之各自成为独立的单向超高断面。这时中央分隔带呈原水平状态。这种方式(图 4-9(c))适用于双幅路段及四幅路道路与各种宽度中间带的高等级公路。

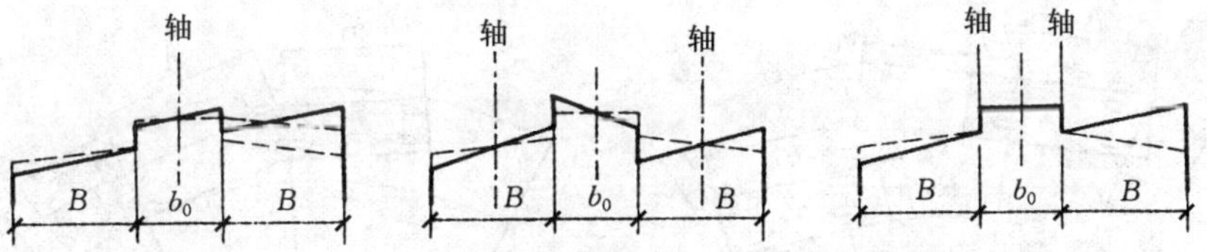

(a) 绕中央带中线　　(b) 绕行车道中线　　(c) 绕中央带两侧边线

图 4-9 有中间带的超高方式

对超高缓和段起终点处车行道边缘出现的竖向转折，宜插入一段圆曲线或二次抛物线，以使连接圆顺。

过大的超高会引起车辆的横向滑移，尤其在冰冻地区更应对超高横坡度加以限制。高速公路、快速路上行驶的汽车为克服行车中的较大离心力，超高横坡度较一般规定值略高。处于市区的城市道路因受交叉口、非机动车以及街道两侧建筑的影响，不宜采用过大的超高横坡度。

3. 加宽

汽车在曲线上行驶时,各车轮行驶的轨迹不相同。靠曲线内侧后轮的行驶半径最小,靠曲线外侧前轮的行驶曲线半径则最大。所以,汽车在曲线上行驶时所占的车道宽度,比直线段的大。为保证汽车在转弯中不侵占相邻车道,凡小于250m半径的曲线路段,均需要相应加宽。

图4-10(a)表示双车道路面上的小型汽车和普通汽车在曲线上行驶时的位置。图4-10(b)则为半拖车或铰接车在曲线上行驶时的位置。

根据图4-10所示,由三角形 AOB 得出

$$L_0^2+(R-e_1)^2=R^2$$

所以

$$e_1=R-\sqrt{R^2-L_0}$$

双车道时,取 $e=2e_1$,

所以

$$e=2(R-\sqrt{R^2-L_0^2})$$

$$R^2-L_0^2=\left(R-\frac{e}{2}\right)^2=R^2-Re+\frac{e^2}{4}$$

因 $\frac{e^2}{4}$ 值与 R 相比甚小,可略去不计,故

$$e=\frac{L_0^2}{R}$$

考虑车速的影响,曲线上双车道路面的加宽值按下式计算:

$$e=\frac{L_0^2}{R}+\frac{0.1V}{\sqrt{R}} \tag{4-39}$$

式中 e——双车道加宽值,m;

L_0——小型汽车、普通汽车前保险杠至后轴轴心线的距离,或铰接车前保险杠到中轴轴心线的距离,m;

R——设加宽的圆曲线半径,m;

V——设计速度,km/h。

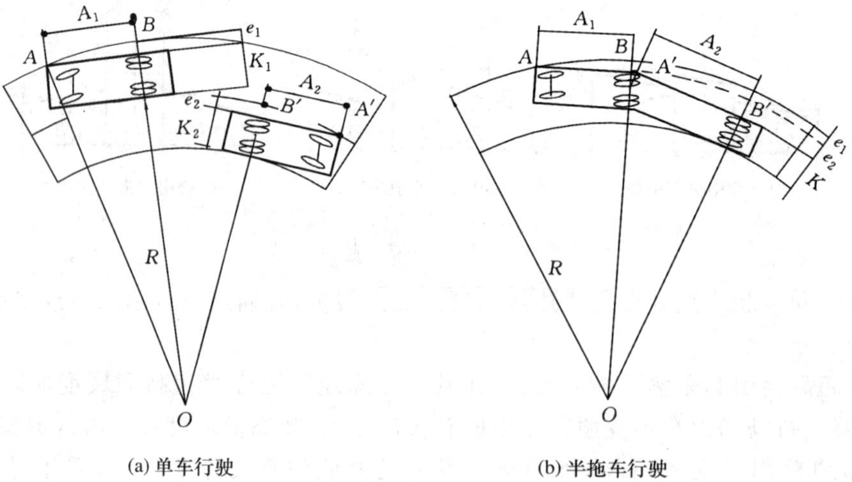

(a) 单车行驶　　(b) 半拖车行驶

图4-10　平曲线上路面的加宽

城市道路每条车道的加宽值根据《城市道路路线设计规范》(CJJ 193—2012)见表 4-13,公路加宽值见表 4-14。

为适应汽车在平曲线上行驶时后轮轨迹偏向曲线内侧的需要,通常公路的加宽设在弯道的内侧,见图 4-11,公路加宽值见表 4-14。高架道路弯道上,常因为节省用地或拆迁房屋的困难而设置小半径弯道。此时,考虑到对称于设计中心线上设置加宽较为有利而采用弯道内外两侧同时加宽,其每侧的加宽值为全加宽值之 1/2。采用外侧加宽势必线形不顺,因此宜使外缘半径与渐变段边缘线相切,以利行车。

表 4-13　　城市道路小半径圆曲线每条车道的加宽值　　单位:m

车型 \ 圆曲线半径	$200<R\leqslant250$	$150<R\leqslant200$	$100<R\leqslant150$	$80<R\leqslant100$	$70<R\leqslant80$	$50<R\leqslant70$	$40<R\leqslant50$	$30<R\leqslant40$	$20<R\leqslant30$
小型汽车	0.30	0.30	0.35	0.40	0.40	0.45	0.50	0.60	0.75
大型汽车	0.40	0.45	0.60	0.65	0.70	0.90	1.05	1.30	1.80
铰接车	0.45	0.60	0.75	0.90	0.95	1.25	1.50	1.90	2.75

表 4-14　　公路曲线双车道路面加宽值　　单位:m

加宽类别	汽车轴距加前悬	圆曲线半径								
		250~200	<200~150	<150~100	<100~70	<70~50	<50~30	<30~25	<25~20	<20~15
1	5	0.4	0.6	0.8	1.0	1.2	1.4	1.8	2.2	2.5
2	8	0.6	0.7	0.9	1.2	1.5	2.0	—		
3	5.2+8.8	0.8	1.0	1.5	2.0	2.5	—			

注:① 单车道加宽值为表列数值折半。三条以上车道的车行道,路面加宽值另行计算。
② 三级公路和四级公路山岭重丘区地段,若交通组成以轴距加前悬为 5m 的车辆(如解放牌载重汽车)为主时,采用第 1 类加宽值。
③ 其他各级公路采用第 3 类加宽值。
④ 当路上不经常通行集装箱运输的半挂车时,可采用第 2 类路面加宽值。

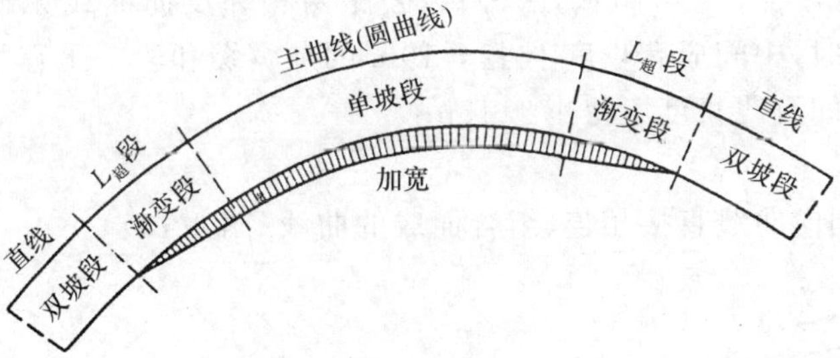

图 4-11　加宽平面图

4. 加宽缓和段

在圆曲线范围内加宽,为不变的全加宽值,两端设置加宽缓和段,其加宽值由直线段加宽为零逐渐按比例增加到圆曲线起点处的全加宽值。

加宽缓和段的长度可按如下两种情况确定:

(1) 设置回旋线或超高缓和段时,加宽缓和段长度采用与回旋线或超高缓和段长度相同的数值;

(2) 不设回旋线或超高缓和段时,加宽缓和段长度应按渐变率为 1∶15,且长度不小于 10m 的要求设置。

加宽过渡的方法:二、三、四级公路及一般城市道路加宽缓和段的设置,采用在相应的回旋线或超高加宽缓和段全长范围内按其长度成比例增加的方法。

4.1.4 平面线形的组合与衔接

1. 直线与曲线的组合

路线的行车平顺性,要求直线与曲线彼此协调且有比例地交替。路线直曲的变化应缓和匀顺。平面曲线的半径、长度与相邻的直线长度应相适应。过长的直线段会使司机感到疲倦,同时也是肇事的原因,只有在道路所指方向地平线处有明显目标时才允许采用长直线段。例如,德国 RAL 规定,曲线半径的大小取决于相连接直线的长度 L,当 $L \leqslant 500$m 时,$R \geqslant L$;当 $L > 500$m 时,$R \geqslant 500$m。

直线与曲线配合不好的线形应予避免,例如,长直线顶端应避免小半径曲线。同向曲线间的短直线可用大半径的曲线来代替。反向曲线间应有适当长度的直线,这段直线也可用缓和曲线(回旋线)来代替。

因此,直线与曲线组合得当,将能提高线形的行驶质量。例如国外高速公路线形以圆曲线及回旋线为主,其间应有适当长度的直线,使司机的疲劳积累得以调节。

2. 曲线与曲线的组合

道路线形设计时应使线形连续均匀,没有急剧的突变。

圆曲线是曲线组成的基本要素,它的组合有同向曲线和反向曲线。

1) 同向曲线

同向曲线指转向相同的相邻两曲线(图 4-12(a))。两同向曲线间以短直线相连而成的曲线称断背曲线,它破坏了平面线型的连续性,应当避免。同向曲线间的直线最小长度宜大于或等于 6 倍的计算行车速度数值,见表 4-15 的规定。

2) 反向曲线

反向曲线是指转向相反的两相邻曲线(图 4-12(b))。两反向曲线间最小直线长度宜大于或等于两倍的设计速度值(表 4-15)。三、四级公路两相邻反向曲线无超高加宽时,可径相衔接;无超高而有加宽时,中间应有长度不小于 10m 的加宽缓和段。工程特殊困难的山区,四级公路设置超高时,中间直线长度不得小于 15m。

3) 复曲线

复曲线是指两同向曲线直接相连、组合而成的曲线(图 4-13)。

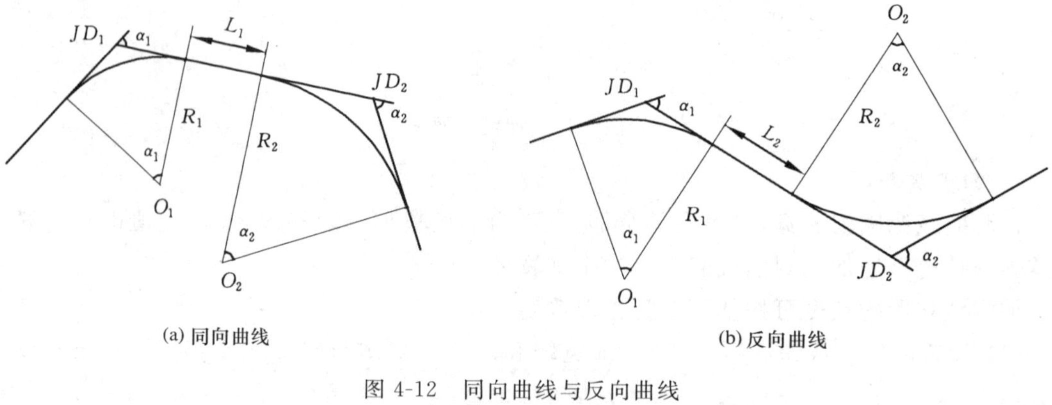

图 4-12 同向曲线与反向曲线

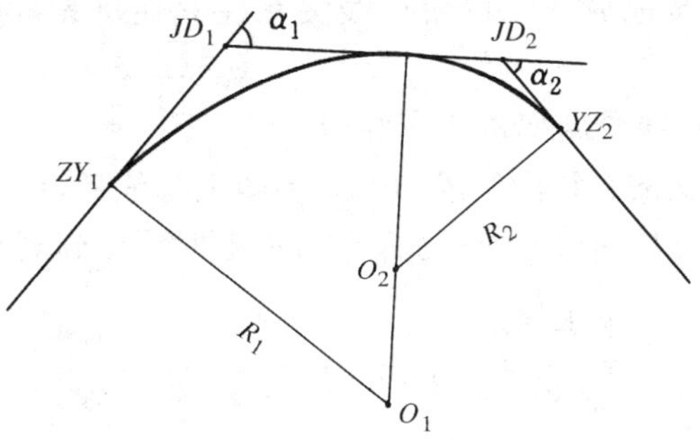

图 4-13　复曲线

表 4-15　　**直线的最大长度及曲线间直线的最小长度**

设计速度/(km·h^{-1})			120	100	80	60	40	30	20
直线最大长度(20V)/m			2400	2000	1600	1200	800	600	400
直线最小长度/m	同向曲线间	一般值(6V)	720	600	480	360	240	180	120
		特殊值(3V)	—	—	—	—	120	90	60
	反向曲线间(2V)		240	200	160	120	80	60	40

城市道路及一、二、三级公路半径不同的同向圆曲线符合下列条件之一时，可构成复曲线：

(1) 小圆半径大于表 4-5 所列不设缓和曲线的最小圆曲线半径时；

(2) 小圆半径大于表 4-16 所列半径时。

表 4-16　　**复曲线中的小圆临界半径**

设计速度/(km·h^{-1})	120	100	80	60	40	30
临界曲线半径/m	2100	1500	900	500	250	130

当复曲线的两圆曲线超高不同时，应按超高坡差从公切点向较大半径曲线内插入超高加宽过渡段，其长度为两超高缓和长度之差或与超高坡差相应的超高缓和长度。

3. 平面线形设计一般原则

(1) 平面线形连续、顺适，并与地形、地物相适应，与周围环境相协调；

(2) 满足行驶力学上的基本要求和视觉、心理上的要求；

(3) 保证平面线形的均衡与连贯；

(4) 避免连续急弯的线形；

(5) 平曲线应有足够的长度。

4.2　路线坐标与方位角计算

高等级公路及城市道路的设计与施工放样，均需用坐标系统，在地形图上，城市三角网导线点，图根导线点均测有坐标，路网规划阶段即定出控制点的坐标及路线走向方位角。沿线建筑物据此也测有坐标，以保证路线与沿线建筑物的相对关系。在设计和测设中常用解析法(即坐标法)定线：通常先在地形图上定线，计算直线段和曲线段的起讫点、转折点和某些特征点的坐标值,然后按坐标进行实地放样。以使点线关系建立在可靠的数据基础上,获得较高的精确度。

4.2.1 用控制点坐标和直线段斜率确定直线段

一条路线是由若干相交的直线段组成的。地形图上定线后,可对每段直线选定两个控制点或一个控制点和该线段的方位角(即从正北 X 轴方向顺时针量到测线上的夹角,见图 4-14)。

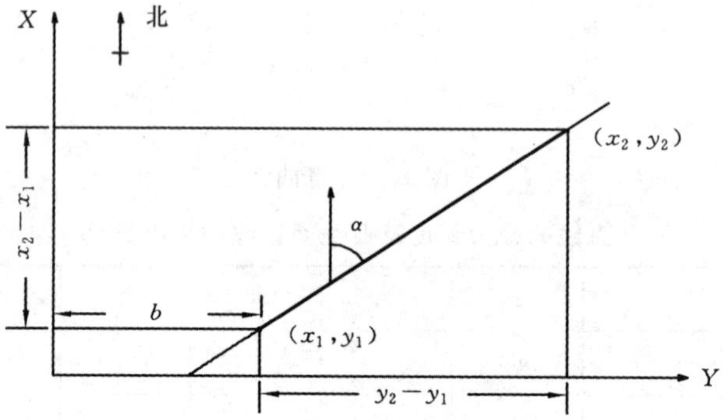

图 4-14 道路直线方程式

道路直线方程式为

$$y=Kx+b \tag{4-40}$$

式中,K 为斜率。

如已知直线上两控制点(x_1, y_1)、(x_2, y_2),则斜率:

$$K=\frac{y_2-y_1}{x_2-x_1} \tag{4-41}$$

b 为直线与 Y 轴的截距:

$$b=y_1-Kx_1=y_1-\frac{y_2-y_1}{x_2-x_1}x_1$$

则直线方程为

$$y=\frac{y_2-y_1}{x_2-x_1}x+y_1-\frac{y_2-y_1}{x_2-x_1}x_1 \tag{4-42}$$

4.2.2 道路曲线段的方程和坐标计算

1. 确定偏角

如已知两直线的方程为 $y=K_1x+b_1$ 和 $y=K_2x+b_2$,按联立方程,可求得两线交点 JD 的坐标为(x_1, y_1)。

由于 $K_1=\tan\theta_1$, $K_2=\tan\theta_2$,可按公式 $\theta=\arctan\frac{\Delta y}{\Delta x}$算出两直线的方位角,两线的交角即路线的偏角公式如下:

$$\alpha=\theta_2-\theta_1 \tag{4-43}$$

α 为正值时,路线向左偏;α 为负值时,路线向右偏。

2. 圆曲线要素计算

道路的圆曲线要素可先选用 R 值,根据几何关系求得(图 4-15):

切线长
$$T=R\tan\left(\frac{\alpha}{2}\right) \tag{4-44}$$

外距
$$E=R\left(\sec\frac{\alpha}{2}-1\right) \tag{4-45}$$

弧长
$$L=\frac{\pi}{180}R\alpha \tag{4-46}$$

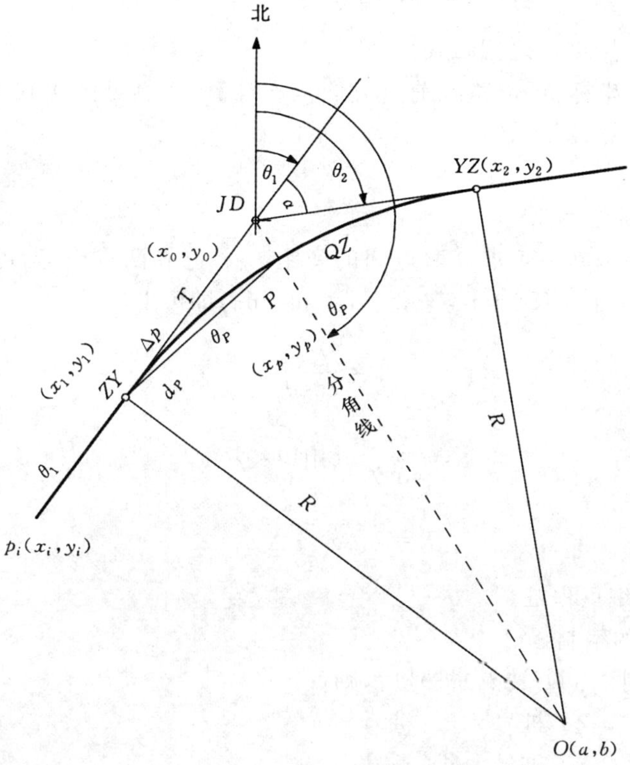

图 4-15 用解析法标定圆曲线

也可先按理想线位需要的外距 E 或切线长 T 为控制，反算 R 值。

3. 圆曲线各特征点坐标计算

用 JD 坐标及曲线要素即可算得下列特征点坐标。

曲线起点 ZY 坐标：
$$\left.\begin{aligned}x_1&=x_0-T\cos\theta_1\\y_1&=y_0-T\sin\theta_1\end{aligned}\right\} \tag{4-47}$$

曲线终点 YZ 坐标：
$$\left.\begin{aligned}x_2&=x_0+T\cos\theta_2\\y_2&=y_0+T\sin\theta_2\end{aligned}\right\} \tag{4-48}$$

曲线中点 QZ 坐标：
$$\left.\begin{aligned}x_{中}&=x_0+E\cos\theta_0\\y_{中}&=y_0+E\sin\theta_0\end{aligned}\right\} \tag{4-49}$$

曲线上任意点 P 坐标：
$$\left.\begin{aligned}x_P&=x_1+d_P\cos\theta_P\\y_P&=y_1+d_P\sin\theta_P\end{aligned}\right\} \tag{4-50}$$

式中　θ_P——ZY 至 P 边之方位角：

$$\theta_P = \theta_i \pm \Delta P \tag{4-51}$$

d_P——P 点距 ZY 的直线距离：

$$d_P = 2R\sin\Delta_P \tag{4-52}$$

式中

$$\Delta_P = \frac{1}{2}\left(\frac{l_P}{R} \times \frac{180°}{\pi}\right) = 28.65\frac{l_P}{R} \tag{4-53}$$

式中，l_P 为 P 点距直圆点(ZY)之圆弧长。

路线上主要桩点的坐标，可依路线前进方向依次计算，实例见图 4-16 中附表。也可以每个转点桩为原点进行计算(图 4-16)。

4. 里程桩的编制

1) 直线段上里程桩的编制

直线段上里程桩的编制在于求算两点间的间距 L_0。已知两点坐标，可算出坐标增量 $\Delta x = x_2 - x_1$，$\Delta y = y_2 - y_1$，再由 $K = \tan\theta$ 查得 $\cos\theta$ 和 $\sin\theta$，即可求出：

$$L = \frac{\Delta x}{\cos\theta} \tag{4-54}$$

也可求出

$$L = \frac{\Delta y}{\sin\theta}\quad (用以校核) \tag{4-55}$$

还可求出

$$L = \sqrt{\Delta x^2 + \Delta y^2} \tag{4-56}$$

求得间距后，即可依次编里程桩。

2) 曲线上里程桩的编制

直线上里程桩编制得 JD(转点)桩号后，则

圆曲线起点桩号　　ZY 桩号 $= JD$ 桩号 $- T$

圆曲线终点桩号　　YZ 桩号 $= ZY$ 桩号 $+ L$

圆曲线中点桩号　　QZ 桩号 $= YZ$ 桩号 $- \frac{L}{2}$

验算　　JD 桩号 $= QZ$ 桩号 $+ \frac{1}{2}(2T - L)$

【算例 4-2】 某城市道路设计速度为 40km/h，转点 JD_2 距起点 0＋000 距离为 1499.398m，转点 JD_3，JD_4 的坐标、方位角见图 4-16，试设计 JD_2 与 JD_3 处弯道圆曲线，并编制里程桩。

【解】

1. 选定转点圆曲线半径

已知 $V=40$km/h，取城市道路常用横向力系数 $\mu=0.067$，$i_{横}=0.015$，代入不设超高的圆曲线半径公式：

$$R = \frac{V^2}{127(\mu - i)} = \frac{40^2}{127 \times (0.067 - 0.015)} \approx 252\text{m}$$

查表 4-3，相应 $V=40$km/h 的取用值为 300m。查表 4-5，相应 $V=40$km/h 时不设缓和曲线的曲线半径，取用值为 500m。

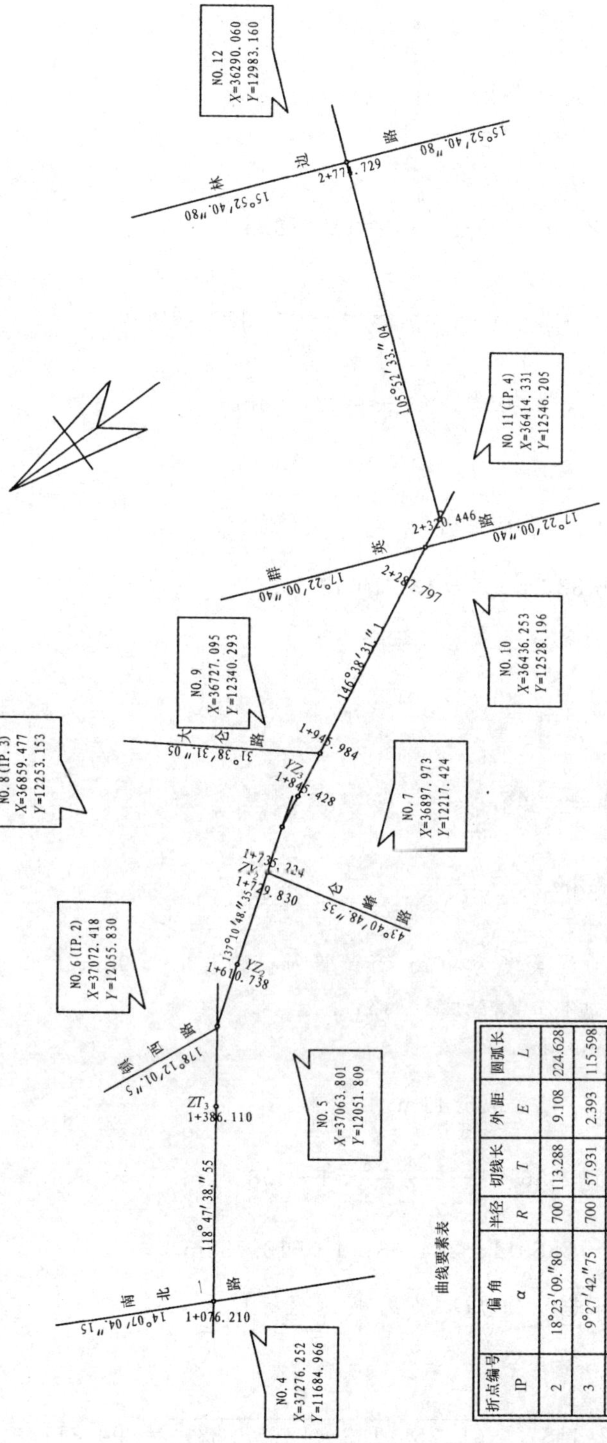

曲线要素表

折点编号 IP	偏角 α	半径 R	切线长 T	外距 E	圆弧长 L
2	18°23′09.″80	700	113.288	9.108	224.628
3	9°27′42.″75	700	57.931	2.393	115.598
4	40°45′58.″06				

图 4-16　算例中坐标、方位角、里程桩编制示意图

表中规定为推荐值,为使设计线形和顺,两处均采用 700m 的半径,而且不必设置缓和曲线。

2. 计算圆曲线要素

转点 2 处的各要素:

偏角 $\alpha_2 = \theta_{2\text{-}3} - \theta_{1\text{-}2} = 137°10'48''.35 - 118°47'38''.55$

$= 18°23'0.9''.8$

切线长 $T_2 = R\tan\dfrac{\alpha_2}{2} = 700 \times \tan\dfrac{18°23'09''.8}{2} = 113.288\text{m}$

外距 $E_2 = R\left(\sec\dfrac{\alpha_2}{2} - 1\right) = 700 \times \left(\sec\dfrac{18°23'09''.8}{2} - 1\right) = 9.108\text{m}$

弧长 $L_2 = R\alpha\dfrac{\pi}{180} = 700 \times 18°23'09''.8 \times \dfrac{\pi}{180} = 224.63\text{m}$

转点 3 处的各要素:

$$R = 700\text{m}$$

偏角 $\alpha_3 = \theta_{3\text{-}4} - \theta_{2\text{-}3} = 146°38'31''.10 - 137°10'48''.35$

$= 9°27'42''.75$

切线长 $T_3 = R\tan\dfrac{\alpha_3}{2} = 57.931\text{m}$

外距 $E_3 = R\left(\sec\dfrac{\alpha_3}{2} - 1\right) = 2.393\text{m}$

弧长 $L_3 = R\alpha\dfrac{\pi}{180} = 115.599\text{m}$

查表 4-7,$V = 40\text{km/h}$,最小平曲线长度为 90m,而计算所得弧长 $L_2 > 90\text{m}$,$L_3 > 90\text{m}$。

3. 编制里程桩(仅计算特征点加桩;整桩计算从略)

转点 2 处:距起点为 1499.398m,则

曲线起点 ZY_2 $1499.398 - T = 1 + 386.11\text{m}$

中点 QZ_2 $ZY_2 + \dfrac{L_2}{2} = 1 + 386.11 + \dfrac{224.63}{2} = 1 + 498.42\text{m}$

曲线终点 YZ_2 $ZY_2 + L = 1 + 386.11 + 224.63 = 1 + 610.738\text{m}$

转点 2 至转点 3 的距离计算,根据已知 JD_2,JD_3 规划坐标可得

$$l_{2\text{-}3} = \sqrt{(x_3 - x_2)^2 + (y_3 - y_2)^2}$$

$$= \sqrt{(36\,859.477 - 37\,072.418)^2 + (12\,253.153 - 12\,055.83)^2} = 290.311$$

转点 3 处桩号编制:

IP_3 桩号 $YZ_2 + l_{2\text{-}3} - T_2 = 1 + 610.738 + 290.311 - 113.288$

$=1+787.761$

曲线起点 ZY_3 $IP_3-T_3=1+787.761-57.931=1+729.83$

中点 QZ_3 $ZY_3+\frac{L_3}{2}=1+729.83+\frac{115.599}{2}=1+787.63$

YZ_3 $ZY_3+L=1+729.83+115.599=1+845.43$

两圆曲线之间的净距离为

$$l_{2\text{-}3}-T_2-T_3=290.311-113.288-57.931=119.092\text{m}$$

查表 4-15，该距离近似 120m 尚可，如过短，即成为断背曲线，必须重新设计并增大圆曲线半径，以保证平面线形的连续性。

4.3 行车视距

为保证行车安全，司机看到一定距离处的障碍物或迎面来车后，刹车所需的最短安全距离，称为行车视距。道路平面、纵断面或交叉口设计中，均应保证必要的行车视距。

4.3.1 视距计算

1. 停车视距

汽车行驶时，司机看到前方障碍物后，紧急制动至到达障碍物前安全停止所需的最短行车距离称为停车视距。此时司机视线高度取 1.2m，障碍物高出路面 0.1m。

停车视距由三部分组成，见图 4-17，即

$$S_{停}=l_{反}+S_{制}+l_{安} \quad (\text{m}) \qquad (4\text{-}57)$$

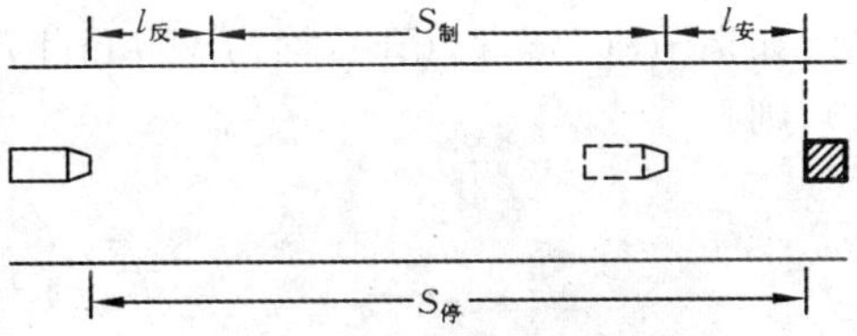

图 4-17 停车视距

式中 $l_{反}$——司机反应时间所行驶的距离，m；

$S_{制}$——制动距离，即司机开始制动到安全停止时所行驶的距离，m；

$l_{安}$——安全距离，一般可取 5～10m。

司机反应时间取 1.2s 时，则

$$l_{反}=1.2v=1.2\times\frac{V}{3.6}=\frac{V}{3} \quad (\text{m})$$

制动距离 $S_{制}$，取决于制动力和车速的大小，当忽略滚动阻力系数 f 时，则其计算式为

$$S_{制}=\frac{KV^2}{254(\varphi\pm i)} \qquad (4\text{-}58)$$

式中 V——设计速度，km/h；

φ——路面附着系数即纵向摩阻系数，一般按潮湿状态考虑；

i——纵坡度，上坡为正，下坡为负；

K——制动使用系数，一般可在 1.2～1.4 间选用。

故停车视距 $S_{停}$ 为

$$S_{停}=l_{反}+S_{制}+l_{安}=\frac{V}{3}+\frac{KV^2}{254(\varphi\pm i)}+l_{安} \tag{4-59}$$

2. 会车视距

两辆对向行驶的汽车在同一车道上相遇及时刹车所必需的最短行车距离。会车视距由三部分组成(图 4-18):① 双方司机反应时间所行驶的距离;② 双方汽车的制动距离;③ 安全距离。

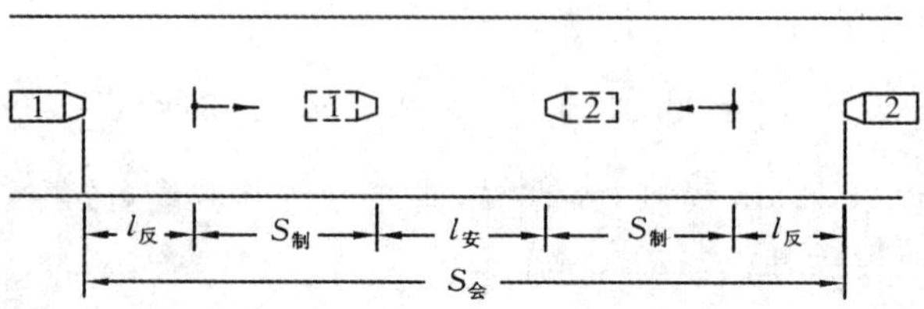

图 4-18 会车视距

如果以 V_1 和 V_2 表示汽车 1 和汽车 2 的车速,且它们是在 i_1 和 i_2 的纵坡上行驶,则会车视距公式为

$$S_{会}=\frac{V_1+V_3}{3}+\frac{KV_1^2}{254(\varphi\pm i_1)}+\frac{KV_2^2}{254(\varphi\pm i_2)}+l_{安}$$

如果两汽车车速相同,均为 V(km/h),并在同一纵坡 i 路段上行驶(即一辆上坡,一辆下坡),则

$$S_{会}=\frac{V}{1.5}+\frac{KV^2\varphi}{127(\varphi^2-i^2)}+l_{安} \tag{4-60}$$

由上可知,会车视距≈2×停车视距,停车视距、会车视距的规定值见表 4-17。

表 4-17　　停车视距、会车视距

设计速度/(km·h^{-1})	120	100	80	60	(50)	40	30	20
停车视距/m	210	160	110	75 (70)	(60)	40	30	20
会车视距/m	—	—	220	150 (140)	(120)	80	60	40

注:快速路、高速公路、一级公路应满足停车视距的要求;其他各级公路应满足会车视距的要求,会车视距的长度不应小于停车视距的两倍。

停车视距计算中的眼高和物高规定为:眼高 1.2m,物高 0.1m。以大型车为主的道路应按货车停车视距进行检验。高速公路和一级公路以及设置中间分隔带或双黄线的城市道路,采用停车视距。

括弧内值为城市道路规范值。

3. 超车视距

汽车行驶时为超越前车所必需的视距。《公路工程技术标准》规定:双向行驶的双车道公路根据需要,应结合地形在适当间隔内保证具有超车视距的路段,如图 4-19 所示。

$$\left.\begin{aligned}&\text{全超车视距}=S_1+S_2+S_3+S_4\\&\text{最小必要超车视距}=\frac{2}{3}S_2+S_3+S_4\end{aligned}\right\} \tag{4-61}$$

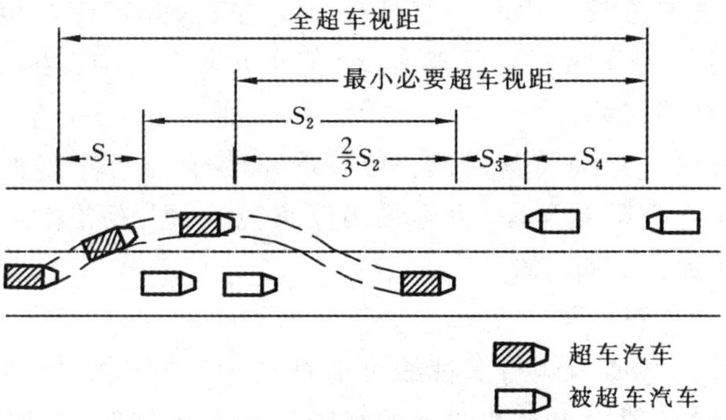

图 4-19 超车视距

计算如下：

(1) 加速行驶距离 S_1。当尾随在慢车后面的超车汽车经判断认为有超车的可能时，于是加速行驶移向对向车道，在进入该车道之前的行驶距离：

$$S_1=\frac{V_0}{3.6}t_1+\frac{1}{2}at_1^2 \tag{4-62}$$

式中 V_0——被超汽车的速度，km/h；

t_1——加速时间，s；

a——平均加速度，m/s^2。

(2) 超车汽车在对向车道上行驶的距离：

$$S_2=\frac{V}{3.6}t_2 \tag{4-63}$$

式中 V——超车汽车的速度，km/h；

t_2——在对向车道上行驶的时间，s。

(3) 超车完成时，超车汽车与对向汽车之间的安全距离：

$$S_3=15\sim60\text{m}$$

(4) 超车汽车从开始加速到超车完成，对向汽车的行驶距离 S_4。可取时间为 $\frac{2}{3}t_2$，因为超车汽车在对向车道上追上被超汽车后，一旦发现对向有来车而其距离不足时，司机还可以回到原来的车道上。故

$$S_4=\frac{2}{3}S_2=\frac{V}{3.6}\times\frac{2}{3}t_2 \tag{4-64}$$

V 采用设计速度(km/h)，设超车汽车和对向汽车都按设计速度行驶，而 V_0 为被超汽车的速度，较设计速度低 5～20km/h。

我国《公路工程技术标准》规定的超车视距见表 4-18。

表 4-18 **超车视距** **单位:m**

设计速度/(km · h^{-1})	80	60	40	30	20
一 般 值	550	350	200	150	100
最 小 值	350	250	150	100	70

具有超车视距的路段占总长度比率一般可在20%左右,并且应在全路线均匀地分布。当由于地形等原因无法达时,超车视距可适当缩减,但最短不得小于表4-18中所列的最小必要超车视距(或称超车视距低限值)。

除高速公路一级公路外,各级公路视距一般采取不小于两倍停车视距的长度(即“会车视距”),工程特殊困难或条件受限制路段,也可采用停车视距,但必须采取分道行驶措施,如设置分隔带、分道线或降低车速设置标志等。

4.3.2　视距保证

汽车在弯道上行驶时,弯道内侧行车视线可能被树木、建筑物、路堑边坡或其他障碍物所遮挡,因此,在路线设计时必须检查平曲线上的视距是否能得到保证,如有遮挡时,则必须清除视距区段内侧横净距内的障碍物,如图4-20所示。

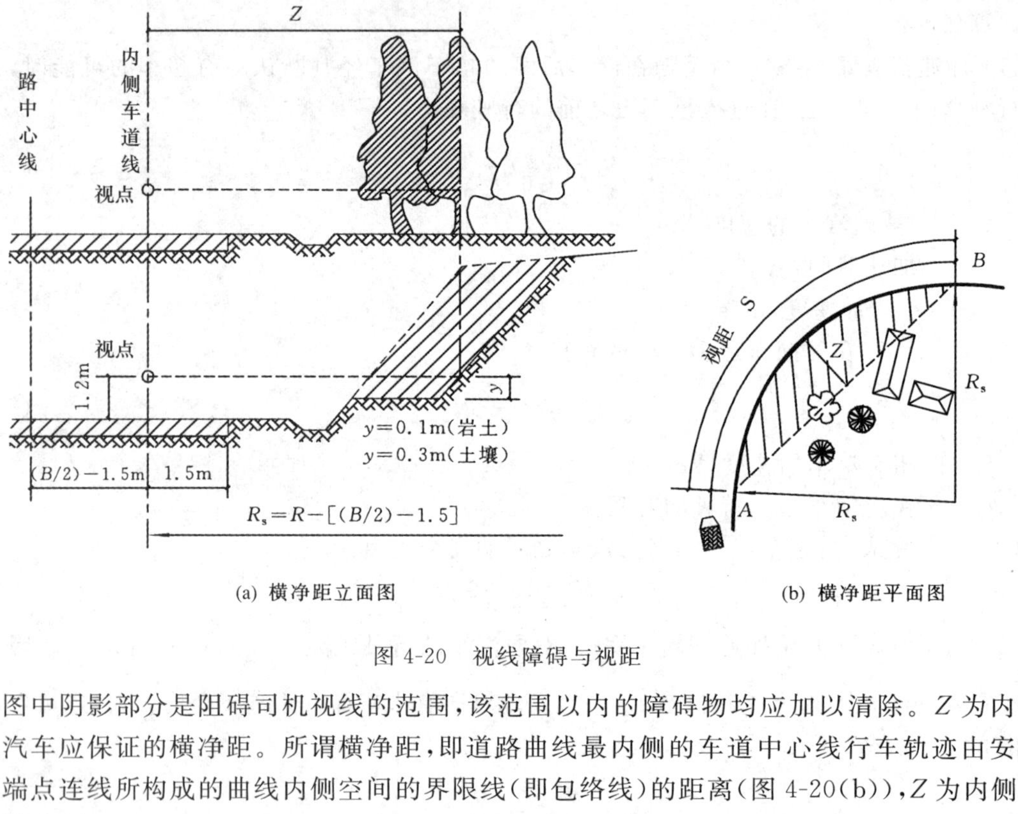

(a) 横净距立面图　　(b) 横净距平面图

图4-20　视线障碍与视距

图中阴影部分是阻碍司机视线的范围,该范围以内的障碍物均应加以清除。Z为内侧车道上汽车应保证的横净距。所谓横净距,即道路曲线最内侧的车道中心线行车轨迹由安全视距两端点连线所构成的曲线内侧空间的界限线(即包络线)的距离(图4-20(b)),Z为内侧车道上的横净距。

不设回旋线时的平曲线内横净距按以下方法计算。

(1) 曲线长度$L>$视距S(图4-21(a)):

$$Z=R_s\left(1-\cos\frac{\gamma}{2}\right)\quad \gamma=\frac{S}{R_s}\times\frac{180}{\pi}$$

因

$$\cos\frac{\gamma}{2}=\cos\frac{S}{2R_s}=1-\frac{1}{2}\left(\frac{S}{2R_s}\right)^2$$

所以

$$Z\approx\frac{S^2}{8R_s}\tag{4-65}$$

式中　R_s——沿内侧车道行驶的曲线半径,即未加宽路面内缘半径加1.5m(1.5m是司机位置至路面边缘的距离)；

S——视距，m；

α——路线转角，°；

γ——视距 S 所对应的曲线圆心角，°。

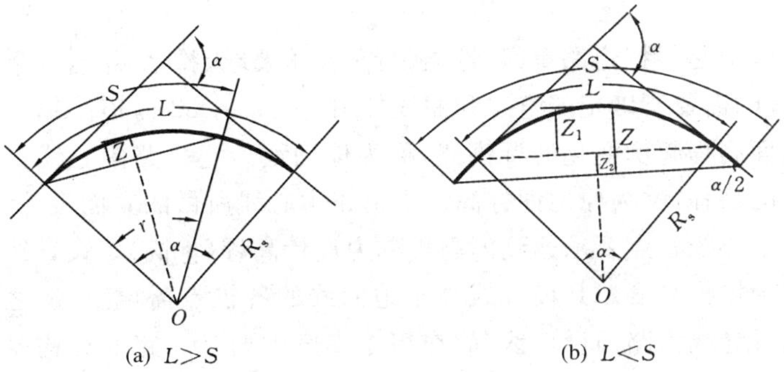

图 4-21 不设缓和曲线时最大横净距计算图

(2) 曲线长度 $L<S$(图 4-21(b))：

$$Z=Z_1+Z_2=R_s\left(1-\cos\frac{\alpha}{2}\right)+\frac{S-L}{2}\sin\frac{\alpha}{2}=R_s\left(1-\cos\frac{L}{2R_s}\right)+\frac{S-L}{2}\sin\frac{L}{2R_s}$$

故
$$Z\approx\frac{L}{8R_s}(2S-L) \tag{4-66}$$

对曲线内侧影响视距的切除范围，一般均按图 4-22 所示的图解法进行。视距包络线就是以视距所切割而包络的一条曲线，在此范围内均需清除，然后依各桩号清除的横净距转绘到横断面图上以确定路堑边坡(或障碍)清除的范围。

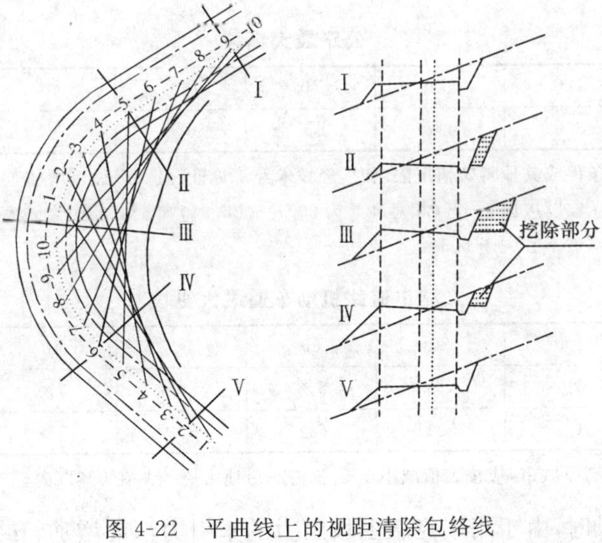

图 4-22 平曲线上的视距清除包络线

4.4 道路纵断线形

通过道路中线的竖向剖面,称为纵断面。它反映路线竖向的走向、高程、纵坡大小,即道路的起伏情况。

道路的纵断面线形是根据道路等级、性质、行车技术要求、排水,结合地形、地物(沿线构筑物或临街建筑物)布置的需要所确定的直线和曲线的组合。图 4-32 为道路纵断面图设计示例。纵断面图上表示原地面高程起伏变化的标高线,称为地面线。它是路中心线各桩号实测高程的连线。地面线上各点的高程,称为原地面标高。沿道路中心线所做的立面设计线,称为纵断面设计线。工程设计中对中心线各点要求达到的高程称为设计高程(标高)。设计线与地面线各对应桩号上的高程差值称为填挖高度。凡设计线高于地面线的各桩点需填土,反之应挖土,见图 4-22。城市道路的纵断面设计线为路面设计线,故在填挖高度中要考虑路面结构厚度。道路横断面的双幅路,两车行道中心线不在同一高度上时,应分别测出和定出不同车行道部分的地面线和设计中心线。改建公路的纵断面设计线,通常指路中心线的路基标高线。高速公路、一级公路的纵断面设计线,采用中间分隔带外侧边缘标高线。新建公路路基边缘的标高,称为设计标高。

城市道路纵断面图上,对设有锯齿形街沟的平坡路段,还需绘出街沟的纵断面设计线。郊区道路或高等级公路纵断面图上,还需另行绘出公路边沟底部标高的纵断面边沟设计线。

道路纵断面设计在于确定道路的纵坡、变坡点位置、竖曲线和高程的设计。所以要合理确定立面控制点的高程,并以平顺线形衔接,保证排水通畅、路基稳定、土石方填挖量基本平衡,从而达到适应各级道路的交通要求,并体现出工程的经济可行性和技术合理性。

4.4.1 最大纵坡

最大纵坡系指各级道路纵坡的最大限值。它是根据汽车的动力特性、道路等级、自然条件、保证车辆以适当的车速安全行驶而确定的。表 4-19 和表 4-20 列出了公路和城市道路最大纵坡。

表 4-19　公路最大纵坡

设计速度/($km \cdot h^{-1}$)	120	100	80	60	40	30	20
最大纵坡	3%	4%	5%	6%	7%	8%	9%

注:① 高速公路受地形条件或其他特殊情况限制时,经技术经济论证,最大纵坡可增加 1%。

② 越岭路线的平均纵坡以接近 5.5%(相对高差为 200～500m 时)和 5%(相对高差大于 500m 时)为宜,且任意连续 3km 路段的平均纵坡不宜大于 5.5%。

表 4-20　城市道路机动车道最大纵坡

设计速度/($km \cdot h^{-1}$)	100	80	60	50	40	30	20
最大纵坡一般值	3%	4%	5%	5.5%	6%	7%	8%
最大纵坡极限值	4%	5%	6%	6%	7%	8%	

注:海拔 3000～4000m 高原城市,应按表值减小 1%;积雪寒冷地区应控制在 6%以内。

汽车在陡坡上行驶时,由于用来克服上坡阻力的牵引力消耗增加,导致车速降低。若陡坡过长,上坡时,水箱中的水会沸腾、气阻,而使行车缓慢,严重时导致发动机熄火,机件过快磨损,驾驶条件恶化。沿陡坡下行时,由于频频使用制动器减速而造成刹车部件过热后失灵,引起交通事故。

在海拔 3000m 以上的高原地区,各级公路的最大纵坡值应按表 4-21 的规定折减。最大纵坡折减后,如小于 4%,仍用 4%。

表 4-21 **高原纵坡折减值**

海拔高度/m	3000～4000	>4000～5000	>5000
纵坡折减值	1%	2%	3%

在过陡的纵坡段上坡、下坡行驶，汽车耗油量也大，转动机件间的磨损、轮胎的磨耗均增大，路面也易损坏；此外，在陡坡上行驶，路面应具较高的抗滑能力，而在潮湿、泥泞或冰冻状态下提高路面的摩阻系数也非易事。综上所述，对各级道路的最大纵坡应加以限制。

城市道路车行道线、人行道线均与路中心线纵坡相同，如道路纵坡过大，将使临街建筑物地坪标高难与人行道纵坡协调而影响街景；道路纵坡过大还不利于地下管线的敷设，如雨污水管是重力管，为减小管道纵坡便要增加跌水井的设备，而且会使排水管道出口标高过低。

在机动车和非机动车混合行驶的道路上，确定设计容许最大纵坡时，还要注意考虑非机动车上、下坡的安全和升坡能力。根据国内有关城市的调查资料分析，适于自行车行驶的纵坡宜在 2.5%以下。在非汽车交通比例较大的公路路段，可根据具体情况将纵坡适当放缓：平原、微丘区一般不大于 2%～3%；山岭、重丘区一般不大于 4%～5%。

4.4.2 最小纵坡

公路挖方及低填方路段，为保证纵向排水，应采用不小于 0.3%的纵坡。当必须设计小于 0.3%纵坡时，公路边沟纵坡应另作纵向排水设计。

城市道路通常低于两侧街坊，两侧街坊的雨水排向车行道两侧的街沟，然后顺街沟的纵坡流入沿街沟设置的雨水口，再由地下的连管通到雨水管道排入水体(图 2-20)。因此道路最小纵坡应是能保证排水和防止管道淤塞所必需的最小纵坡，其值为 0.3%。若道路纵坡小于最小纵坡值，则管道的埋深必将随着管道的长度而加深。为避免其埋设过深所致的土方量增大和施工困难，就需要在管道的一定距离设置泵站。所以，城市道路的最小纵坡应大于或等于 0.3%。如遇特殊困难，其纵坡度必须小于 0.3%时，则应设置锯齿形街沟。

4.4.3 陡坡坡长限制与坡段最小长度

山岭重丘区公路，当连续纵坡大于 5%时，发动机功率降低，从而将影响行车速度与安全。因此，为保证行车安全，应限制陡坡的坡长(表 4-22 和表 4-23)，并在该坡长处相应设置缓和坡段。即在纵坡长度达到限制坡长时，设置较小纵坡路段。缓和坡段的纵坡应不大于 3%，其长度应符合表 4-24 和表 4-25。

表 4-22 **公路不同纵坡最大坡长** 单位:m

设计速度		120km/h	100km/h	80km/h	60km/h	40km/h	30km/h	20km/h
纵坡坡度	3%	900	1000	1100	1200			
	4%	700	800	900	1000	1100	1100	1200
	5%	—	600	700	800	900	900	1000
	6%	—	—	500	600	700	700	800
	7%	—	—	—	—	500	500	600
	8%	—	—	—	—	300	300	400
	9%	—	—	—	—	—	200	200
	10%	—	—	—	—	—	—	200

注：① 高速公路、一级公路，由连续上坡(或下坡)路段组合而成时，应按表 4-19 注规定的平均纵坡进行检验。

② 公路连续纵坡大于 5%时，应在不大于表 4-22 所规定的纵坡长度范围内处设置缓和坡段。缓和坡段的纵坡不应大于 3%，其长度应符合表 4-24 最小坡长的规定。

表 4-23　城市道路机动车道最大坡长

设计速度/(km·h⁻¹)	100	80	60		50			40		
纵坡度	4%	5%	6%	6.5%	7%	6%	6.5%	7%	6.5%	7%	8%
纵坡限制坡长/m	700	600	400	350	300	350	300	250	300	250	200

表 4-24　公路最小坡长

设计速度/(km·h⁻¹)	120	100	80	60	40	30	20
最小坡长/m	300	250	200	150	120	100	60

表 4-25　城市道路纵坡坡段最小长度

设计速度/(km·h⁻¹)	100	80	60	50	40	30	20
城市道路坡段最小长度/m	250	200	150	130	110	85	60

城市道路最大纵坡超过5%，坡长超过表4-23(CJJ 193—2012)规范的规定时，应设纵坡缓和段，缓和段坡度为3%，长度应符合表4-25坡段最小长度的规定。

相邻两坡度线的交点称变坡点。纵断面上如变坡点过多，车辆行驶时司机变换排挡会过于频繁而影响行车安全，坡段长度过短既不利行车、又有碍视距，而且还影响临街建筑的布置。因此要求坡段最小长度应不小于相邻两竖曲线的切线长度之和。如表4-25所列：当车速在20～50km/h之间时，坡段长度不宜小于60～140m。

非机动车车行道纵坡大于或等于2.5%时，应按表4-26的规定，限制坡长。

城市中非机动车主要是指自行车，其车行道也应考虑恰当的纵坡度与坡长。自行车爬坡能力低，因此，在机动车和非机动车混行的道路上，应按自行车爬坡能力控制纵坡。

表 4-26　非机动车车行道纵坡限制坡长　单位：m

坡度 \ 车种	自行车	三轮车
3.5%	150	—
3%	200	100
2.5%	300	150

4.4.4　合成坡度

合成坡度是指在有超高的平曲线上，路线纵向坡度与超高横向坡度所组成的矢量和，计算公式为

$$i_{合}=\sqrt{i_{超}^2+i_{纵}^2} \tag{4-67}$$

式中　$i_{合}$——合成坡度，%；

$i_{超}$——超高横坡，%；

$i_{纵}$——弯道上的纵坡，%。

如果在小半径弯道上纵坡也较大，汽车受坡度阻力与离心力作用会造成行驶危险，为阻止汽车沿合成坡度方向滑移，应限制合成坡度的最大值，即将超高横坡与纵坡的组合控制在适当的范围内，以保证安全。其规定值见表4-27与表4-28。限定合成坡度，即规定了小半径曲线段折减后的最大纵坡。设计时应尽可能避免陡坡与急弯组合。

表 4-27　　公路最大合成坡度

公路等级	高速公路、一级公路				二、三、四级公路				
设计速度/(km·h^{-1})	120	100	80	60	80	60	40	30	20
合成坡度值	10.0%	10.0%	10.5%	10.5%	9.0%	9.5%	10.0%	10.0%	10.0%

注:① 积雪严寒地区,合成坡度不大于 8%。

② 最小合成坡度,不小于 0.5%,如小于 0.5%时,应采取综合排水设计措施,以保证路面排水畅快。

表 4-28　　城市道路最大合成坡度

设计速度/(km·h^{-1})	100	80	60	50	40	30	20
合成坡度	7.0%		7.0%		7.0%		8.0%

注:积雪地区各级道路的合成坡度应小于或等于 6%。

4.4.5 竖曲线

在纵断面设计线的变坡点处,为保证行车安全、缓和纵坡折线而设的曲线称为竖曲线。变坡点处的转角称为变坡角,以 ω 表示。ω 值近似等于相邻两纵坡度的代数差,即

$$\omega = i_1 - i_2$$

式中,i_1,i_2 分别为相邻纵坡线的坡度值,上坡为正,下坡为负。

如图 4-23 所示,$\omega_1 = i_1 - (-i_2) = i_1 + i_2$,$\omega_1$ 为正,变坡点在曲线上方,为凸形竖曲线。$\omega_2 = -i_2 - i_3 = -(i_2 + i_3)$,$\omega_2$ 为负,变坡点在曲线下方,为凹形竖曲线。

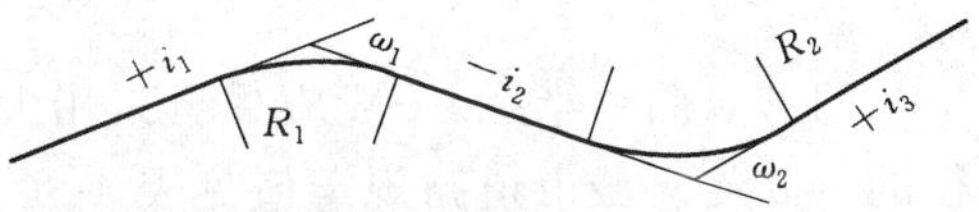

图 4-23　竖曲线与变坡角

各级公路在纵坡变更处均应设置曲线,竖曲线的最小半径和最小长度规定如表 4-29 所示,通常应采用大于或等于表列一般最小值,当受地形条件及其他特殊情况限制时方可采用表列极限最小值。

表 4-29　　公路竖曲线最小半径和竖曲线最小长度　　单位:m

设计速度		120km/h	100km/h	80km/h	60km/h	40km/h	30km/h	20km/h
凸形竖曲线半径	一般值	17000	10000	4500	2000	700	400	200
	极限值	11000	6500	3000	1400	450	250	100
凹形竖曲线半径	一般值	6000	4500	3000	1500	700	400	200
	极限值	4000	3000	2000	1000	450	250	100
竖曲线长度	一般值	250	210	170	120	90	60	50
	极限值	100	85	70	50	35	25	20

竖曲线形式为二次抛物线,因为在应用范围内圆形和二次抛物线线形几乎没有差别,而用圆曲线半径表示更为方便,所以通常均以竖曲线半径表示。

1. 凸形竖曲线

凸形竖曲线设置的目的在于缓和纵坡转折线,保证汽车的行车视距。如图 4-24 所示,如变坡角较大时,不设竖曲线就可能影响视距。《公路技术标准》规定,无论变坡角大小如何,均需设置竖曲线,以保证行车安全与平顺。

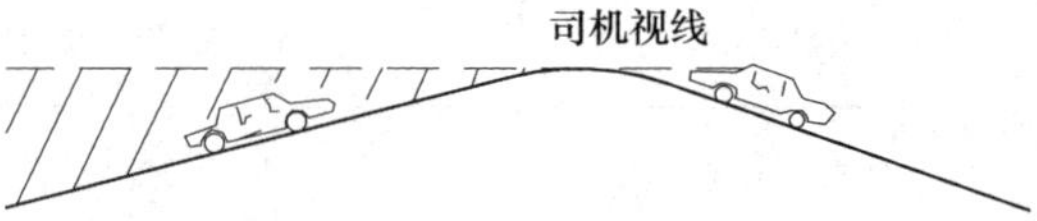

图 4-24　凸曲线设置目的

2. 凹形竖曲线

凹形竖曲线主要为缓和行车时汽车的颠簸与震动而设置。汽车沿凹形竖曲线路段行驶时,在重力方向受到离心力作用而发生颠簸和引起弹簧负荷增加,因此在确定凹形竖曲线半径时,要对离心加速度予以限制。

汽车在凹形竖曲线路段行驶时,离心加速度为 $a=\frac{v^2}{R}(\mathrm{m/s^2})$。

$$R_{凹}=\frac{v^2}{a}=\frac{V^2}{(3.6)^2a}=\frac{V^2}{13a} \tag{4-68}$$

式中　v,V——分别为以(m/s)和(km/h)计的行车速度;

a——离心加速度($\mathrm{m/s^2}$),a 一般控制在 0.5～0.7($\mathrm{m/s^2}$)内,但考虑到行驶的舒适、视觉的平顺及夜间行车的要求,取 $a=0.277(\mathrm{m/s^2})$时,则

$$R_{凹}\approx 0.278V^2 \quad (\mathrm{m}) \tag{4-69}$$

凹形竖曲线半径,一般应尽量采用大于竖曲线一般最小半径的数值,其值约为极限最小半径的 1.5 倍。城市道路规定值见表 4-30。

表 4-30　　**城市道路竖曲线半径**　　**单位:m**

竖曲线半径/m \ 设计速度/($\mathrm{km\cdot h^{-1}}$)		100	80	70	60	50	40	35	30	25	20	15
凸　形	极限最小半径	6500	3000	2000	1200	900	400	300	250	150	100	60
	一般最小半径	10000	4500	3000	1800	1350	600	450	375	250	150	90
凹　形	极限最小半径	3000	1800	1350	1000	700	450	350	250	170	110	60
	一般最小半径	4500	2700	2025	1500	1050	675	525	375	255	165	90

注:非机动车道,凸、凹形竖曲线最小半径为 500m。

竖曲线半径应尽量选用较大值,以利视觉和安全。

3. 竖曲线的连接

竖曲线之间连接时,可以在其间保留一段直坡段,也可以不留直坡段而直接连接成同向或反向复曲线形式,只要不使两竖曲线相交或搭接即可。若两相邻的竖曲线相距很近,中间直坡段太短,应将两者合并成复曲线形式。在一般情况下,则应力求两竖曲线之间留一段直坡段 L,坡长建议以不小于汽车行驶 3s 的距离为宜:

$$L\geqslant\frac{V}{3.6}\times 3=0.83V \quad (\mathrm{m}) \tag{4-70}$$

式中，V 为计算行车速度(km/h)。

4. 竖曲线最小长度

为满足汽车司机操作的需要，竖曲线最小长度按计算车速 3s 的运行距离计算：

$$L=\frac{5}{6}V \quad (\mathrm{m}) \tag{4-71}$$

式中，V 为计算行车速度(km/h)。

我国《公路工程技术标准》规定见表 4-29。

5. 竖曲线要素计算

竖曲线要素，即竖曲线长度 L、切线长度 T 和外距 E，如图 4-25 所示。设 R 为竖曲线半径，ω 为两纵坡段的变坡角，则由几何关系得：

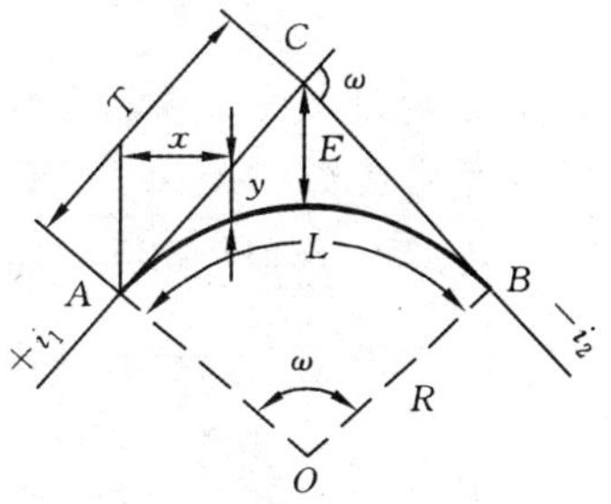

图 4-25 竖曲线要素

曲线长：$L=R\omega\frac{\pi}{180}$，当 ω 很小时，$\omega=(i_1-i_2)$，则

$$L\approx R(i_1-i_2) \tag{4-72}$$

因纵坡很小，可忽略切线与其投影的距离差，即实际计算时，切线长 T 可以水平计量距离。而当 ω 很小时，则：

切线长
$$T\approx\frac{1}{2}L=\frac{R}{2}(i_1-i_2)=\frac{R}{2}\omega \tag{4-73}$$

外距 $E=R\left(\sec\frac{\omega}{2}-1\right)$，由△$ACO$ 得出下列关系 $(R+E)^2-T^2=R^2$，$E=\frac{T^2}{2R+E}$，E 与 $2R$ 相比甚小，忽略不计，则

$$E=\frac{T^2}{2R}=\frac{L^2}{8R}=\frac{R(i_1-i_2)^2}{8}=\frac{T\omega}{4} \tag{4-74}$$

如已知 ω 与 T，则可求曲线半径：

$$R=\frac{2T}{\omega} \tag{4-75}$$

为了具体计算竖曲线上标高，竖曲线中间各点纵横坐标 x，y 值按下式计算：

$$y=\frac{x^2}{2R} \tag{4-76}$$

式中 x——竖曲线起讫点至所求桩号之间的距离；

y——竖曲线各点的纵距，凸形竖曲线为负值，凹形竖曲线为正值，当 $x=T$ 时，$y=E$。

对于凸形竖曲线，设计标高＝未设竖曲线时的设计标高－y。

对于凹形竖曲线，设计标高＝未设竖曲线时的设计标高＋y。

【算例 4-3】 已知转坡点 C 桩号为 1＋550。其两端纵坡为升坡 0.44%和降坡 0.3%，C 点在纵断面图上的计算标高为 8.143，全段为水泥混凝土路面，试设计竖曲线，计算竖曲线要素，并计算其上高程，道路设计速度为 40km/h。

【解】 根据 V＝40km/h，查表 4-29 得竖曲线最小长度为 35m。该路系水泥混凝土路面，常用板块尺寸为 3.75m×5m。如取切线长度为 30m，可安排曲线范围内 12 块水泥混凝土板，

以利在竖曲线两端起讫点设置胀缝。

据此假设 $T=30\text{m}$,计算其他竖曲线要素:

$$L=2T=60\text{m}$$

$$R=\frac{L}{\omega}=\frac{60}{0.44\%-(-0.3\%)}=\frac{60}{0.0074}=8108.11\text{m}\approx 8\,100\text{m}$$

查表 4-30,$V=40\text{km/h}$ 时,凸形竖曲线一般最小半径为 600m,现取 8 100m 已大于规定值,可得理想线形。

$$E=\frac{L^2}{8R}=\frac{60^2}{8\times 8\,100}=0.056\text{m}$$

计算竖曲线上各点高程(绝对标高):

变坡点 C 点处(1+550)曲线高程 $H_C=H_C'-E=8.143-0.056=8.09\text{m}$

切点 A 点(1+520) $H_A=H_C'-il=8.143-0.0044\times(550-520)=8.01\text{m}$

$$1+530:H_{530}=H_C'-il_1-y_1=8.143-0.0044\times(550-530)-\frac{(530-520)^2}{2\times 8\,100}\approx 8.05\text{m}$$

切点 B 点(1+580) $H_B=H_C'-i_2 l_{B\text{-}C}=8.143-(580-550)\times 0.003=8.05\text{m}$

$$1+560\text{处}\quad H_{560}=H_C'-i_2 l_{560\text{-}550}-y_2=8.143-0.003\times(560-550)-\frac{(580-560)^2}{2\times 8108.11}$$

$$=8.113-0.025=8.09\text{m}$$

其余桩号计算见表 4-31。图 4-26 为竖曲线计算图示。

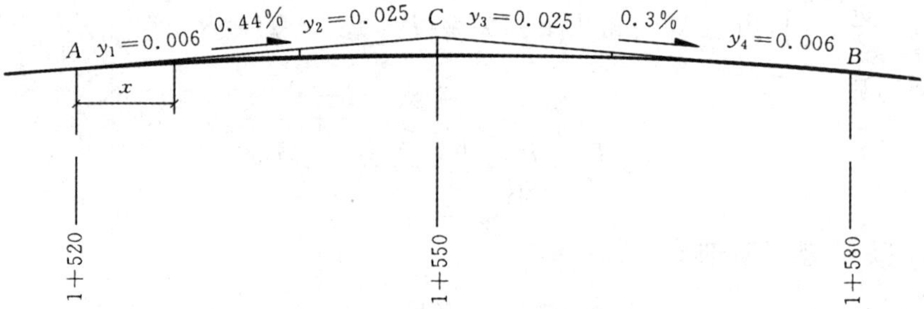

图 4-26 竖曲线计算图示

表 4-31 **竖曲线计算表** **单位:m**

桩 号	坡段高程	标高改正 $y=\frac{x^2}{2R}$	竖曲线高程
1+520	8.011	0	8.01
1+530	8.055	$y_1=0.006$	8.05
1+540	8.099	$y_2=0.025$	8.07
1+550	8.143	$E=0.056$	8.09
1+560	8.113	$y_3=0.025$	8.09
1+570	8.083	$y_4=0.006$	8.08
1+580	8.053	0	8.05

4.5 城市道路的锯齿形街沟

我国大多数城市位于平原地区，有些旧城在街坊或沿街建筑已形成的情况下修建道路，以致纵坡很小甚至为零，这样虽然有利于行车，但对街坊排水（应排到路上）和道路路面排水极为不利。尽管道路路面设置路拱横坡，以排除雨、雪水，但通常街沟和人行道的纵坡均平行于路中心线纵坡，当纵坡很小时，积留的雨、雪水，就很难沿街沟的纵向排除，尤其在暴雨或多雨季节，路面成片积水，既影响路基路面的稳定，又妨碍交通。所以城市道路纵坡小于0.3%的路段必须设置锯齿形街沟。

所谓街沟是指露出路面部分的侧石与路面边缘或平石，作为城市道路排除水的三角形沟。锯齿形街沟设置的方法是保持侧石顶面线与路中心线平行（即两者纵坡相等）的条件下，交替地改变侧石顶面线与平石（或路面）之间的高度，即交替地改变侧石外露于路面的高度（图4-27(a)）。在低处设置雨水进水口，使进水口处的路面横坡 i_4（图 4-27(b)）大于正常横坡 $i_{横}$，而在两相邻近水口之间的分水点处的路面横坡 i_3 小于正常横坡。这样雨水由分水点流向两旁低处进水口，街沟纵坡（即平石纵坡或路面边缘纵坡）升降交替，呈锯齿形。

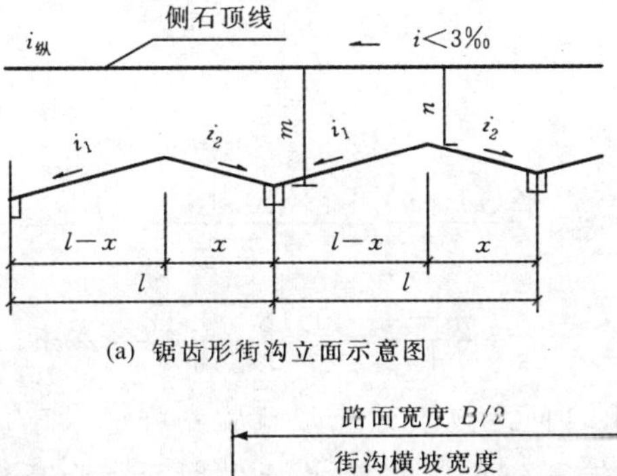

(a) 锯齿形街沟立面示意图

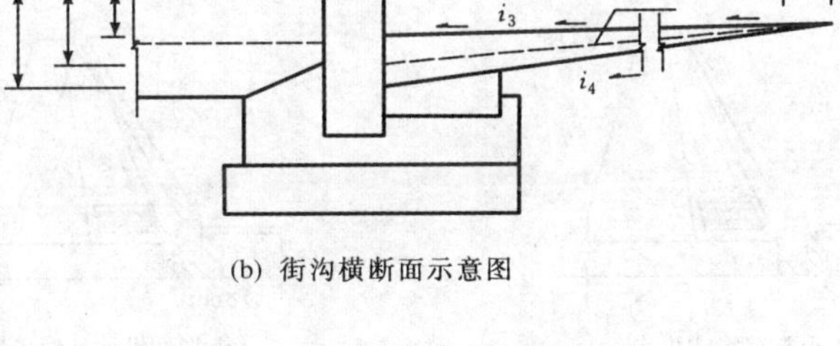

(b) 街沟横断面示意图

图 4-27 街沟横立面示意图

通常侧石全高 30cm（图 4-27(b)），露出路面部分的高度为 10～20cm。如露出值过低，则不能容纳应排泄的最大地面水流量，以致溢过侧石而漫至人行道上影响行人交通；露出值过高，则不便于行人跨越（且不利构造设置）。所以常用的侧石外露高度为 0.15m，设锯齿形街沟处的最低高度取 0.12m（即 n 值），最高高度取 0.18m（即 m 值），则 $m-n=$

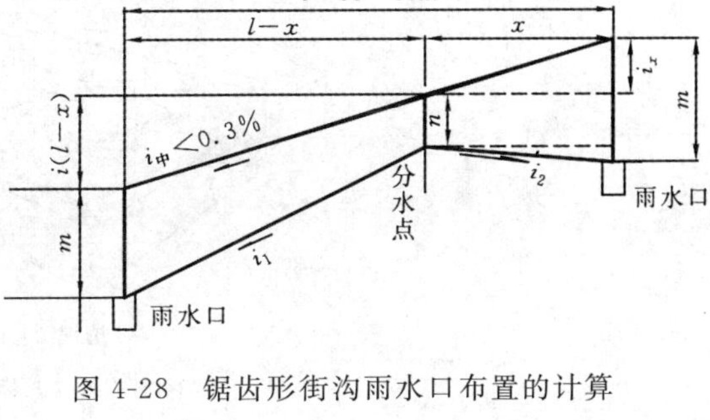

图 4-28 锯齿形街沟雨水口布置的计算

0.06m。设两进水口间距为 l,一般城市常用雨水口间距为 35～40m。个别雨量少、路面窄的道路可取 45m,路中线纵坡为 $i_中$,街沟纵坡为 i_1 和 i_2(图 4-28),则分水点距两边进水口的间距为 x 及 $l-x$;此时左端为 $[i_1(l-x)+n]-i_中(l-x)=m$,右端为 $i_中x+n+i_2x=m$,两式相等,则得

$$\left.\begin{aligned} x&=\frac{(i_1-i_中)l}{(i_1+i_2)} \\ x&=\frac{m-n}{i_2+i_中} \end{aligned}\right\} \tag{4-77}$$

或

$$l-x=\frac{m-n}{i_1-i_中} \tag{4-78}$$

通常设计时,根据地物在沿线建筑物出入口,交叉口行人横道线上游,以及凹形竖曲线最低处已布置好雨水口,然后在每段长度上取进水口间距 l,$i_中$ 在纵断面设计时已确定,m 和 n 值也已定,则可计算分水点距离 x 及 $l-x$,再计算 i_1。

【算例 4-4】 已知雨水进水口间距为 40m,$i_中=0$,$m=0.18$m,$n=0.12$m,试求街沟纵坡及分水点距离 x。

【解】 当 $i_中=0$,如 $i_1=i_2$ 时根据式(4-78),可得

$$x=\frac{l}{2}$$

$$i_1=i_2=\frac{2(m-n)}{l}=\frac{2\times(0.18-0.12)}{40}=0.3\%$$

验算

$$x=\frac{m-n}{i_1+i_中}=\frac{0.18-0.12}{0.3\%}=20\text{m}$$

实际设计中常先将雨水口间距按设计地形地物安排好,即 l 为定值,然后再用中心线标高根据标准横断面相对关系,推算分水点标高(比正常断面街沟高 0.03m)与进水口处标高(比正

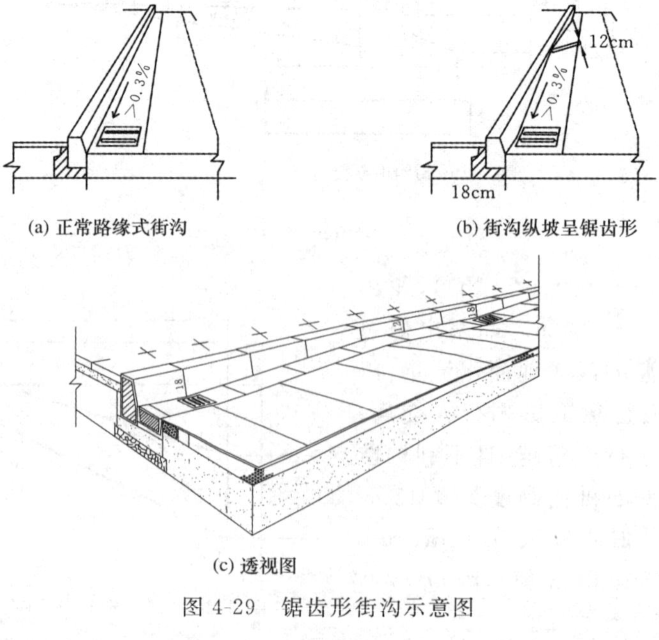

(a) 正常路缘式街沟

(b) 街沟纵坡呈锯齿形

(c) 透视图

图 4-29 锯齿形街沟示意图

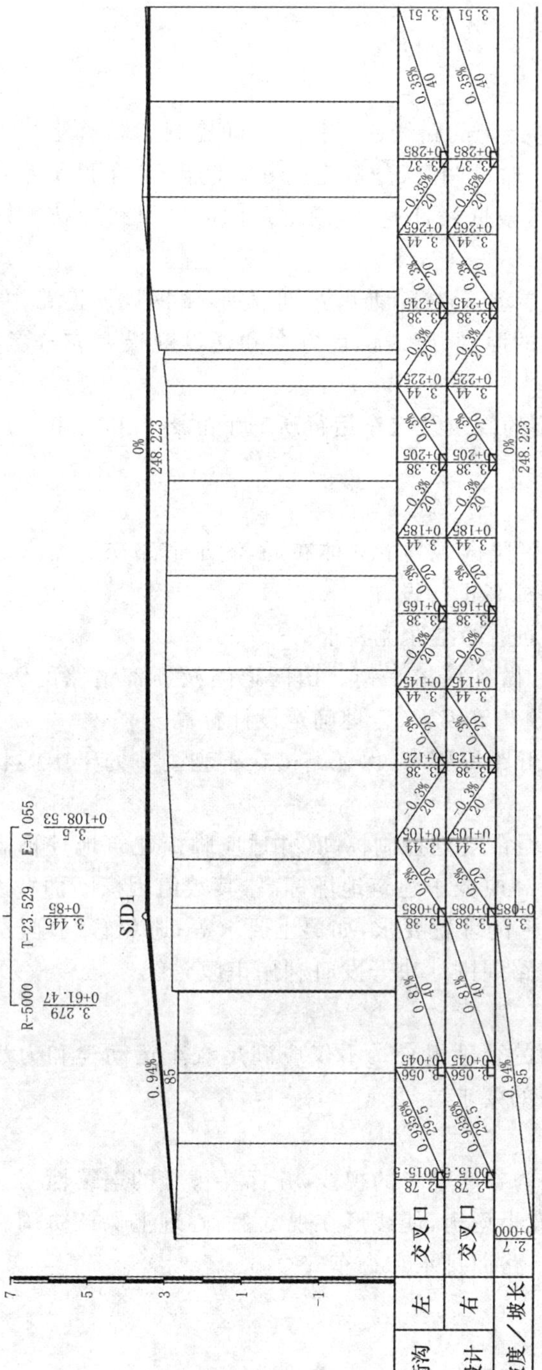

图 4-30 锯齿形街沟纵断面设计实例

常断面街沟低 0.03m),最后再计算 i_1 与 i_2,做到满足 $i>0.3\%$ 的排水要求即为可行。锯齿形街沟示意详见图 4-29,其纵断面设计图详见图 4-30。

4.6 道路平纵线形总体设计

4.6.1 道路总体设计原则

(1) 路线基本走向的选择,应根据指定的路线起、终点、中间控制点和道路等级,及其在路网中的作用,结合周围地形、地物条件,通过调查、分析比选方案,确定一条最优路线方案。

(2) 根据道路等级确定设计速度,根据设计速度,制定采用的平纵线形技术标准,并应符合规范规定。

(3) 平面线形走向满足近期使用要求条件下,兼顾远期发展,依据规划道路中心线进行设计。贯彻交通需要和实际可能相结合的原则,路线设计方案和建设规模要充分考虑工程实施的可能性,注意节约工程投资。

(4) 重视环境保护,注意由于道路的修筑及汽车运行所产生的影响和污染,考虑相应的防治措施和对策。

4.6.2 道路纵断面设计原则

(1) 纵断面设计要遵循规划对地区竖向规划的总体布局,满足道路交通要求,并以规划的道路交叉口处控制标高结合现状道路标高进行设计。

(2) 纵断面设计应满足等级航道通航净空净宽要求。

(3) 公路纵断面设计应少填少挖,做到填挖平衡。山区道路及新辟道路的纵断面设计应综合考虑土石方平衡,汽车运输经济效益等因素,合理确定设计标高。

(4) 新建公路路堤高度应满足最低路堤要求,保证路槽在不利季节处于中湿状态,路堤也不宜过高,以免增加道路沉降。

(5) 城市道路纵断面设计应参照城市规划控制标高,并适应临街建筑地坪标高,考虑工程范围内地面水的排除。通常路中心标高应低于建筑地坪标高,其数值因横断面宽度不同而异。

(6) 应满足各规划管线和现状管道的埋置要求,如覆土要求等;避免管线埋设时出现高差冲突,做到预留管道标高适中,方便道路周围地块开发时利用市政管线。

4.6.3 平、纵线形的配合

道路线形设计,必须注重平、纵面的合理组合。不仅应满足汽车运动学和力学要求,而且应充分考虑驾驶者在视觉和心理方面的要求。

1. 平、纵配合的设计原则

(1) 应使线形在视觉上能自然地诱导驾驶者的视线,并保持视觉的连续性。

(2) 平、纵面线形的技术指标应大小均衡,使线形在视觉上、心理上保持协调。

(3) 合成坡度应组合得当,以利于路面排水和行车安全。

2. 平、纵配合的基本要求

(1) 平曲线宜与竖曲线相互对应。

(2) 平曲线缓而长、竖曲线坡差小于1%时,可不要求平竖曲线相位的对应,平曲线中可包含多个竖曲线或竖曲线略长于平曲线。

(3) 竖曲线半径宜大于平曲线半径的 10～20 倍以上。随着平曲线半径的增大,竖曲线半径的放大倍数也宜增大。

3. 平纵面线形的组合应注意的情况

(1) 凸形竖曲线的顶部或凹形竖曲线的底部,不得插入小半径平曲线。

(2) 凸形竖曲线的顶部或凹形竖曲线的底部,不得与反向曲线的拐点重合。

(3) 直线上的纵面线形不应反复凹凸,避免出现使司机视觉中断的线形,如驼峰、暗凹、跳跃等。

(4) 长直线或长陡坡的顶端避免小半径的曲线。

(5) 相邻坡段的纵坡,以及相邻曲线的半径不宜相差悬殊。

4.6.4 平面和纵断面CAD辅助设计与实例

本节使用EICAD,阐述道路平面、纵断面的CAD辅助设计过程。

1. 建立数字地面模型

(1) 使用“新建数模”命令建立数字地面模型。

(2) 提取原始地形图数据:使用地形采集命令组,选择原地形图中高程点实体(如图4-31地物中较小的文字),提取地形信息。

(3) 使用“数模构网”命令完成数模建立,为后续设计提供依据。

2. 绘制道路中心线

当已有规划道路中线时,只需使用“转换路线”命令,将路线转换为程序可以识别的道路中线即可,本例即已有道路中线。

当没有规划道路中线或规划道路中线需要调整时,按以下步骤绘制道路中线。

(1) 用直线画出导线,大致确定平面线位。

(2) 使用“平面布线”命令,拾取相交的两段直线实体,即可创建三单元平曲线。

(3) 点选平曲线对平曲线参数(如缓和曲线长度 L_s 或A值、圆曲线半径等)进行调整。

3. 标注桩号与特征点

道路中心线绘制完成后,程序已默认标注中心线的桩号、特征点,使用“道路中线编辑”命令,调整各种标注的样式并定义道路名。

4. 保存平面线形文件

使用“数据储存”命令,将平面线形数据(如曲线半径、长度)、逐桩坐标等数据保存至项目文件夹。

5. 绘制道路边线

使用“绘制路线偏置线”命令,输入各边线距中心线的垂直距离,即可自动在道路中心线两边生成路边线。

6. 绘制港湾式公交站(图4-31)

使用“绘制公交港湾”命令:

(1) 输入中心桩号(图2-12(e)中 BC 段中点所对应桩号)。

(2) 分别输入过渡段(图2-12(e)中 AB,CD 段)与平行段(图2-12(e)中 BC 段)的长度,本例使用的长度为 $AB=25\text{m}$,$BC=40\text{m}$,$CD=35\text{m}$,见图4-31。

(3) 输入A,B,C,D点距离中线的距离,本例分别为14m、17.5m、17.5m、14m。

7. 平面标注

(1) 标注各路段宽度。

(2) 标注道路中心线交点的坐标、桩号;标注道路中线与河道中线交点的坐标、桩号。

(3) 标注交叉口转角处的缘石半径。

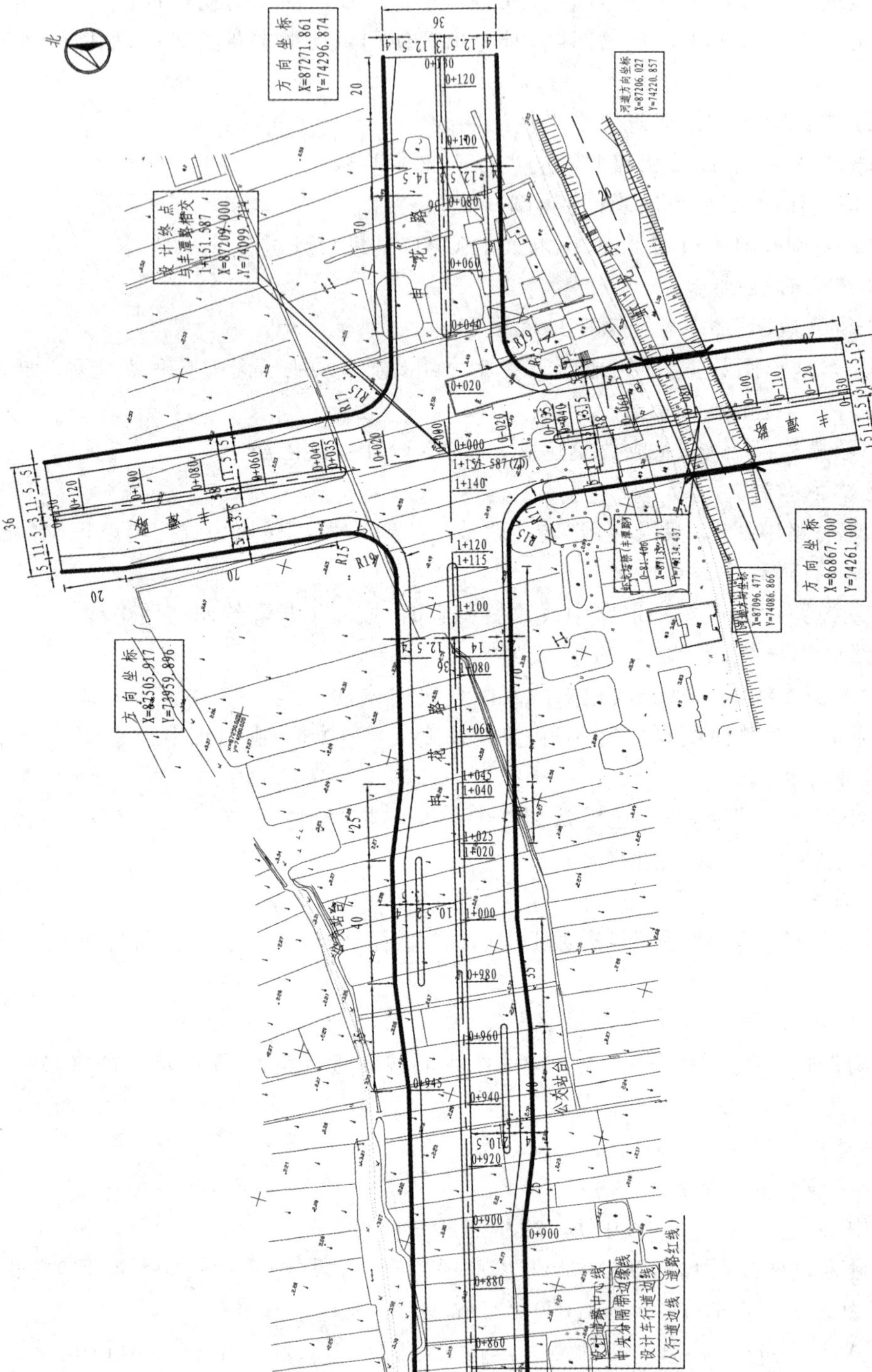

图 4-31 城市道路平面设计图实例

(4) 标注交叉口渐变段、加宽段长度;标注公交港湾渐变段、平行段长度。

8. 绘制纵断面图(图 4-32)。

(1) 使用数字地面模型中的“输出纵地面线”命令,拾取道路中心线,设置纵地面线的采样间距等参数,输出纵地面线并保存至工程文件夹。

(2) 使用“创建拉坡工作图”命令,选择已保存的纵地面线文件,生成拉坡工作图。

(3) 使用“创建竖曲线”命令,点选拉坡工作图,程序将按地面线起终点自动生成一条斜直线作为设计竖曲线的控制线。

(4) 使用“插入变坡点”命令插入竖曲线交点,并输入竖曲线半径。

(5) 调整各个变坡点,优化高程、坡长、竖曲线半径。

(6) 储存设计纵断面资料。

(7) 使用“输出纵断面图”命令,选择地面线、设计竖曲线,生成道路纵断面图。

(8) 特征点标注:如桥梁、交叉口。

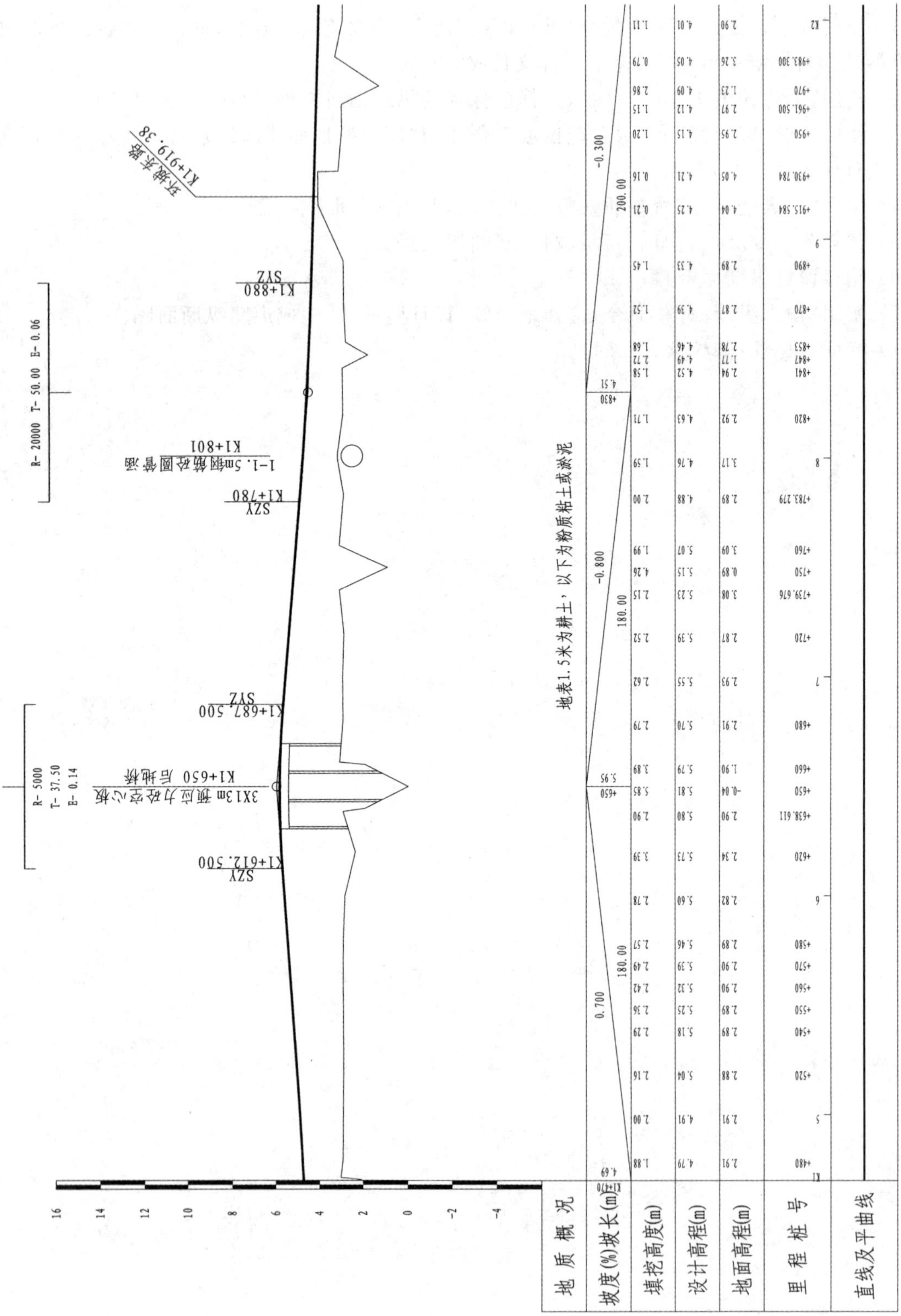

图 4-32 纵断面设计图实例

5　平面交叉口

道路与道路在同一平面相交的路口称为平面交叉口。道路借助交叉口相互连接形成道路系统，以解决各个方向的联系。交叉路口是道路网络的结点，在路网中起着从线扩展到面的重要作用。在平面交叉路口，各路车流、人流互相交叉，相互影响，不但交通事故多，车速也降低，通行能力比路段低。因此平面交叉口的规划和设计中，应将其几何形状和交通组织、交通控制方式等一并综合考虑，以减少延误，保证交通安全和通畅，并且提高整个路网的效率。桥梁隧道两端不宜设置平面交叉。

5.1　平面交叉口的类别和交通组织

平面交叉口的形式在规划路网时已形成，根据相交道路的几何形状和交通管制方式的不同而分类。

5.1.1　交叉口按几何形状分类和评价

1. 十字形交叉

十字形交叉的相交道路是夹角在 90°或 90°±15°范围内的四路交叉(图 5-1(a))。这种路口形式简单，交通组织方便，街角建筑易处理，适用范围广，是常见的最合适的交叉口形式。

2. T 形交叉应少建

T 形交叉的相交道路是夹角在 90°或 90°±15°范围内的三路交叉(图 5-1(b))。这种形式交叉口与十字形交叉口相同，视线良好、行车安全，也是常见的交叉口形式，如北京市 T 字交叉口约占 30%，十字形占 70%。在路网中除因地形(如河流、铁路)需要外，不宜过多的三岔路口，使道路不畅。

3. X 形交叉宜少建

X 形交叉是相交道路交角小于 75°或大于 105°的四路交叉(图 5-1(c))。当相交的锐角较小时，将形成狭长的交叉口，对交通不利(特别对左转弯车辆)，锐角街口的建筑也难处理。所以，当两条道路相交，如不能采用十字形交叉口时，应尽量使相交的锐角大些。

4. Y 形交叉宜少建

Y 形交叉是相交道路交角小于 75°或大于 105°的三路交叉(图 5-1(d))。处于钝角的车行道缘石转弯半径应大于锐角对应的缘石转弯半径，以使线形协调，行车通畅。Y 型与 X 型交叉均为斜交路口，其交叉口夹角不宜过小，角度＜45°时，视线受到限制，行车不安全，交叉口需要的面积增大。所以，一般斜交角度宜＞70°。

5. 错位交叉不提倡，应予以改造

两条道路从相反方向终止于一条贯通道路而形成两个距离很近的 T 形交叉所组成的交叉即为错位交叉(图 5-1(e))。规划阶段应尽量避免为追求街景而形成的近距离错位交叉(长距离错位视为两组 T 形交叉)。由于其距离短，交织长度不足，而使进出错位交叉口的车辆不能顺利行驶，从而阻碍贯通道路上的直行交通。一旦错位交叉不可避免时图形较图形有利。由两个 Y 形连续组成的斜交错位交叉的交通组织将比 T 形的错位交叉更为复杂。因此规划与设计时,应尽量避免双 Y 形双 T 形错位交叉。我国不少旧城由于历史原因造成了斜交错位,宜在交叉口设计时逐步予以改建。已有的要加强交通管制。

6. 多路交叉不提倡,应予改造

多路交叉是由五条以上道路相交成的道路路口,又称复合型交叉(图 5-1(f))。道路网规划中,应避免形成多路交叉,以免交通组织的复杂化。已形成的多路交叉,可以设置中心岛改为环形交叉,或封路改道,或调整交通,或建下立交(图 5-1(g))。

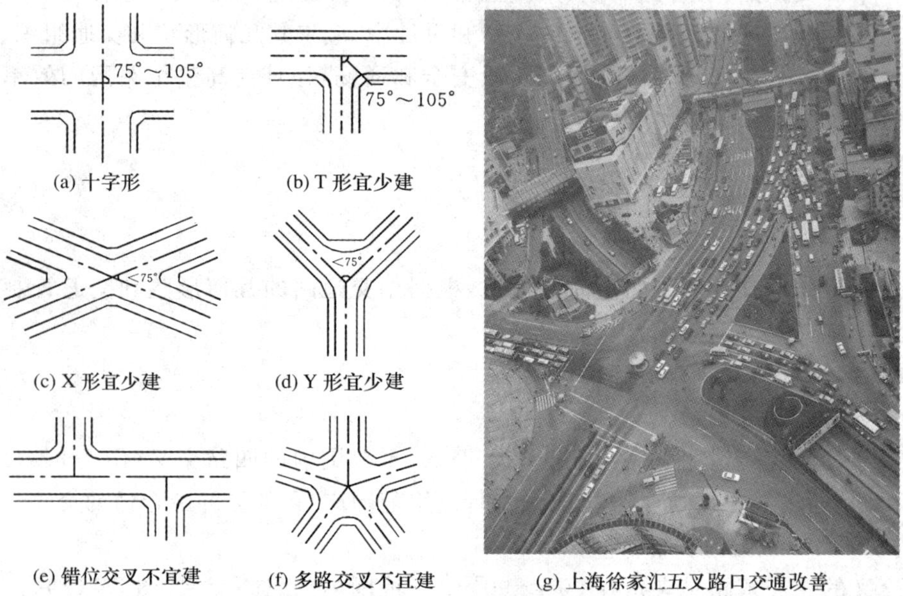

图 5-1　平面交叉口的形状和评价

5.1.2 按有无信号灯管制交通组织分类

平面交叉根据有无信号灯管制可分为信号管制交叉口(A_1A_2)、无信号管制交叉口(B_1—B_3)和环形平面交叉口(C)三种。各类平面交叉和相适应的道路列于表 5-1。

表 5-1　平面交叉口类别与其适应道路

平面交叉口类别			交通状况	相适应的相交道路
A	有信号灯管制	A_1 进口道展宽		主干路、主路、主—次、次—次
		A_2 不展宽		次—次,次—支
B	无信号灯管制交叉口	B_1	只准右转	次路,主—支
		B_2	减速让行或停车让行	支路—次路
		B_3	全无管制	支—支
C	环形交叉口		—	多路交叉,中小城市路口、次要公路

注:环形交叉口也分无信号灯管制与有信号灯管制,本表指前者。

1. 有信号控制交叉口

信号灯管制的平面交叉口,已普遍用于我国大中城市主要道路交叉口。又分为展宽和不展宽交叉口。信号灯配时设计见“交通工程”课程。

2. 无信号控制交叉口

不加任何交通管制的交叉口，即为无信号控制交叉口。这类交叉口又分三种，一种为 B_1 只准右转，另两种为优先与非优先方式。B_2 在优先交叉方式下，按我国的交通规则规定：后进入交叉口的车辆应让先进入交叉口的车辆通过，主次道路相交时，主路优先交叉，在次要道路即非优先道路的交叉口进口处应设置“让”或“停”的交通标志，使非优先道路的车辆缓行或停候，判断优先道路车辆间隔，允许通过时，方可进入交叉口。当两条道路等级接近，也可在各个路口均设“让”或“停”的交通标志，以提醒司机注意，相互谦让，安全通过。无信号控制的交叉口多用于交通量不大的城市道路路口和大多数公路平交路口。相交道路等级均低时，采用无优先交叉，即全无管制交叉。

3. 环形交叉口

详见后文。

5.1.3 交叉口交通组织

1. 机动车车辆交通组织

1）渠化交通

设置交通标线、标志和交通岛（实体设施）等，引导车辆分流和导向使其各行其道的方法，称为渠化交通。

用分车线或分隔带、交通岛等，把不同行驶方向和速度的车辆划分车道行驶，使行人和司机很容易互相看清行驶的方向，避免车辆相互侵占车道和干扰行车线路，从而减少车辆相互碰撞的机会，提高行车安全程度。图 5-2 为某渠化交叉口实例。该交叉口在各转角设导流交通与右侧右转专用车道应按设计速度及转弯半径大小设置车道加宽。

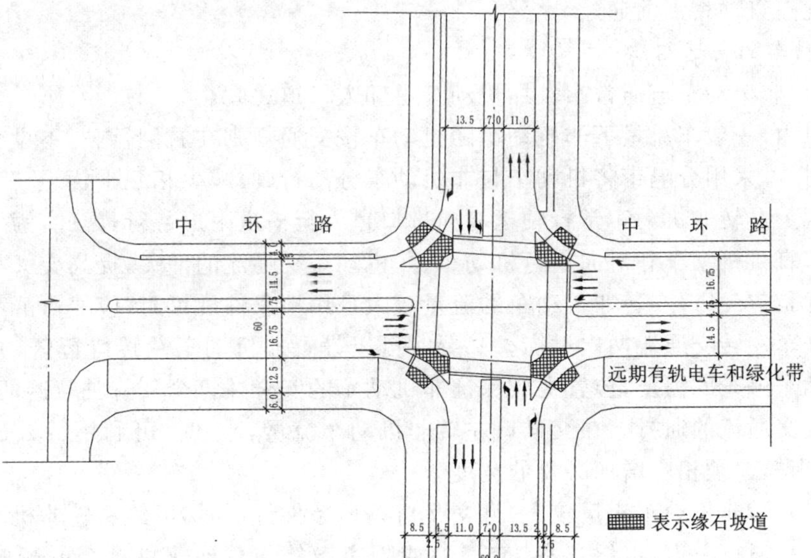

图 5-2 渠化交叉口实例

交通岛是高出路面的岛状设施，又分中心岛、导流岛和安全岛。中心岛是设置在平面交叉中央的圆形岛。导流岛是将车流引向规定行进路线而设置的异形小岛。岛的面积最小为 $5m^2$。安全岛设置在路口车行道中间，供行人横穿道路临时停留用。

交通岛(图 5-2 中三角岛)的构造,系用路缘石围筑而成,其形状为直接连接圆弧而构成的图形,为防止车辆驶入,缘石高度一般为 15～25cm,有行人通过的交通安全岛高度宜为 12～15cm。交通岛顶端处应做成圆弧状,半径不小于 0.5m。如不用构筑物,则用路面画线。

2) 进口道交通组织

一般采取设置专用车道的方法。通过组织不同行驶方向的车辆在各自的车道上分道行驶,使得各向车辆互不干扰。根据行车道宽度和左、直、右行车辆的交通量大小可做出多种组合的车道功能划分:

(1) 左、直、右方向车辆组成均匀,各设一专用车道,共 3 条车道。

(2) 直行车辆很多且左、右转也有一定数量时,设两条直行车道和左右转各一条车道,共 4 条车道。

(3) 左转车多而右转车少时,设一条左转车道,直行和右转共用一条车道,共 2 条车道。

(4) 左转车少而右转车多时,设一条右转车道,直行和左转共用一条车道,共 2 条车道。

(5) 左、右转车辆都较少时,分别与直行车合用车道,共 2 条车道。

(6) 行车道宽度较窄时,不设专用车道,只画快、慢车分道线,用于一般支路。

3) 左转车辆交通组织

左转车辆是引起交叉口车辆冲突的主要原因,合理地组织左转车辆的交通,是保证交通安全,提高交叉口通行能力的有效方法。左转车辆交通组织可以采用以下几种形式:

(1) 设置专用左转车道。高峰 15min 内每信号周期进入交叉口某进口道的左转车辆多于 2 辆/周期时,应增设 1 条左转专用车道;当左转车辆达 10 辆/周期,其长度达 90m 时,宜设 2 条左转专用车道。

(2) 左转超前候驶。左转车道越过人行横道或停车线停放候驶,以便在绿灯亮时,赶在对向直行车到达左直冲突点前通过。

2. 非机动车的交通组织

在交叉口,非机动车道通常布置在机动车道和人行道之间。

在交叉口内,一般车流量下非机动车随机动车按交通规则在右侧行驶,不设分离设施。而车流量较大时,可采用分隔带将机动车与非机动车分离行驶,减少相互干扰。

由于客观上左转非机动车常行驶至对向进口道人行横道附近待行,因此,为了减少左转非机动车与同向直行机动车和对向直行机动车、非机动车交通流的冲突,提高交叉口的通行能力和交通安全性,在交叉口左转非机动车的流量较大且用地条件许可时,应尽可能利用或创造条件使得非机动车左转交通流两次过街。必要时可以设置非机动车左转待行区,并且应在面积上满足非机动车停车的需要,位置上应保证非机动车的安全并符合其行驶轨迹的要求,且不应影响其他各类交通流的通行。在交叉口左转非机动车流量较小时,可利用行人过街横道两次过街,行人过街横道须相应增加必要的宽度。

在交叉口右转非机动车流量较大,且交叉口用地条件许可时,可给右转非机动车交通流划出专用通行区和通行车道,以绿化岛、交通岛或隔离墩等与其他非机动车的行驶空间加以区分。自行车道与人行道在同一平面上时,自行车坡道可与交叉口处的供残疾人使用的轮椅坡道共用。

3. 公交车辆的交通组织

公交车辆在路边停车时会占用机动车道,造成拥阻,从而影响到路段和交叉口的通行能力。因此,在交叉口附近设置公交停靠站,应充分注意处理好方便乘客和降低公交停靠站对交叉口通行能力的影响。

在新建和改建交叉口附近设置的公交停靠站，原则上设在交叉口的出口道附近。左转或右转的公交线路，为了避免对进口道通行能力的影响，应先转弯后再停靠，但其位置不应影响到流出交通流的正常加速。因此，可以在交叉口附近设置港湾式的公交停靠站，其中非机动车可以部分地借用人行道，这样可以为港湾式停靠站让出部分空间。

4. 行人交通组织

为行人交通提供安全方便的通过条件对保证交叉口的交通安全和提高交叉口通行能力具有重要意义。

1）交叉口转角处人行道

转角处人行道宽度，应等于或大于路段人行道宽度，人流繁多或机动车流量大时，宜用栏杆分隔车行道与人行道。

拟远期设置人行立交的交叉口，人行道的宽度还应考虑天桥或地道出入口踏步的所需宽度，为此转角处要加宽人行道。

2）人行横道

在交叉口进口道处，用斑马线等标线规定行人横穿车道的步行范围称人行横道。

(1) 人行横道的设置方向。原则上应垂直于道路，使行人过街距离最短，并可缩短交通信号控制中对行人的配时。X 形交叉口的人行横道，可以平行相交道路设置，以减小交叉口面积，从而减少信号控制中的损失时间(黄灯时间)。交叉口上交通标志见图 5-3。

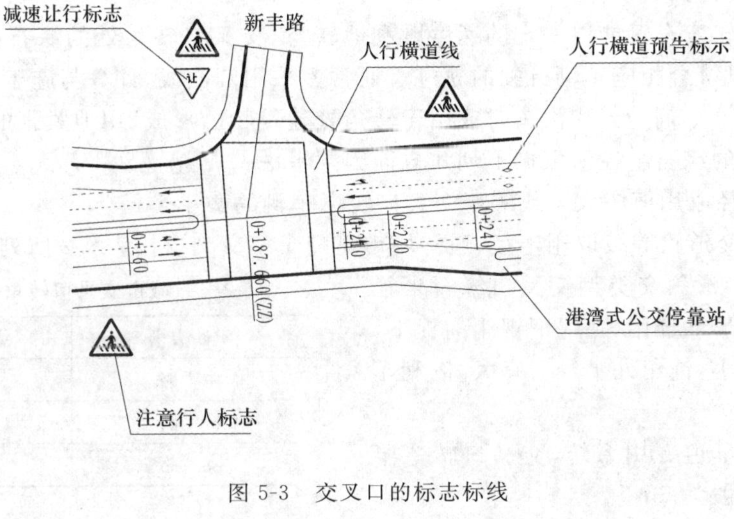

图 5-3 交叉口的标志标线

在渠化交通中交通岛的设置，应根据交叉口上各车道的行驶方向绘制行车轨迹线，所得出的非行驶区即为交通岛的位置。

停车线设在人行横道(第二条线)后至少 1m 处，通常与相交道路中心线平行。停车线位置宜尽量靠近交叉口，以缩小交叉区域，减少车辆通过交叉口的时间，但应保证一条路上过交叉口的绿灯尾车，不干扰侧向另一条路绿灯头车的顺利通过。人行横道的位置如远离交叉口，不但不利于车辆的通过能力，而且使行人过街绕行，还将增加车辆到达横道线时的速度而影响交通安全。停车线前移，即人行横道前移，将使行人横道长度增加。当车行道车道数大于或等于 6 条时，必须设置安全岛，以确保行人安全过街。

(2) 人行横道的宽度。人行横道的宽度与行人过街交通量和行人交通信号配时长度有关,因此,应根据交叉口的具体情况而定。其最小宽度为4m,主干路的人行横道宽度不宜小于5m,当过街人流量较大时,可适当加宽,但不宜超过8m。

(3) 人行横道的长度。人行横道越长,所需交通信号中保证行人通过的配时也越长,而且行人在通过过长的人行横道时,会使思想紧张判断困难,不利于交通安全。因此,不希望人行横道过长,一般应控制在15m以下。当车行道宽度大于16m时,为了缩短行人过街时间,便于行动不方便行人的过街,确保行人安全,体现"以人为本"的宗旨,可在车行道的中央设置人行二次过街安全岛,使一次过街长度不超过限度。岛宽度不小于2m。

(4) 人行横道与缘石交接处应设置缘石开口坡道,详见本书第2章图2-13。

(5) 人行横道间距为250～300m。

5.2 交叉口平面设计

5.2.1 交叉口设计速度

公路平面交叉范围内相交公路的设计速度,原则上与路段设计速度相同。

城市交叉口,当设有信号控制时,直行交通通过速度低于路段的设计速度。右转车辆会受到过街行人的影响,车速应降低;左转车辆在进入和通过交叉口时要减速缓行或停车待机,驶离交叉口时应加速。《规范》规定:交叉口内设计速度应按各级道路设计速度的50%～70%计算,直行车取大值,转弯车取小值。

5.2.2 交叉口转角缘石半径

为了保证右转弯车辆能以一定的速度顺利地转弯,交叉口转角处的缘石应做成圆曲线或多圆心复曲线,以符合相应车辆行驶的轨迹。通常多采用圆曲线,计算与施工均较方便。多圆心复曲线用在设计车辆为大型汽车时或用于转角处建筑物已形成、用地紧张的交叉口。

交叉口转角的缘石半径值根据下列几方面因素考虑:

(1) 缘石半径取用值应大于或等于交叉口转弯车辆的最小半径。

(2) 根据相交道路等级取用半径,通常城市正交十字交叉口按表5-2所列值选用。

(3) Y形、X形斜交类型交叉口缘石半径应视交叉口交角形状选用,在保证视距前提下,锐角的半径值宜小,钝角处半径值宜大,以利车辆行驶。

表5-2　城市交叉口转角缘石半径

道路类别	缘石半径/m
主干路	20～25
次干路	10～15
支　路	6～10

(4) 非机动车道专用系统,交叉口转弯半径至少取3m,一般为5m。

(5) 公路或城市道路旧街进口道为一车道的,应适当加大缘石半径,以便扩大停车线断面附近车行道宽度,减少阻塞。

(6) 需设右转专用道而布设转角交通岛时,右转专用道半径应大于25m,并加宽车道。

交叉口缘石半径应以右转弯设计速度验算,计算公式如下:

$$R_1 = R - \left(\frac{b}{2} + e + C + W\right) \tag{5-1}$$

$$R = \frac{V_r^2}{127(\mu \pm i)} \tag{5-2}$$

式中 V_r——路口右转车速，km/h；

R_1——路口缘石转弯最小半径，m；

R——机动车最外侧车道中心线的圆曲线半径，m；

b——最外侧机动车道的宽度，m；

e——最外侧机动车道的加宽值，m，见表 4-15；

C——分隔带宽度，m；

W——路口转弯处非机动车道宽度，m；

μ——横向力系数，采用 0.15；

i——右转弯处路面横坡度，向曲线内侧倾斜用“+”号；向外侧倾斜用“−”号。

i 值一般应按交叉口的设计等高线来计算确定。当 i 值的变化相差不大时，它对计算 R_1 值影响并不大。因此，可按一般常用的路面横坡 $i=0.015$ 来计算 R_1 值。

【算例 5-1】 图 5-4 中主路机动车车行道宽 15m，非机动车道宽 4.5m，主路设计速度为 50km/h，分隔带宽 1.5m，次路车行道宽 12m，设计速度 30km/h，试确定路口缘石半径。

【解】 1. 确定交叉口设计速度

交叉口转变设计速度一般为 $(0.5\sim0.7)V_{路段}$，本题主次路相交，主路可取低限进口道直行车速与路段一致。

$$V_{主}^{转弯}=0.5V_{路段}=0.5\times50=25\text{km/h}$$

$$V_{次}^{转弯}=0.65V=0.65\times30\approx20\text{km/h}$$

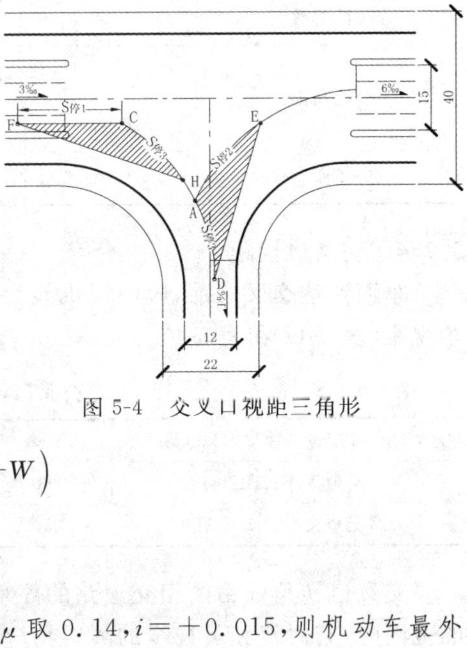

图 5-4 交叉口视距三角形

2. 车行道路缘石半径计算

(1) 由主路转向次路的右转弯路缘石半径按公式(5-1)计算。

$$R_1=R-\left(\frac{b}{2}+e+c+W\right)$$

$$R=\frac{V^2}{127\times(\mu\pm i)}$$

式中，各项参数见前，为节省用地交叉口上横向力系数 μ 取 0.14，$i=+0.015$，则机动车最外侧车道中心线的圆曲线半径为

$$R=\frac{25^2}{127\times(0.14+0.015)}=31.75\text{m}$$

通常三幅路处机动车道无须加宽，所以 $e=0$，最外侧机动车道宽度 $\frac{15}{4}=3.75$m，则路口西南角缘石转弯最小半径为

$$R_1=31.75-\left(\frac{3.75}{2}+0+1.5+4.5\right)=23.875\approx24\text{m}$$

查表 5-2，符合主干路设置路缘石半径要求。

(2) 由次路转向主路的右转弯路缘石半径计算

次路车行道总宽 12m，机动车道宽至少为 $2\times3.5=7$m，则非机动车道宽为 $2\times2.5=5$m。该

次路无分隔带,如不设加宽则路口缘石半径为:

$$R_1=\frac{20^2}{127\times(0.14+0.015)}-\left(\frac{3.5}{2}+2.5\right)=20.32-4.25=16.07\approx16\text{m}$$

查表 5-2,次路相交缘石半径可取 10～15m,现本题为主次路相交,可取 16m,也可取 20m,具体应根据视距三角形以及沿街角房屋建筑及交叉口相交道路夹角大小确定。本题图示为 20m。

5.2.3 交叉口间距

为保证公路的通行能力,减少交通延误和增进安全,平面交叉的间距应尽可能地大。为使平面交叉有足够的间距,规划和设计时应根据公路的等级和使用功能,必须限制平面交叉和出、入口的数量,各级公路平面交叉(包括出、入口在内)的间距应不小于表 5-3 的规定,(城市交叉口间距见本书第 2 章中的路网规划。)

表 5-3 公路平面交叉的最小间距

公路等级	一级公路			二级公路	
公路功能	干线公路		集散公路	干线公路	集散公路
	最小值	一般值			
交叉间距/m	1000	2000	500	500	300

5.2.4 交叉口视距

车辆到达交叉口前,应使司机能看清路口情况,以便通过或停车,这一段距离必须大于停车视距(表 4-17 和表 5-4)。

表 5-4 交叉口视距三角形要求的停车视距

交叉口直行车设计速度/(km·h^{-1})	100	80	60	40	30	20
安全停车视距/m	160	110	75	40	30	20
公路安全交叉停车视距/m	250	175	115	70	55	35

交叉口转角处由两相交道路的停车视距所组成的三角形称为视距三角形,在视距三角形的范围内,有碍驾驶员视线的障碍物应予清除,以保证通视与行车安全。特别对于无信号设施交叉口。

十字形交叉口,最危险的冲突点是在最靠右侧的第一条直行机动车道的中线与相交道路靠中心线的一条左转车道中线的交点(图5-4)。

公路上大多不设信号灯,更需要保证停车视距,公路安全交叉视距按表 5-4 设计。

视距三角形应以最不利的情况来绘制,绘制的方法和步骤如下:

(1) 根据交叉口设计速度计算相交道路的停车视距。

(2) 根据通行能力与车道数的计算划分进出口道车道。

(3) 绘制直行车与左转车辆行车的轨迹线,找出各组的冲突点。

(4) 从最危险的冲突点向后沿行车的轨迹线(即行车的车道中线)分别量取停车视距 $S_{停}$ 值(详见本书第 4 章表 4-17)。

(5) 联结末端,在构成的视距三角形范围内,不准有阻碍视线的障碍物存在,交叉口转角处红线应在三角形之外。

通常X形、Y形交叉口锐角端必须验算视距三角形后，才能确定该处红线控制位置。

【算例5-2】 某城市道路三岔路口上主要路红线宽40m，机动车车行道宽15m与次要道路相交，次要道路红线宽22m，车行道宽12m，主路路段车速为50km/h，次路路段车速30km/h。道路纵坡见图5-4。试验算交叉口视距，并绘制视距三角形。

【解】 1. 确定交叉口设计速度

一般交叉口设计速度可取0.5～0.7路段设计速度，本题主路转弯交叉口车速拟取$0.5V_{路}$，则主路交叉口车速$0.5\times50=25$km/h；次路进交叉口车速取0.65折，$0.65\times30\approx19.5\approx20$km/h。

2. 划分车道，判别冲突点

主路车行道15m(机动车与非机动车分行)，则至少为四车道，由东向南的左转弯车辆在靠近中心线北侧的车道上将与次要道路上由南向西的左转弯车辆产生冲突。

次路车行道上机动车与非机动车混行，并无画线，机动车有可能在中心线右侧车道中心行驶。

两路各自绘制左转弯车辆行驶轨迹线相交于A点，A点为交叉口东北角的冲突点。

C点为主路由西向东直行车与次路由南向西的左转车辆的冲突点。

3. 停车视距计算

取$t_{反}=1.8$s，$\varphi=0.4$，$K=1$，$i_{纵}$取值分别见图5-4所示，

次路：

$$S_{停3}=\frac{V}{3.6}\times t_{反}+\frac{KV^2}{254(\varphi\pm i)}+l_{安}$$

$$=\frac{20}{3.6}\times1.8+\frac{1\times20^2}{254\times(0.4+0.01)}+5=18.84\text{m}$$

主路西端：

$$S_{停1}-\frac{25}{3.6}\times1.8+\frac{25^2}{254\times(0.4-0.003)}+5=23.70\text{m}$$

主路东端：

$$S_{停2}=\frac{25}{3.6}\times1.8+\frac{25^2}{254\times(0.4+0.006)}+5=23.56\text{m}$$

4. 计算所得各路车所需视距长度由冲突点A、C分别量绘，得

次干路口 $CH=AD=S_{停3}=18.84$m

主干路西侧 $CF=S_{停1}=23.7$m

主干路东侧 $AE=S_{停2}=23.56$m

5. 连接ED得东端视距三角形

连接FH得西端视距三角形。

由图可见转弯半径设计合理，交叉口视距能够保证。

5.2.5 交叉口进口道设计

1. 一条车道的宽度

平面交叉口多数采用交通管制，与路段上行驶方式不同，又由于进口道车速低，为了尽可能增加转弯车道数来提高通行能力，因而适当减狭车道宽度。因此，平面交叉范围内所有车道的宽度略可比路段上的宽度狭窄，既可节省投资，又可以提高疏导交通的能力，具体按交叉口所在位置、道路等级及交通组成而异。进口道直行车道可采用3.25m，困难情况下可采用3m，

混入普通汽车和铰接车的车道、左、右转专用车道宽度可采用3.5m,最小3.25m。出口车道宽度可为3.5m。

2. 进口道车道的数量

平面交叉口进口道直行车道数计算公式如下：

$$n=\frac{N_h'}{N_s} \tag{5-2}$$

式中 n——直行车道数；

N_h'——交叉口直行设计小时交通量,pcu/h,一般由预测的交叉口流量流向图(图6-17)提供；

N_s——交叉口直行车道设计通行能力。

n值接近整数时取整数;小于整数时,多余直行交通量与右转或左转交通量可组合在直右、直左车道上。

3. 交叉口拓宽设计

考虑到平面交叉口的通行能力小于路段,根据交通流量流向的需要,应按表5-1主要交叉口进口道都应展宽车道增加车道数。

交叉口拓宽通常指进口道的车道数大于上游路段车道数,多增加至少一条车道的措施,即：当路段单向三车道时,进口道至少四车道;当路段单向两车道时,进口道至少三车道;当路段单向一车道时,进口道至少两车道。拓宽设计内容包括拓宽位置的选择以及拓宽长度的计算。

1) 拓宽位置的选择

要求根据平面交叉口通行能力计算,确定应增加专用左转车道(或直左车道)或增加专用右转车道(或直右车道),然后确定拓宽的具体位置。拓宽位置如下：

(1) 向进口道左侧拓宽(图5-5(a))

① 压缩宽中央分隔带

对中央分隔带的两幅路断面,可采取逐渐缩窄接近路口的中央分隔带来布置减速渐变段和储存车道(图5-5(a))。缩窄后的中央分隔带的宽度应大于1.5m~2m,其端部宜为半圆形。

② 中线偏移、占用出口车道

对于机动车道多达4条以上的干道,左转车道的设置可以采用中线偏移法就是将原有车行道中线向出口道适当偏移约3.0m的标线措施,以形成一条左转车专用道。

(2) 向进口道右侧拓宽

利用车行道右侧的分隔带或人行道上绿带或交叉口处部分房屋的后退(图5-5(b))。

2) 计算拓宽车道长度

(1) 左转弯车道长度计算(图5-5(c))

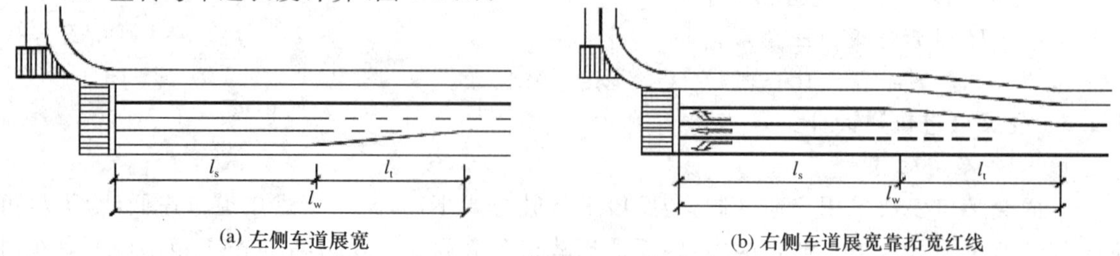

图5-5 进口道拓宽示意图

为使最后一辆左转车能在左转车车列后端安全停车，左转车道长度应为停车车列长度与车辆减速所需长度之和，其计算公式如下：

$$l_w = l_s + \max\{l'_m, l_t\} \tag{5-3}$$

式中　l_w——左转车道长度，m；

l_s——左转车停车车列长度，m，与停车车列中的车辆数及车身长度有关；

l'_m——左转车减速所需长度，m，其计算公式为

$$l'_m = \frac{V^2 - V_l^2}{26a} \tag{5-4}$$

l_t——过渡段长度，m，可采用横移一个车道所需时间 3s 计算：

$$l_t = \frac{V}{3.6} \times 3 = \frac{V}{1.2} \quad (\mathrm{m}) \tag{5-5}$$

式中　V——路段主要设计车辆的设计速度，km/h；

V_l——减速后的左转车速，km/h；

a——如速度，m/s^2。

l'_m 与 l_t 经计算比较，取其中的较大值作为渐变段长度依据。

若不计算，展宽段的长度，在交叉口进口道外侧自缘石半径的端点向后展宽 50～80m。

(2) 右转弯车道长度计算

拓宽右转车道的长度，主要根据一个信号周期内红灯及黄灯时间所停候的车辆数决定，应使右转车能从停候的最后一辆直行车（或直左车）后面驶入拓宽车道，或满足右转车辆减速行程要求（取两值的大值），拓宽长度如图 5-6 所示。

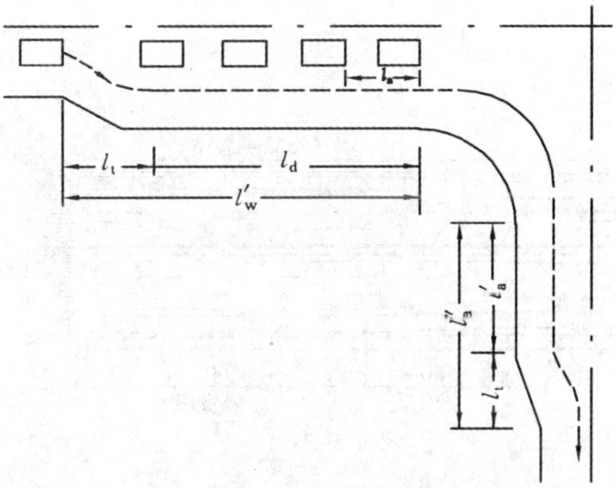

图 5-6　右转车道拓宽示意图

右转车道拓宽长度按下列公式计算：

$$l'_w = n_{ry} S_m + l_t \tag{5-6}$$

式中　l'_w——拓宽车道长度，m；

n_{ry}——一个信号周期的红灯和黄灯时间内到达最右侧直行车道的停候车数，veh；

S_m——停候车辆的平均车头间隔，m，S_m 值与车型和停候间隔的不均匀状况有关，应根据实际调查确定；

l_t——过渡段长度，m，可采用横移一个车道所需时间 3s 计算。

$$n_{ry} = \frac{n_v}{n_s} \times \frac{t_c - t_g}{t_c} \xi_1 \tag{5-7}$$

式中　n_v——平均每个信号周期到达车辆数，veh；

t_c——交通信号周期，s；

t_g——每个信号周期内的绿灯时间，s；

n_s——直行车道数；

ξ——每个周期到达车辆的不均匀系数，一般采用 1.25；

ξ_1——最右侧车道停车长度的不均匀系数，可采用 1.0。

3) 出口道拓宽长度

右转车辆转入相交干道以后,需要加速,待机并入直行车道。为了不影响相交干道直行车流的正常行驶,要在出口道拓宽一定的长度为加速车道长度(图 5-6),计算公式如下:

$$l''_a = l'_a + l_t \tag{5-8}$$

$$l''_a = \frac{v_f^2 - v_{ri}^2}{2a_m} + l_t \tag{5-9}$$

式中 l''_a——加速拓宽车道长度,m,两公式中取大值;

l'_a——车辆加速所需长度,m;

l_t——过渡段长度,m,采用值同式(5-5);

v_{ri}——车辆右转时的初速度,m/s;

v_f——车辆加速后的末速度,m/s;

a_m——车辆平均加速度,m/s^2。

出口道展宽段的宽度,根据交通量和公共交通设站的需要确定,或与进口道展宽段的宽度相同;其展宽的长度在交叉口出口道外侧自缘石半径的端点向前延伸 45~60m。当出口道车道条数达 3 条时,可不展宽。出口车道数应与上游各进口道同一信号相位流入的最大进口车道数相匹配,车道宽度宜与路段一致。图 5-7 为公交停靠站与出口道一体化。

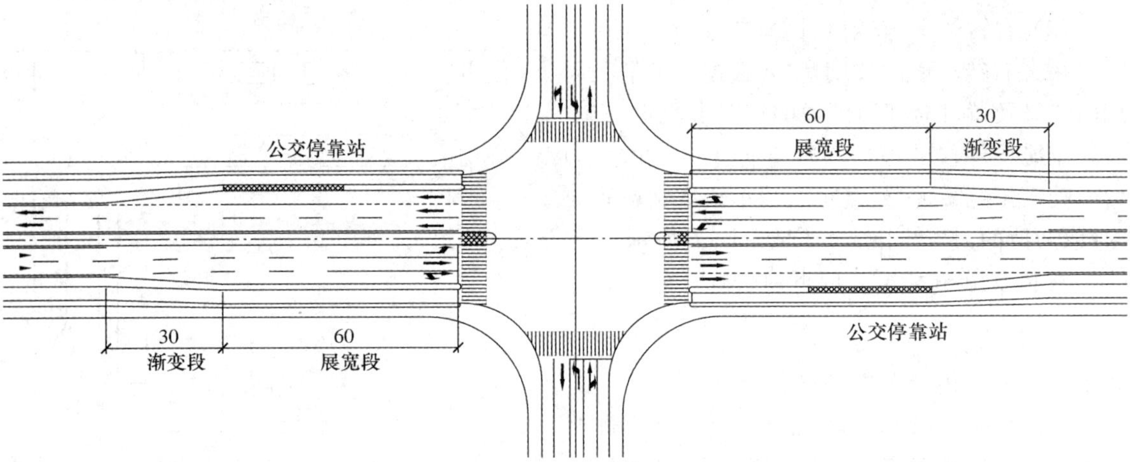

图 5-7 公交停靠站设在交叉口出口道上(单位:m)

无交通流量数据时,新建、改建交叉口进口车道展宽长度可按表 5-5 采用。

表 5-5 交叉口进口道的展宽段与渐变段长度 单位:m

交叉口类型	相交道路展宽段长度			相交道路渐变段长度		
	主干路	次干路	支路	主干路	次干路	支路
主-主交叉口	80~120	—	—	30~50	—	—
主-次交叉口	70~100	50~70	—	20~40	20~40	—
主-支交叉口	50~70	—	30~40	15~30	—	15~30
次-次交叉口	—	50~70	—	—	15~30	—
次-支交叉口	—	40~60	30~40	—	15~30	15~30
支-支交叉口	—	—	20~40	—	—	15~30

注:相邻交叉口之间展宽段和渐变段长度之和接近或超过两交叉口的距离时,应将该路段做一体化设计。

5.3 环形交叉口设计

5.3.1 环形交叉口交通特征及交通分析

1. 环形交叉口的交通特征

环形交叉是在交叉口中央位置设置圆形(也包括椭圆形或不规则圆形)中心岛,组织渠化交通的一种交叉口形式。其交通特点是进入交叉口的不同方向交通流,均按一定的速度要求及统一的转向(通常是逆时针方向)绕中心岛作单向行驶,并以较低的速度连续进行合流与交织,一般无信号控制。当流量大时可设。

环形交叉与一般交叉相比,一方面减少了冲突点,提高了车辆行驶的安全性;另一方面,公路口进入环道的车辆可以不用信号管制,以一定速度连续通过环道,这样避免了一般交叉口内信号控制产生的周期性交通阻滞,因而提高了交叉口的运行效率。

2. 无信号控制环形交叉口的交通分析

无信号控制(简称无信控)环形交叉口由于受交织段的影响,不论各进口道有多少条车道,有交织的交通流都要在环道上交织行驶,当交织段长度小于 2 倍的最小允许交织段长度时,其通过量实际上只相当于一条车道的通过量,故其通行能力只能达到一条车道的最大理论值,当交织段长度大于 2 倍的最小交织段长度时,其通行能力通常会有所增加,但增加的幅度不会太大,因而其允许量仍不会很高。

因此,当各进口道的总流入交通量(不包括右转交通量)较低时,环形交叉口的通行效率尚可维持较高水平;而当该流入交通量接近或超过环形交叉口的通行能力时,就会造成环道上的交通拥挤和阻塞,乃至整个交叉口堵死,并进一步导致各进口道交通阻塞。当有非机动车交通流及行人混行时,其问题将更加严重。环形交叉口上因交通量大而出现过多的交通延误时,应设置信号灯。

5.3.2 环形交叉口的优缺点及适用条件

环形交叉口和其他平交形式相比,有其特有的优点,但也有不少缺点限制了这种交叉形式的使用。

1. 环形交叉口的优点

(1) 驶入交叉口的各种车辆,不论左右转和直行车辆,都不需停车,可同时有秩序地连续不断地通行,节约时间,尤其适用于左转车辆较多的情况。

(2) 车流在环道上行驶的车流方向一致,有利于渠化交通,且交叉行驶的车流以较小的交织角向同一方向交织行驶,避免了交叉冲突点,减少交通事故,提高行车安全性。

(3) 交通组织简便,尤其对 5 条以上的道路交叉和畸形交叉口,更为有效。

(4) 中心岛绿化能起到美化环境的作用,在风景区和靠近城镇处采用环形交叉,可增加美观。

2. 环形交叉口的缺点

(1) 占地面积大,对旧城改建较难实现,特别是多路相交的大型交叉口,增加了车辆绕岛行驶距离。

(2) 由于车辆在环道上绕岛行驶及受交织的限制,故车速较低,通行能力不大。一般适应的交通量以机动车 2000～2700 辆/h,自行车不大于 5000 辆/h 为宜。

(3) 有大量非机动车交通和行人交通的交叉口,不宜采用环形交叉。

(4) 工程造价比一般平面交叉口高。

3. 环形交叉口的适用条件

根据环形交叉口上述优缺点,环交的适用条件应是:

(1) 环形交叉路口适用于多条道路交汇及转弯交通量较均衡的路口,相邻道路中心线之间的夹角宜大致相等。

(2) 当城市道路网中整条道路实行联动的信号灯管理时,其间不应夹设环形交叉口。

(3) 快速路与交通量大的主干道不宜采用环形交叉。

(4) 纵坡≥3%时,桥头引道不宜采用环形交叉。

(5) 规划需建立体交叉时,环形平面交叉路上可作为过渡形式,预留改建为环形立体交叉的可能性。

(6) 一般低等级公路上,采用环形交叉形式较多,且普遍。

(7) 小城市、交通量小、无信号设施处较适用。

5.3.3 环形交叉口设计

1. 中心岛的形状和尺寸

环形交叉是在交叉口中央设置一个中心岛,用环道组织渠化交通,驶入交叉口的车辆,一律绕岛作逆时针(也有部分国家按顺时针)单向行驶,至所要去的路口离岛驶出。环形交叉口组成如图5-8所示。

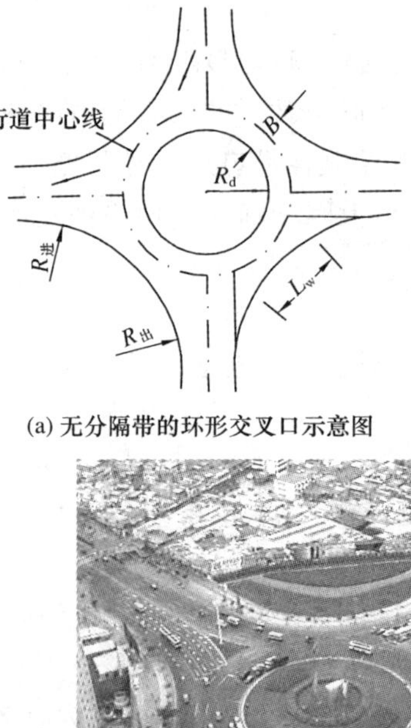

(a) 无分隔带的环形交叉口示意图

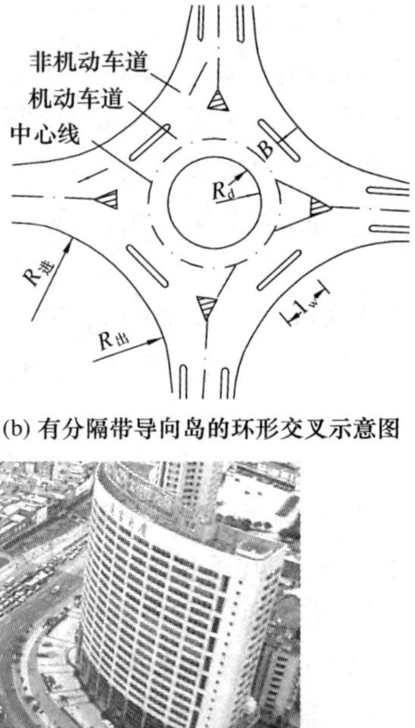

(b) 有分隔带导向岛的环形交叉示意图

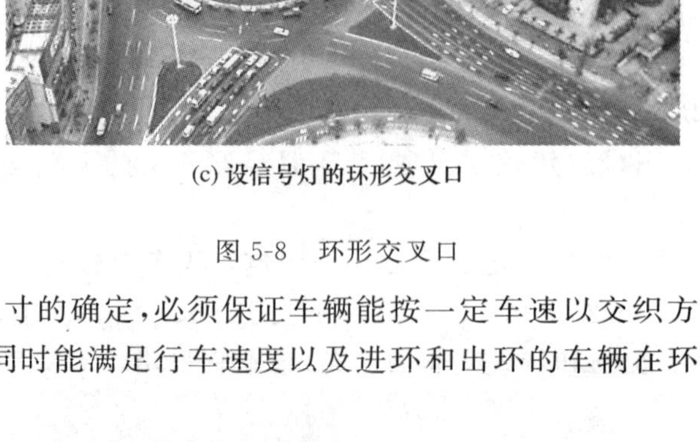

(c) 设信号灯的环形交叉口

图 5-8 环形交叉口

中心岛的形状和尺寸的确定,必须保证车辆能按一定车速以交织方式行驶来代替一般交叉口的车流交叉,必须同时能满足行车速度以及进环和出环的车辆在环道上行驶时互相变换车道所需的交织距离的要求。

中心岛的形状有圆形、椭圆形、卵形、方形、圆角等，它主要取决于相交道路的等级和角度，一般常用圆形。

圆形中心岛半径 R_d 按圆曲线半径计算，即

$$R_d = \frac{V^2}{127(\mu \pm i)} - \frac{B}{2} \quad (m) \tag{5-10}$$

式中 V——环道设计速度，km/h，一般可采用相交道路路段设计速度的 0.5～0.7，车速大的主车道可取 0.5；

μ——横向力系数，取 0.14～0.18；

i——环道横坡，取 1.5%，形成超高时取正值，形成反超高时取负值；

B——靠中心岛内侧车道宽度，m，考虑加宽值在内可采用 5.5m。

环岛最小半径详见表 5-6。

表 5-6　环形交叉最小交织长度和中心岛最小半径

环道设计速度/(km·h^{-1})	40	35	30	25	20
横向力系数 μ	0.18	0.18	0.18	0.16	0.14
最小交织长度 l_w/m	45	40	35	30	25
中心岛最小半径/m	60	50	35	25	20

注：① 中心岛最小半径按路面横坡度 $i=0.015$ 计算；
② 路面横坡度 i、横向力系数 μ 值与表列数值不一致时，应另行计算。

2. 交织段长度

交织是指行驶方向相同的两股车流以较小的角度进行交叉的运行状态。

进环和出环的两辆车辆，在环道行驶时互相交织，交织一次车道位置所行驶的路程，称为交织长度。交织长度的大小主要取决丁车辆在环道上的行驶速度，应能满足汽车以一定车速相互交织并连续行驶，最小应不小于 4s 的行驶距离。

中心岛的半径必须满足两个路口之间的最小交织段长度的要求。否则，行驶中需互相交织的车辆就要在环道上停车等让，不符合环形交叉口连续交通的原则。环形交叉最小交织长度见表 5-5。

交织段的定义：因进出交通模式而引起车辆行车轨迹相互交叉的路段。

交织段长度可按下列方法确定：

按进交叉口道路的机动车道边线的延长线和环道中心线相交的两个交点之间的车道中心线来标定。此法有利于计算，并适用于无导向岛的环形交叉口。

按导向岛端部的延长线环道中心线交点之间的距离来标定。此法适用于机、非混行的环形交叉口。

按交织段长度所要求的中心岛半径 R_d 近似按交织段长度所围成大小来计算，即：

$$R_d = \frac{nl_w + \sum b}{2\pi} - \frac{B}{2} \quad (m) \tag{5-11}$$

式中 l_w——两相临近口道之间交织长度，m；

n——相交道路数；

$\sum b$——各进口道导流岛底两端部延长线上环道中心线交点距离之和，或相交道路宽度之和。

一般在设计 4 条道路相交的环形交叉口时,所采用的中心岛半径应按式(5-10)和式(5-11)验算,选取较大者。

交织角是进环车辆与环交驶出车辆轨迹的相交角度。交织角是检验车辆在环道上交织行驶时的安全情况。它以右转弯车道的外缘 1.5m 和中心岛缘石外 1.5m 的两条切线的交角来表示交织角的大小取决于环道的宽度和交织段长度。

交织角过大,行车易出事故,一般限制在 40°以内。交织角越小越安全。但因此交织段长度和中心岛直径就要增大,占地也增多,交织角最好选择在 20°~30°之间。

3. 环道设计

1) 环道宽度决定于相交道路的交通量和交通组织

一般是将靠近中心岛的一条车道作绕行之用,靠最外面一条车道供右转弯,当中再加一条车道作交织之用,这样,环道上一般有 3 条车道即可。当车道数增加到 4 条以上时,通行能力增加不多。因此,环道上不宜设计太多车道,一般设计 3 条车道即可;如交织段长度较长,一般大于 60m 时,可考虑布置两条交织车道,环道上共有 4 条车道。如相交道路的车行道较窄,国外也有采用两条车道的。环道上的车道宽度必须按照弯道加宽值予以加宽,交织车道为双车道的仅需加宽一条车道。加宽值见表 4-13。即环道总宽度 $B_{环}$ 可以用下式确定。

$$B_{环}=nb_1+c+w \tag{5-12}$$

式中 n——环道上机动车道数;

b_1——加宽后的机动车道宽度,m;

c——分隔带宽度,m,不小于 0.5m;

w——非机动车道宽度,cm。

2) 环道进出口的转弯半径

环道进出口的转弯半径决定于环道的设计车速。为了使环道上的车速比较一致,对入环车辆的车速应加以限制,因此,环道进口的曲线半径应接近于或小于中心岛半径。环道出口的曲线半径,不应相差过大,以免造成与入环车速的很大差别,影响环道的行车安全。

3) 环道的横断面

环道的横断面形状与行车平稳和排水的关系很大。通常横断面的路拱脊线是设在交织车道的中间(图 5-9),在进出环道处,横坡度的变化应较缓和。中心岛的四周应设置雨水口,以保证环道上积水的排除。在进出口之间无交通的地方,可设置三角形的导向岛。环道纵坡度不宜大于 2%,横坡度宜采用两面坡。

4) 环道的外缘石

环道外缘石平面形式各地多做成反向曲线(图 5-10),这只是为了适应美观要求而已,然而从交通的观点来看是不合理的。实际观测证明,这种形状的环道外侧,有 20%的路面是从来无车行驶的。因此,环道的外缘石宜采用直线圆角形,如图 5-10 中阴影边线所示。

5) 环岛视距

为了保证行车安全,在环道上应满足绕

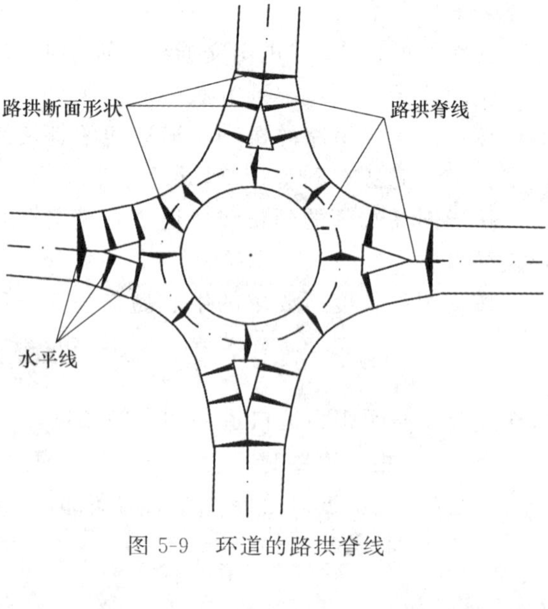

图 5-9 环道的路拱脊线

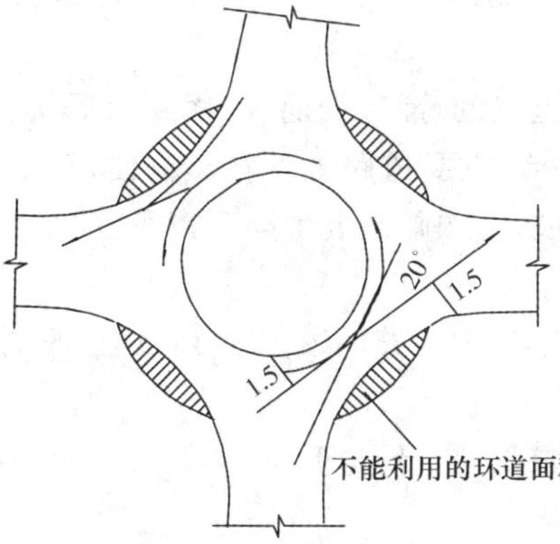

图 5-10　环道的外缘石平面形状

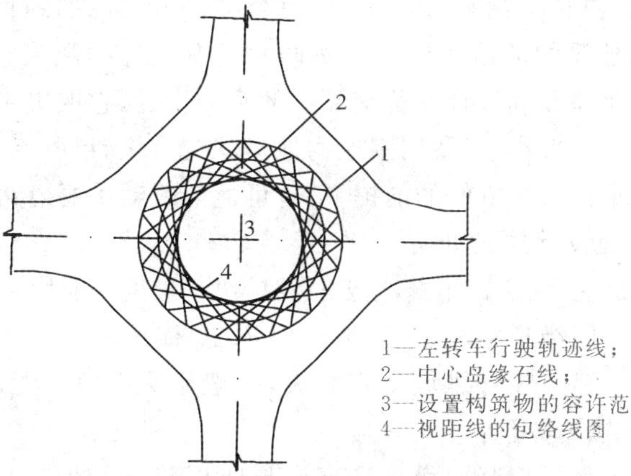

图 5-11　环岛视距包络线图

行车辆的停车视距要求(图 5-11)，同时，沿靠岛绕行车道绘制停车视距线，并得出包络图。图中内切线范围可作为岛内不妨碍视线的高瘦构筑物(雕塑)。

环岛周边应设相应交通反光标志，以免夜间外来车撞入环岛。环岛上不可设置庞大的妨碍视线的雕塑，必须限制其内径。中心岛的绿化不得遮挡交通的视线。

综上所述，环形交叉环道设计时，一般应满足以下要求：

(1) 环道的车行道可根据交通流的情况，采用机动车与非机动车混行或分行布置。分行时分隔带宽度可采用 0.5～1m。

(2) 机动车道数一般采用 3 条。车道宽度应考虑弯道加宽，非机动车道宽度不应小于交汇道路中的最大非机动车道宽度，也不宜超过 6m。

(3) 环岛上不应布置人行道，以免行人穿过环道。如有特殊要求允许行人到环岛上时，则应建造人行地道。环道外侧的人行道宽度，不宜小于各交汇道路中的最大人行道宽度。

(4) 环道外缘的平面线型不宜设计成反向曲线，进口缘石半径应满足路口右转车速要求。环形交叉口的中心岛直径小于 60m 时，环道的外侧缘石不应做成与中心岛相同的同心圆(图 5-10)。

(5) 大型环形交叉口进出口道路中间宜设置交通导向岛(图 5-8)，也可延伸到道路中央分隔带。

(6) 大型环形交叉口流量较大时，可采用交通信号灯控制进出车辆在环道交织段上的通行权(图 5-8(c))。

即在环形交叉口的每一个进口，设置一组入口信号灯和一组环道灯，两组灯轮流为入环车辆与环内车辆分配通行权，并加以协调。这种设置能提高通行能力，国内外应用很广泛，如德国，上海五角场等。如厦门的莲坂转盘，2004 年改造完成后，交叉口的通行能力一下就打破了常规环形交叉口通行能力 3 000pcu/h 的定论，飙升至 12 000 标 pcu/h，还节省了建造立交的 5 000万元投资。

5.4　交叉口立面设计

5.4.1　交叉口立面设计目的和原则

交叉口立面设计的目的，是要统一解决相交道路之间以及交叉口和周围建筑物之间在立面位置上的行车、排水和建筑艺术三方面的要求。使相交的道路在交叉口内能有一个平顺的共同面,便利车辆和行人交通;使交叉口范围内的地面水能迅速排除;使车行道和人行道的标高能与建筑物的地面标高相协调而具有良好的观感。

交叉口立面设计又称交叉口的竖向设计,它取决于相交道路的等级、交通量、横断面形状、纵坡的方向和大小,以及周围地物地形状况。设计时,首先应照顾主要道路上的行车方便;在不影响主要道路行车方便的前提下,也可适当改动主要道路的横坡,以照顾次要道路和行车方便。

立面设计原则如下:

(1) 主、次道路相交,主要道路的纵横坡度一般均保持不变,次要道路的纵横坡度可适当改变。

(2) 同级道路相交,纵坡一般不变,横坡可变。

(3) 路口设计纵坡不宜太大,一般不大于 2.5%,困难情况下,不大于 3%,交叉口四角路缘石边沟纵坡不小于 0.3%。

(4) 交叉口竖向设计标高应与四周建筑物地坪标高相协调,道路标高低于建筑物地坪标高,并为日后路面补强留有余地。

(5) 为了保证交叉口排水流畅,设计时至少应有一条道路的纵坡离开交叉口。如遇困难地形,例如交叉口设在盆形的地形,所有道路纵坡都向着交叉口时,必须预先考虑修筑地下排水管道和设置进水口(图 5-12)。

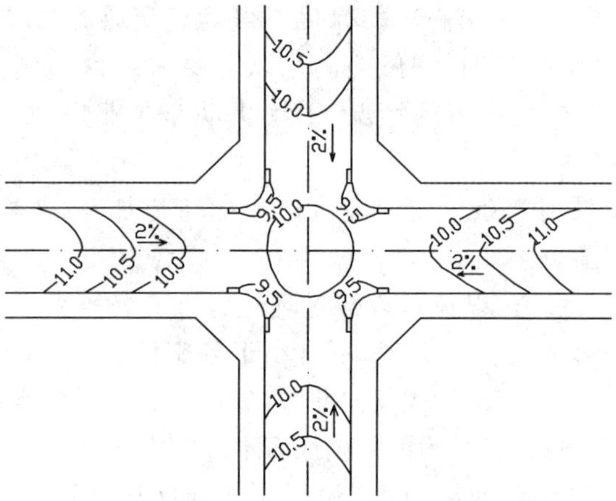

图 5-12 在盆地形上的交叉口

(6) 合理布置雨水口。在交叉口布置雨水口时,应不使地面水流经交叉口的行人横道,也不应使地面水在交叉口内积水或流入另一条道路。为此,雨水口应设在交叉口行人横道处地面水流方向的上游和设计等高线的低洼处。

5.4.2 交叉口立面设计形式

交叉口立面设计的形式取决于规划阶段时的设计地形,以及和地形相适应的相交道路的纵坡和横断面。如以十字形交叉口为例,根据相交道路纵坡方向的不同,立面设计有以下 6 种基本形式。

1. 凸形地形交叉口

相交道路的纵坡全由交叉口中心向外倾斜(图 5-13)的凸形地形上的交叉。

这种形式的交叉口,中间纵坡即路段上纵坡,横坡则与路段横坡略有不同,地面水由交叉口中央向 4 个街角的边沟排除。这种交叉口形式使用最普遍。

2. 盆地形交叉口(凹形交叉口)

纵坡全向交叉口中心倾斜的盆地,这种形式应尽量避免,竖向规划路网时宜避免。

在这种情况下，地面水都向交叉口集中，必须设置雨水口排泄地面水。为避免雨水积聚在交叉口中心，应将交叉口中心做得高些，在交叉口 4 个角上的低洼处设置雨水口。如图 5-13 为主路与主路相交，图中交叉口四周的路段均为凹形竖曲线，凹处两端各设雨水口，凹形竖曲线尽量远离中心处设置。这种形式已改变了 4 条道路的纵坡方向与坡值，见图5-13。

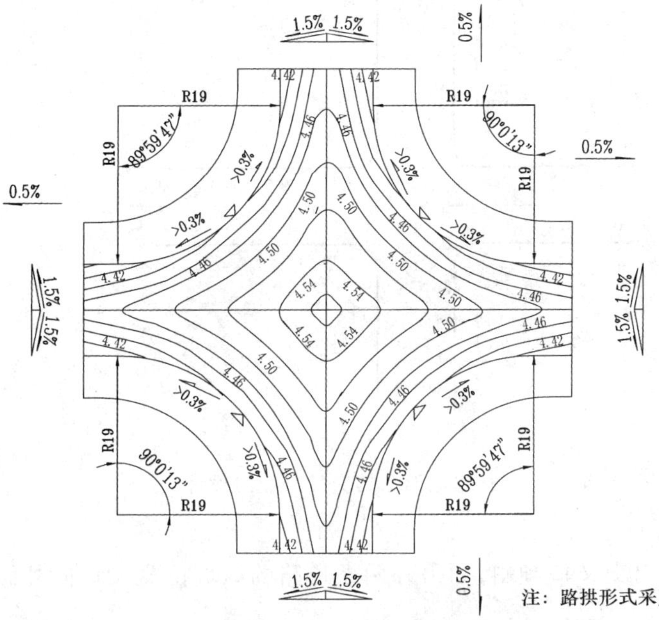

注：路拱形式采用修正三次抛物线

图 5-13 凸形地形的交叉口竖向设计

3. 分水线地形上的交叉口(脊形交叉口)

3 条道路的纵坡由交叉口向外倾斜，而另一条道路的纵坡向交叉口倾斜，形成分水线地形上的交叉(图 5-14)，在纵坡向着交叉口的路口上的行人横道的上游设置进水口，使街沟的地面水不流过行人横道，以免影响行人和车辆交通。这种形式在桥堍处较多。

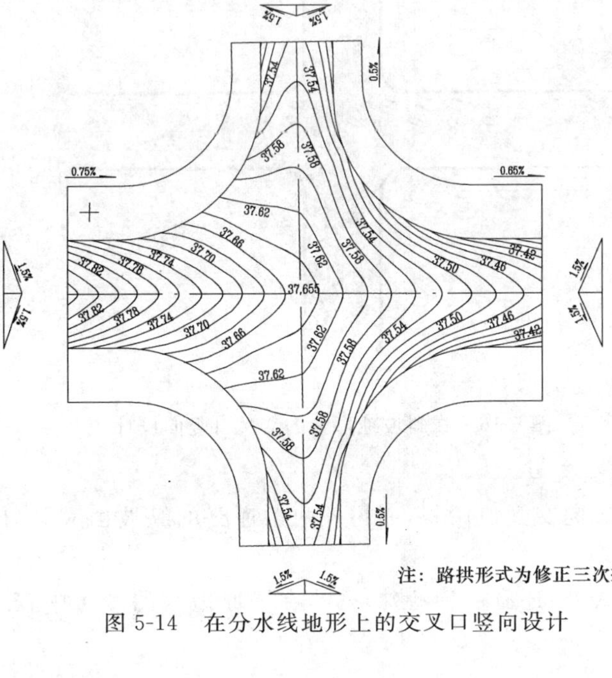

注：路拱形式为修正三次抛物线

图 5-14 在分水线地形上的交叉口竖向设计

4. 谷线地形上的交叉口

3 条道路的纵坡向交叉口倾斜,而另一道路的纵坡由交叉口向外倾斜(图 5-15)形成谷线地形上的交叉。这种纵坡向交叉口倾斜的路面,应设雨水口,以免交叉口积水。

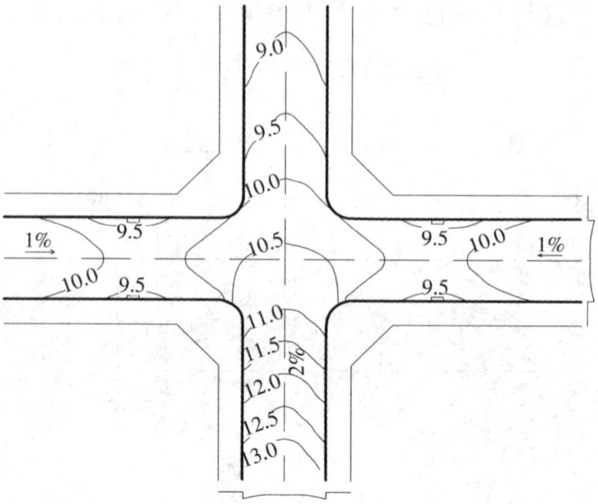

图 5-15　在谷线地形上的交叉口竖向设计

5. 斜坡地形上的交叉口

相邻两条道路的纵坡向交叉口倾斜,而另外两条道路的纵坡由交叉口向外倾斜,形成斜坡地形上的交叉(图 5-16)。

设计时相交道路的纵坡均不变,同等级道路相交时,将两条道路的横坡在进入交叉口前逐渐向相交道路的纵坡方向倾斜,而在交叉口上形成一个单向倾斜的斜面。在进入交叉口的行人横道的上侧设置雨水口。

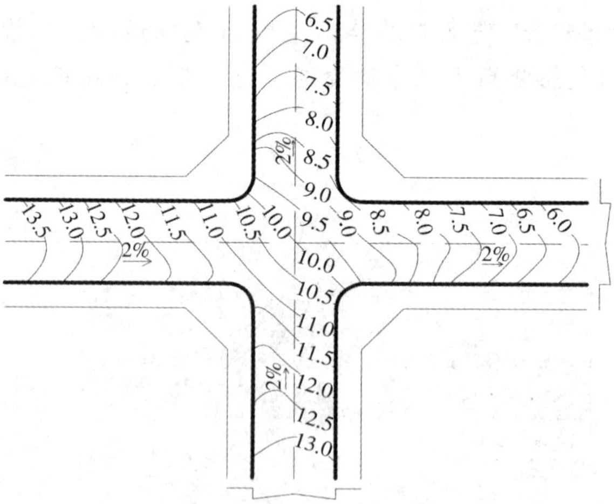

图 5-16　在斜坡地形上的交叉口竖向设计

6. 马鞍形地形上的交叉口

相对两条道路的纵坡向交叉口倾斜,而另外两条道路的纵坡由交叉口向外倾斜形成马鞍形地形上的交叉(图 5-17)。

除以上 6 种基本形式外,还有一种特殊形式,在平原地区的城市中较为普遍,即交叉口位于水平的地形上。在这种情况下，只要把交叉口的设计标高稍微抬高一些，就可设计成如图 5-12 所示的第一种形式。必要时也可以不改变纵坡，而将相交道路的街沟都设计成锯齿形，用以排除地面水。

从以上所列的竖向设计图形可以看出，竖向设计图形不同，使用效果也有差异，最主要的原因是与相交道路纵坡方向的组合有密切关系。所以，如果要获得理想的竖向设计效果，在进行路网竖向规划和纵断面设计时，就要为交叉口的竖向设计创造好条件。

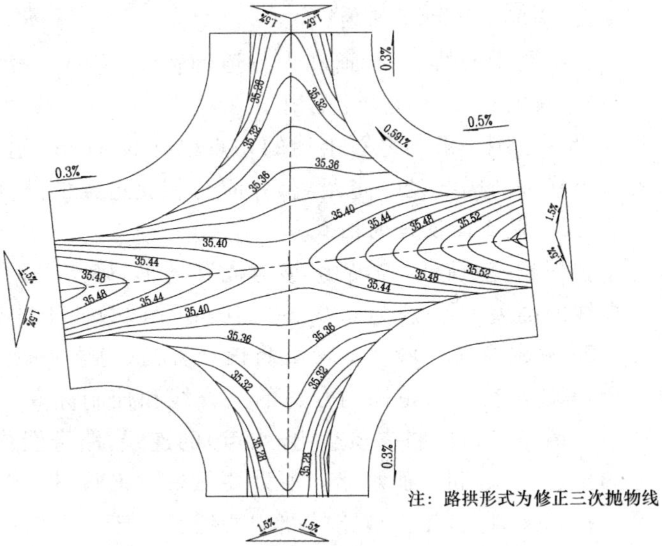

图 5-17 马鞍形地形的交叉口竖向设计

5.4.3 平面交叉口立面设计方法

1. 搜集资料

包括道路排水资料，道路资料。

交叉口中心点高程、相交道路车行道宽度、纵横坡度，交叉口交角见图 5-18。

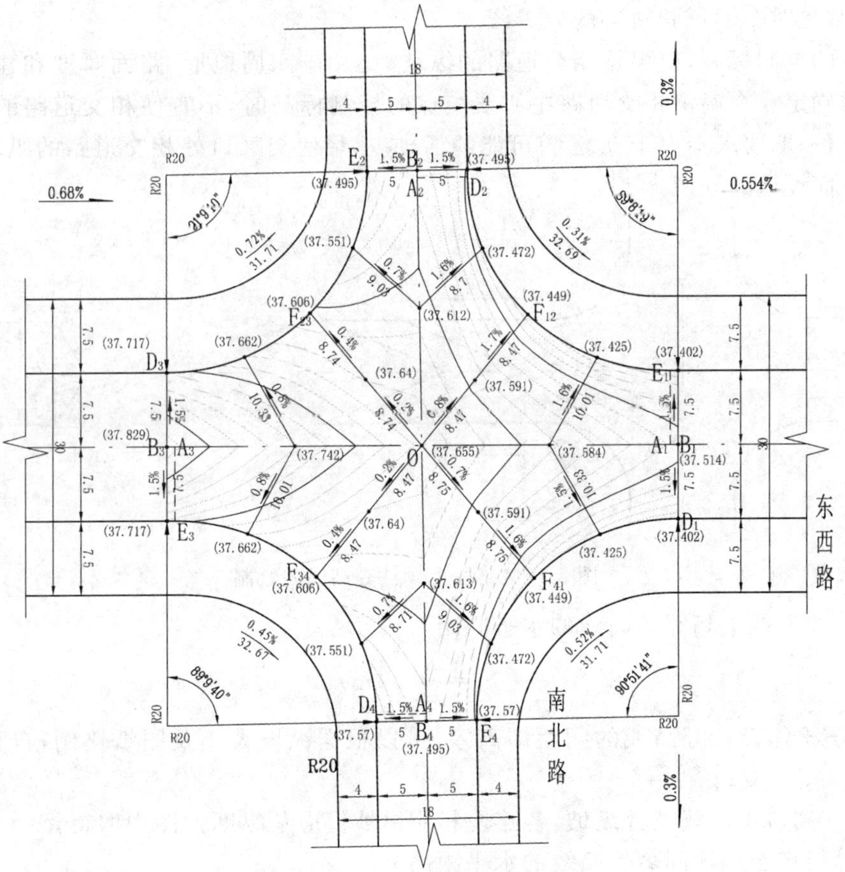

图 5-18 交叉口立面设计算例示意图

2. 绘制交叉口平面图

包括路中心线、车行道和人行道的宽度、缘石半径等(图 5-18)。

3. 确定交叉口的设计范围

设计范围一般为缘石半径的切点以外 5～10m,这是考虑到自路段双向横坡逐渐过渡到交叉口上横坡所需要的一定距离,并应与相交道路的路面标高完全衔接。

4. 确定立面设计的图式

根据相交道路的等级、纵坡方向和地形,确定采用的立面设计等高线的形式,并选定相邻等高线的高差 h(一般为 0.02～0.10m,取偶数便于计算)。

5. 确定交叉口四端路段上的设计标高(通常用设计等高线表示)(图 5-19)

1) 选定交叉口范围内合适的路脊线和控制标高

所谓路脊线即路拱顶点(分水点)的连线,路脊线位置的选定合理与否,将直接影响交叉口上的排水、行车和立面观瞻。所以要做好立面设计,首先要选好路脊线的位置。

在交叉口上,相交道路的路中心线交会于一点时,一般说来,路中心线即为其路脊线,路脊线的交点即为其控制标高点。

当主要干道和次要道路相交时,在一般情况下,宜尽可能都照顾到主、次道路的行车方便。在特殊情况下,如果主要干道的交通量和车速占压倒优势,要求主要干道上的横坡不变,此时次要道路呈过街横沟,对行车、排水都不利,应尽量避免为宜。

选定路脊线的基本原则是:既要考虑行车平顺,又要考虑整个交叉口的均衡美观。一般来说,路脊线常是对车辆行驶轨迹的分界线。

交叉口的控制标高,应根据相交道路的纵坡、交叉口四周地形、路面厚度和建筑物的布置等综合考虑确定。在确定相交道路中心线交点的控制标高时,不宜使相交道路的纵坡值相差太大,其差值一般要求不大于 0.5%;可能的话,应尽量使交叉口处相交道路的纵坡大致相等,它有利于立面设计的处理。

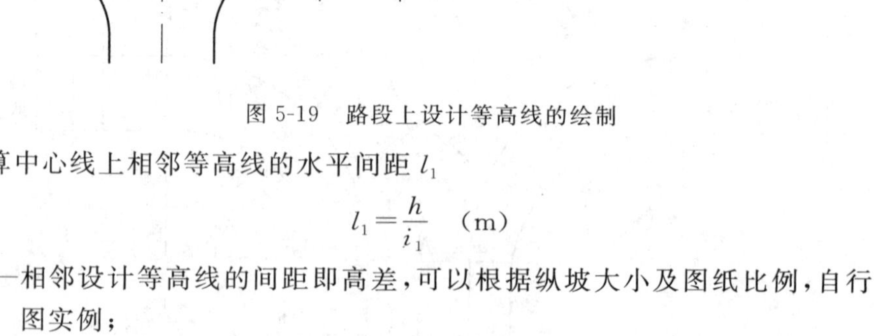

图 5-19 路段上设计等高线的绘制

2) 计算中心线上相邻等高线的水平间距 l_1

$$l_1=\frac{h}{i_1}\quad(\mathrm{m})\tag{5-13}$$

式中 h——相邻设计等高线的间距即高差,可以根据纵坡大小及图纸比例,自行选择,见各图实例;

i_1——路段中心线设计纵坡,各路段相应纵坡值应从纵断面图中取得。

3) 计算街沟至拱顶同名等高线的水平距离 l_2

定出等高线在街沟上的位置。由于车行道横坡度的影响,等高线在街沟上的位置向纵坡的上方偏移了一水平距离 l_2：

$$l_2 = h_{拱} \times \frac{1}{i_1} = \frac{B}{2} i_{横} \times \frac{1}{i_1} = \frac{B i_{横}}{2 i_1} \quad (\mathrm{m}) \tag{5-14}$$

式中 $h_{拱}$——路拱高度，m，$h_{拱}=\frac{B}{2}i_{横}$；

B——车行道宽度或路面宽度，m；

$i_{横}$——车行道横坡，也即 i_2。

求出上述两水平距离后，即可在图上绘制等高线，水泥混凝土路面的等高线呈折线形，折点设在板缝处。沥青路面用抛物线路拱的等高线呈曲线形，见图 5-13。

根据 l_1 即可定出车行道中心线上各处的等高线位置；根据 l_2 即可定出车行道街沟线上各处的等高线位置；求出 l_1 和 l_2 的位置后，连接同一等高线的各点，即得以设计等高线表示的交叉口四端道路路段立面设计图。

6. 计算交叉口转角路缘石上各点的设计标高

只有路脊线上的设计标高，尚不能足够反映交叉口设计范围内的立面设计形状，还必须算出交叉口转角、路缘石上各点的设计标高即利用两端边沟控制高程内插而得。

7. 勾画交叉口上的设计等高线

参照已知的立面设计图示和形状，把各等高点连接起来，即得初步的、以设计等高线表示的交叉口立面设计图。调整标高，刚性路面的等高线呈折线形，折点设在板缝处。柔性路面用抛物线路拱的等高线呈曲线形，见图 5-13。

8. 交叉口中央部分的等高线

根据相交道路的纵坡坡度方向，按上述 6 种基本图形对应选择后，再调整等高线。如果交叉口中心线两路交点的标高不是等高线整数，则根据公式进行计算。

按行车平顺和有利排水，调整等高线的疏密（一般应是中间疏、边侧密），使纵、横坡均匀变化，调整个别不合理的标高，补设雨水口。

根据设计经验，在平面交叉口的立面设计中，还应该掌握以下几个要点：

(1) 在交叉口相交道路中的纵坡差不宜过大（不大于 0.5%），尽可能使相交道路的纵坡大致相等。

(2) 为了便于排水，车行道两侧的平石边沟不宜小于 0.3%，缘石（侧石）高度控制在 0.12～0.18m。

(3) 在一般平坦地形的城市交叉口，其立面设计的形状宜采用伞形，即把交叉口的中心标高稍微抬高一些向四周倾斜（图 5-13），这种形式的立面设计对于排水、行车、美观和衔接处理都有利。

(4) 在交叉口范围内的横坡要求平缓，一般情况其横坡不大于路段设计横断面的横坡。

(5) 交叉口对角线上的坡度宜控制在 1% 左右，如该处坡度定得太大，会导致其他方向上的坡度更大，对于交通不利。

9. 平面交叉口立面设计计算实例

【算例 5-3】 已知某十字形交叉口位于分水岭地形上，东西路南北路交叉口中心标高为 37.655m，各路纵坡、横断面宽度、坡度如图 5-18 所示。取等高线高差为 0.02m，试计算绘制等高线图。

【解】 1. 路段上的设计等高线的绘制

(1) 东西路东方向

$$l_1=\frac{h}{i_{纵}}=\frac{0.02}{0.00554}=3.61\text{m}$$

$$l_2=\frac{B}{2}\times\frac{i_2}{i_3}=\frac{15}{2}\times\frac{0.015}{0.00554}=20.31\text{m}$$

(2) 东西路西方向

$$l_1=\frac{0.02}{0.0068}=2.94\text{m}$$

$$l_2=\frac{15}{2}\times\frac{0.015}{0.0068}=16.54\text{m}$$

(3) 南北路

$$l_1=\frac{0.02}{0.003}=6.66\text{m}$$

$$l_2=\frac{10}{2}\times\frac{0.015}{0.003}=25\text{m}$$

2. 各种中心线上相应点 A,B 高程的计算

为计算各象限交叉口弯道切点处路缘石 D,E 点上的高程,先算出各路中心线上相应点 A,B 的高程。

(1) 东西路东方向

$$h_{A1}=h_O-i_{OA1}\cdot l_{OA1}=37.655-0.00554\times25=37.517\text{m}$$

$$h_{B1}=h_O-i_{OB1}\cdot l_{OB1}=37.655-0.00554\times25.5=37.514\text{m}$$

$$h_{E1}=h_{A1}-i_2\cdot\frac{B}{2}=37.517-0.015\times\frac{15}{2}=37.406\text{m}$$

$$h_{D1}=h_{B1}-i_2\cdot\frac{B}{2}=37.514-0.015\times\frac{15}{2}=37.402\text{m}$$

(2) 南北路北方向

$$h_{A2}=h_O-i_{OA2}\cdot l_{OA2}=37.655-0.003\times28=37.571\text{m}$$

$$h_{B2}=h_O-i_{OB2}\cdot l_{OB2}=37.655-0.003\times28.5=37.570\text{m}$$

$$h_{D2}=h_{A2}-i_2\cdot\frac{B}{2}=37.571-0.015\times\frac{10}{2}=37.496\text{m}$$

$$h_{E2}=h_{B2}-i_2\cdot\frac{B}{2}=37.570-0.015\times\frac{10}{2}=37.495\text{m}$$

(3) 东西路西方向

$$h_{A3}=h_O+i_{OA3}\cdot l_{OA3}=37.655+0.0068\times25=37.825\text{m}$$

$$h_{B3}=h_O+i_{OB3}\cdot l_{OB3}=37.655+0.0068\times25.5=37.829\text{m}$$

$$h_{E3}=h_{A3}-i_2 \cdot \frac{B}{2}=37.825-0.015\times\frac{15}{2}=37.718\text{m}$$

$$h_{D3}=h_{B3}-i_2 \cdot \frac{B}{2}=37.829-0.015\times\frac{15}{2}=37.717\text{m}$$

(4) 南北路南方向

$$h_{A4}=h_O-i_{OA4} \cdot l_{OA4}=37.655-0.003\times 28=37.571\text{m}$$

$$h_{B4}=h_O-i_{OB4} \cdot l_{OB4}=37.655-0.003\times 28.5=37.570\text{m}$$

$$h_{D4}=h_{A4}-i_2 \cdot \frac{B}{2}=37.571-0.015\times\frac{10}{2}=37.496\text{m}$$

$$h_{E4}=h_{B4}-i_2 \cdot \frac{B}{2}=37.570-0.015\times\frac{10}{2}=37.495\text{m}$$

3. 交叉口弯道进行等高线的计算

(1) 计算缘石曲线上 l_{D2E1} 的弧长，并根据 E_1，D_2 的标高，求出应在弧上插入几根等高线，并可以计算该段上等高线平均间距。

$$l_{D2E1}=\frac{\pi R\alpha}{180}=\frac{\pi\times 20\times 89°8'19''}{180}=31.11\text{m}$$

l_{D2E1} 间应有设计等高线为 $\frac{h_{D2}-h_{E1}}{0.02}=\frac{37.496-37.406}{0.02}=\frac{0.09}{0.02}\approx 5$ 根。

等高线平均间距为 $\frac{31.11}{5}=6.27\text{m}$。

(2) 曲线 l_{D3E2}

$$l_{D3E2}=\frac{\pi\times 20\times 90°50'20''}{180}=31.71\text{m}$$

l_{D3E2} 间应有设计等高线为 $\frac{h_{D3}-h_{E2}}{0.02}=\frac{37.717-37.495}{0.02}=\frac{0.222}{0.02}\approx 11$ 根。

等高线平均间距为 $\frac{31.71}{11}=2.88\text{m}$。

(3) 曲线 l_{D4E3}

$$l_{D4E3}=\frac{\pi\times 20\times 89°9'40''}{180}=31.12\text{m}$$

l_{D4E3} 间应有设计等高线为 $\frac{h_{E3}-h_{D4}}{0.02}=\frac{37.718-37.496}{0.02}=\frac{0.222}{0.02}\approx 11$ 根。

等高线平均间距为 $\frac{31.12}{11}=2.83\text{m}$。

(4) 曲线 l_{D1E4}

$$l_{D1E4}=\frac{\pi\times 20\times 90°51'41''}{180}=31.73\text{m}$$

l_{D1E4} 间应有设计等高线为 $\frac{h_{E4}-h_{D1}}{0.02}=\frac{37.495-37.402}{0.02}=\frac{0.093}{0.02}\approx 5$ 根。

等高线平均间距为 $\frac{31.73}{5}=6.35\text{m}$。

4. 绘等高线

交叉口中心标高为 37.655m,其上无等高线,故应计算与相邻设计等高线的间距,以便绘出等高线。

设 l_3 为中心点至东侧等高线的水平距离,l_4 为中心点至西侧等高线的水平距离:

$$l_3=\frac{\text{高差}}{\text{纵坡值}}=\frac{37.655-37.64}{0.00554}=\frac{0.015}{0.00554}=2.708\text{m}$$

$$l_4=\frac{37.66-37.655}{0.0068}=\frac{0.005}{0.0068}=0.735\text{m}$$

按 2.708m 用比例尺绘制在交叉口中心以东得 37.64m 的等高线,按 0.735m 在交叉口以西得 37.66m 的等高线。

按东西路上计算出来的 l_1 的水平间距标上每根等高线在东西路上的位置;南北路上以 $l_1=6.66\text{m}$ 距离绘制中心线上等高线的间距,根据计算出的 l_2 距离用比例尺绘制在车行道街沟边线上,根据各段曲线上等高线的计算绘制缘石上的等高线。适当调整横坡和部分点高程,连接同名等高线绘制平面交叉口立面设计图(图 5-18)。

5.4.4 平面交叉口立面 CAD 辅助设计与实例

本节以 EICAD 为例,使用等高线法,阐述平交口立面 CAD 辅助设计过程(图 5-18)。

平交口立面设计应在完成道路平面设计与纵断面设计之后进行。

1. 创建平交口

在已有道路设计平面图上,使用"平交口范围定义"命令。

(1) 先后在道路平面图上拾取平交口路脊线:图 5-18 中 B_1B_3,B_2B_4(即道路中心线)。

(2) 拾取道路边线:图 5-18 中 $\overset{\frown}{E_1D_2}$,$\overset{\frown}{E_2D_3}$,$\overset{\frown}{E_3D_4}$,$\overset{\frown}{E_4D_1}$。

(3) 拾取出入口端线:图 5-18 中各转角圆弧切点做对向车行道边线的垂线,如 B_1D_1,B_2D_2,B_3D_3,B_4D_4 所在直线。

(4) 选取设置路拱形式,EICAD 提供多种路拱形式,应参照路段设计的路拱形式选取,本例为修正三次抛物线。

2. 设置控制点高程

使用"平交口高程设置"命令设置控制点高程。平交口控制点为:①两条路脊线交点,即交叉口中心 O 点;②路脊线与端线交点,即点 B_1,B_2,B_3,B_4;③端线与边线交点,即点 D_1,D_2,D_3,D_4;④各边线中点,即点 F_{12},F_{23},F_{34},F_{41}。

(1) 定义平交口控制点标高,各控制点标高计算见第 5.4.3 节。

(2) 设置路脊线、边线和汇水线的高程渐变方式(汇水线就是交叉点到转角圆弧中心的连线,如 OF_{12},OF_{23},OF_{34},OF_{41}),EICAD 中可选择各种高程渐变方式。

(3) 刷新计算网，在确定控制点高程与高程渐变方式后，即可由软件计算建模，构筑计算网，该计算网可供后续等高线、标高计算线的绘制。

3. 绘制等高线

使用"等高线绘制"命令，设置等高距（本例为 0.02m）、计曲线间隔（本例为 5 条）、线宽、颜色等参数即可绘制等高线，如$\overset{\frown}{D_2B_1E_4}$。

4. 绘制、标注标高计算线

使用"绘制标高计算线"命令绘制计算线（图 5-18 中 OF_{12}，OF_{23}，OF_{34}，OF_{41}，D_1B_1，D_2B_2，D_3B_3，D_4B_4 等）与计算点（图中各实心圆点）。

(1) 本例选择设置"圆弧等分法"绘制计算线，等分点即为部分计算点，如$\overset{\frown}{D_3F_{23}E_2}$和$\overset{\frown}{D_1F_{41}E_4}$圆弧分 4 份。

(2) 根据交叉口大小，设置边线分段数，本例为 4 段，即确定每条边线计算点个数为 5 个。

(3) 按最小间距设置计算线上控制点个数，如 OF_{12}，OF_{23}，OF_{34}，OF_{41} 较长，插入一个点，而 D_1B_1 较短，不插入控制点。

使用"标注计算线"命令对计算线各段长度、坡度及计算点标高进行标注。

5. 平交口标注

标明转角（即车行道边沟处）的坡向、坡度（如 $i_{\overset{\frown}{E_1D_2}}=0.31\%$，$i_{\overset{\frown}{E_2D_3}}=0.72\%$，$i_{\overset{\frown}{E_4D_1}}=0.52\%$，$i_{\overset{\frown}{E_3D_4}}=0.45\%$），并按第 5.4.3 节的规定检验是否合理，本例边沟坡度均合理。

6 立体交叉

6.1 立体交叉的设置

立体交叉系用跨线桥或地道使相交路线在高程不同的平面上互相交叉的交通设施。立体交叉以空间分隔车流的方式,避免车流在交叉口形成冲突点,减少延误,保证交通安全,并提高通行能力和运输效率。因此,立体交叉常用于高速公路、快速路、重要的一级公路和部分城市主干路。

由于立体交叉占地面积大、施工复杂、投资额大,因此兴建立交的决策应根据技术经济论证和规划确定,一般在城市总体规划阶段应控制用地。

6.1.1 立体交叉设置条件

(1) 相交道路等级高。高速公路或快速路与各级道路相交,一级公路或主干路与交通繁忙的其他道路相交,并通过技术经济论证,可设置分离式立体交叉。

(2) 地形适宜,并结合兴建跨河桥或跨铁路立交,增建桥梁边孔,改善交通,且有明显经济效益时,可设置立体交叉。

(3) 道路与铁路的交叉,符合下列条件时,可设置分离式立体交叉:

① 高速公路、快速路与铁路交叉,应设置。

② 一般公路、城市道路与铁路交叉,道口交通量较大或铁路调车作业繁忙致使封闭道口的累计时间较长时,应设置。

③ 高等级公路、城市主次干路与铁路交叉,而且在道路交通高峰时间内经常发生一次封闭时间较长时,应设置。

④ 中小城市被铁路分割时,道口交通量虽不大,但考虑城市的整体需要,可选择合适位置设置一两处立体交叉。

⑤ 铁路路段旅客列车行车速度达 120km/h 以上地段的铁路与各级城市道路交叉,必须设置。

⑥ 各级道路和城市轨道交通交叉处应设置分离式主体交叉。

6.1.2 立体交叉分类

立体交叉分为分离式立体交叉和互通式立体交叉两大类型。

1. 分离式立体交叉

分离式立体交叉是指上下层道路之间互不连通的立体交叉形式。在相交路线的交叉处,仅需建造供直行方向车流通行的立交桥或地道、无转向匝道的称为分离式立交。

通常分离式立体交叉适用于道路与铁路的立体交叉或高速公路与三、四级公路之间的立体交叉,也即适用于道路等级、性质或交通量相差悬殊的交叉口。例如,城市快速路与次要道路或支路相交时,采用分离式立交可不受转弯交通的干扰,保证主要道路的交通快速通畅。城市分离式立交保留桥下平面交叉的又称简单立交或简易立交(图 6-1)。

2. 互通式立体交叉

上下层之间用匝道或其他方式连接的立体交叉称为互通式立体交叉。设置互通式立体交

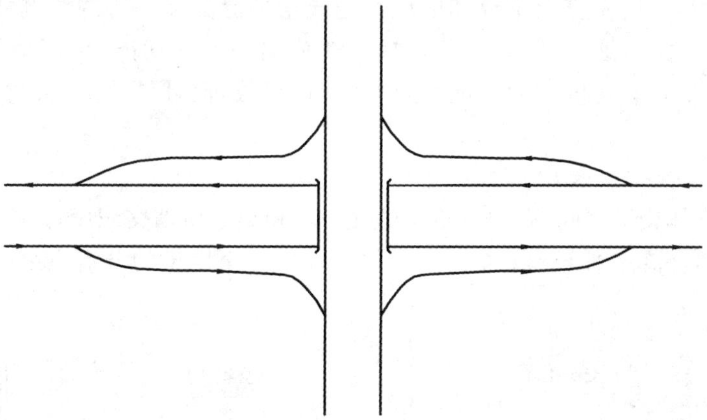

图 6-1　上跨或下穿立交示意图

叉应根据交通量、远景规划及其在路网中的作用，并结合地形、用地条件、投资等因素确定。

下列情况应设置互通式立体交叉：

(1) 高速公路、一级公路同通往大城市，重要政治、经济中心，重点工矿区的公路相交处、通往重要港口、机场的干线相交处。

(2) 快速路与快速路相交、快速路和交通量大的重要主干路交叉口应设互通式立体交叉。

6.1.3　互通式立体交叉间距

公路互通式立体交叉最小间距应满足车辆交织和变速、设置标志等方面的需要，其值不应小于 4km。通常按表 6-1 采用。

表 6-1　公路互通式立体交叉间距和同其他设施的间距　单位:km

设施名称	间距
	一般值
互通式立体交叉间的间距	15～25(30)
互通式立体交叉与服务区	4
互通式立体交叉与停车场	
互通式立体交叉与公共汽车停靠站	
互通式立体交叉与隧道	3

注:( )为最大值。

城市出入口及产业开发区地段上或因交通需要并受条件限制时，相邻互通式立体交叉的间距可适当减少，但枢纽互通式立体交叉间的最小距离不应小于 4.5km，一般型互通式立体交叉相互间的最小距离不应小于 4.0km，枢纽互通式立体交叉与一般互通式立体交叉之间的最小距离不应小于 4.5km。

大城市间的互通式立体交叉最大间距不宜大于 20km。一般地区的互通式立体交叉最大间距不宜大于 30km。经济欠发达地区或人烟稀少地区，互通式立体交叉的最大间距可适当加大。

城市立体交叉合理间距的设定，应使之在启用后产生如下的效果：

1. 均匀地分散交通量

选择的立交位置，应与相邻立体交叉保持一定的间隔距离，并且与相邻立体交叉所负担的交通量要保持平衡,以期使整条干道和区域交通流量的分配互相协调。例如,高速公路立交间距设置过大,则将减少交通量,难以充分发挥高速公路的潜在功能,从而降低经济效益;反之,间距过密,则会降低行车速度和通行能力,增加交通事故,而且导致交通运行的困难,还将增加建设投资。

2. 要有足够的交织段长度

在相邻两个立体交叉之间,必须有足够的交织段距离。所谓交织段,是指在一个立交匝道上车辆驶入主干线的合流点到下一个立交主干线车辆驶出至匝道的分流点之间的距离即净距(图6-2)。

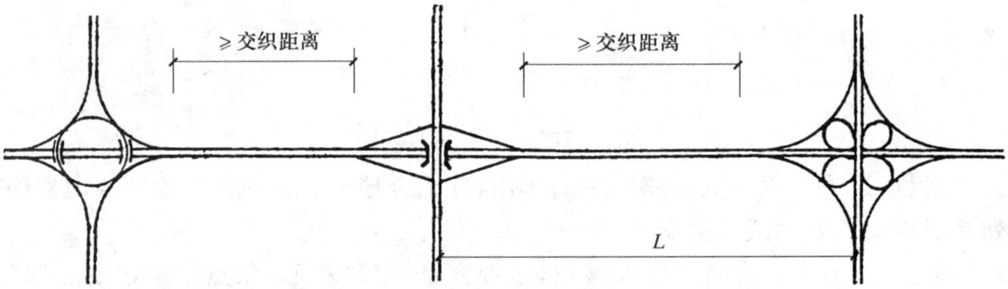

图 6-2 立体交叉间距 L 示意

3. 保证判别交通标志的时间

使司机能在一定距离内预先看见干线上的一系列交通标志。该距离主要根据车辆行驶速度与司机的反应时间等因素决定。城市中这一距离为 500m。

高速公路上互通式立体交叉第一指示标志设在距立交 2km 处,第二个标志设在 0.8km 处,最后一个标志设在 0.4km 处。城市立交间距等于标志距离加上两端加速车道、减速车道内长度。

两座互通式立交间距小于 1.5km 时,往往会造成交通标志设置困难及标志的诱导性能差,同时会导致互通式立交匝道出入口相互间距小于匝道出入口之间最小间距的要求或小于设置加减速车道必需的长度。

加速车道和减速车道之和约 250～500m,再加上匝道长度,故互通式立交中心间距至少需 1km。同时考虑到交通预告标志的设置,互通式立交间距应为 3km,基本能满足交通需求。当两座互通式立交间距小于 1.5km 时,须对两座互通式立交方案进行进一步研究,在充分分析两座互通式立交在路网中作用、横向道路功能及疏解能力后,可将其中一座互通式立交改为简单分离式立交,以解决间距过小问题。当必须解决两个邻近交叉口均互通时,宜把两座互通式立交合并设置为复合型互通式立交。

6.1.4 上跨式和下穿式立体交叉

不论分离式立体交叉还是互通式立体交叉都有一个主线跨越相交道路,或被相交道路跨越的方式,或相交道路下穿主线的方式。

上跨与下穿指用于分离式或互通式立交中的直行交通对地面线的相对位置。

上跨式立交桥的主要交叉构筑物高于地面交通设施(图 6-3(a)①、图 6-3(b)①),而下穿式立交桥的主要交叉构筑物则低于地面交通设施(图 6-3(a)③、图 6-3(b)③)。实践中还有半上跨半下穿(相对地面标高)的立交桥(图 6-3(a)②、图 6-3(b)②)。上跨式与下穿式立交的优缺点及适用性汇总于表6-2。

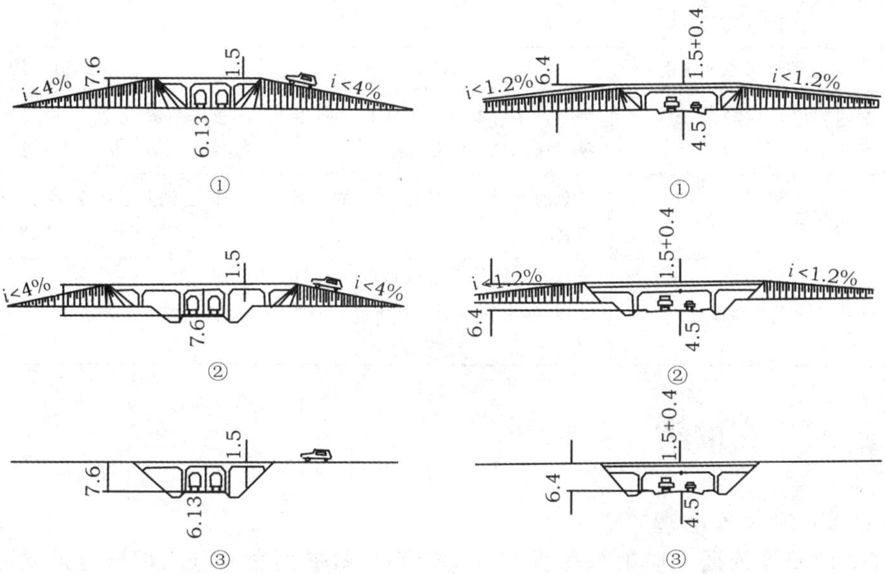

(a) 街道在铁路上层　　(b) 街道在铁路下层

图 6-3　街道与铁路的立体交叉示意图

表 6-2　上跨式与下穿式立交的优缺点和适用性

序号	分析的出发点和情况	上跨式(跨线桥)	下穿式(地道桥)
1	地形	适用于凹形地形	适用于凸形地形
2	城市街道的艺术处理	因高出地面,对艺术处理要求高	不会破坏原街道美观,无高出地面的结构
3	周围环境与街道宽度	适用丁宽街道及原为简单房屋可以拆迁的情况	适用于原有房屋较好,保留景观
4	原有地下管线	不需要改建	需要改建
5	排水	容易解决	要添设排水泵站,终年日夜有人值班,保证排水。对墙体的防水要求高
6	防空	一旦破坏,容易修复	浅埋防辐射有利,但抗爆效果并不很好,一旦破坏较难修复。深埋时防空效果好
7	经济	工程费用及养护费用均较低,钢材用量小,圬工体积大	浅埋地道桥费用较大,深埋隧道造价更贵。养护要求高。钢材用量大,圬工体积小
8	噪音	噪音较大,有时必须采用隔音措施	对地面居民的影响小,隧道内影响大
9	施工过程中对原有交通的影响	工期较短,影响小,甚至可以在不封锁交通的情况下施工	工期较长,箱涵顶进法影响稍小,大开挖施工影响很大
10	通风与采光	自然通风,采光不需特别考虑	空气污染严重,必须考虑通风,改善气体污染隧道的条件。隧道要考虑照明问题

续表

序号	分析的出发点和情况	上跨式(跨线桥)	下穿式(地道桥)
11	空间利用及道路与地下建筑的连接	桥下可作一般机动车或非机动车道、停车场、商店等用途	可以与地铁、地下道路网、地下停车场等地下结构在地下连接
12	铁路与道路交叉	机车通过桥下,对高架桥的净空要求高	汽车穿过地道桥,净空要求较低,但大型平板车对净空要求特别高
13	非机动车及人行交通	非机动车跨铁路时因坡度大,需特别处理;如不跨铁路,则在桥下行驶比较方便	非机动车道的坡度小,容易解决

6.2 互通式立交的类型

6.2.1 互通式立体交叉分类

互通式立体交叉依据交通组织是否在次要道路保留平面交叉分为部分互通式立体交叉和完全互通(指全立交)式立体交叉。

1. 部分互通式立体交叉

部分互通式立体交叉系用部分匝道连通上下道路,或因受地物限制,或因某方向交通量极少而不设匝道,仍然保留次要道路上的平面交叉,常用形式有菱形立体交叉和部分苜蓿叶形立体交叉,属于一般互通式立体交叉。

1) 菱形立体交叉

由4条匝道呈菱形连接相交道路的立体交叉。主线上的左右转弯只有单一的进出口,便于司机识别,主干线的直行交通不受干扰快速通过。次要道路与匝道连接处存在两处平面交叉,每处有3个冲突点(图6-4),需设置信号灯管制。所以菱形立交占地少、结构简单、造价低,但适用于主次道路相交、次路上交通量不大的交叉口,如上海沪嘉高速公路南翔立交。

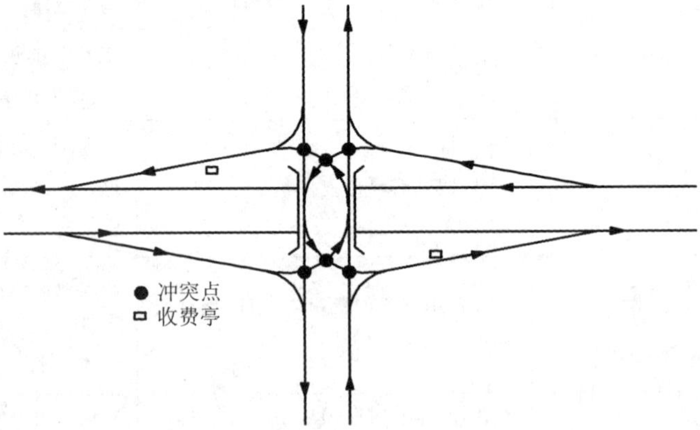

图6-4 菱形立体交叉

2) 部分苜蓿叶形立体交叉

主要道路的出入均为立体交叉,次要道路由于少设一条或几条环形匝道而保留平面交叉或限制部分左转车辆通行。适用于主、次道路相交的交叉口,或城市用地拆迁困难的立交路口。滨河道路修建跨河桥时,常采用这种形式的立交,工程造价增加很少,但可获得显著的交通效果(图6-5(a))。该形式立体交叉又称半苜蓿叶形立体交叉。

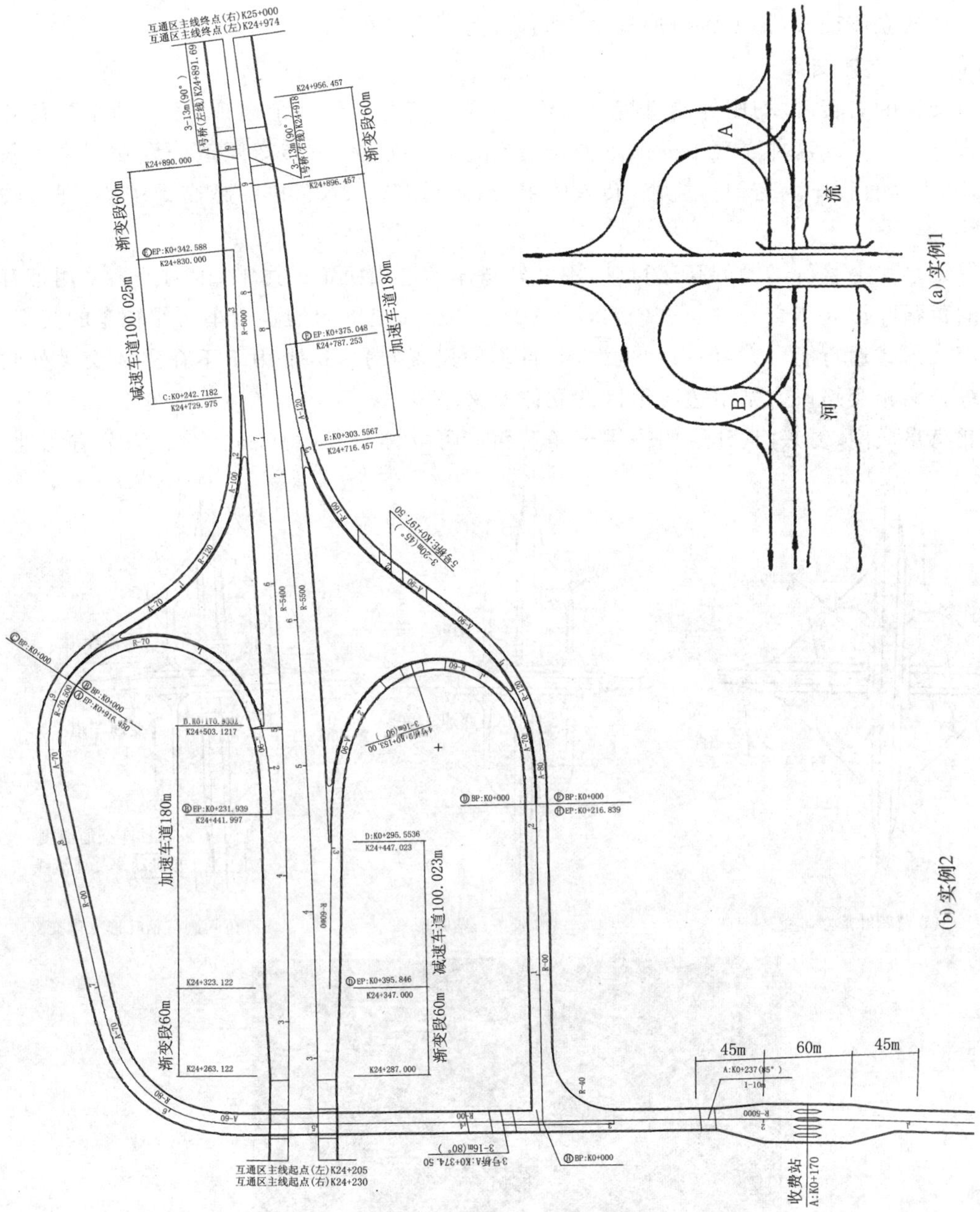

图 6-5 部分苜蓿叶形公路立交设计实例

部分苜蓿叶形立体交叉的通行能力，比菱形立交大，但占地较大，分别设置收费口，而使管理分散，因此较少用于收费道路上。

在图 6-5(a)上，可见 A,B 处留有平面交叉的冲突点并在桥下可见交织段；图 6-5(b)为高速公路与地方连接线的互通立交。平交路口设在收费站附近。

2. 完全互通式立体交叉

完全互通式立体交叉，根据匝道形式之不同，分为下列几种基本形式。

1) 苜蓿叶形立体交叉

四岔道交叉的右转弯，均用外侧直接匝道连通，而左转弯均用环形匝道连通，即呈苜蓿叶形的互通式立体交叉。这种立交平面图形似苜蓿叶(图 6-6)，左、右转弯匝道分设在四个象限中，左转车辆先与直行车辆交织，过桥后转入匝道，沿匝道右转 270°，再穿越交叉中心，即可驶入相交道路。

为了保证干线上直行车辆的高速行驶，不受转弯车辆进出匝道的影响，国内外多采用带有**集散车道**的苜蓿叶形立体交叉(图 6-6(a))，以减少立体交叉范围内的直行车与左转车的交织。这种立体交叉形式通行能力大，但占地也大，并且不便设置收费口，常用于不在立体交叉处收费的高等级公路相交路口或城市边缘地区的立体交叉路口。

我国北京阜成门、复兴门、建国门采用长条苜蓿叶形立体交叉(图 6-6(b))。为节省用地，

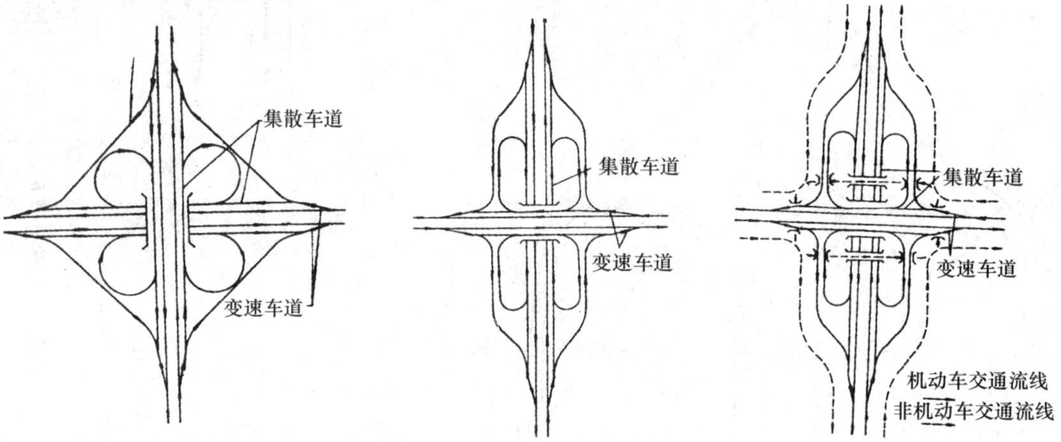

(a) 苜蓿叶形立体交叉　　(b) 长条苜蓿叶形　　(c) 三桥六洞苜蓿叶形立体交叉

(d) 北京建国门三桥六洞全苜立体交叉

图 6-6　带集散车道的苜蓿叶形立体交叉

将右转弯与左转弯合并在双向匝道上，匝道则建成长条形，形成 180°小半径的回头弯。这种长条形苜蓿叶形立体交叉，比典型苜蓿叶形立体交叉更节省用地，因而在京城立体交叉中广泛应用。

采用两层式苜蓿叶形立体交叉的缺点是，机动车和非机动车在匝道进出口处存在 16 个冲突点。为消除机动车和非机动车的冲突点，北京建国门修建了机动车与自行车分行的三层式长条苜蓿叶形立体交叉(图 6-6(c))。其中采用了三桥六洞，从空间上分隔机动车和自行车道，避免冲突，提高了通行能力。左转和直行的自行车，在立体交叉中层的长圆形环道内行驶；右转车辆则行驶在外缘自行车道上。这种立体交叉形式适用于自行车量中等的路口，过多的自行车交通量在高峰时间易阻塞在中层路口。故从 20 世纪 90 年代开始，大多城市立体交叉将自行车车道设在最底层，以彻底分隔机、非并提高自行车道通行能力。

2) 喇叭形立体交叉

以喇叭形匝道连接的三岔道互通式立交，即是喇叭形立体交叉(图 6-7)。

喇叭形立体交叉用在 T 形或 Y 形交叉口，结构简单，行车安全方便，但占地较大。喇叭口应设在左转弯车辆较多的道路一侧，以利主流方向行车。

收费式喇叭形立体交叉常用于四岔路口，用在高速公路和地方公路的连接线上。

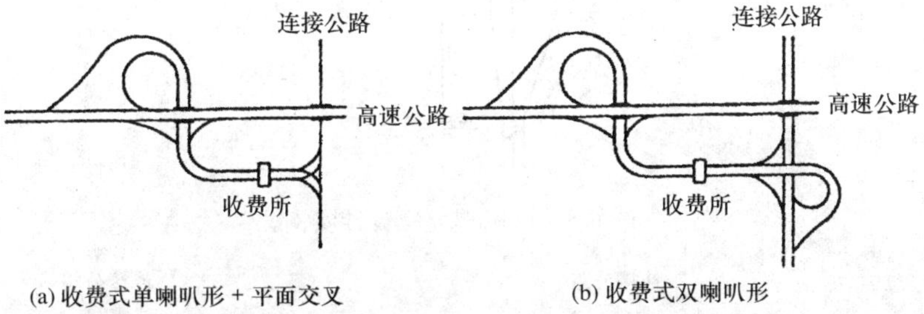

图 6-7　喇叭形立体交叉

当两条高速公路或高等级公路相交时，为了集中布置收费设施，使进出立交的车辆集中在一个地点收费，以便管理，可以采用双喇叭形立体交叉(图 6-7(b))。

喇叭形立体交叉设计实例见图 6-8。

当高速公路和交通量不大的公路线连接时，可用平面 Y 形加平面交叉(主线呈立交)见图 6-9(a)。流量略大的连接线可用 Y 形加平面交叉(图 6-9(b))。该形式立体交叉又可称半直连式 T 形立体交叉。

3) 环形立体交叉

环形立体交叉系由环形平面交叉发展演变而成，是一种交织型立体交叉，可分为二层式、三层式和四层式环形立体交叉。

(1) 二层式环形立体交叉

二层式环形立体交叉是常用的环形立交，主干道上跨或下穿环道直接通过路口，次要道路的直行交通和转弯车流按逆时针方向绕环道进出路口，这种形式占地少($2.5\sim3hm^2$)，拆迁量小，适用于用地受限制的城市主次干道相交路口。由于环形交叉的通行能力受到环道交织断面上的交织能力限制，环道上的行车速度又受中心岛半径的限制，因此不宜用于交通量较大的干道相交路口。相交道路为主次道路，并且交叉口左转弯车辆较少时，可采用长圆形环道，使短轴沿主干路方向，以缩短路程，长轴则沿次要干线方向，便于直行车辆行驶。

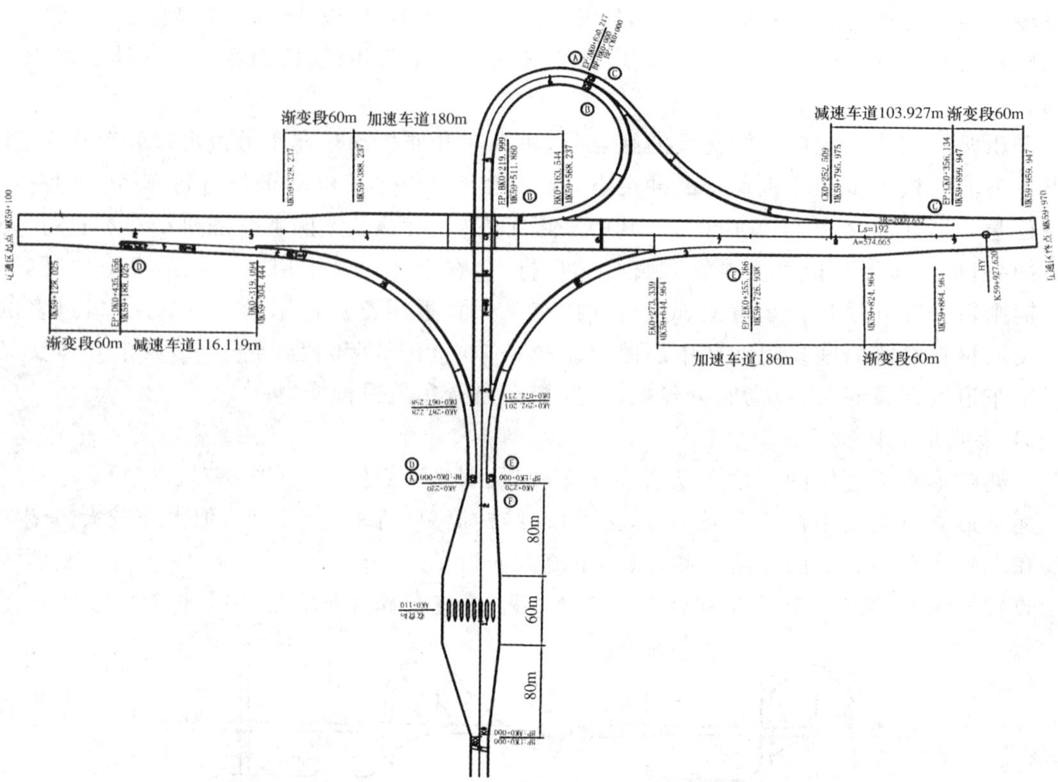

图 6-8 喇叭形立交设计实例

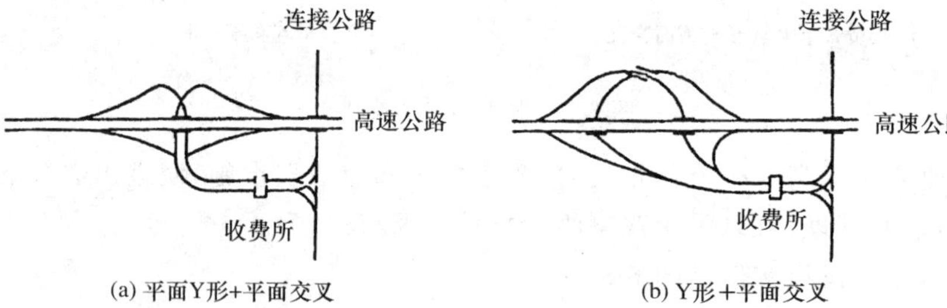

(a) 平面Y形+平面交叉　　(b) Y形+平面交叉

图 6-9 半直连式 T 形立交

我国北京市二环路上的朝阳门立体交叉,即为二层式长环形交叉。快速路二环路直行交通在环道下层通过,东西向直行交通和机动车的转弯车辆均在环道上运行。环岛为长圆形,东西长 106m,南北长 57m,交织距离为 38m,设计车速为 25km/h。考虑到我国自行车较多的特点,二环路的自行车下穿运行,放射路的自行车在转盘上环行,所有转弯的自行车则分别在平行于二环路的慢车匝道上运行,自行车匝道的转弯半径为 4.4m。

环形立交便于分期建设,当相交道路上的直行机动车数量增加很多,又超过环形交叉通行能力时(2000~2500pcu/h),可在环道上面再增设直行跨线桥(即为三层式环交),所以二层式环形交叉,也可作为近期向远期三层式立交过渡的一种形式。如广州大北立交于 1964 年修建的二层环形立交、由于环道通行能力(直径为 40m)至 1984 年已达饱和(N_{84} = 3051veh/h),故而于 1986 年沿环市路又辟筑第三层直通高架桥。

(2) 三层式环形立体交叉

两相交道路均为主要干线,且交通量均很大时,可将两方向直行交通分别上跨与下穿,中间环道供左右转弯机非车辆运行，适用于大城市主干路交叉，如南京中央门环形立体交叉。

(3) 四层式环形立体交叉

四层式环形立体交叉(图 6-10(a))，是指双层环道加上跨与下穿直行道的立体交叉。我国也用于机动车和自行车分行的立交中。为保证相交道路的直行方向的车辆畅通无阻，机动车转弯车辆与自行车分别置于两个环道转盘上运行。因此，适用于相交道路的直行交通量和机非转弯交通量均较大的城市交叉口，整个立体交叉的建筑高度大，工程复杂，投资较多，但占地面积不大，3.5～4.5ha。如广州区庄立交为四层式环形立交，第一、四层为相交主干路下穿、上跨，第二层为非机动车及行人地面环道，第三层为专供机动车左右转向行驶的高架环道。

[案例 6-1]　区庄环形立交桥(图 6-10(b))

区庄立交桥为国内第一座四层转盘式立交。它位于广东省广州市市区东北角内环线环市东路与市区进出口主干线先烈路相交处，设计通行能力为机动车 9000 辆/h，非机动车 3000 辆/h。

立交第一层最底层，为环市东路东西走向机动车直行道，机动车车道宽 15m；第二层在原地面，为人行、非机动车环道，宽 3.5～5m 和 7m；第三层为供机动车转弯的环形桥，环的内直径为 50m，环道宽 16m，与 7.5m 宽的单行匝道相连；第四层为顺先烈路南北向机动车直行的 23 孔高架桥，桥宽 9.5m，总长 372m，两中孔各 19m。全部立交工程均为钢筋混凝土结构，除第四层为预制梁外，其他均为现浇。立交的最大纵坡机动车道为 5%，非机动车道为 0.5%；机动车道净高为 4.5m，非机动车道净高为 2.8m。立交总占地仅 3.23ha。

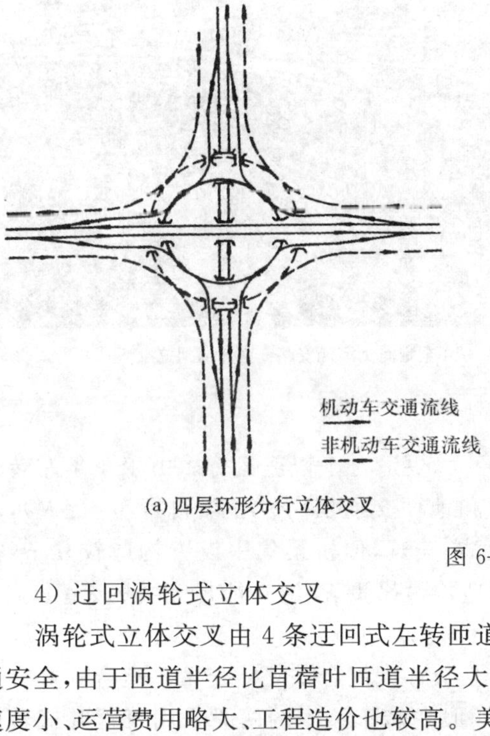

(a) 四层环形分行立体交叉

(b) 区庄四层式环形立交桥

图 6-10　环形立交

4) 迂回涡轮式立体交叉

涡轮式立体交叉由 4 条迂回式左转匝道形成涡轮形。其优点是车辆运行全部右出右进，畅通安全，由于匝道半径比苜蓿叶匝道半径大，便于快速行驶，缺点是占地大、绕行距离较长、转弯速度小、运营费用略大、工程造价也较高。美国色当立交即此型，我国上海沪杭高速公路即建造该型立交，见图 6-11。涡轮形立交属于转弯速度较小的枢纽互通式立交。

5) 定向式立体交叉

定向式立体交叉为各个方向车辆均设有直接的连接匝道，保证交通的便捷、通畅和安全，提高通行能力，是互通式立体交叉的最高级形式。公路上称为直连式枢纽互通式立交。由于

(a) 涡轮式立体交叉示意　　(b) 涡轮式立体交叉实例

图 6-11　涡轮式立体交叉

这种立体交叉的桥梁多,工程量大,造价贵,一般用于直行与转弯交通量均较大的高等级道路相交处。上海延安路高架与南北高架交叉处已建造一座 5 层式全定向立交,见图 6-12。

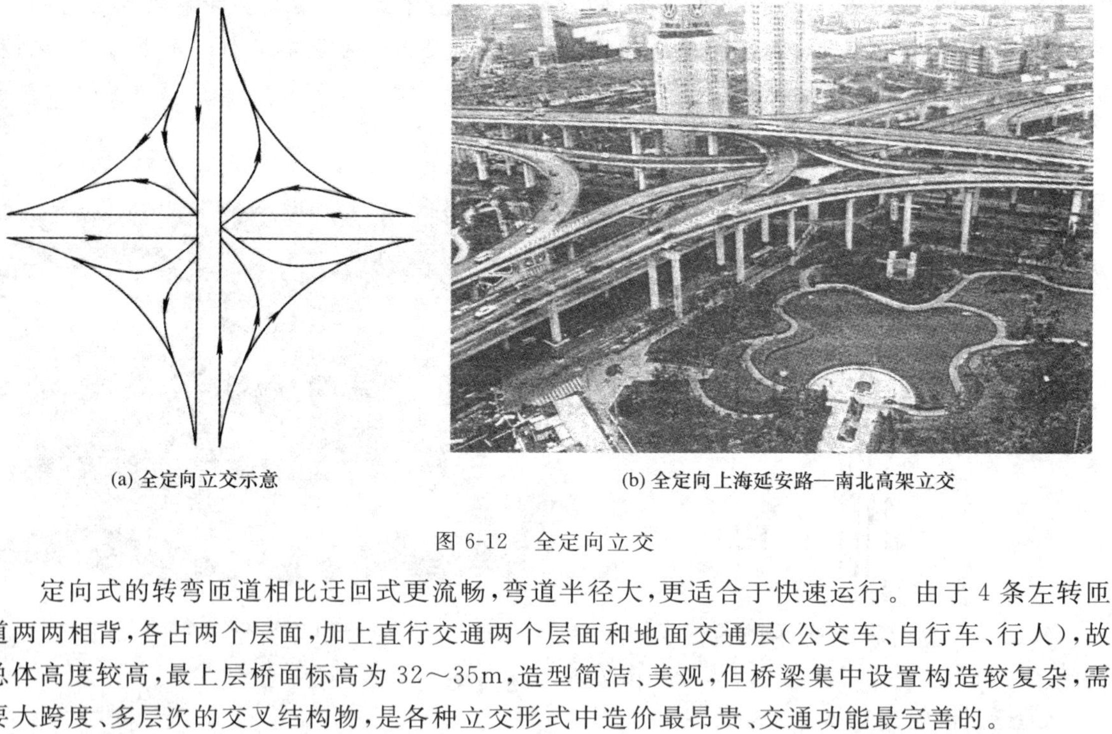

(a) 全定向立交示意　　(b) 全定向上海延安路—南北高架立交

图 6-12　全定向立交

定向式的转弯匝道相比迂回式更流畅,弯道半径大,更适合于快速运行。由于 4 条左转匝道两两相背,各占两个层面,加上直行交通两个层面和地面交通层(公交车、自行车、行人),故总体高度较高,最上层桥面标高为 32～35m,造型简洁、美观,但桥梁集中设置构造较复杂,需要大跨度、多层次的交叉结构物,是各种立交形式中造价最昂贵、交通功能最完善的。

6）组合式立体交叉

立体交叉中对左转车流采用不同的转向原则的立交称为组合式立体交叉。组合式立交允许左转交通选用不同形式匝道。如图 6-13 所示的四股左转车流中的两股采用苜蓿叶式转向原则,而另外两股车流则采用迂回转向原则,即左转车辆先右转驶进交叉口,再跨越相交道路迂回 180°汇入右侧相交道路的直行车流。

图 6-13 为德国莱茵河畔维希岸曼海姆桥头立交枢纽组合式立交。该处受规划用地限制,用较小面积解决跨河干线和沿岸干线的全互通立交。北东、南西方向用迂回式匝道;西北与东

南方向交通用苜蓿叶形匝道，左右转弯交通有合并桥面板并有交织运行，地面过桥交通与远程干线过桥交通巧妙结合。

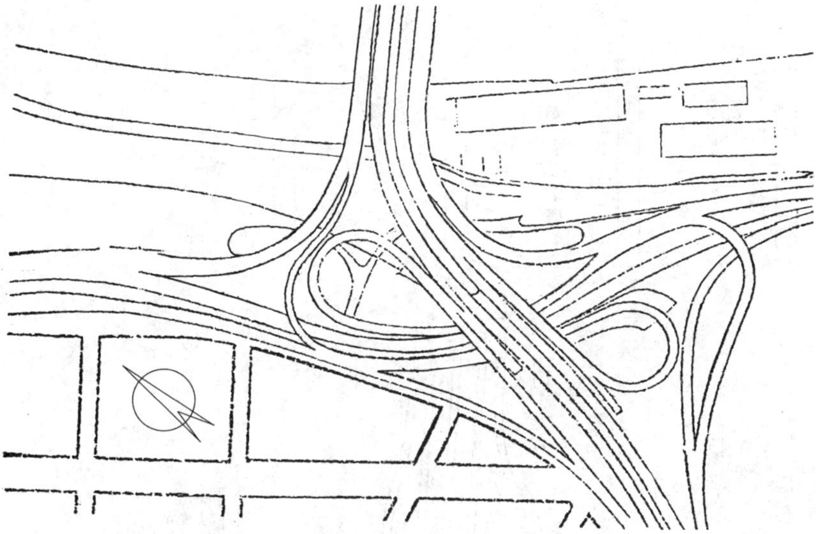

图 6-13　德国维希岸桥头立交枢纽

图 6-14、图 6-15 所示为组合式立交，适用于转弯交通量小的公路枢纽型互通式立体交叉。

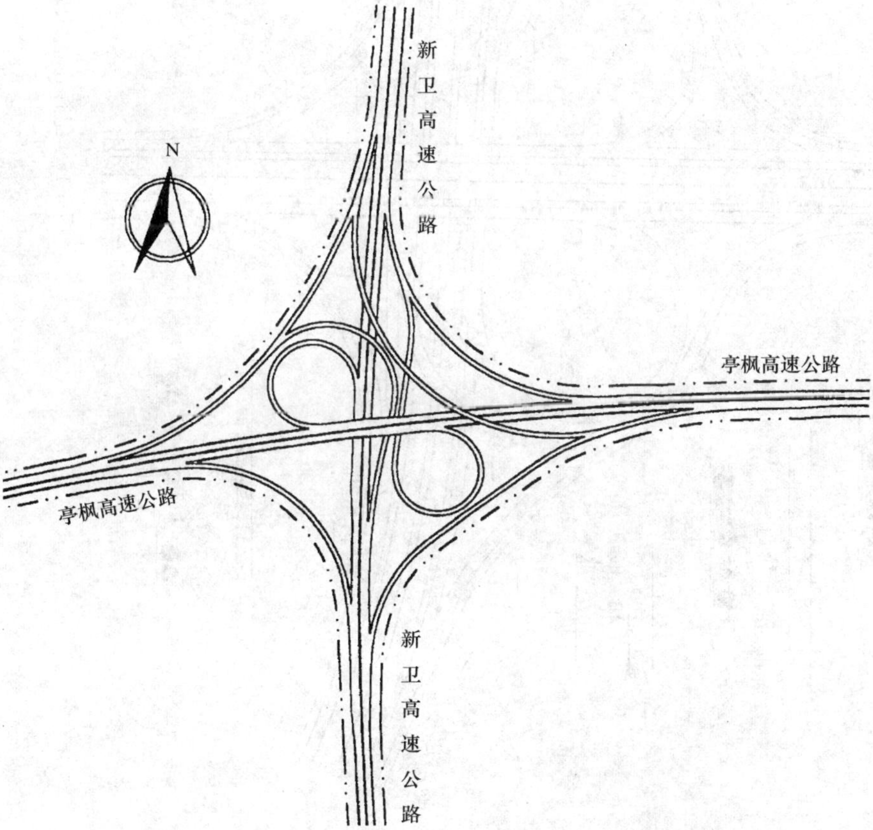

图 6-14　组合立交实例

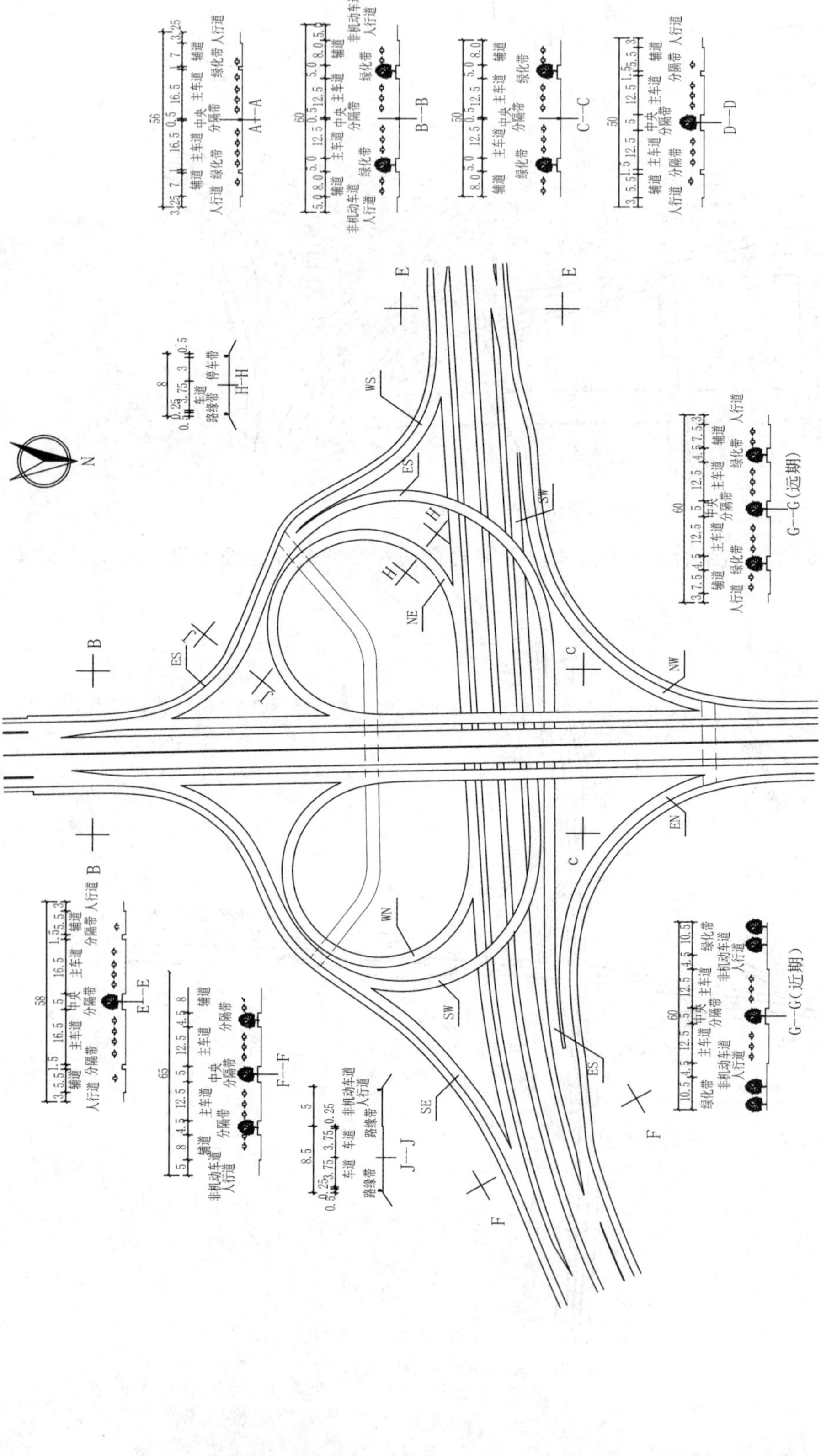

图 6-15 组合式立交设计实例

图 6-16 为 X 形交叉口采用的组合式立交，转弯半径偏小，故规划时不宜设计交角较小的 X 形交叉口。

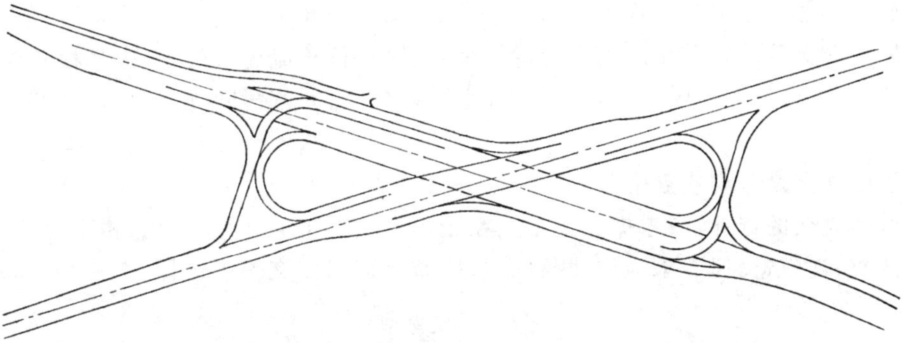

图 6-16　半苜蓿叶十迂回全互通示意图

6.2.2　立体交叉分级

1. 公路互通式立体交叉

公路互通式立体交叉分为枢纽互通式立体交叉和一般互通式立体交叉两大类。

(1) 枢纽互通式立体交叉为高速公路与高速公路之间的交叉，应保证所有交通流无交叉冲突。

(2) 一般互通式立体交叉一般用于高速公路或一级公路与双车道公路之间的交叉，允许合并设置收费站和在被交叉公路的匝道端部采用平面交叉。

2. 城市道路立体交叉按交通流特征分级

城市道路立体交叉根据相交道路等级及其直行车流、转向车流(主要是左转车流)行驶特征要求和非机动车对机动车交通干扰程度划分为枢纽立交、一般互通式立交和分离式立交等 3 个等级。城市道路新规范规定的分类法见表 6-3。

表 6-3　立体交叉口类型及交通流行驶特征

立体交叉口类型	主线直行车流行驶特征	左转转向车流行驶特征	非机动力及行人干扰情况
立 A 类 (枢纽立交)	连续快速行驶	较少交织，无平面交叉	机非分行，无干扰
立 B 类 (一般立交)	主要道路连续快速行驶，次要道路存在交织或平面交叉	部分转向交通存在交织或平面交叉	主要道路机非分行，无干扰；次要道路机非混行，有干扰
立 C 类 (分离式立交)	连续行驶	不提供转向功能	—

(1) 立 A_1 立交系机非分行全互通式立交。它主要指位于城市重要交通枢纽节点的快速路与同级道路或高速公路的交叉，以及部分位于交通枢纽节点的特大城市主干路与快速路及以上等级道路的交叉。这类立交既要保证相交主线直行车流连续快速行驶，又要使转向车流以较高车速畅行。如上海外环与沪杭高速公路交汇处的莘庄大型互通式组合立交。

(2) 立 A_2 立交主要系互通式立交。它主要用于城市主干路之间的交叉，运行特征上容许转向车流减速交织行驶。当相交道路个别方向转向车流量少，可以限制转向时形成的部分互通式立交以及准许少量非机动车与机动车混行的互通式立交，多用于交通量稍小些的城市主干路间的交叉及快速路与次干路之间的交叉,其运行特征是匝道转向车流车速较前者低一些,对次要些的主干路或次干路容许有少量非机动车的干扰。如北京建国门扁平苜蓿叶三层式立交(图 6-6(c))和北京阜成门的扁平苜蓿叶形立交(图 6-6(b))。

(3) 立 B 立交系一般立交。其运行特征是:主线直行车流连续行驶,次要相交线车流及转向车流在地面平交路口交织或间断行驶,如菱形立交、部分苜蓿叶立交、环形立交见图 6-4 和图 6-5。

(4) 立 C 立交是分离式立交。

城市道路立交的选择,应根据交叉结点在城市道路网中的地位、作用、相交道路的等级,并结合城市性质、规模、交通需求与用地条件,参照城市道路立交等级选择(表 6-4)。

表 6-4　立体交叉选型

相交路口类型	选型	
	推荐形式	可选用形式
快速路—快速路	枢纽立交(立 A_1 类)	—
快速路—主干路	一般立交(立 B 类)	立 A_2 类、立 C 类
快速路—次干路	分离式立交(立 C 类)	一般立交(立 B 类)
快速路—支路	—	分离式立交(立 C 类)
主干路—主干路	—	一般立交(立 B 类)

注:当城市道路与公路相交时,高速公路按快速路、一级公路按主干路、二级和三级公路按次干路、四级公路按支路确定。

6.3　立体交叉选型

由立交各类类型可见,不同形式的立交功能差异很大,故首先要按道路等级正确选型(表 6-4)。

6.3.1　公路互通式立体交叉形式的选定

应根据各个方向的交通量,结合地形、地物、当地交通条件综合考虑而定,并遵循如下原则:

(1) 直行和转弯交通量均大,相交公路的设计速度较高并要求用较高的速度集散时,可采用定向型或半定向型立体交叉。考虑到我国高速公路在互通式立交处集中收费的需求,在选型中应选择收费站集中的立交形式(图 6-7)。

(2) 相交公路等级相差较大,且转弯交通量不大时可采用菱形、半苜蓿叶形或喇叭形立体交叉。

(3) 不设收费站的高速公路、一级公路相互交叉时,可采用全苜蓿叶形立体交叉。但其规模和用地较大,并应采用集散车道(图 6-6(a))。在无专用集散车道的情况下容易出现交通阻塞和事故,故应慎重采用。

(4) 半苜蓿叶形立体交叉有两个相隔很近的平面交叉,对次要公路(图 6-5)直行交通不利。当各向转弯交通量相差悬殊时,应在适当象限内布置匝道,将冲突减少至最低程度。

(5) 汽车专用公路与一般公路相交,不设收费站时,可采用菱形立体交叉。若设收费站,而主线转弯交通量较小时,可允许采用匝道平面交叉的形式(图 6-9)。

(6) 苜蓿叶形环形匝道以单车道为宜。若交通量接近或大于单车道通行能力,则应采用定向形匝道。

6.3.2 城市立交选型考虑的依据

1. *考虑交通的系统特性*

立体交叉作为一个单体工程在交通运输系统中的位置、作用应予考虑,如高速公路上立体交叉的设置应考虑所经重要城镇的互通联系,并应从城外城边相切而过;在城市地区交通系统中则要考虑各座立体交叉在路网中的地位,要从宏观着手,全面规划,形成系统。如北京二环三环路上的立交均是从系统上考虑,分批分期建设,逐步达到完善。先确定环路位置,再确定各座立交的形式和规模。如北京市二环路全长33km,环路有31座立交,其中有二层、三层互通式的,也有分离式的,配上33座人行立交使二环路成为国内第一条全封闭的城市快速路。之后定向及定向组合式立交发展较快,设计观念更新,立交功能是否合理,取决于它与系统的协调性。

据统计,北京目前已建成的立交有250余座,五环路等工程建成后,立交数达300余座。其中,二、三、四环路上设有129座立交,占立交总数的51.6%,见表6-5。

表6-5 北京各环路上立交形式一览表

几何立交形式	二环路	三环路	四环路	总计	所占比例
苜蓿叶形(座)	10	10	8	28	21.7%
菱形(座)	11	24	22	57	44.2%
分离式(座)	—	3	9	12	9.3%
环形(座)	5	8	1	14	10.8%
定向组合式(座)	5	2	11	18	14%
总计(座)	31	47	51	129	—

注:① 环线立交平均间距在0.91~1.06km之间。

② 互通式立交平均间距,二环为1.06km,三环为1.09km,四环为1.42km。大型枢纽型立交平均间距5.5km。

根据天津市总体规划,市内干线网由内、中、外三条环线和14条放射线组成,环路和放射线的结点处修建27座立交。中环线靠近市区中心,自行车比例较大,所以采用机动车与非机动车分层的方式,非机动车道均安排在地面层;外环线地处市区边缘,自行车比例较小,主干线上采取机非分行方式,匝道上采取机非混行的方式。

2. *根据相交道路的等级与交通量选型*

快速路立体交叉形式的选用主要为满足机动车快速、连续通畅的要求,应采用交通功能完善的互通式立交。对旧城市而言,主要是消除堵车的不利因素,即消除机非干扰和人车干扰,提高通行能力,因此,不一定追求完善的高等级立交形式和不切实际的高速运转,而应以选用一些低等级简单的立交形式,重点是解决主流方向畅通,处理好四周邻近路口的关系。在市区用地紧张的交通枢纽上快速路与主干路相交,可根据交通量的多少选择层次,注意近远期结合,控制远期用地。可根据交通量增长的需要,若干年后在上面或下面加层,两等级有差异的道路也可采用部分互通式立交,保留一个或一个以上的平交路口,也可以在转弯交通量少的象限不设匝道,尽量少占地,少拆迁房屋及减少工程量。互通式立交也可根据各路口不等的交通量选型。

3. *考虑我国交通结构的特点,合理安排层次*

我国与西方发达国家以小汽车为主的交通结构的不同点在于,小汽车的比重比国外低,但目前逐年增加,各层环线上车种结构不一样,外环线上柴油载重车比例高,特大城市大型公交车辆多,满载率高,故这些城市地区中不宜选择绕行距离长、爬坡过高或弯道半径过小的立交形式,重车和大型公交车宜安置在地面层。

在机非混合行驶的道路系统中,城市立体交叉的功能要求也与国外不同,即不仅要解决机动车的相互干扰问题,还要考虑如何减少或避免自行车对机动车的干扰问题,即在立交交通组织中采用机非分道行驶还是分层行驶;在机非分层立交的非机动车交织段上又如何避免自行车的拥阻等。例如,北京阜成门、复兴门的长圆形苜蓿叶形立交存在转弯机动车进出匝道与直行自行车干扰 16 处(图 6-6(b)),可见机非分道同层行驶的立交形式只宜用在自行车交通量较少的交叉口。北京建国门三层式长圆形苜蓿叶形立交采用机非分层行驶,但自行车环道交织段短,致使自行车高峰时间拥挤,而难以通过(图 6-6(c))。从立交建设和使用中得出结论,自行车保留在立体交叉平面层(即原地面层)上通行,避免了自行车的爬坡,较为合理。行人多,也是我国城市交通的特点,对人流汇集和流向转换频繁的交叉口的立体交叉设计时,应消除人流和车流的相互干扰,大型立交要为行人过街提供安全、方便、舒适的通道。

4. *考虑节约用地,降低造价*

立体交叉需占用较大面积(3~12ha)。在我国旧城市中,建筑物密集,寸土寸金,拆迁搬移费用昂贵,所以经济因素也是选型的原则之一。以降低工程造价为宗旨,在满足交通功能的前提下,尽可能缩小规模、减少用地、结合地形地物合理布置立交。

5. *注意环境、景观的协调*

立交工程是建筑群体中的一个组成部分,既要满足交通动态功能的要求,又要满足周围环境静态艺术相互协调的要求,静态建筑景观包括立交本身造型、桥梁结构选型和周围建筑的格调、色彩、绿化照明等。

选用立交形式应根据当地地形、地物特点,因地制宜,如公路上立交匝道宜用路堤顺接路面。城市立交景观要求高,常采用多跨高架桥代替路堤,立交桥下空间可供停车,也可绿化供观赏。

上跨式高架立交桥占用空间大,除从交通视距要求合理设置墩位外,宜避免“肥梁胖柱”给人们带来的沉重感和压抑感,而尽量代之以独柱、窄墩和薄梁。这样既美观,还能减少结构物的工程量和占地面积,降低造价,使用高架桥不但开阔空间而且还有实用价值。我国很多城市立交已成为该城市景点。

表 6-6　　互通式立交几何形式及特性一览表

原类别	立交几何形式	车速/(km·h^{-1})		交叉口通行能力当量小客车/(辆·h^{-1})	匝道特点	交通组织		用地/ha	相交道路等级	适用场合	立交新类别
		直行	转弯			机非组合	冲突点(机动车)				
部分互通式立交	菱形	30~80	25~35	5000~7000	① 左转车行驶距离不长;② 匝道单向交通	分道行驶	次要道路有6点	2.5~3.5	高速路或快速路与一般干路相交	郊区高速公路	立B
	部分苜蓿叶形	30~80	25~35	6000~8000	匝道上双向交通,左转绕行270°	分道行驶	交叉口每处有3点	3.5~5.0	高速公路或快速路与一般干路相交	市区郊区	立B
	部分定向型	60~80	40~60		主要车流方向设置定向匝道单向交通	分层行驶	保留平交部分,有冲突点	2.5~3	快速路与主干道相交	郊区市区	立B A2

续表

原类别	立交几何形式	车速/(km·h^{-1})		交叉口通行能力当量小客车/(辆·h^{-1})	匝道特点	交通组织		用地/ha	相交道路等级	适用场合	立交新类别
		直行	转弯			机非组合	冲突点（机动车）				
环形立交	环形二层式	60～80	25～35	5555～6000	次路直行与左右转弯在环道上绕行	混合行驶	有交织	2.5～3	快速路与次干路相交	市区交通量少处	B
	三层式	60～80	25～35	6000～7000	环道供转弯交通	主线分层转弯混行	有交织	2.5～3	同等级	市区	B
	四层式	60～80	25～35	7000～9000	环道供转弯交通	分层行驶	有交织	2.5～3	主路与主路相交	市区	B
完全互通式立交	喇叭形	60～80	30～40	6000～8000	一个方向左转车，绕行距离长、匝道双向交通	分道行驶	无	3.5～4.5	高速公路与快速路或与连接线相交	郊区收费集中的高速公路	A B
	迂回式	80		10000～12000	半定向	分层	—	8.5～12	主次干路	郊区	A
	苜蓿叶形	60～80	30～40	9000～13000	同上	分道行驶	城区机非有冲突16点	7.0～9.0	高速公路或快速路与快速路相交主干线相交	郊区市区边缘	A_2
	组合式	80		12000～14000	定向+苜蓿叶	分层	—	8.5～10	同等级	枢纽	A
	定向型	80～100	70～80	13000～15000	不需绕行路线、便捷	分层行驶	无	8.5～12.5	直行与转弯交通均大的道路	市区郊区	A_1

总之，立体交叉选型要满足交通功能的需要，即根据流量流向图(图 6-17)，符合道路的性质布局，还应该考虑与周围环境的协调，结合地形现状取得综合的艺术效果，为立体交叉的设计的技术合理性与经济可行性创造条件。

立交设计方案拟定评价和设计流程见图 6-18。

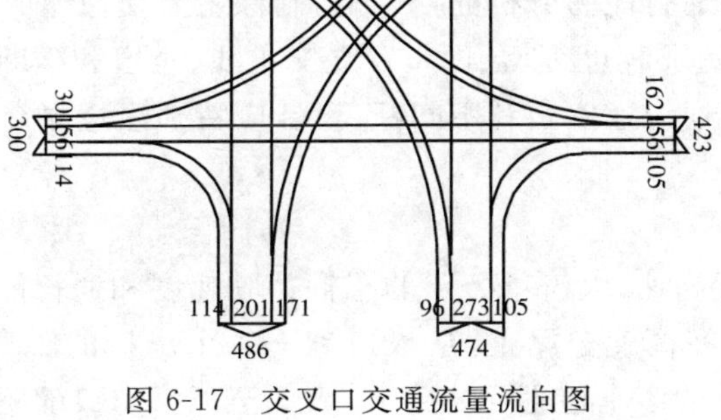

图 6-17　交叉口交通流量流向图

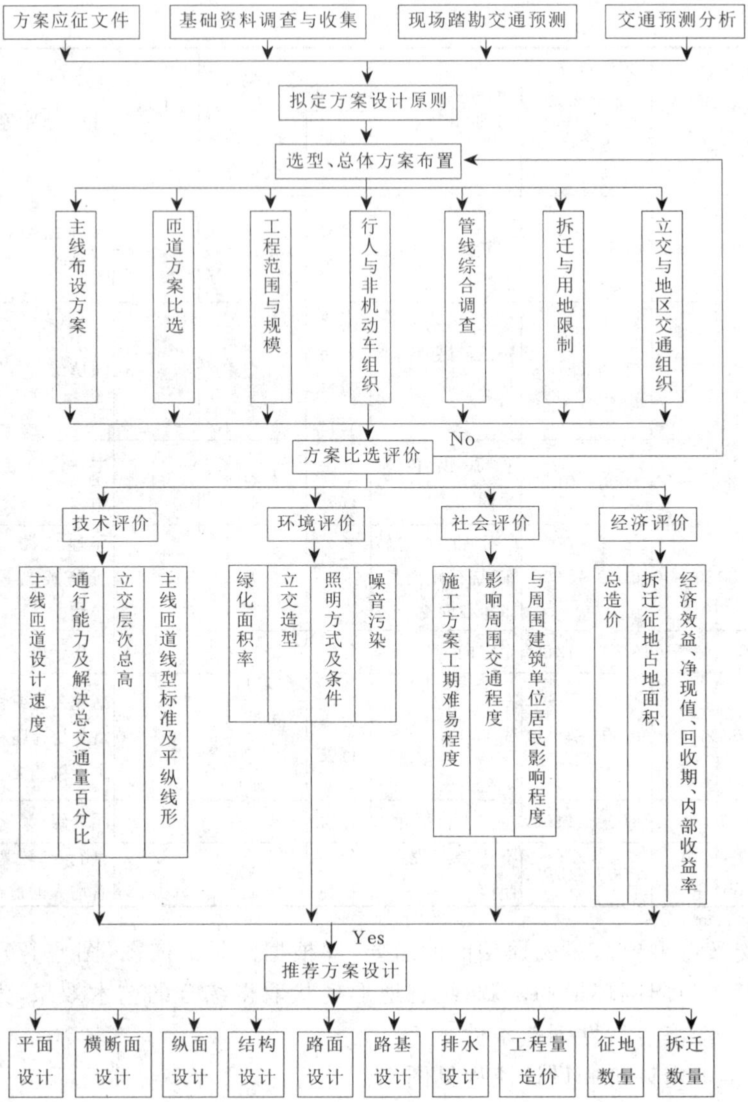

图 6-18　城市立交方案拟定过程

6.4　立体交叉设计

6.4.1　互通式立交总体设计的原则和应考虑的因素

1. 合理布置立交主线、匝道和横断面车道数

(1) 在交通量预测和通行能力分析的基础上,确保主要交通流的快速运行,并根据各个方向交通量大小、交通地位重要程度等,合理布置立交主线、匝道和横断面车道数。

(2) 要确保主线的交通快速安全和不间断,设计应特别注意立交主线交通流的连续性,应使车辆行驶的路线合理。

2. 尽量少的交织

交织路段严重降低了高速、大流量公路的车辆行驶速度和通行能力,并加剧了事故和阻塞发生的可能。一般来说,在高速公路上,从入口到下一个出口的距离应该足以提供车流的交织。国外高速公路和乡村的多车道主要公路上,入口至下一出口的距离不能小于548m。并且其中的路段的服务水平应该不低于C级。城市道路的服务水平不低于D级,才不会引起阻塞而使车流排队积压到高速公路上。环形立交的交织段,交织段很短的苜蓿叶形立交不适用于高速公路和多车道的乡村主要公路。带有集散道路的苜蓿叶形立交则可以被采用。

3. 快速路立交应采用无交织设计的方案

交织问题严重影响快速路的通行能力和服务水平。交织是由于进出口处交通方式引起的行车轨迹相互交叉的交通现象。交织产生在立交匝道出入口和主辅路进出口区段,它与立交形式和进出方式有关,一般苜蓿叶形立交同侧匝道和先入后出(图6-5)的进出口方式易产生交织。交织是造成系统不畅的主要原因,然而产生交织的因素是多方面的,立交形式、出入口配置中存在的与系统功能不相适应的问题是造成交织的主要原因。我国快速路设计已开始向无交织形式发展,对于重要的节点全部采用定向或部分定向式立交,同时加大主辅路进出口间距,采用先出后进和设置集散车道等方法,以取消交织,保证主路正常行驶。

4. 匝道与主线的连接、出入口布置要符合安全、舒适的行车条件

(1) 匝道出入主线的方式,宜以右进右出布置,必须布置左进左出时,应将出入口按分流、合流设计,在技术上给予保证。

(2) 出入口不宜设置于道路左侧。不提倡在道路左侧设置出入口是基于以下原因:

① 转弯操纵发生于高速车道。

② 驶入车辆的司机不得不驶向右方,对于左侧车来说,视线受到限制的司机难以做出准确的判断。当驶入车辆是货车时,这一问题就更加严重了。

③ 与占主导地位的右侧出入口相比,左侧出入口显得很怪异,即使有正确的标志,司机也往往会被弄糊涂。

④ 货车常常被限制在高速公路的右侧车道,它们进出左侧出入口的时候,就不得不横穿几条车道。

当道路的流量几乎相等时,仅凭以上几个因素很难确定道路的主次。在实际情况中,常把商业价值高的交通流放置在岔口右侧,或者把左侧用作连续路径。

(3) 出口先于入口。在存在一对匝道的情形下,很明显要把出口至于入口之前。在汇入新的车辆之前减少主线车辆数目,将有利于消除主线上的交织。

(4) 单入口。每个入口都会对主线的交通产生干扰,这就会降低主线上车辆的速度,影响主线的通行能力。因此,很明显应该减少入口数目。

应用这一原则的同时,必须注意另一问题。当入口匝道的流量超出了单车道匝道的通行能力时,不能使用一个双车道的匝道,而宜使用两条单车道的匝道,因为要保持上下游车道数平衡原则。

5. 匝道形式的确定

应按左转交通量的大小,周围地块的联系及工程条件确定匝道形式,左转交通流较大的匝道采用直接定向式匝道或迂回定向匝道,较小的交通流可采用苜蓿叶形匝道。

6. 立交层次的安排

主线相交两条道路的层次安排应充分考虑到工程的可行性、可操作性及工程造价,以及社会效益等因素。

主线与匝道的层次安排,主要考虑交通量及工程造价。交通量较大的主要流向层次尽可能低,较宽的匝道层次尽可能要低于较窄的匝道,要使整个立交的层次尽可能低,以降低工程造价。

图6-18为各地较普遍使用的两层式组合互通立交的平横设计实例。

6.4.2 立交设计速度

1. 立交范围直行方向设计速度

分离式、定向式、苜蓿叶形和三至四层环形立体交叉的直行方向设计速度,应采用与路段相同的设计速度。菱形立体交叉、部分苜蓿叶形立体交叉中有平面交叉的直行车流设计速度,可采用与路段相应等级道路设计速度的 0.7 倍。

2. 环形立体交叉的设计速度

环形立交环道的设计速度一般采用 25～35km/h。其下限值比平面环交环道计算行车速度略高;上限值比平面环形交叉口设计速度略低一些,这是考虑到城市道路用地紧张,不宜将立体交叉的环岛半径设置过大。

3. 匝道设计速度

匝道的平面线形多为弯道(高架道路上的匝道除外),其纵断面线形为坡道,所以匝道上的行车条件远不如直行道,其设计车速应小于直行道路的设计车速。通常取匝道的车速为立交直行车流设计速度的 0.5～0.7 倍,并取决于立体交叉的类型,城市道路匝道设计速度的规定值见表 6-11。

匝道的设计车速越高,车辆在立交中行驶的时间就能缩短,而且由于缩小了与主线车速的差距,匝道终点的情形也会良好。

对于立交匝道的车速设计,在不影响工程造价的前提下,尽可能采用较高车速,以提高整个立交的服务水平,一般左转匝道的定向、迂回定向匝道取高限和接近高限,环形匝道取低限,右转匝道取高限,见表 6-12。

6.4.3 车道数和平衡原则

为满足相交道路分流、合流交通的需要,互通式立体交叉道路和匝道所需车道数,除必须满足交通量需求外,还要考虑下列条件:

1. 分叉点(分流点)和汇合点(合流点)处的车道数应保持平衡

当车道从一个方向驶过分叉点后而分成两个方向时(图 6-19),或者车流从两个方向驶过汇合点而驶向同一方向时,前者的车流量必然会因分流而变少,而后者因合流而变多。为了适应车流量的这种变化,并使分叉点和汇合点处的车道充分发挥其理论通行能力的效果,达到预期的使用效率,在分叉点和汇合点处的车道数应保持平衡,其关系式如下:

$$N_C \geqslant (N_E + N_F) - 1 \tag{6-1}$$

式中 N_C——分流之前(或汇合以后)主线的车道数,条;

N_F——分流之后(或汇合之前)主线的车道数,条;

N_E——分流之后(或汇合之前)匝道上的车道数,条。

2. 分叉点(分流点)和汇合点的车道数应保持"基本车道数"的连续性

分叉点(分流点)和汇合点(合流点)处的车道数不仅应保持平衡,还应保持"基本车道数"的连续性。

所谓"基本车道数",是指主线必需的车道数。在设计立体交叉时,主线上的车道数如有变化,则不应少于所必需的车道数(图 6-19)。

在分叉点和汇合点处,要保持车道数平衡,又要保持基本车道数,这二者是有矛盾的,其解决办法是在分叉点以前和汇合点以后的干道上,增设辅助车道(图 6-19(d))。这样既可保持基本车道数,也保持了车道数的平衡。所以辅助车道的定义:在互通式立交设置双车道的分流段上游、合流段下游为使车道数平衡且保持主线基本车道数而在主线外侧增设的附加车道(图 6-19)。

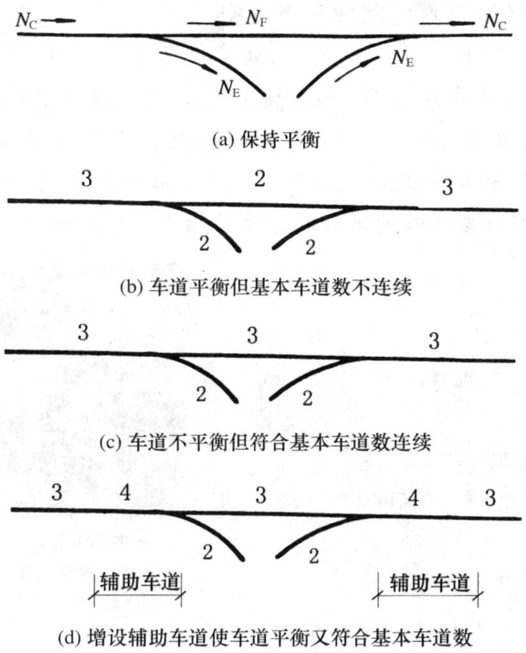

图 6-19　车道数计算图式

为使车辆行驶通畅，辅助车道长度在分流端为 1 000m，最小为 600m；在合流端为 600m。辅助车道过渡段的渐变率应不大于 1/50。

当前一个互通式立体交叉的加速车道的末端至下一个互通式立体交叉的减速车道的起点之间的距离小于 500m 时，必须设辅助车道将两者连接起来。当交通量较大，交织运行比例较高，即使此间距达 2 000m，也应考虑设置连续的辅助车道。

辅助车道只用于立交枢纽的主要道路和互通式立交(A)级分合流处，对次要公路的分合流处则可不设置。

6.4.4　主线横断面设计

1. 立体交叉道路横断面的形式和各组成部分的宽度

横断面形式和组成部分宽度，应根据道路的规划、等级、交通量、机动车与非机动车所占比重和交通组织方式等要求而定。由于立体交叉通行能力较大，行驶速度较高，为了确保立体交叉的行驶安全，主线基本车道数应与路段基本车道速度一致。直行道路的横断面应设置分隔带，所以横断面形式宜采用双幅路和四幅路形式。分离式下穿式立交引道也可设计成三幅路式断面。

对于机动和非机动车分层行驶的立体交叉，其机动车行驶层为双幅路型。对向行驶车道中间设置分隔带，分隔带可与桥墩连成一体，保持一定长度，端部设置明显的交通标志。中央分隔带宽度 0.5～2m，机动车道一般设四车道或六车道。车道(指立交桥洞内的车道)距洞壁或距中央分隔带应有 0.5～1.0m 的安全距离。每条车道的宽度宜采用 3.25～3.75m(见本书第 3 章 3.1.1 小节)。

机动车和自行车在同一层行驶的立体交叉，应设置四幅路形式的道路横断面。即对向行驶的机动车道中间和机动车道与自行车道之间设置分隔带，立交桥下的道路可利用自行车净高要求低，为减小自行车道的纵坡而抬高自行车道的标高(图 6-20(a))，其间或人行道下可布置管线。自行车道的宽度，单向取 4.5～6m。人行道的宽度一般不小于 2m。

[案例 6-2] 上海中环线下真北路四孔下立交

图 6-20 为上海真北路四孔下穿式地道桥,两边孔为非机动车和行人封闭矩形箱涵。非机动车道宽度为 3.75m,人行道宽度为 2.5m。该交叉口原为城市道路(真北路)与铁路(沪宁铁路线)的交叉,选择下穿式立交原因:周边有数个小区及两所中小学,行人、非机动车较多,若采用上跨铁路则立交桥净空高,纵坡度过大会造成行人、非机动车出行不便。几年后,建设中环线,机动车快速路上跨铁路,该处形成 4 层式分离式立交,见图 6-20(b)。

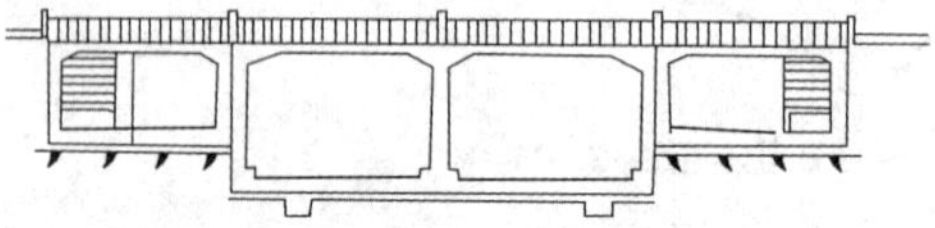

(a) 四孔下穿式立交横断面图

1—中环线高架; 2—沪宁铁路线;
3—地面道路机动车道; 4—非机动车道
(b) 下立交实景

图 6-20 中环线和真北路四孔地道下立交

2. 引道的横断面形式

引道的宽度一般多与桥洞的一致或适当加宽。对路堑式引道,其横断面布置中,除了保证各种车道的宽度外,还应考虑挡土墙、灯杆、护栏、号志设施及分车带所需的宽度。另外,有时在引道上还要考虑绿化的布置(图 6-21)。

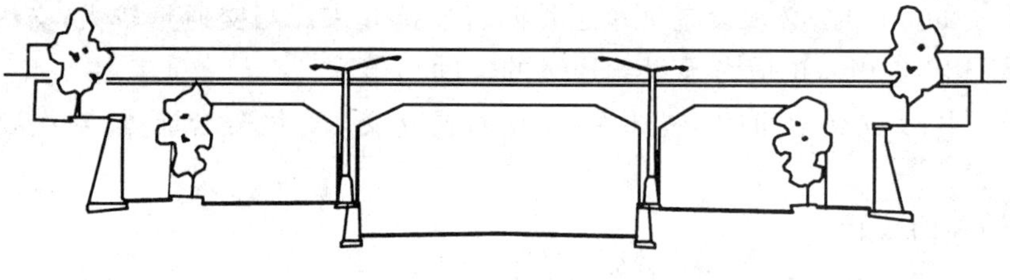

图 6-21 三幅路式引道横断面

6.4.5 立体交叉的平面纵断面设计

1. 平面线形

主线平面线形技术要求和路段要求相同,详见本书第 4 章,指标见表 6-7。

表 6-7 互通式立体交叉范围内主线的线形指标

设计速度/($km \cdot h^{-1}$)			120	100	80	60
最小平曲线半径/m		一般值	2000	1500	1100	500
		最小值	1500	1000	700	350
最小竖曲线半径/m	凸形	一般值	45000	25000	12000	6000
		最小值	23000	15000	6000	3000
	凹形	一般值	16000	12000	8000	4000
		最小值	12000	8000	4000	2000
最大纵坡		一般值	2%	2%	3%	4%
		限制值	2%	2%	4%	5%

2. 立交净高(表 6-8)

表 6-8 各种车辆最小净高

车行道种类	机动车			非机动车及行人	
行驶车辆种类	各种汽车	无轨电车	有轨电车	自行车、行人	其他非机动车
最小净高/m	4.5(5.0)	5.0	5.5	2.5	3.5

注:对准许特种车辆通行的枢纽立交,取括号内数值。

3. 设计纵坡

立体交叉中主线的纵坡,直接影响到立体交叉的工程规模和行车安全,其最大纵坡与行车速度有关。根据日本对高速公路中事故的分析,总事故的 40%是发生在互通式立交范围内,而且这些事故与主线的纵坡有着密切关系。如果互通式立交区段内下坡较陡时,则不利于驶出立交的汽车减速,结果由于车速大,使驾驶人员在出口匝道上失去控制和稳定,从而造成事故。如果上坡较陡时,将使进入主线的车辆不易加速,这不仅要增加加速车道的长度,还会出现大型车辆没有充分加速就进入主线与其他车辆合流的情况,这样往往会引起事故。所以设计纵坡应尽可能平缓一些。下穿式地道引道范内不设平面交叉口。引道以外设平面交叉口时,应设有不小于 50m 长的平面交叉口缓坡段,其坡度不宜大于 2%。困难情况下不应大于 3%。立体交叉引道和匝道的最大纵坡度不应大于表 6-9 的规定。

表 6-9 立体交叉引道和匝道的最大纵坡度

设计速度		80km/h	≤60km/h
最大纵坡度	冰冻地区	4%	4%
	非冰冻地区	4%	5%~6%

机动车与非机动车在同一坡度上行驶时,最大纵坡度遵照非机动车车行道的有关规定处理。

立体交叉范围内的回头曲线处的纵坡度,宜小于或等于 2%。

下穿式引道的最低处位于桥洞外的一侧,桥洞内应有不小于 3‰的纵坡,因此,在考虑桥洞的净空时应预留路面加厚的余高。引道最低处一侧桥洞出入口的净空应注意插入竖曲线后仍能满足要求。最低点如距洞口较近时,还应注意车辆前后轴处在正反坡上时的附加高度。对在顶进施工中出现的高程误差,也应在设计中考虑预留。

引道中的机动车道,其纵坡最好不要大于 4%,非机动车道则不要大于 2.5%。由于车辆在经过地道时,多是先下坡,后上坡,因而,产生了冲坡作用,即利用下坡的动能克服一部分上坡的阻力。因此,地道的引道纵坡,一般可较跨线桥的引路坡度略为大些。但过大的纵坡,对车辆行驶则不利,机动车辆行驶于过陡的坡道,需要变速换挡,势必引起燃料和机械过多的损耗,且使驾驶工作复杂化,影响机动车的工作效率和使用寿命。非机动车行驶于过陡的坡道,将使其下坡时易产生危险,而上坡则感困难。表 6-10 列出了各种坡度的最大坡长的参考值,过大的坡长对车辆行驶同样不利,尤其非机动车,往往促使中途不得不停车休息,以致影响交通。引道的起点应比原有道路略高,然后以 1%的反坡与道路的纵坡相接。这样能使引道外的雨水不致流入引道,以减少地道的排水量。

表 6-10　　城市立交纵坡坡长限制

纵　坡	相　应　坡　长　/m		
	机动车	非机动车(板车)	自行车
2%	—	200	—
2.5%	1000	150	300
3%	600	100	200
3.5%	400	—	150

注:限制坡长见表 4-26。

4. 竖曲线

纵坡变更处应设置竖曲线,其半径及最小长度见本书第 4 章道路纵断面。非机动车道凸形或凹形竖曲线的最小半径为 500m。

当整个互通式立交设置在主线上半径很大的凹形竖曲线范围时,有助于驾驶人员辨认立交位置,这种情况最理想。而当互通式立交布置在主线上半径较小的凸形竖曲线范围以内或紧接在较小的凸形竖曲线之后,互通式立交就有全部或部分被遮挡的危险。由于上述原因,凸形竖曲线的半径有必要选择得比一般路段更大一些。如,沪嘉高速公路互通式立交的凸形竖曲线半径 $R \geqslant 45\,000$m。为了保证纵断面线形在视觉上的和顺,并起到缓和冲击的作用,凹形曲线半径也尽量取大。如上海沪嘉高速公路凹形竖曲线半径取值均大于 1 600m。引道的竖曲线半径,凹形最好大于 1000m,凸形则大于 3 000m。

5. 行车视距

对于没有分车带的双向行驶的引道,在车辆进入引道后,其通过桥洞时的视距受到净空的限制。因此,引道的坡度应使车辆行驶时有足够的视距。车辆进入桥洞时的最小视距可按下式求得:

$$S_{\min} = \frac{4c}{\omega} + 2b \tag{6-2}$$

式中,c 与 b 如图 6-22(d)所示,$\omega = [i_1] + [i_2]$。

在立交桥上下均应满足视距的要求:无中央分隔带时,满足会车视距;有中央分隔带时,满足停车视距。视距均应根据相交道路在立交部分的计算行车速度确定。桥上引道的行车视线高度按小汽车考虑(1.2m);桥下下坡道及进入隧道洞内坡道的视线高度,应按大卡车考虑(2.2m),如图 6-22(b)所示。

四孔下穿式立体交叉的引道设计应对机动车和非机动车道纵断面分别设计(图6-23、图6-24)并且各自满足桥下净高的要求。

对立交桥下的地面水,宜采用自流排除。当不能自流排除,可设泵站排水。

对道路下穿铁路地道的排水,地道引路两端纵坡的起点处,应设倒坡,并在道路两侧采取截水措施,减少坡底聚水量。对纵坡大于 2%的坡段内,不宜设雨水口,应在最低点集中收水,两边应各设并联雨水口,数量应按立体交叉系统的设计流量计算确定。

纵坡最低点的位置不宜设在地道洞体内,宜设在洞外引路上(图 6-23、图 6-24)。当采用泵站排水时,最低点位置宜与泵站位置设在洞体外的同一侧。道路下立交地道结构范围内的排水自成系统,地道出入口处的地面雨水由驼峰有效地分隔,敞开段引道坞式槽范围内雨水由横截沟收集。暗埋段出入口和地道最低点均设置横截沟截留雨水,通过管道进泵房。

(a) 在跨线桥上

(b) 汽车进入立体交叉桥下或隧道时的情况

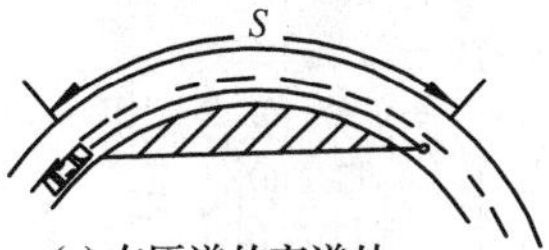

(c) 在匝道的弯道处

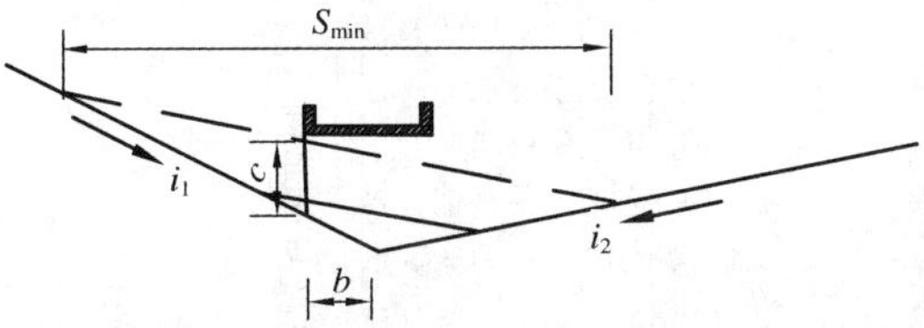

(d) 下穿式立交

(e) 上海徐家汇下立交入口实例

图 6-22 立体交叉的行车视距

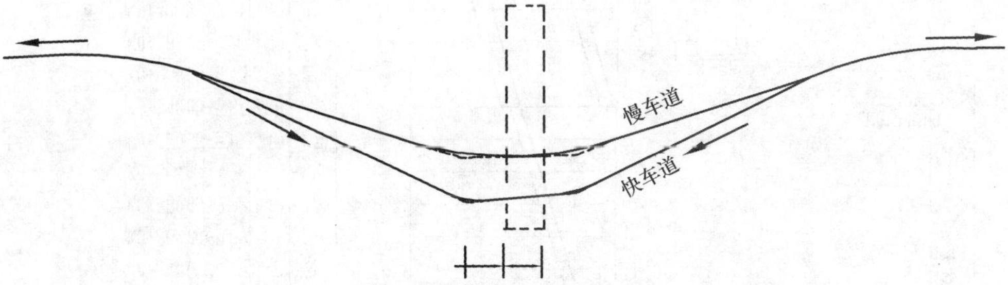

图 6-23 下穿式机非分行立交纵断面示意图

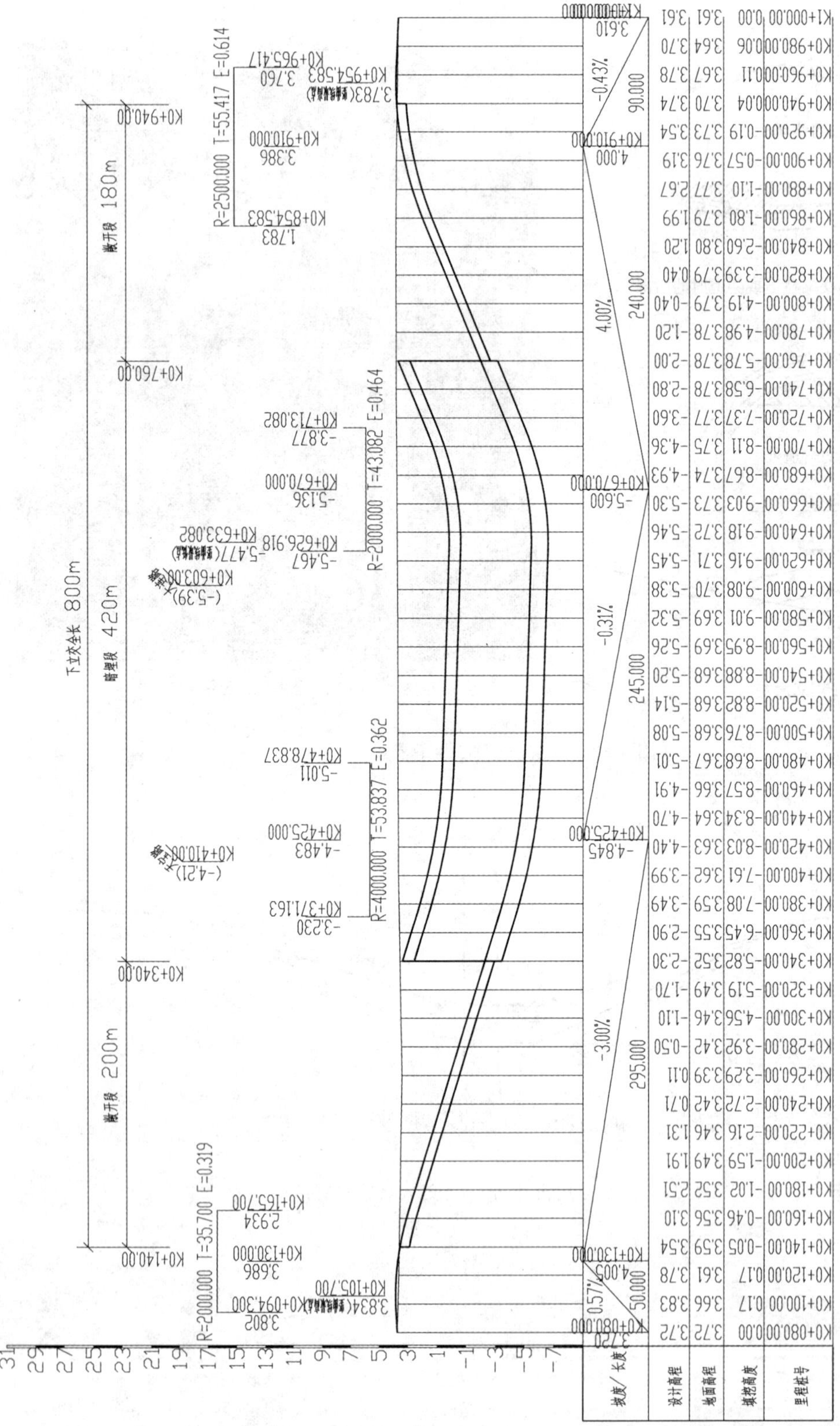

图 6-24 机动车道下立交纵断面实例

6.5 立体交叉匝道设计

匝道是用以联结上下各层道路供左、右转弯车辆行驶的道路。

互通式立体交叉的匝道设计速度规定见表 6-11。

表 6-11 **匝道设计速度** **单位:km/h**

匝道形式		定向式(直连式)	迂回式(半直连式)	苜蓿叶形匝道(环形匝道)
匝道设计速度	枢纽互通式立交	80,70,60,50	70,60,50,40	50,40
	一般互通式立交	60,50,40	60,50,40	40,35,30

注:括号内的文字系公路工程设计规范所用术语。

6.5.1 匝道类型

(1) 右转弯匝道,直接从主干线右转弯驶出并右转进入主线的匝道(图 6-25(a));

(2) 环形匝道,多用于左转弯行驶的匝道形式。车辆由干线的右侧出口,并以约 270°转弯进入相交道路以免与直行车冲突,如苜蓿叶形和喇叭形立交中的左转匝道(图 6-25(b));

(3) 定向式匝道,有直接和半直接两种接入方式。左转车从左侧直接分叉,左转弯到相交道路后,从左侧汇入车流,称为直接转向(图 6-25(c))。其路线短捷,但从左侧汇入车流不利安全。左转车从右侧分出,左转弯到相交道路后,从右侧汇入车流,称为半直接转向(图 6-25(c))。其路线较长,但汇入时有利安全。

(4) 迂回式匝道,也有两种接入式。左转车从右分出后跨越相交道路的对向车流,从左侧汇入车流(图 6-25(d)中 2),它不利于高速安全行驶;另一种左转车从右分出后,再从右侧汇入车流(图 6-25(d)中 1),有利于干道车辆安全高速行驶,但行驶距离较长。此为常用形式。

6.5.2 匝道横断面

匝道宜设计为单向行驶。如采用双向行驶,则应设置分隔带,将对向交通流分隔,匝道交通量较小时,还可采用路面画线分隔。供单向行驶的匝道的路面宽度,因考虑机动车的故障临时停车不得小于 7m。城市立交中机动车和非机动车混行的匝道总宽宜不少于 12m,而且弯道处还需考虑加宽。城市立交匝道上人行道宽度不小于 3m。公路匝道横断面见图 10-2。

6.5.3 匝道平面线形

1. 平曲线半径

决定立交规模大小的因素,除了立交主体和线形外,合理选择匝道的设计速度和平曲线半径是很重要的。立交的匝道设计速度和匝道的半径是匝道平面设计的依据。匝道的平面线形指标应根据互通式立体交叉的级别、匝道设计速度、交叉类型、交通量、立交场址地形和用地条件,以及造价等因素确定。匝道平曲线的曲率应与匝道全长范围内逐渐变化的行驶速度相适应。匝道设计速度是匝道上变化的行驶速度中的最低控制值。匝道平面线形指标应与交通量相适应,交通量大的匝道应具有较高的平面线形指标,详见表 6-12。应尽量避免反弯线形。衔接分、汇流鼻的匝道部分应具有与行驶速度相应的较高的平面线形指标和流畅的线形。分流鼻处应比汇流鼻处具有更高的平面线形指标。速度变化急剧的匝道,应有足够长度。以保证线形指标过渡的连续性和速度变化的从容性,当匝道纵坡较陡(大于 3%)时,应考虑纵坡对速度的影响。

高速公路喇叭形匝道设计环状线形时必须注意如下事项：

(1) 流入匝道上用的环形，原则上应使用单圆，不得已时，小圆(R_1)与大圆(R_2)之比最好应为 1∶5～1∶2 以内(图 6-25(e))；

(2) 流出匝道上用的环形，小圆(R_1)与大圆(R_2)之比应小于 1∶1.20，做成光滑的椭圆形(图 6-25(f))。

当流入环的最小半径小，而流出的 S 形匝道之线形半径又大时，应采用卵形，且不能与 S 形匝道的最小半径部分直接接触。这是使总面积较小且能使流入、流出线形较好的方法。

对于流入匝道而言，采用单圆环形匝道时，圆半径为 50～60m 也无大问题。但如用椭圆形环时，则大圆与小圆的半径比应以 1.5～2 为宜(图 6-25(g))。对流出匝道而言，用单圆环形匝道且最小圆半径为 50m 以内时，应采用复合曲线(椭圆形)。椭圆的大圆与小圆之半径比应以 2～2.5 为宜(图 6-25(h))。

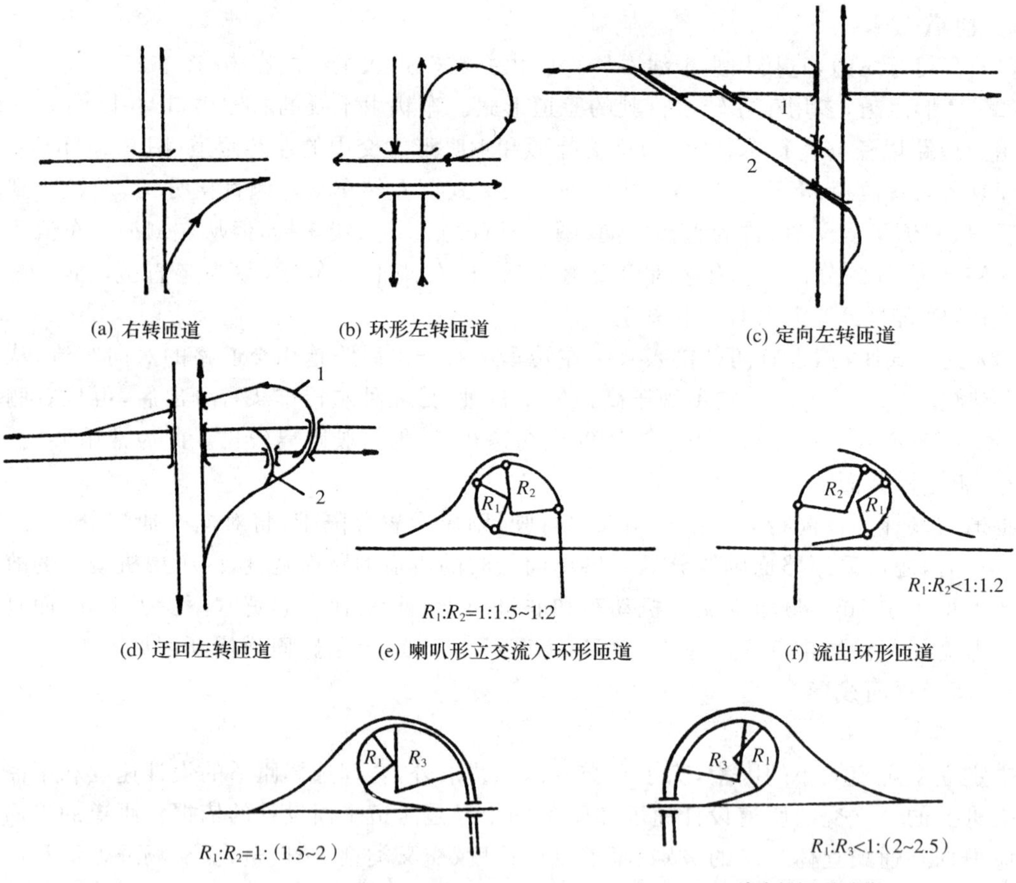

(a) 右转匝道　(b) 环形左转匝道　(c) 定向左转匝道

(d) 迂回左转匝道　(e) 喇叭形立交流入环形匝道　(f) 流出环形匝道

(g) 流入椭圆形匝道　(h) 流出椭圆形匝道

图 6-25　立交匝道形式示意图

表 6-12　　互通式立交匝道主要技术指标表

匝道设计速度/(km·h⁻¹)				80	70	60	50	40	35	30
平面	圆曲线最小半径（设超高）/m		一般值	280	210	150	100	60	40	30
			最小值 $i=0.06$	230 (255)	175 (185)	120 (130)	80 (90)	50 (55)	35 (40)	25 (30)
	回旋线参数 A/m			140 (135)	100 (110)	70 (90)	50 (70)	35 (50)	30 (40)	20 (35)
	回旋线长度/m			70 (75)	60 (70)	50 (60)	40 (50)	35 (45)	30 (40)	25 (35)
纵断面	最大纵坡	出口匝道	上坡	3%		4%		5%		
			下坡	3%		3%		4%		
		入口匝道	上坡	3%		3%		4%		
			下坡	3%		4%		5%		
	匝道竖曲线最小半径/m	凸形	一般值	4500	3500 (3000)	2000 (1800)	1600 (1200)	900 (600)	700 (450)	500 (400)
			极限值	3000	2000	1400 (1200)	800	450 (400)	350 (300)	250
		凹形	一般值	3000 (2700)	2000 (2025)	1500	1400 (1050)	900 (675)	700 (525)	400 (375)
			极限值	2000 (1800)	1500 (1350)	1000	700	450	350	300 (250)
	匝道竖曲线最小长度/m		一般值	100	90	70	60	40	35	30
			极限值	75	60	50	40	35	30	25

注：① 括号内的数值为城市道路立交用值，没有括号的数值为公路取值。
② 匝道其他线形指标参阅本书第 4 章。

城市中匝道半径则取决于立交所在位置的地形和地物。

因用地和拆迁量限制，曲线半径有时不可能取得太大，但过分降低标准，将影响立体交叉的使用效果。通常匝道平曲线的最小半径是指加宽前匝道内侧机动车道中线的半径，宜采用大于或等于表 6-12 所列超高 $i_s=2\%$ 的最小半径。在城市立体交叉匝道端部的横坡往往受到主线纵坡的影响，而不能做得太大，对于双向行车或机动非机动混行的匝道，设置超高横坡度就更为困难。此时可采用不设超高的最小半径。匝道曲线最小半径及平曲线最小长度参见表 6-12。

2. 匝道曲线超高

我国立交匝道的计算行车速度较低，因此规定单向匝道超高横坡为 2%～4%，最大不得超过 6%。超高设置方式根据地形、车道数、排水和景观要求，详见本书第 4 章。

3. 加宽缓和曲线

匝道的曲线段需考虑路面加宽，加宽计算见平面线形一章。一般加宽在缓和曲线段连续平顺地逐渐变化。一般设于平曲线的内侧，但有时加宽量很大时，也可在内侧和外侧分别加宽。加宽值见表 4-15。

匝道及其端部应设置缓和曲线。缓和曲线为回旋线,其参数及长度应不小于表1-6-12所列数值。反向曲线间的两个回旋线,其参数宜相等或相近;相差较大时,大小两参数之比不宜大于2。缓和曲线长度应同时满足超高过渡的要求。

6.5.4 匝道纵坡设计

匝道是相交道路路线的联结道,由于上、下道路高差较大,为节省用地和拆迁,匝道车速比干线低,因而匝道的纵坡较主线大。平原地区机动车匝道最大纵坡可采用表6-8中值。匝道与干道连接处匝道的端部宜设置纵坡小于2%的缓坡段,缓坡长度应大于缓坡与随坡间设置竖曲线的切线长度。单向匝道的纵坡可大于双向匝道,上坡匝道的纵坡可比下坡的稍大。匝道弯道的最大坡度,应符合合成坡度规定,故匝道的纵坡应平缓,且使两端较缓、中间较陡,并尽量避免反坡。匝道同主线相连接的部位,其纵面线形应连续,避免线形的突变。出口匝道宜为上坡匝道,以使匝道有良好的视野和以升坡消耗动能而自然降速。上坡加速或下坡减速的匝道(逆坡匝道),应采用较缓的坡,严禁采用最大纵坡值。匝道及其端部纵坡变化处应采用较大半径的竖曲线,以保证足够的停车视距并使驾驶者看到前方的路况。匝道的最大纵坡规定见表6-12。

6.5.5 匝道端部设计

匝道端部为匝道与干道相联结的部分,包括变速车道、锥形车道(渐变段)、分叉点交通岛(导向岛)等,也包括平面交叉的行车道部分(如菱形立体交叉中的匝道与次干道的平面交叉)。

匝道端部的设计,对于高速道路相交的立体交叉来说,是立体交叉几何构造中极其重要的一环,即使在速度不很高的立体交叉上,进出口也与立体交叉的交通运行有着密切的关系,因此必须引起设计者的重视。

国外立体交叉中匝道端部的交通事故发生率很高,特别是匝道驶入干线的车辆所造成的尾随撞车事故较多。这是由于干线的入口处,司机必须同时注视前面的车辆和干线上的交通,往往容易分散注意力,当前车因找不到合流的时机而放慢速度,或者因此暂时停车,而只注意干线交通的后车,就往往发生撞车事故。为了减少这种事故,匝道与干线相互间要有良好的视野,与匝道端部保持易于合流的理想线形和构造是很重要的。

同样,在干线出口处,由于分流时的速度降低和急刹车而冲撞,以及越过出口而停车的冲撞,或从内侧车道违章驶出而造成的事故等,这些驶入匝道的事故是在视野恶劣的匝道和急转弯的分叉处发生的。

此外,平面交叉部分在匝道下坡的终点处,有时因暂时停车而造成冲撞事故。例如,菱形立体交叉中,匝道的线形是直线,并且是急下坡,则车辆因减速不当或失误,以致酿成事故。互通式立体交叉的出、入口除主线分岔道和高速匝道以外,应设置在主线行车道的右侧。在分流鼻两侧,为给误行车辆提供余地,应在行车道边缘设置偏置加宽,并用圆弧连接主线和匝道相交的路缘,如图6-26所示。偏置加宽值和分流鼻端圆弧半径规定如表6-13所列。

表6-13　分流鼻偏置值及鼻端半径　单位:m

分流方式	主线偏置值 C_1	匝道偏置值 C_2	鼻端半径 r
驶离主线	≥3.0	0.6~1.0	0.6~1.0
主线分岔	≥1.8		0.6~1.0

1. 匝道口的设计

1）匝道出口的布置

车辆通过匝道驶入干线的路口，称为匝道出口。设计时应考虑能使车辆行驶安全地合流。因此，出口处必须设计较小的合流角，以便于车流的合并。这样，可充分利用加速车道，并使加速车道路上的车辆能顺利地进入干线。

干线与匝道之间应相互通视，使司机在进入干线时能提前看到干线上的交通情况，待机插入。匝道出口位置应明显，易于识别。一般情况下，应将出口设置在跨线桥前。当设置在其后时，则至跨线桥的距离宜大于150m。

2）匝道进口的布置

车辆通过干线驶入匝道的路口，称为匝道进口。当车辆从干线驶入匝道时，应使干线上的通行车辆容易看清进口，进口位置应注意干线的线形，如纵断竖曲线、构筑物的隐蔽等，以确保视野良好。

使用减速车道，为了防止由于在干线上的减速而发生事故，一般最好布置为直接式。同时，由于疾驶在高速道路上的驾驶员对速度的感觉迟钝，难以进行速度调节，因此匝道的端部设置大曲线较好（表6-12），使之有调整速度的充裕时间。

3）分叉点交通岛（导向岛）的布置

当车辆离开干线进入匝道产生分流的地点，须设置分流端的交通岛，并在其端部应作安全上的特殊考虑。一般须将交通岛端部离开道边，做一定量的偏移（图6-26）。

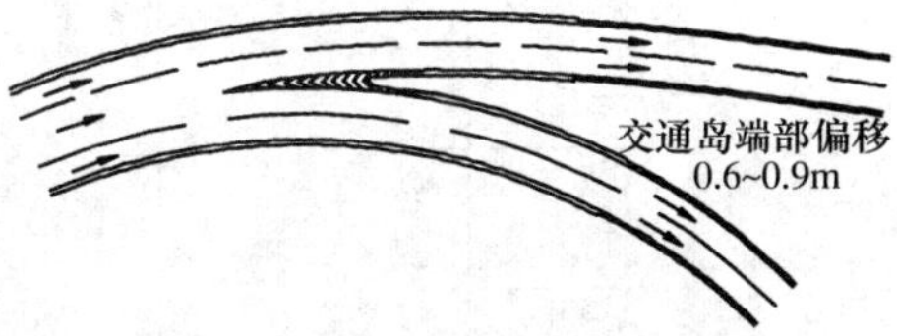

图6-26　分叉点的交通岛端部

交通岛端部一般用缘石砌筑成圆弧形，其半径为0.6～0.9m。如果在交通岛上种植不影响视线的灌木树丛，这对缓和车辆冲突和清晰地辨认帮助很大。

4）汇合点交通岛的布置

在加速车道终端进入干线的地段，须设置合流端的交通岛。其交通岛端部则不必偏移，通常是在干线的路肩上设置交通岛端部。由于合流角小，在宽路肩的干线上，交通岛端部不仅要伸入路肩上，而且一直要延伸到干线的车道边。

为了减小交通岛端部的合流角，尽量使其角度为锐角，端部的转角圆半径应采用0.25～0.50m为宜。

干道坡度与匝道坡度应在入口前接顺，在连接处的视距三角形以干道100m和匝道上60m的范围绘制。在此范围内，不许任何遮挡视线的障碍物存在。

表6-14　分流点的曲线半径与回旋线参数

主线设计速度 /(km·h^{-1})	分流点的行驶速度 /(km·h^{-1})	分流点的最小曲线半径 /m	回旋参数 A/m	
			一般值	低限值
120	80	250	110	100
	60	150	70	65
100	55	120	60	55
80	50	100	50	45
60	≤40	70	35	30

5) 端部出口或入口横断面的布置

匝道出入口同干道连接处的横断面要求平顺，没有突变。其形式由于连接处线形条件不同而不同。基本形式如下：

(1) 干道为直线或干道与匝道弯曲方向一致。当干道为直线或干道与匝道弯曲方向一致时(图 6-27),匝道与干道的横坡倾斜方向应一致。

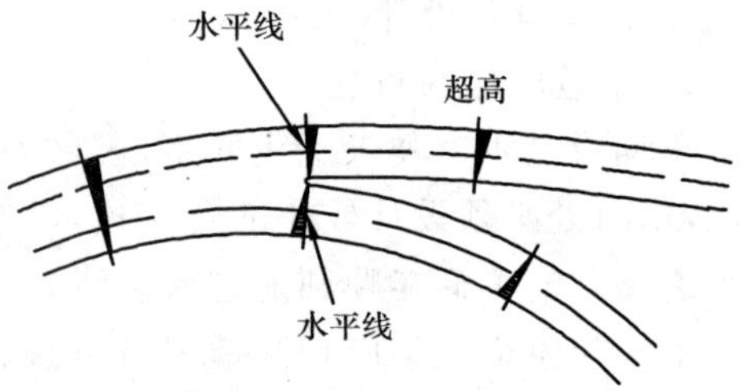

图 6-27　干道与匝道连接处横断面超高示意图

(2) 干道与匝道弯曲方向相反。当干道与匝道弯曲方向相反时从切点起为满足超高的设置,干道与匝道的横坡倾斜方向相反,其超高计算方法与平曲线超高计算方法一样。

2. 匝道口的净距

立体交叉范围内相邻匝道口之间的最小净距:入口至入口或出口至出口 240m,驶出的前面有驶入的情况,出口至入口距离为 120m(图 6-28)。相邻匝道口之间有行车交织时,除应满足最小净距外,并应符合交织长度的需要;当最小净距值小于交织长度时,应按交织长度控制。

入口至入口或出口至出口 L		出口至入口 $0.5L_1$		转向车行道 $0.75L_1$	
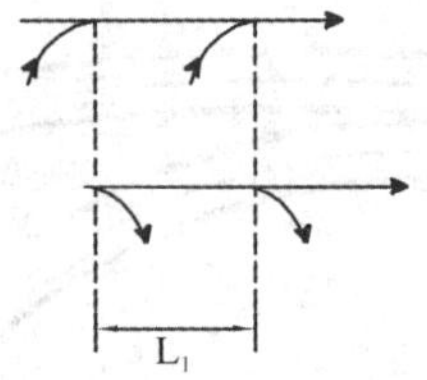		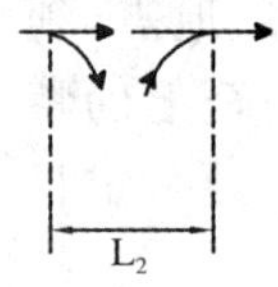		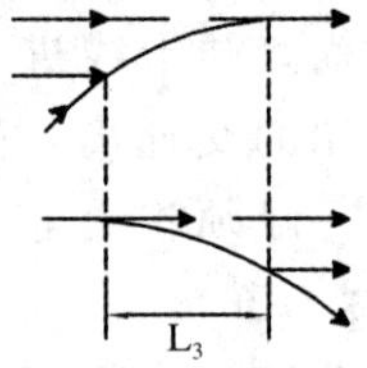	
主线	分流路或集散路	主线	分流路或集散路	高速公路之间的立交	高速公路与一般公路间的立交
分、合流鼻端间的最小距离(m)					
300③	240	150	120	240①	180②

注:① 当匝道的设计速度小于或等于 60km/h 时,可为 180m。
② 当匝道的设计速度小于或等于 50km/h 时,可为 120m。
③ 主线车速为 100km/h 的一般值。

图 6-28　匝道相邻出、入口间的最小距离举例

6.5.6　变速车道

在匝道与干线的连接处应设置加速车道。其功能是使匝道上车辆驶入干线时,逐渐加速,选择干线的行驶空隙,尽可能在不间断干线的交通流的情况下,达到合流的目的。

同样,为了使高速干道上的车辆,在不影响干线交通的情况下减速,而设置减速车道。加速车道和减速车道总称为变速车道。

1. 变速车道的形式及适用性

变速车道的形式一般分为平行式和直接式。立交直行方向交通量较大时,可采用平行式。平行式变速车道较易识别,但车辆须沿反向曲线行驶,因而对行车不利,适用于加速车道。主线直行方向交通量较少时,变速车道宜采用直接式。直接式变速车道线型平顺,比较符合实际的行车轨迹,不受车速影响,但车道起点不易识别,因此宜采用不同颜色的路面以与干道区别,或采用画线方法,并加设交通标志。适用于减速车道。

如图 6-8 立体交叉实例中第 1 象限和第 4 象限的变速车道为自 B—B 左转匝道和 E—E 右转匝道进入主线的加速匝道，采用平行式变速车道，而 C—C 右转匝道和 D—D 右转匝道为出主线的减速车道采用直接式变速车道。

变速车道一般只设一条车道，宽度可与直行方向干道车道宽度相同，一般不小于 3.75～4.00m。其位置自主线路缘带的外侧算起。变速车道外侧应另加路缘带。

2. 变速车道长度计算

变速车道长度可按下式计算：

$$L=\frac{1}{2a}(v_1^2-v_2^2)=\frac{V_1^2-V_2^2}{26a} \tag{6-3}$$

式中 V_1——主线的平均行驶速度，即与主线合流必须达到的速度，km/h；

V_2——匝道的平均行驶速度，km/h；

a——平均加速度，m/s^2，0.28～0.73m/s^2。

3. 变速车道的过渡段

(1) 平行式变速车道过渡段的长度不应小于表 6-15 所列数值。

(2) 直接式变速车道过渡段，按外边缘斜率控制。驶出端过渡段外边缘斜率为1/25～1/15(驶出角接近 4°～3°)；驶入端过渡段外边缘斜率为 1/30(驶入角接近 2°)。直接式变速车道由于在全长上渐变，因而可根据变速车道设置的斜率来确定渐变段车道之长度，见表 6-15。

表 6-15　　变速车道长度与出、入口渐变率

主线设计速度/($km\cdot h^{-1}$)			120	100	80	60	50	40
减速车道长度/m		单车道	130 (100)	120 (90)	100 (80)	80 (70)	(50)	(30)
		双车道	180 (150)	160 (130)	140 (110)	120 (90)	—	—
加速车道长度/m		单车道	240 (200)	210 (180)	180 (160)	160 (120)	(90)	(50)
		双车道	340 (300)	290 (260)	240 (220)	180 (160)	—	—
平行式渐变段长度/m		单车道	90 (70)	70 (60)	60 (50)	50 (45)	(40)	(40)
直接式渐变率	出口	单车道	1/25		1/20	1/15	1/15	1/15
		双车道						
	入口	单车道	1/40		1/30	1/20	1/20	1/20
		双车道						

注：括号内的数值为城市道路取值，无括号的为公路立交取值。

(3) 变速车道长度的修正。在干线上有纵坡的时候，上坡的加速车道和下坡的减速车道要增加其长度。相反在下坡的加速车道和上坡的减速车道上是可以减少长度的(也可不减)。修正系数参见表6-16。

表 6-16　　变速车道长度坡度修正系数

主线平均纵坡度%	$0<j\leqslant 2\%$	$2\%<j\leqslant 3\%$	$3\%<j<4\%$	$4\%<j\leqslant 6\%$
下坡路段减速车道长度修正系数	1	1.1	1.2	1.3
上坡路段加速车道长度修正系数	1	1.2	1.3	1.4

6.6 立交工程案例

[案例 6-3] 上海五角场立交工程

上海五角场位于上海东北部,是原市区郊区结合部的交通枢纽,如今市域扩大,已规划为上海的副中心,原为五路交叉的环形平面交叉口,由于中环路的建设,该处改造为 4 层式环形立体交叉。

1. 交叉口概况

该交叉口距市中心约 9km,交叉口的东北面,有江湾体育场;西北面,是江湾新城现代化示范居住区以及著名的复旦大学;西南面,是空军政治学院;东南面,则近有空军政治学院,远有上海最大的生态生活园区——黄兴绿地。五角场作为上海东北部最大的公交集散地、中转站,通过该交叉口的公交线路共有 32 条。由于交叉口附近停靠站、起终站特别多,公交车辆在交叉口附近占用道路情况特别严重、停靠站上等客、拉客现象也特别厉害,严重影响环岛通行能力。

交叉口东侧为翔殷路(快速路)、南侧为黄兴路(主干路)、西南侧为四平路(主干路)、西侧为邯郸路(快速路)、北侧为淞沪路(主干路),其中翔殷路——邯郸路为城市中环线一部分,区域发展的南北轴;黄兴路—淞沪路为上海内环线的切向放射线,区域发展的东西轴;而四平路是上海市区骨架路网"三纵三横"中三纵东线,由 5 条主要道路交汇而成的交叉口,具有十分重要的交通功能,见图 6-29。

(a) 实景

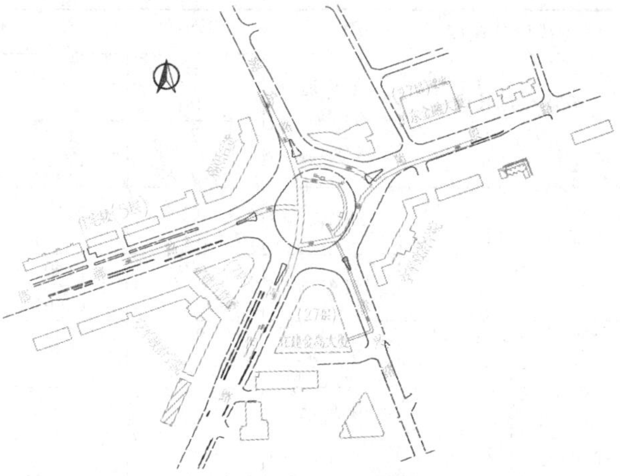

(b) 五叉路平面示意

图 6-29 五角场改造前环形平面交叉口

2. 立体交叉口设计

上海市五角场立交工程是上海市中环线重要的节点之一。由 2 条城市快速路和 3 条城市主干路交汇而成,同时它又处于城市副中心门户和市级商业区中心,设计中根据该交叉口交通、商业并举的特点,达到疏解交通、发展商业、改善环境的目标,设计本着"人·环境·交通·发展"的宗旨。采用简化立交形式,分层次解决交通问题的总体构想。

该交叉口 4 对流向为主要交通流向,其交通量占总流量的 80%以上,分别为邯郸路与翔殷路之间直行交通、黄兴路与淞沪路之间直行交通、四平路与翔殷路之间转向交通、四平路与淞沪路之间转向交通。

为此对该交叉口采用分层次解决交通的方法，将交叉口平面立体化。主要交通流向采用一个层次解决，次要交通流向采用一个层次解决，行人、非机动车采用一个层次解决。具体为：主要交通采用跨线桥（图 6-30）形式跨越五角场环岛与国和路后，落地接翔殷路地面快速系统。黄兴路—淞沪路采用下穿地道（双向 4 车道）形式穿越五角场环岛与下沉式广场。五角场环岛采用长轴为 100m，短轴为 80m 的椭圆环岛，地面环行车道为 4 车道，总宽为 20m。利用椭圆环岛地下空间形成下沉式广场，同时设置 5 个人行地道，将交叉口周围人流引入下沉式广场进行沟通，取代人流在地面的穿越，以解决人车干扰。下沉式广场地坪标高为 0.2m，地面标高为 4.3m，广场内除布置地道广场泵站、变电站外，主要以景观、绿化为主。

该立交工程的设计内容涵盖了道路设计、交叉口设计、路基路面设计、桥梁结构设计、排水设计（包括泵站设计）、供电及照明设计、建筑景观设计、消防设计、交通安全设计、绿化设计等。

道路工程规模：邯郸路、翔殷路地面道路为双向 6～8 车道；淞沪路地面道路为双向 6 车道；黄兴路地面道路为双向 4 车道；四平路地面道路为双向 6 车道。5 条地面道路在入环岛的进口处，进行渠化，增加车道。本例除介绍下列工程外其他工程略。

图 6-30 改造后五角场立交鸟瞰图

2. 桥梁工程

邯郸路—翔殷路跨线桥是该工程中的系列桥梁工程（图 6-31），全长 1023.5m，主线为双向 8 车道，标准桥面宽 30.5m（匝道桥宽段宽 34.5m），匝道全长 170m，为单向双车道，桥宽 8m，其结构形式和工程内容如下。

1）下部结构

桥梁工程中，基础采用 ϕ800mm 群桩基础，各墩台群桩组成数量不同：$0^{\#}$、$32^{\#}$ 为 $8\times\phi800$，$1^{\#}\sim11^{\#}$、$25^{\#}\sim31^{\#}$ 为 $16\times\phi800$，$12^{\#}$、$13^{\#}$ 为 $22\times\phi800$，$14^{\#}\sim22^{\#}$ 为 $21\times\phi800$，匝道墩为 $5\times\phi800$。承台形式分别有哑铃形承台、十方形承台、方形承台、矩形分离承台 4 种。立柱形式分别有 1.8m×1.8m 双方（或三柱）立柱，ϕ1800 双圆立柱和 ϕ1500 独柱。双柱间用钢筋混凝土系梁联结。

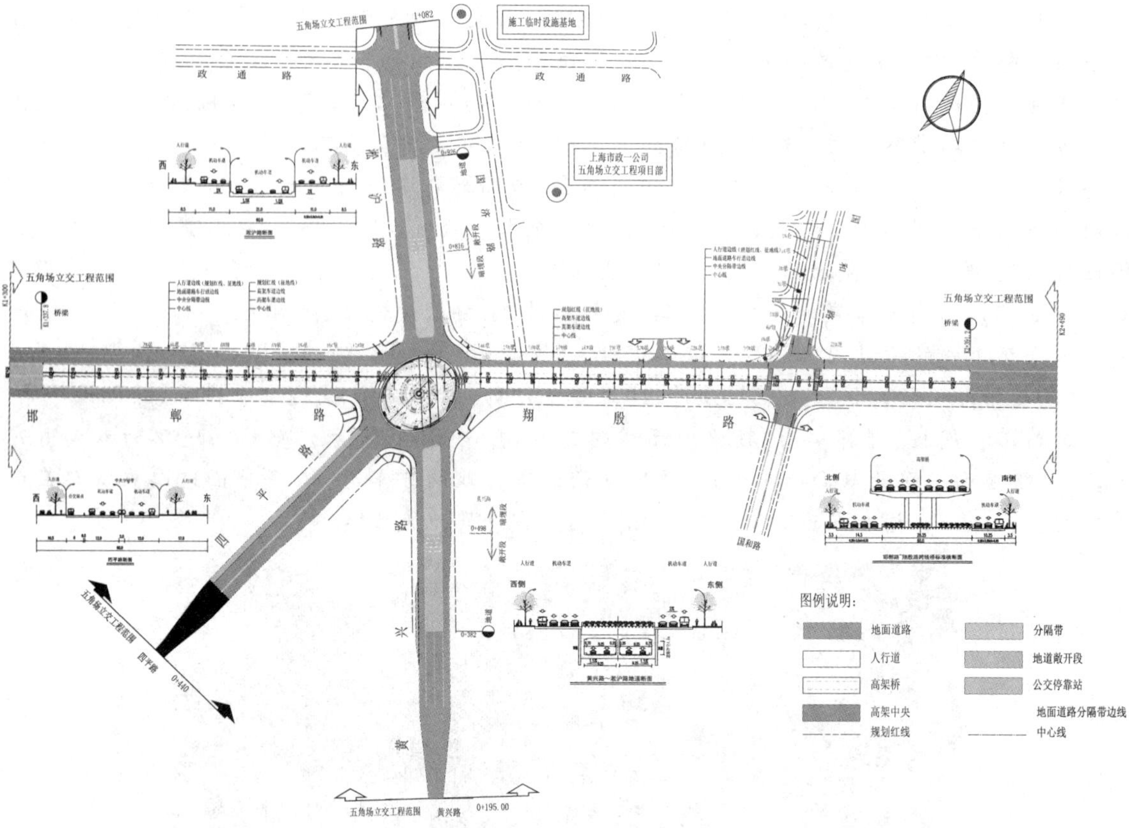

图 6-31 五角场立交工程总平面图

2) 上部结构

3 跨或 4 跨连续钢筋混凝土预应力箱梁或 3 跨连续钢箱梁。

为加强景观效果,高架桥从一个长 120m、宽 50m、高 20m 的“彩蛋”之中穿过,其上半部分作为高架桥的隔音罩,隔离噪音,见图 6-32。

图 6-32 彩蛋和高架桥鸟瞰图

3. 地下通道工程

在五角场立交工程中，地下通道工程项目包括黄兴路—淞沪路车行地道、下沉式广场及其人行通道三部分内容。

1) 黄兴路—淞沪路车行地道

黄兴路—淞沪路地道采用下立交方式穿越五角场环岛。地道为箱形钢筋混凝土结构，全长 544m，分为暗埋段和敞开段两部分，暗埋段长 318m，敞开段长 226m。

(1) 地道断面形式：暗埋段地道断面采用单箱双室断面，宽(B)×高(H)=20.9m×5.05m，净宽 $b_1=2\times 9.25$m，其中，158m 为单层暗埋段部分，160m 为双层暗埋段。敞开段范围采用现浇 U 形坞式结构，宽度 $b_2=19.1$m，其结构侧墙高度在 1.5～7m 范围，当敞开段高度小于 1.5m 时，采用挡土墙形式。

(2) 地道平面布置：地道位于黄兴路和淞沪路道路中心，按纵向分为 26 段(另有引道 Da、Db 节)，节段标准长度 20m，最长节段 25m，车行地道工程平面图见图 6-33(a)。

(3) 地道围护形式：黄兴路—淞沪路地道最大开挖深度约 13.4m，覆土厚度 0.6～2.6m，在施工中采用支护开挖的方法进行施工。根据现场实际情况、交通组织规划及结构情况，地道共分为 A、B、C、D、E、F、G 段(详见图 6-33(b))，各段围护均采用 SMW 工法结构，搅拌桩采用 ϕ650 和 ϕ850 两种。

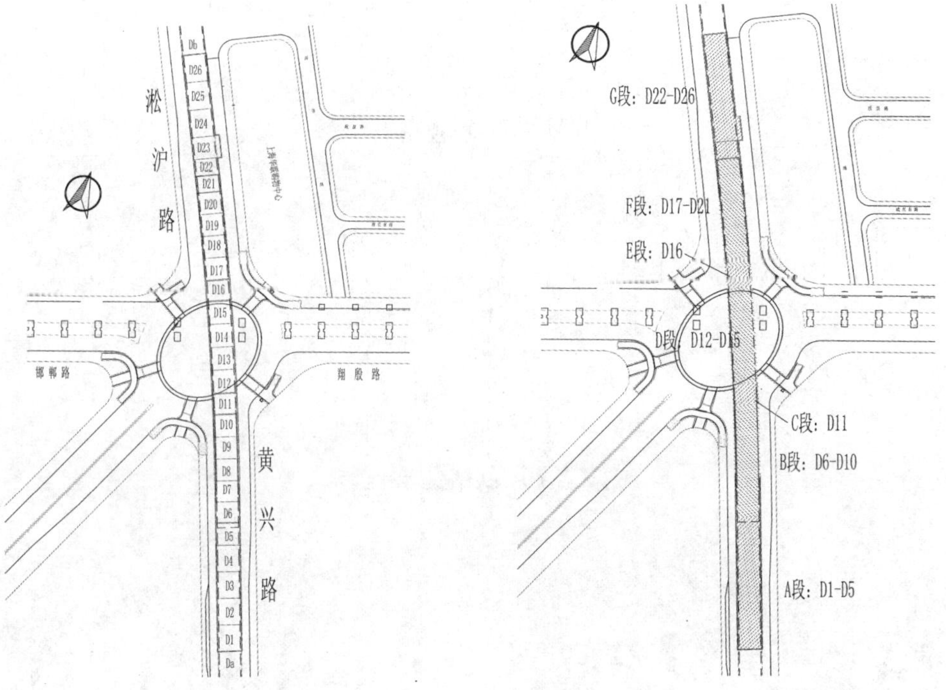

(a) 车行地道工程平面图　　(b) 地道分段示意图

图 6-33　五角场南北方向车行地道

(4) 抗浮措施及地基加固：由于地道采用的结构为箱形或坞式敞开结构，为防止地道结构因地下水的作用上浮，故而在设计中采用抗拔桩和抗拔锚杆的形式进行抗浮加固。另外，为了增加地道底板下土体的强度，控制基坑开挖变形，在部分范围的地道底板下采用压密注浆形式加固地道底板下土体，同时作为抗液化处理措施。

① 地道抗拔桩采用钻孔灌注桩，分布在地道侧墙和中隔墙下，钻孔桩直径分为 ϕ600mm、

ϕ800mm 两种,间距 2.5～4m,桩长 30～38m。该工程中共包括 ϕ600 钻孔桩 24 根、ϕ800 钻孔桩 252 根。

② 地道坑底抗浮锚杆采用 ϕ180mm 锚杆,其加固范围为 A 段(0+406—0+498)、B 段(0+498—0+536.8)、F 段(0+780.27—0+816)、G 段(0+816—0+906)。其中,A,B 段土层锚杆采用 ϕ180@3m,呈矩形分布,长度 30.3～37.1m;G,F 段土层锚杆采用 ϕ180@2m,呈梅花形分布,长度为 31～37m,锚杆数量共 437 根。

值得注意的是,在地道跨越 10 号轨道线时,抗拔桩和锚杆的布置不同于一般地段,在施工中,曾事先与有关部门联系,确认定位后才实施。

③ 地道坑底压密注浆加固范围共 358m,加固厚度为底板下 2m。

2) 下沉式广场

下沉式广场位于五角场交叉口环岛内,局部位于黄兴路～淞沪路地道 D 段顶上。广场底板顶标高为 0.2m,是长轴为 100m、短轴为 80m 的椭圆形环岛,同时设 5 个人行通道与广场相连,见图 6-34(a)示意。下沉式广场基坑采用水泥搅拌桩重力式挡墙围护,广场采用钢筋混凝

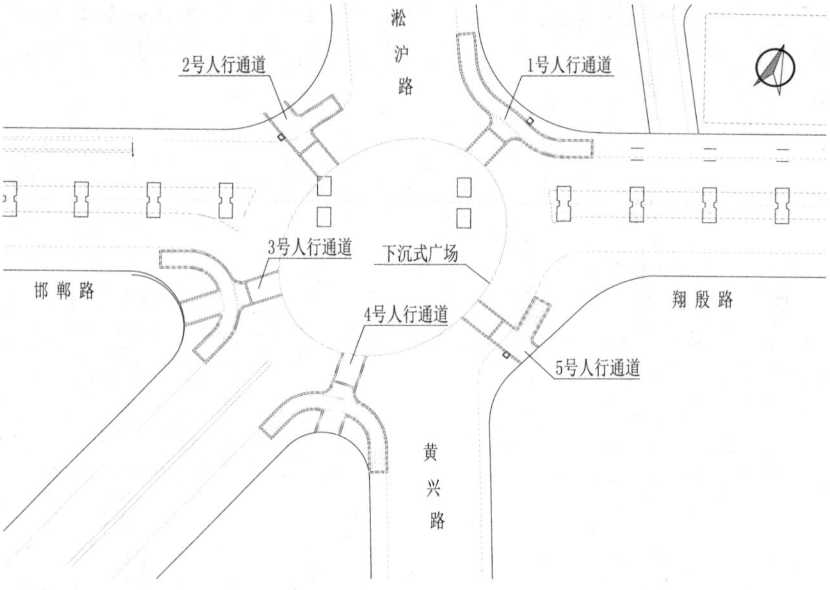

(a) 广场及人行通道平面图

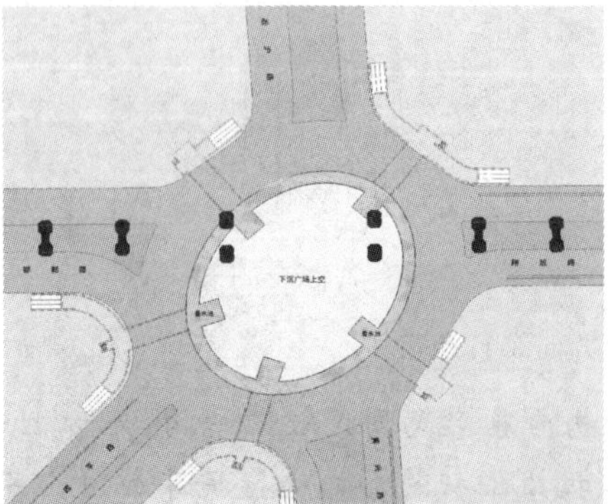

(b) 下沉广场平面图

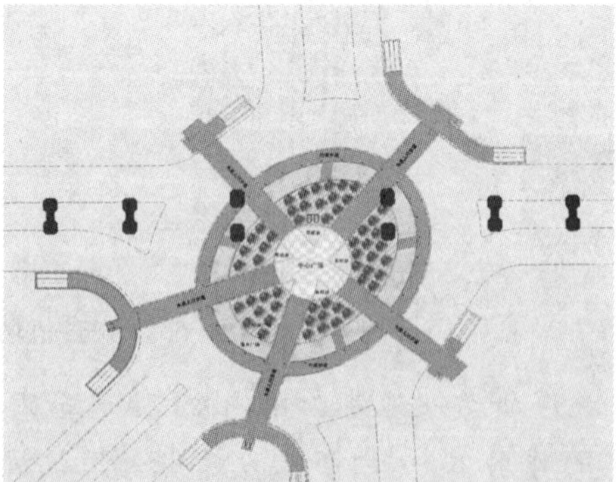

(c) 人行通道平面图

图 6-34 下沉广场和人行通道

土L形挡墙结构，底板采用钢筋混凝土构造板，其抗浮措施采用倒滤层形式（由滤水层与土工布组成），排水措施采用沿广场径向、环向设置的多道盲沟及集水井构成，下沉式广场结构采用S6抗渗混凝土结构自防水及建筑防水层处理。下沉式广场以广场中心为圆心，沿径向、环向设多道变形缝（设外贴止水带），缝内用双组分聚硫密封膏填充。

3）人行通道

共设5条人行通道将地面与下沉式广场相连。每条通道设有上、下行自动扶梯和周边地下商场相连接。根据工程特点及现场情况，每条地下通道分为暗埋段（A段）和敞开段（B段），人行通道为钢筋混凝土箱形结构，断面尺寸 $B \times H = 8m \times 2.35m$（净空），结构混凝土采用S8抗渗混凝土。

点评：该五路交叉口过去交通为机非混行、交通量大，各种性质的交通均在此交汇、交错、混杂，再通过环岛向5个方向辐射，使得五角场的交通情况十分混乱。特别是机非混行的干扰对行人、非机动车的安全、机动车的运行、交叉口的畅通带来了很大的影响。

经改造后交通混乱的局面已不复存在，如今人们可以方便地从地铁或公交停靠站到下沉式广场直接进出各大商业中心，机动车各驶其向，通行能力大为提高。该广场是以人为本的生态型的城市开放空间，是文化娱乐的活动空间，为杨浦区大学城提供公共活动场所，使五角场成为名副其实的上海副中心。

6.7 互通式立交平面CAD辅助设计与实例

立交设计主要内容是平面线形设计，主线与各条匝道的设计既有区别又相互联系。与一般道路平纵线形CAD辅助设计相似，每一条匝道与每一条主线都有各自的中心线、车行道边线以及竖曲线；同时，相比于一般道路平纵设计，立交设计还包括出入口、端部、变速车道等部分的设计。

本节以EICAD为例阐述互通立交的CAD辅助设计。在互通立交软件辅助设计前，应先构思立交选型，确定该形式大致方案。

1. 主线设计

如图6-15所示，主线NS、WE的CAD辅助设计步骤与路段设计相同（平纵设计见4.6.4）。

2. 匝道线型设计

匝道线形的形式多样，但是所有线形归根至底都由三种基本单元组成，即直线、圆、缓和曲线，本例为组合式立交（双苜蓿叶加双迂回），采用辅助圆的方法绘制。

1）以SW迂回式匝道为例（图6-35主线NS左侧）：

（1）画出匝道与主线平行段中心线，如图中所示直线 a。

（2）画出匝道右转方向的辅助圆，如图中圆Ⅰ，半径 $R=100$。

（3）画出匝道左转方向的辅助圆，如图中圆Ⅱ，半径 $R=101$。

（4）使用立交设计模块中的“直圆圆模式”命令，先后拾取直线 a、圆Ⅱ、圆Ⅰ，并调整各缓和曲线参数（图中YH1～GQ1、GQ1～HY2）。

（5）使用“直圆模式”命令，先后拾取主线NS的边线与圆Ⅰ，并调整缓和曲线参数（ZH1～HY1）。

（6）绘制匝道边线。

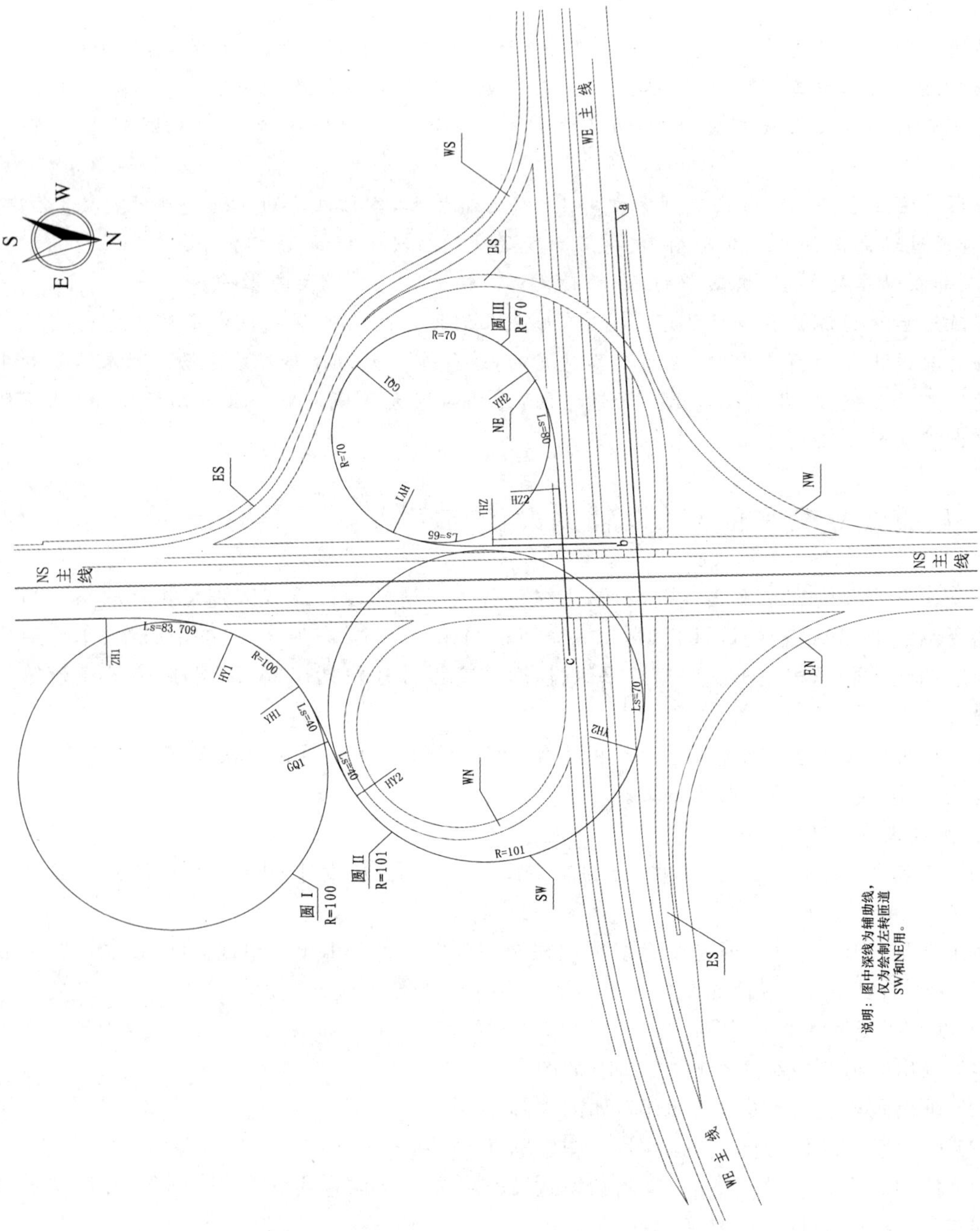

图 6-35　互通式立交匝道定线 CAD 辅助设计示意图

2）以 NE 苜蓿叶匝道为例：

（1）画出南北向右侧集散车道中心线 b，画出东西向集散车道中心线 c。

（2）画出苜蓿叶匝道辅助圆，如图中圆Ⅲ，半径 $R=70$。

（3）使用立交设计模块中的“直圆直模式”命令，先后拾取直线 b、圆Ⅲ、直线 c，并调整各缓和曲线参数（图中 ZH3—HY3、YH3—HZ3）。

（4）绘制匝道边线。

3. 画出行人、非机动车道

所有平面线形绘制完成后如图 6-15 所示。

4. NE 匝道纵断面图示例（图 6-36）

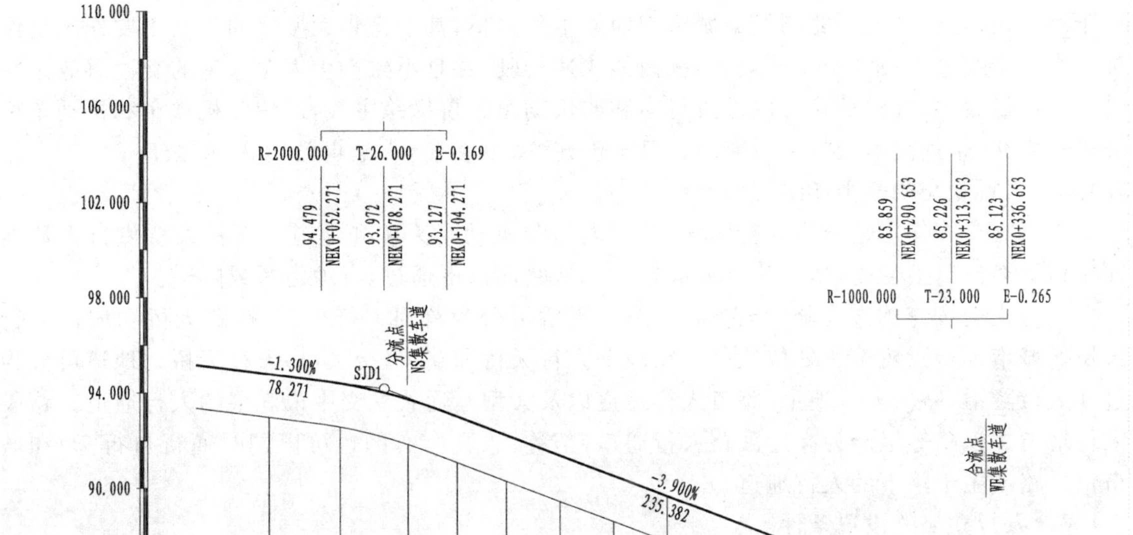

图 6-36 苜蓿叶形匝道 NE 的纵断面设计图示例

7 人行立体交叉

7.1 概 述

7.1.1 人行立交的作用

人行立交早年广泛用于铁路上,或以跨线桥或以地道方式穿越铁路。近几十年来已广泛用于城市快速路、高速公路路段或城市交通繁忙的路口,甚至密集大厦之间。其主要作用是保证行人安全通过,使地面车辆不受干扰而能快速行驶,并且不致产生人车冲突的交通事故。在自行车流量较多的路口,还可以做成行人和非机动车天桥横跨主线,以使非机动车和机动车呈分离式立交,来提高主线的通行能力。日本已建6000多座,香港也已建2000余座。

7.1.2 人行立交的分类和组成

人行立交按作用可分为人行跨线桥、行人与非机动车天桥和地道。人行天桥供行人从地面车行道净空以上通行,地道让行人或自行车从路面以下通过,有地道桥或隧道。

人行立交按跨越方式分为天桥和地道。天桥可分为跨河人行桥、跨铁路天桥和城市人行天桥。城市人行天桥按所处位置分为路段上人行天桥和路口(交叉口)人行天桥。地道可分为过江人行隧道、路段人行地道、路口人行地道以及大型互通式立交中最底层的人行通道。路段人行地道按道路等级分为高速公路人行通道(俗称"人孔",有的也可以同时通行自行车)和城市快速路或主干路下的人行地道。

7.1.3 人行立交的设置条件

根据人行立交的交通功能,其设置的条件主要取决于车流量和人流量的多少,还应根据道路等级和总体规划的要求。属下列情况之一者,可规划设置人行立交:

(1) 进入交叉口人流总流量达到18000人次/h,或交叉口的一个方向进口道横过街的人流量超过5000人/h时,且同时进入该路口的当量小客车交通量大于1200pcu/h。

(2) 行人跨越全封闭或半封闭的快速路时。

(3) 行人横过80~100m宽的交通干线或60m宽有高架道路的主干路。

(4) 交叉口一个进口道或路段上当量小客车交通量超过1200pcu/h时,或高等级公路路段周边是居住密集城镇。

(5) 铁路与城市道路相交道口,火车车次频繁,道口交闭超过15min时,或列车通过一次阻塞行人超过1000人次。

7.1.4 人行立交设置原则

(1) 符合总体规划要求合理选点,正确选址。

(2) 注意近远期结合,人行立交桥长度应按规划永久横断面考虑。梯道或坡道占用人行道宽,应保证人行道的最小宽度。

(3) 因地制宜,尽量减少房屋拆迁和公用事业管线拆迁,节约用地,减少工程投资。

(4) 注意与周围环境的协调,以实用为前提的同时,适当注意桥型美观,使人行立交既是结构物和过街的安全设施,又是一种有艺术风格的建筑,能点缀街景。

(5) 为文明施工创造条件,能尽量采用预制装配结构,减少对现有交通的影响,地道宜尽量避免大开挖的施工方法。

(6) 地面梯口宜少占行人步道的空间，尽可能与附近大型公共建筑出入口结合，例如原上海南京路西藏路人行天桥入口与四周商店的二楼相通，地下人行过道可与地铁、地下商店相通。为吸引人流量，在商业集中地点，商业大楼之间用天桥相连时，宜在天桥上加设雨罩或采用封闭式罩棚，必要时，还可设置自动扶梯，提高使用质量。

7.1.5 人行立交设计技术指标

1. 人行立交的通行能力

按城市道路设计规范，人行天桥、人行地道的基本通行能力数值同人行道，为4800人/(h·m)，步行速度采用1m/s。车站、码头的人行天桥、人行地道的基本通行能力为2600人/(h·m)，步行速度采用0.5～0.8m/s。基本通行能力是按理想条件计算所得，实际上受季节天气、景物及行人是否带物等因素干扰，对行人速度有影响，所以可能通行能力以对折折减，码头、车站的人行立交用0.7折减系数。设计通行能力按不同地点、场合又予以折减，所以人行立交的设计通行能力为1800～2000人/(h·m)，而车站、码头的人行立交通行能力为1400人/(h·m)。

人行立交的交通量在特别繁忙的路口，可不用一年内发生若干次的异常高峰量，而用平常的高峰小时人流量作为设计人流量，免得修过宽的桥面(或地道)增加造价。

2. 人行立交通道的净宽、梯道

人行立交通道的净宽，按设计年限人流量和设计通行能力计算确定，当计算值小于3m时采用最小净宽3m，人流上梯速度慢于桥面(或道面)行走速度，立交每端梯道或坡道的净宽之和应大于通道的净宽。采用多条梯道时，每条梯道的最小净宽为1.8m，极限值为1.5m。自动扶梯净宽1m。

若设置行人梯道与自行车坡道推行相结合的形式，则一条坡道宽不小于0.4m，坡道位置应设在方便推车的右方。自行车推行坡道，其推车带宽1m。可按自行车交通量计算通道宽度，应该是推车带宽度的倍数。

3. 净高

人行天桥的净空高度应根据桥下行驶的车种而异，详见表7-1，考虑到维修或改建路面可能提高桥下路面标高，所以净高还应适当增加。

表7-1 人行天桥桥下净高一览表

车种	主线机动车	辅道或支路机动车	电车、双层公汽集装箱货车	火车	非机动车	行人
净高/m	5	4.5	5.2	6.5～7.2	3.5	2.5

人行地道净高：通道处为2.5m，扶梯踏步中间位置的最小垂直净高2.4m，坡道的最小垂直净空为2.5m，极限值为2.2m。

4. 荷载标准和其他参数规定

(1) 荷载标准：人群荷载3.4～4kN/m^2。

(2) 横坡：1.0%。

(3) 踏步级高度：0.15m；宽度：0.30m。

(4) 栏杆扶手高度：1.2m。

7.2 人行天桥与地道的比选

人行天桥和人行地道在使用、施工和建筑造型等方面各有优缺点:天桥受地下管道的限制小,施工快,工期短,对现场的交通影响小,但由于至少要留出机动车行驶的净高 4.5～6.5m,因此高差大,行人上下不方便。天桥建筑造型受环境限制。人行地道的优缺点与天桥不同,雨雪天使用方便,高差小,造型不影响市容观瞻,但施工期长,造价高,使用时在排水、照明上要消耗能源,在治安、卫生、养护和维修工作上比天桥多花人力财力。我国已建地道约为天桥的 1/5。

在气温较低,冰冻雪期较长的地区,采用地道较多,如俄罗斯建地道多于天桥,95%以上为地道,而日本的城市,从安全与点缀街景考虑,建天桥者居多。日本大城市的天桥扶梯均采用自动扶梯,以减轻行人攀越天桥的体力负担和心理压力。

人行立交形式的选择还应考虑城市特色和环境要求。如在我国古城独特风貌的街区,为保持与历史性建筑物协调,采用地道,如西安南大街地道在风格上与钟楼和南门瓮城相协调。因为天桥的体量、高度、造型、风格等方面均不适应古建筑物的和谐,破坏了独特风光。北京天安门东西对称的地道和天安门金水桥相映;武汉黄鹤楼处建地道,均为了与环境协调。人行地道还广泛用于大型多层互通式立交的最底层及用于跨越铁路处,使行人减少爬高,跨越铁路的天桥比跨越道路的天桥高出约 3m。人过铁路天桥更觉劳累,而且铁路一般为双线、路基狭窄,地下管线简单,为确保铁路行车的安全,采用地道方案好,如上海延安西路和光新路穿越沪杭铁路的两座人行地道,其两侧各设 0.4m 宽自行车推行坡道,地道两端进出口均设置雨篷,方便行人。

天桥和地道比选对照表见表 7-2。

表 7-2　人行天桥与人行地道特点与适用性对照表

类　别	人行天桥	人行地道
净高	桥下 4.5～6.5m	人空 2.4～3.0m 复土深度 1～1.5m
人行道与车行道的高差	高差大,爬梯累 不宜建在铁路线上	高差不大,便于残疾者,用于穿越铁路线处
地下管线	受影响小	受影响大
地下水位 地质水文	受影响小	受影响大
施工工期	短	长,难度大
施工对交通的影响	小	大
排水	简单,适用于地下水位高地区	复杂,要求防渗、防漏,泵房
照明	简单	复杂
安全	保证设计与施工质量前提下安全	夜间欠安全
造价	低(未计豪华型)	较高
养护维修	要求不高	卫生、养护费用高
建筑造型	要求高,须与环境协调	不影响市容观瞻
受气候影响	冰冻地区慎用	适用于寒冷地区与炎热地区(地道内夏凉)
地区限制	适用于南方	适用古城独特风貌的街区

7.3 人行天桥

7.3.1 平面线型

人行天桥的平面线型是总体设计的主要部分,平面布局是否合理是保证天桥交通功能的前提,人行天桥的平面形式是由交叉口的形状、相交道路的条数、路宽、路中有无分隔带,以及地下管线的复杂情况等条件来确定。

1. 天桥按几何形状分类

人行天桥按平面线形之不同有多种类型,详见表 7-3。

表 7-3　　人行天桥平面线形

路口状况	平面线形	典型实例	优点	缺点	适用场合
路段或交叉口上某侧进口道	一字形(直线形)	广州先烈路、广州延安路、北京路,徐州淮海路、南京淮海路,北京西单、东单、动物园、崇文门隆福寺等处	简单、广泛应用		行人和非机动车合用天桥 快速路上 铁路线上 商业街上 密集大厦之间
三岔路口	L 形	上海肇家浜路、广州人民南路	简单、工期短		用于丁字路口,其中一个方向流量不大
	[形	上海宝山路—天目路桥	美观、实用		三条路流量均等
	(形	上海延安东路—福建路	美观	结构施工有难度	
	┤侧 T 形	上海延安路—西藏路	实用		
	Y 形	上海武宁路—东新路桥	实用、中间可开洞、减轻自重		面积不大的丁字形交叉口
	U 形	重庆上清寺			三路或四路交叉口
四岔路口	□形	上海延安中路华山路	按空间刚架计算,故梁的高度低		道路不太宽的交叉口
	十形		交点加一墩柱,缩短跨径		十字路口
	X 形	广州北京路—中山五路	简单、美观	对转弯车辆视距略有影响	小交叉口
	¤形	北京蒋宅口天桥 广州起义路—中山五路 武汉江汉路 合肥范巷口	外形美观流畅,中间开孔,有利桥下采光,采光通透,轻盈感		正交、大交叉口、三岔或四岔路口
	八角形	福州市东街口 上海江苏路—延安西路	消除直角、扶梯散开布置		跨越几条路的大交叉口

续表

路口状况	平面线形	典型实例	优点	缺点	适用场合
四岔路口	O形	上海海宁路吴淞路 广州执信南人行天桥	美观、行走方便	设计与施工复杂	两路不相交在一点上
	H形	上海重庆南路—淮海中路	利用高架墩柱		两相交路中有一条较宽的路
	多边形	上海陕西南路—延安中路	利用分隔带和高架墩柱		
	弧形	北京日坛北街天桥	美观	略复杂	路段上或跨越几条路的交叉口
	环形	香港怡和街 上海陆家嘴明珠环人行天桥	美观实用		现浇

2. 按功能分类

对于畸形十字交叉口或多路交叉口,人行天桥可做成一体式(又称集中式)和分离式两种形式。

1) 一体式人行天桥

常见于一般人行天桥上,跨越交叉口上各条路的天桥是一个整体,各方向可以互通,例如表 7-3 所示的人行天桥形式除“一字形”外,均为一体式人行天桥,采用何种图式,要根据交叉口地形,道路相对位置和交通量因地制宜。图 7-1 为日本莲根人行天桥示例,该桥处在多路畸形交叉口上,人行天桥平面的中心部分采用辐射式构成,翼部与不同方向的天桥有机相连,形成多层立交间的空中人行交通系统。不仅将多路口的行人有序组织在一起,并将各个方向的构筑物空间有机地统一起来,达到与周围环境的协调。全桥纤细轻盈,与周围环境融洽。图 7-2武汉钟家村人行天桥也为一体式人行天桥,与图 7-1 起到异曲同工的作用。

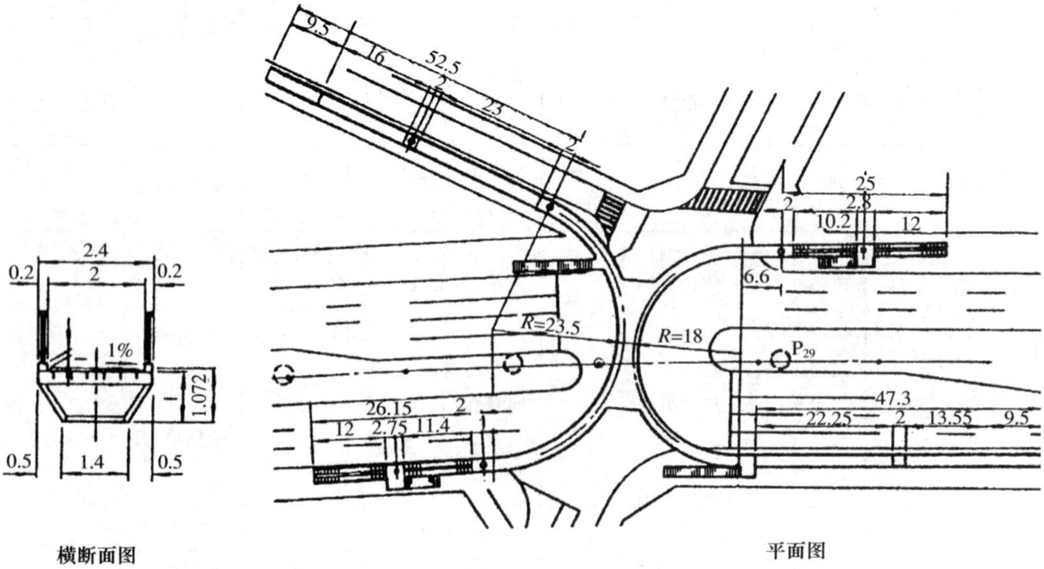

图 7-1 日本莲根人行天桥

2）分离式人行天桥

分离式人行天桥指在交叉口上空可有2～3座单独的人行天桥，彼此不互通（大都是一字形人行天桥），如武汉武胜路和中山大道交叉口上，在南、北、东三个进口道上修建三座一字形人行天桥，对交叉口来说是不互通的分离式人行天桥。这种分离式人行天桥考虑到交叉口范围较大，四周无处设上下踏步，形状又较规则，便分散设置在路段进交叉口的进口道处。

图 7-2 钟家村人行天桥

［案例 7-1］ 北京动物园人行天桥

北京动物园门口经过5个方案比选（表7-4），选定了分离式天桥方案，目的使天桥形式不损害动物园景色观瞻，并使路段过街人流（动物园公交枢纽点上日均集散客流量25万～30万人次，假日日集散客流量达45万～50万人次，过街1.4万～2万人次）合理渠化。所选方案布局见表7-4。路段主要人流方向和位置，设置东西两座一字形人行天桥，其间距为134m，保留东桥北端两侧的电车和汽车终点站，避免对大街地下管线的拆迁，在南侧做人行地道，以避免动物园大门前空间受限制的压抑感，有利于保持动物园周围的自然景色。

表 7-4 北京动物园人行立交方案比较表（案例 7-1）

方案形式		优 点	缺 点
凵形天桥	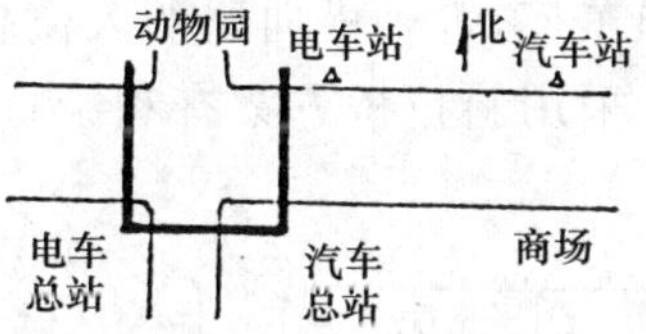	1. 行人上桥后可通向任意方向； 2. 做天桥，施工方便，工期短	1. 桥过于集中，反将行人集中到大门口，不利于疏导； 2. 大门口空间受限，给人以压抑感，与动物园自然景色不协调
L形天桥	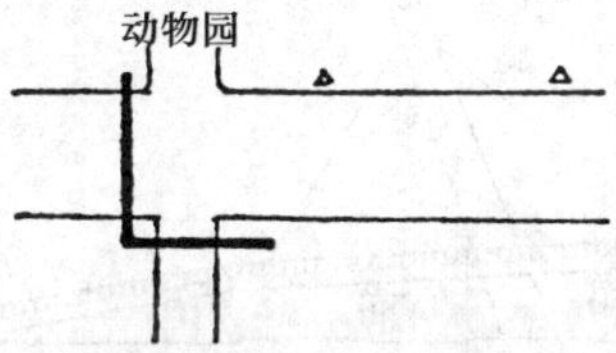	1. 解决主要方向行人过街，减少工程量； 2. 做天桥，施工方便，工期短	1. 东侧行人及换车乘客过街要绕行一百多米； 2. 大门口压抑感依旧没解决，不利观瞻
‖形天桥	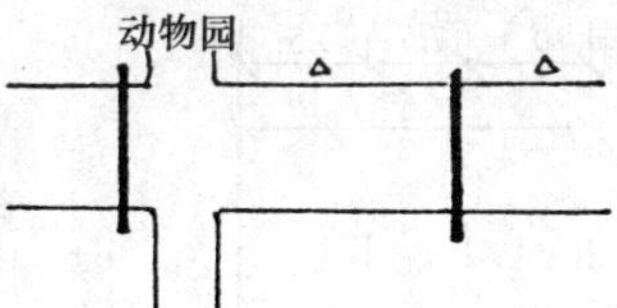	1. 解决了主要过街问题； 2. 没有大门口空间受压抑问题； 3. 做天桥，施工方便，工期短	总站出入口的人车矛盾没解决
⊢形天桥	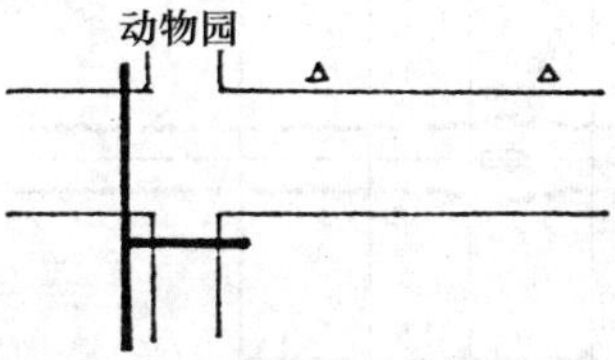	1. 上桥行人可直接到电车总站各站台上车，站内没有行人穿行； 2. 构思新颖，带有方向性见解	1. 工种投资较L形多； 2. 需结合总站改造进行建设 3. 有L形相同的缺点

续表

方案形式		优　点	缺　点
凵形天桥	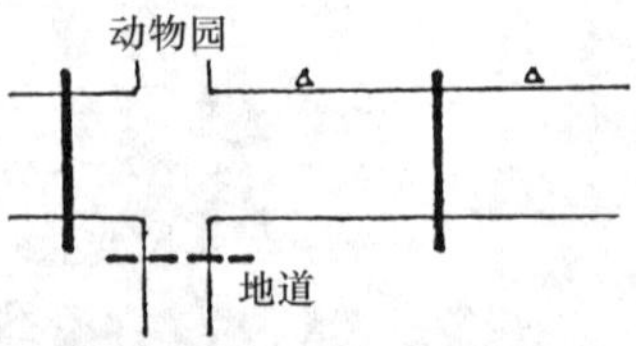	1. 解决了主要过街问题； 2. 没有大门口空间受压抑问题； 3. 做天桥，施工方便，工期短 4. 解决了总站口的矛盾； 5. 大门口南侧一立交做地道，地面简洁，行人登高高度减少	1. 行人仍干扰总站行车； 2. 未能与该路段下远景地铁规划相结合

7.3.2 结构造型

从视觉效应看，人行天桥的立面造型比平面线形对街景来说更为重要，因为俯视的不多，行人往往立足于街头远眺或在桥下仰视。结构选型包括对结构体系的选择、造型设计以及选择上部、下部结构。

1. 结构体系

1）斜拉桥结构

适用于空间很开阔的大跨度人行天桥，一般跨径达 80～90m，国外如日本、德国、澳大利亚从 20 世纪 70 年代至今兴建较多，其优点为建筑高度小、轻巧美观，有钢斜拉人行桥，也有钢筋混凝土斜拉人行桥。如某地快速路和横向道路相交处，行人非机动车天桥远期拟采用斜塔斜拉单索面钢结构形式(图 7-3)。快速干道道路红线宽度 100m，按全封闭近期双向八车道的城市快速路标准建造，主要交叉口设立交，次要路口南北两侧需设置人行非机动车天桥联系南北向道路出行的居民和骑车者，考虑到快速干道两侧无住宅和工厂，进入横向路的人流较少，因此主桥、坡道平面呈一字形布置。该处道路宽阔、地貌空旷，采用斜拉桥方案有利于打破竖向

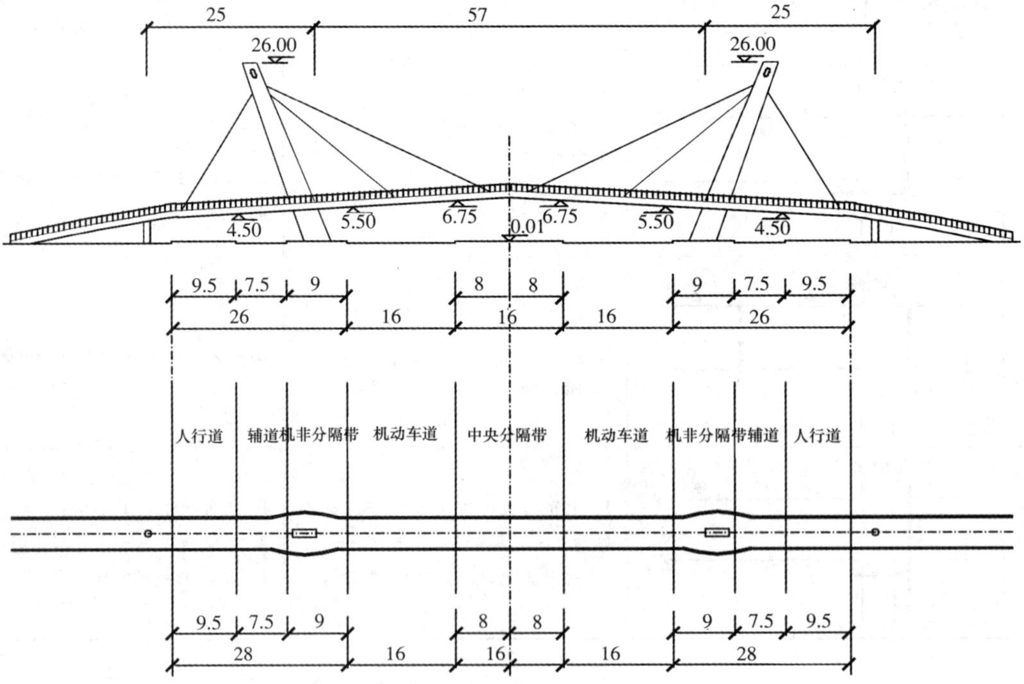

图 7-3　斜拉单索的人行天桥

空间单调格局，活泼周围环境。桥位布置在支路中央，天桥中心线和快速路中心线呈正交，犹如一座城市雕塑(图 7-3)。

2) 拱形体系

拱的矢高比 f/L 很小，适用于跨越高路堑、广场或游览区或地域开阔处，这种桥型往往不设扶梯踏步，而设匝道，便于自行车上桥。某地快速路和横向道路交叉处，人行非机动车天桥远期拟采用中承式系杆拱方案(图 7-4)，该人行天桥位于重要干线上，天桥除了满足交通功能外，还必须具有独特、新颖的景观效果，遵循“新颖、美观、经济适用”的原则，根据干线道路性质结合桥址附近的地理风貌和人文景观构成融交通、广告和观赏于一体的构思，采用拱形体系，使人行天桥设计与施工提高到新的水平。平面位置在横向路的东侧，坡道呈对称的 S 形布置，既避开了干线两侧未拆迁的房屋，又使天桥起步靠近 100m 红线，减少了道路两侧市民上桥绕道的距离，拱方案的立面造型比较强烈，打破了平川大道一望无垠的平淡沉闷的感受，犹如平空升起的一道绚丽的彩虹，对于长时间处于高速行车状态中的司机和旅客，能消除高度紧张带来的疲劳，松弛、调节乘客的精神状态。广州市机场路 2 号人行天桥虽然路不变，但也增添景色。

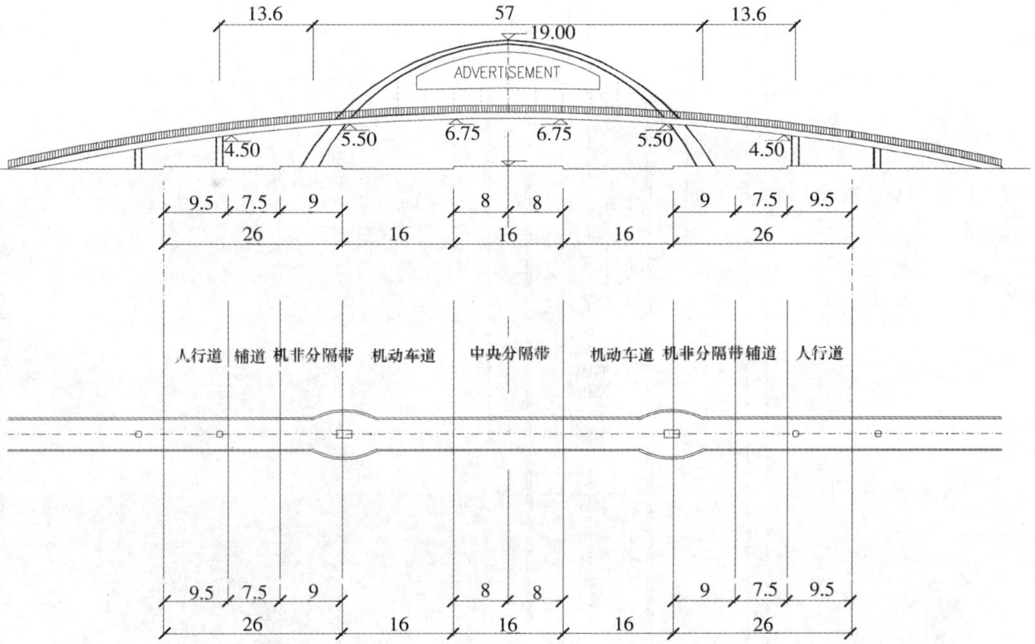

图 7-4 中承式系杆拱人行天桥(单位：m)

3) 梁式体系

梁式体系是目前使用最多的人行桥体系。一字形和 L 形简单人行天桥大多采用简支梁，如武汉武圣路南、北、东三侧天桥和北京西单商场天桥，广州人民南路天桥；多跨的一字形或弧形天桥采用连续梁结构，如上海徐家汇天桥，不仅线形优美，梁的建筑高度矮，立面均衡美观。连续梁体系的缺点是对地基沉降要求高，设计施工安装要求严格。图 7-5 为上海淮海路重庆南路一字形梁式天桥平面图。

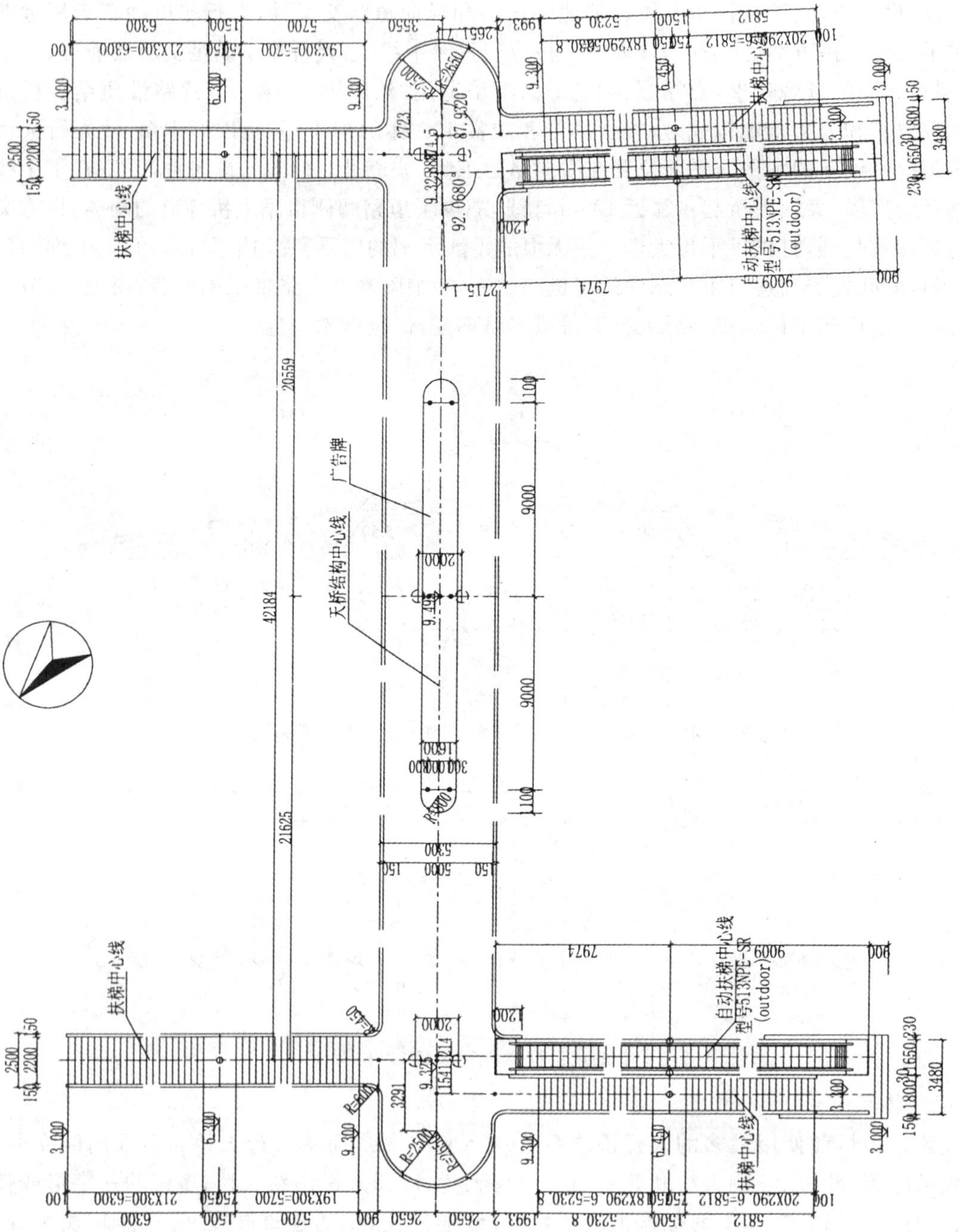

图 7-5 带有自动扶梯的一字形人行天桥平面设计实例

4）斜腿刚架结构

公路上或山区城市里用它来跨越两边的高路堑尤为适宜，桥型轻巧美观。国外许多天桥做成钢筋混凝土斜腿刚构（如英国），我国在天桥中应用斜腿钢刚架较为普遍，靠近车行道外侧、非机动车道的上空部分把桥身做成斜的、并兼作梯道，可减小梯道占用人行道的面积，节约投资。此外，还可丰富桥的立面造型又降低桥头高度，吸引行人上桥通过。如北京东单（图7-6）、广州北京路、徐州淮海路、长沙五一路、南京淮海路天桥。广州北京路天桥，采用斜腿刚构结构，设在交叉口处，做成X形，梯道设在交叉口转角的车行道上，其缺点是缩小缘石转弯半径和行车视距，但如果是非机动车行驶在道路外侧，则不影响转弯净空，如果交叉口设置信号灯控制转弯交通，则车速已减慢，影响也不大。

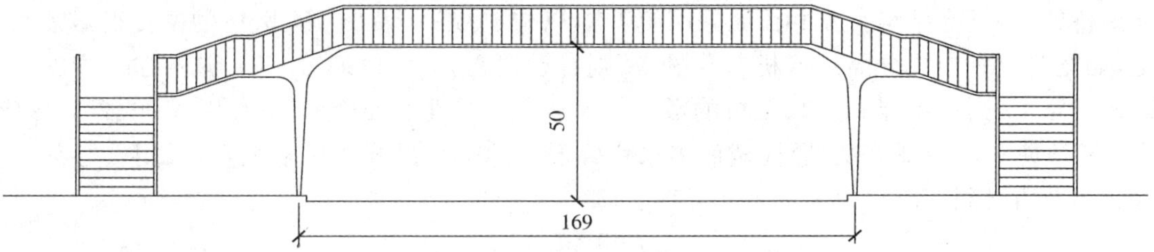

(a) 立面图

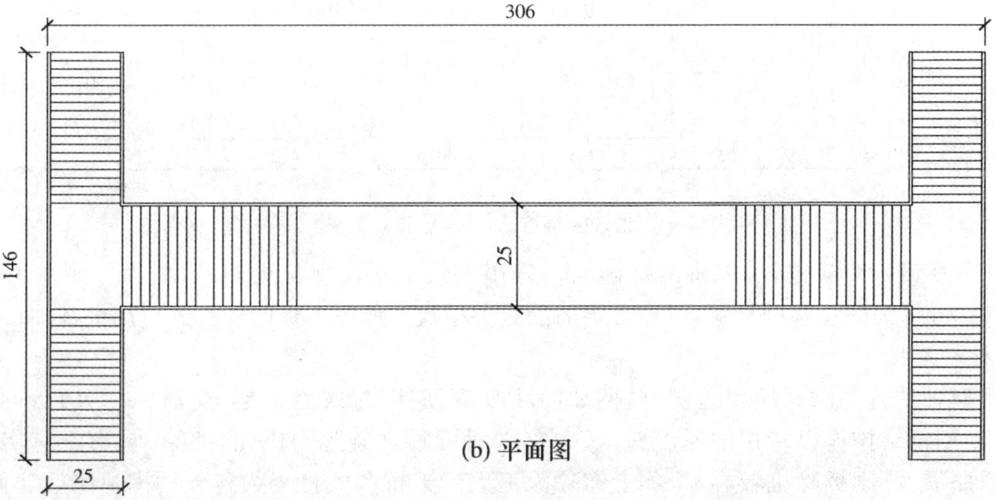

(b) 平面图

图 7-6　北京东单斜腿刚架人行天桥平面图

刚架结构造价低，用钢量少，但施工中需设临时支架，影响正常交通，对地基要求也比较高。

5）桁架结构

有钢管桁架、刚性结点空腹桁架等，桁架结构常用于天桥加顶棚的造型；该形式对天桥的建筑高度可定得最小，但外形体积膨大，与周围建筑不协调，如我国北京崇文门人行天桥、广州燕岭人行天桥、上海四川北路的人行天桥系用空腹桁架，由于高度过高，故不协调，不美观。

2. 上部结构

我国天桥目前采用钢结构的较多，施工方便快速，可先在工厂分段制作，运送到桥址附近，夜间按序到位，现场拼装，焊接成整体，省工省料，比钢筋混凝土结构方便，并且比混凝土梁轻巧。预应力混凝土梁也比钢筋混凝土梁轻巧。

上部结构常用的截面形式有实心板、空心板、多肋∏形梁及箱形梁。

混凝土板式天桥可分为现浇整体式及预制装配式。前者用于平面线形较复杂的互通式(集中式)人行天桥,施工时一般需中断或部分中断天桥下行车道的交通。装配式适用于一字式人行天桥,可采用预应力混凝土空心板,一般不需要中断交通。

钢板梁天桥由两片I型钢板焊接组成,上承式钢板梁桥建筑高度大,不便上桥,但结构透空性好。下承式钢板梁将拱杆与梁合成一体,下承式板梁结构比上承式箱梁或工字梁便宜,省钢材,桥面高程低,但立面造型笨重,不美观,需用广告牌或色彩遮掩。

箱形梁式天桥一般采用钢结构或预应力混凝土结构,箱梁的翼板应尽量外伸,主梁的外形尺寸应尽可能地小,使上部结构纤柔、轻巧。钢箱梁建筑高度小、美观,但振动敏感。

3. 下部结构

天桥的上、下部结构宜互相配合,比例匀称,以构成视觉上的平衡,墩柱的位置视路幅宽度而定,如宽路上有中央分隔带或机非分隔带,则宜设置在其上,以缩短桥跨,减薄建筑高度。如在高架道路上,则尽可能利用高架桥的墩柱。路段上一字形的人行天桥有用V形或Y形(图7-7)的墩柱使立面造型美观,墩柱截面多采用圆形、椭圆形,以开阔桥下视野,采用空心截面则减轻自重节省材料。

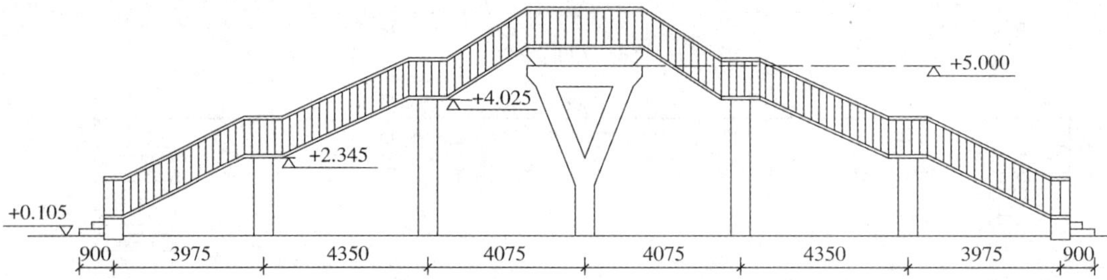

图7-7 北京隆福寺人行立交侧立面图

由于天桥设计荷载较轻,天桥的基础大多采用天然地基浅埋扩大基础,埋深一般在1m左右,不超过2m。为防止基础滑移,可设置钢筋混凝土齿坎。地质不良的土基处可用桩基础。

4. 材料选择

采用何种结构与材料应因地制宜,例如旧城改造,周围建筑已定型,交通密度大且不能中断交通,则用钢结构能以特快的速度施工,一夜之间可腾空架起。广州、北京、上海都有实例。一旦遇道路展宽,则拆除也较容易,如上海徐家汇人行天桥和大世界人行天桥因道路改建而拆除重建的。如果在新建城市或新建区或新建路上则可采用预应力钢筋混凝土结构,钢筋混凝土梯比钢梯便宜、振动小、噪音低、外形较活泼。坡道材料应抗滑耐磨,桥面宜采用质轻、富弹性、防滑、无噪声,并对结构有减震作用的材料。栏杆应采用坚固、耐久的材料。

7.3.3 梯道、坡道、平台和栏杆设计

梯道可设计成直跑或双跑,20世纪80年代初北京的人行天桥大部分是直跑,占地长,给人以望而生畏的感觉;80年代末至90年代我国造的人行天桥已注意用回转桥梯(又称双跑)使人不觉得疲劳、引人上桥。梯道外形各不相同,给人以舒适的感觉。螺旋式梯道对老人不安全,目前应用不多。梯道坡度采用1∶2～1∶2.5,自行车推行坡道不陡于1∶7;二者合用时坡度不应陡于1∶4(即25%),如天津二号路,自行车天桥采用24%～28%,较费力;杭州庆春路采用20%,较合适;轮椅坡道1∶12,广州陵园西路采用15%,试用期间年轻人有骑车过桥的。梯道踏步尺寸为30cm×15cm或28cm×14cm,梯道高差大于3m时应设平台,平台长度可小于桥梯宽度,但应大于或等于1.5m,如改变行进方向的平台应大于梯宽。自行车推行坡道的

平台应大于车身长度。桥上栏杆高度应大于或等于1.05m。台阶和平台应设扶手。

7.3.4 桥面排水

为便于人行天桥桥面排水，宜设置纵坡和横坡，桥面最小纵坡宜大于或等于5‰，横坡可采用双向坡度，也可用单向横坡，视桥宽而定，最小横坡为1%。采用钢筋混凝土桥面的钢桥，桥面须设置柔性防水层；主梁连续梁的桥面应在负弯矩区设置防水层；简支梁体系采用防水混凝土铺装时，可不设防水层。

7.3.5 照明设计

人行天桥照明方式有在桥上设柱式、矮柱式灯具，也有设埋置式灯具分散照明，对于大交叉口也可采用集中式照明——高杆华灯。亮度要求：对于敞开地区桥面上达4～5lx，封闭式天桥不低于20lx，繁华地区敞开的天桥不低于10lx。灯具的选择和布置应使照明度均匀，并不使桥下行驶车辆的司机视觉造成不良影响。在繁华街道，有景观要求的道路，人行天桥可加设夜景照明。

7.3.6 人行天桥案例

［案例7-2］ 上海陆家嘴明珠环形人行天桥

人行天桥一般建造在车流量大、行人稠密的地段，或者交叉口、广场上面。用于避免车流和人流平面相交时的冲突，保障人们安全地穿越，提高车速，减少交通事故。

按照结构区分，常见的过街天桥可以分为三大类，分别为悬挂式结构、承托式结构和混合式结构。

悬挂式结构的过街天桥以桥栏杆为主要承重部件，供行人通过的桥板本身并不承重，悬挂在作为承重梁的桥栏上，这种结构的过街天桥将结构性部件和实用型部件结合在了一起，可以减少建筑材料的使用，相对降低工程造价，但是这种结构的过街天桥桥栏杆异常粗大结实，因而行人在桥上的视线会被栏杆遮挡，而且粗壮的桥栏杆很难给人以美的感受，因而在城市景观功能方面有所欠缺。

承托式结构的过街天桥将承重的桥梁直接架设在桥墩上，供行人行走的桥铺在桥梁之上，而桥栏杆仅仅起到保护行人的作用，并不承重，这一类的过街天桥造价相对较高，但是由于桥栏杆纤细优美，作为城市景观的功能较好，因而目前各城市中这一类型的过街天桥数量最多。

混合式结构的过街天桥是上述两种结构的杂交体，桥栏和桥梁共同作为承重结构分担桥的荷载。

陆家嘴东方明珠塔前的明珠环人行天桥属于承托式结构，平面线形是环形(图7-8)。连接地铁二号线和公交车集散点以及轮渡渡口。陆家嘴环形明珠环人行天桥是上海目前最大的人行天桥，天桥中心直径约117.5m。明珠环天桥周长370m，高7.9m。桥面宽度8.5m，最大通行宽度7.5m。天桥在丰和路、陆家嘴西路、陆家嘴环路以及世纪大道分设4个落地点，配有步行阶梯、自动扶梯和残疾人无障碍垂直电梯。陆家嘴中心区二层步行连廊一期工程实施方案由明珠环(即环形天桥)、东方浮庭、世纪天桥、世纪连廊四个部分组成。明珠环的环形天桥位于陆家嘴西路、世纪大道、陆家嘴环路、丰和路交叉口上。整个二层连廊将令小陆家嘴地区实现人车分流。人行天桥连廊往东还进一步跨过银城中路，延伸到陆家嘴中心绿地；往南跨越世纪大道，在新鸿基地块前“落地”。

点评：世纪大道是方格网中对角线方向的景观大道，形成五岔路口环形交通，由于陆家嘴东方明珠每日的人流车流非常大，而且是旅游景点，所以明珠环人行天桥方便地解决了行人的通行问题(行人在天桥上通行，不必穿梭于没有红绿灯的环岛车流中)。并且给游客提供了很

图 7-8 上海陆家嘴 明珠环人行天桥

好的观瞻地点。既满足了交通需要,也考虑到了城市特色和环境要求。

[案例 7-3] 龙岩市环形人行天桥

闽西第一座环形人行天桥——龙岩城区街心人行天桥于 2009 年投入使用。该天桥位于龙川路与解放路交叉路口,总投资 1100 万元,是福建省继福州市东街口天桥后的第二座环形天桥(图 7-9)。

图 7-9 龙岩环形人行天桥

该天桥主体结构为圆环形,梁体采用焊接钢箱梁,天桥主梁桥面净宽 4m,桥面的设计通行能力为 7200 人/h,可满足近远期的通行需求。天桥在四个位置设置梯道,在西侧靠近中山路的商业广场上设置了两个梯道,并预留与购物广场廊道口的连接位置。在天桥上下口端预留了升降梯位置,以解决残疾人过路问题。该天桥的主梁采用铝塑板包封,桥面、梯道、平台面铺设防滑面砖。

点评:龙岩中心城区街心花园环形天桥解决了交通拥堵问题,成为龙岩市新的地方标志性建筑,"钢铁大圆盘"似的天桥成为龙岩城区又一道风景。

7.4　人行地道

7.4.1　人行地道选型原则

人行地道造型比天桥简单，平面形式一般为一字形、⊔形、L形和口字形。选型原则如下：

(1) 根据施工环境、交通条件、施工期限、设备能力、技术力量和投资可能，结合施工工艺进行技术经济比较，选择结构体系。如在交通繁忙区选择不影响交通的暗挖法，在新建地区可用明挖法。

(2) 根据水文、地质条件，按有利于结构安全和结构防水的原则进行选择。

(3) 地道布局应结合道路交通规划，人流导向，配合公共交通站点、地铁车站、集散广场、公园绿地等设置。

7.4.2　人行地道结构与施工

我国人行地道的结构形式均采用钢筋混凝土箱形断面，地道的设计标准按城市人防工程结构设计标准。施工采用三种方法：沉壁法(如上海静安寺地道采用的)，明槽法(北京动物园地道、王府井地道及西安南大街地道、杭州丰采地道采用的)，顶推法(武汉汉阳月湖地道，上海延安西路、光新路穿越铁路地道采用的)。沉壁法与明槽法对地面交通有影响；顶推法影响较小，但施工机具复杂。

沉壁法施工工艺即先将地道的两侧壁在地面上立模浇捣完成，待混凝土达到设计强度后，再在两侧壁中挖土，下沉到设计标高。为避免下沉过程中遇到意外的地下管线，使沉壁均匀下沉，除先翻挖混凝土路面外，要挖深2m基坑，以便暴露出地下管线可进行处理。如遇地下水位较高的，则要采用井点降水，靠近建筑物的两端不可设井点管，以使降水不影响建筑物，保证施工安全。在地道侧壁下沉前先将顶面浇到同一水准平面，在侧壁沉到设计标高后，再按设计线将两端接高。上海静安寺地道壁侧及顶板厚度40cm，顶板上覆土深度(含路面结构层)为1m，由地面进入地道的深度为3.8m。

明槽法即明挖开槽法，为不影响地面交通，可分两次开挖，先挖中间，待结构做完填土后再挖两侧，交通流向也依次作相应转换。如北京王府井人行地道主通道为钢筋混凝土闭合框架结构，底板为现浇，侧墙、顶板及塔板预制拼装，顶板节点之间预留钢筋联结，进出口底板和侧墙为现浇钢筋混凝土结构。

顶进法可保证地面交通正常运行。人行地道采用顶进法，箱体预制，后背、底板顶进等都需要足够的施工场地，故选择在有场地的位置建造，并应与远期规划一致，既美化了街景，又与周围环境协调。地道中段采用中继间顶进施工法，顶进部分分6节预制。箱涵预制长度不能太长，长度过大易带动路面，如箱顶复土较薄，则危及交通安全；长度过大则要较大顶力，而顶力设备安装操作受场地限制。所以，箱涵预制长度第一节为5.89m，其余5节为10.3m，每节自重约270t，需用顶力约800t。第一节预制在顶进方向底板上，箱前设置切土钢刃角，其余几节平行预制，以缩短顶进所需的顶铁长度，施工时横向位移，纵向顶进。箱涵四角设置两根工字钢导梁，一端固定，另一端滑动，液压千斤顶嵌入箱涵底板以减少中继间长度。

地道两端可采用大开挖现浇施工方法，结合人防要求，地道长度大于50m的，在两端口设进风扩散室、滤毒室、进风机室、超压排风室、排风扩散室，结构厚度一般为0.25～0.5m。

7.4.3　人行地道建筑设计

人行地道是公共活动场所，梯道外形应与周围环境协调，给以明朗、舒畅的印象，地道内部应装修。净宽按交通量与通行能力进行计算,净高不小于 2.5m,纵坡 5‰,横坡 1%～1.5%,两边应设置有盖栅的排水边沟或暗沟。梯道宽度可小于或等于通道宽,梯道或坡道最小宽度为 1.8m。踏步可宽于 0.3m,低于 0.14m,梯道高差大于或等于 3m 时,应设平台,平台长度应大于或等于 1.5m。梯道扶手高度,自踏步前缘量起,不宜小于 0.9m。坡道的坡度不应大于 1∶7,残疾人使用的坡道,坡度不应大于 1∶12,有特殊困难时,不应大于 1∶10。残疾人坡道扶手高度为 0.65,设于坡道两侧。

地道内还应设置治安、卫生等工作用房(8～15m^2 一间),视具体情况确定是否设置设备用房或其他功能性用房。

地面、墙面所用建筑材料尽可能做到美观和耐久、维护与清洁相统一。

7.4.4 人行地道防水和排水设计

地道的防水和防漏是设计中考虑的主要问题,箱与箱之间采用橡胶止水带做第一道防水,石棉水泥、沥青木丝板、沥青油麻等做第二道防水,箱内还可采用五道刚性防水及挂网防水。即顶面应做到满铺防水层,变形缝间用止水带连接。

人行地道内,应设纵、横坡度,最小纵坡为 0.3%,横坡 1%～2%。

排水形式分为自流和非自流两种,人行地道附近雨水干管高程能满足人行地道设置雨水管排水高程时,可直接接入干管自流排水,如果高程不能自流排除时,宜设泵站排水;用自流排水,凡不能采用自流排水的,则需设置泵房,还应设置消防栓、给水管道和水龙头供冲洗地道用。

为了使地道进出口处的地面水不致流入地道内,可在相连处设置阻水台阶,其标高比原地面高出 0.2～0.5m。地道进出口设置雨棚,以防止雨水进入地道。在较短的人行地道内,可不设置雨水口,将雨水口集中布设在进出口最末一个台阶或坡道端点处,设置一排横截雨水口或泄水沟,泄水沟应加多孔金属篦子或加多孔盖板。

7.4.5 人行地道照明设计

地道的照明设计也很重要,不仅应达到均匀、柔和、舒适的效果,而且应力求美观、赏心悦目,使行人安全通过地道。主通道选用照度为 10～20lx,灯具距地面高度不低于 2.2m,进出口梯道选用照度应不低于 5lx。照明灯光用白炽灯,不受寒冷气候影响,使用更换方便。顶板上也可用荧光灯,平时充电贮存,一旦停电时,能延长照明时间。地道照明电线的布设应适应全部灯具照明、部分灯具照明、少量灯具深夜长明等不同要求。

8 桥梁和隧道的线形、比选和案例

8.1 桥梁

8.1.1 桥位选择

桥梁的设置，尤其是特大桥、大桥的设置应根据城市道路功能及其等级、通行能力，结合地形、河流水文、河床地质、通航要求、河堤防洪、环境影响等进行综合考虑，并设置完善的防护设施，增强桥梁的抗灾能力。

特大桥、大桥的桥位应选择在顺直的河道段，避免设在河湾处，以防止冲刷河岸。同时要求河槽稳定，主槽不宜变迁，大部分流量能在所布置桥梁的主河槽内通过。桥位的选择要求河床地质条件良好、承载能力高、不易冲刷或冲刷深度小，确保岸坡稳定。

城市桥梁应根据所在城市道路的使用任务、性质和将来发展的需要，按照"安全、适用、经济、美观和有利环保"的原则进行设计。安全是设计的目的，适用是设计的功能需要，必须首先满足；在满足安全和适用的前提下，应根据具体情况考虑经济和美观的要求。同时应注意工程设计的环保要求。

桥梁以跨径分类见表 8-1。

表 8-1 桥梁分类 单位：m

桥梁分类	多孔跨径总长 L	单孔跨径 L_k
特大桥	$L>1000$	$L_k>150$
大 桥	$1000\geqslant L\geqslant 100$	$150\geqslant L_k\geqslant 40$
中 桥	$100>L>30$	$40>L_k\geqslant 20$
小 桥	$30\geqslant L\geqslant 8$	$20>L_k\geqslant 5$

注：① 单孔跨径系指标准跨径，梁式桥、板式桥为两桥墩中线之间桥中心线的长度或桥墩中线与桥台台背前缘线之间桥中心线的长度，拱式桥为净跨径。

② 梁式桥、板式桥的多孔跨径总长为多孔标准跨径的总长，拱式桥为两岸桥台起拱线间的距离，其他形式桥梁为桥面系车道长度。

桥、隧引道应与桥、隧保持相同的线形，其最小长度见表 8-2。受地形限制必须设置平曲线时，缓和曲线不宜进入桥头或隧道洞口。所以在弯道上建桥隧，应取大半径。

表 8-2 桥、隧引道与桥隧轴线线形保持一致的最小长度

设计速度/($km\cdot h^{-1}$)	80	60	50	40	30	20
最小长度/m	60	40	30	20	15	10

8.1.2 桥梁横断面

1. 桥梁的横断面分车行道与人行道

一般道路的桥梁宽度与道路宽度基本相同，但人行道可狭窄些，绿化带可省略。

高等级公路的特大桥梁横断面与道路远期横断面同宽，当采用整体式上部结构时，中间带和路肩的宽度减小至不小于表 3-5 与表 3-7 的最小值,一般采用分离式断面(图10-1),上下行两座桥,一次实施。宽度内应含硬路肩宽度和防撞墙宽度。

中小桥的桥面宽度与道路近期横断面同宽。

小型桥梁的跨径小、投资少,其横断面形式及总宽度应与道路相同,以保障行车安全,又不增加过多的工程投资。大中型桥梁跨度大,投资多,为保障行车安全,车行道宽度、路缘带宽度应与道路一致。根据桥上禁止停车的交通规则,桥上应不设停车带。为节省投资,桥上分隔带的宽度可适当减小,但不宜小于 1m。设计速度≤40km/h 的桥,可采用交通标线代替两侧分车带分隔交通。高架道路或小半径弯桥应设置中间分隔墩分隔对向车流。

桥面宽度与路段道路横断面宽度不一致时,可在引道范围设置过渡段,路面边缘的斜率一般采用 1∶15～1∶30。转折点处必须圆顺,以利行车。

2. 桥梁横断面布置

小桥横断面形式及总宽应与道路相同。特大桥、大桥、中桥的横断面形式中,车行道及路缘带宽度应与道路相同,分隔带宽度可适当缩窄,但应满足桥梁设置防护设施的要求。设计速度小于或等于 40km/h 道路的两侧分隔带或双向四车道及以下道路的中央分隔带可用交通标线代替,但曲线的中央分隔带不得用标线代替。

桥梁横断面布置中车行道及路缘带宽度应与道路路段相同,特大桥、大桥、中桥的分隔带宽度可适当缩窄,其最小宽度应满足侧向净宽度及设置桥梁防护设施的要求。

8.1.3 桥梁纵断面线形

1. 桥梁纵断面

桥梁的纵断面线形与其所处的两岸地势、河道通航要求和主流位置、桥梁形式以及道路等级所要求的道路纵断面线形有关。通常大中桥桥面纵断面线形是对称于桥长中心的凸形线形,以河流主流为转折点的凸形竖曲线线形或处于单面纵坡上。平坡的桥面虽可靠横坡及桥面小孔排水,但桥下净空小,不利于河道的通航。桥面纵坡可服从路线纵坡要求,也可略小于路线纵坡,如桥头路线位于平曲线上时,宜避免采用大坡度;平曲线小时,应避免平、竖曲线重合。桥面纵断面设置竖曲线应与路线设计标准一致。

丘陵和山区道路,应避免以大坡度下坡进入桥面。引道或桥头路线与桥梁连接时,应保持一定长度的缓和坡段,以减少对桥梁的冲击并保证安全,缓和坡段长度不小于 100m。

桥面最大纵坡不宜大于 4%(高速公路最大纵坡不大于 3%),引道不大于 5%。对郊区道路、村镇附近交通量较大的桥梁、城市桥梁及引道,纵坡均不大于 3%。一般情况下尽可能不采用表 4-19、表 4-20 中极限值。

大、中桥上的纵坡不宜大于 4%,引道紧接桥头部分的纵坡应与桥上纵坡相同,其长度不宜小于 3s 行程。小桥与涵洞处的纵坡应按路线规定进行设计。位于市镇附近非机动车交通较多的地段,桥上及桥头引道的纵坡均不得大于 2.5%。

桥上最大纵坡主要从桥梁结构受力和构造方面考虑,而引道最大纵坡则主要考虑行车方面的要求。在具体应用时,应根据桥型、结构受力特点和构造要求,选用合适的桥上纵坡。通行非机动车时需满足非机动车的行车要求。

桥上最小纵坡主要从满足排水要求考虑,《城市道路设计规范》(CJJ 37—2012)和《城市快速路设计规程》(CJJ 129—2009)中规定最小纵坡为 0.3%。目前,城市道路建设中高架桥的应用越来越多,桥梁较长,如果以最小纵坡为 0.3%控制,为了满足竖向设计指标要求,造成桥梁线形起伏,影响美观。因此,规定了条件受限时,可采用平坡,但要满足排水的要求。

特大桥、大桥、中桥的桥面最小纵坡不宜小于0.3%，且竖向高程最低点不应位于主桥范围内。高架路的桥面最小纵坡不应小于0.5%；困难时不应小于0.3%，并应采取保证高架路纵横向及时排水的措施。非机动车道最大纵坡不宜大于2.5%；困难时不应大于3.5%。特大桥、大桥、中桥的桥面纵坡不宜大于4.0%，桥头引道纵坡不宜大于5.0%。

2. 线形与桥的配合

桥梁及其引道的线形应满足下列基本要求：

(1) 桥梁及其引道的位置、线形应与路线线形相协调，各项技术指标应符合路线布设与总体设计的相关规定。

(2) 桥梁引道坡脚与平面交叉口停车线之间的距离宜满足交叉口信号周期内的车辆排队和交织长度。

(3) 桥面车行道宽度应与两端道路的车行道卸接应圆顺。

理想的桥位在平面上与通过路线的线形相一致，并与河流的主流方向正交，以使桥梁的跨径最小。这种设置往往带来桥梁立面的问题，桥梁要高于最高洪水位，在通航的水流上还要加上一个大于通航船只高度的净空。就交通而论，希望引道纵坡平缓，坡度不宜过大，使其不致造成上桥和下桥的困难，这样引道路线就得拉长。在水流的岸边，桥梁的引桥或引道与岸旁道路即形成立体交叉。所以平面上大桥路线与水流正交的线形，其线形布设的重点是考虑引道纵坡大小与坡长问题。例如上海黄浦江上通行万吨轮船，通航净高为46m，南浦大桥（图8-1）桥面标高为50m，引桥最大坡度上坡为4%，下坡最大坡度为3.5%，大桥总长8346m。

图8-1 南浦大桥浦西引桥鸟瞰图

[案例8-1] 上海南浦大桥

南浦大桥竣工通车于1991年12月1日，主桥长846m，跨径423m，通航净高46m，桥下可通行5.5万吨巨轮。它是目前世界上第四大双塔双索面斜拉桥，呈"H"形的主桥塔高150m。主桥设有6条机动车道，桥面总宽为30.35m，两侧各设2m宽的人行道，游人可乘坐电梯到达主桥，一览浦江两岸无限风光。南浦大桥是上海黄浦江的第一座大桥，宛如一条巨龙横卧浦江之上，使人们圆了"一桥飞架浦江"的梦想。

南浦大桥工程总投资8.2亿元，引桥全长7500m。主桥为一跨过江的双塔双索面叠合梁结构斜拉桥，两岸各设一座150m高的H形钢筋混凝土主塔，桥塔两侧各以22对钢索连接主梁索面，呈扇形分布。浦西引桥长3754m，以复曲线呈螺旋形（图8-1）、上下二环分岔衔接中山南路和陆家浜路。浦东引桥长3746m，采用复曲线呈长圆形（图8-2），与浦东南路相连并直通杨高路。南浦大桥也是上海道路内环线的过江枢纽。

南浦大桥规模之雄伟，工艺之严格，技术之复杂，施工难度之高，建设周期之短，是我国桥梁建设史上少有的，在世界桥梁建设史上也不多见。主桥桥面用钢材与混凝土两种建筑材料叠合而成。桥面下一层用大型工字钢制成框架，上一层是钢筋混凝土桥面板，钢框架与桥面板用电焊焊接，结合处再浇上混凝土，使两者联成一体。这种叠合组成的桥面和钢框架共同受力

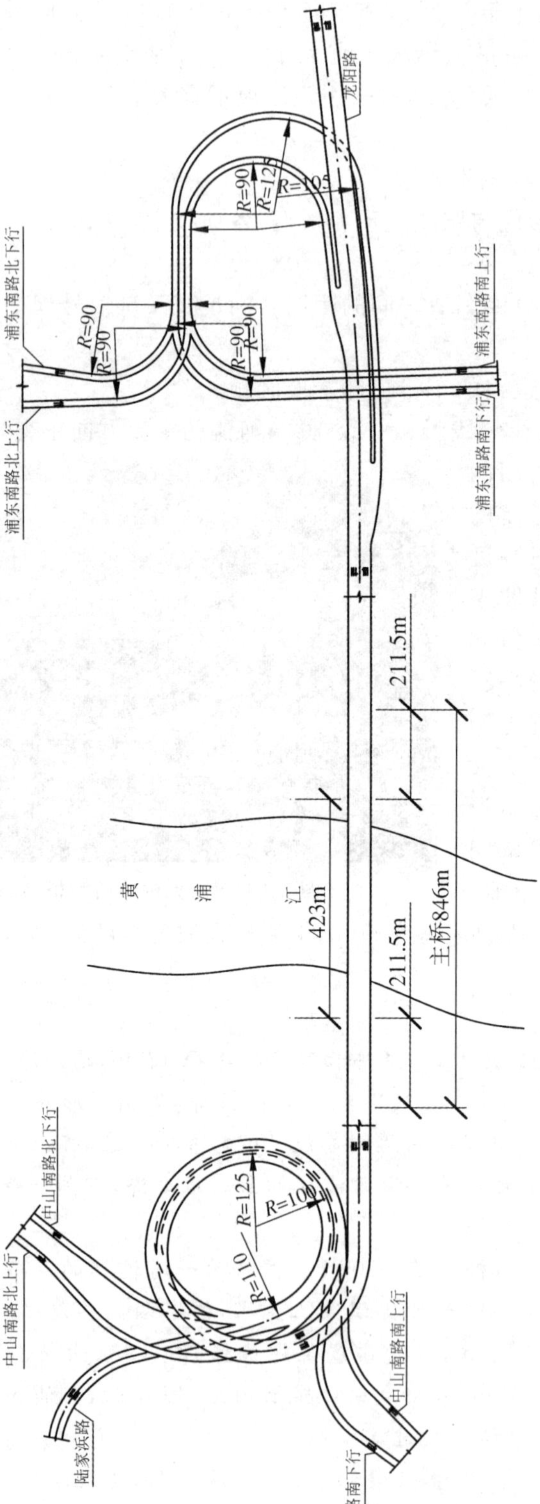

图 8-2　上海南浦大桥浦西浦东引桥平面示意

的新型结构,称叠合梁结构。这在我国还是第一次采用,开了我国建桥史上的先河。主桥桥面的钢框架共有438根钢梁,其中一根重80t,为全国之最;制作钢梁用的钢板,最厚的达80mm,其厚度在钢结构中又是一个全国之最。拼装钢框架用的10多万套高强度螺栓的直径达30mm,螺栓之大,是我国建桥史上前所未有的。大桥主桥桥面是用180根钢索吊在桥塔上的,其中最粗的一根钢索是用265根直径7mm的高强度钢丝绞合而成,直径146mm,重21t,均为全国第一。它长达223m,竖起来相当于3幢国际饭店的高度。180根钢索都是用千斤顶拉后固定在主塔上的,每个千斤顶的拉力达600t,也是全国之最。由于桥高,建桥时的作业面就更高,负责主桥桥面施工的工人要在50m以上的高空作业,安装斜拉索则要上到110m以上才能操作。

浦西的引桥总长3754m,由于受地域空间的限制,浦西的引桥设计成两个复曲线螺旋状,其造型犹如盘圆团龙,这在国内外桥梁建筑史上也属罕见。游客们乘车盘旋而上,如同进入了盘山公路,朝下看大桥下面的花园绿地,走动的人流变得越来越小,车窗外不断升高的桥体使每个游客都有那种车在桥上走、人在半空游的感觉。

南浦大桥主桥全长846m,桥体轻灵,主跨桥面微微上凸,傲然兀立,匀称协调,空间感好,造型优美。主塔两侧各有对称的几百根斜拉索,将庞大的南浦大桥抓在浦江上空。

点评:南浦大桥的建造,为以后上海杨浦大桥、徐浦大桥和奉浦大桥打下了良好的基础,短短几年中先后有5座大桥横跨浦江使上海浦东发生着日新月异的变化,越来越多的海内外投资商将资金投向这片热土,便利的交通环境使浦东的腾飞添上翅膀。

8.2 隧道

随着我国经济的发展,综合国力的提高,道路建设中采用隧道穿越水域和山岭的方案越来越多,隧道位置的选择,直接影响到隧道设计、施工和投资以及竣工后的运营安全和养护管理。因此,对隧道所在区域的地质勘查、地下管线和障碍物探测、水域河床自然变化、人工整治状况及航运、航道规划、城市规划、地下空间利用规划、景观和环境保护、城市道路、交通网络、道路功能定位等工作必须进行深入细致调研和掌握,力求准确、全面。

是否采用隧道方案和采用那一种隧道方案应综合考虑社会、经济、地质、环保、工程造价等因素进行比选。一般应进行明挖与暗挖隧道施工方案的比较,穿越山岭地区或建筑物等可考虑采用矿山法或盾构法等;穿越水域可考虑围堰明挖法、盾构法、沉管法等;隧道位于路面等无建筑物的环境条件下可采用明挖法、盖挖法等。比选不仅要考虑建设成本、建设难度、城市景观和环境保护,还要考虑建成后车辆的行驶安全、运营费用,以及运营管理和养护维修的费用。

8.2.1 隧道分类

隧道埋深的确定涉及建设规模、环境保护、施工安全、运营便捷等方面,确定时应根据道路等级、隧道交通功能和服务对象,综合考虑路线走向、路线平纵线形、隧址处环境、洞口、匝道及接线道路、隧道内附属设施的布置等因素。同时,应对隧道走向和出入口位置进行比选。

目前除国际隧道协会按长度将隧道分为特长、长、中、短隧道外,其他像瑞士仅对隧道长度分布范围作了区分,但没有长短之分。德国、澳大利亚仅按长度的不同对隧道内应设置的安全设施提出了要求。其他各国如英国、挪威、日本、法国、瑞典等都是按照隧道长度与交通量这两个指标进行分级的,其目的主要还是为隧道内安全、运营管理设施设置规模提供标准。

从国内外隧道分类(级)现状来看,多数国家没有隧道长短之分,隧道内安全设施根据

100m 隧道长度、交通量与通行车辆类型,即火灾可能规模及逃生救援的难易程度确定。由此各级隧道起点长度也不一致,这主要与各国道路等级、交通组成和交通量是相对应的。

单按隧道长度来划分,主要是给人们一个宏观的概念,此种分类方式称为隧道分类(表8-3)。按隧道长度与交通量这两个指标类划分,主要是解决隧道内应设置的营运安全设施规模,体现隧道的安全与重要性,此种分类方式称为隧道分级。同时考虑软土中某些隧道工法的技术经济指标以及城市用地紧张,条件受限,并考虑城市隧道交通量大,城市隧道运营维护设施较为完善,管理要求和水平也较高,因此,规定比《公路工程技术标准》要求略低。

表 8-3　　隧道分类　　单位:m

隧道分类	特长隧道	长隧道	中隧道	短隧道
隧道长度 L	$L>3000$	$3000\geqslant L>1000$	$1000\geqslant L>500$	$L\leqslant 500$

注:封闭段长度系指隧道两端洞口之间暗埋段的长度。

长度大于 1000m 行驶机动车的隧道考虑汽车尾气的污染对通风的要求比较高,目前技术条件下,慢速交通通过隧道存在较大的安全隐患,因此禁止与机动车在同一孔内设置非机动车和行人通道;长度小于或等于 1000m 的隧道若要求设置非机动车和行人通道时,必须有安全隔离设施。

由于光线的剧烈变化以及道路宽度和行车环境的改变,隧道进出洞口是事故多发地段。因此,要求洞内一定距离与洞外一定距离保持线形一致是必要的,以保持横断面过渡的顺适,满足车辆行驶轨迹的要求。隧道进出洞口处还要保证光线的过渡(图 8-3)。

图 8-3　武汉隧道洞口光线过渡和洞内排水

隧道入洞前一定距离内,应设置必要的安全设施和视线诱导设施,例如标志、标线、安全护栏、警示牌、信号等,使驾驶人员能预知并逐渐适应驾驶环境的变化。

为了预防或消除地表水和地下水对隧道产生的危害,要求隧道设计应进行专门的防水、排水设计,使隧道洞内、洞口与洞外构成完整的防水、排水系统,以保证隧道结构、附属设施的正常使用,以及行车安全。

排、防、截、堵和限量排放措施应综合考虑,根据多年来隧道建设的经验,隧道内的防排水应以"排"为主。以防助排,可以使水流集中,安排地下水流按无害路径排走。截是为了减少对洞内排水防水的负担,截得越彻底,排防越有利,同时应充分考虑排水对周围环境影响,因此提出"限量排放"的要求,如隧道周边附近地表植被、地上和地下建构筑物及路面沉降等。隧道洞内低凹处设集水口见图 8-3。

城市道路公交车辆等人员交通流量较大,尤其上下班高峰期间,因此应特别强调隧道事故报警、救援逃生设施等的布置。

位于城市内建筑物布置和人员较为密集,环境和景观要求较高,道路隧道出入口建筑设计,通风设施的布置不仅必须满足污染空气的排放环保要求,而且应与景观相协调。

8.2.2　隧道横断面

隧道的横断面形式、车行道及路缘带宽度应与道路相同。

设计速度小于或等于 40km/h 道路的两侧分隔带或双向四车道及以下道路的中央分隔带用交通标线代替，但曲线隧道的中央分隔带不可用标线代替。《城市道路设计规范》规定的隧道横断面布置要求如下：

（1）隧道的车行道及路缘带宽度应与道路路段相同。分隔带宽度可适当缩窄，但应满足隧道设置防护设施的要求。最好对向交通分孔设置。

（2）当隧道两侧设置检修道或人行道时，可不设安全带宽度；当不设置检修道或人行道时，应设置不小于 0.25m 的安全带宽度。

（3）中、长及特长隧道应设检修道，其最小宽度不应小于 0.75m。

（4）当长、特长隧道单向车道数少于 3 条时，应在行车方向的右侧设置宽度不小于 3.0m 的连续应急车道。当条件限制时，可采用港湾式应急停车道。每侧港湾式应急停车道间距不宜大于 500m，其宽度和长度见图 8-4。

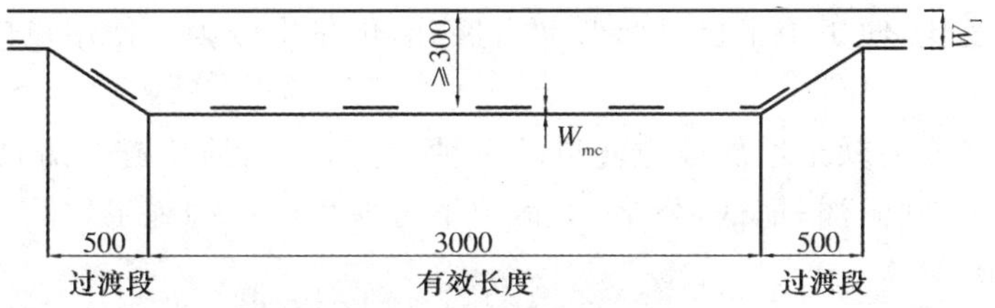

W_1—侧向净宽度；W_{mc}—机动车道路缘带宽度

图 8-4　港湾式应急停车道的宽度及长度（单位：cm）

公路隧道横断面由车道、左侧侧向宽度、右侧侧向宽度、检修道（或人行道或余宽）组成。隧道的车道宽度见表 3-2，最小侧向宽度见表 8-4。

表 8-4　隧道最小侧向宽度　单位：m

设计速度 /(km·h^{-1})	高速公路、一级公路				二级、三级、四级公路				
	120	100	80	60	80	60	40	30	20
左侧侧向宽度 L_1	0.75	0.75	0.50	0.50	0.75	0.50	0.25	0.25	0.50
右侧侧向宽度 L_2	1.25	1.00	0.75	0.75	0.75	0.50	0.25	0.25	0.50

高速公路、一级公路的隧道应在两侧设置检修道，其宽度≥0.75m。表 8-4 中左侧侧向宽度 L_1 为行车道左侧标线内缘至左侧检修道的突起部位的最短距离。对高速公路和一级公路而言即左侧路缘带。右侧侧向宽度 L_2 为行车道右侧标线内缘至右侧检修道的突起部位的最近距离，即相当于高速公路和一级公路的右侧硬路肩。

二、三级公路的隧道内宜设置人行道（兼检修道功能），其宽度≥0.75m。

四级公路可不设人行道，但应保留不小于 0.25m 的余宽。单向车道隧道必须设应急车道。

特长隧道、长隧道内右侧硬路肩宽度小于 2.50m 时，应设置紧急停车带。紧急停车带宽度应为 3.50m，长度不应小于 40m，间距不宜大于 750m。

四级公路为单车道时，隧道应按双车道四级公路标准修建。

山区公路隧道的横断面通常仅采用二车道 2×3.5m，路缘带 2×0.5m，侧向余宽 2×0.25m，检修道 0.75m，单侧设置，单洞行车前进方向为左侧，总内径宽度为 9.25m。如等级较高,根据车流量的需要可设平行的两条隧道,即采用上下行分离的双洞单向行车二车道隧道。四车道的隧道几何线形与净空按 60km/h 设计车速进行设计。隧道净高为 5.0m,检修道净高为 2.5m。洞内紧急停车带宽 3.5m(含路缘带 0.5m);长 30m,过渡段长为2×5m,净高 5.0m。如果有两条平行的隧道,相隔 500m 应设一条汽车横通道(两隧道之间),行车道宽 3.5m,两侧人行道宽 2×1.0m,净高 2.5m。

隧道内的车行道与路缘带宽度,应与外部道路相同。分隔带宽度可适当减小,但不应小于 1m,以确保安全。分隔带也可用交通标线代替,但应保证侧向净宽。曲线隧道内宜用标线代替分隔带。

8.2.3 隧道施工方法和越江隧道横断面

1. 隧道施工方法

1) 明挖法

对埋置较浅、软土地层或破碎软弱危岩,在周围环境要求又不十分严格的情况下,可采用放坡明挖,也可以在基坑围护情况下坑内施工,待主体工程及防水工程完成后再回覆填土。

明挖法施工进度快,便于施工机具及劳动力展开,仍是迄今为止使用最广泛的方法。

2) 盾构法

盾构目前已发展成为软土地层修建隧道的一种专业机械,盾构施工方法也已成为当今城市隧道(上下水,电力,共同沟,地铁,公路)工程中不可缺少的一种施工方法。

3) 沉管法

沉管隧道先在隧道地址以外的干坞中,浇筑数节大型钢筋混凝土沉放管段,管段两端用临时封墙密封,待钢筋混凝土管段达到设计强度后逐节经水道运至沉管隧道位置。此前,在水底隧址设计位置上,预先进行了基槽浚挖,设置临时支座,然后沉放管段,进行管段水下连接,处理管段接头及基础,然后覆土回填埋压,再进行内部装修及设备安装,最终完成沉管隧道建设。这种建造水底隧道的施工方法称之为沉管法(也叫预制管段沉放法)。沉管隧道具有埋深浅、车道多、造价低、工期短和隧道防水性能好等优点。1906—1910 年,世界上第一条沉管法水底隧道在美国底特律建成。这条沉管隧道把美国密歇根州和加拿大的安大略省之间的铁路运输连接起来。沉管法隧道在发展初期多利用钢结构来制造隧道的管段。到 1942 年,在荷兰鹿特丹的马斯河水底,建成了首次采用钢筋混凝土预制管段的水下公路隧道。此后,世界各国的沉管法隧道技术发展很快。1969 年在比利时的安特卫普港口城市,建成了迄今仍是世界最大的沉管隧道之一,而且该隧道功能齐全。它建于航运繁忙的斯凯尔河水底。沉管段全长 510m,共分 5 节,每节宽 47.85m、高 10.00m。可通行 2 个三车道公路、1 个双车道通道,另有各种管线通过的通道。运行至今近 50 年,状态良好。

2. 因施工方法而异的越江隧道横断面

越江隧道的横断面形式与车道数不仅与越江隧道的道路等级、交通量需求有关,也与隧道采用的施工方法有关,常用于城市越江隧道施工的方法是盾构法与沉管法。

1) 采用盾构法施工的越江隧道横断面

单管盾构隧道通常为二车道的内径,内径 10.13m,除去两侧安排巡检道外,车行道只有两条车道即 7.50m,如上海打浦路隧道(图 8-5(a))只有一管双向二车道。上海延安路越江隧道北线,外径 11.1m,因为越江隧道车流量较多,通行能力不够,于 6 年后又建南线隧道,使两线满足双向四车道的需要。新建的上海大连路隧道由两条直径为 11m 的隧道组成双向四车道的横断面,它们在江中的横向间隔仅 6.5m。

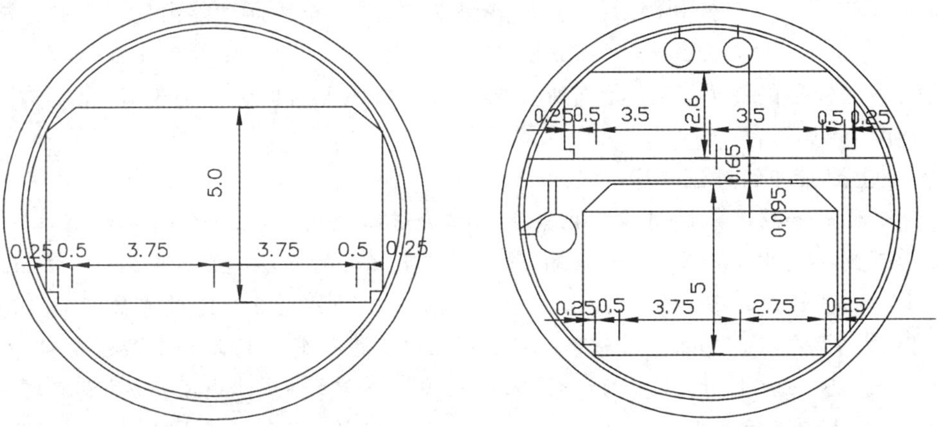

(a) 单管二车道盾构横断面图　　(b) 双层三车道盾构横断面图

图 8-5　盾构隧道横断面图

如果在等级高的干道上设置双向六车道的隧道断面，一条单管盾构隧道中平行布置三车道，盾构需直径 15m。我国上海崇明长江越江隧道中盾构方案采用两条盾构六车道方案，外径采用 15.8m，建筑界限内宽为 0.75＋11.25（单管三车道）＋0.75＝12.75m。由于超大直径的盾构，施工难度较大。如做三管盾构，其中两管为单向二车道，一管为双向二车道，则隧道通风不能利用活塞风。为满足六车道的交通需求，也可做双管六车道，单管三车道为双层布置（图 8-5(b)），盾构外径为12.2m。上层二车道通行限高 2.6m 的小型车，下层一车道 3.75m＋2.75m的紧急停车带，通行限高为 5m 的大型车。上海复兴东路的越江隧道即采取双层双管六车道断面形式。盾构直径仍采用 11m。上层小车通行的车道宽为 3.5m，下层大车通行的车道宽为 3.75m，旁设 2.75m 的紧急停车带。底层净高为 4m，与三管盾构六车道方案相比投资节省很多；与单层双管四车道的方案相比，在投资增加不多的情况下，通行能力要提高 40%。复兴东路隧道全长 2875m，越江段长 1214m，岸边暗埋段、敞开段长 1517m。

2）采用沉管法施工的隧道横断面

沉管法施工的隧道具有埋深浅、爬坡小、过江距离短、防水性能好、工程投资少的优点，常用于宽断面、多车道的隧道。如果按双向六车道横断面布置可分三孔或两孔：三孔的断面为每孔 3.75m×2 的车道，计入内外壁厚度，总宽为 36m；双孔的断面为每孔 3.75m×3，总宽为31.5m（图 8-6）。三孔断面尺寸较双孔的大，且其中一孔为双向二车道，隧道通风不能利用活塞风；双孔断

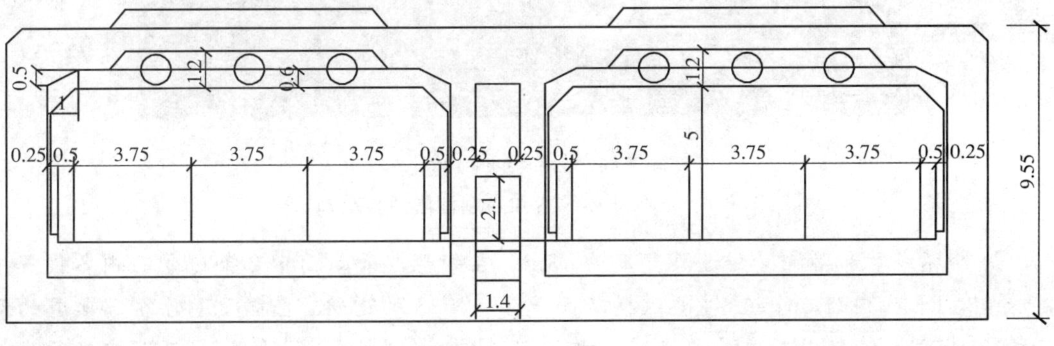

图 8-6　两孔 6 车道沉管隧道横断面图

面为单向三车道,车辆可充分利用活塞通风,并且交通通畅,车辆通行能力优于三孔。故常用双孔沉管断面。宽度限界为(0.25+0.5+3.75×3+0.5+0.25)×2,净高为5m(图8-6)。

采用沉管法施工的隧道,其横断面所容纳的车道数还可增加到8条车道,比盾构法掘进施工的隧道宽度有明显增加。

[案例8-2] 上海泰和路越江隧道

上海外环线泰和路越江隧道是国内最大的江底道路隧道,为上海市外环线越江段,西起浦西同泰北路西侧东至浦东严家港,为双向八车道水下沉管隧道,工程全长2870.127m,其中江中沉放段724m,浦西暗埋段469m,浦西引道段270m,收费广场550m,浦东暗埋段469m,浦东引道段149m,收费广场550m,接线道路531.127m。浦东收费广场处设有隧道管理中心大楼,浦西全线设三座降压变电所,两座雨水泵房,一座消防泵房,两座江中泵房,并设风塔一座。工程总造价19亿元。沉管管段横断面为9.55m×43m,如图8-7所示。最大埋深为33m,共设7节管段,每节长100~108m不等,设计车速80km/h,其规模位居全国之首,亚洲第一。上海外环隧道规模大、工期紧、技术复杂,是集多领域新技术于一体的综合性系统工程。

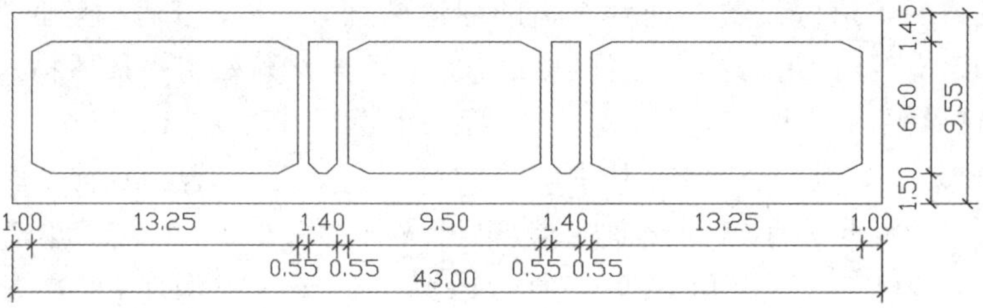

(a) 沉管断面图

(b) 单向三车道通道

图8-7 上海外环线泰和路越江隧道(单位:m)

上海外环线泰和路沉管隧道总宽度为43m。在矩形沉管断面中2条边管孔内各设置三车道,一条中间管孔内为二车道,即隧道横断面是3+2+3的道路,通常只开通各三车道的两条边孔管孔,中间二车道是后备应急车道。该二车道作为"可变车道"使用,当两岸中某方向通道(三车道)车流拥堵时,可变换中间管孔的二车道予以支援。此时,岸上引道处利用护栏调节,将车流引导到中间的二车道,将原来拥堵的三车道变为五车道,上海外环线隧道在国内隧道中首次使用“可变车道”,使八车道的隧道横断面为5+3或3+5车道使用。如果发生隧道事故,一侧隧道不能通行,也可以将这两条应急车道用上,以3+2或是2+3的五车道模式供紧急通行。它的核心设备是隧道入口处的黄色变道装置,以电力驱动,需要时打开中央车道,管高为10m,顶板底板厚1.45～1.5m,管壁厚1m,层高5.5m,可通行重型集卡车。

8.2.4　隧道线形

参考国外及国内的科研成果,最大纵坡可适当加大,尽管对最大纵坡值作了适当地放宽,但从行车安全角度考虑,隧道内纵坡仍应尽可能采用较小的纵坡值。当受地形、地质、环境、出入口道路衔接条件等限制,拟加大隧道纵坡时,应根据道路类别、级别、隧道长度,考虑隧道所在地区的气候、海拔、主要车辆类型和交通流组成、隧道运营管理水平、隧道内安全设施配备标准等因素,对纵坡值进行充分论证后,再慎重使用,但隧道最大纵坡不宜大于5%。

1. 隧道平面线形

应与隧道前后路线线形协调一致,并尽量均衡。影响隧道行车安全的重要因素是停车视距和车速,因此线形设计必须保证停车视距。长、中隧道以及短隧道的隧道线形应服从路线布设的需要。采用曲线隧道方案时,必须对停车视距进行验算,并尽量避免采用需设加宽的圆曲线半径。

通常隧道轴线的选线不一定与水流呈正交,在定位选线时要考虑两侧引道的长度与坡度,通常隧道本身为直线段,而为与两端道路衔接,引道呈反向曲线(图8-8(a))。反向曲线间的直线段最小长度(m),以大于或等于设计速度(km/h)数值的1.5倍为宜,特殊困难时也应大于或等于停车视距。

图8-8(a)为上海延安路越江隧道平面示意图,图8-8(b)为上海大连路越江隧道平面示意图。

图8-8(a)为上海延安东路越江隧道,隧道全长2261m,其中圆形隧道长1476m,轴线与水

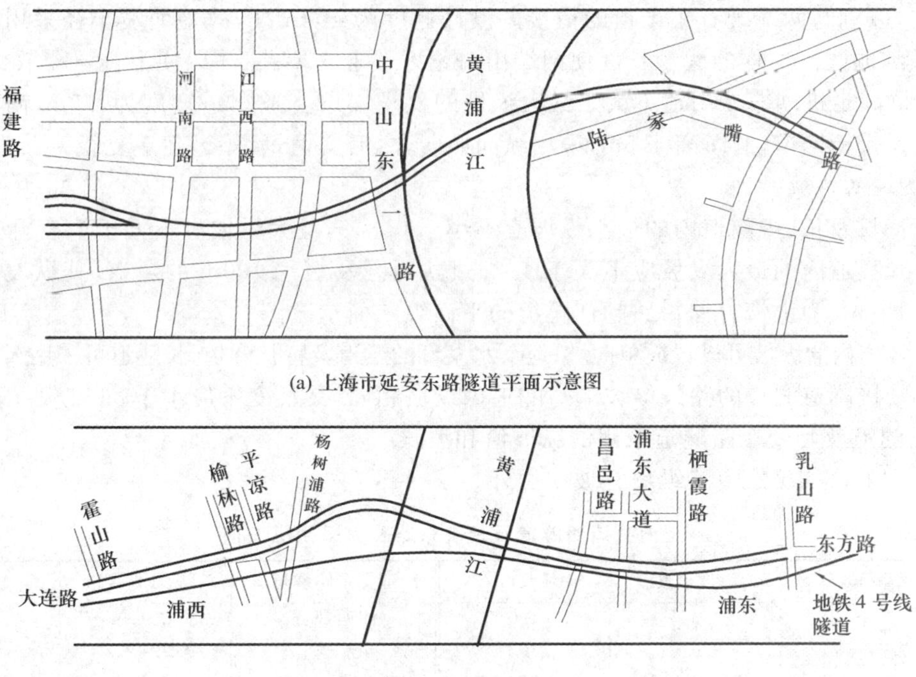

(a) 上海市延安东路隧道平面示意图

(b) 上海市大连路隧道平面示意图

图8-8　越江隧道平面示意图

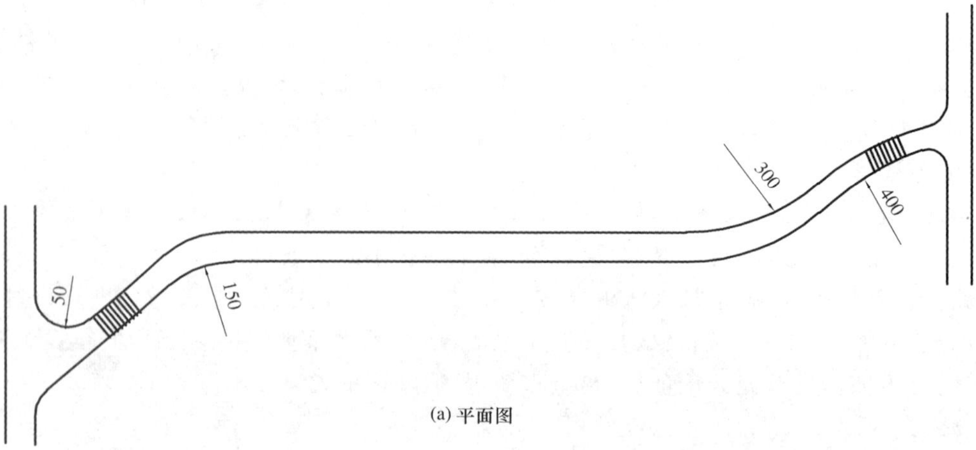

(a) 平面图

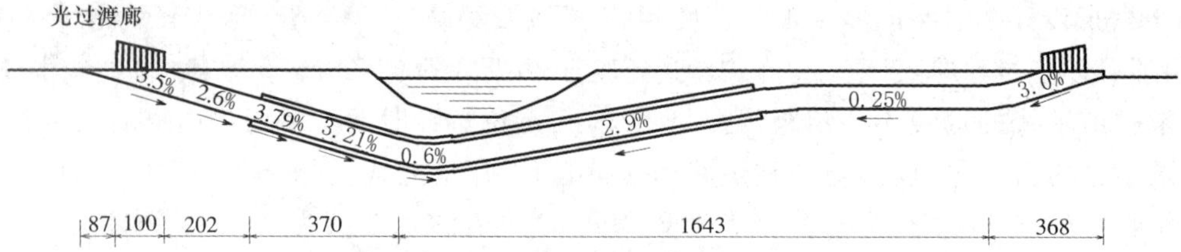

(b) 立面图

图 8-9　上海打浦桥路越江隧道平立面示意图

流呈斜交，以利与两端现有主干道的衔接。设计速度为 40km/h，故平曲线半径采用 500m，无须设置缓和曲线。这样的线型长度使两端出口正好接上主要路口，以便汇合与疏散交通；而纵坡为 3%也满足机动车专用道不大于最大纵坡的要求。该隧道车道宽度为7.5m，南侧设有宽为 0.7m 人行检修道，洞净高 4.5m，采用纵向照明，之后交通量增长，建造复线。

2. 隧道的纵坡

(1) 特长及长、中隧道内的最小纵坡应不小于 0.3%，最大纵坡应不大于 3%；单向交通的短于 500m 隧道内的最大纵坡应不大于 4%；独立明洞及短于 100m 的隧道，其纵坡按路线规范执行。图 8-9 为上海打浦桥路越江隧道的平面纵断面示意图。

(2) 隧道内的纵坡可设置成单向坡；地下水发育的隧道及特长隧道、长隧道可采用人字坡。

(3) 紧接隧道洞口的路线纵坡应与隧道内纵坡相同，其长度不应小于 3s 行程。表8-5为上海打浦路隧道及延安东路隧道采用的纵坡值和坡长。

(4) 出入口外接线道路纵坡宜坡向洞外。

表 8-5　　上海打浦路隧道及延安东路隧道采用纵坡值

打浦路隧道	纵坡坡度	坡长/m	延安东路隧道	纵坡坡度	坡长/m
浦西部分	3.5%	190	浦西部分	3.0%	700
	2.6%	202		2.4%	150
	2.7%及 3.2%	379		3.0%	200
浦东部分	2.9%	800	浦东部分	3%	1060

8.3 桥隧比选

8.3.1 越江工程方案选择

越江工程方案的选择应根据越江工程自身的功能要求，结合环境、地质、水文条件、航运要求、工程建设难易程度、工期及经济造价以及长期维护管理费用等因素进行综合比较，选出满足使用功能要求，符合建设条件、经济合理的工程方案。

桥位选择时既要符合路线走向，也要结合两岸的具体情况，尽可能选择在对岸线使用影响较小、房屋拆迁量少，且拆迁难度较小的地段。选择隧道位置也是要考虑拆迁量少、沿线无明显障碍物，并有足够的施工场地的地段。桥梁和隧道方案比较时应考虑的因素详见表 8-6。

表 8-6　越江交通桥梁隧道方案比较考虑因素

序号	项　目	桥　梁	隧　道
1	对航运的影响	无	无
2	建设条件	受风雨影响	沉管法受气候影响
3	施工难易和风险	作业面多，基础与梁可同时预制	作业面小，工期略长
4	运营条件	受雾和冬季冰冻影响有时要封闭交通	常规条件下，不受环境气候影响，发生交通事故时，危害性大，无硬路肩，内部运营条件相对较差
5	维修养护	养护工作量小，成本低	运行成本费高，照明、通风、排水设施消耗一定的能源
6	里程	长，高净空时桥坡长	里程短
7	景观	能美化环境，可增添景观	不增添也不破坏景观效果，不影响附近土地的开发利用，对两岸的建筑影响小
8	生态	沿线拆迁量大、桥坡长	坡长短
9	工程造价	低；后期运营和养护费用也低	大型隧道造价高，后期运营和维护费用大

8.3.2 越江交通案例

[案例 8-3]　杭州庆春路钱塘江隧道(桥隧比选案例)

杭州庆春路隧道是杭州第一座跨江隧道，如图 8-10 所示。

庆春路越江隧道位于大杭州城市的中心位置，它北接杭州庆春东路，南连萧山区心北路，东距钱江二桥 2.6km，西距钱江三桥 2.5km(图 8-11)。整条通道穿越钱江新城与钱江世纪城的中心地带。它的社会和经济效益巨大。隧道一端是杭州未来市中心——钱江新城，另一端是萧山今后闹市区——钱江世纪城。通过隧道两侧一线相连，快捷沟通后，同城效应会更显著，产业布局更科学，城市功能也得到最大互补。隧道分东西两孔，南来车从东孔走，西孔供北往车辆通行，每孔二车道，整条隧道双向四车道，设计车速 60km/h，3min 即可从地下穿越宽阔的钱塘江。

庆春越江隧道总长 5352m，其中隧道主线全长 3024m。总投资高达 19.5 亿元，为什么要选择一种花大价钱，对技术要求更高的项目，而不是在江面上直接新建一座大桥？试看隧道的位置，该隧道的地点选择在两个发展新区的核心地段，两处的土地资源很可贵，需要节约利用。而通常桥梁的建设需要较大纵坡，试看隧道上游下游两座大桥（图 8-11)，它们的延伸段都非常长，引桥对周围环境的影响比较大。如果建设大桥势必会涉及大量的拆迁，从而更加重了经济和时间的投入。建隧道有利于拉近钱江世纪城以及钱江新城的距离，因此选择隧道更加合适。

修建该越江隧道比较了两种施工方法：盾构法和沉管法。沉管法具有埋深浅、坡度小、越

图 8-10 庆春路隧道地理位置图

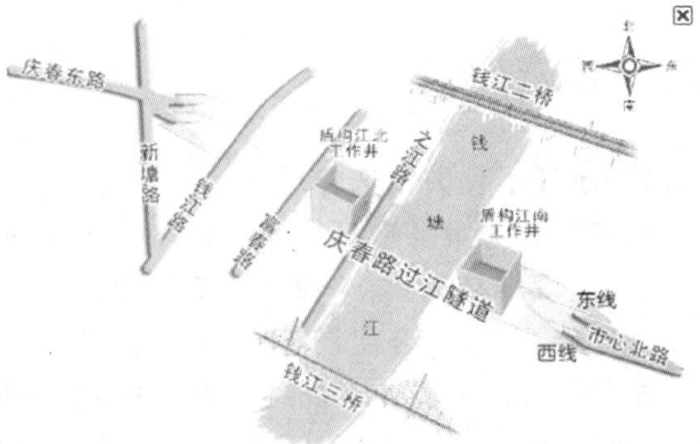

图 8-11 庆春路隧道施工位置图

江距离短、防水性能好、工程投资少的优点。隧道内车道数多。盾构法如单管盾构通常为二车道的内径。采用盾构机在江底岩石层中开挖出通道来修建隧道。相比沉管法把已预制好的管段,沉放到江中事先开挖好的沟槽中,再拼装连成一体的施工方式,盾构法更为合适。因为钱塘江的涌潮非常厉害,管子一埋下去极有可能被潮水冲走,导致管子无法对接。而盾构法就是采用盾构机在江底岩石层中开挖出通道来。与沉管法相比,盾构法技术成熟,对防汛没有影响,拆迁量较小,工程风险小,施工期短,造价也降低了近 25%,施工时也不会影响航运。

庆春路越江隧道采用双向两管道盾构,每管都为单向二车道。管径为 11m 隧道管径,上层 2/3 的空间供行车,下面 1/3 的空间作为逃生通道。上层车道限高 5m 大型车。单日换算为小客车单向流量可突破 20000 辆,为城市交通服务发挥了很大的作用。

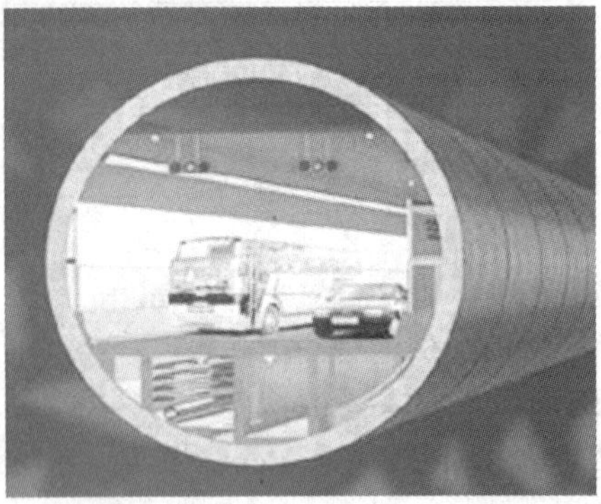

图 8-12 庆春路越江隧道的横断面图

图 8-13 隧道内单向二车道

为了隧道的安全,在隧道的通车方面,隧道全程限速 60km/h。作为服务城市的道路交通,隧道禁止大货车或载有危险物品、燃料等车辆进入隧道,以保证隧道的安全性。此外,隧道里面的监控系统 24 小时运转,一旦发生险情便能及时自动报警,进入应急状态并实施应急预案。除此之外,盾构隧道段江中圆形盾构隧道段里面还专门设置了消防高温排烟系统。

隧道的通风系统的设计是在非火灾情况下采用竖井吸出式纵向通风,基本可以避免对洞口大气环境造成污染,且废气排放集中处理,可以满足环保的要求。根据隧道交通流量大、易出现交通堵塞的情况,在盾构隧道顶部设置排烟风道,一旦发生火灾,可以尽快排除烟气。

点评:该工程通过建造桥隧对环境的不同影响和水下工程不同施工方法适用条件的比较,最终选择盾构法解决越江交通的方式是非常合理的。

[案例 8-4] 上海长江隧桥(桥隧并用案例)

上海长江隧桥工程位于上海长江口南港、北港水域,全长 25.5km。工程采用“南隧北桥”方案,即以隧道穿越南港,在长兴岛西南登陆,长约 8.95km;在长兴岛东北建桥,跨越北港至崇明岛陈家镇,长约 16.65km(其中接线道路 6.68km,跨江桥梁 9.97km)。

1. 隧道部分

隧道长 8.95km,西起上海浦东新区五号沟郊区环线立交,穿越西南港水域,在长兴岛新开河处登陆,接长兴潘园公路立交。其中穿越水域部分达 7.5km。最深埋深达到 55m,平均约 40m。隧道盾构直径为 15.2m,是世界上最大直径的盾构隧道。

内径 13.7m 的圆形隧道被巧妙分隔为“三层楼”和“五间房”:上层用于火灾时排烟通风;中间层为高速公路车道(图 8-14),三条车道(3×3.75m)(图 8-15),即双向六车道,设计车速为 80km/h。下层一切为三,中间是规划轻轨 19 号线预留空间,右侧为电缆通道,左侧是疏散通道(图 8-14)。每隔 830m 就留有一条长 15m、宽 1.8m 的横向逃生通道(图 8-16),全程共有 8 条;而在每条隧道的公路层与轻轨层之间,每隔 260m 设一条疏散楼梯,全程共有 26 条。所有逃生口都有醒目标记。万一某处发生事故,市民可通过它们安全迅速逃生。

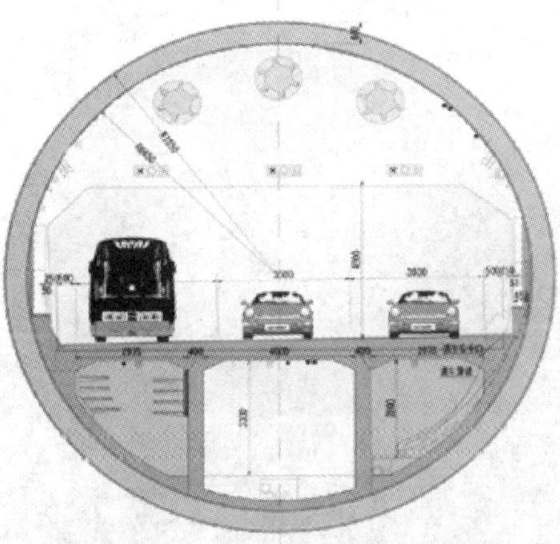

图 8-14 隧道横断面

图 8-15 单向三车道

图 8-16 逃生通道

2. 大桥部分

上海长江大桥全长16.545km,桥梁部分全长9.97km,共有216只墩柱,主跨730m。为满足通航需求,设置了一个主通航孔桥和一个辅助通航孔,通航孔净高52.7m(图8-17)。大桥主塔采用212m高的“人”字形桥塔(图8-18),这种“人”字形桥塔也体现了中国传统文化天人合一的理念,流畅的桥面从主塔腰际穿过,简洁流畅受力合理的塔形,则体现了力与美的完美结合。此外,上海长江大桥全线还有一个“S”形弯,这种桥梁的线形布置,既考虑了对水流的影响最小,又与整座桥梁功能要求的线形结合起来,使得它在造型优美的同时还满足了环保上的要求。

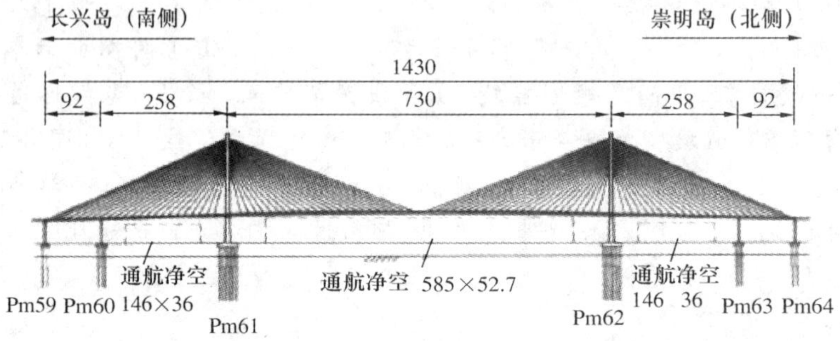

图8-17 长江大桥(单位:m)

图8-18 “人”字形桥塔

图8-19 双向六车道

大桥采用六车道高速公路标准(图8-19),设计路基宽度33.5m,每条车道宽度3.75m,硬路肩宽度3.00m,路缘带宽度0.75m,中央分隔带宽度2.0m,交通通行净高5.0m,坡度2.0%。

点评:长江隧桥是上海至西安高速公路的重要组成部分。对改善上海市交通系统结构和布局,加速长三角地区经济一体化,更好地带动长江流域乃至全国经济发展,提升上海在全国经济中的综合竞争力起到极大作用。

[案例 8-5]　上海军工路越江隧道工程

1. 工程概况

军工路越江隧道工程是连接黄浦江两岸的中环线越江工程，浦西接杨浦区军工路，浦东接浦东新区金桥路，其中圆形隧道段线路走向为：自起点浦西工作井的东南端，向东南方向延伸，先后穿越运河、共青路、黄浦江后，到达终点浦东工作井的西北端。该隧道是连接浦东、浦西的交通枢纽工程。其上游为杨浦大桥，下游是翔殷路隧道(图 8-20)。

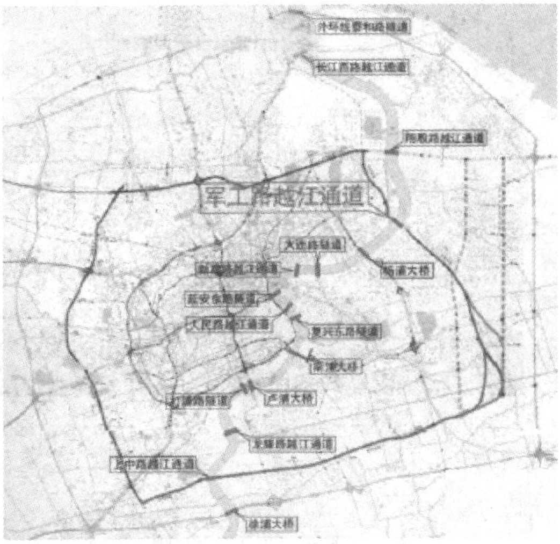

图 8-20　上海三环路网和越江桥隧工程地理位置示意图

军工路越江通道工程共设东线和西线两条隧道，外径均为 14.5m，内径13.3m，为双管双层双向八车道隧道工程(图 8-21)，工程全长3.05km，双孔盾构内分上下层车道，上层为由浦西至浦东的 2×2 车道，下层为由浦东至浦西的 2×2 车道。道路等级为全封闭城市快速路。通行限界：车道宽度，大车道3.5m，小车道3.25m；通行净高 4.5 m；隧道内单向设 2 根宽 3.25m 的小车道、2 根宽 3.5m 的大车道。中间路缘带宽 0.5m，安全带宽度 0.5m，合计侧向净宽 1.0m。两侧路缘带宽 0.50m，安全带宽度 0.25m，合计侧向净宽0.75m。由此大车道建筑限界是 8.5m×4.5m，小车道建筑限界是 8.25m×4.5m，如图 8-21 所示。

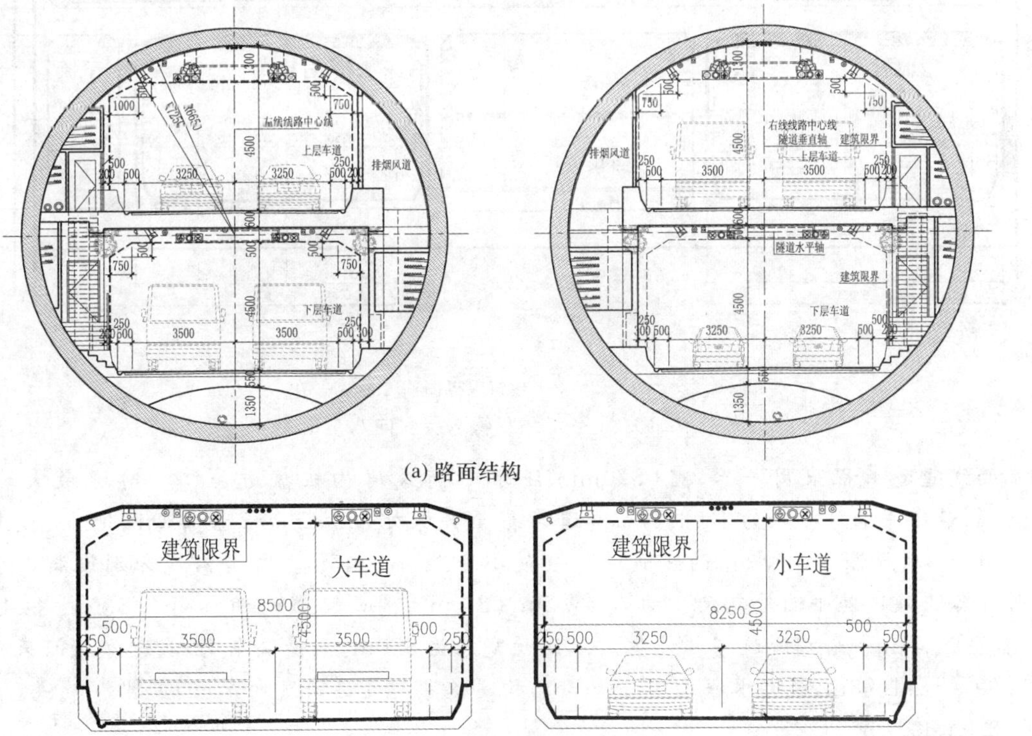

(a) 路面结构

(b) 建筑限界

图 8-21　军工路隧道建筑限界和路面结构

该工程由盾构隧道段、工作井、暗埋段、敞开段、接线道路等组成。其中盾构法圆形隧道东线里程全长 1499.1m。

上层车道以右线计全长 1500.68m,上层设由浦西至浦东的二车道,下层隧道以左线计全长 1490m。下层设由浦东至浦西的二车道,埋深 26.79m,见图 8-22,平面、纵断面示意图见图 8-23。

(a) 军工路双管双层圆形隧道横断面效果图

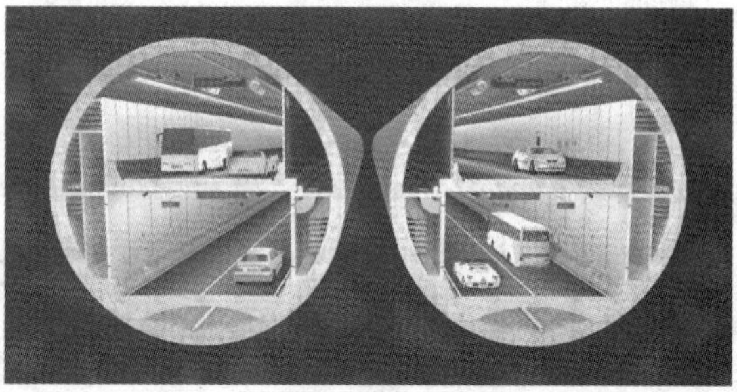

(b) 军工路双管双层双向八车道,上层设由浦西至浦东的车道,下层设由浦东至浦西的车道

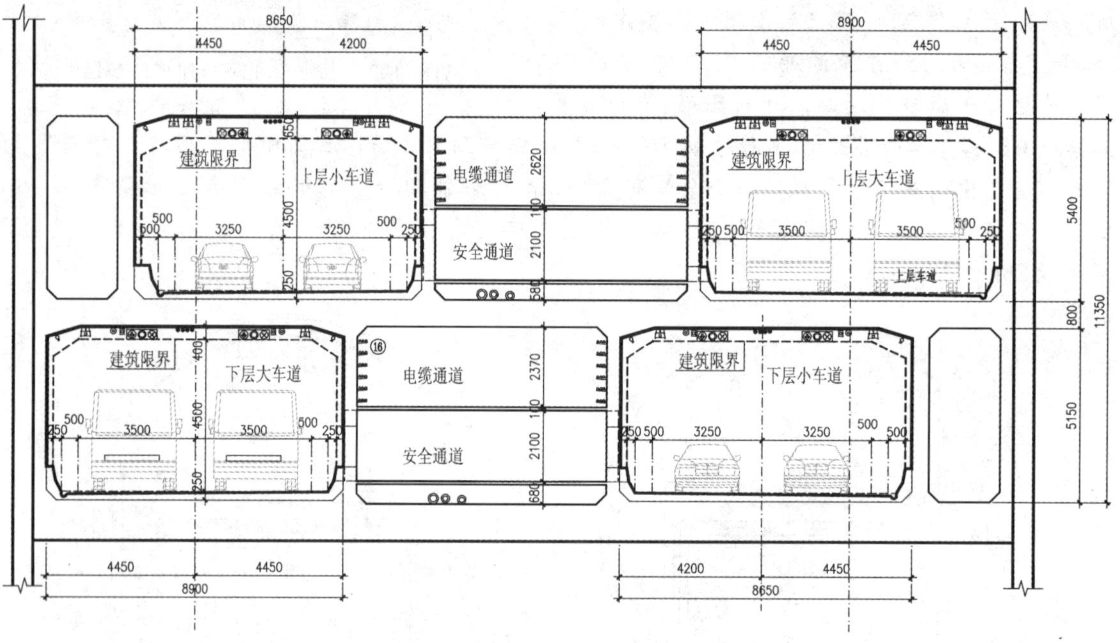

(c) 建筑限界图

图 8-22 军工路双管双层双向八车道

西线隧道工程采用一台 ϕ14 870mm 泥水平衡式盾构机掘进施工。隧道最大坡度为 4.50%,最小平曲线半径为 R1990m,隧道顶覆土最深处(28.2m)位于浦西陆地段,覆土最浅处(9.17m)位于浦东洞口,东西线隧道外壁最小净距为 8.45m。隧道沿线分别设浦东及浦西工作井各 1 座。其平面外包尺寸均为 46.5m×23 m。浦西陆域地面标高在 3.08～5.49m 之间,高差 2.41m。盾构隧道穿越处黄浦江江面宽约为 550m,主槽偏东南,实测江底河床标高为 −1.69～−11.98m,最大水深约 15.5m。盾构隧道穿越处运河宽约 70m,其水深较浅。

2. 工程规模

1) 西线隧道情况

(1) 隧道长度:100m。

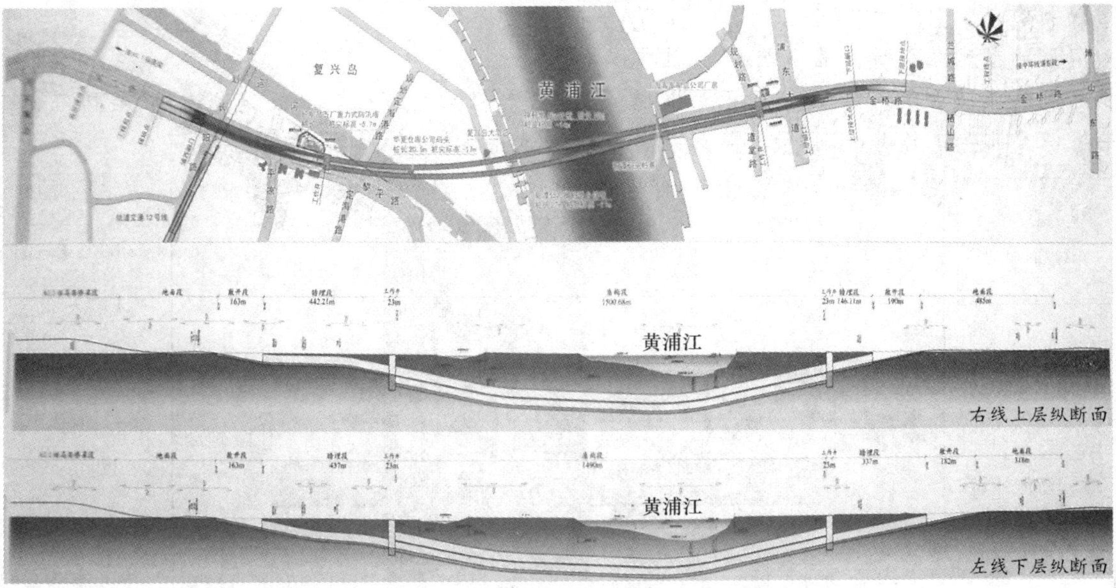

图 8-23　军工路隧道平面、纵断面示意图

(2) 轴线形

平面轴线形：自浦东井起 100m 为直线。

竖向轴线形：坡度均为 4.5%。

(3) 隧道衬砌

① 隧道管片：外径 14500mm，内径 13300mm，环宽 2000mm，管片厚度 600mm。

② 隧道衬砌采用单层衬砌，为通用环楔形管片（又称万能管片环），每环由 10 块管片构成。其中标准块 7 块(S1，S2，S3，S4，S5，S6，S7)，邻接块 2 块(S8，S9)，封顶块 1 块(S10)。普通衬砌环由钢筋混凝土管片构成，混凝强度等级为 C55，抗渗等级为 S12，钢筋采用 HPB235 级、HRB335 级钢。采用全圆周错缝拼装工艺，在加强隧道整体性的同时，可以通过通用环楔形管片的旋转，来满足隧道轴线和推进施工的需要。

2) 圆形隧道道路结构

圆形隧道的下层车道板结构采用预制构件和现浇钢筋混凝上相结合的形式。下层车道板的底部为一块 Π 形预制车道板，预制车道板上设置现浇路面结构，其顶面为 90mm 厚的沥青混凝土路面，其两侧为斜面型防冲击侧石。上层车道板结构采用现浇钢筋混凝土结构形式，其顶面为 80mm 厚的沥青混凝土路面和防冲击侧石。

圆形隧道内，设置上、下层之间的安全疏散楼梯；并在最低点设一座泵房；圆形隧道的路面结构中均有变形缝，其位置与圆形隧道的结构变形缝对应。

3) 施工方法

圆隧道采用 ϕ14.87m 盾构法施工。内部道路结构与盾构推进同步施工，下层道路采用预制钢筋混凝土构件和现浇相结合的方法进行施工，上层道路采用现浇钢筋混凝土结构的方法进行施工，钢筋混凝土结构包括侧墙、柱、L 梁和上层车道板。

3. 工程总体施工方案简介

西线隧道采用 1 台 ϕ14870mm 泥水平衡盾构掘进施工。

隧道衬砌选用通用楔形管片（楔形量 $\delta=40$mm），通过管片的不同旋转量，满足设计轴线的控制要求。

盾构在完成东线隧道推进后,在浦东工作井原地调头并平移至工作井西侧,在井内安装并联动调试成功后,由南向北进行西线隧道的掘进,先后穿越浦东岸上段和黄浦江,最后经定海港运河至浦西工作井进洞,最终解体盾构吊出外运。盾构施工顺序见图 8-24。

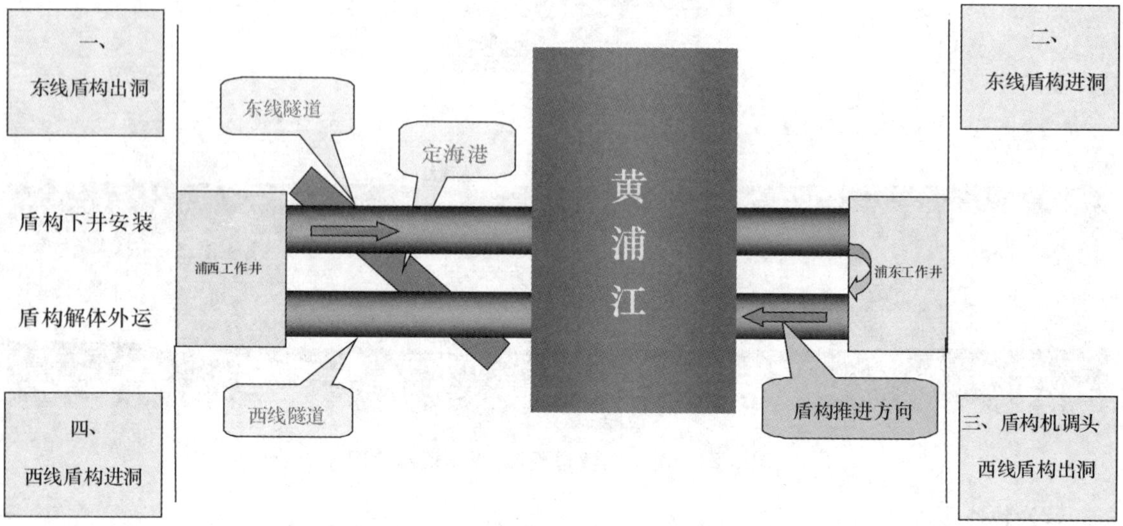

图 8-24 盾构施工顺序图

说明:

(1) 隧道推进时,设置闭口负环后靠,保证出洞时基准环管片拼装质量。为此,100m 试推进时,管片等材料由暗埋段吊装孔进行运输。正常推进时,材料运输采取工作井与暗埋段吊装孔同时吊运的方式进行。

(2) 盾构推进与道路结构同步施工。下层路面结构采用预制构件与现浇钢筋混凝土相结合的方式进行,上层路面采用现浇钢筋混凝土的方式进行。

点评:军工路双管双层双向八车道盾构法隧道的建成表明盾构法采用双管双层同样能提高通行能力,也表明我国地下工程盾构施工技术已得到不断发展和完善。

8.4 海底隧道和案例

8.4.1 海底隧道修建方法和适用性比较

由于每年自然灾害给人类生命财产带来了巨大损失,近一二十年来,世界各国在工程建设上逐渐注意挑选具有抗御自然灾害能力的工程结构,为了求得持久稳定的跨越江河、海湾、海峡通道,又能保证巨型船舶航行,国外有优先考虑采用水下隧道作为越江、越湖、越海方式的趋势。

海底隧道可分为海底段隧道和陆域段隧道。目前,修建海底隧道的基本方法有钻爆法、掘进机法(即 TBM 法)、盾构法和沉管法。另外,跨越海峡还可以将以上几种方法混合使用,或采取桥隧联合的方法。

1. 钻爆法

钻爆法是指采用传统爆破技术进行隧道开挖的施工方法,其主要工序包括钻孔、爆破、通风及岩石装运等。钻爆法通常可适用于各类岩石地层的隧道施工。

钻爆法在国外水下隧道施工中的应用很多，20 世纪 40 年代日本修建的关门海峡水下隧道，是世界最早用钻爆法修建的水下隧道，之后又用钻爆法修建了世界闻名的青函海底隧道。作为世界上最长的水下隧道，日本青函海底隧道穿过津轻海峡，全长 53.85km，海底段长 23.30km。挪威已建成的约 100km 的水下隧道均采用钻爆法施工，最长一座隧道为 4.70km，最大埋深达 180m。

采用钻爆法修建海底隧道，必须采取有效措施预防塌方、涌水、突泥等地质灾害。海底隧道与山岭隧道最大的不同点是直接处于水下作业，险情大，一旦遭遇大塌方和涌水将十分难以处理，甚至成为工程成败关键。在海底岩层中穿越的隧道工程，勘测、定位和选线受限制很大，故其穿越断层破碎带的概率高，数量也多。

钻爆法穿越断层破碎带的问题的关键是断层破碎带的支撑和加固堵水。目前国内外通常采用的方法是强行穿越法、注浆法、冷冻法和其他辅助方法。

采用钻爆施工方法施工海底隧道具有以下优点：

(1) 适合各种地形条件。采用钻爆法施工海底隧道，一般要求隧道大部分地段应位于岩石地层中，特别是对于海底部分更是要求如此。由于钻爆法设计施工经验均较为成熟，可以适应不同的地质条件变化。

(2) 施工对环境影响小，不影响水面通航。采用钻爆法修建海底隧道不仅是对自然环境影响最小的建设方案，而且也是对周边生产、生活影响最小的建设方案。

(3) 能较好地抵御自然及战争灾害，不受气候条件而运营。

2. 盾构法

盾构机是在软土、软岩和破碎含水地层中修建隧道时，进行开挖和衬砌的一种专用机械设备，盾构机的主体部分是一可移动的高强度钢套壳。在隧道掘进时，钢套壳插入土内，在永久衬砌施作之前用以支撑隧道四周的地层，以保证永久衬砌的施工而免去临时支撑。

盾构法一般限制在港湾下的浅水区和沿海地带的软土地层施工，在深堆积层等软弱的不透水黏土中最为适用。

盾构法采用现代化的生产手段，速度快、效率高，工作人员作业环境较好，安全保证程度高。但是盾构掘进机构筑的隧道断面形式和线形受限，灵活度不大；机件复杂，设备昂贵，建设成本中设备费用占用比率较高；在隧道掘进中途需要更换刀具和整修刀盘，工艺复杂，操作困难；隧道洞口附近需要有较大的施工整备场地，包括预制管片的场地，代价较高。

国外盾构已有 180 余年的发展历史。自从 1843 年第一条高 6.8m、宽 11.4m 的矩形盾构法隧道在伦敦泰晤士河建成以来，盾构法隧道的设计和施工技术得到了很大发展，出现了泥水加压式和土压平衡式盾构，衬砌由铸铁转向钢筋混凝土或钢材组成。用盾构法施工的世界著名水下隧道有东京湾横断公路隧道和丹麦大海峡隧道等。

东京湾横断公路隧道位于海底平坦地层，平均覆盖厚度仅有 15m 左右。隧道区段主要是软弱的冲击、洪积黏性土层。盾构设计采用先进的自动掘进管理系统，自动测量管理系统和管片自动拼装系统。隧道由 8 台直径 14.14m 的超大型泥水式土压平衡盾构在海底地层中穿越和对接。该盾构机长 13.5m、重 3 200t，堪称世界上最大级的盾构机械。

3. 沉管法

沉管隧道(immerged tunnel)是将若干个预制管段分别浮运到海(江)面现场，并一节接一节地沉放安装到已疏浚好的水底基槽内。通常在干坞中预制管段，基槽底面和隧道底部之间的空间应事先准备好砾石垫层或在隧道下面泵送砂垫层或喷射砂垫层,必要时可采用桩基处理基槽。隧道预板上覆盖一层保护层。

沉管隧道的结构形式有钢结构和钢筋混凝土结构两大类。钢结构一般为圆形断面,钢筋混凝土一般为矩形断面。欧洲国家习惯于采用矩形钢筋混凝土结构。

我国沉管隧道,已建成有广州珠江隧道、宁波甬江隧道、上海黄浦江隧道、香港维多利亚港海底沉管隧道,都是双向三车道混凝土沉管隧道。

同钻爆法和盾构法修建水下隧道相比,沉管法有以下特点。

(1) 地质条件。沉管隧道的基槽开挖较浅,且沉管由于受到水浮力的作用,作用于地基的荷载较小,因而对基础承载力的要求较低,对各种地质条件的适应能力较强。但基槽开挖与基础处理的施工技术非常复杂,尤其遇到坚硬的岩石时,水底爆破开挖技术要求高,且破坏了海洋生态环境。

(2) 隧道埋深。沉管隧道埋深只要 0.5～1.0m 即可,也可为零覆盖,甚至可凸出河床面;而盾构隧道的埋深至少为 $1D$(D 为隧道洞径)以上;钻爆隧道的埋深则要求更大。因此三者相比,沉管隧道的坡降损失最小,同一隧址处,隧道的长度也最短,运营条件相对较好。

(3) 防水性能。对于钻爆施工的隧道,由于施工工艺本身的限制,无论是混凝土结构还是外敷防水层在施工过程中都存在一些质量缺陷,隧道漏水是不可避免的。

(4) 断面适应性。沉管隧道可根据使用功能需要确定断面大小和形状,断面利用率较高,且沉管隧道断面的增大对工程的单位工程量造价影响不大。因此沉管隧道的断面适应性最好:断面越大,沉管的优势越明显。比较而言,钻爆法修建的隧道断面越大,单位造价越高,尤其是在围岩较差时需要特别采用强支护与超前支护手段,进一步增大工程造价,而且施工难度与风险很大。同样,在水底条件下盾构法修建的隧道断面越大,需要的盾构直径越大,从而引起设备购置费用大幅上升,直接提升工程造价。另外,钻爆隧道根据施工工艺以及结构稳定的需要,一般为似马蹄形或拱形。盾构隧道受盾构机制约一般为圆形,如采用异形断面,则盾构机需要专门定购和加工,工程造价和成本将增加更多。

(5) 作业环境。盾构隧道和钻爆隧道施工时,作业人员大部分作业时间在河床下面进行,其安全性和作业条件较差,不确定因素较多;而沉管隧道的主要作业是在陆上露天进行的,水面作业和水下作业周期均较短,安全可控性较好。

(6) 工序衔接。沉管隧道施工时,平行作业点比盾构隧道和钻爆隧道多,如管段预制可以和基槽开挖以及岸上主体结构等工序平行作业。这样,在沉管隧道施工组织上,其时间、空间和人员的安排及工期上有较大的优越性和灵活性。而盾构隧道和钻爆隧道由于作业空间、施工工艺的限制,很多工序无法平行作业。

(7) 工程量。沉管隧道与另外两种隧道形式相比,其主要缺点是基槽(呈倒梯形状)开挖的土方量大,相应的回填量也较大;另一个缺点是主体结构的圬工量较大,一般而言,比钻爆隧道衬砌结构工程造价要高出 20%～30%。

(8) 航运干扰。沉管隧道在基槽开挖、管片浮运、沉放和对接阶段都将对航道产生一定的影响,一些地区需要采取封航措施才能保证施工的顺利进行,而盾构隧道和钻爆隧道则对航道没有任何干扰。

沉管隧道的主要优点是:沉管覆盖层薄,含引道在内的隧道总长度较短;其对地质条件的适应性强;隧道断面利用率高;防水可靠度高;施工周期短等。从沉管隧道发展进程来看,目前沉管隧道的设计施工正向大型化方向发展。为适应城市交通发展,隧道的车道数已由最初的双车道发展到目前城市隧道通用的六车道,甚至八车道。

8.4.2 海底隧道案例

[案例 8-6] 厦门翔安海底隧道

1. 工程概况

全世界已建及在建的跨海隧道有 20 多条,主要分布在欧洲、日本、中国香港,翔安隧道是中国内地第一条海底隧道,是厦门东通道的一部分。

厦门东通道是一项规模宏大的跨海工程,是连接厦门市岛和翔安区陆地的重要通道,工程主要包括跨五通互通立交、跨海翔安隧道和西滨互通立交三部分工程。东通道线路总长 8.695km,厦门翔安海底隧道于 2010 年 4 月 26 日建成通车,全长 6.05km,其中海域段长 4.2km,翔安隧道是厦门第三条对外出岛通道,兼具公路和城市道路双重功能,既是厦门市交通干线路网规划的重要组成部分,也是厦门环东海域地区发展的重要通道。它的建成是实现岛外最后一个区(翔安区)与厦门本岛中心区紧密相连(图 8-25(a)),两地间由此缩短 50km 路程,以前汽车行驶要花费 2h,建成后只需 15min 左右。翔安隧道陆地区域洞口景观见图 8-25。

(a) 翔安隧道地理位置　(b) 翔安隧道入口景观　(c) 翔安隧道入口洞外可变情报板

图 8-25　翔安隧道

隧道最深处距海平面约 70m,为双向 6 车道双洞海底隧道,采用三孔隧道形式穿越海域,两侧为行车主洞,中间一孔为服务隧道(图 8-26)。翔安隧道和香港海底隧道最大的区别在于它有服务隧道而香港没有。其实世界上已建或在建的海底隧道,大部分也都没有服务隧道。

翔安隧道设置服务隧道是考虑到市政管线需要——隧道分上下部分,上部为检修车通道、逃生通道;下部为市政管廊,用于布排供水管、高压电缆、通信光缆等。服务通道与两个行车主洞之间(左右线隧道)有 12 个人行横通道、5 个车行横通道相通,在抢险救援逃生时,发挥着重要作用,平时不能随便进入。

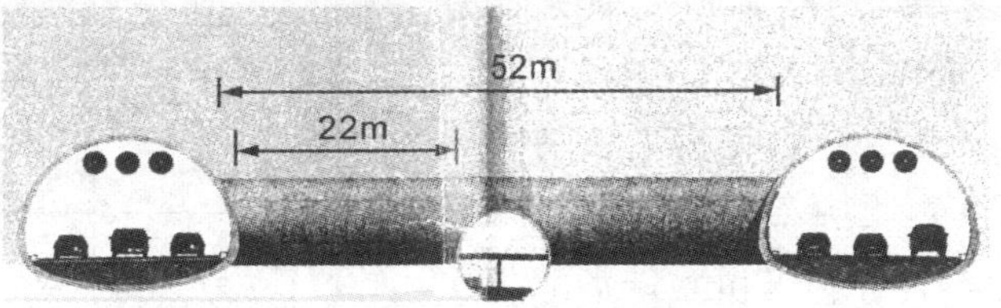

图 8-26　三孔隧道横断面示意图

隧道沿线设通风竖井两道,翔安西滨侧设收费、服务、管理区。隧道采用钻爆暗挖法修建,是中国大陆第一座大断面海底隧道。

2. 主要技术指标

翔安海底隧道主要技术指标如表8-7所示。

表 8-7　　**翔安海底隧道主要技术指标**

设计速度		主线 80km/h,匝道或匝道桥 40～50km/h
车辆荷载等级		公路一级
行车隧道	建筑限界净宽	0.5+0.25+0.5+3×3.75+0.75+0.25=13.5m(三车道)
	建筑限界净高	5m
服务隧道		内径宽 6.50m,高 6.0m
路基宽度		引道:32m;匝道:8m(单向单车道匝道);10m(单向双车道匝道)
地震基本烈度		Ⅶ度区
最大纵坡		2.92%
设计使用周期		100 年

厦门翔安海底隧道是厦门本岛连接岛外翔安区的一条重要通道,承载着巨大的交通负荷。据交通流量分析及预测,翔安隧道在 2010 年的交通量达到 5 万辆/天,2030 年将达到近 10 万辆/天,需按双向六车道高速公路标准(单洞三车道)设计。而目前其他出岛通道的交通量最大的是海沧大桥,进出岛双线合计 8 万辆/天。交通流量大,决定了翔安隧道的断面必须更大。跃而成世界上断面最大的海底隧道。

3. 洞口建筑设计

为便于洞口的景观美化及管线布置,在隧道洞口左右线之间,设置地下一层、地面两层楼的洞口建筑物,纵向长度 10m。洞口建筑物采用钢筋混凝土框架结构,桩基础形式,建筑物的顶层采用回填一定厚度的覆盖土进行绿化。功能的划分如下:地下一层作为洞口雨水集水池;地面一层设置泵站、存储间;地面二层、为服务隧道轴流风机集中送风空间、检修空间(图8-27)。

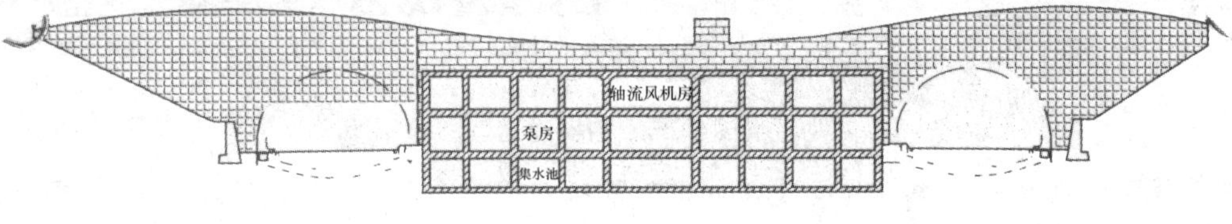

图 8-27　洞口泵房及洞内泵房土建设计

1) 洞口泵房和洞内泵房土建设计

在隧道海底最低高程处设一集水横通道和排水泵房如图 8-27 所示,其容量按服务隧道所通 ϕ1000mm 供水管破裂(2000m 长管中水流出)或检修时需存储的水容积量考虑(即 3000m³)。该容量也满足隧道渗水、清洁用水、消防流水等其他意外水量。

由于隧道最深处达 70 余米,再加上供水管自身的输水压力,最不利处压力可达 1MPa,对管道本身的保护及隧道的安全运营都提出了较高的要求。因此在隧道中对该管道实施必要的技术保护措施是相当重要的。设计对 ϕ100mm 供水管保护方案措施主要有:

(1) 隧道两端设置总控制耐高压电动阀门,事故时可同时切断供水。

(2) 隧道内每 1.5km 设置一套耐高压电动蝶阀,每 0.5km 设置一套耐高压手动蝶阀。阀门处均设置限位式伸缩器。

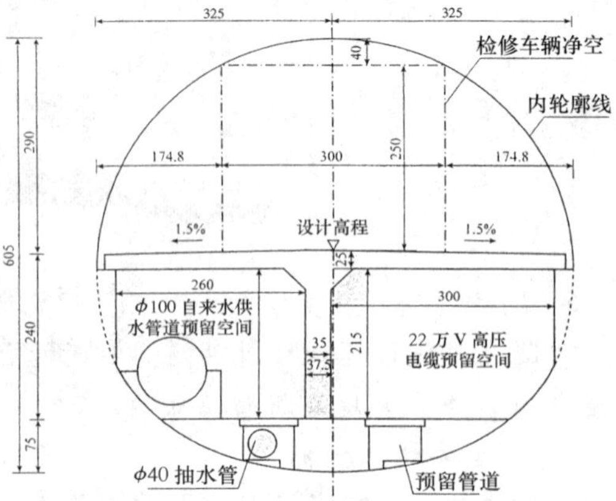

图 8-28　服务隧道横断面(尺寸单位:mm)

(3) 管道加厚壁厚,采用 D1020mm×14mm 钢管。管道焊接、X 探伤、防腐等采用国标中高标准。管道采用水锤模拟分析,按分析结果采取防止水锤的措施。

(4) 管道每 0.5km 设置 DN250mm 大口径排气阀,加强对管道的排气措施。

(5) 管道在隧道内的基础采用混凝土基础(图 8-28),局部满包加强。

2) 防水体系和衬砌结构

根据厦门翔安隧道所处的地质情况,主隧道在强风化、断层破碎带地段采用全封闭方案;在Ⅰ、Ⅱ级围岩地段和横洞等结构交叉地段采用排导方案,允许少量渗水限量排放,如图 8-29 所示。服务隧道由于断面较小,且根据布置要求,下部设置水及电通道,上面设置检修通道。采用近似半圆形断面布置形式,断面利用率较高,且结构受力十分有利,因此服务隧道全部采用全封闭衬砌结构方案。

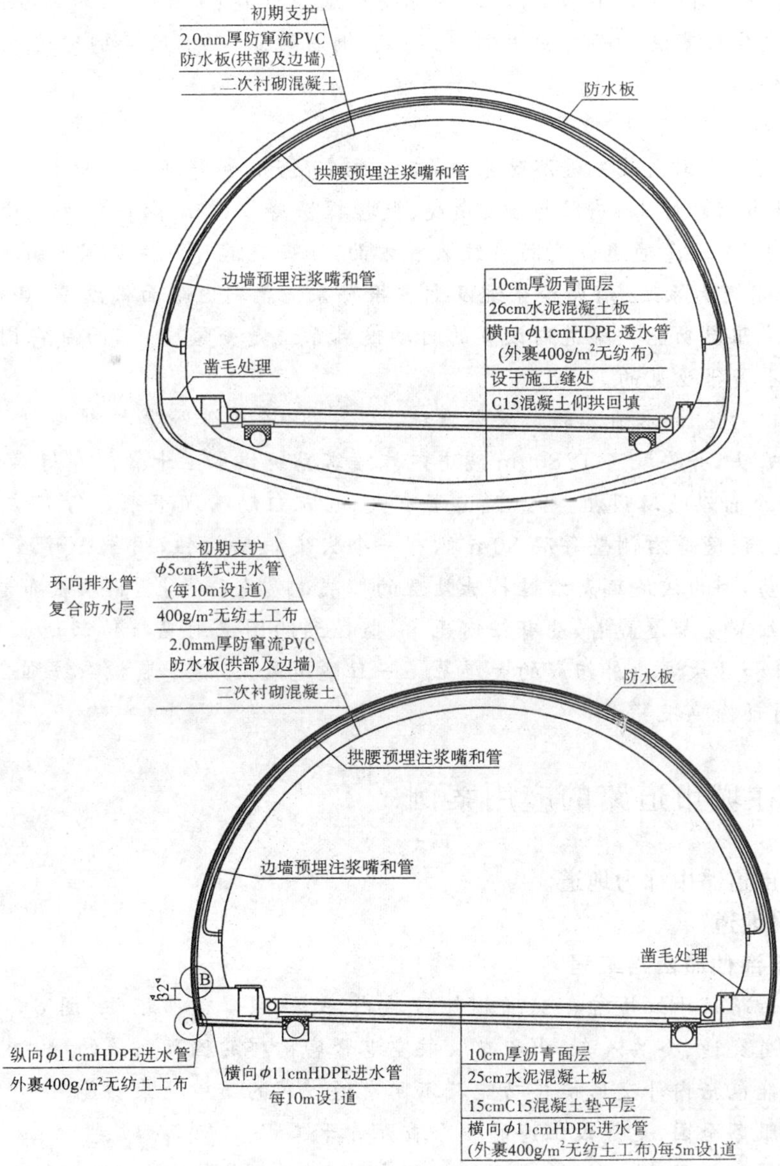

图 8-29　防排水系统结构断面

4. 施工方法

香港隧道用的是沉管法,翔安隧道采用的则是钻爆法暗挖施工。沉管法对水域环境会造成一定破坏。翔安隧道从保护厦门白海豚生存环境以及保护海洋生态环境、海洋珍稀鱼类、海床现状及弃渣利用考虑,放弃沉管法。翔安隧道是目前世界上最大断面的钻爆法(俗称“打眼放炮”)海底隧道,施工方法采用海底爆破、机械开挖及人工开挖相结合的方法。翔安隧道主洞隧道开挖宽 13.5m、高 5m,最大开挖断面达 170.7m^2,这使它一跃而成世界上断面最大的海底隧道。

世界上最长的海底隧道是日本青函隧道,全长 53.85km,海底部分 23km。青函隧道是一条双线的海底铁路隧道,也采用钻爆法,但是断面才 80m^2,施工难度比翔安隧道小很多。大断面施工中,翔安隧道采用的是双侧壁及 CRD 工法分部开挖。即将大断面分为上下左右 4 个区,分别开挖支护。自 2005 年动工以来,从翔安隧道中开挖、弃运土石约 235 万立方米,几乎可以将埃及大金字塔塞满。而支护用锚杆、钢架、钢筋网、衬砌钢筋等钢材约 5 万吨,相当于 7 座巴黎埃菲尔铁塔。

5. 消防系统

翔安隧道里装有国内最先进消防系统,走进翔安隧道,和普通隧道感觉很不一样,除了光线好,洞内有很多消防标志、消防设施、管线、监控探头等。6km 多的翔安隧道,设置了 3374 个消防喷头和 17 个应急通道。消防系统装置方面,翔安隧道可以说是国内最先进的——包括泡沫-水喷雾联用灭火系统、消火栓系统及火灾报警系统。洞内路面铺设了 10cm 厚两层沥青,第一层沥青具有阻燃功能。隧道内设置的自动喷淋系统是全省首个,而且在国内这么大断面的隧道里设置也是很少见的。

翔安隧道内的泡沫-水喷雾联用灭火系统,共设 482 个泡沫喷雾控制阀组、3374 个隧道专用水成膜泡沫喷头,并安装了 12800m 隧道泡沫喷雾系统供水主干管。在行车左侧的洞顶,每隔 25m 就有一个自动喷淋设施,一旦隧道里有火,它就自动喷水下来。行车右侧每隔 50m 设有消火栓、灭火器;隧道右侧壁每隔 50m 就有一个火灾报警按钮,用手击碎玻璃报警时,不用担心手会被划伤,因为该玻璃是经过特殊处理的。隧道是全程监控,洞顶密布着 100 多个摄像头将隧道每个细节全都覆盖着,没有任何死角,监控到的图像则直接传回地面中控室,中控室有 40 个小屏幕和 8 块液晶屏组成的大屏幕。一旦隧道着火,这个监控系统则自动识别火焰和浓烟图像,并自动蜂鸣报警。

8.5 隧道在城市道路的应用案例

隧道在城市道路中称为地道。

8.5.1 次干路地道

[案例 8-7] 上海仙霞西路工程

上海仙霞西路位于虹桥综合交通枢纽区域内,虹桥综合交通枢纽(图 8-30)是高速铁路、城际和城市轨道交通、公共汽车、出租车及航空港紧密衔接的国际一流的现代化大型综合交通枢纽。具体功能包括内外交通衔接功能及不同交通方式的集中换乘功能。枢纽是服务于长三角、长江流域、服务全国,是建设上海的一个重大骨干工程。

由于机场等枢纽用地的阻隔,真正在路网中起到“连通”作用的主、次干路相对匮乏,因此构建基本的地面骨架路网尤为重要。

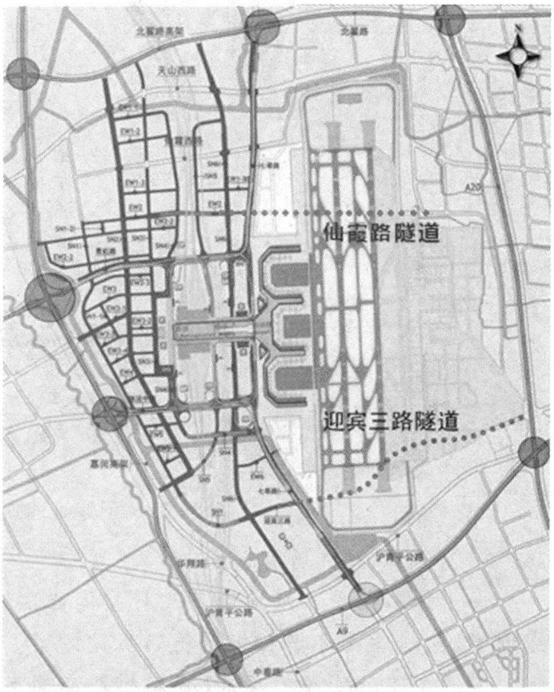

图 8-30 上海虹桥综合交通枢纽总平面图

仙霞西路作为沟通虹桥机场东西两侧最直接、便捷的通道，对于形成虹桥综合枢纽配套路网的框架有着重要的意义。仙霞西路全长 3062.017m，红线宽度 36～42m。沿线主要穿越高速铁路、规划磁悬浮、七莘路、轨道交通 2 号线、虹桥机场等。

1. 主要技术标准

1）道路等级和设计车速

按规划，仙霞西路道路等级为城市次干路标准，设计速度 40km/h。

2）车道宽度

（1）主线路段

仙霞西路机动车道小型车道宽度 3.5m，大型车道宽度 3.75m；路缘带宽度 0.25m。

（2）交叉口车道宽度

交叉口进口道每车道宽度 3～3.25m，不设路缘带；交叉口出口道每车道宽度 3.5m。

3）净空高度

仙霞西路隧道净空高度按照 4.5m 标准设计。

次干路：4.5m。一般支路：4.5m。行人和自行车：≥2.5m。

普通铁路：≥6.75m。

高速铁路：≥7.96m。

2. 建设规模

1）道路工程

仙霞西路（SN2 路—SN9 路）全线按城市次干路标准，线路长度约 3.06km，规划红线宽度 36～42m 不等，设置双向机动车道四车道，两侧另设非机动车道与人行道（除下穿机场隧道外），其中七莘路—SN7 路、绥宁路—SN9 路设置主线两侧地面辅道。采用沥青混凝土路面。

路线除在下穿虹桥机场范围内对规划线路因隧道布线及与两端接线道路衔接要求进行调整外，其余路段均与规划走向一致。

2）结构工程

结构工程主要包括下穿高铁地道和下穿机场隧道。其中下穿高铁地道长 570m；下穿机场隧道北线长 1730m，南线长 1717.789m。

3. 工程方案

1）下穿高速铁路与规划磁悬浮节点

由于建设该工程前高速铁路与磁悬浮尚未实施，地道下穿高速铁路、磁悬浮，埋深较浅、长度较短以及相互干扰因素较少、造价较低，地道采用矩形箱涵结构、明挖法施工是比较合理的。

高速铁路可一跨过仙霞西路下穿地道，地道中央分隔带宽度 1.5m，人行道宽度 2.8m。对地道结构最终推荐单箱四孔箱涵（图 8-31）。

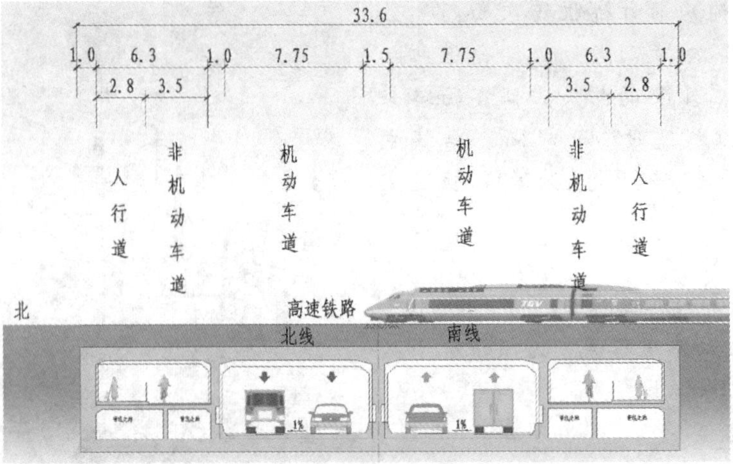

图 8-31 下穿高速铁路地道断面图(单位:m)

2) 下穿虹桥机场节点

由于该路段受机场地面及飞行空间阻隔,按规划线路布置,在与机场相交路段只能采用下穿方案,包括盾构方案和矩形箱涵明挖方案。

考虑到工程实施难度、投资规模及交通运行的安全与效果,下穿机场地道仅通行机动车。

(1) 盾构下穿方案(方案一,推荐方案)

下穿机场隧道采用盾构法施工。隧道内布置单管单向 2 车道。

根据盾构法施工的要求,对规划线位进行调整。隧道西侧敞开段位于七莘路交叉口与 SN7 路交叉口之间,在 SN7 路交叉口西侧进入矩形暗埋段下穿 SN7 路;在规划轨道交通 2 号线上方穿越后进入西侧工作井,然后盾构段依次下穿机场滑行道、机场排水沟、航向台保护区、下滑台保护区之后进入东侧工作井;之后矩形暗埋下穿绥宁路,在许渔河西侧与地面道路接顺。

采用双管单层圆盾构隧道。圆形隧道外径 11.36m,管片厚度 500mm (图 8-32)。

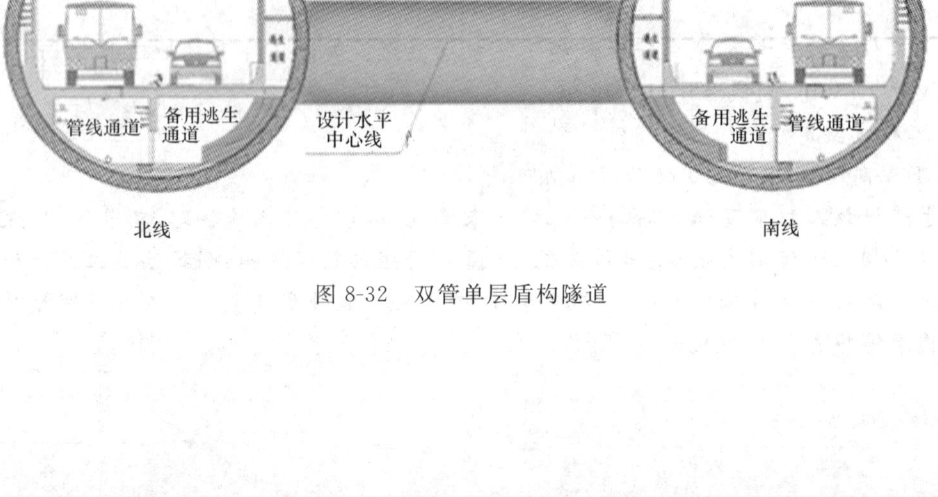

图 8-32 双管单层盾构隧道

(2) 明挖＋管幕法下穿方案(方案二,比较方案)

下穿机场隧道考虑采用明挖＋管幕法施工。隧道按规划线位,在七莘路以东开始下挖,在SN7路交叉口前暗埋。在规划轨道交通2号线上方穿越,然后依次下穿机场滑行道、机场排水沟、航向台保护区、下滑台保护区、机场围场河、绥宁路,在SN9路交叉口西侧与地面道路接顺。其中,在下穿现状跑道是采用管幕法施工,管幕段长度为200m。

(3) 方案比选

鉴于盾构下穿机场方案基本不影响机场运营、施工进度有保证,以及造价的相对节省和可控性等方面考虑,推荐盾构法下穿机场方案为建设方案。

4. 横断面布置

1) SN2路—SN3路

该路段道路红线宽度为36m,该段规划路幅不对称,南半幅宽16.0m,北半幅宽20.0m。断面布置为:

3.0m(人行道)＋3.5m(非机动车道)＋2.0m(机非分隔带)＋19.0m(机动车道)＋2.0m(机非分隔带)＋3.5m(非机动车道)＋3.0m(人行道)＝36.0m,见图8-33。

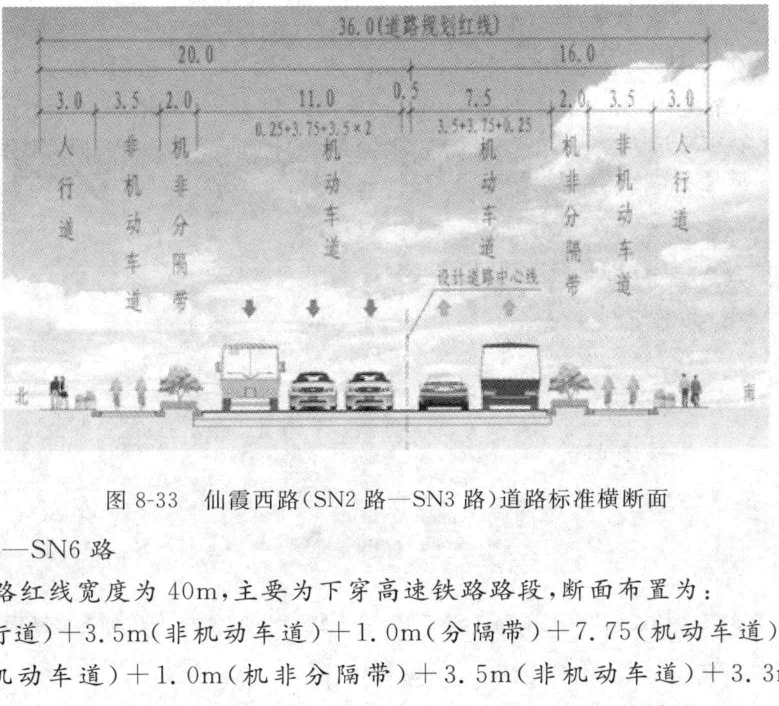

图8-33 仙霞西路(SN2路—SN3路)道路标准横断面

2) SN3路—SN6路

该路段道路红线宽度为40m,主要为下穿高速铁路路段,断面布置为:

2.8m(人行道)＋3.5m(非机动车道)＋1.0m(分隔带)＋7.75(机动车道)＋1.5m(分隔带)＋7.75m(机动车道)＋1.0m(机非分隔带)＋3.5m(非机动车道)＋3.3m(人行道)＝33.6m。

3) SN6路—七莘路

该路段道路红线宽度为42m,由于考虑到在该段设置一对公交停靠站,加上两交叉口间距仅为300m,交叉口渠化段与公交停靠站几乎相连,为了减少社会车辆与进出站的公交车之间的交织,该段按双向六车道规模建设,断面布置为:

4.25m(人行道)＋3.5m(非机动车道)＋2.0m(机非分隔带)＋22.5m(机动车道)＋2.0m(机非分隔带)＋3.5m(非机动车道)＋4.25m(人行道)＝42.0m,见图8-34。

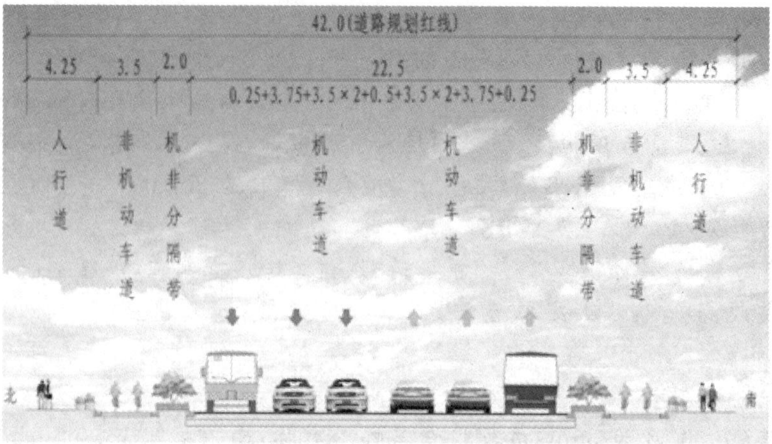

图 8-34 仙霞西路(SN6—七莘路)道路标准横断面

4）七莘路—SN9 路

该段仙霞西路地面道路红线宽度为 40m，该段地面道路多为隧道敞开段与地面辅道一起布置的断面(图 8-35)。断面布置如下：

2.85m(人行道)+6.5m(地面辅道)+1.0m(分隔带)+7.75m(机动车道)+3.8m(分隔带)+7.75m(机动车道)+1.0m(分隔带)+6.5(地面辅道)+2.85m(人行道)=40m。

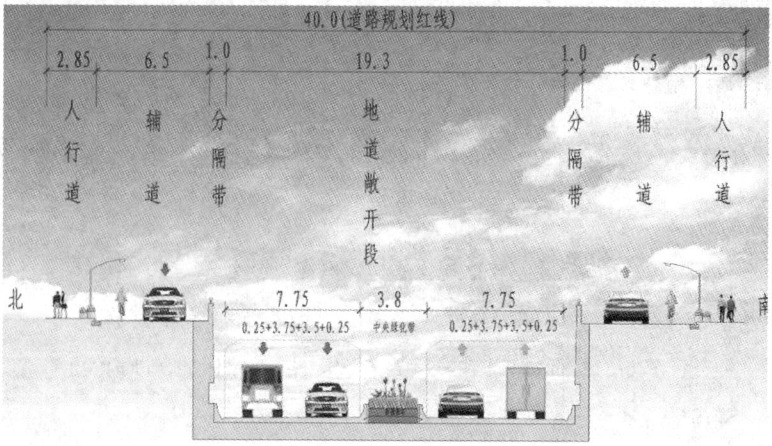

图 8-35 仙霞西路(七莘路—SN7 路;绥宁路—SN9 路)敞开段标准横断面

5. 建筑工程

下穿高铁地道内两侧的人行道和非机动车道下各设置管廊一个，供本工程管线和社会管线通过，在靠近洞口处设置社会管线转换井共 4 个；地道在铁路线路、道路之间设置顶板开孔 2 处，以解决地道内的采光、通风和排烟问题；下穿高铁地道设置雨水泵房 1 座。

下穿机场隧道在机场用地范围外共设东西各 2 个工作井，工作井处设置从地下直出地面的楼梯间各 2 个，该楼梯间连接设备层、车道层、车道板下层等。在场东、场西工作井附近的明挖段车道层上方设置工作井附属的小系统机房等设备用房，机房设出地面的新排风井，东西各 2 个风井。

下穿机场隧道南北线圆隧道之间设置 2 处人行连通道，东西工作井内设置车行连通道各 1 个，并兼人行横通道。人行横通道间距控制在 300～420m 之间；圆形隧道内在车道板处设置滑梯滑至车道板下，滑梯的间距为 100m。暗埋明挖段中部设置管线走廊和安全通道，安全门间距为 80m。

6. 结构工程

下穿高铁地道，主体结构分为敞开段和暗埋段两种结构类型，暗埋段结构形式为单箱四孔箱形结构，中间两孔根据建筑布置为机动车道，两边两孔上部作为非机动车道和人行道，下部作为管线走廊，见图 8-31。

下穿机场隧道，圆形隧道内径为 10.36m，外径为 11.36m，采用厚度为 0.5m 的预制钢筋混凝土单层衬砌结构。明挖段根据基坑开挖深度分别采用地下墙、钻孔灌注桩加隔水帷幕或型钢水泥土搅拌墙作围护结构，矩形暗埋段主体结构采用现浇钢筋混凝土框架结构，引道敞开段采用 U 形结构。

点评：一般城市次干路采用三幅路形式，红线宽度 36～42m，工程不太复杂，而仙霞西路因为是沟通虹桥机场东西两侧最直接、便捷的通道，下穿虹桥机场，下穿高速铁路与规划磁悬浮，故沿线横断面形式多样和结构复杂，是构建枢纽地区的重要骨架道路。

8.5.2　主干路地道

[案例 8-8]　上海外滩地下通道

1. 建设背景

外滩是上海的标志和象征，它汇聚了中心城最优秀的近代建筑群，浓缩了上海百余年来的发展和变迁。外滩是上海最具亮点的历史文化风貌保护区、中国历史最为悠久的金融贸易区。外滩具有丰富的自然景观资源，江河交汇的滨水风光，辉映着周边从传统到现代的城市景观，形成了独特的都市景观体系(图 8-36)。

外滩也是上海三纵三横骨架路网的组成部分，是重要的城市南北向交通走廊，承担了南北高架以东地区过苏州河的 50% 交通量，其中，过境交通约占 70%，小汽车比例在 85% 以上。

改造前外滩地面道路宽 37m，双向 10/11 条车道，其大容量大断面的交通，割裂了东侧滨江绿带和西侧商务区，割裂了外滩的空间和活动，影响了西侧建筑的功能置换和东侧滨水地区旅游景观文化资源的充分开发，制约了地区的功能更新和发展。解决交通走廊与风貌保护、功能更新等之间的矛盾，是外滩地区需要解决的问题。分离外滩过境交通、弱化外滩地面交通，是实现外滩功能发展、风貌保护和交通走廊均衡发展的关键。

(a) 外滩实景

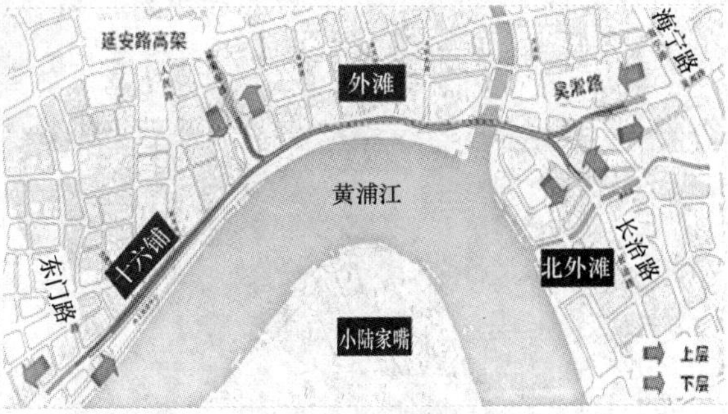

(b) 通道平面布置图

图 8-36　外滩

2. 外滩通道设计

1) 总体布置

在现有城市路网的基础上，通过兴建封闭的专用通道，达到分离过境交通、便捷到发交通、改善区域交通等目的。外滩通道按城市主干路标准设计，设计速度 40km/h。

外滩通道服务于城市中小型客车，通道净高 3.2m。外滩通道是 1 条单管双层双向六车道小车专用地下道路,采用双层多点进出的总体布置,与城市骨干路网相连,分流外滩地区的过境交通。而外滩地面道路只通行到发交通和公交车,高峰时段地面道路外侧车道全线设置公交车专用道见图 8-37。

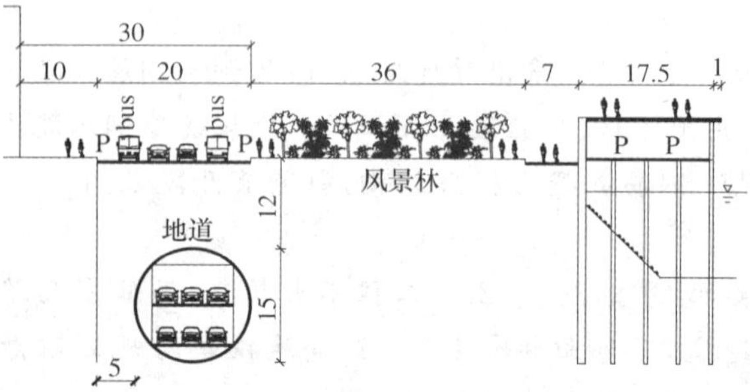

(a) 地面道路和地下道路横断面

(b) 实景

图 8-37 外滩道路横断面布置图(单位:m)

外滩通道南起东门路南侧的老太平路,沿中山东二路、中山东一路,从外白渡桥下方穿越苏州河,沿东大名路、吴淞路到海宁路,全长 3299.63m 。在外滩地区设置延安路匝道,与延安路高架外滩匝道相连,并服务于外滩地区的到发交通。而延安路高架主线,将通过延安路隧道与浦东新建的东西通道相连。外滩通道在苏州河以北设长治路匝道,连接北外滩地区并服务该地区的到发交通。从延安路匝道—长治路匝道,外滩通道主线规模为机动车双向六车道,其余路段主线规模为机动车双向四车道。所有出入口匝道宽度均按单向 2 车道设计,为今后交通管理留有一定的机动性。金陵路以北,外滩通道采用单管双层布置,上层通行由南向北的小客车,下层通行由北向南的小客车。新开河以南则结合十六铺地下空间开发同步建设,其地下 1 层布置外滩通道,地下 2 层是人行联通通道和配套商业服务设施,地下 3 层是地下停车场。从福州路至天潼路,外滩通道采用盾构形式,隧道外直径 13.95m,盾构段长 1098m,工作井分别设在福州路南侧到天潼路南侧,外滩通道其余路段采用箱形断面布置。外滩道路横断面布置见图 8-37。

同步改建延安路高架河南路连续梁以东段。改建高架跨过江西路后,在溪口路和四川路之间转入地下,以保证江西路和四川路的通行,并通过出入口设置,满足外滩地区上下延安路高架和进出外滩通道的功能。延安路匝道衔接布置见图 8-38,地区联系见图 8-39。

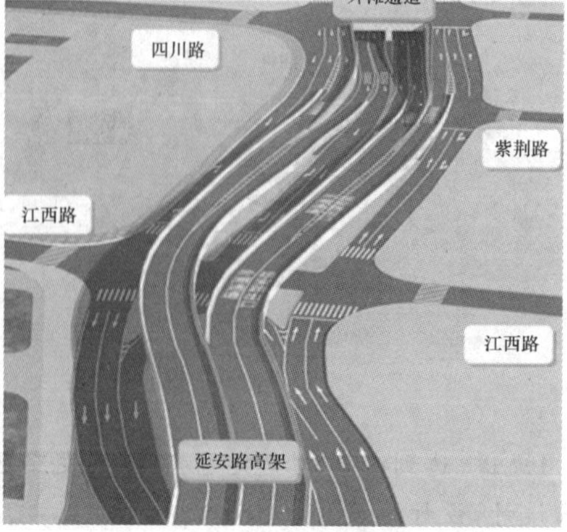

图 8-38 延安路匝道衔接布置图

图 8-39 外滩通道和地面道路与外滩地区的联系

外滩地面道路结合外滩景观改造，布置为机动车双向四车道，两侧设置临时停车带，车行道道路宽20m(图8-37)。

2）线路方案

外滩通道主线设计车速40km/h，平面最小曲线半径146.263m。主线上跨人民路隧道、规划地铁14号线、延安路隧道及其复线，上跨地铁2号线区间、下穿外白渡桥桩基、地铁12号线双圆盾构区间等。通道主线最小竖曲线半径1200m，最大纵坡为5%。外滩通道匝道设计车速30km/h。延安路匝道平面最小曲线半径70m，最大纵坡为6.95%；长治路匝道平面最小曲线半径180m，最大纵坡为6.95%(图8-40)。

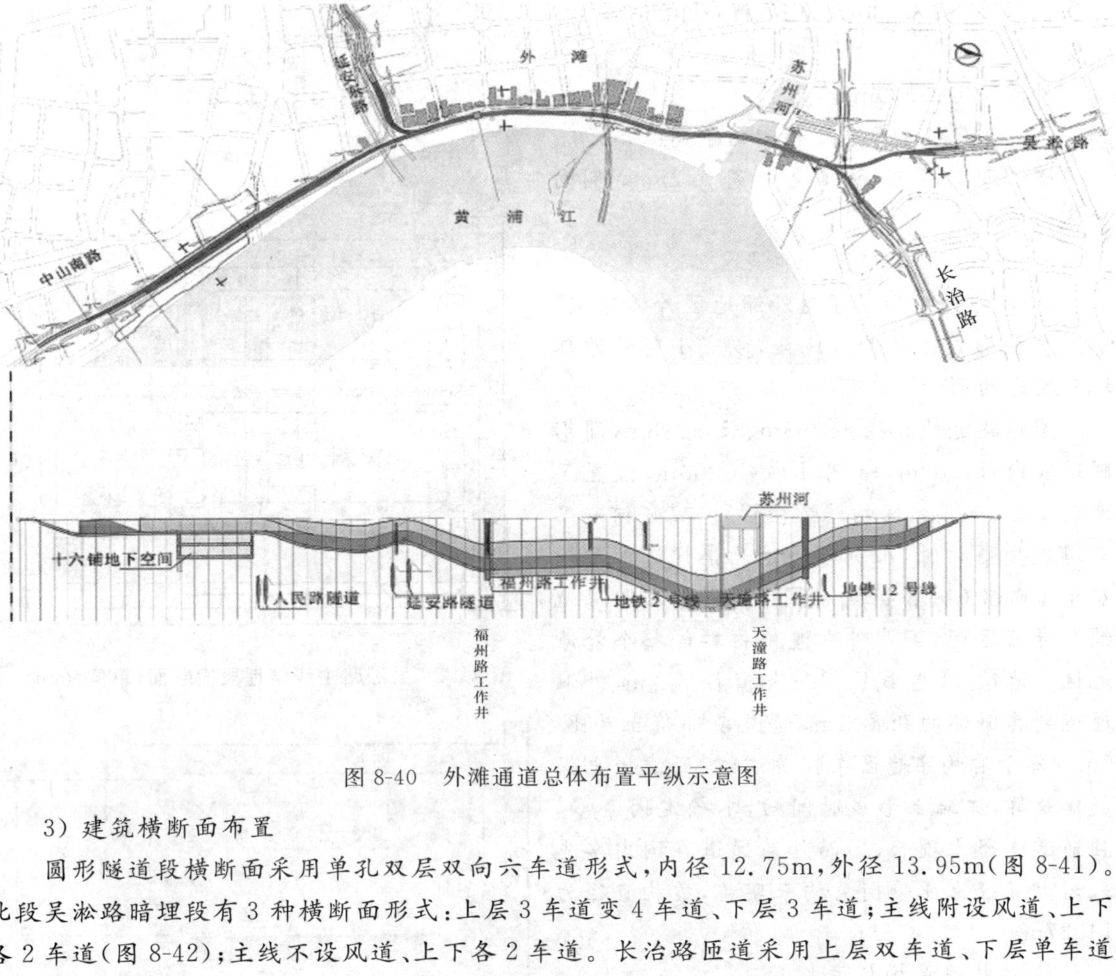

图8-40 外滩通道总体布置平纵示意图

3）建筑横断面布置

圆形隧道段横断面采用单孔双层双向六车道形式，内径12.75m，外径13.95m(图8-41)。北段吴淞路暗埋段有3种横断面形式：上层3车道变4车道、下层3车道；主线附设风道、上下各2车道(图8-42)；主线不设风道、上下各2车道。长治路匝道采用上层双车道、下层单车道加紧急停车带的形式(图8-43)。

南侧主线暗埋段的横断面包括4种形式：单孔双层3三车道，见图8-44；单孔双层双车道加紧急停车带，见图8-45；由上下双车道过渡到水平双向四车道，见图8-46；地下空间开发暗埋段，见图8-47。

4）道路主要技术标准

（1）道路等级

外滩通道的道路等级为城市主干路，服务于中小型客车，设计速度60km/h；外滩地面道路按城市次干路标准设计，设计速度40km/h。

两端衔接道路吴淞路和中山南路为城市主干路,东长治路和东大名路为城市次干路。

延安路高架匝道:30km/h。

(2) 建筑界限

外滩通道设计净空:≥3.2m。

延安路高架匝道净空:≥4.5m。

(3) 车道宽度

地面道路:3.50～3.75m/车道。

高架道路:大车 3.5m/车道,小车 3.25m/车道。

外滩通道:3.00m/车道。

(4) 通道路缘带宽度和侧向净宽:

路缘带宽 0.25m,安全带宽 0.25m,侧向净宽 0.5m。

3. 外滩通道的特点和难点

1) 以非开挖形式穿越外滩地区外滩通道,采用盾构形式穿越外滩地区,以减小对外滩环境和交通的影响

圆形隧道外直径 13.95m、长 1098m,圆形隧道孔内每 100m,暗埋段内每 300m,设置了连通上层、下层之间的疏散楼梯,一旦任何一层车道发生事故时,人员可通过此楼梯进入另一层车道疏散(图 8-41)。通道从南向北上跨地铁 2 号线区间、下穿外白渡桥桩群等整个外滩地区。地铁 14 号线区间盾构直径 6.2m,外滩通道到其顶部的距离 1m,通道顶部覆土为 8.5m。鉴于盾构穿越区东临黄浦江、西靠历史保护建筑群,江滩土形成时间短,不确定因素多,且通道浅覆土段长,因而外滩通道在国内率先采用大直径土压平衡盾构来实施,盾构直径为 14.27m。

2) 盾构段结构与防水

天潼路的工作井为盾构始发井,福州路工作井为盾构接收井,从北向南推进。工程衬砌的内径为 12.75m,管片的厚度初定为 60cm,环宽为 2m,每环分成 9 块管片。环与环间以 34 根 M30 的纵向螺栓相连,块与块间以 2 根 M36 的环向螺栓紧密相连。管片混凝土强度等级 C60,抗渗等级 S12。盾构段防水采用混凝土管片结构自防水、管片接缝密封防水、衬砌

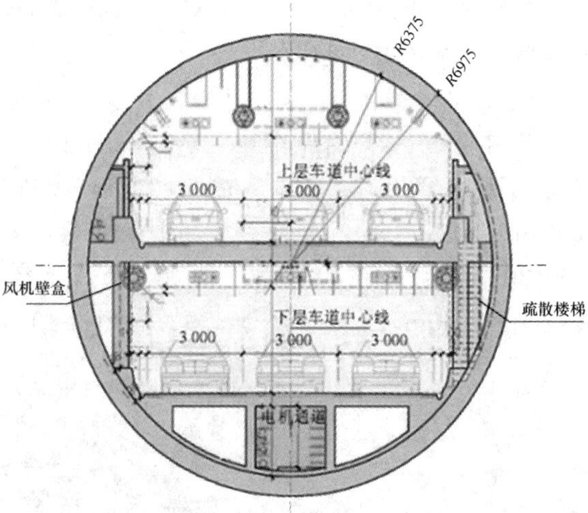

图 8-41 圆隧道段横断面(单位:mm)

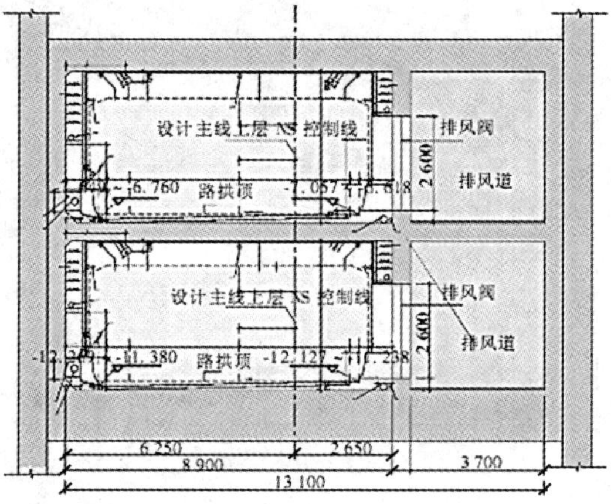

图 8-42 吴淞路主线暗埋段横断面(单位:mm)

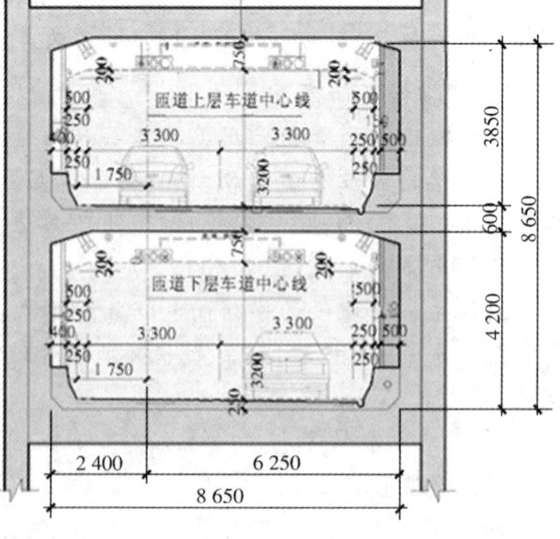

图 8-43 长治路匝道暗埋段横断面(单位:mm)

外背同步注浆、补压浆防水等措施。

工作井的平面外包尺寸为 22.5m×22.0m，福州路工作井底板埋深约 26.16m；天潼路的工作井底板埋深约 26.23m。工作井基坑围护结构采用 1200mm 厚地下连续墙，地下墙长48.0m，并采用明挖顺筑法与相邻暗埋段同时施工，在工作井与暗埋段交接位置采用 0.6m 厚、10m 深地下连续墙作为台阶处的围护结构。

3）近距离穿越大直径运行隧道（延安路隧道）

地下空间开发段北侧，外滩通道跨过人民路隧道（直径 11m），断面从单层平铺过渡为双层重叠式。在金陵东路和延安东路之间，从延安路隧道及其复线上方穿过，延安东路及其复线隧道的直径为 11m，外滩通道底部离延安路隧道顶部的最小间距仅为 5.5m。在建成运行的大直径盾构隧道上方进行开挖，风险极大，国内外也少案例，经过深入研究，最终采用了分块抽条开挖、及时回填压重的方案。

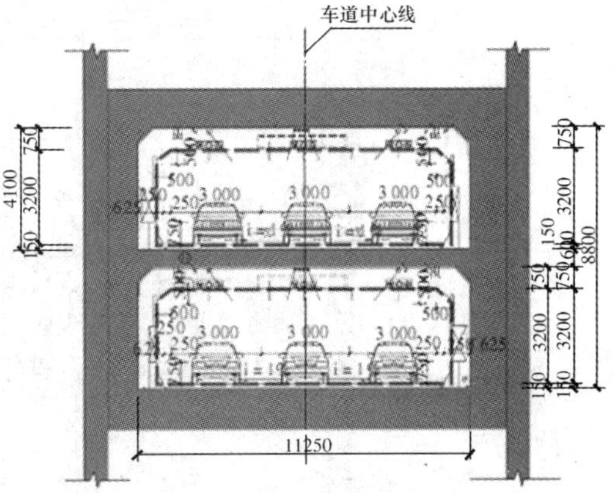

图 8-44　单孔双层 3 车道横断面（单位：mm）

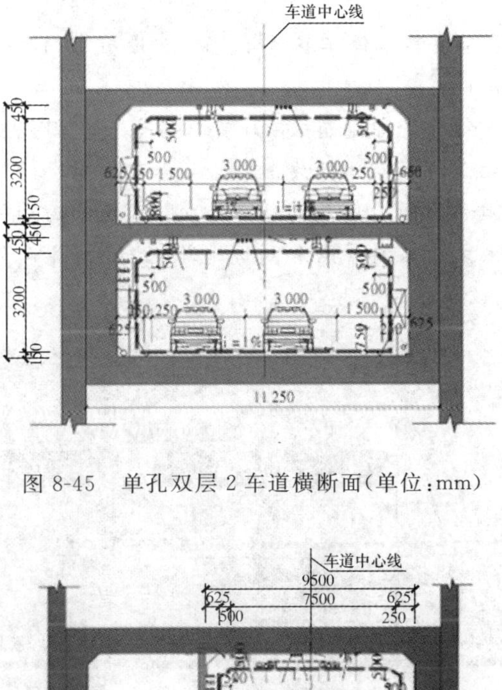

图 8-45　单孔双层 2 车道横断面（单位：mm）

4. 地下空间开发

结合地下道路的建设，如何充分利用城市地下空间这一不可再生的资源，外滩通道在这方面做了很好的尝试。在新开河以南，外滩通道采用单层平铺式断面，结合十六铺区域开发和绿地建设，综合开发并整合道路和周边地下空间资源，见图 8-47。

1）中山东二路地下空间开发

中山东二路北起新开河路，南至龙潭路以南约 120m，地下空间开发段长约 245m，宽约 53m。该段外滩通道采用单层分离式断面，地下 1 层布置外滩通道，地下 2 层是行人联络通道和配套商业服务设施，地下 3 层是小车停车场。自然光可从天窗透入地下 2 层开发空间；外滩通道通常以侧向开敞方式解决通风和排烟问题（图 8-48）。

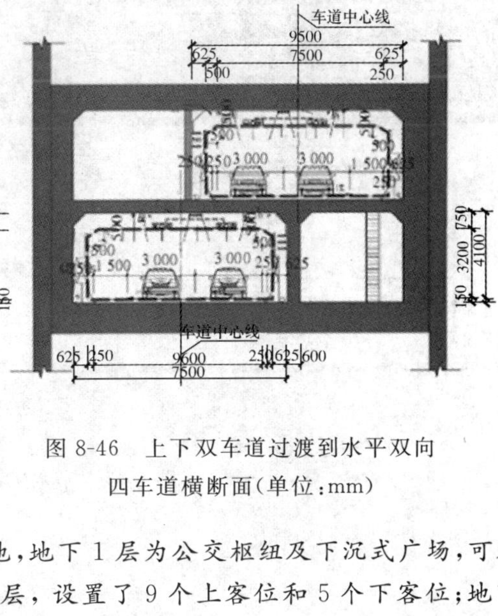

图 8-46　上下双车道过渡到水平双向四车道横断面（单位：mm）

2）外滩交通枢纽

地下空间开发段的西侧，结合规划城市绿地建设，利用地下空间布置外滩交通枢纽。外滩交通枢纽共分 4 个层面。地表层为城市公共绿地，地下 1 层为公交枢纽及下沉式广场，可容纳 4 条公交始末线；地下 2 层为旅游车候客区站厅层，设置了 9 个上客位和 5 个下客位；地下

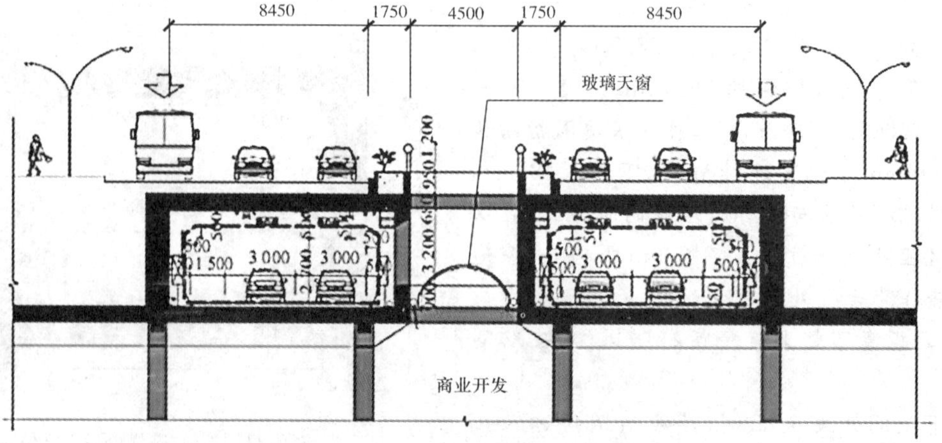

图 8-47　地下空间开发暗埋段横断面(单位:mm)

3 层为旅游车停车区和设备区,设置了 100 个旅游车停车位。外滩交通枢纽总建筑面积为 37599m²。

结合外滩通道、中山东二路地下空间以及外滩交通枢纽的建设,该地区将形成中山东二路南北向地下空间开发轴线,沟通沿江地块的地下空间;通过外滩交通枢纽,沟通滨江地区、古城公园和豫园地区等的地下空间,形成东西向轴线。这样,形成四通八达的整体地下空间,沟通、联系主要旅游景点和周边地下人行、商业和停车等空间,改善区域的可达性,提升旅游服务功能,改善区域环境。

图 8-48　十六铺地下空间开发段断面布置

点评：

外滩通道的实施，使被割裂的滨水地区与西侧街区重新融为一体，重现了历史风貌，改善了区域环境，为重塑外滩功能、最大限度地实现外滩价值创造了条件。

外滩通道的实施，使外滩地区多出 2ha 左右土地，作为城市公共活动和文化展示场所，真正体现了以人为本的精神；

外滩通道的总体布置，适应了城市交通发展的特点，有效地利用了核心区宝贵的地下空间资源，是以地下道路的形式，协调城市风貌保护、功能重塑和交通发展的创新和尝试。

外滩通道的实施为地区提供良好的环境和交通，体现了城市功能、环境与交通和谐发展的方向。

本章圆形隧道设计尺寸见表 8-7。

表 8-7　　盾构法圆形隧道形式案例汇总

圆形隧道直径	横断面布置	上海工程案例
外径 ϕ11.36m 内径 ϕ10.36 m	40km/h，单层， 双车道 3.75m+3.5m，高度 4.5m	人民路、新建路隧道、西藏南路隧道、仙霞路隧道
	60km/h，单层， 双车道 3.75m+3.5m，高度 4.5m	龙耀路隧道
其他可行方案	40km/h，双层， 上层双小车道宽 3.0m×高 2.6m 下层单大车道宽 3.5m×高 4.0m	复兴东路隧道 （上层偏低，车辆仅通行小车）
	单层，40 km/h、60 km/h、80km/h（仅限城市道路），3.75m+3.5m；高度 4.5m（向下疏散口不侵入车道）；车道高度 5.0m（向下疏散口不侵入车道）	
外径 ϕ13.95m 内径 ϕ12.75m	双层，60km/h 上下六车道 3.0m×3，高度 3.2m	外滩隧道（通行蓝牌照小车）
	双层，40km/h 上下四车道宽 3.5×2，高度 4.5m	迎宾三路
其他可行方案	单层，40km/h，3.5m×3，高度 4.5m 单层，60 km/h，3.5m×2+3.25m，高度 4.5m； 双层，60km/h，3.5m×2，高度 4.5m，3.25m×2，高度 3.2m	
外径 ϕ14.50m 内径 ϕ13.30 m	双层，60km/h，上下四车道 宽 3.25×2，3.5×2，高度 4.5m	军工路隧道、上中路隧道
	单层，60 km/h，3.5m×2+3.75m，高度 4.5m	虹梅南路越江隧道
其他可行方案	单层，40 km/h，3.75 m×3，车道高度 4.5m、5.0m 单层，60～80 km/h，3.75 m+3.5m×2，车道高度 4.5m、5.0m	
外径 ϕ15.0m 内径 ϕ13.7 m	单层，80 km/h 三车道 3.75m×3，高度 5.2m	上海长江隧道（公路隧道）
其他可行方案	单层三车道，40～80km/h，车道宽 3.75 或 3.5m，高 4.5m、5.0m 均可 双层，40～60km/h，每层 3.75m+3.5m，高 4.5m 双层六小车道（空间浪费较多，不经济）	

9 快速路和高架路

9.1 快速路

9.1.1 快速路的特点

城市道路中设有中央分隔带,具有 4 条以上的车道,全部控制出入,供车辆以较高的速度行驶的道路,称之为快速路。快速路完全为交通功能服务,是解决城市长距离快速交通运输的动脉。

城市快速路特点:

(1) 大运量的特征。城市快速路主线一般设置双向 6~8 车道,两则辅路或地面道路设置双向 4~6 车道或 6~8 车道。通行能力比一般城市道路大得多。

(2) 连续快速的特征。城市快速路采用非间断连续流向的运行模式,设计车速一般为 60km/h、80km/h 或 100km/h。

(3) 控制出入。城市快速路用控制出入口间距和形式调控进出车流,并将逐步采用监控设施控制进出快速路流量,充分发挥其交通功能,确保安全畅通。

(4) 汽车专用。根据快速路所处的位置不同采用相应的管理手段,比如客运快速路禁止货车通行,快速路系统限制一些设计时速过低的车辆行驶,以避免行驶秩序混乱,从而降低道路的服务水平。

(5) 交通组织较复杂。由于出入口间距较小,城市路网密度大,相交道路多,短程交通比例高,城市快速路与各级城市道路之间交通转换频繁,出入口交通组织比较复杂,这也日益成为影响城市快速路系统通行能力和服务水平的重要因素。

(6) 需配套建设辅路系统。由于修建城市快速路、阻隔了道路网系统中次干路、支路等较低等级道路交通,为解决好快速路沿线地区域交通,同时按照城市快速控制出入的快速吸引,快速运行、快速分流的系统要求、城市快速路两侧或一侧设置辅路系统,以完善城市快速路系统的使用功能。

(7) 景观、环境要求较高,城市快速路途径的地区基本上位于城市建成区或规划开发区域,对快速路沿线城市景观设计以及环境保护的要求都比较高,在进行城市快速路规划设计中应给予充分重视。

国外在速度达 60~80km/h 的城市道路上,无论在规划或管理上都采取了严格的控制措施,以确保快速交通的安全和效能的发挥。横穿快速路的行人必须走人行天桥或地道。

城市快速路两侧成行种植乔木和高大灌木后,会产生晃眼的树影,也遮挡视线,有碍交通安全。故中央分隔带只可种植修剪整齐的矮灌木丛,遮挡对向车辆的头灯灯光。快速路两侧不种树为好。快速路是指城市内修建的道路,受城市规划、道路用地、与其他城市道路联系等因素的影响,区别于高速公路。快速路和高速公路的差别主要在于速度和立交的设置,它和城市主干路有多方面的差别,表 9-1 列出了这三种道路的不同技术要求。

表 9-1 高速公路、快速路和主干路特性比较表

项目＼类别	高速公路	快速路	主干路
名　称	FREEWAY	EXPRESSWAY	ARTERIAL ROAD
设计车速/(km·h^{-1})	80,100,120	60,80,100	40,50,60
实际车速/(km·h^{-1})	70～100	50～70	30～50
在路网中位置	城区外、城市之间	干道网的骨架	路网的骨架
道路布局	绕城道路、不穿城	环路或放射路	方格式或其他
通行能力/[万辆·(日·四车道$^{-1}$)] 通行能力/[辆·(时·车道$^{-1}$)]	2.5～5.5 2000	>2.0 1400～2000	0.5～2.5 1300～1400
进出控制	全部控制	全部控制	通常不控制
与主干路相交形式	全部立交或不互通	立交	大多平交
交叉口连接方式	分离	右进右出与匝道连接、立交或由辅道平交	展宽式交叉口
中央分隔带	4.5m	较宽 4～20m	可设或不设
横断面形式	两幅路	主线加辅路	三幅路或四幅路
行人过街道形式	立交(人孔)	人行立交或与辅道平交	人行过街横道或人行立交
路边平行停车(紧急)	硬路肩上	单向二车道时设 紧急停车带 500m 一个	尽可能限制或不许停车
道路网密度/(km·km^{-2})	—	0.4～0.5	0.8～1.2
机动车车道条数	4,6,8	4,6,8	4,6
道路宽度/m	26～43	60～80,100	40～60

9.1.2 国内外快速路建设概况和前景

由于快速路能有效减少对市中心城交通压力,大、特大城市在边缘地区均设置环形道路(也可呈折线形),一般即为快速路,这些外环线是城市总体规划中重要的城市快速干道,也是城市道路骨架系统中的重要组成部分。它担负着截流、疏导过境交通,集散、分配城市对外交通,联系城市工业区、居住区,并与出入境国道及主要放射性干道组成一个完整的城市道路路网。通常特大城市的快速环路由几条环路(几个层次)组成。

如英国伦敦道路系统的特点是放射状道路加同心环路直交的交通网。围绕市中心建有一环路,主要任务是改善内伦敦地区的交通,长 19km。此外从伦敦出发,有 9 条放射状的高速公路向外延伸。过去,由于这些道路互不相通,使大量过境车辆流入市区。为此,在距市中心 21～35km 半径处修建了 M25 外围高速环形公路。这条高速公路长 188km,将 9 条放射状的高速公路连接起来,有 32 处互通式立交,234 座桥梁及 2 条隧道,是目前世界上最长的都市外围高速环路。这条道路共耗资 10 亿英镑,从最初开工到全线完工历时 14 年,于 1986 年 10 月下旬全线开通。M25 高速公路的开通显著地改善了从英国中、北部到英吉利海峡港口的交通及

各机场间的联络,大型载重车辆及过境车辆不必再穿越市内中心区,而是取道 M25 高速路通过这一地区。这种办法同时也改善了居住环境,将城里繁忙的市区交通引向城外,在一定程度上缓解了市内交通。

有些国家级公路只通到远郊,有的公路通到外环为止,有的公路进入三环,而进入内环道的公路只有14m,其中主要干道只有 8 条,最后进入市中心区的只有 5 条主要干道。伦敦计划的环形干道有 4 条(图9-1)。

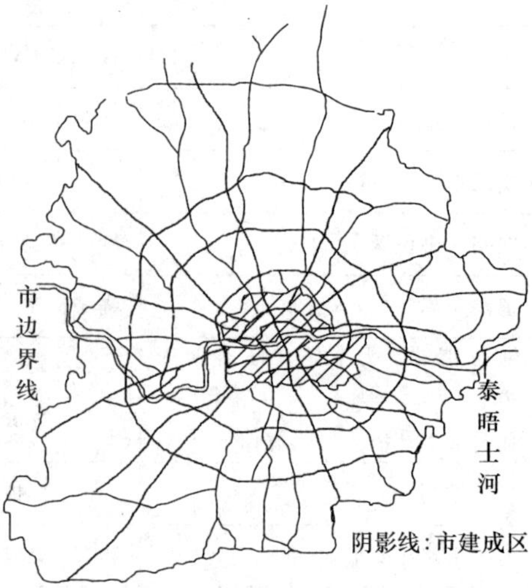

图 9-1 伦敦环形放射结构图

一环(内环)道:是市区环形干道,离市区中心(皮卡迪利广场)有 4～5km,总长计 49km,担负市内主要区间的环向客运,并将主要干线公路运来的乘客分布到市中心区。

二环道:在内伦敦区边缘与原有的北环道连接,组成环形干道。主要担负近郊各区间的环向客、货运输并组织放射方向进入本环的过境交通转换方向。

三环道:穿过外伦敦区,连接远郊各区,供环向客、货运输通行,对过境交通起分流作用,并防止其进入市区。

外环道:也称公路外环,位于伦敦地区的外围,担负伦敦外围的环向客、货运输和部分过境交通。它虽在大伦敦区外围但已属于国家高速公路系统的组成部分,不属于城市郊区体系。

我国环路建设也有 40 多年的实践,20 世纪 80 年代初各特大城市着手环路建设,90 年代都已形成环路放射骨架干道系统,21 世纪已进入完善改造阶段,重点建设外环路与公路环线。我国多数城市在规划城市快速干道系统时都将快速道路系统规划成环形,已逐步将城市路网结构改造成方格环形放射式的路网结构,以此提高路网运行效率。大城市、特大城市考虑建设双重或多重环形道路,实践证明双重环路较单一环路的效益高出许多倍。如北京在二环路、三环路、四环路(快速干道)的基础上规划了全长 100km 的公路环;沈阳则在一环路和二环路(快速干道)的基础上建成全长 81km 的公路环道。沈阳的环路系统中内环路全长 29km,道路规划红线宽 60m,横断面布置采用机动车、非机动车和人行道分隔的三幅路形式,机动车道为六车道,是连接市内 5 个行政区和市中心道路网的连续通行干道,属城市区的快速通道,内环路所包围的市中心面积为 84km^2。它是原有道路加以拓宽扩建而成的,故在部分路段建筑物已形成无法拓宽,为满足交通量的要求,在此地段采用了高架路形式。为提高内环路车速,在与其交叉的城市主要干道交叉口建设立交桥,现已建成 7 座立交桥、3 座地道桥和一座高架桥。设计速度为 60km/h。中环路全长 60km,中环路是作为连接市郊 4 个区以及通行部分过境和出境车辆的城市快速道路系统。其中南部有 20km 一段建于浑河大堤上,利用现有的坝顶填土,道路红线为 32m,横断面布置采用上下行各三车道两幅路形式,中间设 2m 分隔带,两侧不设非机动车道和人行道;除大坝外其余路段道路红线为 40m,三幅路,中间四车道,两侧各有非机动车道和人行道。外环路为过境环城高速公路,由沈阳市附近城镇过境的大量车辆可不经过市区直接通过外环路转入其他城镇,故采用全封闭,全立交,设计车速达

120km/h，它也是国家级干线公路主骨架的一部分。以上3条环路的建成不仅对缓解沈阳市的交通紧张情况，加速城乡经济发展将发挥巨大的作用，而且对于邻近的城市和周围兄弟省也受益不小。

上海内环线长48km，浦西段为高架道路辅以地面道路拓宽，上下共八车道，长度为29km，浦东段局部采用地面主线双向六车道，地面辅道为双向六至八车道，长度19km；外环线全长97km，红线宽度100m。由于内环线高架断面仅双向四车道，故之后又建设全长约70km的城市快速中环线，从而也形成内环、中环、外环和10条连接道路的“三环十射”快速干道系统(图9-2)。

天津则有三环十四射道路网骨架。各特大城市环路建设规模列举于表9-2。

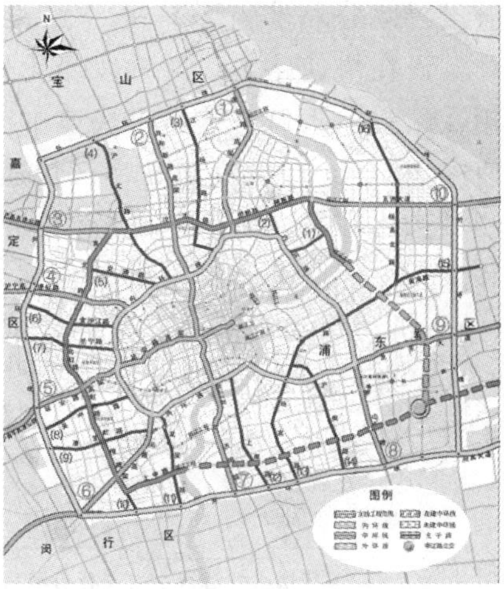

图9-2　上海三环十射路网图

表9-2　　几个城市快速路(环路)建设规模一览表

城市	项目	设计车速 v /(km·h^{-1})	环路长度 /km	服务功能	车道数	立交 数(座)	立交 间距/km	匝道 数	匝道 间距/km	环线间距 /km
上海	内环	80	29高架/48总长	客运(局部货运)	4/6	7	6.86	72	1.33	3～5
	中环	80	38.2高架/70总长	客运	8	8	4.8	46	1.7	3～5
	外环	80	97.37	货运为主	8	12	8.1	51	1.8	
北京	二环	60	33	客运＋轻货		31	1.06			
	三环	80	49	客运＋轻货		46	1.09			
	四环	80	65.26	货运＋客运	8	51	1.42			
天津	内环		40	客运		5				3
	中环	60	34.6	客运		8	4.33	16	2.4	6
	外环	80	71.34	货运		24	3.0	16	4.46	
沈阳	内环	60	29	客运	6	11	2.64			
	中环	60～80	60	货＋客	6	12	5			
	外环(公路)	120	85	货＋客	8	12	7.1			
广州	内环高架	50～60	26.7	客运为主		12	2.2		1.57	

9.1.3　快速路的形式

快速路的横断面布局分为地面整体式和分离式，根据所在区域和地物路况条件因地制宜采用。

1. 地面整体式快速路——地面快速路＋辅路

快速路由地面快速路和两侧辅道组成，适用于规划红线较宽、横向交叉道路间距较大的城市外围地段或新建城区域用地较富余拆迁少地段。对于特大城市，横断面中还预留轨道交通的位置。

设置主、辅路地面快速横断面中，主路上下行车道间应设置中央分隔带；主路与辅路之间应设置两分隔带侧带。

设在快速路主线两侧以绿化分隔带相隔的辅路道是单向交通道路,又称辅路,是供沿线车辆在指定出入口右进右出快速主线并为其他交通服务的道路。辅路的等级为主干路,设计车速采用 40km/h。辅道在市区快速路上应连续设置,在市边缘区或郊区的路可视交通流量、两侧城市化程度以及用地、投资等条件间断设置。连续设置的辅道同时也为公共交通、非机动车和人行交通服务。辅道供单向机动车和非机动车混行的车行道宽度不应小于 8.5m(图 9-3(a));机动车和非机动车量均较大的辅路净宽 13m,并以机非分隔带或路面画线分隔。如图 9-3(b)为上海快速路断面形式之一,其上横断面形式已为六幅路,全断面上绿化分隔带有 5 条,红线宽度为 70～100m。

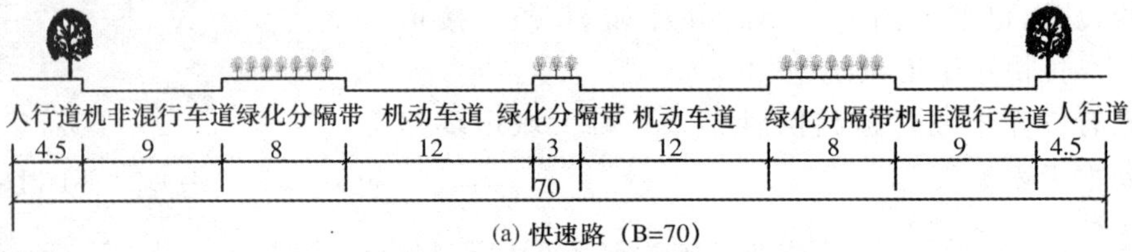

(a) 快速路 (B=70)

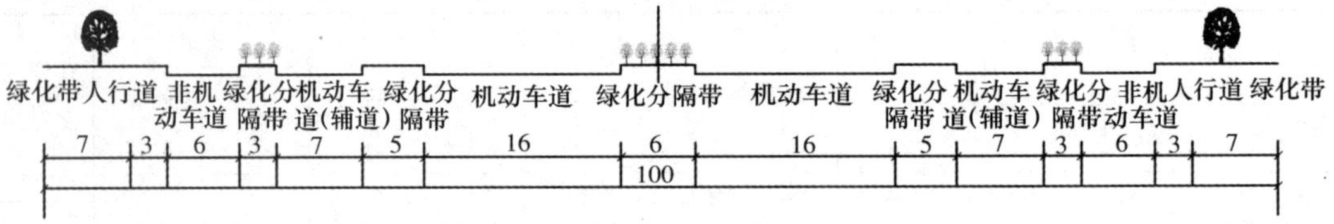

(b) 快速路 (B=100)

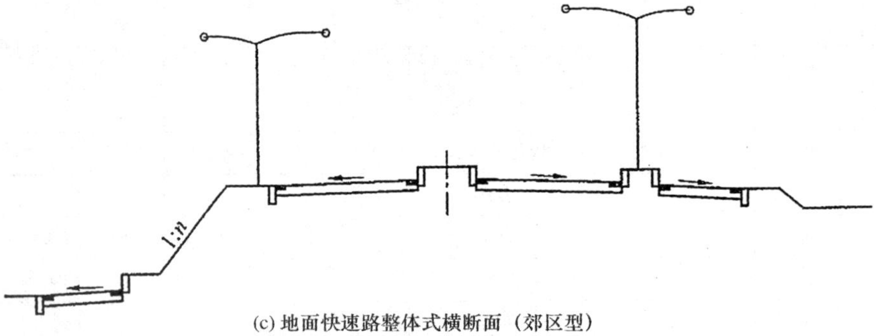

(c) 地面快速路整体式横断面 (郊区型)

图 9-3 地面快速路和辅路横断面示意图

2. 分离式快速路——高架(地道)快速路+地面道路

这种形式的特点是快速路主线采用高架桥式或地下隧道式,快速路与沿线一般相交道路均呈分离式立交,与横向快速路相交用互通式立交,与横向主干路相交可以用上、下匝道相联系。辅路即高架下层与高架桥旁边的地面道路。位于市区的辅路大多平行主路,与主路构成同一横断面,组成四幅路断面,横断面总宽度视有无匝道而异,一般为 60～70m。辅路车行道横断面宽视机动车、非机动车交通流量而异,一般宜机非分行,甚至在机动车辆多的情况下另辟自行车道系统或限时限量通行。

不论采用何种形式,快速路要保证快速,在系统上是全封闭、全立交控制出入主线,特别是外环线或连接城外高速公路的放射线快速路。为使达到快速、畅通,又能使沿线路网能方便地联系快速路,辅路起着重要的作用。辅路的作用是供沿线工厂、企事业单位、村镇进出车辆单向行驶，公交停站以及非机动车双向行驶。具体如下：

(1) 由于采用辅道系统，就可以避免过去道路沿线厂矿企业车辆直接进入而产生对主线系统的影响，这些车辆可以从辅道行驶并通过专门控制的辅道出入口进入主线，当然这些出入口的数量必须予以严格控制。

(2) 为避免公交停车对主线系统的影响，可以在辅道系统中考虑设站。实际情况表明，设置港湾式停车站停置公交车对主线交通尤其是邻侧车道的影响仍是相当大的，若采用辅道系统，公交车辆就可以进入辅道设置的停车站。

(3) 对于相当数量的次要干道，由于在交叉口仅按分离式立交标准进行设置，主线与横向道路无法连接，但可以通过这些分离式立交再结合辅道设置将其作为连接匝道而形成互通，这样就可以解决环线与这一类横向道路的连接。对于道路等级更低如支路等，可以采用主线封闭，辅道相接方式予以考虑。

表 9-3　快速路形式比较

比较项目	地面快速路＋辅路	地道快速路	单层高架＋地面	双层高架＋地面
交通功能	不便于两侧地块交通沟通	运营条件差	便于两侧地块交通沟通	便于两侧地块交通沟通，快速路匝道布置较困难
施工难易程度与工期	同单层高架，但路幅最宽，旧城区拆迁量最大，新建区征地多	与高架比临时作业区大；地面交通影响大，弃土多，拆迁量不大，难度大，周期长	工艺成熟，周期短，工期易把握；灰尘、噪声、临时作业区对周边影响大，拆迁量不大	与单层高架比，结构复杂，余相同
振动、噪声、空气污染	与单层高架比，噪声、废气、震动对周边影响小些	影响最小，但需设置专门的排风塔	噪声、废气、振动对周边影响大，	噪声、废气、振动对周边影响大；透光虽好，但层高较高，考虑防噪音板的高度将达 18m
养护维修	维修养护费用小	结构在内，难养护，通风及防灾设施要求较高，养护费用大 运营成本高	体量较大，结构在外，易养护，维修养护费用小	体量最大；结构在外，易养护，维修养护费用小
管线影响	易布置	最难布置	难布置	难布置
工程投资	最小	最大	较大	更大
适用范围	横向道路少，沿线开发强度低	对环境要求特别高之处	车道布置困难处、横向道路密集、人口密度高、噪声敏感点少处	车道布置困难处，横向道路密集、人口密度高、噪声敏感点少处

9.1.4 快速路形式的比较和选择

采用何种快速路形式，应根据用地条件、管线现状、投资成本进行比较选用。表 9-1 为比选考虑因素。高架加地面道路横断面图式详见于后，地面快速路加辅路横断面见图 9-3，平面图见图 9-4。由图 9-4 可见，辅路在路段上与主路平行，通过进出口与主路交通进行转换。地道式快速路见图 9-5。同一条快速路也可以分段根据拆迁与地物情况采用多种形式。如上海内环线是快速路，其浦西段建成高架道路，浦东段则采用高架道路和地面快速路的组合形式。

上海外环线采用地面快速路加局部辅路(图 9-3)。上海中环路则部分采用地道快速路。

出入快速路的匝道应为单向交通。

主辅路出入口连接的两条道路,在快速路主路上必须设置变速车道;相接道路宜增设一条车道,保证快速路进出通畅。

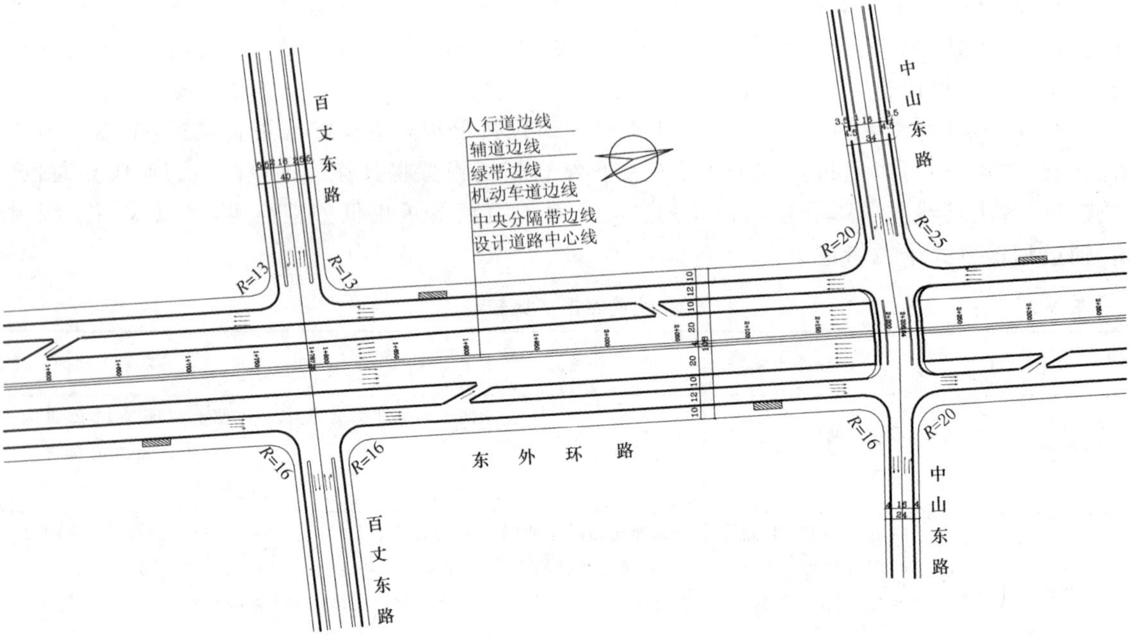

(a) 有辅道的快速路平面实例

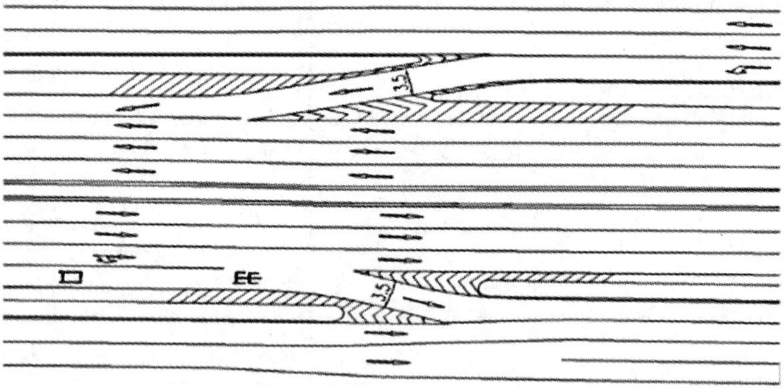

(b) 主辅路的出入口设置示意图

出入口设置应满足下列要求:

1. 出入口应设在主线车行道的右侧。

2. 出入口附近的平曲线、竖曲线应采用较大的半径。

图 9-4 有辅道的地面快速路平面图

地道快速路加辅路适用于通过大量建筑群的路段，对城市环境和景观要求高，以及穿越江河、铁路和机场的快速路，地道不宜过长，内需采取排水设施，地道两端引道为敞开段，见图 9-5。

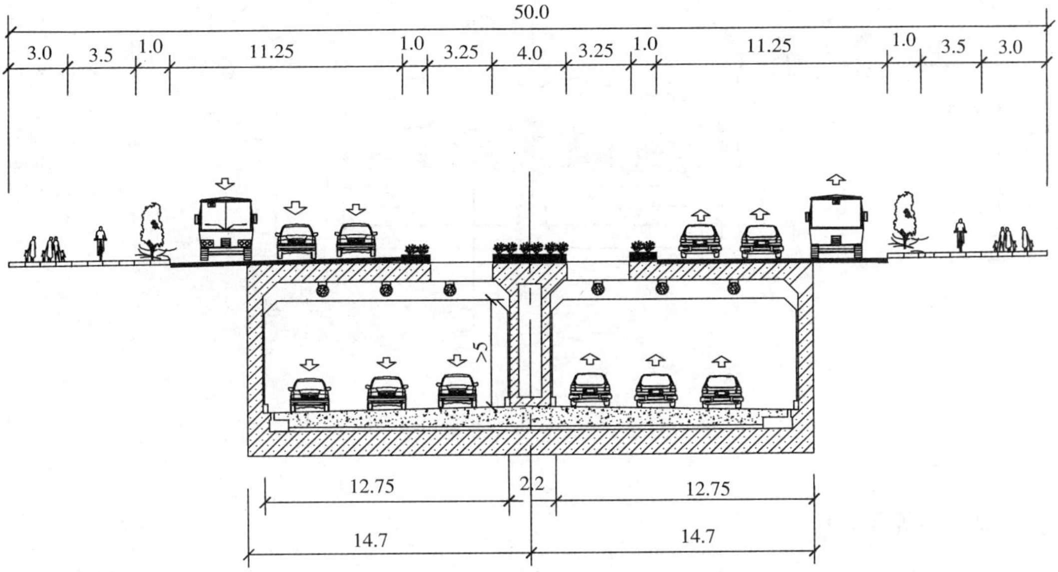

(a) 地道式快速路横断面图

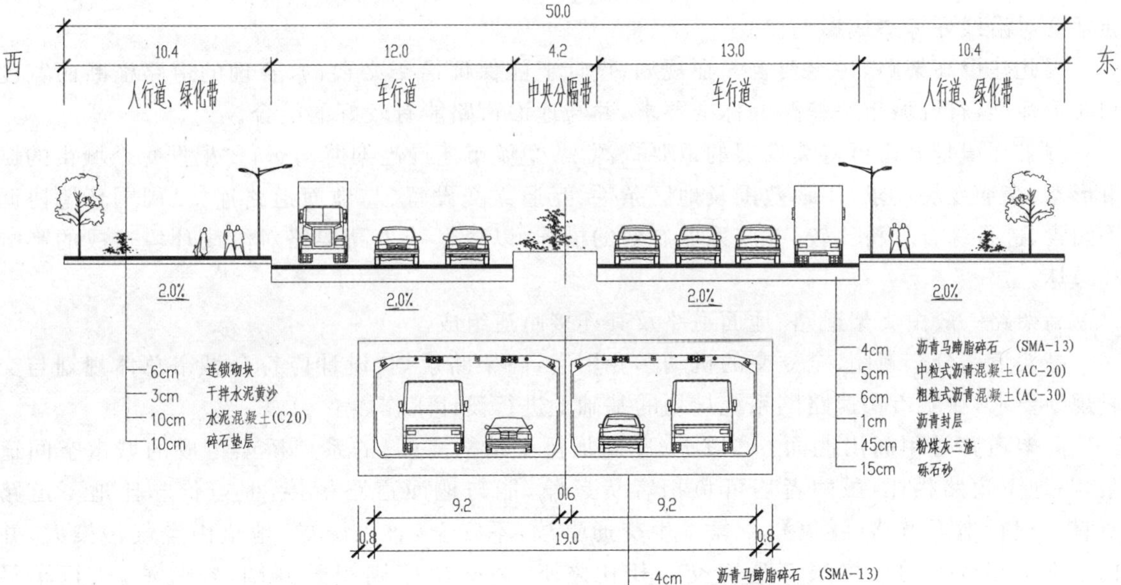

(b) 暗埋段横断面实例

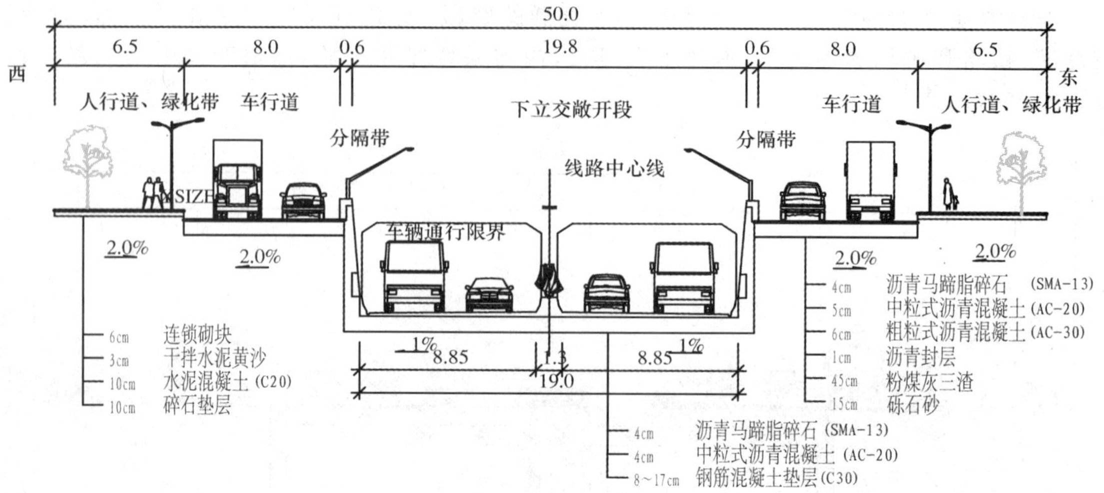

(c) 地道式快速路敞开段横断面

图 9-5　地道快速路横断面

9.2　城市高架路

城市高架路是城市快速路的一种形式。城市高架路应是城市快速路网的组成部分,具有立体型,交通容量大,连续快速,无交通干扰,行驶安全舒适等优点。但“利”“弊”并存,高架路通常会对沿线环境造成影响。

因此建设高架路,一定要首先在规划、设计上能保证给予必要的、合理的道路横断面宽度和线形标准,符合城市快速路的标准要求,并与地面道路能有较好的结合。

城市环境是城市可持续发展的重要资源,一个城市建设高架路与否,要根据每个城市的城市形态、交通发展需求、用地范围及地区条件、互通立交设置、与地面道路连接、周围环境协调等因素,进行综合分析比较,并应采取有效的措施,以尽量减少高架路对沿线环境造成的影响和破坏。

高架路一般由高架道路、地面道路及其连接匝道组成。

高架道路分全封闭、全立交的机动车专用道,高架路规划、设计应符合城市总体规划与交通规划要求,在城市快速路网系统规划的基础上进行设计工作。

高架道路是用高出地面 6m 以上(净高加桥梁结构高度)的系列桥梁组成的城市空间道路,与地下道路相比,虽两者均可负担客货运输,能与地面道路衔接,但造价却比地下道路便宜。现行地下道路(隧道),一旦发生交通事故,不安全,难以疏导,地道内空气污染大,并且地下道路较难构成多层互通立交。相比之下,高架道路则视野开阔,空气清新、行车舒适。因此欧美各国在 40 年前即已开始发展高架道路。日本、中国香港也具有 30～40 年的经验。我国广州于 1987 年 9 月,修建了人民路高架,上海于 1994 年起相继建成浦西段高架道路,见表 9-4。

表 9-4 上海市部分高架道路交通特征和功能

编号	名称	日吸引量/万辆次	每日车公里数/车公里	平均出行距离(高架路段)/km	道路长度/km	道路宽度/m	单向车道数	匝道平均间距/km	交通功能
1	内环线高架	28	175 万	6.25	29.2	18	2	1.54	1. 吸引穿越中心区的过境交通； 2. 各副中心间交通； 3. 浦东浦西越江交通
2	南北高架	15	81 万	5.4	8.45	25.5	3	12	1. 南北向过境交通； 2. 沿线出入性交通
3	延安路高架	17	67 万	3.9	14.82	25.5	3	1.12	1. 东西向过境交通； 2. 中心区与机场间交通； 3. 与沪青平高速公路衔接； 4. 东西向发展轴组成部分； 5. 连接越江交通； 6. 部分沿线出入交通

9.2.1 高架道路的优越性

1. 利用现有道路不多的空间增加路网容量

法国有利用不通航的河道上空纵向架起桥墩筑桥成路的实例，我国目前则利用现有道路的中央部分筑起桥墩，在其上空建路，使原四车道的地面道路增至八车道或十车道。高架路占用地面按标准设计，四车道高架占用地面 6m 宽，六车道高架占用 7m 宽，六车道高架起到地面十二车道的作用。

2. 强化快速干线的交通功能，交通分流

高架道路禁止非机动车和行人通行，主要承担经市区的中、长距离过境性客、货交通，它可以从空间上分隔穿越某大区的过境交通与到达某分区的目的地交通(地方交通)。因而得以避免地面道路由于车速差异和转向换车道形成的相互干扰，高架不受红绿灯信号限制(仅在匝道出入地面道路时有红绿灯控制)，和其他行驶车辆无干扰，且无冲突，是连续运行封闭的汽车专用道路。

3. 提高车速，提高通行能力和运输效率

由于快慢分流，无交叉口横向车流之干扰，设计车速为 60～80km/h 的高架道路，实际行程速度至少可达 50km/h，符合快速要求，从而缩短交通时间，提高运输效率。如由上海市区至郊区原来需要 2h 的，现只需 1h 可到达。高架快速便捷的交通条件吸引大

图 9-6 左右转定向式高架道路

量车辆上下高架,四车道的高架断面流量达70 000veh/d。

4. 建设周期短、成本低、见效快

相比其他城市快速交通系统,如地铁、轻轨来说高架道路具备上述优点。

9.2.2 高架道路对环境方面的负面影响

1. 景观

高架主线犹如一条灰色的混凝土“龙”,纵贯在十分拥挤的交通道路上空,对于其下的行人和车辆而言产生了压抑感,加之粗短的墩柱体系更令城市空间显得狭隘,破坏了城市干道在空间上的流畅性,虽几经绿化美化,但收效甚微。

因此,建造高架道路对不同城市应有区别,慎重而行,即使需修建也要规划好位置,对于闹市区、商业中心等人流繁忙的路段则不宜建造。

2. 污染

交通量剧增导致有限空间内机动车行驶所造成的尾气、噪声急剧增加。

高架道路下的地面通风不良,废气不易扩散,高架道路开通后,车辆增加,废气量也增加;噪声污染也较无高架道路时严重,地面车辆受高架道路的遮盖,声波折射音量加大,而高架道路处由于标高较高,噪音源对高层建筑的距离近,虽然在必要地段设有防音墙,但噪声污染只是对少数层位有所减弱,不能消除。此外高架道路经安装防音墙后,对路边建筑的采光、通风有所影响。

9.2.3 高架道路的设置条件和原则

通常高架道路沿原路轴线设置,即设置在原路幅内,设置匝道处,则需拓宽原路的部分路段。桥下中央为桥墩,两侧可供地面道路车辆行驶。由于高架桥沿街道轴线建造,终究有碍城市景观和环境保护,所以选线应服从整个城市规划、交通规划和快速干道布局的要求,并且必须进行可行性研究,其内容包括调查沿线交通流量、流向,按递增率预测增长量,分配地面与高架流量,分析和评述工程规模、投资和经济效益。此外,还须进行方案比较。

1. 设置条件

(1) 并非所有快速干道均需设置高架干道,目前沿线为低层房屋,日后有拆迁改造可能,交叉口间距具有800~1200m长的路段,不一定设置高架道路。广州人民路虽已建高架道路,而人民北路段却用拓宽车行道方法与之衔接。

(2) 交通量较大。交通量是设置高架道路的定量指标,具有一定量的交通流量方可使高架道路发挥更大的经济效益。如广州市人民路高架是为疏通南北向交通改善中心区交通设置。但在道路网络中地位显赫的,能起到骨架作用的,可改造为高架路作为快速干道,如杭州市中河路高架。

(3) 交叉口上直行车辆占路口总交通量的比重较大(85%~95%),沿线交叉口交通状况均属低劣的一般干道,必要时也可设置短程高架连续立交,以改善交叉口的交通,使直行车通行无阻。广州小北路高架即属此例。

(4) 在跨越河流或铁路的桥梁引道两端的交叉口车辆既多,而交叉口距桥台间距又短的道路上,宜将引道建成高架桥,以便跨过数个交叉口。

2. 选线原则

(1) 为保证高架道路交通的快速和通畅,不宜选择线形标准过低的道路或过于曲折的河道,除非沿线允许截弯取直。其评价指标应使直线段长度占全线长度比例大于60%,或平曲线半径大于相应设计车速所允许的最小半径。

(2) 为减少高架道路对沿街建筑通风、采光、声环境的不利影响,高架道路边缘距房屋至少应有 12m 的距离,故高架道路不宜选在沿街为住宅建筑的道路上。如上海市北京路,线形虽较机动车专用道路延安路线形平直,但红线宽度较狭,沿线住宅多,故规划中未列入高架干道系统,除非远期改变建筑性质并有条件拓宽道路。

(3) 为充分发挥因提高车速而获得的运输经济效益,高架干道全程不宜太短,但也不必盲目求长。过长的干道势必经过较多的交叉口,设置匝道过多又必将导致横向拆迁房屋。通常在交通枢纽尽端式的大城市,穿越市中心区的远程交通量并不多,故高架道路宜选择在远程交通比例较大的交通干线上,以利提高高架道路的效益。

3. 高架桥结构设计遵循的几个主要原则:

(1) 为保证高架桥下的通车净空高度和减少匝道桥及引道的长度,要求高架桥的结构高度尽可能小;

(2) 由于高架结构工程量大,故选用经济、实用的结构形式至关重要;

(3) 由于高架桥施工工期紧,因此应能便于快速施工,标准段结构尽可能采用工厂预制;

(4) 高架桥段为城市景观,应注意外形线条流畅,跨高比的协调,在重要景观路段考虑高架结构与周围环境的协调,并适当采用新颖结构。

高架桥上部结构采用空心板梁、预制工字梁、预制单箱梁结构或多室箱梁等,交叉路口跨度大采用预应力混凝土 T 形梁,特殊路段采用钢梁,在重要景观路段采用新颖结构,脊骨梁、低高度箱梁和 U 形梁等。下部结构,桥墩采用双柱式、单柱式。

9.3 高架道路匝道

匝道是保证高架道路与城市路网联系并按一定间隔设置的坡道,它与地面道路的连接点是高架道路系统的咽喉要塞之一。匝道按照在其上行驶的车流方向的不同,分为上匝道(即把地面道路车流引向高架主线的匝道)和下匝道(即把高架主线车流引向地面道路的匝道),见图 9-7。

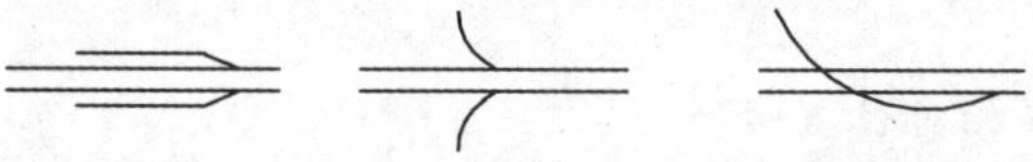

(a) 平行式　(b) 右转定向式　(c) 左转定向式

图 9-7 高架道路匝道布置形式

9.3.1 匝道设置的原则

1. 总原则

匝道的合理设置是有效使用城市高架道路的重要条件,应最大限度地满足高架道路系统在路网中担负的交通要求,提高高架道路的利用率,使高架道路通行时间最短;充分发挥每一条匝道的功能,使高架与地面道路系统均能切实起到疏解市内交通,集散对外交通,分流过境交通的作用。

2. 具体原则

(1) 匝道的位置应符合交通现状与规划路网中的主要流向。

(2) 匝道的间距应合理,保证高架道路及其地面道路,横向道路交叉口行驶条件,一方面要确保高架道路有较高比例的基本路段,减少因匝道出入车流引起的交织、合流分流区的影响范围,另一方面应注意匝道间距不宜过大,致使匝道与地面道路衔接段的流量过于集中而交通拥挤。

(3) 因地制宜,远近结合,注意用地和建筑拆迁条件,预留好缓建匝道或远期立交的位置。

(4) 匝道设置应尽量避免在主要横向道路(主干道)交叉口前衔接,因为主干道交叉口流量很大,建成高架道路后,虽然分离了大量直行交通,但左转交通较原来有所增加,邻近地面交叉口的转弯流量均集中到有上、下匝道前的交叉口上来,增加了主干道交叉口的交通负荷,容易发生交通堵塞。

(5) 高架匝道的设置应成对出现,并遵循先设下匝道后设上匝道的原则,这样使上匝道与高架道路衔接处高架道路主线的车流处于非饱和状态,可提供较多的插入空档,有利于提高上匝道的通行能力,避免车辆阻滞在匝道上。

9.3.2 匝道布置方式及其适用条件

匝道按其布置位置、形式、交通组织的不同有多种分类。

1. 按匝道衔接方式分

按匝道衔接方式的不同,分为平行式与定向式匝道(图 9-7)。

1) 平行式匝道(图 9-7(a))

平行式匝道指平行于高架主线设置的匝道,上海高架道路大多设置此种形式的匝道,常用于城市高架道路因受沿线建筑拆迁、道路红线等因素的影响和制约,高架道路主线宽度有限而邻近路网密度高、相交道路等级较低的场合。其特点是匝道呈菱形布置,使高架与地面道路形成不完全互通(有冲突点),此种形式的匝道易受前方交叉口交通组织状况和高架主线交通流量的影响,其通行能力变化较大,易发生交通拥阻。

2) 定向式匝道(图 9-7(b),(c))

定向式匝道指匝道在地面的出入口均设在横向道路上,是具有弯道的坡道,使高架与相交地面道路形成部分互通,如广州市人民路高架匝道。这种形式匝道常用于匝道有大量转向车流而邻近路网密度高、路网完善、交通量较小且建筑条件许可的场合。其优点是利用附近路网来集散上、下匝道的交通,以减少主要道路地面交叉口的交通压力;缺点是增加绕行交通。右转定向式匝道占用相交横向道路的用地较多,左转定向式匝道则要跨越或下穿主线,对交叉口临街景观影响较大。

2. 按匝道与相交道路相对位置分

按匝道与相交道路相对位置的不同,平行式匝道可以分为路口型和路段型(图9-8)。

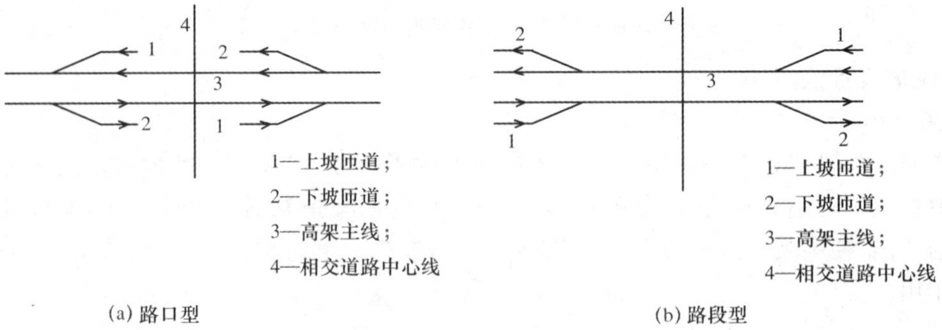

图 9-8 平行主线上下匝道的形式

1) 路口型匝道

匝道设于交叉口前后且面对交叉口,即在入交叉口前设下匝道,出交叉口后设上匝道,以便车辆进出相交道路。如上海武宁路匝道。这种布设方式除高架道路上直行车辆外,所有其他直行和转向车辆都需在地面交叉口通过，使交叉口交通压力增大，若横路车辆较多时，经常发生交通阻塞而影响到匝道车辆下不来，严重时高架路外侧车道也排起长队；其次，由于匝道下地处与停车线间的距离（即红灯时停车的长度加上由匝道下来的左转车与地面的右转车的交织长度）不够，见图 9-8(b)，因而会造成该处交通混乱，故目前上海市内环线在某些交叉口前禁止下匝道车辆左转和地面的车辆右转，采取了迫不得已的管理措施。

这种布设方式在满足车流利用交叉口进行集散的同时，也给交叉口的交通组织带来更大的压力，从而削弱高架道路解决交叉口交通问题的作用。因此，两条等级高的道路相交时，宜考虑建造互通式立交，而对于多条（4 条以上）道路相交的畸形交叉口则也不宜设置此种形式匝道。

2）路段型匝道

匝道背对交叉口并布设于两个交叉口之间的路段上，在进交叉口前设上匝道，出交叉口后设下匝道，车流上、下匝道均在路段上完成其过程，从而不会加剧交叉口的冲突，有利于交叉口集散交通功能的发挥，这种布设常用于相交道路转弯交通比重相对较大的，宜疏散至路段上上下匝道的情况，以减少交叉口的交通混乱。

这种布设方式使高架车流与横向地面车流形成真正的分离式立交，车辆行驶条件得到改善，但与此同时高架道路对地面交通的吸引力也相对削弱，可能使高架行驶率会有所降低。

两种布设方法从实际操作来看，路口型在线形设计上更利于在交叉处进行拓宽，道路线型会美观一些，而路段型则需拓宽交叉口及设匝道处的路幅，道路线型变化多而且可能会使拆迁量加大，带来实施的困难。

但应当指出的是：城市路网密度大，道路间隔小，相邻交叉口的间距较短，因此，要清晰界定两种布设方法显得勉为其难，因此，基于大多数高架道路采取了面对交叉口（即路口型）的匝道布设方式，有时从甲路来考察匝道类型则是路口型，而从甲路前方或后方路口来考察则又为路段型了。

3. 按匝道与地面道路衔接点与同方向地面通路横断面的相对位置分

按匝道与地面道路处衔接点与同方向地面道路横断面上的相对位置，分为内置式、外置式和中间式匝道（图 9-9）。

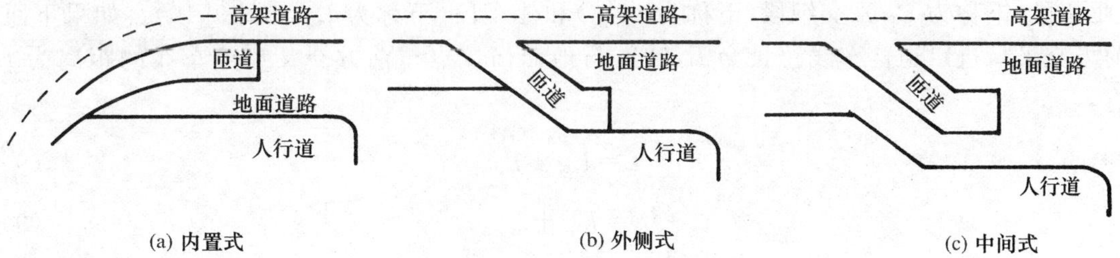

图 9-9 下匝道的基本形式

1）内置式匝道

内置式匝道是将匝道紧贴于高架主线，匝道与地面衔接点落于地面道路内侧即仅在匝道外侧有地面道路车流，如上海市四平路下匝道。它主要适用于：

(1) 沿高架主线方向的两个交叉口间距较大而地面道路路幅有限；

(2) 出入匝道的车流以左转和直行为主，右转比重较小，而如果下高架的右转车流比重较大，则会加剧下匝道车流交织。

2) 外置式匝道

外置式匝道是匝道与地面道路衔接点落在地面道路外侧(即地面道路与非机动车道之间),为折线式坡道,匝道内侧有地面道路车流要保证匝道桥下地面交通的净空,这种布设方法在上海市已建高架道路系统中使用极广泛,占总数 90%以上,它主要适应于:

(1) 沿主线方向,相邻交叉口间距较小而交叉口处地面道路宽度较富余,并可作为中间式匝道过渡的类型。

(2) 出入匝道车流以直行和右转为主,左转和掉头车占的比重小。

这种布设方法的主要缺陷是如果出口匝道车流左转过多,则为交叉口的交通组织带来麻烦,故可对下匝道车流采取禁止左转措施并应在高架主线标志中及时提醒。如果地面道路右转车辆过多,也会造成交织过多,必要时也可对地面道路右转进行禁止。

3) 中间式匝道

中间式匝道是匝道与地面道路衔接点落于地面道路中间,即匝道内侧为地面直行(或直左)车流,外侧为地面右转车流,这种形式可用于对外置式匝道的改进,由于消除了下匝道右转车流与地面车流的交织,可提高交叉口通行能力。如果左转车辆从出口匝道下来过多,为减少交织也可必要时予以禁止,则无交织。

9.3.3 匝道与地面道路交叉口的衔接

匝道的起坡(上匝道)点与终坡(下匝道)点在地面道路的位置对交叉口的交通影响较大,由匝道进出高架道路的车流均需通过地面道路交叉口来集散。因此,匝道坡脚至交叉口停车线应在同一路口交通信号系统管理之下。在设计中应尽可能增加交叉口进口道的车道数(较路段),以提高交叉口的通行能力。另外匝道坡脚至交叉口停车线的距离是一个重要的设计参数,该距离是否合适,将影响交通的正常运行。交叉口距下匝道的距离如太短,将造成匝道左(右)转车辆和地面道路右(左)转车辆难以交织运行,使交通发生混乱和交叉口通行能力下降;而距离过长将增加不必要的工程投资。对上匝道,也必须有足够的距离,以满足交叉口各转向车流在上匝道前的交织。

1. 下匝道与地面道路交叉口的衔接

车辆由高架路经下匝道过渡到地面道路行驶过程依不同行驶状态所需距离可分为三部分:匝道段(下称为 $L_{匝}$)、交织段(下称为 $L_{交织}$)和停车段(下称为 $L_{队}$)(图 9-10)。如果下匝道至前方交叉口进口道停车线总长为 L,匝道与地面衔接点至前方交叉口停车线的距离为 L_0,则有:

$$L=L_{匝}+L_0 \tag{9-1}$$

$$L_0=L_{队}+L_{交织} \tag{9-2}$$

式中 $L_{匝}$——匝道行驶所需长度,m。直接式匝道的长度仅与匝道坡度和高架路的高度有关。在匝道设计车速为 40km/h 的情况下,高架路正常路段坡度不超过 4%,困难路段不超过 5%。当高架路净空要求为 5.5m,桥面结构厚度为1.5m 时,匝道所需最小水平长度为

$$L_{匝}=桥地高差/坡度 \tag{9-3}$$

若取正常坡度 4%,则 $L_{匝}=(5.5+1.5)/4\%=175(m)$。

L_0——下匝道坡脚至交叉口停车线距离。此距离由红灯期间的车辆排队长度 $L_{队}$ 以及

匝道左(右)转和地面道路右(左)转车辆转换车道所需的交织长度 $L_{交织}$ 两部分组成。

$L_{队}$——红灯期间的车辆排队长度(图 9-10)。

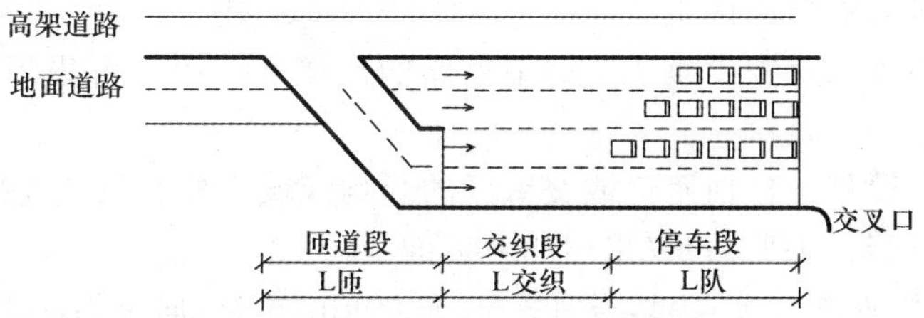

图 9-10 下匝道与地面交叉口的衔接

假定车辆在红灯时间内的最大到达数占整个周期的 70%～100%,则在交叉口饱和前,车辆遇红灯受阻数最多为 9.03～12.9 辆当量小汽车;当量小汽车的车头距离以 6m 考虑,则车辆的排队长度最大为 54.18～77.4m。

上述计算是相交道路均为主干道的情况,如横向道路是次干道,则主干道方向的绿灯时间还可稍长。因此,上述计算结果可以认为是交叉口未饱和时主干道方向的最大排队长度。$L_{交织}$ 为下匝道左(右)转和地面道路右(左)转车辆所需的交织长度。可用下式计算:

$$L_{交}=n\times t\times V/3.6 \tag{9-4}$$

式中 $L_{交}$——交织长度,m;

n——下匝道左(右)转或地面道路右(右)转所需交织转换的最大车道数;

t——交织转换一条车道的时间,s,一般取 $t=4\sim6$s;

V——设计车速,km/h。

地面道路设计车速为 40km/h,地面道路右转和匝道左转车辆最多需交织转换两条车道,则交织转换两条车道的最小长度(取 $t=4$s)为 89m。即在交叉口饱和前,对设计车速为 40km/h和信号周期为 90s,左、右转车辆最多需交织转换两条车道的下匝道坡脚至交叉口停车线距离为 143～166m。不同的设计车速和信号周期也可通过上述方法,计算下匝道坡脚至交叉口停车线的距离。

2. 上匝道坡脚与交叉口停车线的距离

上匝道坡脚至交叉口停车线的距离,只要保证横向道路和对向车流上匝道所需的交织长度即可。交织长度仍可采用式(9-4)计算。考虑到交织车辆在交叉口内就可改变行驶轨迹,因此,交织转换一条条车道的时间可采用小值。上匝道坡脚至交叉口停车线的距离采用 50～100m。

9.3.4 匝道最小间距

高架道路的驶入、驶出匝道的连接点往往是通行能力最小的控制路段。当交通量达到饱和或超饱和时,将出现驶入匝道上车辆因无法在主干线车流中找到可穿插(合流)空档而排队阻塞,在驶出匝道上车辆因地面道路的原因导致匝道交通受阻而影响主干线车流驶出。因此,在交通拥挤及堵塞情况下,合流、分流或交织区可能会形成车辆排队现象;它的范围变化很大,可长至几公里,考虑在稳定车流情况下,满足合流、分流或交织区的驶入、驶出匝道不同组合情况下的最小匝道间距。

高架道路由基本路段、交织区和匝道连接点三种不同类型的路段组成。

高架道路基本路段是指不受驶入、驶出匝道的合流、分流及交织流影响的路段。

交织区是指一条或多条车流沿着高架道路一定长度,穿过彼此行车路线的路段,交织路段一般由合流区和紧接着的分流区组成。

匝道连接点是指驶入及驶出匝道与高架道路的连接点。由于汇集了合流或分流的车辆,因而形成的连接点是一个紊流区。

高架道路基本路段处于任何匝道或交织区的影响区域之外。匝道连接点或交织区的影响范围,美国《道路通行能力手册》建议采用如下标准:

(1) 驶入匝道:从匝道连接点起,设计车速为 80km/h 时,向上游 102m,向下游 508m;设计车速 60km/h 时,向上游 77m,向下游 381m。

(2) 驶出匝道:从匝道连接点起,设计车速为 80km/h 时,向上游 508m,向下游 102m;设计车速为 60km/h,向上游 381m,向下游 77m。

(3) 交织区:设计车速为 80km/h 时,合流点上游 102m 为交织区的起点,分流点向下游 102m 为交织区的终点;设计车速为 60km/h 时,合流点上游 77m 为交织区的起点,分流点下游 77m 为交织区的终点。

根据上述标准,可得到驶入、驶出匝道不同组合情况下,保证匝道间互不干扰的最小间距见表 9-5。

表 9-5 为在稳定车流状态下,保证匝道间互不干扰的最小间距。为了使高架道路具有较好服务水平,应尽可能提高高架道路基本路段的比例。在设计中,匝道间距应尽可能大于表 9-5 中数值。在市区内,匝道的平均间距一般取 1～2km 为宜,过长则显得不方便,上海市内环线中有 3 处达到 3km,后来由于效果不好而增设匝道。

出入口间距应能保证主线交通不受分合流交通的干扰,并应分为合流交通加减速及转换车道提供安全、可靠的条件。

快速路路段上相邻两出入口端部之间的距离,应大于或等于表 9-5 规定的值。

表 9-5　　出入口最小间距　　单位:m

主线设计车速/(km·h^{-1})	出入口形式			
	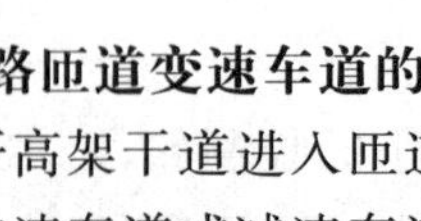	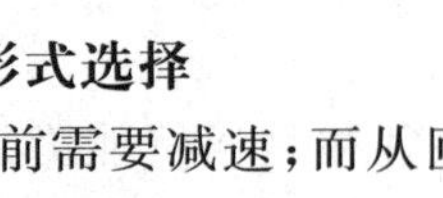	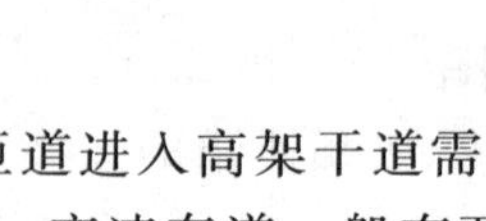	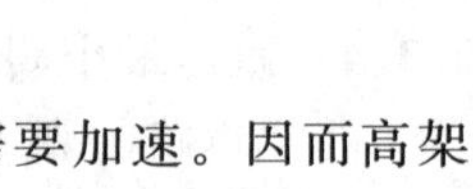
100	760	260	760	1270
80	610	210	610	1020
60	460	160	460	760

9.3.5 高架道路匝道变速车道的形式选择

车辆在离开高架干道进入匝道前需要减速;而从匝道进入高架干道需要加速。因而高架桥上需要增辟加速车道或减速车道(统称"变速车道")。变速车道一般有两种设计形式,即平行式和直接式(图 9-11)。

1. 平行式加速车道

平行式即有一条附加的变速车道,与主线平行设置。平行式变速车道与主线连接处设置渐变段。平行式车道将起点做成有适当出口角度的三角段(即渐变段),直到楔形端部间都采用相同宽度。平行式与直接式相比是明显强调了变速车道的起点，车道划分明确，行车容易辨认，但车辆通过整个变速车道时需沿S形曲线行驶，这对行车不利。一般行驶者大多希望由直接式进入，而不愿走S形线路。主线的交通量小时，这种倾向特别强烈。但是对加速车道而言，交通量大时，就要在寻找驶入主线机会的同时而使用加速车道的全长。一般由于加速车道要比减速车道长，若采用直接式则三角段就变得细长而难以布置了。故加速车道原则上采用平行式。

2. 直接式变速车道

直接式是以平缓的角度出入匝道，不设平行段，由出入口沿主线渐变加宽，形成一条附加的变速车道与匝道相连。直接式变速车道全长由三角段构成，起点不如平行式明确，但是不必走S形线路且与实际行车轨迹是相符合的。一般情况下的行驶者大多愿意走直接式进出口。故原则上一般减速车道、双车道的变速车道采用直接式。

3. 变速车道形式选择举例

上海市内环线一期工程，无论加速车道还是减速车道均采用直接式变速车道。二期工程东北段采用直接式，西南段采用平行式加速车道和直接式减速车道(图9-11)。

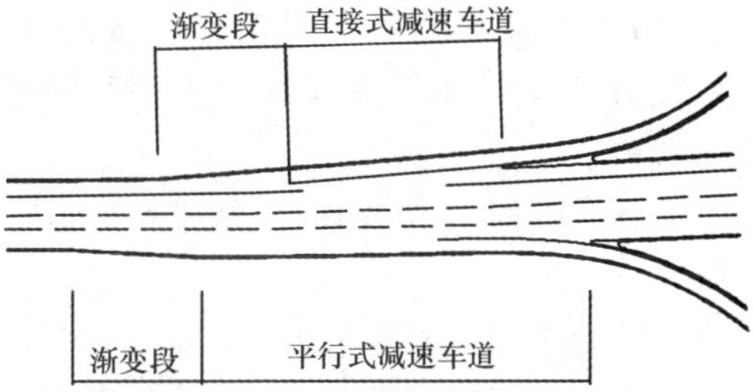

图9-11 高架匝道变速车道

4. 高架变速车道长度

高架变速车道长度包括车辆合流分流过程(变速过程和转换车道过程)中所需的加速或减速长度与过渡段长度。其中，变速长度由高架主线平均速度，匝道平均速度和车辆加速度所决定。过渡段长度则应考虑变速车道与直行车道连接通畅的渐变率决定的长度以及车辆转换车道所需的距离。我国的《城市道路设计规范》规定了不同的主线设计车速和匝道设计车速下的加减速长度和过渡段长度。根据高架车速为60～80km/h，匝道的车速为40km/h，则所对应的加速车道长度为180～210m；减速车道长度为60～85m；过渡段长度为50～60m(我国《城市道路设计规范》和日本有关设计标准对匝道变速车道的规定列于表9-6)。

表9-6　　变速车道与渐变段长度表　　单位：m

参数 / 主线车速/(km·h^{-1})		加速车道长		减速车道长		渐变段长	
		单车道	双车道	单车道	双车道	直接式	平行式
城市道路设计规范	100	180	260	90	130	—	—
	80	160	220	80	110	75	60
	60	120	160	70	90	60	50

9.4 高架道路横断面设计

9.4.1 主线高架道路宽度

(1) 四车道双向主线横断面通常采用18m宽①，其组成为：

0.5m防撞墙＋0.5m路缘带＋3.75m＋3.5m＋0.5m路缘带＋0.5m中央分隔墙＋0.5m路缘带＋3.5m＋3.75m＋0.5m路缘带＋0.5m防撞墙＝18m。

① 不含紧急停车带的宽度，详见第9.5.3节。

(2) 六车道双向主线横断面常采用 26m 宽,其组成为:

0.5m 防撞墙+0.5m 路缘带+3.75m×3+0.5m 路缘带+0.5m 中央分隔墙+0.5m 防撞墙+3.75m×3+0.5m 路缘带+0.5m 防撞墙=26m。

双向分离式高架道路可分为三车道与二车道的高架道路。

(3) 三车道单向主线横断面常用 12.75～13m 宽,其组成为:

0.5m 防撞墙+0.5m 路缘带+3.75m+3.5m×2 车道+0.5m 路缘带+0.5m 防撞墙=12.75m。

(4) 二车道单向主线横断面常用 9.5m 宽,其组成为:

0.5m 防撞墙+0.5m 路缘带+3.75m×2+0.5m 路缘带+0.5m 防撞墙=9.5m。

9.4.2 匝道宽度

(1) 二车道匝道常采用 8.5～9m 宽。

交通量较大,并为避免匝道上因行驶车速不同,影响通行能力与服务水平,可设置二车道,其布置为:

0.5m 防撞墙+0.25m 路缘带+3.5m+3.5m+0.25m 路缘带+0.5m 防撞墙,总宽 8.5m～9m。

(2) 单车道匝道常采用 8m 宽。

单车道用于交通流量不大,或为避免并入主线时带来过多交通压力。其布置为:

0.5m 防撞墙+0.25m 路缘带+3.5m 车道+2.5m 停车带+0.5m 防撞墙=7.25m≈8m。

凡匝道平曲线半径小于 250m 的应按规范要求增加宽值,验算路面宽度是否符合要求。

9.4.3 高架道路横坡

高架道路采用 1.5%～2%直线横坡,对于不需超高的主线,设置双向直线横坡,需设超高横坡的设单向直线横坡。

匝道一般采用 2%单向直线横坡,需设超高路段的,设 4%单向超高横坡,具体根据平曲线半径查表。

9.4.4 高架道路横断面形式

高架道路横断面形式按桥墩布局的不同和交通组织方法的不同,分别有:独柱墩(用于匝道)、双柱墩(用于主线)两者在一起的见单层高架有匝道的横断面图(图 9-12);二层门架墩即复式门架墩又称椅式墩。椅式墩应用于高低两层的并联桥上(图 9-13)。广州内环高架工程改变过去高架桥全线单层布置把地面道路覆盖得黑压压的做法,采用椅式墩一两层高低桥的布置形式,占地少,透光性好,压抑感也较小,广州内环高架建成后普遍反映效果较佳。

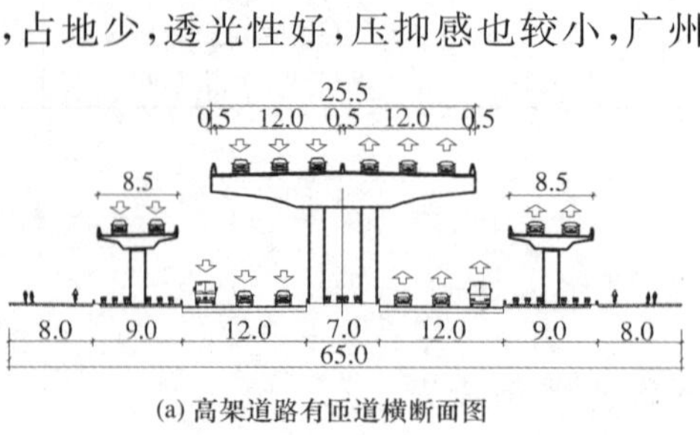

(a) 高架道路有匝道横断面图

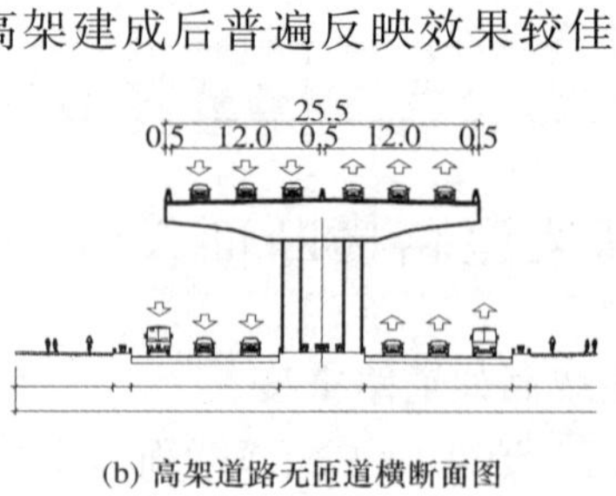

(b) 高架道路无匝道横断面图

图 9-12 高架道路横断面实例(单位:m)

双层式的高架在交通组织上可有三种做法,交通组织上可以是:

(1) 上、下双层各自单向行车(图 9-13(a),(b));

（2）上、下双层均是双向行车（图 9-14(c)）；

（3）上层双向是远距离交通，下层双向是近距离交通。

一般采用第一种较有利（图 9-13）。

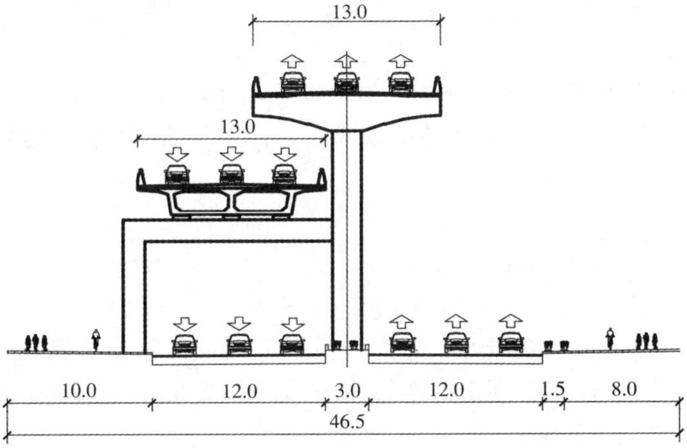

(a) 无匝道横断面

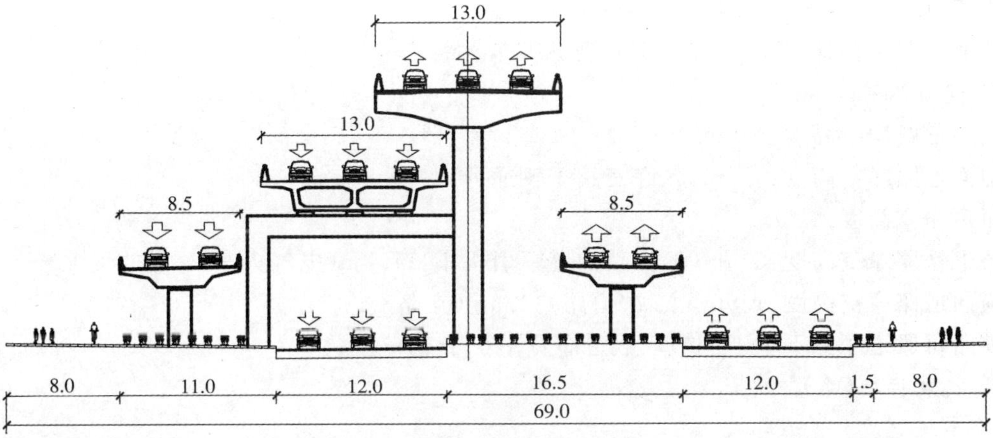

(b) 椅式墩有匝道横断面

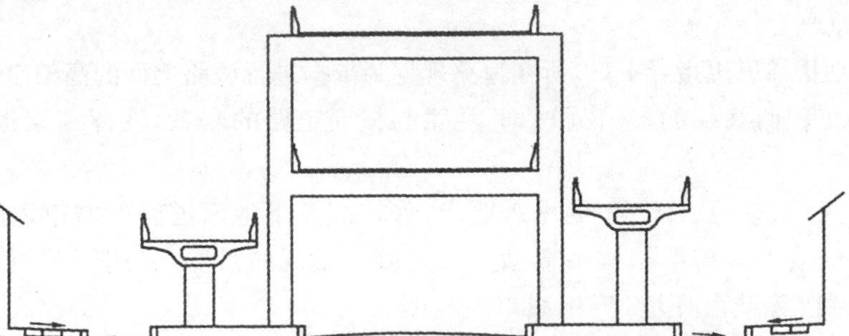

(c) 分离式双层高架道路有匝道路段横断面

图 9-13 双层高架道路横断面图（单位：m）

9.5 高架道路线形设计

9.5.1 高架道路主要设计技术标准

1. 设计速度

通常高架道路是城市快速干道,如处于中心城区以外,采用较高的标准,中心城区以内的高架因地物受限制,宜采用较低的标准。地面道路既是城市主干路,又兼有高架道路的集散路性质。

高架道路主线: 60～100km/h

地面道路: 40～60km/h

匝道: 35～40km/h

2. 荷载标准

高架道路上一般不准行驶三超(超重、超高、超长)车辆及集装箱车辆,由地面道路保证三超车及集装箱车辆的通行。这将有利于高架结构降低投资成本,并且保证行驶车速。

高架道路:城—A 或城—B 级。

地面桥涵:城—A 或城—B 级。

匝道:城—A 或城—B 级。

地面道路结构计算荷载:BZZ-100 型标准车。

3. 建筑限界

高架道路净空高度:4.5m。

地面道路净空高度:5.5m(允许三超车辆通行)。

匝道净空高度:4.5m。

桥下铁路净空高度:6.5m(蒸汽及内燃牵引机车);7.2m(电气火车)。

横向道路净空高度:4.5m(主、次道路);4.5m(支路)。

铁路每股道净宽不小于 7m,双股道净宽不小于 11m。

4. 抗震标准(略)

5. 车道宽度

小汽车车道宽 3.25～3.5m,混合车道宽 3.5～3.75m,双车道匝道,每车道宽 3.5m。地面道路交叉口车道,每车道宽不小于 3.25m。非机动车道,每车道宽 1m。

9.5.2 总体设计原则

(1) 在总体规划指导思想指导下,以所在道路规划为依据进行该路上面的高架工程设计。

(2) 合理解决工程两终端的接口处理,并注意与横向道路的联系,发挥高架道路快速干道的功能。

(3) 满足沿线工厂、单位、住宅车辆出入要求,保持高架下地面道路的城市道路功能。

(4) 高架道路的线形与桥梁结构的造型应考虑城市景观的需要,采用轻盈挺拔、外形和谐的结构线条,以达到改善城市环境,美化城市的目的。

(5) 考虑近、远期结合:例如近期建设必要的上下匝道,预留立交匝道接口,沿线立交可分期建。

(6) 缩短施工期限,尽可能采用预制构件和能加速施工进度的设计,合理组织施工和组织交通。

(7) 结合工程建设特点,采用安全可靠、经济合理的新技术、新工艺。

9.5.3　高架道路路线平面设计

1. 定线

高架道路中心线原则上与地面道路中心线合一，设计定线以规划红线为依据，但原道路规划中心线有时不符合高等级道路设计规范要求，例如圆曲线处未设缓和曲线或小偏角折点未设平曲线，对等级低的城市道路或交叉口处是允许的，但作为高架道路（跨越交叉口）则需要在小偏角折点上加设大半径平面圆曲线，并且在小于不设缓和曲线的平面圆曲线处加设缓和曲线，这样在不影响建筑物拆迁情况下局部会略偏离红线，此外相邻的两圆曲线之间如有断背曲线（较短的直线）可以改曲线半径。例如，某高架道路原规划中心线在某路附近有相邻两圆曲线，半径分别为 500m 与 600m，中间夹有 44m 长的短直线，形成断背曲线，高架道路设计宜改为一个半径为 750m 的圆曲线，两端加设缓和曲线各 70m，与红线偏差很小，对建筑物影响不大。

高架干道的定线应尽量减少对沿线建筑通风、采光、噪声的不利影响，高架道路边缘距房屋至少应有 7m 的距离。

2. 高架道路紧急停车带设置和中央分隔带开口

1）紧急停车带设置

常用高架道路主线断面为双向四车道 18m 宽，如果一旦主线上发生车辆抛锚，或因交通事故占用一条车道，则主线通行能力将有所降低，并影响后续车辆行驶，故四车道高架道路两侧需设置紧急停车带。高架道紧急停车带设置间距可控制每 500m 设一处。紧急停车带宽度为 2.50m，长度参考桥梁所用标准跨结构跨度（如 20～22m）。紧急停车带两侧过渡段长度也在一跨内解决（长度 20～22m）。

2）中央分隔带开口

通常高架主线上设置 0.5～1m 中央分隔墩，为适应车辆在紧急情况下疏散的需要，以及牵引车辆掉头的需要，在中央分隔带的一定间距内设置开口。其间距控制在 1km 以内，开口长度为 15m。开口采用活动式分隔栏封闭。

高架干道平面图实例见图 9-14。

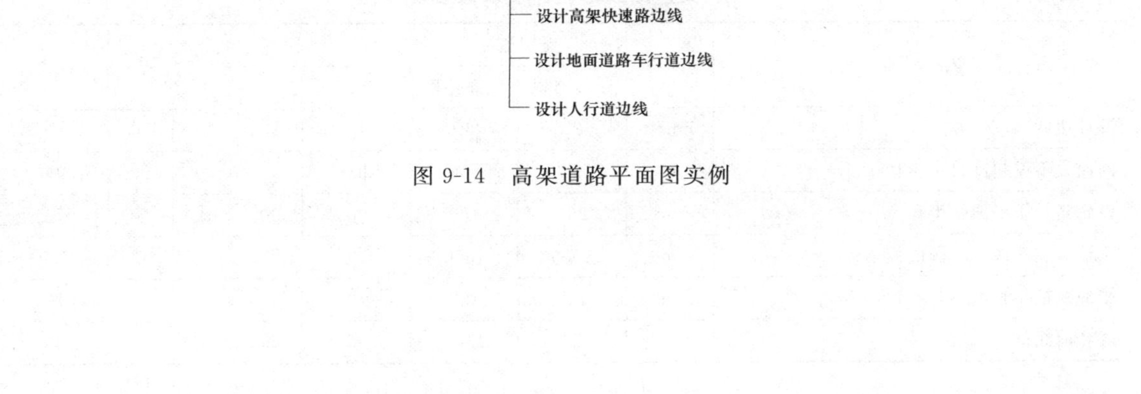

图 9-14　高架道路平面图实例

9.5.4 高架道路纵断面设计

1. 高架主线纵断面

高架主线起坡处如设在路段上可以 3%~3.8%上坡,如设在交叉口附近,则往往为了缩短坡长,并保持距交叉口一定的距离,使上下高架主线的车辆免受交叉口信号灯影响,排队在桥上或路口,所以坡度一般可做到 4%,北方地区尽量使最大纵坡不要过大。全线应控制所经各交叉口保持地面道路穿越或沿高架桥两侧行驶地面车辆所需的净高,据此确定各段的坡长与坡度,最小纵坡宜大于 3‰。在大型交叉口上空跨越时除有互通式立交按层次设计标高外,尚须考虑有否人行天桥在高架桥下面,以此控制桥面标高。

主线最大纵坡、最小凸曲线、最小竖曲线半径和最小曲线长度根据设计车速查《规范》确定相应值(表 9-7)。

2. 匝道纵断面

由于高架行驶车辆主要为 8T 以下机动车,技术性能较好,故在南方地区接地匝道最大纵坡可采用到 5%~6%。通常接地的上匝道最大纵坡应小于接地的下匝道最大纵坡。而环形匝道(迂回式、定向式和苜蓿叶式)的纵坡视半径大小而异,总之使纵横坡的合成坡度在《规范》值允许范围内。匝道的最小竖曲线半径也根据计算行车速度相应的规范值取用(表 9-7)。

9.5.5 高架道路工程中地面道路设计

1. 地面道路横断面设计

主线的地面道路横断面宽度通常为 50m,在有匝道处可拓宽为 62~65m,如图 9-12 与图 9-13 所示,有些高架道路一侧或中央还设有远期轻轨交通,则要预留 8.8~10m 空间。在匝道与高架线衔接处(并板处),横断面组成会有变化,相应宽度也作调整,例如图 9-13 中高架道路采用门架形式布置墩时,则分隔带可用不对称宽度布置。

2. 横向道路

与主线相交的横向道路按规划与道路等级布置其横断面,但为与主线道路配合,需改善交叉口的行驶条件,因此相交横向道路至少应拓宽 100m 长,并用 50m 的过渡段与原路断面接顺。

3. 地面道路的纵断面设计

主线的地面道路一般情况下维持原状,以与周围建筑物相协调。沿线如有铁路道口,也应维持原状标高并保持一定距离。相交道路的交叉口原标高也不宜作大变动,如有变化的路段,宜尽量利用老路路基,比原路至多高 0.1~0.3m 为佳。凡道路纵坡变化处均应设置竖曲线,其半径值根据《规范》按道路等级相应的标准取用(表 9-7)。

表 9-7　高架道路线形设计技术标准表

内　容	单　位	高架道路		匝　道				地面道路
		一般路段	局部路段	路段	立　交			
设计速度	km/h	80	60	40	30	35	40	40
圆曲线不设超高最小半径	m	1000	600	300	45	60	80	300
设超高最小平曲线半径	m	250	150	70	30	40	50	70
不设缓和曲线最小圆曲线半径	m	2000	1000	500	350	—	500	500
平曲线最小长度	m	140	100	70	50	60	65	70
缓和曲线最小长度	m	70	50	35	25	30	35	35

续表

内　　容	单　位	高架道路		匝　　道				地面道路
		一般路段	局部路段	路段	立　　交			
最大纵向坡度(采用值)		3%	4%	5%	5%	5%	5%	3%
纵坡坡段最小长度	m	290	170	110	85	—	110	110
最大超高坡度		6%	4%	2%	6%	6%	6%	2%
停车视距	m	110	70	40	30	35	40	40
凸型竖曲线极限最小半径	m	3000	1200	400	250	300	400	400
凸型竖曲线一般最小半径	m	4500	1800	600	400	450	600	600
凹型竖曲线极限最小半径	m	1800	1000	450	250	350	450	450
凹型竖曲线一般最小半径	m	2700	1500	700	400	550	700	700
竖曲线最小长度	m	70	50	35	25	30	35	35

4. 地面道路交叉口设计

高架主线所经交叉口应按交通量大小、道路的等级分成几类改进交叉口。

对于主-主相交的道路交叉口均应予以拓宽，增辟 1～3 条车道，每条车道取用 3.25～3.5m，拓宽长度 100～150m。例如，应增辟专用右转车道和左转车道。使主要交叉口的进口道车道数为 3～4 条。通常主线的地面道路主要交叉口进口道处车道数取 4 条。相交道路进口道采用 3 条车道。

对于主-次相交路口，主线地面道路进口道数为 3～4 条，次要道路进口道数可维持原状断面。

5. 地面道路排水设计

高架道路地面道路排水采用雨水进水口方式，通过雨水井纳入原道路的排水系统。

进水口分别设在机动车道和非机动车道外侧边线处。进水口间距一般为 30～40m。在连接匝道和高架落地接坡处为加快吸纳坡道上的雨水，设两只三联雨水进水口。

排水纵坡应大于 3‰。当道路纵坡小于 3‰时，应设锯齿形边沟排水。

9.5.6 高架道路附属设施

1. 护栏

高架桥梁和匝道桥的桥面两侧均设防撞护栏。防撞护栏底宽 50cm，距沥青路面高 85cm，为 30 号钢筋混凝土结构，防撞护栏内预留照明和监控的穿线管及电线接线箱。

2. 中央分隔墩

高架道路主线桥面中轴上设中央分隔墩，底宽 50cm，高 80cm，中央分隔墩与桥面之间有钢筋连接，固定在桥面上，用 30 号钢筋混凝土结构。

3. 桥面照明

桥面灯杆位于主线桥面的两侧，匝道桥面的一侧，灯杆设在桥墩处。

4. 桥面排水

在桥墩处，防撞护栏内侧桥面上设进水口。高架主线在桥面两侧设雨水排水沟管，匝道在桥面一侧设雨水排水沟管，并在匝道落地处设一排排水口，雨水由排水口进入 ϕ150 预埋铸铁落水管。落水管将桥面雨水引入地面排水系统排放。

9.6 快速路案例

[案例 9-1] 快速路邯郸路地道方案设计——快速路方案比选实例

上海市中环线邯郸路地道工程是上海市中环北段(汶水路—邯郸路—翔殷路)路段中重要的节点之一。

1. 设计方案和比选

为了充分保留复旦大学现有及将来的校园风貌,中环线主线穿越复旦大学南北校园进行多方案比选,使复旦大学的人文景观、校园特点能得到充分保留与体现。初步设计进行了地面、高架、地道三种断面形式的比较。

1) 地面快速路方案

中环线汶水路高架经大柏树立交预留的“直行通道结构”,在松花江路口以西落地,邯郸路(复旦大学区段)采用“地面快速路+两侧辅道”的全地面断面形式,快速路供过境车辆行驶,两侧辅道供区域交通和非机动车辆行驶,地面快速路过国定路路口以东,接五角场立交跨线桥,见图 9-15。

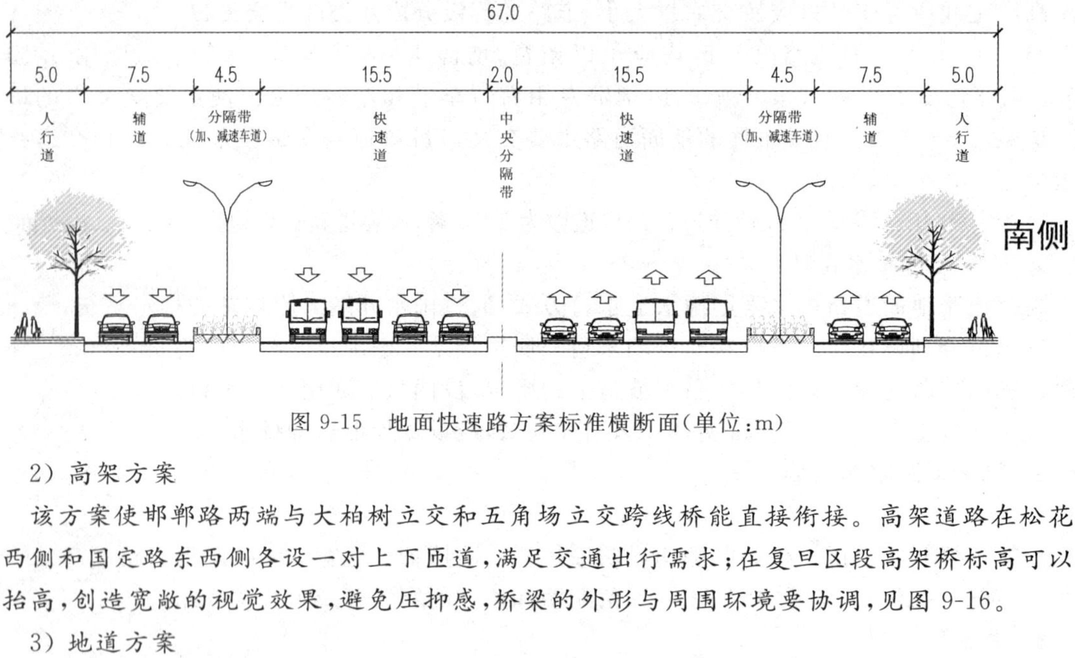

图 9-15 地面快速路方案标准横断面(单位:m)

2) 高架方案

该方案使邯郸路两端与大柏树立交和五角场立交跨线桥能直接衔接。高架道路在松花江路西侧和国定路东西侧各设一对上下匝道,满足交通出行需求;在复旦区段高架桥标高可以尽量抬高,创造宽敞的视觉效果,避免压抑感,桥梁的外形与周围环境要协调,见图 9-16。

3) 地道方案

中环线邯郸路快速系统八车道西接大柏树高架系统八车道,中环线主线高架过大柏树落地后,经一段地面道路(松花江路交叉口处),在邯郸路桥(合流污水一期总管)东侧以纵坡 5% 入地,主线以总净宽 32.5m 的地道(八车道)在国权路路口处完全入地(暗埋),以浅埋式地道形式穿越复旦大学主校区 350m 后,主线断面采用坞式+桥式,长度为 200m,同时在环内设置一单车道出匝道,连接五角场立交“保护壳”——国定路,主线仍采用暗埋式断面八车道穿过国定路后(长度为 200m)出地面直接与五角场立交跨线桥八车道相连。

从国权路至国定路,如采用全地道形式穿越,长度约为 750m。而 750m 长度的八车道地道,将带来通风、消防、造价等一系列问题,为了缩短地道暗埋段 750m 长度,在方案中考虑将整个地道进行切分,形成两个完全暗埋地道段与一个敞开的地道段,而且地道暗埋长度不大于 400m。划分的原则为:除了必须要暗埋的地方,考虑布设全地道外,其余考虑设置敞开式地道

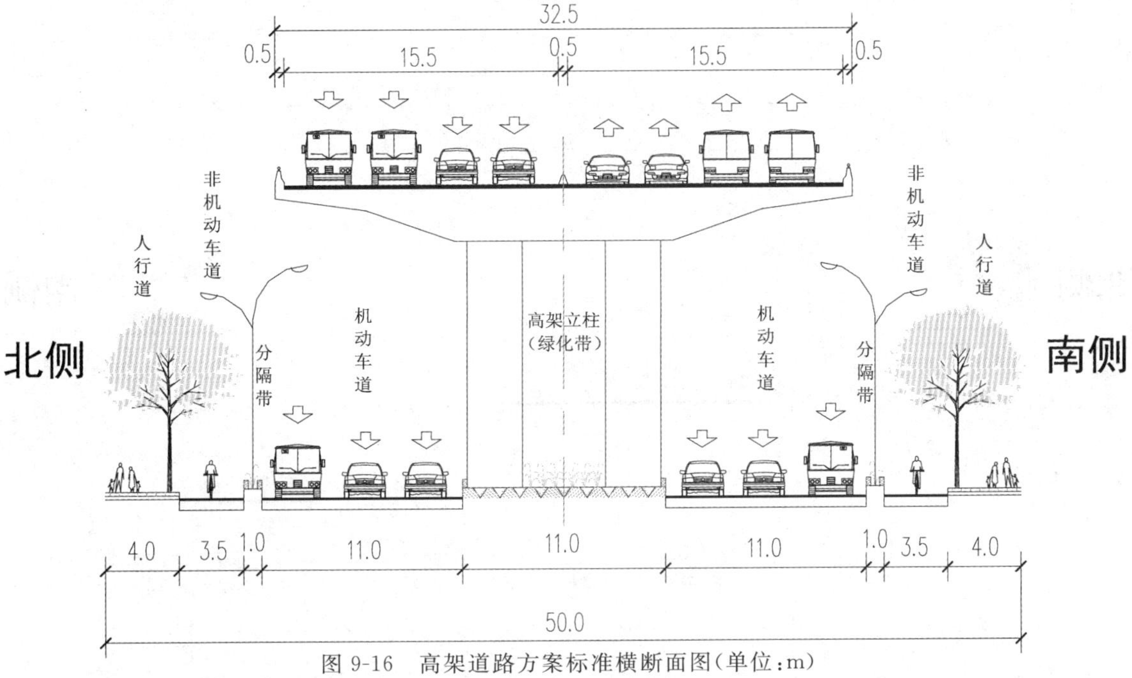

图 9-16　高架道路方案标准横断面图(单位:m)

断面。具体为:复旦大学主校园区段约 350m 长度,考虑设置暗埋段地道,国定路路口区域设置 200m 长度的暗埋段地道;剩下 200m 长度,设置敞开式地道(坞式结构+桥式结构)见图 9-17和图 9-18。这样就大大降低了地道暗埋段长度过长带来的种种弊端。

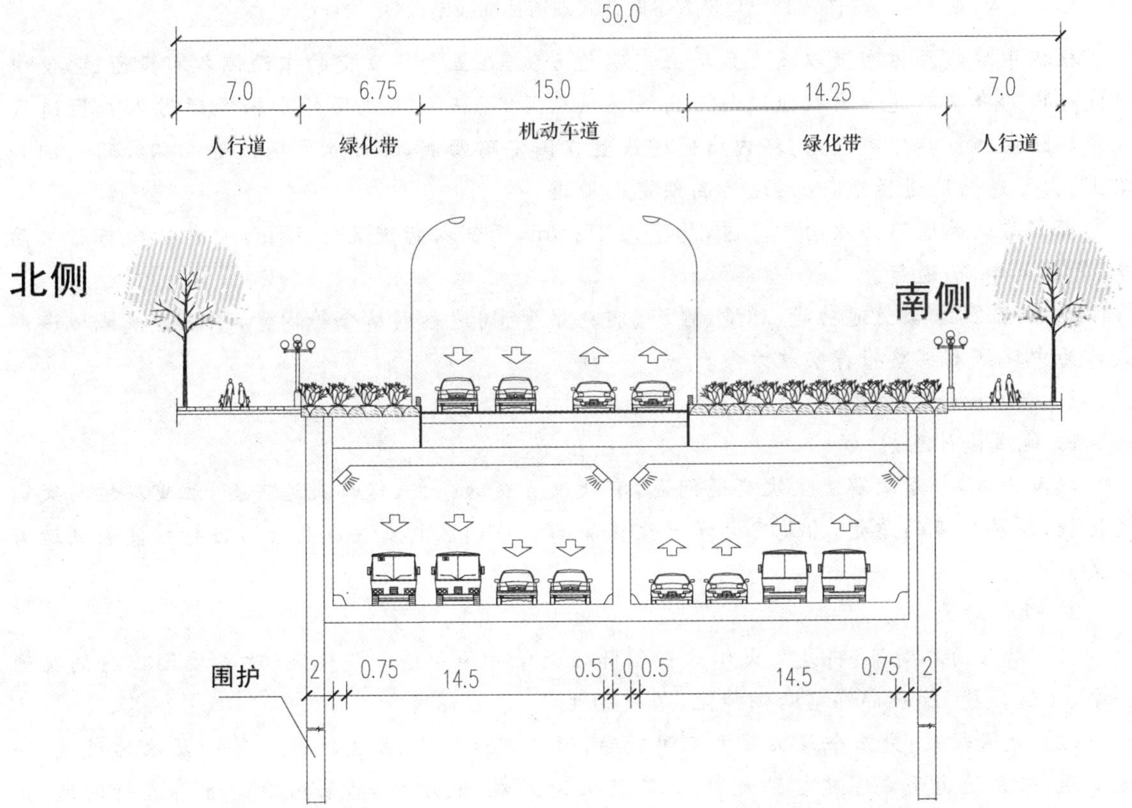

图 9-17　地道方案暗埋段标准横断面(单位:m)

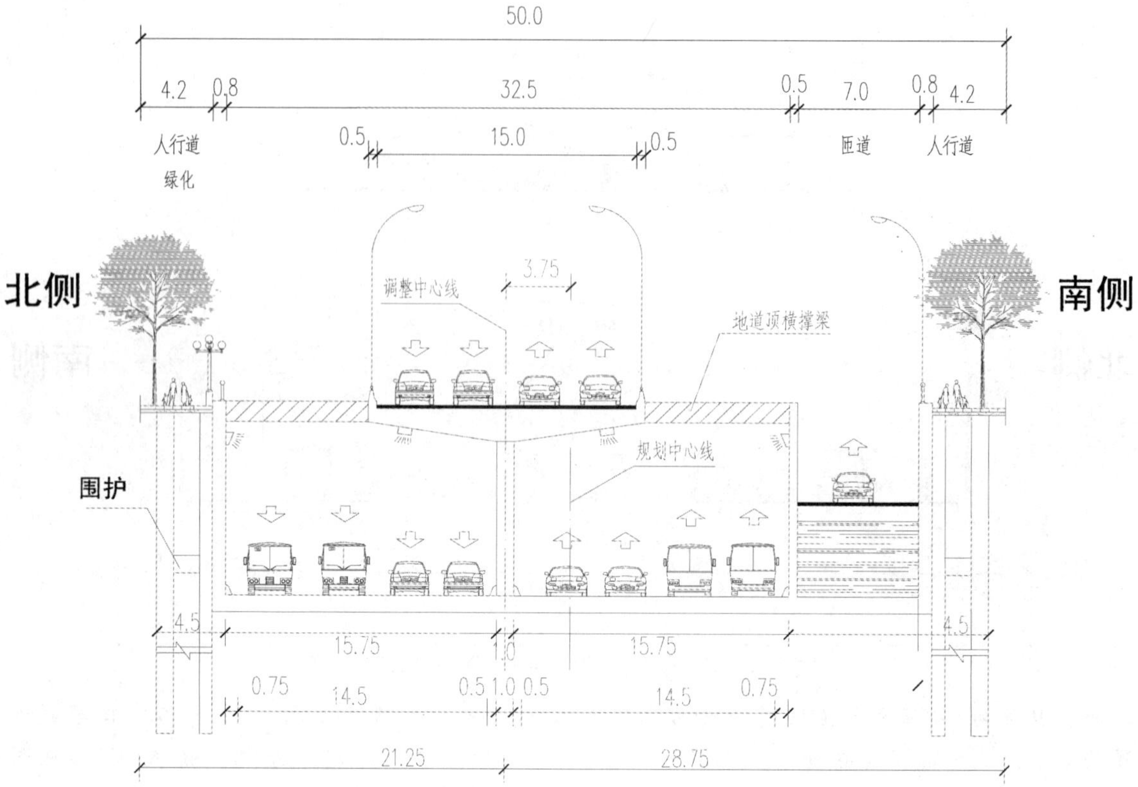

图 9-18 地道方案敞开式地道标准横断面(单位:m)

根据中环线总体布置以及五角场立交实施方案,在五角场立交的东西侧各布设匝道,使中环线环内的车辆能通过出口匝道与五角场地区联系,而五角场地区的车辆能通过入口匝道进入中环线主线。具体布设为:环内出匝道设置在国定路西侧,环外入匝道设置在翔殷路—国和路上;出匝道为地道匝道,入匝道为高架定向匝道。

邯郸路地面道路为双向四车道,总宽为 15.0m,两侧人行道为 4～7m,考虑行人与非机动车(复旦大学内)通行。

比选结论:综合交通功能、环境、经济、实施难度、周边路网结合等因素,中环线主线地道形式作为中环线邯郸路推荐实施方案。

2. 地道设计总体思想

1) 地道设计思想

以人为本,分层次解决主次交通问题,有效改善交通条件、保证交通安全,注重环境与交通的协调,改善环境的质量,为复旦大学乃至杨浦高科技园区的发展以及今后可持续发展创造有利条件。

2) 设计对策

(1) 以人为本对策:将复旦大学这一国际性大学的地位进一步体现,改善校园出行的交通安全、交通便捷,改善邯郸路两侧师生、居民的生活、学习环境。

(2) 交通对策:分三个层次解决不同交通,做到因地制宜、按需所设。第一层次为过境、快速交通,采用地道形式穿越复旦大学;第二层次为区域、地方交通,采用地面道路进行沟通;第三层次为人、非机动车,采用人行横道线、人行信号灯、非机动车专用道等方式进行联系。

(3) 环境对策:主线采用地道形式,避免大量的主流交通对复旦大学校园进行干扰,尽可能减少在地面的车辆,使校园范围内的环境、噪音、空气得到保证。

(4) 发展对策:为复旦大学成为国际化校园以及杨浦区高科技园区的发展,提供便捷的交通平台。

3. 建设规模与主要技术标准

1) 建设规模

中环线邯郸路地道的建设规模:地道暗埋段(复旦大学地道)车道数为双向八车道,长度为360m;地道暗埋段(穿越国定路)车道数为双向八车道,长度为200m;地道出入段(复旦大学—国定路)车道数为双向八车道,长度为200m;国定路西侧上匝道的车道数为单车道;地道的地面系统为双向四车道以及全线两侧人行道。整个地道的快速系统与地面系统总车道数为12~14车道。

2) 主要技术标准

(1) 设计车速

邯郸路主线为城市快速路,主线设计速度80km/h;邯郸路地面道路为城市主干路,设计速度50km/h。匝道设计速度40km/h。

(2) 设计荷载。路面结构计算车型为BZZ-100型标准车。桥梁荷载标准:邯郸路地面设计荷载为城-A级;地道设计荷载为城-B级。

人群荷载:按《城市桥梁设计规范》(CJJ 11—2011)采用。

(3) 净空高度。邯郸路地道为4.5m,地面为5.0m。

(4) 抗震设计按地震烈度7级设防,重要性修正系数1.3。

点评:该地道设计方案,能较好与两端的相关工程联系起来,有效地利用周边路网,对复旦大学的人文环境、学习环境、建筑等影响降低至最小;另一方面通过设置两段暗埋地道与一段坞式结构+桥式结构的方法,解决了地道长度过长而带来的通风、消防、造价等问题,使该地道在正常营运状况下,通风为自然风;阻滞交通情况下,采用一定的机械通风方式,满足地道通风要求。此外,该敞开式地道断面新颖、独特、较为美观。

匝道的布设,较为有效地疏解、分流进入五角场地区的车辆以及加快五角场地区车辆进入中环线,使中环线主线与五角场地区与复旦大学区域的联系,能够便捷、安全、高效。

10 高速公路

10.1 高速公路的特点和发展概况

高速公路是专供汽车高速行驶的公路。由于高速公路全线采用中央分隔带分隔对向车流行驶，并设置立体交叉、控制出入，采用较高的技术标准和完善的交通设施，因此为汽车的高速、安全、便捷的大运量行驶创造了优越的条件。

10.1.1 高速公路的特征

1. 限制交通，汽车专用

高速公路对车种及车速加以限制、规定，凡车速在 50km/h 以下的车辆不得进入高速公路，我国规定设计车速一般为 120km/h。因此，拖拉机及装载特别货物的车辆及非机动车均不得使用高速公路。

2. 控制交通的出入

为保证高速行车、消除侧向干扰，对于不准车辆进出的路口，均设置分离式立交(下穿路堤的人孔、拖拉机孔或汽车孔)加以隔绝；允许车辆进出的路口，则采用指定的互通式立交匝道连接。对非机动车及人、畜的控制，则主要采取禁入栅、高路堤、护栏等隔离措施将高速公路"封闭"，以确保汽车的快速安全行驶。

3. 分隔行驶，安全高速

高速公路采用双幅路横断面的形式，中央设置中间带，将对向车流分隔，从而杜绝对向撞车，既提高车速，又确保安全。对于同向车流，则采用全线画线的方法区分车道，以减少超车和同向车速差造成的干扰。

10.1.2 高速公路的优点

基于上述特征，高速公路具有下列优点。

1. 高速行车

速度是交通运输的主要技术指标。由于高速公路平均车速高达 90～110km/h，故行驶时间的缩短带来了巨大经济效益和社会效益。德国高速公路每 147km 平均行程时间为1.23h，比一般国道，其节约时间为 47%，节约燃料为 93%。

2. 通行能力大，运输效率高

一般双车道公路昼夜通行能力为 0.5 万辆，而一条四车道高速公路则为 2.5～5.5 万辆/昼夜，六车道和八车道高速公路则高达 8 万～10 万辆/昼夜。可见，高速公路的通行能力是一般公路的几倍至十几倍。通行能力大，运输能力必然提高。如美国高速公路仅占公路总长的 1.43%，而其交通量却占总交通量的 21.3%；日本高速公路里程占总里程的0.51%，却承担了 20.2%的公路总运量；英国高速公路占全公路总里程 0.90%，却承担了全运输量的35%和重型货运量的 60%。

10.1.3 高速公路的弊端

1. 占地多，对环境影响大

一般高速公路用地宽度至少为 30～35m，六车道为 50～60m，一座互通式立交用地则高达

4 万～10 万 m^2。高速公路的征地费用约占总投资的 1/5。这对于耕地较少的国家对农业造成一定威胁。噪声、废气对环境的污染不可避免。因此，兴建高速公路时，应尽量节约用地。

2. 投资大，造价高

高速公路的投资主要用于征地、筑路、设施等，其中土方、路面、桥涵及设施等的费用约占总投资的 80%，征地及赔偿费占 20%。

我国高速公路的平均造价较一般公路高约 10 倍。虽然在今后的运营中可将投资回收，但鉴于当前财力所限及筹集资金的困难，只能分步建设。

10.1.4　高速公路的发展概况

1. 国外高速公路的发展概况

德国是较早兴建高速公路的国家，而高速公路的高车速为其战时运输提供了有利条件。1933—1939 年，共建 3440km 的高速公路，为当时摩托化部队的快速调遣起了重要作用。此外，还可作为飞机临时跑道。

美国于 1937 年着手兴建高速公路，至今已建成 10 万公里，居世界首位。其洲际和国防高速公路网连接了 48 个州的首府。并与加拿大和墨西哥相连。

日本至 1958 年才开始兴建高速公路，但发展迅速，至 1998 年已建成 6114km，以东京为中心的全国高速公路网能在半小时内将城市人口疏散，2 小时内可达全国各地。

到目前为止，全世界已有 80 余个国家和地区建设有高速公路。世界总里程已达 23 万公里。一些发达国家将主干高速公路联通而建成国际高速公路网。如东起奥地利的维也纳，经德国、荷兰、法国，直至西班牙瓦伦西亚的横贯西欧的高速公路，全长达 3200km；又如，北起丹麦的哥本哈根，经德国和奥地利，南抵意大利罗马的高速公路，纵贯欧洲，全长约2100km。建设和发展高速公路是经济建设的必须，已成为世界各国的共识。表 10-1 列出的是世界上一些国家的高速公路状况。

表 10-1　　一些国家和地区的高速公路状况

排位	国家和地区	高速公路总里程/万公里	高速公路占公路总里程数	开始修建的年份	截止年份
1	美国	10	1.43%	1937	2010
2	中国	11.195	2.5%	1978	2014
3	加拿大	1.657	1.8%	1967	2010
4	德国	1.14	1.76%	1928	2007
5	法国	1.15	1.42%	1948	2007
7	意大利	0.8860(6957)	2.82%	1924	2007
6	西班牙	1.0317(9063)	3.00%	1962	2007
8	日本	0.6455	0.56%	1958	1963 年通车
9	英国	0.3358	0.91%	1957	2007
10	荷兰	0.2300	1.90%	1936	2007
11	韩国	0.2100	6.37%	—	2010

2. 我国高速公路发展概况

我国高速公路发展比世界发达国家晚了半个世纪，但发展速度之快是世界各国没有的。

我国高速公路的兴建,最早始于我国台湾,北起高雄,南达基隆,全长373km,于1978年建成。

高速公路的兴建是对外开放、经济腾飞的客观需要和必然趋势。我国大陆高速公路的建设起始于1984年。1988年和1990年相继建成沪嘉(上海—嘉定)高速公路和沈大(沈阳—大连)高速公路。目前,全国兴建高速公路的热潮方兴未艾,至2011年,全国已建成高速公路8.5万,居世界第二位。

目前,高速公路已覆盖了我国28个省份,辽东半岛、山东半岛、长江三角洲、珠江三角洲和东南沿海地区都有重要的高速公路,并集中分布在国道主干线上。目前正以年平均千余公里的建设速度发展,交通面貌的大为改观,促进了沿线工农业、商贸、旅游业的综合发展。中国高速公路仅用了十多年时间,走过了发达国家一般需要40年才走过的进程。

10.2 高速公路几何线形设计

10.2.1 横断面设计

1. 通行能力

我国目前规定高速公路每车道的小时通行能力为2200辆/小时。所以当年平均日交通量达到1.5万辆,并要求汽车在公路上连续不断行驶时,即可以考虑修建高速公路。而远景交通量超过4.5万辆/日时,可修建六车道高速公路。详见本书第1章。

2. 设计速度

设计速度是指良好情况下,能够保证安全行驶的最大速度。行驶速度一般为设计速度的85%;设计速度涉及高速公路的几何设计标准,投资的多少等一系列问题;而高速公路的车速,除了汽车性能外,还与路线线型设计的平曲线、纵坡、超高、视距、路面宽度、中央分隔带宽度、交通标志和安全设施的设置等均有关,所以同一路线上各路段行驶车速是不相同的。

英国目前高速公路的平均车速为113km/h,并有40%的小汽车车速超过该值。法国高速公路的设计车速最高档为140km/h,还有25%的车辆速度超过该值。目前,世界各国高速公路设计速度取值的总趋势是,几何设计控制向更高车速发展。因为过高的车速容易发生交通事故,并且也增加了燃料的消耗。比较发达的国家,汽车的经济车速是80km/h。车速增到100km/h时,要比80km/h多消耗10%~20%的燃料。

国外高速公路把设计速度分为四个等级,如德国、法国、意大利等西欧国家采用140km/h,120km/h,100km/h,80km/h四个等级,而日本、墨西哥则采用120km/h,100km/h,80km/h,60km/h四个等级。

如上海与外省连接的高速公路采用120km/h车速,市郊连接市郊各县区的高速公路采用100km/h的设计车速。

3. 主线横断面

设计速度为120km/h的高速公路,按通行能力需要可设单向二车道、三车道、四车道即双向四车道、六车道、八车道,并采用相应的路基宽度(图10-1(a))。八车道的高速公路应设置左侧硬路肩,宽度不小于2.5m。

设计速度小于或等于100km/h的高速公路,当交通量超过4个车道的通行能力时,其车道数可按双数增加,路基也应采用相应宽度(图10-1(b))。在平原地区各个车道都放在同一个平面上,做成整体式路基断面形式。但在山岭和丘陵地形,由于横断面地面线坡度较大,为节省土石方,一般须做成分离式断面形式(图10-1(c))。

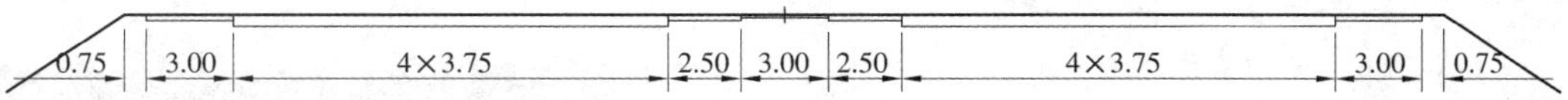

整体式断面

八车道 120km/h

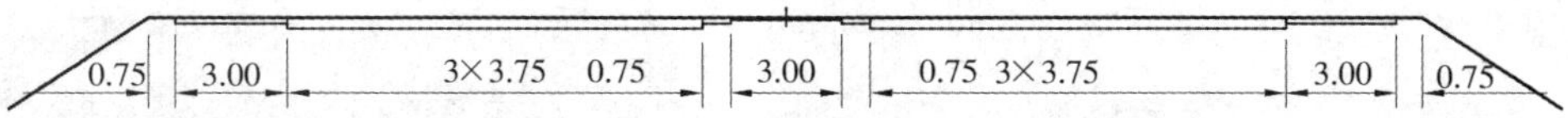

整体式断面

六车道 120km/h

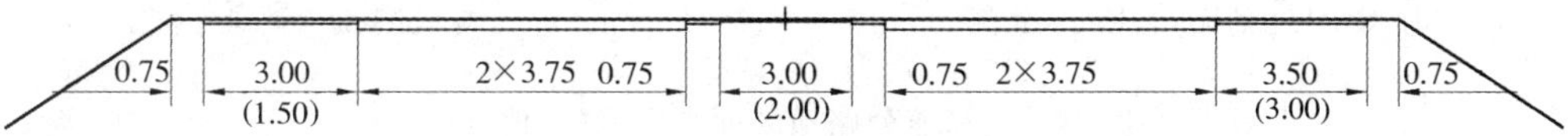

整体式断面

四车道 120km/h

(a) 高速公路 120km/h 横断面

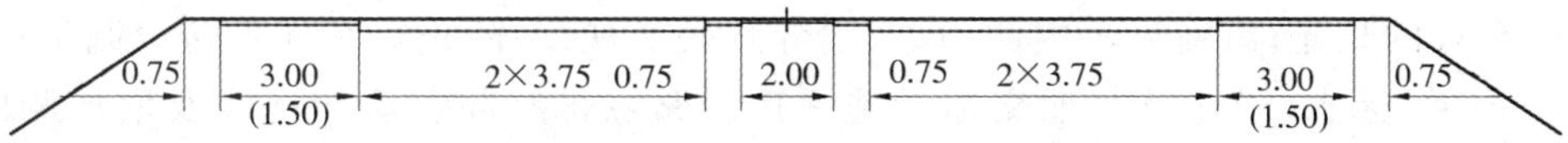

整体式断面

四车道 100km/h

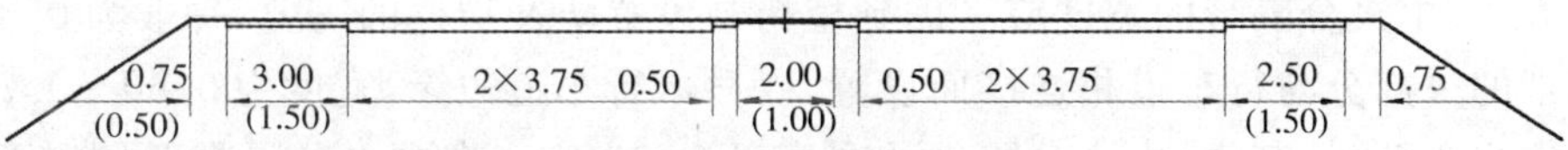

整体式断面

四车道 80km/h

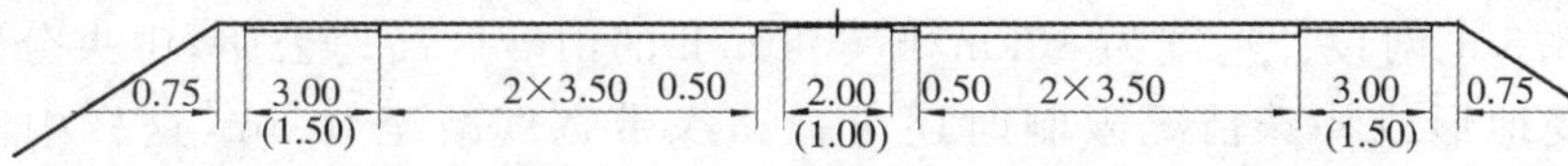

整体式断面

四车道 60km/h

(b) 高速公路四车道横断面图实例

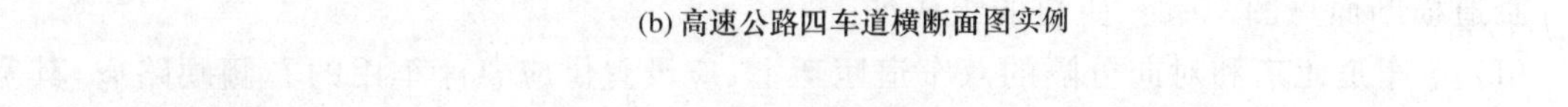

分离式断面

八车道 120km/h

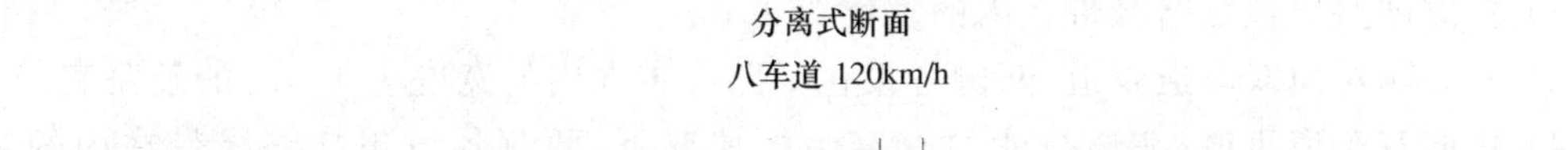

分离式断面

六车道 120km/h

(c) 高速公路分离式横断面实例

(d) 保护生态的杭长高速公路实例

(e) 6车道高速公路绿化实例

图 10-1 高速公路横断面图实例(单位:m)

我国《公路路线设计规范》(JTG D20—2006)规定高速公路车道宽度除 $V=60$km/h 采用3.50m外,其余均采用 3.75m。对各种高速公路行车道宽度的规定值见表 3-2。

高速公路中间带的功能是:分隔对向车流,防止对向车辆碰撞;减少干扰,保证车速;减轻夜间对向车灯的眩光;清晰显示内侧边缘、引导驾驶员视线;防止行车任意转弯调头;并可作为设置安全护栏、标志、绿化及其他交通设施之用。路缘带则起着诱导视线及增加侧向余宽的作用。

中间带宽度应等于中央分隔带宽度和两条左侧路缘带之和(图 3-5)。如果采用较窄中间带的设计方式,中央分隔带的宽度应考虑到植树与设置防冲护栏的需要,一般为 0.8m;路缘带作为中间带的一部分与行车道相连接而设置,以显示行车道边缘,宽度为 0.50~0.75m。中间带的全宽应为 4.5m。其中,中央分隔带的宽度以 3m 为宜。在中央分隔带两侧和两边路肩上一般需设置安全护栏。

高速公路受到地形限制时,当设计车速为 120km/h 时,中央分隔带可减至 2m,这样中间带宽度可以为 3.5m;对设计速度为 80km/h、60km/h 的山岭区高速公路,中央分隔带宽度可减至 1.0m,当受地形或特殊情况限制时还可把路缘带宽度减至 0.5m,这样中间带总宽为2.0m,但从中央分隔带的作用考虑其宽度不宜任意缩减,见表 3-7 和图 10-1。

4. 匝道横断面

匝道横断面见图 10-2。匝道的组成如下:

(1) 单车道匝道和对向分隔的双车道匝道上,应设置供应急停车用的右侧硬路肩,其宽度包括路缘带在内为 2.5m。特殊困难路段,单向通行匝道可采用 1.5m,对向分隔的双车道匝道宜取 2.00m。

(2) 左侧硬路肩包括路缘带在内的宽度为 1.0m。

(3) 非分隔对向双车道匝道,两侧各设包括路缘带在内的宽度为 1.0m 的硬路肩。

(4) 单向双车道匝道,在通行能力有富余的情况下,两侧各设包括路缘带在内的宽度为1.0m的硬路肩。当交通量接近于通行能力时,右侧硬路肩应不窄于 2.50m。

(5) 枢纽型互通式立体交叉中,匝道设计速度大于 60km/h 时,双车道匝道的断面宽度应与主线分离式断面相同。

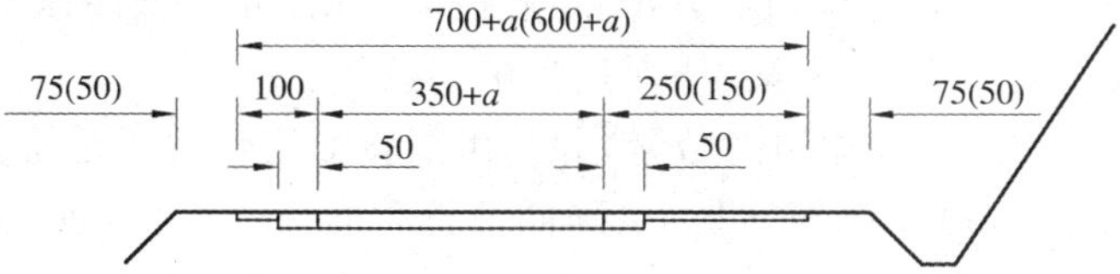

(a) 单车道

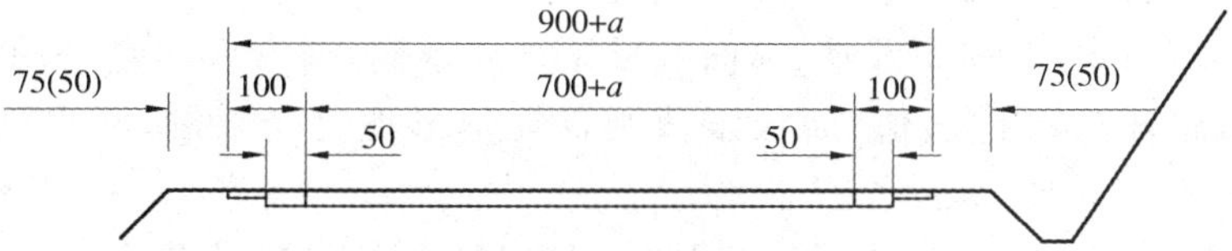

(b) 单向双车道或对向非分隔式双车道

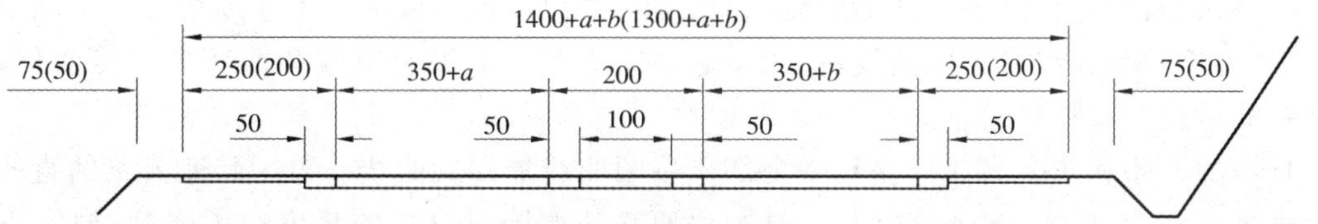

(c) 对向分隔式双车道

图 10-2 匝道横断面图(a 和 b 为加宽值,单位:cm)

10.2.2 高速公路平面设计

1. 高速公路路线定线原则

我国已建高速公路经验可归纳为下列几项原则:

(1) 开辟新线保留原公路线作为地方性辅道。充分利用老路,这是一般公路改建时的一条原则,但对高速公路则不适合,因为高速公路是全封闭的专供汽车高速行驶的道路。在我国目前混合交通情况下,就必须修辅道,以供快、慢车及行人分道行驶,加之高速公路标准要求高,旧路的利用程度有限,且需要改建为高速公路的路线,其现交通量均较大,保留旧路还可保证施工期内的正常交通。从实践中,有的公路利用老路改建,毁了原有道路和桥梁,后来要另修辅道则是一个惨痛的教训。

(2) 路线与城市应有一定距离。高速公路沿线各城市都希望高速公路的布局能纳入本地区的规划,借此发展地方交通。高速公路可适当靠近小城镇,但不可穿越城镇,既方便城镇运输又保证高速公路的行车速度和安全。高速公路过于靠近城市,会影响城市的远景发展。同时还大大增加高架桥梁与立体交叉数量,使高速公路的造价大为提高,应该将高速公路布局位于城市之外相当距离的地方。这无论从交通规划、土地利用、环境保护各方面来看都是有利的。高速公路与城市连接,一般以支线相通。一般高速公路仅设一个出入口与城市联系。若是两条高速公路在城市附近某处相交,则这一互通式立体交叉应远离该城市,而另用联络道连接城市。对于大城市,一般高速公路也仅设两个出入口与城市联系,其间距一般为 5~6km,

车流一般是通过城市所建的高速环道或其他干道连接。如广州环城高速干道。

(3) 尽量少跨越河流,以减少桥梁,特别是大桥的数量。

(4) 尽可能减少互通立交和通道的数量,并尽可能将通道位置延至桥涵位置以与桥结合。条件许可时可下挖通道,以减少纵坡转折点、降低填土高度,并节约用地。

2. 路线线形设计的要求

路线线形设计应满足行车安全、线形连续、视觉舒顺、形态优美等要求。

高速公路除汽车动力行驶要求外,应考虑人体生理和心理等因素,即线形设计采用视觉分析为基础的三维空间设计,以保证线形的舒顺与美感。

因为车速高,流量大,对视距及平、纵面线形设计要求高,通常应尽量采用《公路工程技术标准》规定的一般最小(或最大)值,而极限值则仅在地形地物受限制,不得已的情况下予以引用。

平纵面的线形应避免突然变化,以使司机有足够的时间来感觉和逐渐改变车速及方向。平纵线形的配合,要能保证视觉上的舒顺。长直线易使司机疲倦而发生事故,只有在道路所指方向明显无障碍,地形适宜而又符合经济原则时,才允许采用长直线段。目前多采用透视图、车速图等来分析评价线形的优劣。

国外认为:高速公路平面线形应以曲线为主,平面线形宜成为一条连续线形。美国研究报告提出:理想的平面线形为圆曲线占 2/3,缓和曲线占 1/3,没有直线和曲线的突然变化,行车将顺畅舒适。

日本的九州和东名高速公路几乎全部采用圆曲线加回旋曲线。英国高速公路的直线占有率由过去的 20%下降至现今的 4%。日本和原联邦德国对直线的长度作了限制,规定不得大于设计车速的 20 倍。英国则规定直线长度不宜大于 2.4km。

我国认为线形过于弯曲不仅增加路线长度和投资,还要增加养护费用和运行费用。我国《路线设计规范》只对最短直线作限制。从目前几条高速公路的平直比来看,基本都接近 1∶1,也有 4∶1 和 2∶1。

我国已设计高速公路最大直线长度有大于 3km 的。其数值宜根据我国实际情况和地形特点确定,如平原区过分强调曲线也不尽合理。在开阔的平原地区,很少有地形、地物障碍,从适应地形出发,以直线为主,曲线为辅,为避免直线呆板、单调感,可以通过景观进行调整,如设各种标志,种植不同种类的行道树,采用低路堤、浅路堑,尽量保留自然景观等措施。在峰岭纵横沟堑交错的重山地区,从适应地形出发,应以曲线为主,而以直线为辅。又如水网地区竖曲线长度比例必然大,则要求相应平曲线占总长比例也大,以使平纵线形协调。

汽车高速行车要求路线具有动态平顺性,线形设计应能满足司机驾驶时具有适宜的行驶节奏。设计的路线应使司机视线内的前方路段无波浪式的起伏和大急剧转折。

平曲线与竖曲线的协调。平、竖曲线最好是一一对应,即竖曲线的顶点大致与平曲线中点相对应,这样的平、竖曲线重叠将有助于视线诱导,从而有助于行车安全。平、竖曲线互相错开 1/4 相位尚属可行,而错开 1/2 则线形不顺。

平纵组合设计不能过分强调平竖一对一的平曲线包竖曲线的要求,以避免过分切割造成大填大挖,增加工程量(平纵线形具体组合注意事项详见本书第 4 章)。

从现有几条高速公路来看,一般纵坡都小于 3%,这与我国的汽车组成比重有关。许多高速公路发达的国家规定大于 3%,需设爬坡车道,供载重汽车达不到路段行车速度行驶,而我国以载重汽车为主,采用小于 3%的纵坡是比较合理的。但也涉及一些其他问题,特别在平原地区，村庄密集，河流纵横，桥梁和横向通道明显增多，对纵坡设计带来了困难。为使纵坡平缓，则填土高度必将增加，而地基处理、填土来源、工程造价增加等问题接踵而来。降低相交道路标高，以桥孔代替填土，采用上跨式桥等措施，可降低填土高度，减少施工困难。也有的以粉煤灰间隔土填土代替引桥以节省工程造价。

纵断面线形的好坏同平面线形有很大关系，设计时尽可能做到纵断面线形成为与平面线形密切配合的立体线形。

设计时需要掌握以下几个原则：

(1) 应该避免视觉上的不连续性，仅能看见近处和远处，但看不见中间凹下去的情况，这一般发生在平面线形较直，纵向在短距离内出现凸凹起伏的线形如桥梁或净空高度大的下穿式横向穿越构筑物较多的路段上。在一条较长的直线路段中，若出现视觉上的中断现象，就会引起视觉上的不安，即使凹下去很小，也会给司机在行驶中产生踌躇的感觉。改善的方法有三：一是变更平面线形；二是适当增加土方工程费用而修改纵向线形；三是尽可能压低立交桥梁或横穿孔标高，增设必要的地面排水泵站，以求得合理的纵向线形。

(2) 必须避免在同向两条竖曲线间设置短的直线坡段，特别是凹形竖曲线，全部一目了然，更应注意。一般可用一个大半径竖曲线将这两个竖曲线包起来的做法予以改善。

(3) 纵坡变化小时，竖曲线半径最好用得大一些，这样做是为了满足最小竖曲线长度的需要，当相邻两纵坡之间的代数差较小时，竖曲线的长度在计算上只要很短就行了，但这样会给司机一个很急促的折曲感觉，一般用设计车速行驶 3s 的距离作为最小竖曲线长度，当车速为 120km/h，此值为 100m。

10.3　高速公路的立体交叉和横向通道

10.3.1　互通式立体交叉

高速公路是全控制出入的公路，与铁路及所有相交道路均采用立体交叉，车辆不能任意进出高速公路，所以互通式立交的设置，将直接影响到高速公路的利用交通量，从而使高速公路获得经济效益和社会效益。然而互通式立交的间距也不宜过短，以免影响其快速、安全的特点。立交的合理选址至关重要，以利有效地促地沿线地区的经济发展。

互通式立交的形式选择参见本书第 6 章，我国高速公路三岔路口处大多选用喇叭形，四岔路口有选用菱形(如沪嘉高速公路)、双喇叭形及苜蓿叶形等。视相交道路等级采用不同类别的立交。

1. 立交范围内的纵坡

互通式立交范围内纵坡宜缓些，日本高速公路事故分析表明：互通式立交所产生的事故占总事故的 40%，这些事故与主线的纵坡有关，如下坡陡时，不利用驶出立交的汽车减速，结果由于车速大，使车辆在出口匝道上失控，如果上坡坡度陡时，会使进入主线的车辆不易加速，出现大型车辆尚未充分加速已进入主线与其他车辆合流的情况，容易引起事故。我国高速公路技术标准规定最大纵坡是 3%，德国采用 4%。广深珠高速公路采用最大纵坡为 4%。为保证安全，$i_{纵}$ 最好不大于 2%。

2. 高速公路立交的平面线形施工图阶段坐标计算

高速公路立交的平面线形施工图阶段必须按当地测量坐标设计定线，便于施工能正确地实地放样，步骤如下：

(1) 建立坐标系统CAD定线。

(2) 根据立交方案,确定主线、各匝道中心线位置和范围。

(3) 根据立交方案,初定的平曲线半径、转折角、缓和曲线长度和横断面尺寸,CAD软件自动计算各特征点坐标,包括平曲线起点、中点和终点,缓和曲线的起终点等。

(4) 验算主线和匝道中心线间和各匝道中心线间的距离是否符合横断面,如不符合,则调整平曲线要素或缓和曲线长度,重复步骤(3)和(4),直至各几何关系符合设计为止。

3. 高速公路立交匝道出入口的竖向设计

加速车道采用平行式,其长度根据匝道设计车速之不同而异,减速车道采用直接式,其长度由用发动机制动持续3s的行驶距离,加上用制动器减速所需减速长度组成。由于减速车道的驶出速度的不同而使长度不同。加减速车道应与主线保持在同一平面上,虽然加速车道是供车辆加速行驶,但车辆在加速过程中,如遇到直行车流的空档,则可提前并入直行车流。同样减速车道与主线同一平面,应使主线车流误入减速车道时,能重新返回主线。因此匝道与高速公路结合部分的竖向设计,应以高速公路的设计标高和设计横坡,推算出匝道中心线标高为控制,对于平行式的加速车道,由于匝道和高速公路中心线间距为常量,所以能用直线坡或圆曲线来表示结合部的控制标高。但直接式的减速车道,由于匝道与高速公路中心线的间距是变化的,故结合部的控制标高,用一般圆曲线难以表示,为了保证主线设计横坡的一致性,利于路面的排水顺畅,对控制标高要用曲线使匝道纵坡平顺地连接。

10.3.2 横向通道

高速公路与乡村大车道、机耕道、行人专用道的立体交叉(分离式)称为横向通道。横向通道的密度和标准对高速公路的线形设计,投资规模,沿线乡镇的经济繁荣和方便村民生产生活有密切的关系。靠近城镇范围的密度要大于远离城镇的范围。国内的布置密度又高于国外,这与居民点的分散、交通工具、机械化耕作程度均有关,表10-2为各类横向通道净高。一般横向通道布置密度可控制在1/1000～1/700座/m,沿海地区可取低限。

表10-2　　相交道路及横向通道的净空高度表

项　　目		净空高度/m
横向道路	高速公路,一级、二级公路	5.0
	三级、四级公路	4.5
横向通道	汽车孔	3.2～3.5
	机耕孔	2.7
	人孔	2.2

我国已建高速公路绝大部分路段因设置横向通道不得不将路基提高,一般平均提高到3～4m,这样做虽有利于排水及修建通道,但占地多,填土高度提高1m,则增加用地宽度约为6m,不仅浪费土地,而且使路基的造价大于路面的造价;由于填土较高,在路基自重压力下出现路面沉降或开裂现象,在软土地段尤为严重。如关闭公路返工维修则将对行车不利,造成经济损失。为此高填路需要延长施工周期,自然沉降,并分层压实。高路堤造成两旁边坡较陡,必然采取安全措施来防止翻车事故。采用低填路,则横向通道排水困难,需增设泵站。通常用下列方法解决选用低填方所出现的问题:

(1) 减少下穿式通道的数量,降低通道底标高。在高速公路一侧或两侧修建必要的侧道贯通,以归并穿越高速公路,过多的小河航道也可采用挖掘人工渠道予以适当归并。降低通道底标高，通道处下挖以满足净空要求，辅以必需的排水设施的方法，如江苏省宁通线江黄段通道处下挖方案每公里节省造价 29 万元，节省土地 39 亩。京石公路北段采用暗沟排水，并设两个泵站，降低路堤满足下穿通道的要求。

（2）重新划分高速公路两侧土地的归属。减少两侧居民来往量。

（3）横向通道汽孔、机孔和人孔尽可能结合桥梁边孔布置，节省工程投量。

图 10-3 为利用桥梁边孔安排高速公路横向通道的实例。图中利用桥孔一侧安排人行通道净高 2.2m，宽度 4m；另一侧安排机耕通道净宽 4m，净高 2.7m。

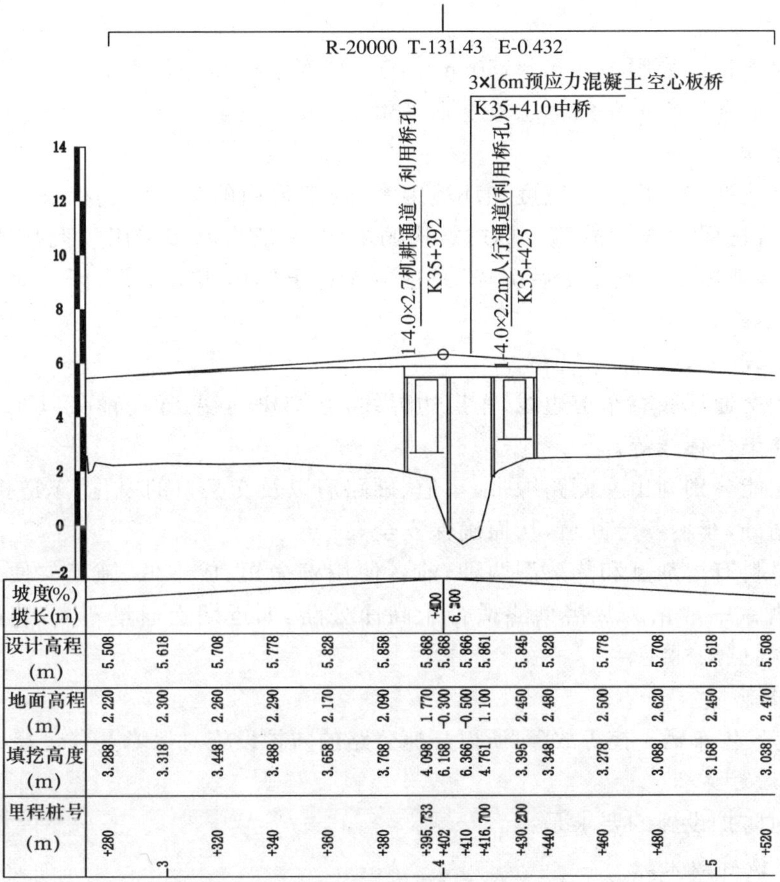

图 10-3 利用桥孔安排高速公路横向通道实例

10.4 高速公路的交通安全设施

交通安全设施是保证交通安全的重要手段，对于高速公路尤为重要，设施包括交通标志、交通标线、反光道标、防护设施和禁入设施等。

10.4.1 交通标志

由于高速公路车速高，对车辆要提前预告前方情况，所以要设置指路标志和指路预告标志，并力求简洁、明了，避免造成信息过多或不足。

1. 标志的夜间可见性

交通标志有指示标志、指路标志、警告标志和禁令标志。指示标志和指路标志的文字及图案应反光,而底色不反光,并附有外部照明。无外部照明时,重要的标志要求全幅反光。圆形指示标志及警告标志、禁令标志应全部反光。通常高速公路除互通式立交、起终点采用路灯照明外,路段上均不采用路灯照明,但必须确保安全,所以一般标志均采用定向反光膜材料。

2. 标志汉字的高度

当车辆以 90km/h 速度行驶时,预先提示距离需要 200m,司机才能从容应付紧急情况,以避免事故的发生。作为指示和指路标志上的汉字高度直接影响判读距离。日本阪神高速公路规定:设计车速为 60km/h 的道路,其标志汉字高度为 50cm;车速为 80km/h 的道路,汉字高度为 60cm。

我国标志尺寸最大采用 300cm×150cm。汉字高度主线部分最大为 65cm,立交指路板上采用 60cm,而匝道和地方道路的标志板上则采用 50cm。

3. 标志的形式

标志形式的选择应考虑路面宽度和环境因素,通常采用的门式结构标志与环境能很好地协调。此外,还可选用 F 或 Γ 式等。标志结构的基础,一般道路多采用扩大基础;对于高路堤的高速公路,由于新填土常发生工后沉降,而且边坡处土体压实常不足,因此对于板面较大的标志,可采用桩基础。

10.4.2 交通标线

高速公路的交通标线有车道边线,车道边界线,立交斑马线、导向箭头以及主线进出口处平面交叉的交通渠化标线等。

交通标线应能分别划出左侧路缘带、车道、硬路肩以及交叉口的渠化、车道指向,使道路各部分功能明确划分,车辆各行其道,从而确保安全。

道路标线材料有溶剂型和热溶型两种,前者使用寿命短、成本低、施工方便;后者相反,且需专用加热设备。一般认为热溶型漆适合于高速公路,如近期交通量不大,路面又分期实施时,也可采用溶剂型漆标线。

10.4.3 防护设施

高速行驶易发生车辆失控等故障,所以高速公路的防护设施对保障安全起着重要的作用。

1. 防护设施的要求

高速公路对防护设施的要求是:

(1) 有视线诱导效果。

(2) 防止车辆迎面碰撞或滑出路侧。

(3) 冲撞时产生的减速度能免使乘客受害。

(4) 撞车后回至原车行道时,尽可能不妨碍其他车辆行驶,如可满足上述部分要求的钢筋混凝土防冲墙,能防止车辆冲击,但因刚度大易导致乘客伤亡,波形护栏从受力角度分析,属于弹性连续梁,可起到缓冲的效果。

我国高速公路目前多采用波形护栏,由于分隔带宽度仅 3m,有冲撞危及对向行驶车辆的可能,所以大多连续设置两排单面型的防护栏。

2. 路侧防护栏的设置

路侧防护栏应在下列地点设置:

(1) 桥梁及人工构筑物的两端。

(2) 超过 3m 高的路堤路段。

（3）横向穿越孔处。

（4）平曲线超高处。

（5）标志、照明立柱及紧急电话等需保护处。

（6）匝道及视线需要诱导处。

（7）其他需要设置处。

高速公路的桥涵部分采用防冲墙，路堤部分采用波形防冲护栏，两者连接时即将弹性梁直接搭接在刚性墙上。由刚性过渡到弹性结构时，空隙间距≤1m。

中央分隔带开口处是供紧急状态下车辆运行的临时通道。故防护设施在此处设置相当重要，并应兼有随时拆卸以供通车的功能，通常采用活动式双面型防护栏。

波形防护栏系钢质 W 形（图 10-4）厚 4mm。立柱钢管直径 140mm，厚 4.5mm，每隔 4m 一根，入土深度 140cm。护栏高度 60cm，栏及桩均采用冷弯型钢，并采用熔融镀锌进行防腐处理。

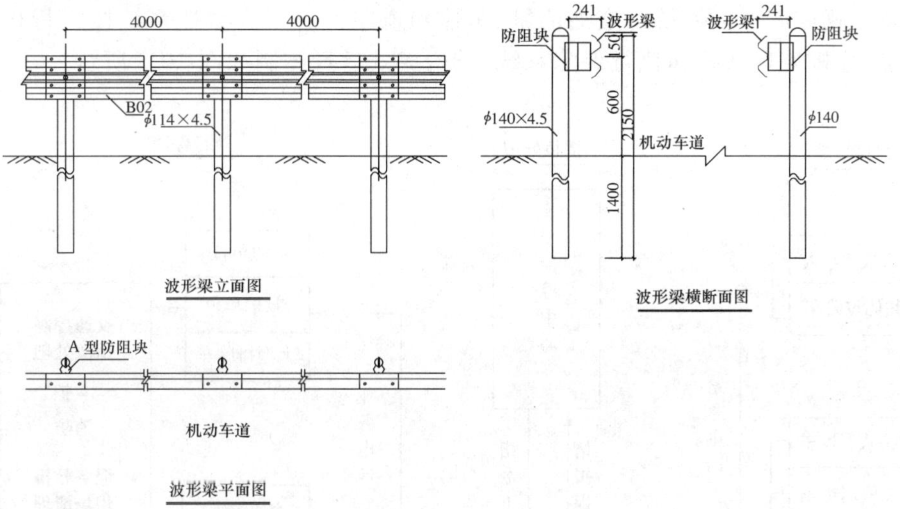

图 10-4　波形防冲护栏

10.4.4　禁入设施

设于收费口及立交范围内的禁入栅有两种形式：

（1）框架式铁丝网，高 2.5m；

（2）带刺铁丝栅，高 2.5m，起到禁入栅的作用。

10.4.5　反光诱导标志

车辆夜间高速行驶时，可视距离较短，因此夜间引导车辆的行驶尤为重要。高速公路反光诱导标志为车辆夜间行驶提供了安全保证。

路边线轮廓标（路右侧）是夜间诱导的重要措施。它明显地划出道路的外侧。通常利用防护栏立柱和防冲墙设置红色塑料制的定向反光片。其高度为 1.0m，间距 48m。路左侧（中央分隔带内）设置夜间诱导标，可使路线形充分显示，起到良好的诱导效果。通常用黄色反光片附在护栏的凹槽处，即可避免占用空间，又可避免因设置在较低处，而影响反光效果。其可视距离为 400m，弯道上设置间距为 24m。

在中央分隔带开口处设置圆形诱导标志，反光片直径为 10cm，安装诱导反光标志后，夜间借助汽车头灯的照射，通过标志反射片的定向回光，能显示出道路的轨迹、岔口及弯道，从而提高运行能力，提高夜间行车的安全度，避免事故的发生。

10.5 高速公路的监控系统

高速公路车速快、流量大,一旦发生事故,很短时间内就会造成严重堵塞,尤其在夜间,若不及时发现处理,还会造成连续事故。封闭式高速公路更应使出事者及时得到救援。因此,建立监控系统极为必要,可随时传送信息,采取措施。

监控系统主要有通信系统、闭路电视和可变情报板。通常由微波通信网和信息传输系统共同完成电话、监控和数字图像传播业务。紧急电话通常每隔 1km 交错设置一部,供车辆发生事故或故障时与监控部门联系用。大型可变情报板及时提供动态情报,可变限速标志则提供限速指令。此外,还在路段重要地段安装电视监视器数台,以使监控中心能在大型交通控制模拟板上直观显示全线道路交通动态,电视监视器则可直接显示监控路段的交通情况;重要地段还应安装车辆监测器以便统计交通流量、车速和道路占有率。监控系统按运行程序分为信息收集系统、分析处理系统和执行保障系统,其构成及运行体制如图 10-5 所示。

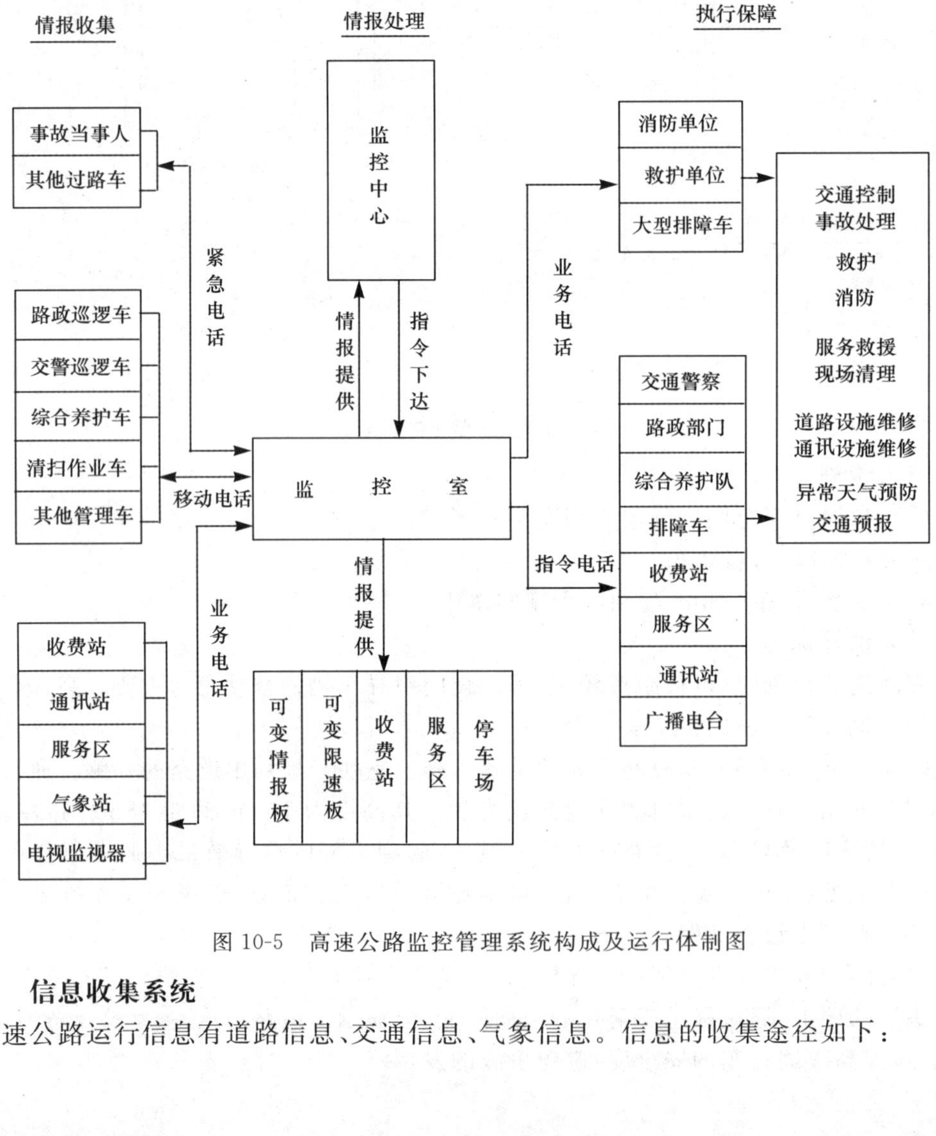

图 10-5 高速公路监控管理系统构成及运行体制图

10.5.1 信息收集系统

高速公路运行信息有道路信息、交通信息、气象信息。信息的收集途径如下:

1. 紧急电话

紧急电话是实用可靠的事故检测手段，每隔 1km 安装一对紧急电话，设置在防护栏开口处外侧。电话为立柱箱盒式，迎车方向贴有反光标记，通话后打印机即打出通话时刻及话机编号。

2. 闭路电视

闭路电视摄像机设置在易发生瓶颈或阻塞的立交处，可以观测 500m 以内的路段交通情况，也能兼顾收费站及相关道路。安装高度为 10～12m。摄像机收集到的信息直接反映在电视监视器，以供中控室人员分析处理。

3. 车辆检测器

车辆检测器收集车流量和车速。通常将环形线圈检测器埋设在互通式立交前后的主线上，间距为 1～2km，检测器可向中央控制系统提供车身长度及通过时间，以计算占有率。

10.5.2 信息分析处理

信息分析处理是监控管理的中心内容。来自各方面的道路、交通、气象信息经分析处理后由各有关部门执行：如发生事故、交通阻塞，则立刻指令交警迅速到现场处理事故、维护交通安全、清理现场，并及时向过往车辆提供情报；在异常天气时应及早采取预防措施。

10.5.3 信息提供

信息综合分析处理后及时向过往车辆提供道路交通信息，引导驾驶人员在各种情况下均能正确合理地使用高速公路，从而达到快速、安全、畅通的服务。

情报提供主要通过下列三种手段和方式：

1. 大型可变情报板

通过大型可变情报板可及时向车辆提供异常情况、道路行车情况、交通阻塞和交通事故等情报。可变情报板的合理间距为 15km，通常布置在立交出口匝道前的主线上，高速公路入口处，或收费口外的道路上，其结构形式有门架式和 F 形式的。我国均采用汉字显示，字体高度为 60cm×60cm，可视距离达 200m 以上，一般每块板容纳 12 个汉字。

2. 可变限速板

通过可变限速板可控制行驶速度。当交通量达到最大时，可将速度限制到相应水平，当交通量低于设计值时，则可限制车速，以避免事故的发生。一旦发生事故或拥挤阻塞情况或不良气候（大雾、下雪、结冰）条件下应使过往车辆减速，以减少尾端冲撞，防止事故发生，保证道路通畅。为此通常将之布置在运行区段的前端，以便展示行驶要求。可变限速板的合理间距为 10km，显示速度可从 20～120km/h，字高 50～60cm，视距可达 150m，通常为直径 1m 的圆形板，其外圈与数字均由红色超高亮度发光二极管组成。

3. 远程预报

大型可变情报板及可变限速板均系监控路段数百米以内的近程提供信息及监控设施。对于暂处于其他路段的车辆，也需超前提供交通网各处的交通信息，因此远程预报也是高速公路的重要信息提示手段。其中无线广播的"交通台"定时预报，已为各国普遍采用，几乎成为"行车伴友"。此外尚可通过收费站、服务区、停车场的信息板或发放宣传卡等提供道路交通综合信息。

10.5.4 监控系统

监控系统的中心控制系统是把收到的信息进行监视、记录并做高一级的分析，控制中心系统的主要设备有中心计算机、人机对话设备、传输处理设备。其功能是显示并记录检测数据，计算各区段交通流整体变量，预测交通状态；进行流入控制以平滑交通流，预防交通事故和阻塞；启动闭路电视系统，以直接观察现场情况；选择调度策略，记录和显示交通调度情况。目前我国高速公路交通量尚未达到设计容量,所以高速公路近期的交通控制采用主线控制,即用可变情报板和限速板对主线上的车辆进行主要控制的方法,而对起讫点交通量较大的入口采用禁止流入控制为辅的方法。随着交通量的增长和交通控制范围的扩大,再增加主线入口和匝道入口为主的控制。

目前处于自然交通流状态时,监控主要对突发的交通事故进行控制,而交通量增加到出现交通拥挤和阻塞时,中央控制室应以疏导交通,预防阻塞为目的实施有效的控制。

图 10-6 为高速公路监控设备布置示意图。

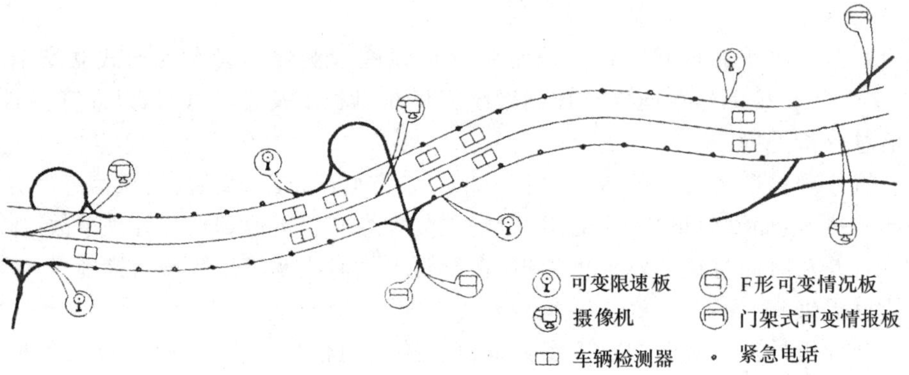

图 10-6　高速公路监控示意图

10.6　高速公路的收费管理

10.6.1　收费方式

收费方式按收费口位置的不同可分为封闭式和开放式两类。

1. 封闭式

这种收费是设在公路出入口控制,按距离收费,常用于长距离的高速公路。在入口发通行卡,按不同车型、轴重或马力在出口处计算距离收费。通行卡分为穿孔卡和磁性卡两种形式。有关费用的各种数据在出入口均由终端机接收并储存在联机的收费计算机中。验卡时,如遇意外情况,可以校核作弊行为。我国高速公路,除辽宁省高速公路采用闭式收费外,目前还仅为人工收费。

2. 开放式

不按距离收费,采用按区段统一固定金额收费,而且仅发放一般收费凭证称为固定收费法,又称主线栅栏型。此时车辆在入口,或主线的中途,或出口收费,常用于短距离的高速公路。1992 年,我国已研制开发了“高速公路自动计费系统”,用声、光、电技术,根据收费标准自动判别、划分通过车辆,并自动显示和语音报价,收费员根据计算机识别结果收交款项,避免作弊。同时,还能得到各种准确的交通量数据和收费数据(正确率大于 99%)。此外,还有防逃费摄像系统可摄取逃费车的牌照号码,以及电子牌照、磁卡预售票系统。该系统的投资仅为国外的$\frac{1}{4}\sim\frac{1}{3}$。

10.6.2　收费口设计

收费站的收费能力,取决于收费站规模,收费口数目和收费的自动化程度。

国外高速公路高峰时间，一辆车平均交费时间约需 6s/车，而一个收费口小时通过量为 600 辆/时，所以收费口的数目，可由设计小时交通量除以收费口的通过能力求得。我国目前采用人工收费和 ETC 收费，在入口处大多布置 3 个收费口。当收费口通行能力小及收费口数量不足时，收费口就成为路段的瓶颈。所以，在这种情况下，收费口不宜设在主线的中间，而宜设在出入口处。新建收费设施应同步建设 ETC 车道。

10.6.3 收费站广场布置

收费站广场一般长 50m、宽 14m 左右，收费岛宽 2.2m，行车道宽度为 3～3.5m，也有另加 4m 宽的迂回车道，它与入口车道之间设置分隔护栏。收费广场为水泥混凝土路面，以利车辆反复停车启动。

收费广场中心断面至匝道分岔点的距离不得小于 75m；至被交路平面交叉的距离应不小于 150m。条件受限制时，应保证高峰小时期间收费站入口可能出现的车辆排队长度，并加 10m 的富裕距离。

收费广场位于主线上时，平面线形应与互通式立体交叉的主线线形标准一致；位于匝道或连接线上时，其平曲线半径不得小于 200m。

收费广场的纵坡应小于 2%，当受地形或其他特殊条件限制时，不得大于 3%。

收费广场的竖曲线半径：位于主线时，应与互通式立体交叉的主线标准一致；位于匝道或连接线上时，竖曲线半径应大于 800m。

收费广场的横坡为 1.5%～2%。

收费站前后的路面应为水泥混凝土结构，其长度规定如表 10-3 所列。

表 10-3　收费岛前后水泥混凝土路面的长度　　单位：m

收费方式		收费广场位置	
		匝道上	主线上
长度 L_0	单向付款式	30	50
	双向付款式	25	40

图 10-7 为收费口设计实例，图 10-8 为收费岛三视图。

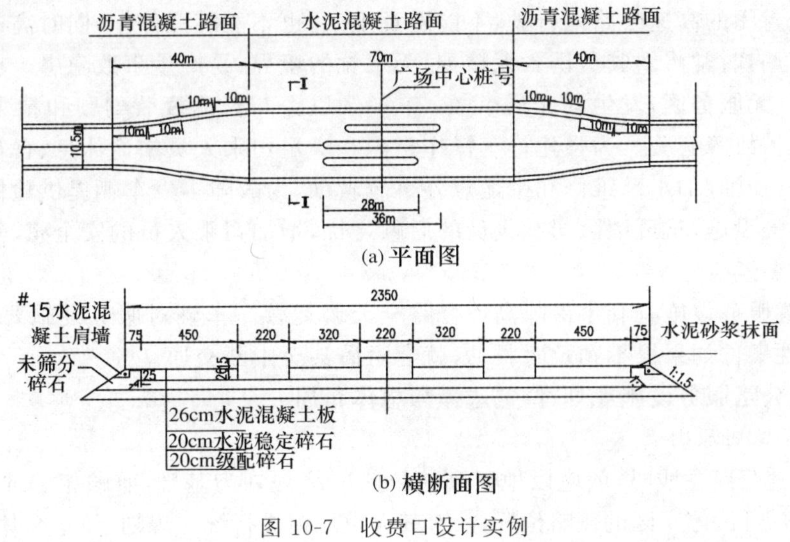

图 10-7　收费口设计实例

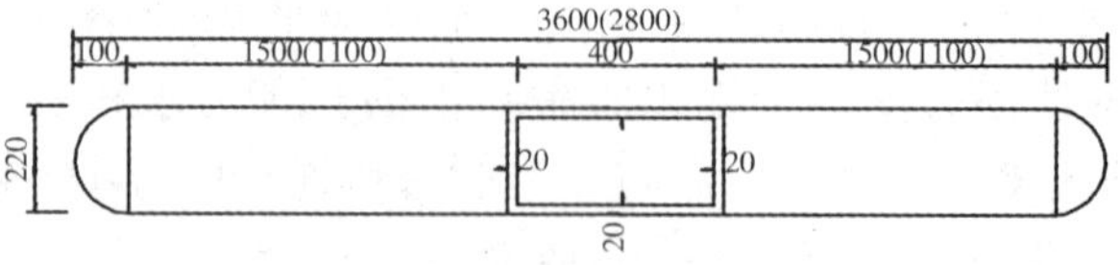

收费岛平面布置图

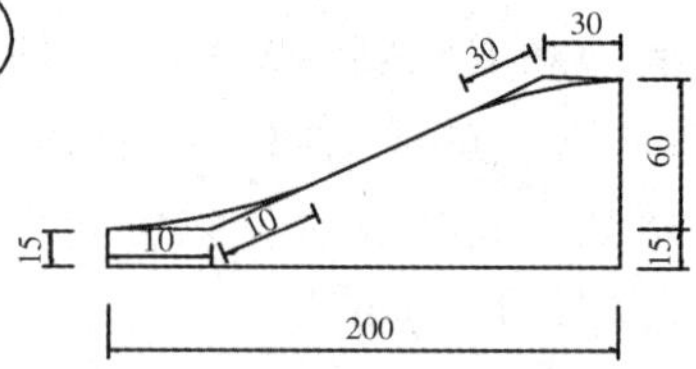

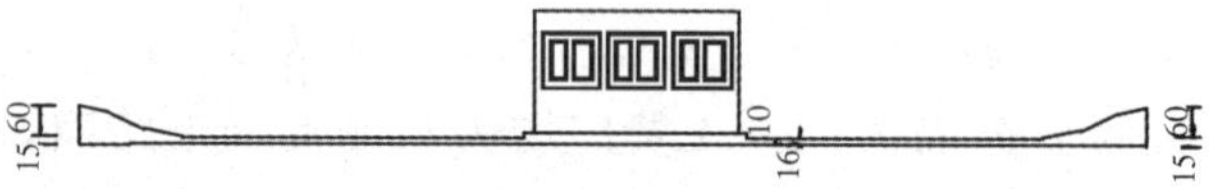

收费岛立面布置图

防撞墩立面大样图

注:

1. 本图尺寸均以 cm 计;

2. 图中括号内数字为岛长 28m 的尺寸。

一个收费岛工程数量表

项目	水泥砼 (m^3)
岛长36m数量	14.52
岛长28m数量	11.88

图 10-8 人工收费收费岛示意图

10.7 高速公路的服务设施

10.7.1 高速公路服务设施分类

高速公路服务设施分为服务区和停车区。

服务区是指能完全满足人和汽车基本需要的休息设施,为人而设的有园地、公共厕所、免费休息所、餐厅、客房、小卖部等,为车而设的有停车场、加油站和汽车维修车间,另外还设有配电室、锅炉房、供排水等辅助设施。

停车区是指能满足驾驶员生理要求、解除紧张疲劳最低限度的服务设施。停车区主要设置停车场、电话、园地、公共厕所和休息场地,也可设小卖部。加油站原则上不在停车区内设置,如昼夜交通量超过一定值时,且原服务区间隔大于 50km,可再根据其他特殊条件,按分期修建原则,在必要处增设加油站。

10.7.2 服务设施建设的必要性

车辆在全封闭的高速公路上行驶,不能随意出入,也不能随意停车,同时高速流动的信息,加之公路的单调,时常将驾驶员诱入无精神、无感觉的境界,易产生事故隐患。据统计,西安—临潼高速公路(无服务区)发生的交通事故,有 70%以上与长途疲劳驾驶和精力分散有关,有 24%与车辆机械故障有关。为强化行车操作意识和满足司乘人员中途休息、食宿等生理需要,保证车辆添加(加油、加水)、维修和中途意外事故救助,为故障多发车辆提供检修场所,故必须在中途设置服务设施,这可消除司乘人员的后顾之忧,增加司乘人员的安全感、舒适感,对吸引交通量也有重要意义。

其次,设置服务设施有利于保障高速公路全天候运营。车辆对服务设施要求的随机性很强,有些突发性事件如果得不到及时救助,就会阻碍甚至中断交通。

10.7.3 高速公路服务设施规划、位置选择与总体布局

1. 服务区规划原则

在确定高速公路主线时,就应以地区高速公路网络规划为基础,兼顾相邻或相交线路的走向,通盘决定服务区、停车区的概略位置,并对其大致规模进行统一规划,使整个休息设施与主线搭配协调,浑然一体,从线路全局根据可能的产出来调控服务设施总的投入。以全线实际需求和

实际供给相结合为目标，科学地将服务区、停车区对应车流量并考虑其他因素进行有序排列。

2. 服务设施选点条件

服务区位置选择对建设和日后管理极为重要，选点步骤一般是，首先根据规划中初步确定的服务区位置，综合考虑是否便于使用，是否满足交通技术条件，以及修建和管理的难易等因素，而后予以确定，选择的位置不同，对工程费用影响很大。关于停车区，由于是在服务区布置之后再进行规划，所以考虑重点主要是征地、供水、排污及供电施工是否容易等问题。

服务区选点应满足以下条件：

(1) 自然环境可利用性强。为恢复驾驶员在连续运行中身体产生的疲劳，通过利用原有树木、园林或稍加改造，将其引入优美的自然环境，可以使司乘人员产生与公路的隔绝感，精神得以松弛。风景资源是最重要的选点条件，可以诱使司乘人员在感觉疲劳与困倦之前去休息。临近湖、河、海、山的地方，景色秀丽，易使人驻足。在这些地点如不设服务区，还会招致路边停车观景而发生危险，因此即使有困难也应想方设法设置休息设施。国内外高速公路均将风景点作为首选原则，沪宁高速公路的阳澄湖服务区就是依傍风景迷人的阳澄湖花巨资修建的，到此停车、休息的车辆数量明显高于其他服务区。

(2) 考虑修建与管理的便利。对所确定的服务区，征地、修建费用要尽可能少，且便于使用，如二者相容性差，应按交通流的性质决定主次。靠近大城市或重要风景区的服务区利用率较高，以位置为主。至于一般服务区以低代价为主。

服务区一般将上下线的服务区规划为一个整体，即服务区在路两侧成对布置，目的在于有效利用电源和供排水等设施。在选点时，优先考虑满足供给（供电、供水）和排水系统的地方。还应考虑职工上下班和物资供应的难易。另外，以备将来公路或服务区改、扩建，服务区应选择有扩建余地的地点。

3. 高速公路服务设施间隔

服务区间隔主要取决于交通量和交通流性质。据日本统计，将休息设施间隔定为 25km，可满足需要 91%，间隔定为 15km，可满足需要 98%；服务区间隔定为 100km，可满足需要 61%，间隔定为 50km，可满足需要 89%。第八届国际道路会议提案确定的 50km 作为服务区标准间隔，较为合理。

停车区按 15～20km 间隔设置。

当前，我国大多数高速公路基本实行标准间隔，但就某线路具体确定服务设施，间隔不能机械硬套，而应综合考虑高速公路沿线城市位置及规模、交通量及其性质、路线线形、地形、风景区位置以及管理条件、建设费用因素。沈大路、成渝路、沪宁路以及山东济青路根据上述因素，以标准间隔为理论轴心，实际间隔多在 40～70km 之间，服务区规模也有大、中、小之分，旨在使服务设施得到充分利用。表 10-4 为高速公路中远期服务设施间隔。

表 10-4 高速公路服务设施间隔 单位：km

项目	标准间隔	最大间隔
所有服务设施之间	25	30
服务区之间	50	60

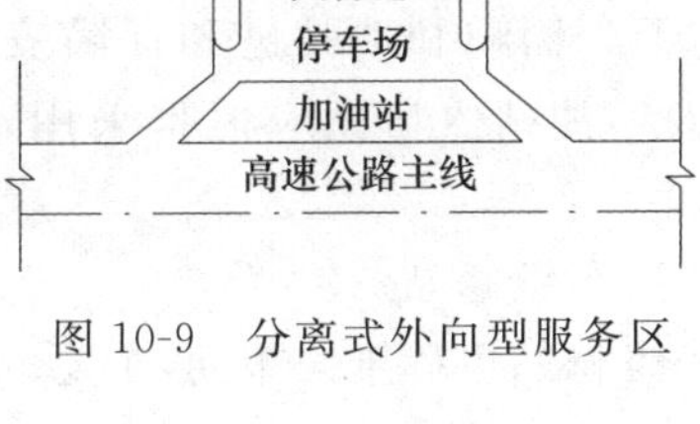

图 10-9 分离式外向型服务区

4. 高速公路服务区布局

1）形式

服务区在布局上主要有8种基本形式,分别是:① 分离式外向型;②分离式内向型;③分离式平行型;④分离式餐厅单侧集中型;⑤内外并用型;⑥分离式餐厅上空型;⑦单侧集中外向型;⑧中央集中型。

分离式是指停车场布置在主线两侧,与主线分离,而不是集中在主线一侧或两车行道的中央(后者为集中型)。内向型和外向型是指餐厅是紧靠车行道内侧还是外侧。如图10-9为分离式外向型服务区,是我国高速公路服务区常用的形式。这种形式可避免车流线和人流线的交叉,有利于安全和营造休息环境,如沪杭高速公路嘉兴服务区的设施便于旅客进餐和购物。图10-10是某处高速公路服务设施实例。

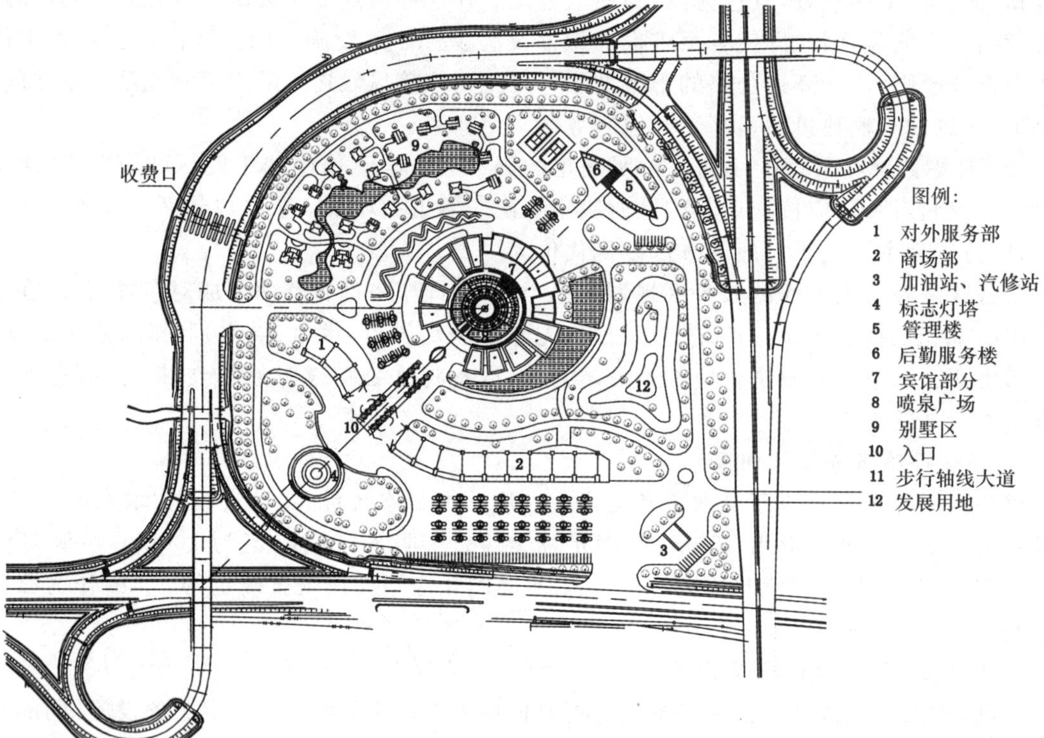

图10-10　高速公路服务设施实例

2）设施的布局

(1) 加油站

加油站位置可以设在出口处。由于服务区面积相对较小,从利于服务区各类设施合理布局、便于车辆顺利地驶进和保障安全这三个决定因素来看,加油站出口型好于入口型和中置型。加油站入口型应慎重采用,在所征地盘不受限制的情况下,原则上不推荐加油站中置型。

(2) 汽车维修站

汽车维修站也称维修车间,主要承担路上发生故障或事故车辆的维修。关于维修站的位置,目前有两种倾向,第一种做法是将维修站与加油站在消防许可范围内设在一起,使两家共用一部分场地，便于车辆加油、维修一体化服务。第二种做法是维修站设在入口处，加油站设在出口处，主要考虑是车辆维修经常动用明火，万一出现纰漏，就会危及加油站，同时也使维修站遭受连带灾难。而且维修站设在入口处，便于故障车辆驶入，符合服务区流线。后者较合理。

维修站的工作特点决定了其卫生环境不良，所以在布局上既要有醒目的标志，又要有所遮掩。

(3) 餐厅、客房、小卖部、公共厕所等

餐厅、客房、免费休息所、小卖部和办公用房等最好设在一栋综合服务用房内，既方便旅客，也利于服务区管理，避免人流和车流的交叉。对于停车场与这些设施的关系，从使用情况来看，小客车和小型货车使用餐厅较多，公共厕所在服务区中使用率最高，主要来自长途客车和餐厅，免费休息所和小卖部是所有车辆平均使用，故建议小型车停车场宜靠近餐厅，大型车停车场靠近公共厕所。公共厕所在建筑上应与综合服务楼的餐厅处用雨廊相接，以防雨雪。

在综合服务楼内，原则上餐厅、免费休息所、小卖部和客房总服务台设在一层，部分餐用单间、办公设在二层，三层以客房为主，或将客房安排在附楼内。

(4) 停车场、广场、专用道等

停车场是使车辆有秩序驶进、停车和驶出的场所，其面积应根据交通量和服务区使用率计算求得。服务设施门前广场用于旅客分流，为防止高峰期停车拥挤，门前广场宜宽为 20m 左右。

专用道包括匝道、穿行车道、上下行联络道及服务用道。原则上去加油站、维修站的车辆，不要经过停车场，应由匝道、穿行车道直接通过。

由于餐厅、小卖部、加油站等服务设施中，商品材料的调配、垃圾处理以及工作人员居住等都依靠邻近的城市。这些通勤如果都利用主线往往不便，最好有直接通往城市的便道，这一点在选址时也应充分注意。

(5) 附属设施

对于锅炉、给排水设施、供电设施、垃圾处理设施等，尽量布置在使用者视线以外，如服务区边角处，但应便于检修。

(6) 园地

园地在服务区中占面积较大，主要包括外围绿地、修景绿地、缓冲绿地等，起美化环境和流线的交通岛作用。相对来说，园地投资少，效果好。目前，我国服务区园地普遍不够理想，远不如国外重视，在建设时就应对园地规划地段清除建筑垃圾，施加沃土。

10.7.4 高速公路服务区建设规模

如何确定服务区、停车区建设规模，至今我国尚没有明确统一的规定。对此参照国外经验，以交通量和停车车位数为中心基本要素，结合国外规范和国内部分高速公路实际使用情况寻求适合我国的服务设施规模。

1. 服务区总体规模测算

确定总体规模时，首先要以规划年度，一般为 10 年的主线交通量和服务设施使用率为基础推算停车车位数，然后据此推算停车场、餐厅、公厕等其他设施的规模。但是对于园地规模，特别是外围园地规模，单纯根据停车位确定并不很妥当，因为休息设施的位置条件不同，从最小的广场、小规模园地，直到能有效利用天然树林、湖泊、山景、池塘等用地比较充裕的大规模园地，伸缩性很大，所以必须考虑征用土地的难易程度以及经济性后，再决定其规模。

总体规模＝停车场＋餐厅＋小卖部＋客房＋免费休息所＋公共厕所＋加油站＋维修站＋

园地+其他

2. 服务区停车车位数的确定

服务区停车车位数和容纳能力的计算可用式(10-1)计算:

$$P_i = Q_i \times T_i \times G_i / Z_i \tag{10-1}$$

式中 P_i——各种车辆停车车位数;

Q_i——各种车辆单侧设计交通量;

T_i——各种车辆停放率;

G_i——各种车辆高峰率;

Z_i——各种车辆周转率。

单侧每小时停车容纳能力计算式如下:

$$N_i = P_i \times Z_i \tag{10-2}$$

式中 N_i——各种车辆每小时单侧容纳车数;

P_i——各种车辆停车车位数;

Z_i——各种车辆周转率。

计算实例详见表 10-5 所列。

表 10-5 高速公路服务区单侧停车车位数和每小时容纳车辆数算例

序号	项目 \ 设计交通量/辆	25000	30000	35000	40000	45000
1	Q 单侧交通量/辆	12400	15000	17500	20000	22500
2	$\alpha_{小} : \alpha_{大} : \alpha_{货}$	40 : 10 : 50				
3	假日服务系数 β	1.4	1.35	1.30	1.25	1.15
4	小车单侧设计交通量/辆	4375	5063	5688	6250	6469
5	大客单侧设计交通量/辆	1094	1265	1422	1563	1617
6	大货单侧设计交通量/辆	5469	6328	7109	7813	8086
7	$T_{小} \times G_{小} / Z_{小}$	7.29×10^{-3}				
8	$T_{大} \times G_{大} / Z_{大}$	10×10^{-3}				
9	$T_{货} \times G_{货} / Z_{货}$	3.75×10^{-3}				
10	小车停车车位数 $P_{小}$/位 (4)×(7)	32	37	41	46	47
11	大客停车车位数 $P_{大}$/位 (5)×(8)	11	13	14	16	16
12	大货停车车位数 $P_{货}$/位 (6)×(9)	21	24	27	29	30
13	单侧停车车位数总计 P/位 (10)+(11)+(12)	64	74	82	91	93

续表

序号	项目 \ 设计交通量/辆	25000	30000	35000	40000	45000
14	每小时单侧容纳小型车数 $N_{小}=P_{小}\times Z_{小}$	77	89	98	110	113
15	每小时单侧容纳大客车数/辆 $N_{大}=P_{大}\times Z_{大}$	33	39	42	48	48
16	每小时单侧容纳大货车数/辆 $N_{货}=P_{货}\times Z_{货}$	42	48	54	58	60
17	每小时单侧容纳车辆总数/辆 (14)+(15)+(16)	152	176	194	216	221

3. 服务区建筑设计规模测算

服务区建筑设施主要包括餐厅、小卖部、免费休息所、公共厕所、旅馆、加油站、维修站及附属设施，在布局上因有些设施需集中于一侧，如附属设施；有些设施以一侧为主，如旅馆与职工宿舍、办公用房，甚至餐厅，故在规模上为主一侧服务区宜建得稍大些，另一侧则相应减少，取前者的75%计算。两侧服务区总的建筑规模应控制在6000m² 以内，测算结果见表10-6。

表 10-6　　高速公路服务区建筑规模一览表

服务设施/m² \ 日均流量/辆	25000	30000	35000	40000	45000
停车车位数/位	64	74	82	91	93
餐　厅	545	600	645	790	805
小卖部(内)	27	32	35	39	39
免费休息所	64	96	108	120	124
客房与职工宿舍	1000	1050	1100	1150	1200
办公用房	100	100	100	150	150
公共厕所	144	164	180	204	204
加油站	220	220	220	250	250
维修站	340	340	340	340	340
附属设施	320	320	320	320	320
为主一侧合计(A_1)	2760	2922	3048	3313	3382
两侧合计($A_2=1.75A_1$)	4830	5114	5334	5797	5919

4. 停车区建筑设计规模

停车区与服务区是相辅相成的关系，共同构成高速公路的服务体系。关于停车区取舍，目前有两种做法。国内目前大多认为没有必要设置，理由是：服务区间隔仅需约半小时行程，设置停车区还增加了管理难度。国外则相反。一条高速公路，对于一定的交通量，使用服务设施的次数基本恒定，需就餐、加油、维修和住宿的车辆，除服务区外别无选择，单纯为满足生理需要如休息和上厕所的，则可两者选其一。从当前调查情况看，设计停车容纳能力远大于实际容纳能力,这是因为高速公路尚未连线成网,旅行服务由社会和高速公路共同承担,因而服务区车辆停留率较低。同时停车区设置公共厕所、小卖部等设施,确实在供水、排污和供电方面有所不便,在必要性不充分的条件下还增加了管理对象。因此当主线实际流量达到 40 000 辆时,考虑在停车区按表要求设置正规厕所,之前停车区只需设置停车场和小型厕所。中远期停车区建设规模见表 10-7。当主线流量达到 40000 辆后,可以考虑在必要的停车区建加油站。

表 10-7　　停车区建筑规模　　单位:m^2

主线日流量/辆	停车车位数/位		公共厕所	小卖部	其他	合计
25000	20	小型 10 大型 10	60	150	100	310
30000	25	小型 10 大型 15	70	150	100	320
35000	30	小型 15 大型 15	80	150	100	330
40000	35	小型 15 大型 20	80	150	100	330
45000	40	小型 20 大型 20	80	150	100	330

服务区征地在满足要求的前提下,力求节俭,否则将造成浪费。

服务区征地形状:由于匝道是从主线斜插进入,从服务区各设施布局形式分析,服务区有效使用面积呈梯形状,故服务区征地形状也应顺势而为,原则按内角为 60°左右的梯形征地,这样在相同的征地面积下获得了较大的可使用空间,即可减少征地面积。如一侧服务区采用长方形形状,需征地 55 亩,而采用梯形仅需 38 亩,节省用地 17 亩,如此计算,每对服务区就可节地 34 亩。

考虑停车区对服务区的分流。

根据上述考虑,每对服务区征地面积宜控制在 60～100 亩之间。以日均流量 30000 辆、征地面积 75 亩为标准,日均流量每增减 1000 辆,占地面积相应增减 1 亩,最大不超过 100 亩,最小不低于 60 亩。根据基本需要,停车区面积按每处 10 亩计征。

注:1 亩≈666.6m^2。

11 路基路面综述

路基和路面是供汽车行驶的主要道路工程结构物。

路基是在地面上按路线的平面位置和纵坡要求开挖或堆填成一定断面形状的土质或石质结构物，它是道路这一线形建筑物的主体，又是路面的基础。

路面是由各种不同的材料，按一定厚度与宽度分层铺筑在路基顶面上的结构物，以供汽车直接在其表面上行驶。

路基和路面共同承受着行车和自然的作用，它们的质量好坏，直接影响到道路的使用品质，为了满足行车对道路提出的通畅、迅速、安全、舒适、经济等方面的要求，就必须对路基和路面的强度、稳定性等提出一定的要求。

11.1 路基

11.1.1 路基断面形式

路基主要是由土、石材料在原地面上修筑（堆填或开挖）而成，结构简单。由于地形的变化和填挖高度的不同，使得路基横断面也各不相同，典型的横断面有路堤、路堑、半填半挖三种。

1. 路堤

路堤是指基身顶面高于原地面的填方路基，如图 11-1 所示。根据路基所处的环境和加固类型不同，可分为一般路堤、浸水路堤和陡坡路堤等。一般路堤位于地面横坡平缓的地段。在路堤边坡低矮和迎水的一侧，应设置边沟和截水沟等排水沟渠，以防止地面水浸湿和冲刷路堤。建造路堤时在路侧设置的取土坑，应同排水沟渠或农田水利相结合。路堤堤身与路侧取土坑或水渠之间，还有高路堤或浸水路堤的边坡中部，可视需要设置宽至少 1m（并高出设计水位 0.5m）的平台，称为护坡道，以保证路堤边坡的稳定。高路堤和浸水路堤的边坡，常按其受力情况采取上陡下缓的变坡形式。对于容易受到水流侵蚀和淘刷的路堤边坡，还应进行适当的防护与加固，在软土地基上的路堤，需要采取加固地基和调整路堤结构等稳定措施。

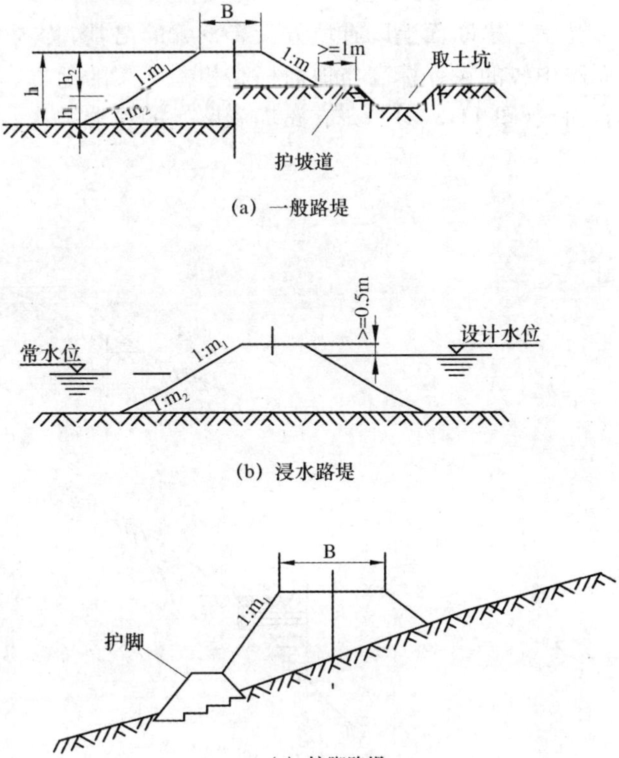

(a) 一般路堤

(b) 浸水路堤

(c) 护脚路堤

图 11-1 路堤断面形式

在横坡较陡（陡于 1 ∶ 2.5）的地面上

填筑的路堤,称为陡坡路堤,其下侧边坡常需设置石砌护脚或挡土墙,以防止路堤向下滑动,并能收缩填方坡脚,减少填方数量和占地宽度。

2. 路堑

全部为挖方的路基称为路堑,有全路堑、半路堑和半山洞三种形式,见图 11-2。挖方边坡的坡脚应设置边沟,以汇集和排除路基基身表面的水。路堑上方应设置截水沟,以拦截上侧山坡的地面水。

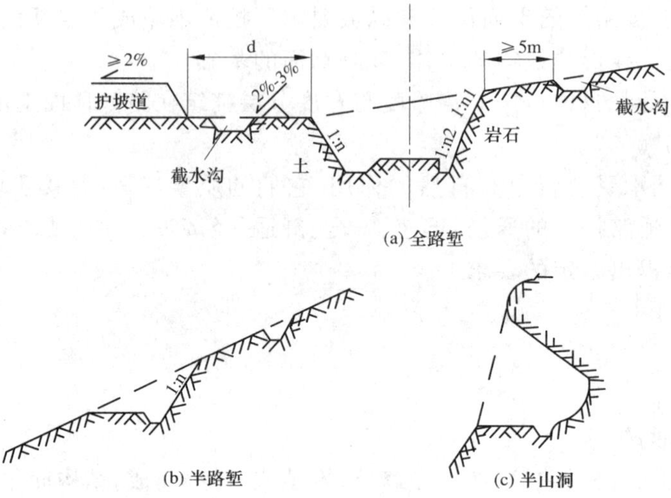

图 11-2 路堑断面形式

3. 半填半挖路基

整个横断面上既有填方又有挖方的路基,称为半填半挖路基。地面横坡较陡,路基又宽,而路中线的设计标高与地面标高相差不大的地方。半填半挖路基可看作由半路堤和半路堑组合而成(图 11-3(a)),兼有路堤和路堑的设置要求。为提高路基的稳定性,填方部分的地面应

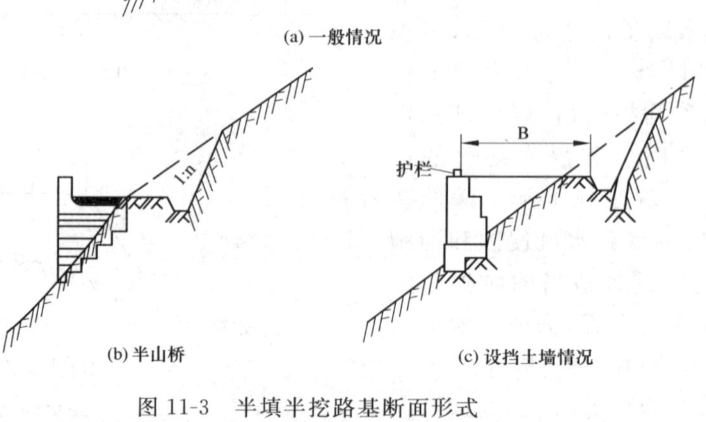

图 11-3 半填半挖路基断面形式

挖成台阶或凿毛。视需要,填方和挖方部分可设置挡土墙等支挡结构物。如果填方部分遇到地面陡峻出现悬空,而纵向又有适宜的基岩时,则可采用桥梁(如石拱桥)跨越,构成半山桥路基(图 11-3(b))。对于填方高度(或路肩墙等结构物顶面高出地面)大于或等于 6m 以及急弯、陡峻山坡、桥头引道等危险路段,应设置护栏(图 11-3(c)),诱导交通。

11.1.2　路基的基本要求

路基是道路的基本结构,要保证汽车行驶的通畅和安全,又要支持路面承受行车荷载的作用,因此对路基的基本要求。

1. 足够的整体稳定性

路基是直接在地面上填筑或挖除一部分地面建成的。路基的修建改变了原地面的自然平衡状态。在工程地质不良的地区,修建的路基加剧了原地面的不平衡状态,可能引起路堑边坡坍塌,路堤下滑。为使路基具有抵抗自然因素侵蚀的能力,必须因地制宜地采取一定技术措施保证路基整体结构的稳定性。

2. 足够的强度和刚度

道路上的行车荷载通过路面传递给路基,对路基产生一定的压力,同时路基和路面自重也给予路基和地基一定压力。这些压力都可使路基产生一定的变形,使路基产生破坏,影响路面的使用品质。因此,路基应有足够的强度和刚度,以保证在外力作用下,不致产生超过允许范围的变形。

3. 足够的水温稳定性

路基在地面水和地下水的作用下,其强度将显著降低。特别是在季节性冰冻地区,土在冻结过程中水分发生迁移和积聚,引起水温状况的变化,路基发生周期性的冻融循环,其强度急剧下降。因此,应保证路基在最不利的水温状况下,仍具有足够的强度,即要求路基具有足够的水温稳定性是十分必要的。

11.2　路面

11.2.1　路面的基本要求

汽车直接行驶于路面表面,路面的作用是能够担负汽车的载重而不破坏并能保证车辆有一定的行驶速度,全天候安全通车。对路面基本要求如下。

1. 足够的强度、刚度和稳定性

路面应有足够的强度和刚度,以承受行车荷载的作用,而不产生招致路面破坏的形变和磨损。并有足够的稳定性,在不利的自然因素(水、温度等)作用下,其变化幅度减少到最低限度。

2. 耐久性

路面要承受行车荷载和气候因素的多次重复作用,而逐渐出现疲劳破坏和塑性变形累积,因老化衰变而破坏,从而导致养护工作量增大、路面寿命缩短。所以,路面必须经久耐用,具有较高的抗疲劳、抗老化及抗变形累积的能力。

3. 表面平整度

路面表面应平整,以减小车轮对路面的冲击力,保证行车的平稳、舒适和达到要求的速度,不致产生行车颠簸和震动、速度下降、运输成本提高以及路面破坏加剧。

4. 表面抗滑性

路面表面要有一定的粗糙度,以免车轮与路面间的摩擦系数过小,而在气候条件不利(雨、雪天)时产生车轮打滑,迫使车速降低、燃料消耗增加,甚至在车辆转弯或制动时发生滑溜的安全事故。

5. 低噪声和低扬尘性

车辆发动机的轰鸣、排气、轮胎与路面摩擦及喇叭声等形成的噪声,使人感到厌烦,影响沿线的生产和生活。所以,路面应尽可能平整、无缝,以减小噪声。

应使路面在汽车通行时飞尘较少,飞尘会对行车视距、汽车零件、乘客舒适以及环境卫生带来不良影响,也不利于国防和沿线农作物的生长。

11.2.2 路面的结构组成

铺筑在路基顶面上的路面结构,是用各种材料分层铺筑而成。路面结构层主要由面层、基层、垫层等组成,如图 11-4 所示。

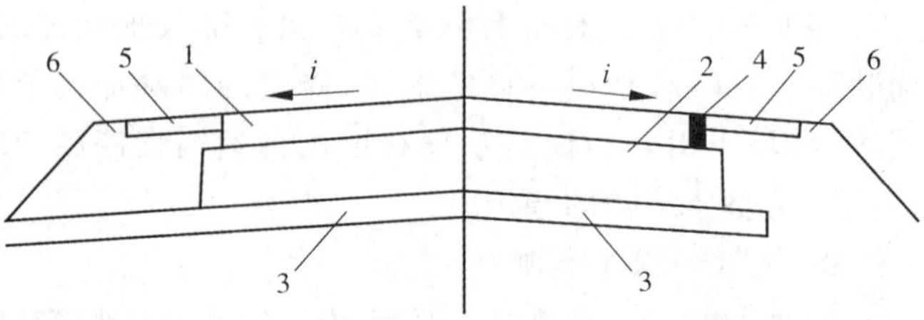

i—路拱横坡度;1—面层;2—基层(有时包括底基层);3—垫层;4—路缘石;5—加固路肩;6—土路肩

图 11-4 路面结构组成示意图

1. 面层

面层是直接承受自然影响和行车作用的层次。因此,它应具有足够的抵抗行车垂直力、水平力及冲击力作用的能力和良好的水、温稳定性,应耐磨不透水,表面应有良好的抗滑性和平整度。

面层由两层或三层组成,分别称上面层和下面层,或面层上、中、下层。

修筑面层用的材料主要有:水泥混凝土、沥青与矿料组成的混合料、砂砾或碎石掺土(或不掺土)的混合料、块石及混凝土预制块等。

2. 基层

基层是位于面层之下,主要承受由面层传来的车轮荷载垂直压力,并把它向下面层次扩散分布的层次。设置基层可减小面层的厚度,所以基层应具有足够的抗压强度和扩散应力的能力。车轮荷载水平力作用沿着深度递减很快,对基层影响很小。虽然车轮不直接与基层接触,但应有平整的表面,以保证面层厚度均匀。基层与面层应结合良好,以提高路面结构整体强度,避免面层沿基层滑移推挤。基层不能阻止地下水和地表水侵入,当面层透水时,也不能阻止雨水侵入,所以基层应具有足够的水稳性。

修筑基层用的材料主要有:碎(砾)石,天然砂砾,用石灰、水泥或沥青处治的土,用石灰、水泥或沥青处治的碎(砾)石,各种工业废渣(煤渣、矿渣、石灰渣等)和它们与土、砂、石所组成的混合料,以及水泥混凝土等。

基层有时分两层铺筑,即上基层和底基层,修筑底基层所用材料的质量要求可较上基层低些。

3. 垫层

垫层是设置在基层与土基之间的层次。主要用来调节和改善水与温度的状况,可减轻土基不均匀冻胀和隔断地下毛细水上升,也可排蓄基层或土基中多余的水分,还能阻止路基土挤入基层中,以保证路面结构的稳定性,并且它还能扩散由基层传来的车轮荷载垂直作用力,以减小土基的应力和变形。

修筑垫层所用的材料,强度不一定要高,但水稳性、隔热性和吸水性要好,常用材料有两种类型:一种是由松散颗粒材料组成,如用砂、砾石、炉渣、片石、锥形块石等修成的透水性垫层;另一种是由整体性材料组成,如用石灰土、炉渣石灰土类修筑的稳定性垫层。

11.3　路面分类及特点

道路路面可分为沥青路面、水泥混凝土路面和砌块路面三大类。

1. 沥青路面

沥青路面指铺筑沥青面层的路面。沥青路面在荷载作用下所产生的弯沉变形较大，路面结构本身抗拉强度低，车轮荷载通过各结构层向下传递到土基，使土基受到较大的单位压力，因而土基的强度、刚度和稳定性对路面结构整体强度和刚度有较大影响。

沥青路面包括沥青混合料路面、沥青贯入式路面和沥青表面处治等。沥青路面表面平整无接缝、柔性好、噪声小，具有明显的行车舒适性、耐磨性等优点，但受到沥青材料感温性的限制，沥青面层结构的强度受温度变化影响较大。

2. 水泥混凝土路面

水泥混凝土路面指铺筑水泥混凝土面层的路面。其水泥混凝土的强度，特别是抗弯拉（抗折）强度，比其他各种路面要高得多；它的弹性模量也较其他各种路面大得多，故呈现较大的刚性。水泥混凝土路面板在车轮荷载作用下的垂直变形极小，荷载通过混凝土板体的扩散分布作用，传递到地基上的单位压力要较沥青路面小得多。

水泥混凝土路面包括普通混凝土、钢筋混凝土、连续配筋混凝土、钢纤维混凝土路面。水泥混凝土路面刚度大，扩散荷载能力强、稳定性好、抗压、抗折性能好，耐久、使用寿命长，但是缺点是：接缝较多，噪声大、影响行车舒适性；同时，抗滑、表面耐磨性能的构造和保持技术难度大。

3. 砌块路面

砌块路面是指用一定形状的石料或人工预制砌块铺筑面层的路面。砌块路面适用于支路、广场、停车场、人行道与步行街。根据材料类型包括：天然石材、水泥混凝土预制砌块、地面砖、装饰用建筑砖和其他砌块材料，如沥青砌块、木砌块、橡胶砌块以及其他特殊用途的砌块等。用于城市道路路面铺装的砌块路面多为天然石材路面和混凝土预制块路面。

城市道路路面面层类型的选用应符合规范的规定，见表 11-1。

表 11-1　　城市道路路面面层类型及适用范围

面层类型	适用范围
沥青混凝土	快速路、主干路、次干路、支路、城市广场、停车场
水泥混凝土	快速路、主干路、次干路、支路、城市广场、停车场
贯入式沥青碎石、上拌下贯沥青碎石、沥青表面处治和稀浆封层	支路、停车场
砌块路面	支路、城市广场、停车场

11.4　公路自然区划与土基干湿类型

11.4.1　公路自然区划

我国地幅辽阔，各地气候、地形、地貌、水文、地质条件等的差别很大，各地自然因素的差异对建筑在大自然环境中的道路构造物产生的影响和可能造成的病害也各不相同，在路基、路面设计中应考虑的问题也就有所不同。例如，季节性冰冻地区的道路病害主要是冻胀与翻浆；而南方多雨地区雨季水毁问题突出。因而，如何根据各地自然条件的特点，对路线勘测、路基、路面的设计、筑路材料的选择、施工方案的拟定等问题，进行综合考虑是十分必要的。根据我国各地自然条件对公路设计与建筑影响的主要特征。

根据影响公路工程的地理、地貌及气候的差异性，按道路工程特征相似性、地表气候区域分异性进行公路自然区划。区划分为三个等级。

一级区划主要是根据全国大范围内对公路建设具有控制作用的地理—气候因素，并适当参照土质和其他自然因素拟定。全国一共分成 7 个一级区，即Ⅰ北部多年冻土区；Ⅱ东部湿润季冻区；Ⅲ黄土高原干湿过渡区；Ⅳ东南湿热区；Ⅴ西南潮暖区；Ⅵ西北干旱区；Ⅶ青藏高寒区。

二级区划是在一级区划内，根据地貌类型、水温状态及道路自然病害等因素，进一步划分成 33 个二级区和 19 个副区。

三级区划是根据各地区自然条件表现出来的特点，在二级区划内进一步区划而得。三级区划由各地结合当地具体条件进行划分。

各级区划在公路工程上的应用各有侧重。一级区划主要为全国性的公路总体规划和设计服务；二级区划主要为各地的公路路基路面设计、施工、养护提供较全面的地理、气候依据和有关计算参数，如土基和路面材料的回弹模量、路基临界高度、水泥混凝土路面板的温度梯度等。

我国公路自然区划的具体划分界线及各种指标和说明，可查阅《公路自然区划标准》及其附图。表 11-2 所列为我国公路自然区划一、二级区的名称。图 11-5 为我国公路自然区划示意图。

表 11-2　　公路自然区划名称表

Ⅰ	**北部多年冻土区**
I_{1}	连续多年冻土区
I_{2}	岛状多年冻土区
Ⅱ	**东部湿润季冻区**
II_{1}	东北东部山地润湿冻区
II_{1a}	三江平原副区
II_{2}	东北中部山前平原重冻区
II_{2a}	辽河平原冻融交替副区
II_{3}	东北西部润干冻区
II_{4}	海滦中冻区
II_{4a}	冀北山地副区
II_{4b}	旅大丘陵副区
II_{5}	鲁豫轻冻区
II_{5a}	山东丘陵副区
Ⅲ	**黄土高原干湿过渡区**
III_{1}	山西山地、盆地中冻区
III_{1a}	雁北张宣副区
III_{2}	陕北典型黄土高原中冻区
III_{2a}	榆林副区
III_{3}	甘东黄土山地区
III_{4}	黄渭间山地、盆地轻冻区
Ⅳ	**东南湿热区**
IV_{1}	长江下游平原润湿区
IV_{1a}	盐城副区
IV_{2}	江淮丘陵、山地润湿区
IV_{3}	长江中游平原中湿区
IV_{4}	浙闽沿海山地中湿区
IV_{5}	江南丘陵过湿区
IV_{6}	武夷南岭山地过湿区
IV_{6a}	武夷副区
IV_{7}	华南沿海台风区
IV_{7a}	台湾山地副区
IV_{7b}	海南岛西部润干副区
IV_{7c}	南海诸岛副区
Ⅴ	**西南潮暖区**
V_{1}	秦巴山地润湿区
V_{2}	四川盆地中湿区
V_{2a}	雅安、乐山过湿副区
V_{3}	广西、贵州山地过湿区
V_{3a}	滇南、桂西润湿副区
V_{4}	川、滇、黔高原干湿交替区
V_{5}	滇西横断山地区
V_{5a}	大理副区
Ⅵ	**西北干旱区**
VI_{1}	内蒙古草原中干区
VI_{1a}	河套副区
VI_{2}	绿洲、荒漠区
VI_{3}	阿尔泰山地冻土区
VI_{4}	天山、界山山地区
VI_{4a}	塔城副区
VI_{4b}	伊犁河谷副区
Ⅶ	**青藏高寒区**
VII_{1}	祁连、昆仑山地区
VII_{2}	柴达木荒漠区
VII_{3}	河源山原草甸区
VII_{4}	羌塘高原冻土区
VII_{5}	川藏高山峡谷区
VII_{6}	藏南高山台地区
VII_{6a}	拉萨副区

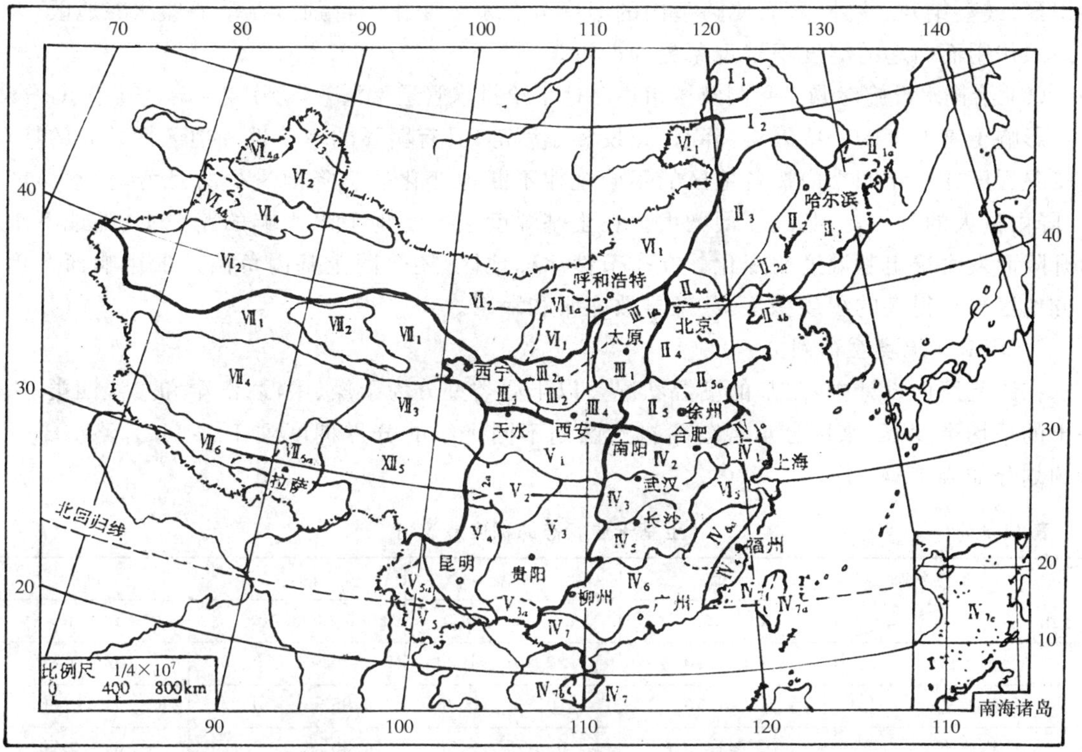

图 11-5　公路自然区划图(示意)

11.4.2　土基干湿类型

路基的湿度状况对路基的强度、刚度与稳定性有着非常密切的关系。路基的湿度状况应予分析。

1. 路基湿度的来源和变迁

路基受到各种外界因素的作用而使其湿度发生变化，这些因素主要有(图 11-6)：

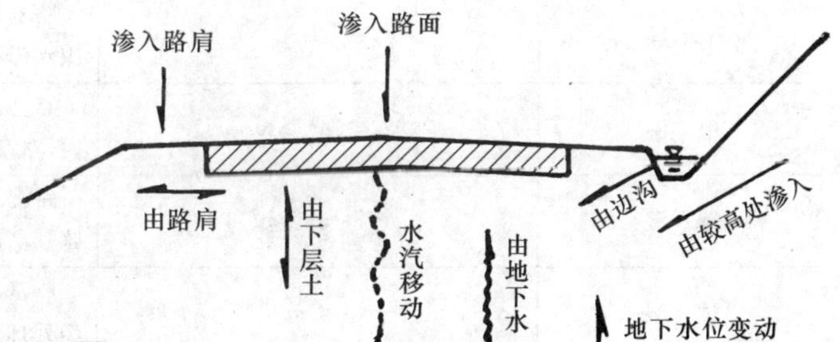

图 11-6　路基的湿度来源

(1) 大气降水和蒸发。降水从路面(透水的或有裂缝的)、人行道、路肩、边坡等渗入路基浸湿其各个部分，蒸发又使其中的水分逸出而促使土基趋向干燥。路基潮湿的程度与降雨量和蒸发量以及路面的性质和状况有关。

(2) 地面水。地势低洼排水不良时，积滞在道路两侧的地面水通过毛细浸湿和渗漏作用进入路基，其数量与积水期长短有关，也同土质有关。

(3) 地下水。地下水位高时，水分因毛细作用从地下水面上升浸湿土基的上层。地下水位随降水和农田灌溉而升降，路基受浸湿的程度便随地下水位的高低和土质而异。

(4) 温度变化。大气温度变化促使路基的温度也发生相应的变化，并造成路基内不同深处的温度出现差异，在温差影响下，土中的水分(或水汽)以液态(或气态)由热处向冷处移动，并积聚(或凝结)在该处,从而使路基内的湿度分布发生变化。特别是在季节性冰冻地区,因负温差的作用而引起的湿度积聚现象更为严重。

(5) 给排水设施渗漏。涵洞及城市道路地下给排水管道渗漏等,会引起局部路基湿度增大。

影响土基湿度的一些因素(降水、蒸发和温度等)具有明显的季节性和地区性差异的特点,其浸湿程度在一年四季内按各地区的不同规律不断地变化着。降雨量少的月份,土基湿度较低,降雨量大的月份,土基湿度便增大。在土基湿度主要受地下水影响的路段上,随地下水位的升降而发生着土基湿度的变化。在季节性冰冻地区,还会因土基内负温差的影响而产生比南方地区严重得多的湿度积聚,甚至导致冻胀和翻浆。

2. 路基干湿类型的划分

在路基路面设计中,路基的潮湿状况是以干湿类型分为干燥、中湿、潮湿和过湿四类,用路基土的平均稠度 w_c 来区分。各公路自然区划不同土组的分界稠度列于表 11-3,路基干湿类型的划分如表 11-4 所列。

表 11-3　　土基干湿状态的稠度建议值

土组 \ 干湿状态	干燥	中湿	潮湿	过湿
	$w_c \geqslant w_{c1}$	$w_{c1} > w_c \geqslant w_{c2}$	$w_{c2} > w_c \geqslant w_{c3}$	$w_c < w_{c3}$
土质砂	$w_c \geqslant 1.20$	$1.20 > w_c \geqslant 1.00$	$1.00 > w_c \geqslant 0.85$	$w_c < 0.85$
黏质土	$w_c \geqslant 1.10$	$1.10 > w_c \geqslant 0.95$	$0.95 > w_c \geqslant 0.80$	$w_c < 0.80$
粉质土	$w_c \geqslant 1.05$	$1.05 > w_c \geqslant 0.90$	$0.90 > w_c \geqslant 0.75$	$w_c < 0.75$

注:① w_{c1},w_{c2},w_{c3} 分别为干燥和中湿、中湿和潮湿、潮湿和过湿状态路基的分界稠度;
② w_c 为路床顶面以下 80cm 深度内的平均稠度。

表 11-4　　路基干湿类型

路基干湿类型	路床表面下 80cm 深度内平均稠度 w_c 与分界稠度 w_{ci} 的关系	一 般 特 性
干　燥	$w_c \geqslant w_{c1}$	路基干燥稳定,路面强度和稳定性不受地下水和地表积水影响,路基高度 $H \geqslant H_1$
中　湿	$w_{c1} > w_c \geqslant w_{c2}$	路基上部土层处于地下水或地表积水影响的过渡带区内,路基高度 $H_2 \leqslant H < H_1$
潮　湿	$w_{c2} > w_c \geqslant w_{c3}$	路基上部土层处于地下水或地表积水毛细影响区内,路基高度 $H_3 \leqslant H < H_2$
过　湿	$w_c < w_{c3}$	路基极不稳定,冰冻区春融翻浆,非冰冻区软弹,路基经处理后方可铺筑路面,路基高度 $H < H_3$

注:① H 为不利季节路床顶面距地下或地表积水水位高度;
② 地表积水是指不利季节积水 20 天以上;
③ H_1,H_2,H_3 分别为干燥、中湿、潮湿状态的路基临界高度(表 11-5)。

路基土的稠度 w_c 由式(11-1)求得:

$$w_c = \frac{w_L - \overline{w}}{w_L - w_P} \tag{11-1}$$

式中 $\overline{w}$——路桩顶面下 80cm 深度内算术平均含水量;
w_L——土的液限含水率;
w_P——土的塑限含水率。

在新路设计时，w_c 的确定要根据当地稳定的平均天然含水量、液限、塑限计算平均稠度，结合拟设计的路基高度，有无地下水、地表积水影响，参照表 11-5 所列的临界高度论证地确定。

所谓路基临界高度是指保证路基上部土层（规范规定为路床顶面以下 80cm），处于某种湿度状态时，路床顶面距地下水位或地表长期积水位的最小高度。比如保证上部土层处于干燥状态的最小高度，称为干燥状态的临界高度等。

根据道路自然区划和路基的干湿类型，就可以研究自然因素和水文因素对各路段土基湿度影响的特点和程度，也就可以分析各路段土基强度和刚度的差异，为确定不同地段的土基湿度和强度（或刚度）值及路面设计创造了条件。

【算例 11-1】 现有一段位于苏州市郊区的粉质中液限黏土路基，最高地下水位离地面 0.8m，路槽底（即路床表面）高出地面 1.0m，试确定路基干湿类型并预测路基湿度。

［解］ 查表 11-5，可知苏州市郊属公路自然区划 IV_1 区。该路段路槽底至地下水位的高度 $H=1.0+0.8=1.8$m。查表 11-5 可得 IV_1 区粉性土路基的临界高度 $H_1=1.9\sim2.1$m，$H_2=1.3\sim1.4$m。再据表 11-4 可知该段路基属中湿类型。由表 11-3 查得分界稠度：$w_{c1}=1.05$，$w_{c2}=0.90$。因 H 值偏近 H_1 值，估计该段路基上层 80cm 范围内的平均稠度约为 1.00。

表 11-5　　**路基临界高度参考值（部分）**　　**单位：m**

土类	自然区划 \ 临界高度 \ 水的分类	地下水 H_1	地下水 H_2	地下水 H_3	地表长期积水 H_1	地表长期积水 H_2	地表长期积水 H_3
砂质土	II_1						
	II_2						
	II_3	1.9～2.2	1.3～1.6				
	III_2	1.3～1.6	1.1～1.3	0.9～1.1	1.1～1.3	0.9～1.1	0.6～0.9
	III_{2a}	1.4～1.7	1.0～1.3				
	IV_7				0.9～1.0	0.7～0.8	0.6～0.7
	VI_1	(2.1)	(1.7)	(1.3)	(1.8)	(1.4)	(1.0)
	VI_{4a}	(1.9)	(1.5)	(1.1)	(1.6)	(1.2)	(0.9)
	VII_1	(2.2)	(1.9)	(1.6)	(2.1)	(1.6)	(1.3)
黏质土	II_4	2.4～2.6	1.9～2.1	1.2～1.4			
	III_2	2.2～2.75	1.7～2.2	1.3～1.7	1.75～2.2	1.3～1.7	0.9～1.3
	IV_3	1.5～1.7	1.1～1.2	0.8～0.9	0.8～0.9	0.5～0.6	0.3～0.4
	V_1，V_2，V_3	1.7～1.9	0.7～0.9	0.3～0.5			
	VII_1	2.2	(1.9)	(1.5)	(2.1)	(1.6)	(1.2)
粉质土	II_1	3.8	3.0	2.2			
	III_1	2.4～3.0	1.7～2.4				
	IV_1，IV_{1a}	1.9～2.1	1.3～1.4	0.9～1.0			
	V_1，V_2，V_{3a}（紫色土）	2.3～2.5	1.4～1.6	0.5～0.7			
	VI_1	(2.5)	(2.0)	(1.6)	(2.3)	(1.8)	(1.3)

注：H_1 为干燥状态路基临界高度；H_2 为中湿状态路基临界高度；H_3 为潮湿状态路基临界高度。

12 道路路基工程

路基修筑在地面之上,暴露于大气之中,所以受地形、地质、水文和气候等自然因素的影响极大,如果设计和施工不当,容易产生各种各样的病害,导致路基、路面破坏,影响交通和行车安全,或耗费大量投资进行抢险和修复。

路基设计分为一般路基设计和特殊路基设计。一般路基是指在正常的地质和水文条件下,路基填挖不超过设计规范或技术手册允许范围的路基,它可以结合当地地形、地质情况,直接参照规范规定或标准图设计,不必个别详细论证和验算。对于工程地质、水文地质条件复杂,填挖高度超过规范规定,或修筑在陡坡上的路堤等各种特殊条件下的路基,则必须进行特殊设计,包括路基稳定性分析和验算、防护加固设施的设计等。在路基设计中,一般还应包括路基排水系统的总体布置,地上、地下排水构造物的设计及其他设施(如取土坑、护坡道……)的布设与计算。

12.1 土基的强度与稳定性

直接位于路面下的那部分路基(土基)须支承路面经受行车荷载的作用。若路基松软,不仅会引起路面的不均匀沉陷,影响路表面的平整度,降低车速,增加油料消耗和机件损伤,而且会招致路面的过早破坏。反之,土基坚强,不仅增强了路面,提高道路的使用品质,而且还可减薄路面厚度,降低路面造价。因此,必须考虑路基的抗变形能力及其在不利自然因素作用下的稳定性。

1. 土基抗变形能力的评定

1) 土基的强度指标

通过路面传至土基顶面的行车荷载,是一种重复作用的瞬时动荷载。车辆在起动、制动、变速和正常行驶时作用于路表面的水平力,随深度消减得很快,当路面厚度在15cm以上时,土基顶面受到的水平力便很小,可忽略不计,行车的撞击力,通过路面的吸震作用,传至土基也是很小的。因此,通常把行车荷载对土基的影响仅看作为一种瞬时、重复作用的垂直力。路基顶面受到的垂直力的大小,视车辆荷重和路面的刚度而定。通常,水泥混凝土路面下土基顶面的压力在0.05MPa以内;而柔性路面下土基顶面上的压力为0.05～0.3MPa。垂直压力沿土基深度递减,至一定深度其应力将比随深度而增加的土基自重应力小得多,当前者与后者比值为$\frac{1}{10}\sim\frac{1}{5}$以下时,再往深处的行车荷载影响与土基自重影响相比可忽略不计,此深度便可看作为对于支承路面经受行车荷载作用有较大影响的土基范围,必须保证这部分土基具有足够的强度和水稳性。这个深度范围随行车荷载的大小与路面的刚度而异,通常为0.90～2.40m,称为路基的工作区。

传到土基顶面的垂直压力不大,但将使土基或多或少地产生变形。据观测,荷载作用下柔性路面表面出现的总垂直变形中,路基的变形占了70%～95%以上。因此,土基的变形必然反映给路面,使路面也随着变形,从而影响到路面的使用年限和使用品质,严重时还会造成路面的损坏。因此，对土基抵抗外荷能力的分析应着重于它在垂直压力作用下的变形程度。

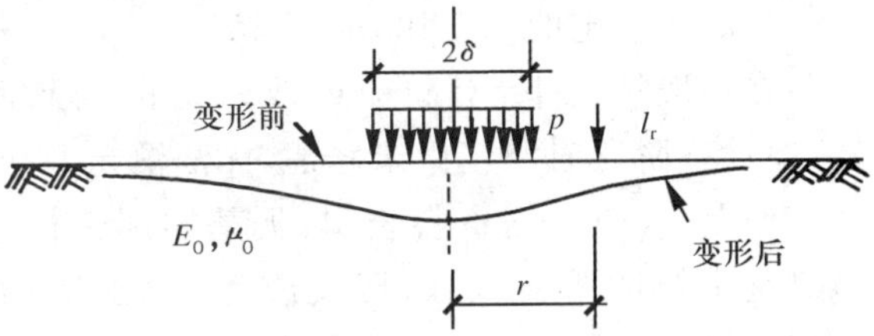

图 12-1　在圆形均布荷载作用下土基表面的变形(垂直位移)

通常把土基当作是均质的半空间弹性体，利用弹性理论来求解荷载和变形之间的关系。传到土基顶面的垂直压力可近似地看作为圆形均布的局部荷载，此时，荷载(以单位压力表示)p 同土基顶面上离荷载中心轴的径向距离为 r 处的弯沉(即垂直位移)l_r 之间存在下列关系(图 12-1)：

$$l_r=\frac{2p\delta(1-\mu_0^2)}{E_0}\alpha \tag{12-1}$$

式中　δ——圆形均布荷载作用面积的半径，m；

E_0——路基土的弹性模量，MPa；

μ_0——土的泊松比，土基受力后产生的侧向应变与轴向(力的作用方向)应变之比值，一般可取 $\mu_0=0.35$；

α——随径向距离(以比值$\frac{r}{\delta}$表示)而变的弯沉系数，如表 12-1 所列。

表 12-1　圆形垂直均布荷载作用于弹性半空间体表面时的弯沉系数

r/δ	0	1.0	1.2	1.4	1.5	1.6	1.8	2.0	2.5
α	1.00	0.638	0.468	0.386	0.356	0.330	0.290	0.259	0.204
r/δ	3.0	4.0	5.0	6.0	7.0	8.0	9.0	10.0	
α	0.169	0.126	0.101	0.083	0.072	0.064	0.056	0.050	

式(12-1)中的弹性模量 E_0 反映了作用荷载与路基顶面弯沉值之间的关系，表征了土基的抗变形能力，目前被用作为评定土基强度的一种指标。

由式(12-1)和表 12-1 可知，当 p，δ 和 μ_0 一定时，荷载圆中心处 r 为零，l 值最大。若弯沉变形 l 值不同，模量值随 l 值增大而减小。

2) 土基强度的测定

土基的弹性模量值，可在不利季节用压入承载板法现场实测得荷载-弯沉曲线后确定。目前，我国采用刚性承载板，按逐级加荷—卸荷法测得回弹弯沉 l(总弯沉中扣除塑性部分)和相应的荷载 p 间的关系曲线(图 12-2)，取该曲线上回弹弯沉不超过 1mm 的测点所对应的荷载 p_i 和回弹弯沉 l_i，用线性归纳法求出其模量值，此模量称为土基的回弹模量 E_0，并以它作为路面设计中的土基刚度指标，其计算式如下：

$$E_0=1000\cdot\frac{\pi D}{4}\cdot\frac{\sum p_i}{\sum l_i}\cdot(1-\mu_0^2) \tag{12-2}$$

式中　p_i——取回弹弯沉 1mm 前的各级荷载(单位压力)，MPa；

l_i——相应于 p_i 的回弹弯沉，0.01mm；

D——承载板直径，cm；

μ_0——土的泊松比,取 0.35。

在一般情况下,对新建或改建道路的新路基,在设计阶段时路基尚未修建,无法测定其 E_0 值。但是,大量实测资料表明,土基的回弹模量与路基土的性质和状态(压实质量、含水量)有密切关系,并受季节和交通荷载影响,因此,新建设公路路基回弹模量设计值 E_0 应按式(12-3)确定,并不小于现行路面设计规范中关于路基顶面设计回弹模量值的最低要求。

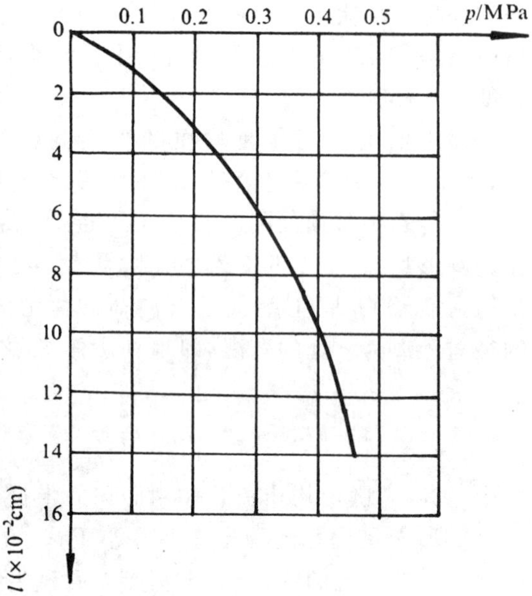

图 12-2 荷载—回弹弯沉曲线

$$E_0 = K_s K_n M_R \tag{12-3}$$

式中 E_0——平衡湿度状态下路基回弹模量设计值(MPa);

M_R——标准状态下路基动态回弹模量值(MPa);

K_s——路基回弹模量湿度调整系数,为平衡湿度(含水率)状态下的回弹模量与标准状态下的回弹模量之比;

K_n——干湿循环或冻融循环条件下路基土模量折减系数,通过试验确定。

我国有关部门根据各地多年积累的实测资料,经过数学加工整理后,建立起土基回弹模量和土的类别、气候区以及路基土的平均稠度之间的定量关系,并给出了 E_0 建议值(表 12-2)。选用 E_0 值时,按本书 11.4 节所述方法确定路基的平均稠度 w_c 后,利用表12-2即可估定路基土的回弹模量值。当采用重型击实标准时,可将表列值提高 20%~35%。

表 12-2　二级自然区划各土组土基回弹模量参考值(部分)　单位:MPa

区划	土组 \ 稠度 w_c	0.80	0.90	1.00	1.05	1.10	1.15	1.20	1.30	1.40	1.70	2.00
Ⅱ$_1$	黏质土	19.0	22.0	25.0	26.5	28.0	29.5	31.0	—	—	—	—
	粉质土	18.5	22.5	27.0	29.0	31.5	33.5	—	—	—	—	—
Ⅲ$_1$	粉质土	27.0	36.5	48.0	54.0	61.0	68.5	76.5	—	—	—	—
Ⅳ$_1$	黏质土	21.5	25.5	30.0	32.5	35.0	37.5	40.5	—	—	—	—
Ⅴ$_1$	紫色黏质土	22.5	26.0	30.0	32.0	34.0	36.0	38.0	—	—	—	—
Ⅴ$_3$	黏质土	25.0	29.0	33.0	35.5	37.5	39.5	42.0	—	—	—	—
	粉质土	24.5	30.5	37.5	41.0	45.0	48.5	—	—	—	—	—
Ⅵ	土质砂	51.0	54.0	57.0	58.8	60.0	61.0	62.0	64.5	67.0	73.5	80.0
	黏质土	33.5	37.0	41.0	42.5	44.0	45.5	47.2	50.5	—	—	—
	粉质土	34.0	38.0	42.0	44.0	46.0	48.0	50.0	—	—	—	—
Ⅶ$_1$	土质砂	52.0	55.0	58.0	59.5	61.0	62.0	63.5	66.0	69.0	76.0	82.5
	黏质土	26.5	31.5	36.5	39.5	42.0	45.0	48.0	54.0	—	—	—

12.2 路基破坏现象及原因

路基在自然因素及行车荷载作用下，会产生各种变形和破坏。为了采取有效的防治措施，防止或减缓路基的破坏，必须了解路基有哪些破坏现象及破坏原因。

1. 路基的变形与破坏类型

常见的破坏现象可归纳如下。

1）路堤的沉陷

路基因填料选择不当，填筑方法不合理，压实不足时，在荷载、水和温度等的综合作用下，堤身可能向下沉陷，如图 12-3(a)所示。所谓填筑方法不合理，包括不同土质混杂、未分层填筑和压实、土中含有未经打碎的大土块或冻土块等。填石路堤因石料规格不一，性质不匀，或就地爆破堆积，乱石中空隙很大，在一定期限内(例如经过一个雨季)也可能产生局部的明显下沉。当原地面比较软弱，例如泥沼、流沙或垃圾堆积等，填筑前未经换土或压实，地基发生下沉，也可能引起路堤下降，如图 12-3(b)所示。冻融作用也常常使路基产生不均匀变形。路基的这类不均匀下陷，将造成局部路段破坏，影响道路交通。

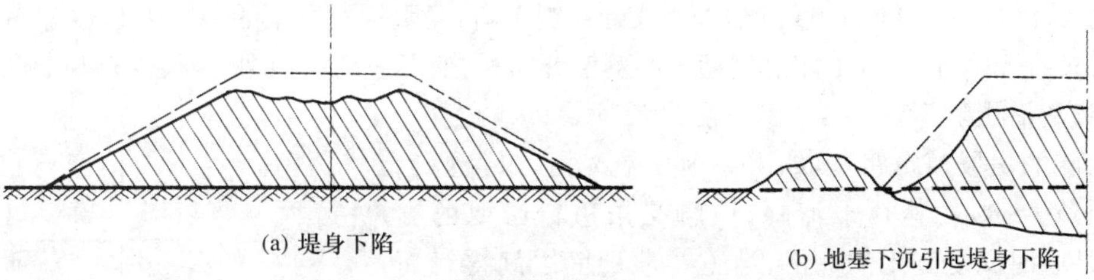

图 12-3 路堤沉陷示意图

2）路基边坡坍方

路基边坡坍方是最常见的路基病害，也是道路水毁的普遍现象。按其破坏规模与原因的不同，路基边坡坍方可以分为剥落、碎落、滑坍和崩坍等，如图 12-4 所示。

剥落是指边坡表土层或风化岩层表面在大气的干湿或冷热的循环作用下，发生胀缩现象，零碎薄层成片状或带状从坡面上脱落下来，而且在老的脱落后，新的又不断产生。填土不均匀和易溶盐含量大的土层及泥质岩、绿泥岩等松软岩层较易发生此种破坏现象。路堑边坡剥落的碎屑堆积在坡脚下，将堵塞边沟，影响路基的稳定，并妨碍交通(图 12-4(a))。

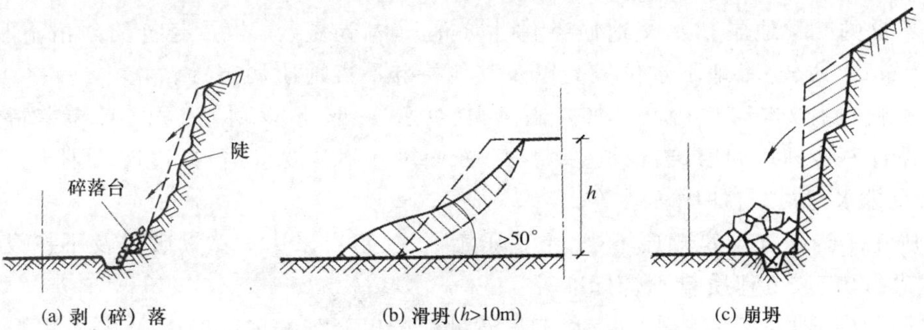

图 12-4 路基边坡坍方示意图

碎落是岩石碎块的一种脱落现象,其规模和危害程度比剥落严重。产生的主要原因是路堑边坡较陡(大于 45°),岩石破碎和风化严重,在胀缩、震动及水的侵蚀与冲刷作用下,块状碎屑沿坡面向下滚落。如果落下的岩块较大(直径在 40cm 以上),以单个或多块落下,此种碎落现象则称为落石或坠落,落石的石块较大,降落速度极快,所产生的冲击力可使路基结构物遭到破坏,也会威胁到行车和行人的安全,有时还会引起其他病害。

滑坍是指路基边坡土体或岩石沿着一定的滑动面整体向下滑动。其规模和危害程度较碎落更为严重,有时活动体可达数百万方以上,造成严重阻车。产生滑坍的主要原因是边坡较高(大于 10m),坡度较陡(陡于 50°),填方不密实,缺少应有的支撑与加固。挖方的岩层对公路成顺向坡,岩层倾角在 50°~75°之间,夹有较弱和透水的薄层或岩石严重风化等,在水的侵蚀和冲刷作用下形成滑动面,致使土石失去平衡而产生滑坍(图 12-4(b))。

崩坍的规模与产生原因,同滑坍有共同之处,也是比较常见而且危害较大的路基病害之一。它同滑坍的主要区别在于崩坍无固定滑动面,也无下挫现象,即坡脚线以下地基无移动现象,崩坍体的各部分相对位置在移动过程中完全打乱,其中较大石块翻滚较远,边坡下形成倒石堆或岩堆(图 12-4(c))。

此外,还有坍塌(也称堆坍)等,其原因与形态同崩坍相似,但坍塌主要是土体(或土石混杂的堆积物)遇水软化,在 45°~60°的较陡边坡无支撑情况下,自身重量所产生的剪切力超过了黏结力和摩阻力所构成的抗剪力,这时土体沿松动面坠落散开,它的变形速度比崩坍慢,很少有翻滚现象。

3) 路基沿山坡滑动

在较陡的山坡填筑路基,如果原地面较光滑,未经凿毛或人工挖筑台阶,或丛草未清除,坡脚又未进行必要的支撑,特别是同时又受到水的润滑,填方与原地面之间接触面上的抗剪力很小,填方在荷载作用下,有可能整体或局部沿地面向下移动,使路基失去整体稳定性,如图 12-5 所示。此种破坏现象虽不普遍,但也不应忽视,如果不针对上述产生原因采取预防措施,路基整体稳定性会遭到破坏。

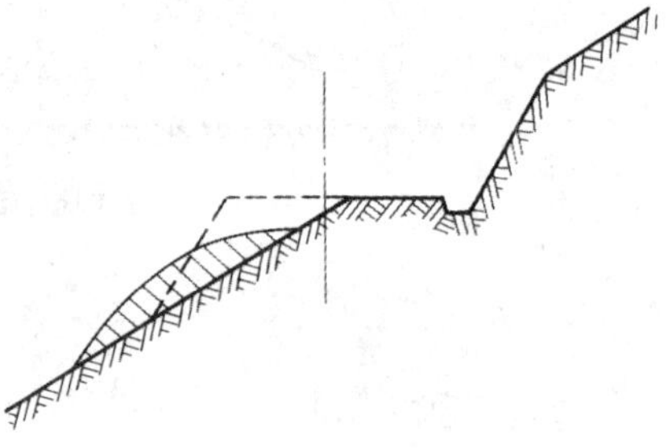

图 12-5 路堤沿山坡滑移示意图

4) 路基在特殊地质水文情况下的破坏

道路通过不良地质和水文地带,或遇较大的自然灾害,如滑坡、岩堆、错落、泥石流、雪崩、岩溶、地震、严重冰冻及特大暴雨等,均能造成路基结构物的大量破坏。

2. 路基破坏原因分析

产生路基病害的原因归纳如下:

(1) 不良的工程地质和水文地质条件。如地质构造复杂、岩层走向及倾角不利、岩性松软、风化严重、土质较差、地下水位较高以及其他特殊不良地质病害等。

(2) 不利的水文与气候因素。如降雨量大、洪水猛烈、干旱、冰冻、积雪或温差特大等。

(3) 设计不合理。如填筑材料选择不当、断面尺寸不合要求(包括边坡值不当)、挖填布置不符要求及排水、防护与加固不妥等。

(4) 施工不当。如填筑顺序不当、土基压实不足、盲目采用大型爆破以及不按设计要求和操作规程进行施工、工程质量不合标准等。

上述原因中,地质条件是影响路基工程质量和产生病害的内部原因和基本因素,水则往往是造成路基病害的直接肇因。为此,必须强调设计前就详细地进行路基填筑材料和地质与水文勘查工作,针对具体条件及各种因素的综合作用,采取正确的设计方案与施工方法,才能消除和尽可能减轻路基病害，确保路基工程达到规定的质量要求。

12.3 路基土的工程性质与压实

12.3.1 路基土的分类

我国公路用土依据土的颗粒组成特征、土的塑性指标和土中有机质存在的情况，分为巨粒土、粗粒土、细粒土和特殊土四类，并进一步细分为11种土。土的颗粒组成特征用不同粒径粒组在土中的百分含量表示。不同粒组的划分界限及范围如表12-3所列。土分类总体系包括四类且细分为11种，如图12-6所示。

表 12-3　　粒组划分表

	200	60	20	5	2	0.5	0.25	0.075	0.002(mm)
巨粒组		粗粒组						细粒组	
漂石（块石）	卵石（小块石）	砾（角砾）			砂			粉粒	黏粒
		粗	中	细	粗	中	细		

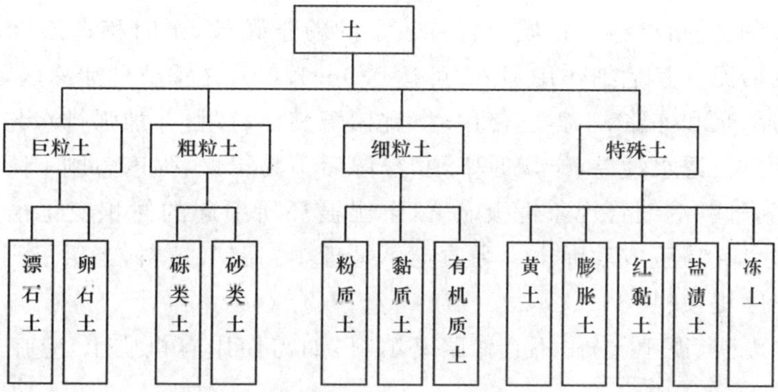

图 12-6　土分类总体系

巨粒组（大于60mm的颗粒）质量多于总质量50%的土称为巨粒土。巨粒土又分为漂石土和卵石土。

粗粒土分砾类土和砂类土两种，砾粒组（2～60mm的颗粒）质量多于总质量50%的土称为砾类土，砾粒组质量小于或等于50%的土称为砂类土。

细粒组（小于0.074mm的颗粒）质量多于总质量50%的土称为细粒土，细粒土中粗粒组（2～60mm的颗粒）质量小于总质量25%的土称为粒质土，粗粒组质量为总质量25%～50%的土称为含粗粒的细粒土，含有机质的细粒土称为有机质土。

特殊土主要包括黄土、膨胀土、红黏土、盐渍土和冻土。黄土、膨胀土、红黏土按塑性指数和液限划分，据特殊塑性图上的位置定名。黄土属低液限黏土，$w_l<40\%$；膨胀土属高液限黏土，$w_l>50\%$；红黏土属高液限粉土，$w_l>55\%$。盐渍土按照土层中所含盐的种类和质量百分率进行分类，分为弱盐渍土、中盐渍土、强盐渍土和过盐渍土。

土基的强度、抗变形能力和稳定性，因筑做路堤所用土的物理力学性质与当地自然环境因素影响程度而不同，也与填土高度与施工技术有关。所以要慎重选择路基填土用料，并采用相应的施工措施。

12.3.2 路基土的工程性质

1. 巨粒土

巨粒土有很高的强度和稳定性,是填筑路堤的良好填料。用漂石土码砌边坡时,边坡值应正确选用,保证路基稳定。卵石土在填筑时注意填方的密实度,防止由于空隙较大造成路基积水、不均匀沉陷或表面松散等病害。

2. 粗粒土

砾类土由于粒径较大,内摩擦力亦大,强度和稳定性均能满足要求。级配良好的砾石混合料,密实程度好。级配不良的砾石类混合料,填筑时应保证密实度,防止空隙过大造成积水、不均匀沉陷或表面松散等病害。

砂类土可细分为砂、含细粒土砂(或称砂土)和细粒土质砂(或称砂质土)三种。砂和砂土具有良好的透水性,毛细高度很小,故强度和水稳定性较好。但黏结性小易松散,不易压实,需用振动法或灌水法压实,或添加一定量黏性大的土以改善其使用品质。

砂质土是良好的修筑路基材料。砂质土既含有一定数量的粗颗料,使之具有一定的强度和水稳性,又含有一定数量的细颗粒,使之具有一定的黏结性,不致过分松散。遇水干得快、不膨胀,湿时不黏着、雨天不泥泞、晴天不扬尘,易压实构成平整坚实的路基表面。

3. 细粒土

粉质土是最差的筑路材料。粉质土含有较多的粉土颗粒,干时稍有黏性,飞尘大,浸水时很快被湿透,易成稀泥。其毛细作用强烈,可达0.9~1.5m,在季节性冰冻区,水分积聚现象严重,春融期间极易翻浆和冻胀,不得已使用时,宜掺配其他材料,并加强排水与隔离等措施。

黏质土黏聚力大,透水性差,干燥时坚硬,浸湿后不易干燥,强度急剧下降。具有较大的可塑性、黏结性和膨胀性,毛细管现象也很显著,干湿循环所引起的体积变化很大。过干时不易打碎和压实,过湿时又易压成软弹土。黏质土不是理想的路基填料,当给予充分压实和良好排水设施时,可用作路堤填料。

有机质土(如泥炭、腐殖土等)不宜作路基填料,如需使用有机质土,应在设计和施工上采取适当处理措施。

4. 特殊土

黄土属大孔和多孔结构,具有湿陷性;膨胀土受水浸湿发生膨胀,失水则收缩;红黏土失水后体积收缩量大;盐渍土潮湿时承载力很低。因此,特殊土不宜作路基填料。

用于公路和城市道路的路基土应有一定的强度。当公路路基土采用细粒土填筑时,填料最小强度应符合表12-4的要求。城市道路路基填料最小强度应符合表12-5的要求。

表12-4　　公路路堤填料最小承载比要求

路基部位		路面底面以下深度/m	填料最小承载比 *CBR*		
			高速公路、一级公路	二级公路	三、四级公路
上路堤	轻、中等及等交通	0.8~1.5	4%	3%	3%
	特重、极重交通	1.2~1.9	4%	3%	—
下路堤	轻、中等及等交通	1.5以下	3%	2%	2%
	特重、极重交通	19以下			

注:① 当路基填料 *CBR* 值达不到表列要求时,可掺石灰或其他稳定材料处理;

② 当三、四级公路铺筑沥青混凝土和水泥混凝土路面时,应采用二级公路的规定。

表 12-5 城市道路路基填料最小承载比要求

路床顶面以下深度/m	填料最小承载比 CBR		
	快速路、主干路	次干路	支路
0～30	8%	6%	5%
0.3～0.8	5%	4%	3%
0.8～1.5	4%	3%	3%
＞1.5	3%	2%	2%

12.3.3 土基的压实

土质路基未经压实，将在自然因素和行车荷载作用下产生大量的变形或破坏。路堤经充分压实后，具有一定的密实度，并消除了大部分因水分干湿作用引起的自然沉陷和行车荷载反复作用产生的压实变形，提高了土的承载能力，降低了渗水性，因而也提高了水稳性。

由土的击实试验资料分析可知：土基的最大干密度表征着土基的强度和稳定性，它是衡量压实质量的一项重要指标。我国目前以压实度作为控制土基压实的标准。所谓压实度(K)就是工地上实际达到的干密度 δ 与最大干密度 δ_0 之比，即

$$K=\frac{\delta}{\delta_0}\times 100\% \tag{12-4}$$

最大干密度 δ_0 系在室内用标准击实仪进行击实试验所得的，其相应的含水量即为最佳含水量 w_0。

标准击实试验方法分轻型标准和重型标准两种，两者的落锤重量、锤落高度、击实次数不同，即试件承受的单位压实功不同。轻型标准的压实功仅相当于 6～8t 压路机的碾压效果，而重型标准相当于 12～15t 压路机的碾压效果。重型标准测得的最大干密度比轻型标准的约增加 6%～12%，而最佳含水量一般要小 2%～8%(含水量绝对值)。因此，压实度相同时，采用重型标准的压实要求比轻型标准的高。现行规范要求土基压实采用重型标准。

压实度 K 值的确定，需根据道路所在地区的气候条件、土基的水温状况、道路等级和路面类型等因素进行综合考虑。对冰冻潮湿地区和受水影响大的路基，其压实度要求应高些；对于干旱地区及水文情况良好地段，其压实度要求低些；路面等级高，压实要求高些，路面等级低，压实要求低些。我国公路和城市道路有关部门已对土基的压实度做出了相应的规定，见表 12-6 和表 12-7。

表 12-6 公路土质路基压实度

路基部位		路面底面以下深度/m	压实度		
			高速公路、一级公路	二级公路	三、四级公路
上路床		0～0.3	≥95%	≥95%	≥94%
下路床	轻、中等及重交通	0.3～0.8	≥96%	≥95%	≥94%
	特重、极重交通	0.3～1.2	≥96%	≥95%	≥94%
上路堤	轻、中等及重交通	0.8～1.5	≥94%	≥94%	≥93%
	特重、极重交通	1.2～1.9	≥94%	≥94%	≥93%
下路堤	轻、中等及重交通	1.5 以下	≥93%	≥92%	≥90%
	特重、极重交通	1.9 以下			

注：① 表列压实度系按现行《公路土工试验规程》(JTG E40)重型击实试验法所得最大干密度求得的压实度。

② 当三、四级公路铺筑沥青混凝土和水泥混凝土路面时，应采用二级公路的规定值。

③ 路堤采用粉煤灰、工业废渣等特殊填料，或处于特殊干旱或特殊潮湿地区时，在保证路基强度和回弹模量要求的前提下，通过试验论证，压实度标准可降低 1%～2%。

表 12-7　城市道路土质路基压实度要求

项目分类	路床顶面以下深度/m	压实度			
		快速路	主干路	次干路	支路
填方路基	0～80	96%	95%	94%	92%
	80～150	94%	93%	92%	91%
	>150	93%	92%	91%	90%
零填及挖方路基	0～30	96%	95%	94%	92%
	30～80	94%	93%	—	—

注:表中数值均为重型击实标准。

城市道路路基范围内往往有大量地下管线,基于管道胸腔部位回填土的实际困难及为保护管道结构本身,沟槽回填土压实度达不到表 12-7 规定,而在近期内需铺筑路面时,必须采取防止沉陷的措施。

填石路基很难测定其密实度,施工时宜选用 12t 以上的振动压路机、25t 以上的轮胎压路机或 2.5t 以上的夯锤压(夯)实,以表面下沉量不得超过规定值来控制压实质量。

12.4　路基边坡及其防护工程

路基出现滑坍、崩坍等病害,通常表现为其边坡坡体的失稳。未能掌握该处路基的地质、水文和土质等条件,而将边坡设置得太陡,常常是出现这类病害的直接原因。边坡坡体失稳,少则坍下数百方、数千方,多则数万方,严重影响行车安全和畅通,增加额外的清方及处治工作。因此,根据路基所处的具体条件和环境,合理地确定路基边坡形状和坡度,并采取适当的措施以保证其稳定,对于防止路基出现滑坍等病害,确保道路的通畅和行车的安全,节约工程费用,有着重大的意义。

路基边坡形状通常有直线形(坡顶到坡脚采用单一坡度)、折线形(自上而下按岩土性质和工作条件采用不同坡度)和台阶形(在边坡中部或岩土层分界处,设不小于 2m 宽的平台,平台一般具有 3%的向外横坡),如图 12-7 所示。

12.4.1　填方路基边坡

填方路基边坡形状,一般采用直线形。填方路基边坡坡度,应根据填料的物理力学性质合理选定。

当地质条件良好,边坡高度不大于 20m 时,其边坡坡率不宜陡于表 12-8 的规定。边坡坡度超过 20m 的路堤,边坡形式宜采用阶梯形,应按高路堤进行个别设计。

表 12-8　路堤边坡坡率

填料类型	边坡坡率	
	上部高度($H\leqslant 8$m)	下部高度($H\leqslant 12$m)
细粒土	1∶1.5	1∶1.75
粗粒土	1∶1.5	1∶1.75
巨粒土	1∶1.3	1∶1.5

沿河受水浸淹路基的填方边坡,在设计水位(设计洪水频率计算水位+壅水高+波浪侵袭

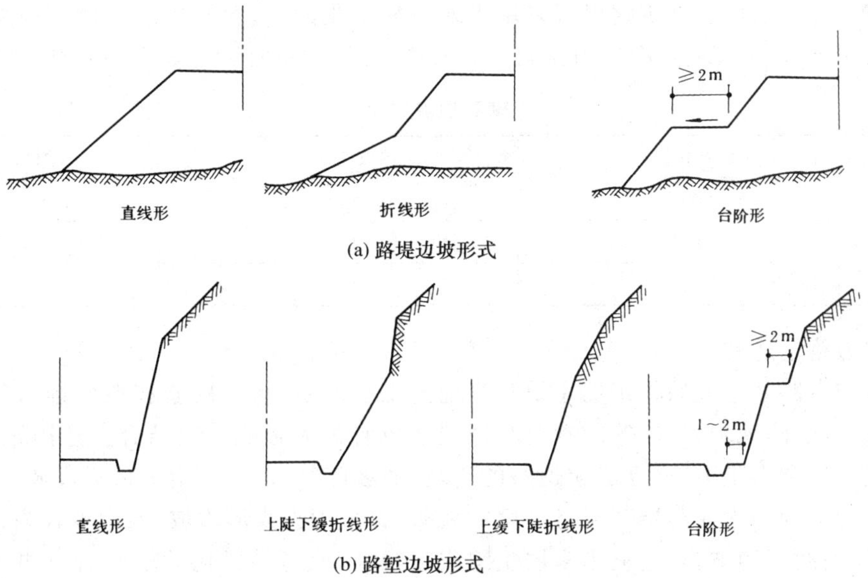

图 12-7　道路路基边坡形式示意图

高+0.5m)以下部分，其边坡坡率不宜陡于 1∶1.75。

在岩石路段的半填路基或跨越深沟的路堤，通常利用挖方路基的石料进行填筑。浸水路基的受水淹部分，可用开山石料或天然石料填筑。当石料不足时，也可在路基外部填石，内部填土，并在填石部分与填土部分的接合面设置反滤层，以防止填土流失，影响路基稳定。

填石料根据石料饱和抗压强度指标，分为硬质岩石、中硬岩石和软质岩石，如表 12-9 所列。

表 12-9　　**岩石分类表**

岩石类型	单轴饱和抗压强度/MPa	代表性岩石
硬质岩石	≥60	1. 花岗岩、闪长岩、玄武岩等岩浆岩类； 2. 硅质、铁质胶结的砾岩及砂岩、石灰岩、白云岩等沉积岩类； 3. 片麻岩、石英岩、大理岩、板岩、片岩等变质岩类
中硬岩石	30～60	
软质岩石	5～30	1. 凝灰岩等喷出岩类； 2. 泥砾岩、泥质砂岩、泥质页岩、泥岩等沉积岩类； 3. 云母片岩或千枚岩等变质岩类

填石路堤应由不易风化的开山石料填筑，可采用与土质路堤相同的断面形式，其边坡坡率应根据填石料种类、边坡高度和基底地质条件确定。易风化岩石和软质岩石用作填实时，应根据土质路堤边坡设计。路堤基底良好时，填石路基的边坡坡率不宜陡于表 12-10 的规定值。

表 12-10　　**填石路堤边坡坡率**

填石料种类	边坡高度			边坡坡率	
	全部高度	上部高度	下部高度	上部高度	下部高度
硬质岩石	20	8	12	1:1.1	1∶1.3
中硬岩石	20	8	12	1∶1.3	1∶1.5
软质岩石	20	8	12	1∶1.5	1∶1.75

在横坡较陡的山坡上修筑路堤可采用当地不易风化的片、块石砌筑。砌石高度不宜超过15m,顶宽不小于0.8m,基底面向内倾斜。砌石内、外坡率不宜陡于表12-11的规定值。

表12-11　砌石边坡坡率

序号	砌石高度/m	内坡坡率	外坡坡率
1	≤5	1∶0.3	1∶0.5
2	≤10	1∶0.5	1∶0.67
3	≤15	1∶0.6	1∶0.75

12.4.2 挖方路基边坡

路堑或挖方路基边坡的稳定性主要和当地的工程地质、水文地质和地面排水条件以及施工方法有关。此外,地貌、气候等因素对其稳定性也有很大影响。应结合上述因素,参考当地稳定的自然山坡和人工边坡(已建成道路的边坡)的坡度等,论证地确定路堑边坡。

当路堑边坡为均质或薄层互层且高度不大时,宜采用直线形边坡;当边坡较高或由多层土组成,宜采用折线形边坡;若边坡由多层土组成且很高,或是易风化的软质岩石边坡及松散粗粒土类边坡,宜采用台阶式。

土质路堑边坡应根据边坡高度、土的密实程度、地下水和地面水的情况、土的成因及生成年代等因素确定。边坡高度不大于20m时,边坡坡率可参照表12-12选用。

表12-12　土质路堑边坡坡率

土的类型		边坡坡率
黏土、粉质黏土、塑性指数大于3的粉土		1∶1
中密以上的中砂、粗砂、砾砂		1∶1.5
卵石土、碎石土、圆砾土、角砾土	胶结和密实	1∶0.75
	中密	1∶1

注:黄土、红黏土、高液限土、膨胀土等特殊土质挖方边坡形式及坡度应按特殊路基有规定确定。

岩石挖方边坡坡度应根据岩性、地质构造、岩石的风化破碎程度、边坡高度、地下水地面水的情况及施工方法等因素综合分析确定。应特别注意岩体中的构造面(层理、节理、片理、不整合面、断层等)的情况,构造面往往成为控制边坡坡度的主要因素。在一般情况下,边坡高度不大于30m时,无外倾软弱结构面时,其边坡坡率可参照表12-13确定。

对于采用大爆破施工及地震烈度较高的路段,应适当放缓边坡。

表12-13　岩质路堑边坡坡率

边坡岩体类型	风化程度	边坡坡率	
		$H<15$m	15m$\leqslant H<30$m
Ⅰ类	未风化、微风化	1∶0.1～1∶0.3	1∶0.1～1∶0.3
	弱风化	1∶0.1～1∶0.3	1∶0.3～1∶0.5
Ⅱ类	未风化、微风化	1∶0.1～1∶0.3	1∶0.3～1∶0.5
	弱风化	1∶0.3～1∶0.5	1∶0.5～1∶0.75

续表

边坡岩体类型	风化程度	边坡坡率	
		$H<15$m	$15\text{m}\leqslant H<30$m
Ⅲ类	未风化、微风化	1∶0.3～1∶0.5	
	弱风化	1∶0.5～1∶0.75	
Ⅳ类	弱风化	1∶0.5～1∶1	
	强风化	1∶0.75～1∶1	

注：① 有可靠的资料和经验时，可不受本表限制；

② Ⅳ类强风化包括各类风化程度的极软岩。

表 12-14　　岩质边坡的岩质分类

判定条件 / 边坡岩体类型	岩体完整程度	结构面结合程度	结构面产状	直立边坡自稳能力
Ⅰ	完整	结构面结合良好或一般	外倾结构面或外倾不同结构面的组合线倾角大于75°或小于35°	30m高边坡长期稳定，偶有掉块
Ⅱ	完整	结构面结合良好或一般	外倾结构面或外倾不同结构面的组合线倾角35°～75°	15m高的边坡稳定，15m～30m高的边坡欠稳定
	完整	结构面结合差	外倾结构面或外倾不同结构面的组合线倾角大于75°或小于35°	
	较完整	结构面结合良好或一般或差	是外倾结构面或外倾不同结构面的组合线倾角小于35°，有内倾结构面	边坡出现局部塌落
Ⅲ	完整	结构面结合差	外倾结构面或外倾不同结构面的组合线倾角35°～75°	8m高的边坡稳定，15m高的边坡欠稳定
	较完整	结构面结合良好或一般	外倾结构面或外倾不同结构面的组合线倾角35°～75°	
	较完整	结构面结合差	外倾结构面或外倾不同结构面的组合线倾角大于75°或小于35°	
Ⅳ	较完整	结构面结合差或很差	外倾结构面以层面为主，倾角多为35°～75°	8m高的边坡不稳定
	不完整(散体、碎裂)	碎块间结合很差		

注：① 边坡岩体分类中未含由软弱结构面控制的边坡和倾倒崩塌型破坏的边坡；

② Ⅰ类岩体为软岩、较软岩时，应降为Ⅱ类岩体；

③ 当地下水发育时，Ⅱ、Ⅲ类岩体可视具体情况降低一档；

④ 强风化岩和极软岩可划为Ⅳ类岩体。

12.4.3 边坡防护工程

为保证路基的稳定性，除做好路基防排水以外，必须做好路基防护与加固措施，其重点是做好边坡防护与加固，特别是不良地质与水文地段及沿河路堤的边坡。

路基边坡防护与加固工程，一般分为坡面防护、冲刷防护与支挡工程三大类。

1. 坡面防护

坡面防护，主要是保证路基边坡表面免受降水、日照、气温、风力等自然力的破坏，既提高边坡的稳固性，同时也可美化路容，增加行车的舒适感。常用的防护类型有：

1）植物防护

在适宜植物生长的土质边坡上，用植物覆盖层对土质坡面防护，如种草、铺草皮和植树等。它可以减缓地面水流速度，调节边坡土的温湿状况，固结土壤，增强路基的稳定性，同时绿化道路和保护环境，如图 12-8 所示。

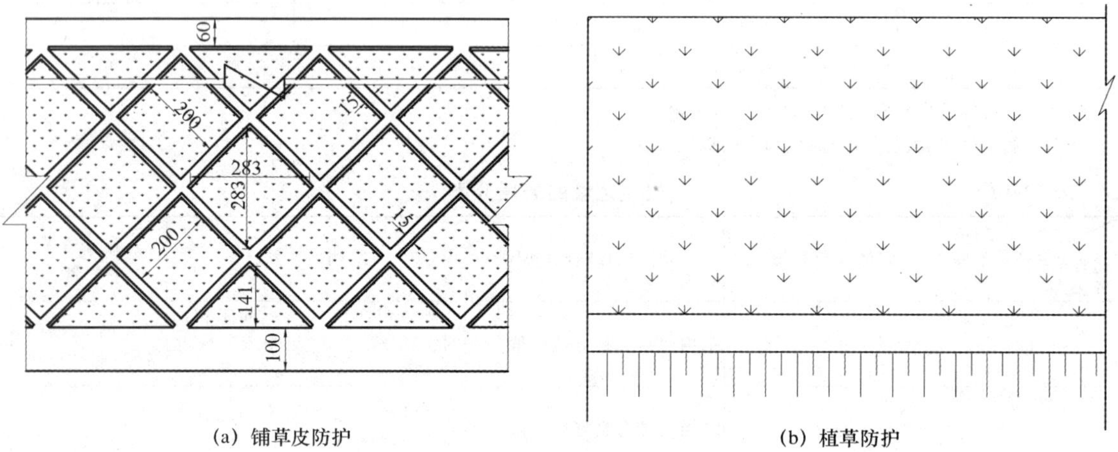

(a) 铺草皮防护　　(b) 植草防护

图 12-8　植物防护示意图

2）灰浆防护

采用拌制的水泥、石灰类矿质混合料对边坡进行封面和填缝，防止软弱岩土表面进一步风化、破碎和剥落，避免雨水浸蚀坡体，适用于不宜植物防护的坡面，主要有抹面、勾缝、灌浆、嵌补或锚固等防护方法。

3）砌体防护

因受自然力影响易发生严重剥落（碎落）、冲蚀或溜方等坡面变形的路基边坡，宜采用框格、护坡和护墙等砌体防护形式，如图 12-9 所示。

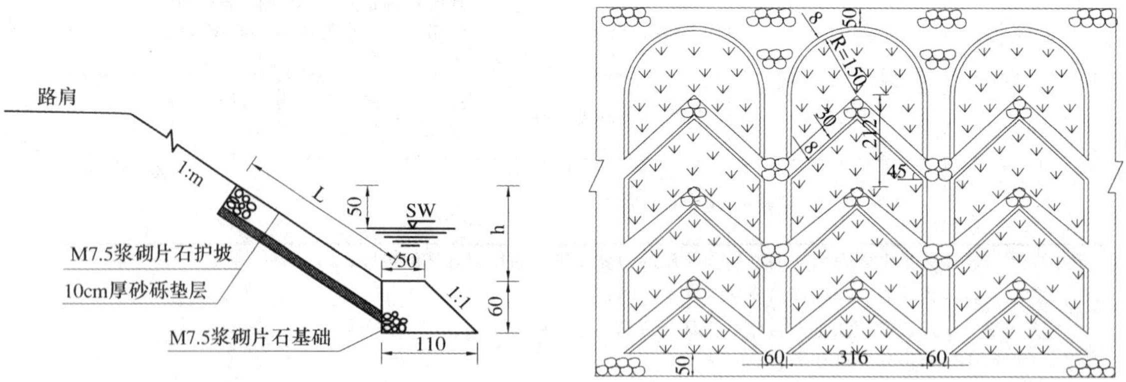

(a) 浆砌片石护坡　　(b) 框格防护

图 12-9　砌体防护示意图

2. 冲刷防护

冲刷防护，为防止水流直接危害沿河、滨海路堤以及有关堤坝护岸的边坡和坡脚，所采取的防止冲刷的措施。按其方法不同，可分为直接防护和间接防护两种。

1）直接防护

对岸坡直接加固，包括植物防护、石砌防护或抛石与石笼防护，以及必要时设置的支挡（驳岸、浸水挡土墙等），如图 12-10 所示。

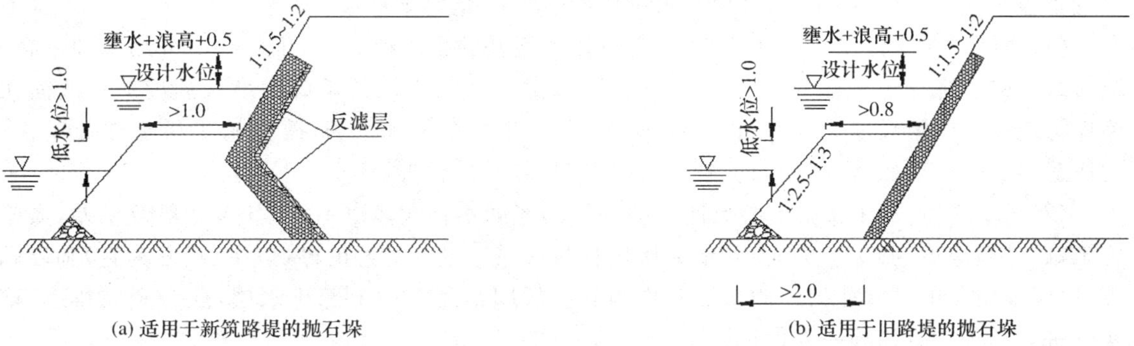

图 12-10　抛石防护示意图（单位：m）

2）间接防护

通过设置导治构造物改变水流方向，消除或减缓水流对堤岸的直接破坏的措施。常用的间接防护措施有设置导治构造物（丁坝、顺坝或格坝等）、实施改河工程以及种植防水林带等。

3. 支挡工程

为防止路基或山体因重力作用而坍塌，保证路基稳定，主要起支撑作用的支挡结构物，也称为加固工程，包括路基边坡支撑（挡土墙等）和堤岸支撑（驳岸、浸水挡土墙等）。

12.5　地基加固处理

软土地基主要是指由承载力低、压缩性高的软弱土组成的地基，在我国沿海内陆平原和山间盆地有较广泛的分布。在软弱地基上修筑路基，施工和使用过程中易发生路基失稳或较大沉降，导致路基路面开裂、沉陷、拥包等变形破坏。对软弱地基，必须采取地基加固措施。

常用的软弱地基处理方法有换填法、排水固结法、挤密压密法和加筋法等。

1. 换填法

换填法，即将地基软弱层全部或部分挖出，换填以强度较高、透水性好、性能稳定、无侵蚀性的材料，并压实，以提高地基承载力，减小沉降量。换填的材料有碎（砾）石、砂、灰土、素土或煤渣等。换填方法有挖填、抛石、爆破等。

（1）开挖换填法。将需要处理的软弱层挖出，采用适当换填材料回填并压实。此法适用于软弱土层埋藏较浅，挖换深度不超过 3m 的情况。

（2）抛石挤淤法。一般采用块径不小于 30cm 的片石，沿路中线向前抛填，再渐次向两侧扩展，或者从软弱层底面由高向低依次抛填，从而将基底的淤泥或泥炭等软弱土挤出。此法适用于排水困难的洼地，软弱土层较薄易于流动，表层无硬壳的情况。

（3）爆破排淤法。在软弱土层中实施爆破作业，利用爆破冲击力将软弱土层中淤泥或泥炭排走，再用良好的填料置换回填。此法换填深度大，功效高，但注意应避免爆破对周围环境的不良影响。含水量小、回淤较慢的软土或泥沼，应先爆后填，即爆即填；含水量大而回淤较快的软土或泥沼，可先填后爆，填料随爆下沉，以免回淤。

2. 排水固结法

排水固结,即对软弱地基通过增设某些排水条件、加载预压,加速其排水固结,提高其承载力,减小工后沉降。加载预压一般利用填料自重(必要时可超载)进行加压。为加速排水固结,常设置透水性垫层(如砂垫层)和竖向砂井、袋装砂井、塑料排水板等。

(1) 堆载预压法。采用路堤填料的自重作为地基的预压荷载,预压荷载应分级施加,前一级荷载下的沉降稳定后方可施工下一级荷载,以适应软弱土层的承载力增长速度。一般需在路堤与地基之间铺设厚 0.5~1m 的中砂、粗砂或砾层作为排水面,改善施工机械作业条件。此法适用于软土层较薄、路堤高度较小、加固工期较长的情况。

(2) 砂垫层法。在软弱土层上铺设砂垫层的厚度不宜太薄也不宜太厚,太薄效果差,太厚施工难,一般厚度为 0.5~1m。砂垫层所用材料应采用透水性好的砂(以中、粗砂为宜)和砂砾等,以保证所需的排水能力。砂垫层常作为软土层固结所需的上部排水层,配合竖向排水、挤实砂桩等其他固结措施一起使用。

(3) 砂井排水。采取螺钻、沉管或射水等方式在地基中形成竖向排水井孔,并灌入粗、中砂,形成排水通道,缩短排水距离,加速固结沉降的过程。适用于软土层较厚(一般超过 5m)、路堤较高或加固工期较紧的情况。

(4) 袋装砂井堆载预压。将装满砂的透水性土工织物编织袋(沙袋),用导管式振动打桩机成孔后置于井孔中,即形成袋装砂井。此法可保证砂井的连续性,避免颈缩现象,提高砂井质量,节省砂料,还可明显加速排水固结进程。

(5) 塑料排水板预压。以塑料排水板替代砂井作为竖向排水体的堆载预压法。塑料排水板由强度高、导水率大的硬质塑料片(管)、芯材和孔隙小、孔隙率大、过滤性及透水性强的无纺织物滤套(或滤膜)组成。软土中的孔隙水由滤套渗入到塑料芯板的纵向凹槽后再排入砂垫层。此法无须灌砂,施工简单,对地基的扰动小。

(6) 真空预压法。在待处理的软土地基内设置砂井或塑料排水板,在表面铺设砂垫层后覆盖不透气的密封膜(压紧四周),通过对预埋在砂垫层的真空滤管抽出土中气体,由大气压力对地基进行预压加固。

3. 挤密压密法

地基土通过压实,可提高强度和降低压缩性。对松软地层,一般压实难以达到要求时,可通过对土体进行挤密压密等挤压措施达到压实效果。

(1) 表层压密法。通过人力或机械对松散地基土进行碾压或夯击,提高土体密实度,从而提高承载力、降低压缩性。有机械碾压、重锤夯实、振动压实等方法。

(2) 深层挤密法。采用爆破、挤压、冲击和振动等方法在软弱土中成孔,并在孔内填砂、碎石、素土、石灰或其他材料,捣实而成直径较大的桩体,与桩间挤密的原土共同组成复合地基,使较大范围内的松软地基得以挤密加固。一般群桩的面积约占松散土加固面积的 20%。

4. 加筋法及其他加固措施

将抗拉强度较大的土工织物、塑料格栅和筋条等材料铺设在路堤的底部,以增加路堤强度,扩散基底应力,阻止土体侧向挤出,从而提高地基承载力和减小差异沉降。加筋的层数应按稳定计算。此外,土工织物还有反滤、排水和隔离等作用。

改变路堤结构、调整地基应力等措施也可对软土地基加固处理。如采用粉煤灰为填料的轻质路堤,可减小基底应力,降低地基应力,有利于提高路堤稳定性和减小路基沉降量。在路堤两侧填筑一定高度和宽度的反压护道,也可平衡路堤下地基土的侧向应力,阻止其向两侧挤出的趋势，保证路堤稳定性。

软土地基加固处理的方法多样，为同时解决软土地基沉降、稳定性或加强某一种软土地基处理效果，可考虑多种措施组合应用，以发挥各种方法的特长。

12.6　挡土墙类型与适用范围

挡土墙主要用于支撑路基填土或山坡土体，是防止填土路基或边坡土体变形失稳的一种构造物，也可起到减少土石方工程数量和占地面积，防止水流冲刷路基的作用。广泛用于支撑路堤或路堑边坡、隧道洞口、桥梁两端及河流堤岸等。

1. 挡土墙的类型

挡土墙按照设墙的位置、材料、结构形式可划分为以下几种类型。

(1) 按设置位置分为路堤墙（墙体支撑路堤边坡，墙顶以上有一定填土高度）、路堑墙（用于稳定路堑边坡）、路肩墙（墙顶置于路肩）和山坡墙（用于整治塌方、滑坡）等类型，如图 12-11 所示。

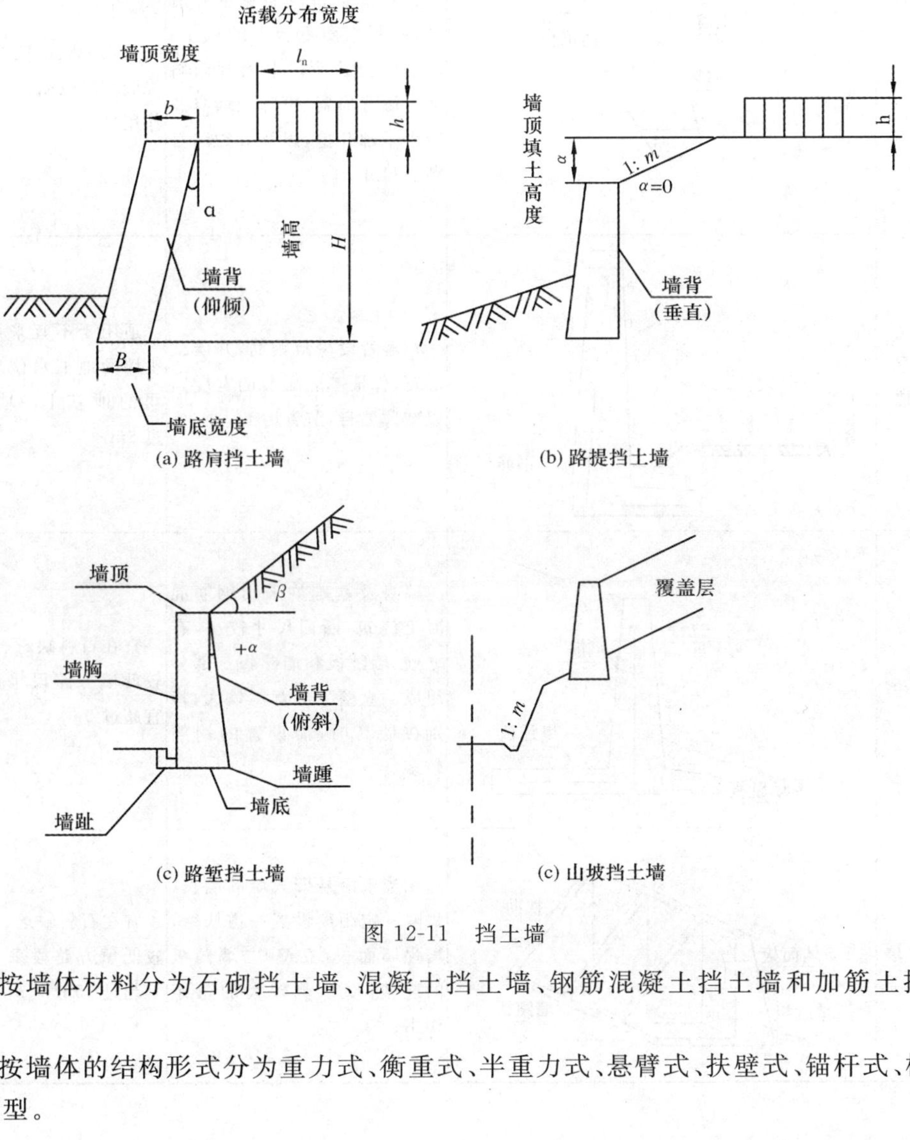

图 12-11　挡土墙

(2) 按墙体材料分为石砌挡土墙、混凝土挡土墙、钢筋混凝土挡土墙和加筋土挡土墙等类型。

(3) 按墙体的结构形式分为重力式、衡重式、半重力式、悬臂式、扶壁式、锚杆式、柱板式和垛式等类型。

2. 各种挡土墙的特点和适用范围

各种挡土墙的特点和适用范围如表 12-15 所列。

表 12-15　　挡土墙的特点和适用范围

类型	结构示意图	特点	适用条件
重力式挡土墙	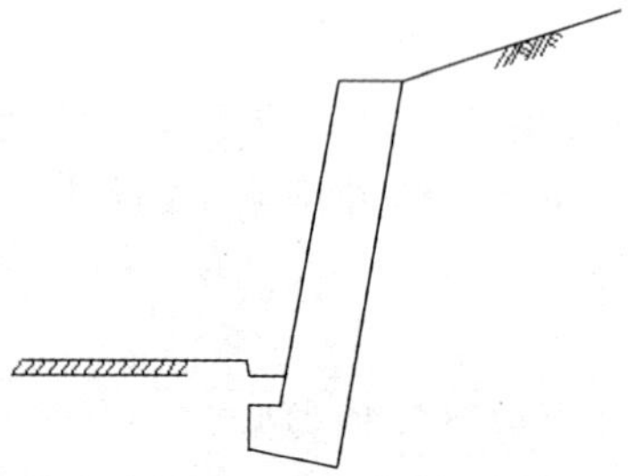	依靠墙自重承受土压力,结构简单,施工简便,由于墙身重,对地基承载力的要求高	适用于一般地区,浸水地区和地震地区的路肩、路堤和路堑等支挡工程。墙高不宜超过 12m,干砌挡土墙的高度不宜超过 6m。高速公路、一般公路不应采用干砌土墙
衡重式挡土墙	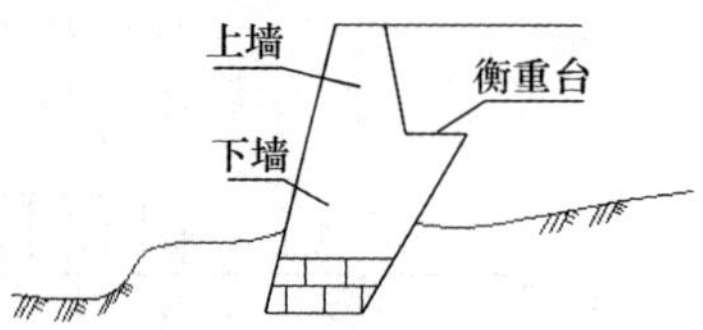	设置衡重台使墙身重心后移,并利用衡重台上的填土,增加墙身稳定。上墙背俯斜而下墙背仰斜,可降低墙身及减少基础开挖,以及节约墙身断面尺寸	适用于陡山坡的路肩墙、路堤墙和路堑墙(兼有拦挡落石作用)
混凝土半重力式挡土墙	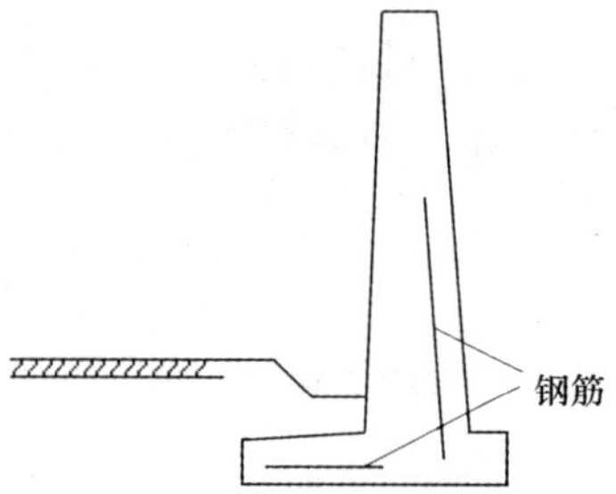	在墙背设少量钢筋,并墙趾展宽(保证基底必要的宽度),以减薄墙身,节省圬工	适用于不宜采用重力式挡土墙的地下水位较高或较软弱的地基上。墙高不宜超过 8m
悬臂式挡土墙	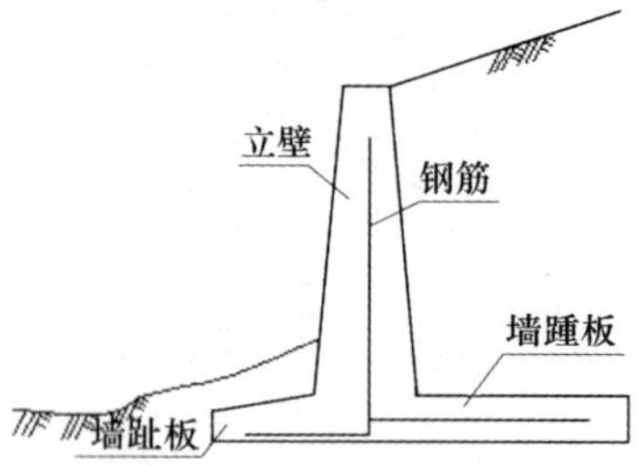	墙身及基础均采用钢筋混凝土浇筑,断面尺寸较小,有立壁、墙趾板和墙踵板三部分组成。立壁下部弯矩较大,特别在墙高时,需设置的钢筋较多	宜在石料缺乏、地基承载力较低填方路段采用。墙高不宜超过 5m
扶壁式挡土墙	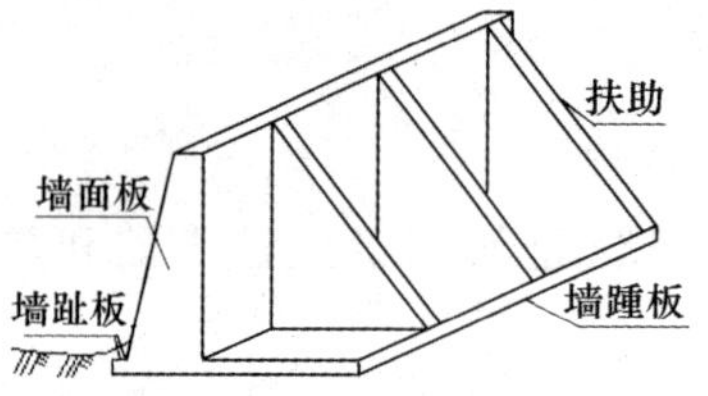	相当于沿悬臂式墙的墙长,每隔一定距离设置一道扶壁,增强墙面板(立壁)与墙踵板的连接,以承受较大的弯矩作用	宜在石料缺乏、地基承载力较低填方路段采用。墙高不宜超过 15m

续表

类型	结构示意图	特点	适用条件
锚杆挡土墙	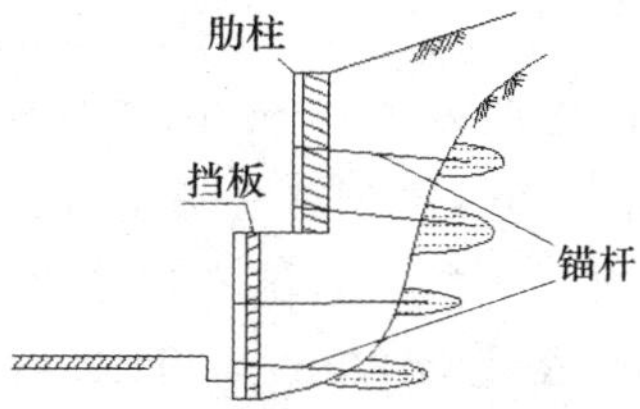	由助柱、挡板和锚杆组成，靠锚杆锚固在山体内拉住助柱。肋柱、挡板可预制	宜用于墙高较大的岩质路堑地段。可用作抗滑挡土墙。可采用肋柱式或板壁式单级墙或多级墙。每级墙高不宜大于 8m，多级墙的上、下级墙体之间应设置宽度不小于 2m 的平台
锚定板挡土墙	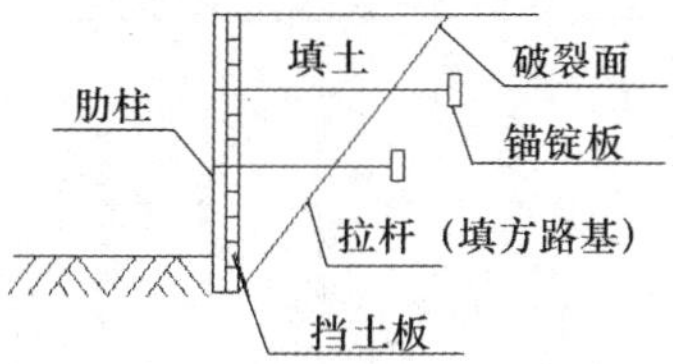	类似于锚杆式，仅锚杆的固定端用锚定板固定在山体内	宜使用在缺少石料地区的路肩墙或路堤式挡土墙，但不应建筑于滑坡、坍塌、软土及膨胀土地区。可采用助柱式或板壁式，墙高不宜超过 10m
加筋土挡土墙	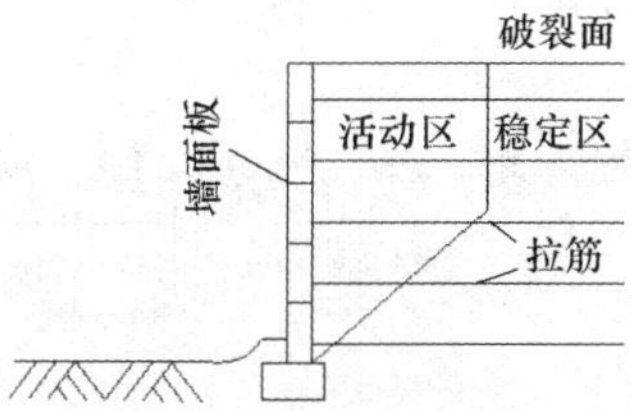	由面板、拉筋和填料三部分组成，依靠拉筋与填料之间的摩擦力来抵抗侧向土压力，面板可预测	用于一般地区的路肩式挡土墙、路堤式挡土墙。但不应修建在滑坡、水流冲刷、崩塌等不良地质地段。高速公路、一级公路墙高不宜大于 12m，二级及二级以下公路不宜大于 20m
桩板式挡土墙	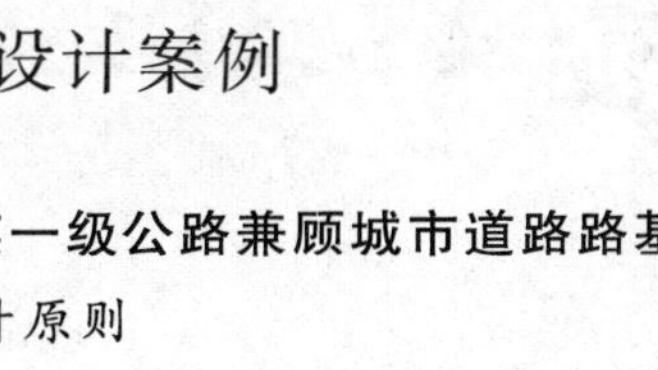	由柱板和挡板组成，利用深埋的桩柱前土层的被动土压力来平衡墙后主动土压力	用于表土及强风化层较薄的均质岩石地基、挡土墙高度可较大，也可用于地震区的路堑或路堤支挡或滑坡等特殊地段的治理

12.7 路基设计案例

[案例 12-1] 某一级公路兼顾城市道路路基设计

1. 路基设计原则

(1) 设计遵循现行规范的要求，根据路基的填筑高度，地下水位情况，以及填料性质划分本工程路基的干湿类型，借此确定路基设计方案和路面结构组合等。

(2) 路基设计要因地制宜，充分考虑地形、地质、气象和水文等自然条件及周围的社会条件，做到与地形、周围环境相协调，充分考虑不良地质对路基的影响，从而提出合理的路基防护和排水措施。

(3) 路基工程在道路工程费用中所占比例较大，所以考虑路基工程的经济性也是路基设计的重要原则。

(4) 路基要与路面成为一体，且作为路面的基础工程，应严格掌握路基填筑材料的材性，提出经济合理的填挖方案,确保路基的强度和密实度。

(5) 路基设计要注意水土和环境保护,并加强沿线绿化,改善施工变化后的地形景观。

2. 路基方案的比选论证

1) 路基横断面布置

设计主线采用双向六车道一级公路横断面,设计速度为100km/h,兼顾城市道路功能,路基宽度采用47.5m,具体路幅布置为:中央分隔带宽5.0m,左侧路缘带宽2×0.5m,行车道宽2×3×3.75m,右侧路缘带宽2×0.5m,主辅分隔带宽2×2.0m,辅车道宽2×6.25m,土路肩宽2×0.75m。道路两侧各设置16.25m宽的绿化带,全宽为80m,如图12-12所示。

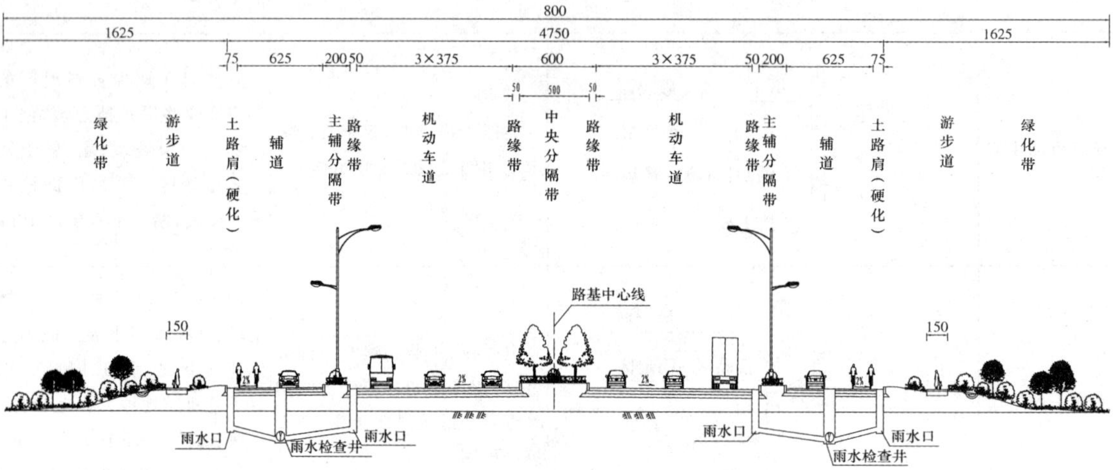

图12-12 主线路基标准横断面图(单位:cm)

连接线按设计速度60km/h的双向六车道一级公路标准设计,路基宽度为33.0m,其中,中央分隔带宽4.0m,左侧路缘带宽2×0.5m,行车道宽2×3×13.5m,右侧路缘带宽2×0.5m辅车道宽2×3.0m,如图12-13所示。

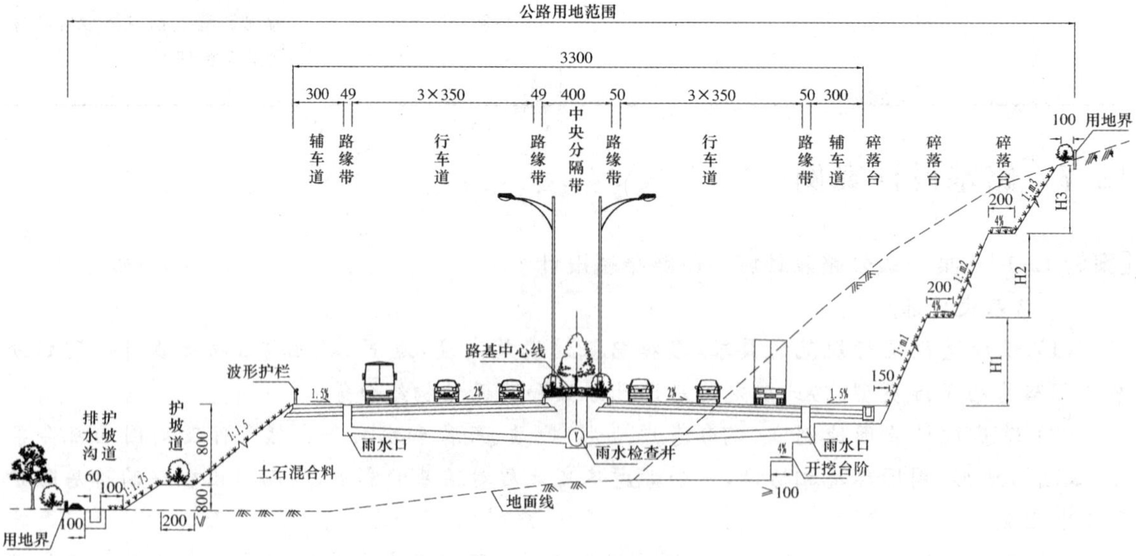

图12-13 连接线路基标准横断面图(单位:cm)

2）路基高度

路基高度主要受地形条件、桥涵构造物净空、设计洪水位及路基稳定性等因素控制。路基设计标高为左侧路缘带左边缘的高程。设计高程系统采用1985年国家高程标准。路基设计洪水频率为1/100。

3）路拱坡度

主线行车道、路缘带及辅车道为2%，连接线行车道、路缘带为2%，辅车道为向内横坡1.5%。

4）路基边坡

主线两侧为绿化带，路基边坡以与两侧绿化带接顺为原则。

连接线填方边坡坡率一般为1∶1.5，路基采取直接放坡形式，填土高度大于8m时分级，第一级8m，坡率1∶1.5，第二级及以下各级坡率1∶1.75，各级边坡之间设2m宽的平台。路基边坡坡脚外侧设置矩形排水沟。用地界为排水沟外1.0m。

主线及连接线挖方路基均设置矩形边沟，路基边坡分级高度一般为8m，各级碎落台宽度均为2m。设计根据开挖路段地质状况确定了适宜的边坡坡率，同时结合绿化环保要求，边坡坡率一般采用1∶0.25～1∶1.25，用地界为坡顶外1m。

3. 一般路基设计

1）路基填土的最大、最小高度及其控制因素

路基最小填土高度必须保证不因地面水、地下水、毛细水及冻胀作用的影响而降低其稳定性。综合考虑本次设计所在地区的气候特征、水文地质、土质、路基结构、路面类型等因素对路基的影响，确定主线及连接线路基最小填土高度为1.53m，保证路基处于中湿或干燥状态。当路基填筑高度受限制不能达到要求时，则采取超挖换填等处理手段。

对路基填筑量、占地、地基承载力、路堤的强度和稳定性、与环境的协调等因素进行综合考虑，主线路堤最大高度一般不超过8m，连接线路堤最大高度一般不超过20m。

2）路堑最大高度及其控制因素

路堑边坡的最大高度主要受其稳定性因素控制，同时应与周围环境协调一致。一般土质边坡的高度不超过20m，岩质边坡的高度不超过30m。

3）高填深挖路基

高填方路堤在外业勘察和调查的基础上，对场地水文地质条件、填料来源及其性质充分了解掌握，综合进行基底处理、填料设计、断面及防护设计、并进行冲击碾压加强路堤的压实度。

深挖路堑路基根据初步设计阶段的地质勘查报告，综合采用工程地质类比法等进行稳定性分析评价，在此基础上确定边坡的坡率，同时根据边坡地质和环境条件、边坡高度等，采取工程防护和植物防护相结合的综合措施。主要在坡脚设置挡墙加固，坡面采用高次团粒生态植被防护。

4）陡坡路堤

对于地面斜坡坡率陡于1∶2.5的路堤，根据地质资料进行整体稳定性分析计算，根据计算结果采取不同的处理措施，主要在坡脚设置护脚墙进行支挡。

5）纵、横向填挖交界路基

纵向填挖交界处应设置过渡段，过渡段采用级配较好的砂类土、碎石填筑。过渡段长度10～15m，路床顶、底部铺设钢塑土工格栅。对地面自然横坡陡于1∶5的斜坡须开挖成向内倾斜2%～4%的反向台阶，台阶宽度不得小于2.0m，当覆盖土层厚度小于2.5m时，须清除表层覆土，并在基岩上挖反向台阶，以确保路基稳定。

横向填挖交界在填挖交界处路床顶部、底部铺设钢塑土工格栅、挖方区土质路床应进行超

挖换填处理,填方区优先采用渗水性好的材料填筑。当自然横坡陡于1:5时,采取与纵向填挖交界相同的方式处理。

4. 路基防护工程方案

选用防护类型是针对当地气候、水文、地形、地质条件和筑路材料的分布情况确定的,并与周围环境景观保持协调。

1) 填方路基防护方案

填方路段选用的防护类型主要有喷播植草、框格植草、桥头路段预制砼六角块护坡及沿池(鱼)塘的浆砌片石护坡等,支挡防护措施主要是陡坡路段坡脚的护脚墙。

(1) 喷播植草防护

该方案适用于填土高度小于8.0m的路堤边坡防护,采用撒播草籽。

(2) 框格植草防护

该防护适用于填方高度 $H\geqslant 8$m 的填方路基边坡,植草坡面土利用清基土方,厚度为20cm。

(3) 桥头路段防护

桥头填方路段两侧各10m路基的边坡防护,考虑到雨水冲刷对坡面的影响,采用防冲刷能力较强的预制砼六角块进行防护。

(4) 池(鱼)塘路段防护

沿池(鱼)塘路段先清淤至河底,然后回填宕渣至相应的标高,落入池(鱼)塘的边坡采用M7.5浆砌片石防护(图12-14)。

(5) 陡坡路段防护

陡坡路段因受地形限制需收缩坡脚处,斜坡坡脚伸出较远不利填筑处,及路堤整体稳定性不足处,均采用M7.5浆砌块石护脚墙进行支护。

2) 挖方路基防护方案

对不同工程地质条件的边坡采取不同的防护措施,在保证边坡稳定的基础上,贯彻生态绿化的思路。

挖方路基采取矮挡墙加固坡脚,对于挖方较低路段,结合边坡绿化的要求,采取尽可能放缓边坡的措施,主要以厚层基材,土工格室植草等生态绿化防护措施为主;对于高边坡,在保证路基边坡稳定的前提下,为减少开挖量,采取比较陡的边坡坡率,同时采用高次团粒等厚层基材支护。对于自然边坡整体性好,风化程度轻,岩石强度高的岩质边坡采用光面爆破工艺进行开挖,以减少对边坡坡体的扰动,同时这些边坡自然裸露,不采取人工防护措施,以凸显自然本色。

5. 取土、弃土方案及节约用地措施

1) 取土、弃土方案

公路取土、弃土设计,取土为外购,弃方主要为清表后的耕植土、挖除老路路面结构、池(鱼)塘中的淤泥及部分超挖换填路段的超挖土方和粉煤灰土工布见图12-14,设计将临时弃土场置于老路沿线两侧,将主要弃土直接用于路基两侧绿化带底层的绿化培土,部分用于中央分隔带、主辅分隔带绿化培土。

2) 节约用地措施

(1) 对于弃方,应充分利用于中央分隔带、主辅分隔带及路基两侧绿化带的绿化用土,既可改善路线的沿线景观,同时减少废方占地,提高综合利用效率。

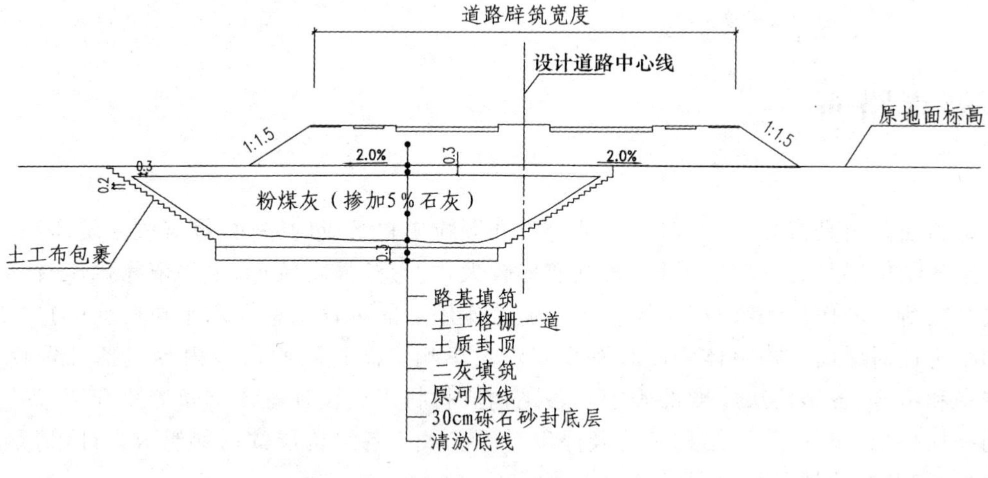

图 12-14 填浜处理实例

(2) 在满足洪水位标高和沿线结构物控制标高的前提下，尽量降低路基填高，以减少路基征地宽度。

(3) 连接线路基两侧坡脚处的排水沟，通过流量计算后设置成矩形，以节约用地。

13 沥青路面

沥青路面是由具有黏性、弹塑性的结合料和颗粒矿料组成的路面,修筑成多层体系。其力学特点是各结构层具有一定的塑性,弯沉变形较大,抗弯拉强度较小,主要依靠抗压、抗剪强度来抵抗车辆荷载的作用,其破坏主要取决于荷载作用下的垂直位移和水平拉应变(力),土基的刚度和稳定性对路面结构整体强度和刚度有较大影响。沥青路面设计内容包括:路面结构层次的选择和组合、各结构层厚度的确定和各结构层材料组成设计等。本章着重介绍:沥青路面常见的损坏现象、设计指标、结构组合及厚度计算。关于各结构层的材料组成设计,请参阅《道路建筑材料》及有关规范和手册。

13.1 沥青路面常见的损坏现象

为了控制或限制路面结构的使用性能在预定的使用年限内不恶化到某一程度,就必须分析路面损坏的现象和产生的原因,并据此提出相应的设计指标。

路面的损坏现象(如裂缝、沉陷、推移或搓板、坑槽、泛油等)多种多样,有时一种形式单独出现,有时几种形式同时出现。虽然损坏现象错综复杂,但仍可发现有一定的规律,各种损坏现象的产生,都是由于行车和自然因素同路面相互作用造成的结果,它随外界影响因素(行车和自然因素)和路面工作特性的不同而异,常见的路面损坏现象是路面强度和稳定性不足的具体表现。路面的损坏现象主要有下列几种:

1. 裂缝

裂缝是路面上较普遍的损坏现象,常表现为纵向裂缝、横向裂缝、纵横交错的龟裂等形态,有时还伴随其他损坏现象同时出现。

产生裂缝的原因通常是:基层软弱,使面层出现网裂;面层材料在行车荷载重复作用下产生疲劳,使面层出现开裂,并逐步发展形成连片龟裂,有时伴有车辙、沉陷;面层材料过脆,或面层和基层的刚度相差悬殊,以至面层底部由行车荷载作用产生的拉应力过大,都会使面层拉裂形成纵横向裂缝;石灰土等半刚性基层因收缩而形成的横向裂缝反射至面层,使面层出现有规则间隔的横向裂缝(称反射裂缝);沥青面层因低温收缩产生横向裂缝;沥青材料老化也会使路面产生裂缝。

2. 沉陷和车辙

沉陷是指路面出现局部下凹的现象,有的下凹部分仍处于完整状态,有的则出现裂缝或网裂。其产生的原因主要是由于土基局部湿软(即局部强度和稳定性不足),或路面强度不足或厚度太薄,传到土基的压力超过土基的承载能力,因此产生过大的垂直变形而使路面沉陷。如果整个路段土基强度不足,路面结构层及土基在行车重复荷载作用下不断磨耗、压实,产生累积永久变形,这种变形出现在轨迹带处,形成纵向带状凹陷,即为车辙。

3. 推移

面层材料沿行车方向产生推挤和隆起,甚至形成波浪的现象称为推移。它是由于行车荷载的水平力、垂直力和震动力的共同作用,使面层材料产生剪切破坏所致。在交叉口或公共汽车站附近等水平力较大的地方，经常可以见到这种现象。特别是沥青面层在高温时更容易发生推移。

4. 坑槽

面层材料黏结力不足，或在行车作用下被磨损、碾碎，出现细料散失、粗骨料外露，进而骨料间失去联结而出现成片散开的现象称为松散；松散材料散失后就形成坑槽，若不及时养护修补，就会使整个面层受到损坏。

5. 泛油

在高温季节，沥青面层发软以至浮现一层黑亮沥青的现象称为泛油，此时面层材料黏结力低，容易被车轮黏着带走而出现坑槽，被带走面层材料落下处则形成油包。其原因是沥青材料热稳性不良，面层材料组成不当，如沥青用量过大等。

此外，在季节性冰冻地区还有冻胀和翻浆现象。

综合上述各种损坏现象可以看出，有些损坏是路面的整体抗变形能力不足而引起的，而有的主要是由于结构层的组合不当，使其中某层(特别是临近面层的那一部分基层)的强度(或刚度)不足，或在组合时未充分考虑某些结构层次本身的工作特性。另一些则主要是面层问题，例如面层材料组成不当，或是施工质量差和养护方法不妥等。所以在进行路面设计时，不仅要考虑路面的各层次需有的必要厚度，以保证整体承载能力足够(路面的厚度设计)，还须妥善处理路面结构层的组合，进行结构组合设计。并应严格控制各结构层材料的品质和组成。

13.2 沥青路面结构组合

13.2.1 结构组合原则

路面结构一般是由面层、基层、垫层等层次组成，因而不仅应对各分层的结构进行设计，还应对结构层的组合进行设计。

各分层的结构设计，是指按层位的作用，选择结构层的类型，材料组成，提出施工要求等。

结构层的组合设计，是按行车和自然因素对不同层位的要求，结合各类结构层本身的性能，进行合理的安排，显然，不同的结构组合会产生不同的结果，现举两个交通量相当的实例来说明。

例一：某重冰冻地区，地下水位深 80cm，采用的路面结构组合是：5cm 沥青混凝土面层，6cm 沥青碎石整平层，30cm 炉渣石灰土基层，路面总厚度 41cm。经使用多年路面保持良好状态。

例二：某中冰冻地区，地下水位深大于 2m，采用的路面结构组合是：5cm 沥青混凝土面层，7cm 碎石整平层，30cm 天然砂砾基层，30cm 石灰土底基层，路面总厚度为 72cm。通车数月后，面层出现大量较宽的网裂，继而出现坎坷不平，最后全部松散，需重新翻修。

这两个例子，论厚度，例二比例一厚 31cm，整体强度也不比例一低，却很快损坏了。其损坏原因主要是结构组合不合理，在上(碎石整平层)下(石灰土底基层)两层强度较高的层次之间，夹了一层整体性差的天然砂砾基层，该砂砾层在行车荷载的反复震动作用下发生松动，使砂砾往上挤入碎石层中，碎石随之下落，面层也随之下沉、开裂以至松散，挖开路面观察，实际情况与以上分析一致。若将砂砾层同石灰土层交换位置，其效果就会好得多，上述损坏现象就可避免。

路基路面结构是一个整体,各结构层又有各自的特性和作用,并相互制约和影响,片面增大厚度往往无济于事,所以应十分重视路面的结构组合设计。

根据理论分析及多年的实践经验,进行结构组合设计时应遵循下述原则:

1. 路线、路基、路面要作通盘考虑总体设计

设计时,应充分顾及路基的强度和稳定性,并做好排水设计,为路面结构提供良好的支承条件。路基(土基)、垫层、基层和面层互相制约互相影响,应将它们作为一个整体,进行路基路面综合设计,达到路基稳定、基层坚实、面层耐用。

选择各路面结构层材料时,注意因地制宜、合理选材、充分利用当地材料。结构层的组合应根据施工技术力量与设备条件,做到方便施工、方便养护。

2. 根据各结构层功能和交通特点选择结构层次

面层直接经受气候因素和行车荷载的作用,要求高强(抗剪和抗拉)、耐磨、热稳性好和不透水,因而通常选用黏结力强的结合料和强度高的集料作为面层材料。交通量越大,轴载越重,面层等级应越高。在交通量大、轴载重的路上(特别是城市道路),应加设联结层(沥青类材料做成)作为面层下层,以抵抗水平力在层间产生的剪应力。采用空隙较大的沥青混合料或沥青贯入碎石作面层时,应在面层上加设沥青砂或沥青表面处治作封层。

基层是主要承受竖直应力的承重层,它要有足够的强度,一定的刚度和水稳性。常用的基层类型有沥青稳定类、水泥(或石灰、工业废渣等)稳定类和各种碎(砾)石混合料。交通繁重时,应选用强度和刚度较高的前两类基层,并且采用双层式基层,加设底基层可充分利用当地材料,选用强度和刚度较低的碎(砾)石混合料等。

要使路面有足够的整体强度,使用年限长,还应立足于保证路基的稳定性,城市道路要求土基回弹模量不小于20MPa,公路大于或等于30MPa。否则,单纯依靠加强或增厚面层或基层,并不能收到良好的效果,同时也很不经济合理。稳定路基的一般措施,最经济最易办到也是最主要的方法是加强排水和达到要求的压实度。在路基水温条件较差时,则应加设垫层以疏导或隔离路基上层水分,并扩散由路面传下的应力。垫层材料一般采用天然砂或砂砾料,或者低剂量石灰土等。

3. 适应行车荷载作用进行强度和刚度的组合

车轮荷载在路面内引起的应力和应变随深度而递减,如图13-1所示。各结构层的强度和刚度应按应力、应变分布规律布置,一般不宜有倒装结构,这样既能充分发挥各结构层材料的能力,又能充分利用当地材料铺筑基层、底基层,以降低造价。

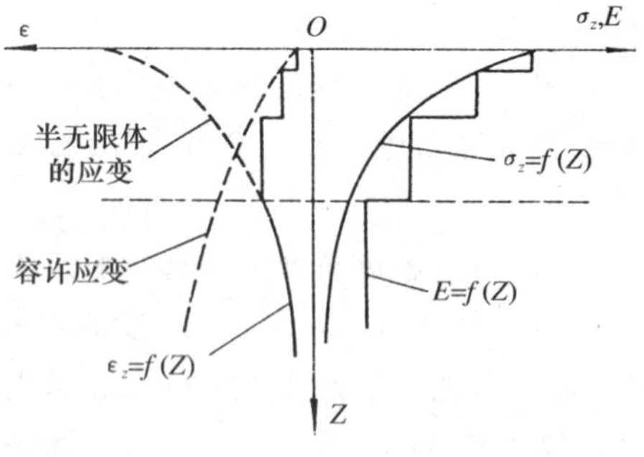

图13-1 应力和应变随深度的变化

相邻结构层之间的刚度不能相差过大,否则上层底面将出现过大拉应变(或拉应力)。根据经验和应力分析,相邻层的模量比宜为:基层与面层材料的回弹模量比不小于0.3;土基与基层(或底基层)材料的回弹模量比在0.08~0.4之间。

4. 注意各结构层的自身特点,作好层间组合

层间结合是否紧密,对上层底面拉应力有很大影响。对于常用沥青面层,其与基层层间处于滑动状态时,面层底面拉应力要比连续状态的大2~3倍。所以,层间组合必须紧密稳定,避免产生滑移,以保证路面结构的整体性和应力传播的连续性。

各结构层材料具有各自的特性，在组合时应注意相邻层次的相互影响、相互制约，并采取适当措施消除或限制不利的影响。例如：沥青面层下的基层，由于面层不透气，水分不能蒸发，在潮湿路段应采用水稳性良好的结构；为保证沥青面层与基层结合好，可按基层类型，酌情洒布透层油等；在不整齐块石基层（如锥形块石）上应设置起整平作用的碎石层；在潮湿的粉质土、黏质土的土基上，不宜直接铺筑碎（砾）石等颗粒材料；又如在石灰或水泥稳定类基层上修建沥青面层时，由于基层材料的干缩或低温收缩而开裂，会导致面层也相应地出现反射裂缝，应适当加厚面层或在其间加设一层由稳定的粒料组成的过渡层次。

5. 适当的层数与厚度

按照原则 3 的要求，结构层层数越多，越能体现强度和模量同荷载应力和应变沿深度变化的规律相适应。但是，层数过多将带来施工工艺及材料制备上的困难，所以层数不宜过多。

各层层厚除考虑受力比较合理外，还应适宜于摊铺和辗压，层厚过大，则应分层施工。从强度和造价考虑，自上而下的各层层厚，宜由薄到厚。

一般先确定面层的类型和厚度，以下各层厚度按计算进行调整。对多层结构，宜适当增加各层厚度以减少层次。

为了确保形成稳定的结构层次，各类结构层按所用材料的规格和施工工艺要求有一最小厚度要求，见表 13-1。公路部门还规定了公路路面沥青层的最小总厚度：高速公路 12～18cm，一级公路 10～15cm，二级公路 5～10cm，三级公路 2～4cm，四级公路 1～2.5cm。碎（砾）石类混合料面、基层，一般单层厚度为 8～15cm；而水泥或石灰稳定类基层，其单层厚度一般为 15～20cm。为改善路基水温条件而设置的垫层厚度，一般不应小于 15cm，并在路面厚度计算中计入其强度。

表 13-1　沥青混合料压实最小厚度及适宜厚度（适用于公路、城市道路）

沥青混合料类型		最大粒径 /mm	公称最大粒径 /mm	符号	压实最小厚度 /mm	适宜厚度 /mm
密级配沥青混凝土 (AC)	砂粒式	9.5	4.75	AC-5	15	15～30
	细粒式	13.2	9.5	AC-10	20	25～40
		16	13.2	AC-13	35	40～60
	中粒式	19	16	AC-16	40	50～80
		26.5	19	AC-20	50	60～100
	粗粒式	31.5	26.5	AC-25	70	80～120
沥青玛蹄脂碎石混合料 (SMA)	细粒式	13.2	9.5	SMA-10	25	25～50
		16	13.2	SMA-13	30	35～60
	中粒式	19	16	SMA-16	40	40～70
		26.5	19	SMA-20	50	50～80
开级配沥青磨耗层 (OGFC)	细粒式	13.2	9.5	OGFC-10	20	20～30
		16	13.2	OGFC-13	30	30～40
半开级配沥青碎石 (AM)	细粒式	16	13.2	AM-13	35	40～60
	中粒式	19	16	AM-16	40	50～70
		26.5	19	AM-20	50	60～80

6. 考虑水温状况的影响保证稳定性

在进行结构组合时,要使路面整体结构在各种自然因素的影响下,能够保持干、湿、冷、热的稳定性(统称气候稳定性)。例如在干旱地区应注意采取加强粒料嵌锁或黏结力的措施,以防止松散、搓板;在潮湿多雨地区应注意采用水稳性好的结构和加强排水,对沥青面层应注意防渗、防滑与防软化等,以保证水稳性和热稳定性;在冰冻地区应注意验算防冻层厚度,以保证其冻稳性,季节性冰冻地区路面结构最小防冻厚度要求如表 13-2 所列。

表 13-2　　公路最小防冻厚度

路基类型	道路多年最大冻深/cm	黏质土、细亚砂土			粉质土		
		砂石类	稳定土类	工业废料类	砂石类	稳定土类	工业废料类
中湿	50～100	40～45	35～40	30～35	45～50	40～45	30～40
	100～150	45～50	40～45	35～40	50～60	45～50	40～45
	150～200	50～60	45～55	40～50	60～70	50～60	45～50
	＞200	60～70	55～65	50～55	70～75	60～70	50～65
潮湿	60～100	45～55	40～50	35～45	50～60	45～55	40～50
	100～150	55～60	50～55	45～50	60～70	55～65	50～60
	150～200	60～70	55～65	50～55	70～80	65～70	60～65
	＞200	70～80	65～75	55～70	80～100	70～90	65～80

注:① 在《公路自然区划标准》中,对潮湿系数小于 0.5 的地区,Ⅱ区、Ⅲ区、Ⅳ区等干旱地区防冻厚度应比表中值减少 15%～20%;

② 对Ⅱ区砂质土路基防冻厚度应相应减少 5%～10%。

进行路面结构组合设计时,应结合具体情况,分清主次,合理地运用诸原则,以获得符合当地交通、环境、材料、施工及养护等条件的路面结构层次组合。

其具体步骤如下:

(1) 根据道路等级确定路面等级。

(2) 根据当地的自然环境条件和路基的干湿类型,决定土基是否要处理及处理方式。

(3) 按就地取材、因地制宜的原则,根据材料来源、施工条件及环境和交通因素,选择结构层类型和材料组成。

(4) 按应力分布规律和结构层性能的需要,安排结构层的组合。

根据材料和施工条件的可能,拟定几种结构组合方案,进行技术经济比较,确定最合宜的方案。

13.2.2 结构组合实例

沥青路面结构根据采用的基层材料类型不同,可有多种结构组合方案。表 13-3 列出了粒料类基层沥青路面、沥青结合料类基层沥青路面和无机结合料类基层沥青路面三类典型沥青路面结构组合方案,供参照采用。表 13-4 汇总了我国部分已建高速公路、一级公路、二级公路的路面结构,有的已经受多年使用的考验,其路况基本完好,取得较好的效果,可供路面设计时参考选用。

表 13-3　　不同基层的沥青路面结构层组合方案

结构类型(1)		粒料类基层		
面层	表面层	密级配沥青混合料、沥青玛蹄脂碎石、开级配沥青磨耗层、沥青表面处治		
	联结层	密级配沥青混合料		
基层	基层	级配碎石、填隙碎石		
	底基层	级配碎(砾)石、填隙碎石	水泥、灰石—粉煤灰或石灰稳定碎(砾)石或土	
垫层(季冻区)		不易冻胀的粒料		
结构类型(2)		**沥青类基层**		
面层	表面层	密级配沥青混合料、沥青玛蹄脂碎石、开级配沥青磨耗层、沥青表面处治		
	联结层	密级配沥青混合料		
基层	基层	密级配沥青混合料	密级配沥青混合料、沥青贯入碎石	开级配沥青碎石
	底基层		级配碎石	水泥或石灰—粉煤灰稳定碎石
垫层(季冻区)		不易冻胀的粒料		
结构类型(3)		**无机结合料类基层**		
面层	表面层	密级配沥青混合料、沥青玛蹄脂碎石、开级配沥青磨耗层、沥青表面处治		
	联结层	密级配沥青混合料		
基层	基层	水泥或石灰—粉煤灰稳定碎石		
	底基层	级配碎(砾)石、填隙(水结)碎石	水泥、石灰—粉煤灰或石灰稳定碎(砾)石或土	
垫层(季冻区)		不易冻胀的粒料		

表 13-4　　我国部分公路的路面结构举例

路线名称	公路等级	累计标准轴次/10^6 次	路面结构	
京津塘(北京段)	高速	27.5	中粒式沥青混凝土	4cm
			粗粒式沥青混凝土	6cm
			沥青碎石	13cm
			水泥稳定砂砾	20cm
			石灰土	30cm
济南-青岛(青岛段)	高速	22	中粒式沥青混凝土	4cm
			粗粒式沥青混凝土	6cm
			粗粒式沥青混凝土	8cm
			水泥砂砾	20cm
			水泥稳定砂	33cm
京港澳复线衡阳至桂阳	高速	—	改性沥青 SMA-16	5cm
			改性沥青 AC-20C	6cm
			沥青碎石 ATB-25	10cm
			沥青同步碎石封层	1cm
			水泥稳定碎石	40cm
			水泥稳定碎石	20cm
西安-临潼(实体工程)	高速	4.33	中粒式沥青混凝土	5cm
			粗粒式沥青混凝土	7cm
			水泥砂砾(或二灰砂砾)	20cm
			二灰土	25cm

13.3 新建沥青路面厚度的确定

路面结构厚度的确定方法有经验法和理论法。经验法是以已有经验或试验为依据确定厚度的方法;理论法则是以力学分析为基础,并考虑环境、交通条件及材料特征等因素确定厚度的方法。我国现行沥青路面设计方法,采用双圆垂直均布荷载作用下的多层弹性层状体系理论为基础。公路沥青路面设计以路表设计弯沉作为路面整体刚度的设计控制指标,以沥青混凝土面层和半刚性材料基层的层底拉应力作为抗疲劳开裂的设计控制指标。三、四级公路的路面结构只以路表面设计弯沉值为设计指标。有条件时,重载交通公路沥青路面也应检验沥青混合料的抗剪强度。

考虑到城市道路行车条件和路面受力特征,如公共汽车停靠站、交叉口等路段经常承受较大水平力荷载作用,故规范规定城市道路沥青路面设计指标包括路表弯沉值、柔性基层沥青层层底拉应变、半刚性材料基层层底拉应力和沥青层剪应力。快速路、主干路和次干路采用路表弯沉值、半刚性材料基层层底拉应力、沥青层剪应力或柔性基层沥青层层底拉应变作为设计指标;支路可仅采用路表弯沉值为设计指标。

13.3.1 计算图式及设计标准

1. 计算图式

通常将土基当作是均质的弹性半无限体,其应力和应变之间呈直线关系,用弹性半无限体理论来求解土基表面受荷载作用时,土基中的应力、应变和位移。但是,当土基上铺筑一层或几层路面结构层后,由于土基与路面材料的力学性质不同,而成为多层体系,须用弹性层状体系理论来计算土基及路面结构层中的应力、应变和位移。

弹性层状体系理论假设各路面结构层有一定的厚度,在水平方向是无限的,路面材料的应力和应变也呈直线关系,而且土基和路面各结构层层面间是完全连续接触的,各层的力学特性用回弹模量 E、泊松比 μ 以及厚度 h 表示,并将标准轴载一侧的双轮组荷载简化成两个圆形均布荷载,圆心距离为 3 倍荷载圆半径。图 13-2 为公路沥青路面双圆垂直均布荷载作用下路表弯沉值沥青混凝土面层和半刚性材料层层底拉应力的计算图式。图 13-3 为城市道路沥青路面双圆垂直均布荷载作用下路表弯测值、柔性基层层底拉应变,半刚性材料基层层底拉应力和沥青层剪应力的计算图式。

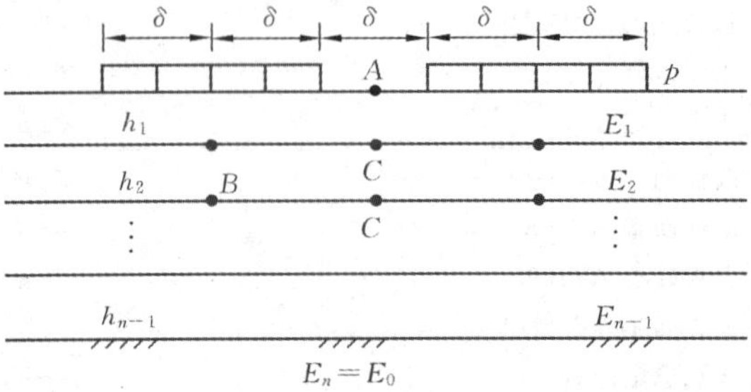

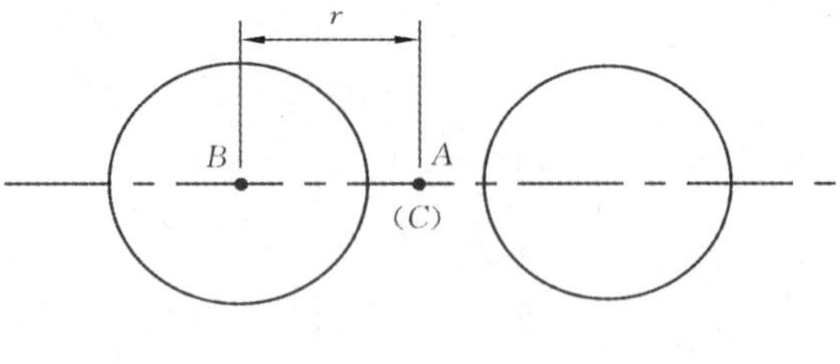

图 13-2 公路路面荷载及计算点图式

2. 公路沥青路面设计指标

1) 双圆均布荷载作用下轮隙中心处路表回弹弯沉

根据多层弹性理论,并考虑到路面实际使用情况以及计算的合理性,以层间接触为连续体

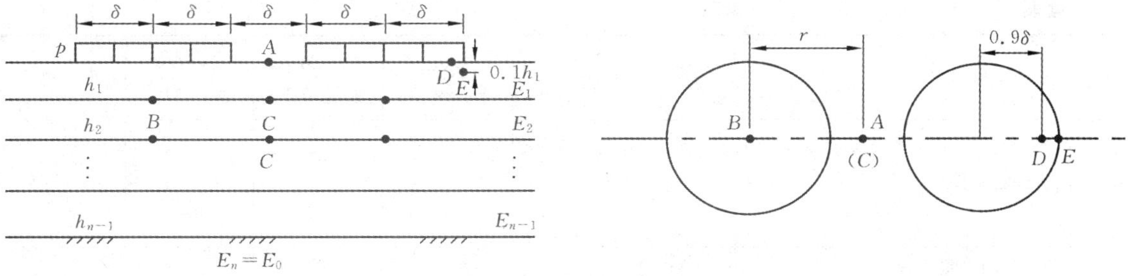

图 13-3 城市道路路面荷载及计算点图式

系时，在双圆垂直均布荷载作用下，按轮隙中心处实测路表弯沉值 l_s 小于或等于设计弯沉值 l_d 的原则进行路面厚度计算，即

$$l_s \leqslant l_d \tag{13-1}$$

路表弯沉计算点选在双圆均布荷载下轮隙中心处（A 点），见图 13-2。该点的路表弯沉值按下式计算：

$$l_s = 1000\,\frac{2p\delta}{E_1}\alpha_c F \tag{13-2}$$

式中 l_s——路表计算弯沉值，0.01mm；

p，δ——标准车型的轮胎接地压强，MPa；当量圆半径，cm；

E_0 或 E_n——土基抗压回弹模量值，MPa，由表 12-2 查得或实测；

α_c——理论弯沉系数，可用专用设计程序计算或查诺模图求解：

$$\alpha_c = f\left(\frac{h_1}{\delta},\frac{h_2}{\delta},\cdots,\frac{h_{n-1}}{\delta},\frac{E_2}{E_1},\frac{E_3}{E_2},\cdots,\frac{E_0}{E_{n-1}}\right);$$

E_1，E_2，…，E_{n-1}——各层材料抗压回弹模量，MPa，见表 13-5—表 13-7；

h_1，h_2，…，h_{n-1}——各结构层厚度，cm；

F——弯沉综合修正系数：

$$F = 1.63\left(\frac{l_s}{2000\delta}\right)^{0.38}\left(\frac{E_0}{p}\right)^{0.36} \tag{13-3}$$

表 13-5　　沥青混合料设计参数

材料名称		抗压模量/MPa			15℃劈裂强度/MPa	60℃剪切强度/MPa	符号
		20℃	15℃	60℃			
细粒式沥青混凝土	密级配	1200～1600	1800～2200	240～320	1.2～1.6	0.4～0.8	AC-10 AC-13
	开级配	700～1000	1000～1400	140～200	0.6～1.0	0.3～0.5	OGFC
沥青玛蹄脂碎石		1200～1600	1600～2000	240～320	1.4～1.9	0.8～1.1	SMA
中粒式沥青混凝土		1000～1400	1600～2000	—	0.8～1.2	—	AC-16 AC-20
密级配粗粒式沥青混凝土		800～1200	1000～1400	—	0.6～1.0	—	AC-25

续表

材料名称		抗压模量/MPa			15℃劈裂强度/MPa	60℃剪切强度/MPa	符号
		20℃	15℃	60℃			
沥青碎石基层	密级配	1000～1400	1200～1600	—	0.6～1.0	—	ATB-25 ATB-35
	半开级配	600～800	—	—	—	—	AM-25 AM-40
沥青贯入式		400～800	—	—	—	—	—

注:对于密级配细粒式沥青混凝土,采用普通沥青时其60℃抗剪强度在0.4～0.6MPa之间,采用改性沥青时其60℃抗剪强度在0.6～0.8MPa之间。

表 13-6　基层和底基层垫层材料设计参数

材料名称	配合比或规格要求	抗压回弹模量 E /MPa (弯沉计算用)	抗压模量 E/MPa (拉应力、剪应力计算用)	劈裂强度/MPa
水泥砂砾	4%～6%	1100～1500	3000～4200	0.4～0.6
水泥碎石	4%～6%	1300～1700	3000～4200	0.4～0.6
二灰砂砾	7:13:80	1100～1500	3000～4200	0.6～0.8
二灰碎石	8:17:75	1300～1700	3000～4200	0.5～0.8
石灰水泥粉煤灰砂砾	6:3:16:75	1200～1600	2700～3700	0.4～0.55
水泥粉煤灰碎石	4:16:80	1300～1700	2400～3000	0.4～0.55
石灰土碎石	粒料>60%	700～1100	1600～2400	0.3～0.4
碎石灰土	粒料>40%～50%	600～900	1200～1800	0.25～0.35
水泥石灰砂砾土	4:3:25:68	800～1200	1500～2200	0.3～0.4
二灰土	10:30:60	600～900	2000～2800	0.2～0.3
石灰土	8%～12%	400～700	1200～1800	0.2～0.25
石灰土处理路基	4%～7%	200～350	—	—
级配碎石	基层连续级配型	300～350	—	—
	基层骨架密实型	300～500	—	—
	底基层、垫层	200～250	—	—
填隙碎石	底基层	200～280	—	—
未筛分碎石	底基层	180～220	—	—
级配砂砾、天然砂砾	底基层	150～200	—	—
中粗砂	垫层	80～100	—	—

表 13-7 碎砾石土设计参数

碎石含量	路基干湿类型	回弹模量值/MPa	密度/$(t\cdot m^{-3})$	含水量
>70%	干燥	90～100	2.05～2.25	7%
	中湿	70～80	2.00～2.20	8%
	潮湿	55～65	1.95～2.15	11%
50%～70%	干燥	75～85	2.00～2.20	7%
	中湿	55～65	1.95～2.15	8%
	潮湿	45～55	1.90～2.10	11%
30%～50%	干燥	47～57	1.90～2.10	<10%
	中湿	30～40	1.85～1.95	10%～15%
	潮湿	20～30	1.75～1.85	>15%
<30%	干燥	30～40	1.80～1.90	<10%
	中湿	15～25	1.70～1.80	10%～15%
	潮湿	15	1.60～1.70	>15%

2）疲劳裂缝

疲劳开裂是沥青混凝土结构层及其他半刚性结构层（如石灰土、水泥稳定砂砾等）的主要破坏状态之一。为此，在以弯沉为指标控制好路面结构的厚度后，还需验算沥青混凝土面层及半刚性材料基层层底在车辆荷载重复作用下产生的拉应力 σ_m 是否超过容许值 σ_R：

$$\sigma_m \leqslant \sigma_R \tag{13-4}$$

沥青混凝土面层和半刚性材料层底面拉应力计算图式见图 13-2。计算点位置为：轮隙中心（C 点）或单圆荷载中心处（B 点），并取其中最大值作为层底拉应力。

计算层底最大拉应力 σ_m 按下式计算：

$$\sigma_m = p\bar{\sigma}_m \tag{13-5}$$

式中，$\bar{\sigma}_m$ 为理论最大拉应力系数，可用专用设计程序计算或查诺模图求解：

$$\bar{\sigma}_m = f\left(\frac{h_1}{\delta}, \frac{h_2}{\delta}, \cdots, \frac{h_{n-1}}{\delta}, \frac{E_2}{E_1}, \frac{E_3}{E_2}, \cdots, \frac{E_0}{E_{n-1}}\right)$$

3）防冻层厚度验算

在季节性冰冻地区的中湿、潮湿路段，应对路面结构进行防冻厚度检验。根据交通量计算结构层总厚度应不小于表 13-2 所列最小防冻厚度的规定。防冻厚度与当地冬季负温度的累计值、路面结构层的热物性、路基潮湿类型、路基土类以及道路冻深有关。道路冻深可按下式计算：

$$Z_{max} = abcZ_d \tag{13-6}$$

式中 Z_{max}——多年最大冻深，m；

Z_d——大地标准冻深，m；

a——路面路基材料热物性系数，见表 13-8；

b——路基湿度系数，见表 13-9；

c——路基断面形式系数，见表 13-10。

表 13-8 **路面路基材料热物性系数 a**

路基材料	黏质土	粉质土	粉土质砂	细粒土质砾、黏土质砂	含细粒土质砾(砂)
热物性系数	1.05	1.1	1.2	1.3	1.35
路面材料	水泥混凝土	沥青混凝土	二灰土及水泥土	二灰碎石及水泥碎(砾)石	级配碎石
热物性系数	1.4	1.35	1.35	1.4	1.45

注:a 值取大地冻深范围内路基及路面各层材料的加权平均值。

表 13-9 **路基湿度系数 b**

干湿类型	干燥	中湿	潮湿	过湿
湿度系数	1.0	0.95	0.90	0.80

表 13-10 **路基断面形式系数 c**

挖填形式	路基填土高度/m					路基挖方深度/m			
	零填	2m	4m	6m	6m 以上	2m	4m	6m	6m 以上
断面形式系数	1.0	1.02	1.05	1.08	1.10	0.98	0.95	0.92	0.90

3. 城市道路沥青路面设计指标

城市道路沥青路面设计考虑可靠度设计标准,应符合表 13-11 的规定。

表 13-11 **路面可靠度设计标准**

道路等级	快速路	主干路	次干路、支路
目标可靠度	95%	90%	85%
变异水平等级	低	低~中	中~高

1) 双圆均布荷载作用下轮隙中心处路表回弹弯沉

轮隙中心处路表计算的弯沉值应小于或等于道路表面的设计弯沉值,应满足下式要求:

$$\gamma_a l_s \leqslant l_d \tag{13-7}$$

式中 γ_a——沥青路面可靠度系数,可按表 13-12 确定;

l_s——轮隙中心处路表计算的弯沉值,0.01mm;

l_d——路表的设计弯沉值,0.01mm。

表 13-12 **可靠度系数**

变异水平等级	目标可靠度		
	95%	90%	85%
低	1.05~1.10	1.03~1.06	1.0~1.03
中	—	1.06~1.10	1.03~1.06
高	—	—	1.06~1.10

路表弯沉值计算点位置应为双轮轮隙中心点 A,见图 13-3,计算弯沉值应按下列公式计算:

$$l_s = 1000\,\frac{2p\delta}{E_1}\alpha_w F \tag{13-8(a)}$$

$$\alpha_w = f\left(\frac{h_1}{\delta}, \frac{h_2}{\delta}, \cdots, \frac{h_{n-1}}{\delta}, \frac{E_2}{E_1}, \frac{E_3}{E_2}, \cdots, \frac{E_0}{E_{n-1}}\right)$$

$$F = 1.63\left(\frac{l_s}{2000\delta}\right)^{0.38}\left(\frac{E_0}{p}\right)^{0.36} \tag{13-8(b)}$$

式中 p——标准轴载下的轮胎接地压强，MPa；

δ——当量圆半径，cm；

α_w——理论弯沉系数；

E_0——路基抗压回弹模量值，MPa；

$E_1, E_2, \cdots, E_{n-1}$——各层材料抗压回弹模量值，MPa；

$h_1, h_2, \cdots, h_{n-1}$——各结构层设计厚度，cm；

F——弯沉综合修正系数。

2）层底拉应变

柔性基层沥青层层底计算的最大拉应变应小于或等于材料的容许拉应变，应满足下式要求：

$$\gamma_a \varepsilon_t \leqslant [\varepsilon_R] \tag{13-9}$$

式中 ε_t——柔性基层沥青层层底计算的最大拉应变；

$[\varepsilon_R]$——沥青层材料的容许拉应变。

柔性基层沥青层底面拉应变的计算点位置为沥青层面单圆中心点 B 或双圆轮隙中心点 C，见图 13-3，并取较大值作为层底拉应变，沥青层底面的最大拉应变应按下列公式计算：

$$\varepsilon_t = \frac{p}{E_m}\bar{\varepsilon}_t \tag{13-10(a)}$$

$$\bar{\varepsilon}_t = f\left(\frac{h_1}{\delta}, \frac{h_2}{\delta}, \cdots, \frac{h_{n-1}}{\delta}, \frac{E_{m2}}{E_{m1}}, \frac{E_{m3}}{E_{m2}}, \cdots, \frac{E_{m0}}{E_{mn-1}}\right) \tag{13-10(b)}$$

式中 $\bar{\varepsilon}_t$——理论最大拉应变系数；

$E_{m1}, E_{m2}, \cdots, E_{mn-1}$——各层材料动态抗压回弹模量值，MPa；

E_{m0}——路基动态抗压回弹模量值，MPa。

3）层底拉应力

半刚性材料基层层底计算的最大拉应力应小于或等于材料的容许抗拉强度，应满足下式要求：

$$\gamma_a \sigma_m \leqslant [\sigma_R] \tag{13-11}$$

式中 σ_m——半刚性材料基层层底计算的最大拉应力，MPa；

$[\sigma_R]$——半刚性材料的容许抗拉强度，MPa。

半刚性基层底面拉应力的计算点应为半刚性基层层底单圆荷载中心处 B 或双圆轮隙中心 C，见图 13-3。并取较大值作为层底拉应力，层底最大拉应力应按下列公式计算：

$$\sigma_m = p\bar{\sigma}_m \tag{13-12}$$

$$\bar{\sigma}_m = f\left(\frac{h_1}{\delta}, \frac{h_2}{\delta}, \cdots, \frac{h_{n-1}}{\delta}, \frac{E_2}{E_1}, \frac{E_3}{E_2}, \cdots, \frac{E_0}{E_{n-1}}\right)$$

式中 $\bar{\sigma}_m$——理论最大拉应力系数;

$E_1, E_2, \cdots, E_{n-1}$——各层材料抗压回弹模量值,MPa。

4) 面层剪应力

为了防止高温季节道路交叉口、公交车停靠站、停车场等汽车经常起动、制动的地方,沥青面层产生推移(拥包)等破坏现象,要求验算沥青面层抗剪强度。

沥青面层计算的最大剪应力应小于或等于材料的容许抗剪强度,并应满足下式要求:

$$\gamma_a \tau_m \leqslant [\tau_R] \tag{13-13}$$

式中 τ_m——沥青面层计算的最大剪应力,MPa;

$[\tau_R]$——沥青面层的容许抗剪强度,MPa。

沥青面层剪应力最大值计算点位置应取荷载外边缘路表距单圆荷载中心点 0.9δ 的点 D 或离路表 0.1h_1 距单圆荷载中心点 δ 的点 E,见图 13-3,并取较大值作为面层剪应力,应按下列公式计算:

$$\tau_m = p\bar{\tau}_m \tag{13-14}$$

$$\bar{\tau}_m = f\left(f_h, \frac{h_1}{\delta}, \frac{h_2}{\delta}, \cdots, \frac{h_{n-1}}{\delta}, \frac{E_2}{S_m}, \frac{E_3}{E_2}, \cdots, \frac{E_0}{E_{n-1}}\right)$$

式中 $\bar{\tau}_m$——理论最大剪应力系数;

S_m——沥青表面层材料 60℃抗压回弹模量值,MPa;

$E_2, E_3, \cdots, E_{n-1}$——各层材料抗压回弹模量值,MPa;

f_h——水平力系数,对于一般行驶路段为 0.5;对于公交车停车站,交叉口等缓慢制动路段为 0.2。

5) 防冻厚度验算

在冰冻地区,沥青路面总厚度不应小于表 13-2 所规定的最小防冻厚度。

13.3.2 设计标准的确定

1. 公路设计标准及参数

1) 路面设计弯沉值

路面表面在车辆荷载作用下的垂直变形称为路面表面总弯沉 l_Z,它包括可恢复的垂直变形(回弹弯沉)l 和不可恢复的垂直变形(残余弯沉)l_P。

处于或接近弹性状况的路面,表现在弯沉值上,其回弹弯沉与总弯沉相接近,即残余弯沉很小。所以,我国现行规范采用路面回弹弯沉 l 来表示路面的抗变形能力,能符合实际情况和设计要求。

路面设计弯沉值是根据设计年限内一个车道上预测通过的累计当量轴次、道路等级、面层和基层类型而确定的路面弯沉设计值。

路面设计弯沉值的大小随路面等级、交通量、轴型、面层和基层类型等因素而异。在一定轴型的荷载作用下,路面的变形越大,达到某一破坏状态时容许通过的轴次越少;反之,路面的变形越小,达到同一破坏状态时通过的轴次越多。根据大量调查观测资料,经数学加工整理,可得如下经验公式:

$$l_d = 600 N_e^{-0.2} \cdot A_c \cdot A_s \cdot A_b \tag{13-15}$$

式中 l_d——路面设计弯沉值,0.01mm;

A_c——公路等级系数，高速公路、一级公路为1.00，二级公路为1.10，三、四级公路为1.20；

A_s——面层类型系数，沥青混凝土面层为1.0，热拌和冷拌沥青碎石、沥青贯入式路面（含上拌下贯式路面）、沥青表面处为1.1；

A_b——路面结构类型系数，半刚性基层沥青路面为1.0，柔性基层沥青路面为1.6；

N_e——设计年限内一个车道上的累计当量轴次，可由下式计算：

$$N_e = \frac{[(1+\gamma)^t - 1] \times 365}{\gamma} N_1 \eta \tag{13-16}$$

式中 N_1——营运第一年双向日平均当量轴次，次/d；

γ——设计年限内交通量的年平均增长率；

η——车道系数见表13-13，公路无分隔时，与道窄宜选高值，车道宽宜选低值；

t——设计年限按表13-14确定。

表 13-13　车道系数 η

车道特征	η	车道特征	η
双向单车道	1.0	双向六车道	0.3～0.4
双向两车道	0.6～0.7	双向八车道	0.25～0.35
双向四车道	0.4～0.5		

表 13-14　各级公路的沥青路面设计年限　单位:年

公路等级	设计年限	公路等级	设计年限
高速公路、一级公路	15	三级公路	10
二级公路	12	四级公路	8

路面设计以双轮组单轴载100kN为标准轴载，以BZZ—100表示。标准轴载的计算参数如表13-15所列。

表 13-15　标准轴载计算参数

标准轴载	BZZ-100	标准轴载	BZZ-100
标准轴载 P/kN	100	单轮传压面当量圆直径 d/cm	21.30
轮胎接地压强 p/MPa	0.70	两轮中心距/cm	1.5d

由于路面上通过的不同轴型对路面的影响是不相同的，当计算 N_e 时，就必须将不同轴载的作用次数换算为同一标准轴的当量作用次数。不同的路面疲劳损坏标准将有不同的换算公式，下面介绍我国公路沥青路面设计规范中所用的轴载换算公式。

(1) 当以设计弯沉值和沥青层层底拉应力为指标时。

各种轴载换算成标准轴载 P 的当量作用次数 N：

$$N = \sum_{i=1}^{K} C_1 C_2 n_i \left(\frac{P_i}{P}\right)^{4.35} \tag{13-17}$$

式中 N——以设计弯测值和沥青层层底拉应力为指标时的标准轴载的当量轴次（次/d）；

K——被换算车型的轴载级别；

n_i——被换算车型的各级轴载作用次数,次/d;

P——标准轴载,kN;

P_i——被换算车型的各级轴载,kN;

C_1——被换算车型各级轴载的轴数系数,当轴间距大于 3m 时,按单独的一个轴载计算,轴数系数即为轴数 m;当轴间距小于 3m 时,按双轴或多轴计算,轴数系数为 $C_1=1+1.2(m-1)$;

C_2——被换算轴载的轮组系数,单轮组为 6.4,双轮组为 1.0,四轮组为 0.38。

(2) 当以半刚性材料层层底拉应力为设计指标时。

车辆的前、后轴 P_i 均按式(13-18)换算成标准轴载 P 的当量作用次数 N':

$$N'=\sum_{i=1}^{K}C_1'C_2'n_i\left(\frac{P_i}{P}\right)^8 \tag{13-18}$$

式中 N'——以半刚性材料层的拉应力为设计指标时的标准轴式的当量轴次,次/d;

C_1'——被换算车型的轴数系数,当轴间距大于 3m 时,按单独的一个轴计算,轴数系数即为轴数 m;当轴间距小于 3m 时,双轴或多轴的轴数系数为 $C_1'=1+2(m-1)$;

C_2'——被换算车型轮组系数,单轮组为 18.5,双轮组为 1.0,四轮组为 0.09。

上述轴载换算公式仅适用于单轴轴载小于或等于 130kN 的各种车型的轴载换算。

【算例 13-1】 已知某载货车为双后轴(轮距<3m)双轮组,每一后轴重 80kN,前轴重 30kN。试求该货车通过一次相当于标准轴 BZZ-100 作用几次?

【解】

1. 当以路表弯沉及沥青层层底拉应力为设计指标时

因双后轴轴距小于 3m,双后轴轴数系数 $C_1=1+1.2(m-1)=1+1.2(2-1)=2.2$,

$$N=\sum C_1C_2n_i\left(\frac{P_i}{P}\right)^{4.35}$$

$$=2.2\times1\times1\times\left(\frac{80}{100}\right)^{4.35}+1\times6.4\times1\times\left(\frac{30}{100}\right)^{4.35}$$

$$=0.87\text{ 次}$$

2. 当以半刚性基层层底拉应力为设计指标时

双后轴轴数系数 $C_1'=1+2(m-1)=1+2\times(2-1)=3$

$$N'=\sum C_1'C_2'n_i\left(\frac{P_i}{P}\right)^8$$

$$=3\times1\times1\times\left(\frac{80}{100}\right)^8+1\times18.5\times1\times\left(\frac{30}{100}\right)^8$$

$$=0.501\text{ 次}$$

即当以路表弯沉及沥青层层底拉应力为设计指标计算时,该货车作用一次相当于 BZZ-100 作用 0.87 次;而当半刚性基层层底拉应力为设计指标计算时,则相当于 BZZ-100 作用0.5次。

交通等级可根据累计当量轴次 N_e 或每车道、每日平均大型客车及中型以上的各种货车交通量划为四个等级,见表 13-16,设计时选择一个较高的交通等级作为设计交通等级。

表 13-16　　交通等级

交通等级	BZZ-100 累计标准轴次 N_e /(次·车道$^{-1}$)	大客车及中型以上的各种货车交通量 /[辆·(d·车道)$^{-1}$]
轻交通	$<3\times10^6$	>600
中等交通	$3\times10^6\sim1.2\times10^7$	600～1500
重交通	$1.2\times10^7\sim2.5\times10^7$	1500～300
特重交通	$>2.5\times10^7$	>3000

2）容许拉应力

路面结构层材料的容许拉应力是指路面结构在行车荷载反复作用下达到临界破坏状态时容许的最大拉应力。这一应力值较之一次荷载作用下的极限抗拉强度小，减小的程度同重复荷载作用次数及路面结构层材料的性质有关，如下式所示：

$$\sigma_R=\frac{\sigma_S}{K_S} \tag{13-19(a)}$$

式中　σ_R——路面结构层材料的容许拉应力，MPa；

σ_S——沥青混凝土或半刚性材料的极限劈裂强度，MPa；

K_S——抗拉强度结构系数。

对沥青混凝土的极限劈裂强度，系指15℃时的极限劈裂强度；对水泥稳定类材料系指龄期为90d的极限劈裂强度；对二灰稳定类、石灰稳定类材料系指龄期为180d的极限劈裂强度；对水泥粉煤灰稳定类材料，系指龄期为120d的极限劈裂强度。

公路部门根据室内试验和路况调查结果，提出求算表征结构层材料抗拉强度因疲劳而降低的抗拉强度结构系数 K_S。

对于沥青混凝土面层的抗拉强度结构系数，按下式计算：

$$K_S=0.09N_e^{0.22}/A_c \tag{13-19(b)}$$

对于无机结合料稳定集料类的抗拉强度结构系数，按下式计算：

$$K_S=0.35N_e^{0.11}/A_c \tag{13-19(c)}$$

对于无机结合料稳定细粒土类的抗拉强度结构系数，按下式计算：

$$K_S=0.45N_e^{0.11}/A_c \tag{13-19(d)}$$

2. 城市道路设计标准及参数

1）设计弯沉值

城市道路沥青路面表面设计弯沉值应根据道路等级、设计基准期内累计当量轴次、面层和基层类型按下式确定：

$$l_d=600N_e^{-0.2}A_cA_sA_b \tag{13-20}$$

式中　A_c——道路等级系数，快速路、主干路为1.0，次干路为1.1，支路为1.2；

A_s——面层类型系数，沥青混合料为1.0，热拌、温拌或冷拌沥青碎石、沥青贯入式和沥青表面处为1.1；

A_b——基层类型系数,无机结合料类(半刚性)基层为1.0,沥青类基层和粒料基层为1.6;

N_e——设计是准期内一个车道上的累计当量轴次应按下式计算:

$$N_e=\frac{[(1+\gamma)^t-1]\times 365}{\gamma}N_1\eta \tag{13-21}$$

式中 N_e——设计基准期内一个车道上的累计当量轴次(次/车道);

t——设计基准期,见表13-17;

N_1——路面营运第一年单向日平均当量轴次,次/d;

γ——设计年限内交通量的年平均增长率;

η——设计车道分布系数,可按表13-18选定。

表13-17 路面设计基准期 单位:年

道路等级	路面类型		
	沥青路面	水泥混凝土路面	砌块路面
快速路	15	30	—
主干路	15	30	—
次干路	15	20	10(20)
支 路	10	20	

注:砌块路面采用混凝土预制块时,设计基准期为10年,采用石材为20年。

表13-18 设计车道分布系数

车道特征	车道分布系数
单向单车道	1.00
单向两车道	0.65~0.95
单向三车道	0.50~0.80
单向四车道	0.40~0.70

当计算 N_e 时,需将沥青路面上通过的不同轴载的作用次数换算为标准轴载的作用次数具体规定如下:

(1) 沥青路面以设计弯沉值、沥青层剪切应力和沥青层层底拉应变为设计指标时,各种轴载换算成标准轴载 P 的当量轴次 N_a 应按下式计算:

$$N_a=\sum_{i=1}^{K}C_1C_2n_i\left(\frac{P_i}{P}\right)^{4.35} \tag{13-22(a)}$$

式中 N_a——以设计弯沉值、沥青层剪应力和沥青层层底拉应变为设计指标时的当量轴次,次/d;

n_i——被换算车型的各级轴载作用次数,次/d;

P——标准轴载,kN;

P_i——被换算车型的各级轴载,kN;

C_1——被换算车型的轴数系数;

当轴间距大于或等于3m时,应按一个单独的轴载计算;当轴间距小于3m时,双轴或多轴的轴数系数应按下式计算:

$$C_1=1+1.2(m-1) \tag{13-22(b)}$$

式中 m——轴数；

C_2——被换算车型的轮组系数，单轮组为 6.4，双轮组为 1.0，四轮组为 0.38；

K——被换算车型的轴载级别。

（2）沥青路面当以半刚性基层层底拉应力为设计指标时，各种轴载换算成标准轴载 P 的当量轴次 N_S 应按下式计算：

$$N_S = \sum_{i=1}^{K} C_1' C_2' n_i \left(\frac{P_i}{P}\right)^8 \tag{13-23(a)}$$

式中 N_S——以半刚性基层的拉应力为设计指标时的当量轴次，次/d；

C_1'——被换算车型的轴数系数，以拉应力为设计指标时，双轴或多轴的轴数系数应按下式计算：

$$C_1' = 1 + 2(m-1) \tag{13-23(b)}$$

C_2'——被换算车型的轮组系数，单轮组为 18.5，双轮组为 1.0，四轮组为 0.09。

（3）根据预测交通量，考虑各种车型的交通组成（或比例），可将不同车型的轴载换算成标准轴载的当量轴次，求得营运第一年单向日平均当量轴次。

城市道路交通等级根据累计轴次划分为 4 个等级，见表 13-19。

表 13-19　　交通等级　　单位：万次/车道

交通等级	沥青路面	水泥混凝土路面
	累计当量轴次 N_e	累计当量轴次 N_e'
轻	<400	<3
中	400～1200	3～100
重	1200～2500	100～2000
特重	>2500	>2000

注：非机动车道、人行道及步行街路面结构应按轻型交通确定。

2）容许拉应变

城市道路沥青路面材料的容许拉应变按下式确定：

$$[\varepsilon_R] = 0.15 E_m^{-1/3} 10^{M/4} N_e^{-1/4} \tag{13-24(a)}$$

$$M = 4.84\left(\frac{V_b}{V_b + V_a} - 0.69\right) \tag{13-24(b)}$$

式中 M——沥青混合料空隙率与有效沥青含量的函数；

E_m——沥青混合料 20℃ 动态回弹模量，MPa；

V_b——有效沥青含量，以体积比计；

V_a——空隙率。

3）容许抗拉强度

沥青路面半刚性材料基层材料的容许抗拉强度按下式确定：

$$[\sigma_R] = \frac{\sigma_S}{K_S} \tag{13-25(a)}$$

式中 σ_S——对于水泥稳定类材料系指 90d 龄期的劈裂强度;对二灰稳定类和石灰稳定类材料系指 180d 龄期的劈裂强度;对于水泥粉煤灰稳定材料系指龄期 120d 龄期的劈裂强度,MPa;

K_S——抗拉强度结构系数,应依据结构层的混合料类型按下列要求进行计算;

(1) 无机结合料稳定集料类的抗拉强度结构系数应按下式计算。

$$K_{sr}=0.35N_e^{0.11}/A_c \tag{13-25(b)}$$

(2) 无机结合料稳定细粒土类的抗拉强度结构系数应按下式计算:

$$K_{st}=0.45N_e^{0.11}/A_c \tag{13-25(c)}$$

4) 容许抗剪强度

城市道路沥青面层材料容许抗剪强度按下式计算:

$$[\tau_R]=\frac{\tau_S}{K_r} \tag{13-26(a)}$$

式中 τ_S——沥青面层材料 60℃抗剪强度,MPa;

K_r——抗剪强度结构系数,对于一般路段,$K_r=1.2/A_c$; (13-26(b))

对于公交车停车站、交叉口等缓慢制动路段,$K_r=0.39N_p^{0.15}/A_c$; (13-26(c))

N_p——公交车停车站或交叉口设计年限内同一位置停车的累计当量轴次。

13.3.3 路基土和路面材料参数

1. 土基回弹模量

路基土的应力-应变关系是非线性的,即弹性模量不是定值,而是所受应力状态的函数。工程上常用承载板试验或弯沉测定的方法确定路基土的回弹模量,并将其作为弹性模量。路基回弹模量值除了受加荷方式和应力状态等因素影响外,还与路基土的类型和性质以及土的密实度和湿度等有密切关系。

设计应使路基处于干燥或中湿状态,公路土基回弹模量值应大于 30MPa,重交通、特重交通公路土基回弹模量值应大于 40MPa。对于新建公路,路基尚未建成,无法实测时,也可按查表法(表 12-2)、室内试验法、换算法等确定路基回弹模量值。

城市道路设计要求快速路、主干路土基回弹模量不应小于 30MPa,对次干路和支路不应小于 20MPa。路基回弹模量应在不利季节用标准承载板实测确定,条件受限时也可在土质与水文条件相近的临近路段测定或现场取土样室内实验测定。

2. 路面材料设计参数值

公路和城市道路路面材料抗压回弹模量按以下方法确定。

以路表弯沉值为设计或验算指标时,设计参数采用抗压回弹模量,沥青混凝土实验温度为 20℃;计算路表弯沉值时,抗压回弹模量设计值 E 应按式(13-27(a))计算。

$$E=\bar{E}-Z_aS \tag{13-27(a)}$$

式中 $\bar{E}$——各试件模量的平均值,MPa;

S——各试件模量的标准差;

Z_a——保证率系数,取 2.0。

以沥青层或半刚性材料结构层层底拉应力为设计或验算指标时,应在 15℃条件下测试沥青混合料的抗压回弹模量；半刚性材料应在规定龄期(水泥稳定类材料龄期为90d,二灰稳定类、石灰稳定类材料为180d,水泥粉煤灰稳定类为120d)测定抗压回弹模量。

计算层底应力时应考虑模量的不利组合。在计算层底拉应力时,计算层以下各层的模量应采用式(13-27(a))计算其模量设计值；计算层及以上各层模量应采用式(13-27(b))计算其模量设计值 E。

$$E=\bar{E}+Z_a S \tag{13-27(b)}$$

式中,符号意义同式(13-27(a))。

路面材料的回弹模量是表征其刚度的指标,目前我国测定路面材料强度和模量的方法有压缩试验、劈裂试验和弯拉试验。现行《沥青路面设计规范》依据各类路面结构层材料的大量试验结果,提出了相应的回弹模量参考值,供可行性研究阶段参考,见表13-5～13-7。

城市道路计算柔性基层沥青层层底拉应变时,沥青层模量采用20℃回弹模量,可参照表13-20推荐值或者试验来获得,半刚性基层的模量设计值,可按表13-20中推荐材料参数取值,松散粒料与土基模量可采用下式计算确定：

$$E_{m0}=17.63(CBR)^{0.64} \tag{13-28}$$

式中 E_{m0}——松散粒料与土基回弹模量,MPa；

CBR——加州承载比。

城市道路计算沥青层剪应力时,设计参数采用抗压回弹模量,可按表13-5取用。沥青上面层取60℃的抗压回弹模量,可模量设计值按式(13-27(a))计算,中下沥青面层取20℃的抗压回弹模量,模量设计值采用式(13-27(b))计算。

表13-20　沥青路面基层材料设计参数

材料名称	20℃动态回弹模量/MPa（柔性基层沥青层层底拉应变计算用）	备注
密级配细粒式沥青混凝土	4500～6000	AC-10,AC-13
中粒式沥青混凝土	4000～5500	AC-16,CA-20
密级配粗粒式沥青混凝土	3500～5000	AC-25
沥青玛蹄脂碎石	4000～6000	SMA
密级配沥青碎石基层	3200～4500	ATB-25
贫混凝土	10000～17000	—
水泥稳定碎石	5000～10000	—
水泥稳定土	1000～3000	—
石灰、水泥与粉煤灰综合稳定类	3500～14000	—
石灰稳定土	600～2000	—

13.3.4 新建沥青路面的设计步骤

我国现行新建沥青路面设计方法的步骤如下：

(1) 根据设计任务书的要求,确定路面等级和面层类型,计算设计年限内一个车道的累计当量轴次和路表设计弯沉值。若需要进行拉应力验算的路面,尚应计算容许弯拉应力值。

(2) 按路基土组与干湿类型,将设计路段划分为若干路段(在一般情况下,不宜小于500m,若为大规模机械化施工,不宜小于1km),确定各段土基的回弹模量值。

(3) 拟定几种可能的路面结构组合与厚度方案,确定各层材料的设计参数。

(4) 根据设计指标确定路面厚度。

对高速公路、一级公路、二级公路、城市道路的沥青混凝土面层和半刚性材料的基层、底基层,应验算其拉应力是否满足容许拉应力的要求。如不满足要求,则或调整路面结构层厚度,或变更路面结构组合,或调整材料配比以提高极限抗拉强度,再重新计算。

对于城市道路的沥青路面,还要验算其沥青面层剪应力、拉应变、柔性基层沥青层层底是否满足容许剪应力和容许拉应变要求。若不满足,应调整材料组成,提高抗剪强度,控制疲劳开裂。

对于季节性冰冻地区的高级和次高级路面,尚应验算防冻层厚度是否符合要求。

(5) 进行技术经济比较,确定采用的路面结构方案。

13.3.5 新建沥青路面结构层厚度设计实例

[案例 13-1] 某快速路和支路沥青路面设计

1. 基本资料

1) 自然地理条件

新建快速路和支路所在城市地处 1-4-1 区,属于夏炎热冬温湿润地区,沿线地质为中液限黏性土,填方路基,属于中湿状态;年降雨量在 1100mm 左右,年平均气温在 20℃左右。快速路为双向六车道,支路为双向二车道,拟采用沥青路面结构。

2) 土基回弹模量的确定

设计路段路基处于中湿状态,快速路路基土回弹模量设计值为 50MPa,支路路基土回弹模量设计值为 30MPa。

3) 设计轴载

快速路沥青路面设计基准期 15 年,以设计弯沉值、沥青层剪应力和沥青层层底拉应变为设计指标时等效换算的累计轴次为 2000 万次,结构层底拉应力等效时的累计轴次为 2500 万次。根据工程可行性研究报告,预测该快速路年交通增长率为 5%。

支路沥青路面设计基准期 10 年,以设计弯沉值、沥青层剪应力和沥青层层底拉应变为设计指标时等效换算的累计轴次为 300 万次,结构层底拉应力等效时的累计轴次为 360 万次。根据工程可行性研究报告,预测该支路年交通增长率为 3%。

2. 初拟路面结构

根据本地区的路用材料,结合已有的工程经验与典型结构,拟定路面结构组合方案。根据结构层的最小施工厚度、材料、水文、交通量等因素,初拟路面结构组合和各层厚度如表 13-21 所列。

表 13-21 快速路和支路路面结构方案

快速路路面结构	支路路面结构
4cm SMA-13(SBS 改性沥青)	4cm 细粒式沥青混凝土(AC-13)
6cm 中粒式沥青混凝土(AC-20)	6cm 中粒式沥青混凝土(AC-20)
8cm 粗粒式沥青混凝土(AC-25)	16cm 水泥稳定碎石 4.0MPa
18cm 水泥混凝土碎石 4.0MPa	水泥稳定碎石 3.0MPa(计算层)
水泥稳定碎石 3.0MPa(计算层)	15cm 砾石砂
15cm 砾石砂	土基
土基	

3. 材料参数确定

材料的设计参数见表 13-22—表 13-25。

表 13-22　　快速路沥青层材料设计参数　　单位:MPa

材料名称	20℃抗压模量	15℃抗压模量	15℃劈裂强度	60℃抗压模量
SMA-13	1500	1800	1.7	300
AC-20	1200	1800	1.0	—
AC-25	1000	1200	0.8	—

表 13-23　　快速路半刚性材料及其他材料设计参数　　单位:MPa

材料名称	抗压模量（弯沉计算用）	抗压模量（拉应力、剪应力计算用）	劈裂强度
水泥稳定碎石 4.0MPa	1500	4000	0.5
水泥稳定碎石 3.0MPa	1300	3600	0.4
砾石砂	200	200	—
土基	50	50	—

表 13-24　　支路沥青层材料设计参数　　单位:MPa

材料名称	20℃抗压模量	15℃抗压模量	15℃劈裂强度	60℃抗压模量
AC-10	1400	2000	1.4	280
AC-20	1200	1800	0.0	—

表 13-25　　支路半刚性材料及其他材料设计参数　　单位:MPa

材料名称	抗压模量（弯沉计算用）	抗压模量（拉应力、剪应力计算用）	劈裂强度
水泥稳定碎石 4.0MPa	1500	4000	0.5
水泥稳定碎石 3.0MPa	1300	3600	0.4
砾石砂	200	200	—
土基	30	30	—

4. 路面结构层厚度计算

1）快速路结构层厚度计算

根据表 13-11 和表 13-12 确定该快速路路面结构设计满足目标可靠度 95%的可靠度系数 γ_α 按 1.10 考虑。

（1）以弯沉为设计指标

该快速路结构为半刚性基层，采用公式（13-20）计算设计弯沉，快速路 A_c 取 1.0，沥青混凝土 A_s 取 1.0，半刚性基层沥青路面 A_b 取 1.0，因此

$$l_d = 600N_c^{-0.2}A_cA_sA_B = 600\times(2.0\times10^6)^{-0.2}\times1.0\times1.0\times1.0 = 20.79(0.01\text{mm})$$

$$F = 1.63\left(\frac{l_s}{2000\delta}\right)^{0.38}\left(\frac{E_0}{0.7}\right)^{0.36} = 0.544$$

利用程序计算出满足设计弯沉指标要求的水泥稳定碎石底基层厚度为 23cm，路表计算弯

沉为 34.62(0.01mm),则 $1.10l_s=1.10\times34.62\times0.544=20.68$(0.01mm)。

$1.10l_s<l_d$,满足设计要求。

(2) 以半刚性基层层底拉应力为设计指标

半刚性材料容许拉应力采用公式(13-25(a))计算,满足容许拉应力的水泥稳定碎石下基层厚度计算结果见表 13-26。

水稳碎石上基层层底容许拉应力:$\sigma_R=\sigma_s/K_{sr}=0.5/(0.35N_s^{0.31}/A_c)=0.219$(MPa)

水稳碎石下基层层底容许拉应力:$\sigma_R=\sigma_s/K_{sr}=0.4/(0.35N_c^{0.11}/A_c)=0.175$(MPa)

表 13-26　计算结果

材料	劈裂强度/MPa	容许拉应力 σ_R/MPa	层底最大拉应力 σ_m/MPa	$\gamma_a\sigma_m$	水稳碎石下基层厚度/cm
水稳碎石上基层	0.5	0.219	0.025	0.0275	26.5
水稳碎石下基层	0.4	0.175	0.157	0.173	

满足结构层层底拉应力要求的水泥稳定碎石下基层厚度为 26.5cm。

(3) 以沥青层剪应力为设计指标

采用式(13-26(a))计算沥青混合料结构层容许抗剪强度。不同类型沥青混合料 60℃剪切强度 τ_s 可参照表 13-5 给出值。K_r 为抗剪强度结构系数。

设计基准期内某大型交叉口同一位置停车的标准轴载累计数为 3.78×10^6,某大型公交停靠站标准轴载累计数为 1.92×10^6,则

交叉口:$K_r=0.39N_P^{0.15}/A_c=0.39\times(3.78\times10^6)^{0.15}/1.0=3.78$

停靠站:$K_r=0.39N_P^{0.15}/A_c=0.39\times(1.92\times10^6)^{0.15}/1.0=3.42$

对于突然紧急制动点:$K_r=1.2/1.0=1.2$

设计水泥稳定碎石下基层厚度确定为 26.5cm 时,不同水平力系数下沥青层最大剪应力计算结果见表 13-27。

表 13-27　不同水平力系数时沥青层最大剪应力

水平力系数	0.2		0.5
	交叉口	停靠站	
沥青层最大剪应力 τ_m/MPa	0.2473	0.2473	0.4180
$\tau_m\times K_r$	0.9348	0.8458	0.5016
$\gamma_a\times(\tau_m\times K_r)$	1.0283	0.9303	0.5518

考虑最不利情况,交叉口、停靠站容易发生剪切疲劳破坏,因此应适当提高沥青混合料抗剪强度在 1.03MPa 以上才能满足抗剪强度要求,或者作为特殊路段进行特殊设计;对于一般行驶路段,沥青表面层混合料的抗剪强度也应在 0.55MPa 以上才能满足设计要求。本快速路采用的 SMA-13 抗剪强度在 0.8MPa 以上,可满足一般路段的抗剪设计指标要求。

综上分析,设计厚度取水泥稳定碎石下基层 27cm。路表计算弯沉为 33.04(0.01mm)。一般路段灌输青上面层采用 SMA-13(SBS 改性沥青)可行。建议大型交叉口、公交停靠站作为特殊路段进行特殊设计。

2) 支路结构层厚度计算

根据表 13-11 和表 13-12 确定该支路路面结构设计满足目标可靠度 85%的可靠度系数按

1.06 考虑。

（1）以弯沉为设计指标

该支路结构为半刚性基层，采用公式（13-20）计算设计弯沉，支路 A_c 取 1.2，沥青混凝土面层 A_s 取 1.0，半刚性基层沥青路面 A_b 取 1.0，因此

$$l_d = 600N_s^{-0.2}A_cA_sA_b = 600\times(3\times10^6)^{-0.2}\times1.2\times1.0\times1.0 = 36.47(0.01\text{mm})$$

$$F = 1.63\left(\frac{l_s}{2000\delta}\right)^{0.38}\left(\frac{E_0}{0.7}\right)^{0.36} = 0.56$$

利用程序计算出满足设计弯沉指标要求的水泥稳定碎石下基层厚度为 16cm，路表计算弯沉为 60.9(0.01mm)，则 $1.06l_s = 1.06\times60.9\times0.56 = 36.06(0.01\text{mm})$。

$1.06l_s < l_d$，满足设计要求。

（2）以半刚性基层层底拉应力为设计指标

半刚性材料容许拉应力采用公式（13-25(a)）计算，满足容许拉应力的水泥稳定碎石下基层厚度计算结果见表 13-28。

表 13-28　计算结果

材料	劈裂强度/MPa	容许拉应力 σ_R/MPa	层底最大拉应力 σ_m/MPa	$\gamma_\alpha\sigma_m$	水稳碎石下基层厚度/cm
水稳碎石上基层	0.5	0.326	0.0243	0.026	23.5
水稳碎石下基层	0.4	0.261	0.243	0.258	

满足结构层层底拉应力要求的水泥稳定碎石下基层厚度为 23.5cm。

（3）以沥青层剪应力为设计指标

采用公式（13-26(a)）计算沥青混合料容许抗剪强度。不同类型沥青混合料的 60℃抗剪强度 τ_s 可参照表 13-5 给出值。K_r 为抗剪强度结构系数。

设计基准期内该路某交叉口同一位置停车的标准轴载累计数为 1.34×10^6，某公交停靠站标准轴载累计数为 5.11×10^5。则

交叉口：$K_r = 0.39N_P^{0.15}/A_c = 0.39\times(1.34\times10^6)^{0.15}/1.2 = 2.69$

停靠站：$K_r = 0.39N_P^{0.15}/A_c = 0.39\times(5.11\times10^5)^{0.15}/1.2 = 2.33$

对于突然紧急制动点：$K_r = 1.2/1.2 = 1.0$

设计水泥稳定碎石下基层厚度确定为 23.5cm 时，不同水平力系数下沥青层最大剪应力计算结果见表 13-29。

表 13-29　不同水平力系数时沥青层最大剪应力

水平力系数	0.2		0.5
	交叉口	停靠站	
沥青层最大剪应力 τ_m/MPa	0.2443	0.2443	0.4168
$\tau_m\times K_r$	0.6572	0.5692	0.4168
$\gamma_\alpha\times(\tau_m\times K_r)$	0.6966	0.6034	0.4418

根据分析，交叉口、停靠站容易发生剪切疲劳破坏，因此应适当提高沥青混合料抗剪强度在 0.7MPa 以上才能满足抗剪强度要求，建议交叉口、停靠站路段可采用 SBS 改性沥青混合料；一般行驶路段，沥青表面层混合料的抗剪强度应要求达到 0.44MPa，本支路采用的 AC-13

混合料抗剪强度最高可达 0.6MPa,能够满足设计要求。

综合以上分析,设计厚度取水泥稳定碎石下基层 24cm。路表计算弯沉为 53.32(0.01mm)。一般路段沥青上面层采用 AC-13 交叉口、停靠站路段上面层采用 SBS 改性沥青混合料。

13.4 沥青路面加铺层结构设计

路面投入使用后,随着通过轴次的增加和时间的延续,路面的使用性能和承载力将不断降低,当通过的轴次超过设计当量轴次或路表破损严重时,便不能满足正常行车交通的要求,需进行补强或改建;当原有砂石路面改建为沥青路面,而砂石路面强度和水稳性不足时,也需进行补强。

确定原有路面补强厚度可采用经验法或理论法。经验法是通过铺筑试验路,进行详细观测调查,经过系统分析整理后,建立有一定普遍意义的经验公式。理论法是利用弹性层状体系理论分析路面结构的应力和位移,参照前述新建路面的设计方法和设计指标确定补强厚度。现行规范采用理论法,该方法将原有路基路面体系视作为整体回弹模量为 E_t 的半无限体(相当于新路的土基),然后按照新建路面设计计算面层(补强加铺层)结构。

既有道路改建时,改线路段应按新建沥青路面设计,加宽路面、提高路基、调整纵坡的路段应视具体情况按新建或改建路面设计。在原有路面上补强时,应按改建路面设计。

沥青路面补强设计工作,包括现有路面结构状况调查、弯沉评定以及补强厚度计算等内容。

1. 路面状况调查

原有路面主要调查分析内容如下:

(1) 调查破损情况,包括裂缝率、车辙深度、修补面积等。

(2) 评价原路面结构承载能力。

(3) 根据破损情况调查和承载能力测试与评价,选择路面外观为好、中、差的典型使用状况,进行分层钻芯或探坑取样,采集沥青混合料和基层、底基层、土基的样品试验,分析破坏原因,判断其破坏层位及是否可以利用。

(4) 取样调查路床范围内路基土的分层含水量、土质类型及承载力等,分析路基的稳定性、强度以及路基路面范围内排水状况等。

2. 原路面当量回弹模量

采用理论法计算补强层厚度的关键问题是如何确定原有路基路面体系的计算回弹模量。若进行大量现场承载板试验,显然不太现实。若能利用便于大量测定的路表弯沉值进行求解则比较可行。将原路基路面体系视作表面计算弯沉相等的弹性均质体,利用弹性半空间体表面在圆形刚性承载板下的荷载-弯沉关系式,并考虑计入承载板测定的弯沉与汽车测定的弯沉间的差异及补强层材料的影响,各路段的当量回弹模量值 E_t 可据各路段的计算弯沉值按下式计算:

$$E_t = 1000\,\frac{2p\delta}{l_0}m_1 m_2 \tag{13-29(a)}$$

式中 E_t——原路面的当量回弹模量,MPa;

p,δ——分别为标准轴载轮胎接地压强(MPa)和单轮传压面当量圆半径(cm);

l_0——原路面的计算弯沉,0.01mm;

m_1——用标准轴载的汽车在原路面上测得的弯沉值与用承载板在相同压强条件下所测得的回弹变形的之比,即轮板对比值,若当地无对比试验资料,可取 $m_1=1.1$ 进行计算;

m_2——原路面当量回弹模量扩大系数。当计算与原路面接触的补强层层底拉应力时，m_2 按式(13-29(b))计算；计算弯沉值及其他补强层层底拉应力时，$m_2=1.0$。

$$m_2=e^{0.037\frac{h'}{\delta}\left(\frac{E_{n-1}}{p}\right)^{0.25}} \tag{13-29(b)}$$

式中　E_{n-1}——与原路面接触层材料的抗压回弹模量，MPa；

h'——各补强层相当于原路面接触层的模量 E_{n-1} 的等效总厚度(cm)，h' 可按式(13-29(c))计算。

$$h'=\sum_{i=1}^{n-1} h_i(E_i/E_{n-1})^{0.25} \tag{13-29(c)}$$

式中　E_i——第 i 层补强层材料的抗压回弹模量，MPa；

h_i——第 i 层补强的厚度，cm；

$n-1$——补强层层数。

3. *原有路面计算弯沉值 l_0 的确定*

为了确定原有路面的计算弯沉值 l_0，需对全线各路段进行弯沉测定。

由于原有路面受到行车作用和各种自然因素的影响，全线实测弯沉值不可能是均匀一致的，难以直接取用某一测定值进行厚度计算。为使补强设计更符合实际，达到经济合理的目的，往往将全线分为若干段。在分段时，应将实测弯沉分布大致均匀，路基干湿类型和原路面结构大致相同的路段划分成补强段落。各路段的最小长度一般不小于 1km。各路段应采用 BZZ-100 标准轴载汽车，用贝克曼梁测定原有路面的弯沉值，每 20～50m 测一点，弯沉值变化较大时可加密测点，每车道、每路段的测点数不少于 20 点。若为非标准轴载应进行换算。对各段落内的实测弯沉值进行数学加工整理，并考虑各种不利因素影响后得出能反映原有路面承载能力的计算弯沉值 l_0。

$$l_0=(\bar{l}_0+Z_a S)K_1K_2K_3 \tag{13-30}$$

式中　$\bar{l}_0$——路段内实测路表弯沉平均值，0.01mm；

S——路段内实测路表弯沉标准差，0.01mm；

Z_a——与保证率有关的系数，高速公路、一级公路 $Z_a=1.645$，其他公路沥青路面 $Z_a=1.5$；

K_1——季节影响系数，根据当地经验确定；

K_2——湿度影响系数，根据当地经验确定；

K_3——温度修正系数，温度修正方法：可按照《公路路基路面现场测试规程》中的规定进行或根据条文说明或当地的实测资料进行修正。

4. *路面补强层厚度计算*

路面补强层厚度计算方法同新建路面设计相似，应根据各路段条件，先拟定补强层的结构组合，然后计算各补强层厚度。在计算补强层厚度时，仍以设计弯沉值作为路面整体刚度的控制指标，对于二级及二级以上公路还应验算补强层层底拉应力，在季节性冰冻区潮湿、中湿路段还验算防冻层厚度。加铺补强层的结构设计，可根据公路等级、交通量，当地经济条件或已有经验，考虑与周围环境相协调。结合纵、横断面调坡设计等国家综合分析确定，可选用一层或多层沥青补强层或加铺半刚性基层，贫混凝土基层等结构。

5. *加铺补强层设计步骤*

(1) 计算原路面的当量回弹模量。

(2) 拟定几种可行的结构组合与结构层厚度，并通过试验或参照当地成熟经验确定各补强层的材料参数。

(3) 根据加铺层的类型确定设计指标,当以路表回弹弯沉为设计指标时,弯沉综合修正系数按式(13-31)计算。

$$F=1.45\left(\frac{l_s}{2000\delta}\right)^{0.61}\left(\frac{E_t}{p}\right)^{0.61} \tag{13-31}$$

式中,E_t 为原路面的当量回弹模量,MPa。其他符号意义同式(13-3)。

当以拉应力为控制指标时,确定了设计厚度后,宜按式(13-3)计算弯沉综合修正系数,最后计算路表回弹弯沉。

(4) 采用弹性层状体系理论设计程序计算设计层的厚度或进行结构验算。对季节性冰冻地区的中、潮湿路段还应验算防冻厚度。

(5) 进行技术经济比较,确定补强设计方案。

13.5 沥青路面设计案例

[案例 13-2] 杭州某公路兼顾城市道路设计

1. 路面设计原则

路面设计,应贯彻"精心设计、质量第一"的方针,本着提高路面设计质量,使路面结构在设计使用年限内满足路段的交通承载能力、耐久性、舒适性和安全性要求,确保工程质量、降低工程造价,具体设计原则如下:

(1) 路面设计根据工程的使用要求及当地气候、水文、土质等自然条件,密切结合现有的实践经验,进行路基路面的综合设计。

(2) 在满足交通量和使用要求的前提下,遵循因地制宜、合理选材、方便施工、利于养护、节约投资的原则,进行路面设计方案的技术经济比较,选择技术先进、经济合理、安全可靠,有利于机械化、工厂化施工的路面结构方案。

2. 路面结构类型的比选论证

本设计现状公路行车道采用水泥混凝土路面,硬路肩采用沥青混凝土路面。当前我国公路路面中水泥混凝土和沥青混凝土两种结构都有采用,但高等级公路的路面以沥青混凝土路面为主,在全国范围约占九成以上,水泥混凝土路面在低等级道路中使用较多。浙江省和杭州地区的高等级公路普遍采用沥青混凝土路面结构。

两种类型路面的主要特点比较如下:

舒适性方面:沥青路面平整无接缝,驾驶舒适性高;水泥路面平整性相对较差,但采用现代水泥路面摊铺设备精心施工,也可以保证有较高的水泥路面平整度。

使用寿命方面:沥青路面有易老化、耐水性差的缺点,设计寿命 15 年;水泥路面设计寿命 30 年。但鉴于建造质量不高和超重现象普遍,设计寿命往往难以实现,使用初期就开始维修的状况时有发生。对重载、坡大的公路,水泥路面的优势比较明显。

维修养护方面:沥青路面维修和养护方便,维修完成后,可马上开放交通;混凝土路面维修比较麻烦,不能马上开放交通。

工程造价方面:高等级公路造价差别不大。从造价/寿命比看,水泥路面占优势,但我国"寿命成本"当前还未完全用于设计决策。路面成本与当时材料成本关系密切。

总体来讲,两种路面结构各有其优缺点,但同等质量情况下,水泥混凝土路面施工对施工单位的要求较高，实际使用舒适性等效果不如沥青混凝土路面，还存在维修养护方面的一些劣势；从本设计的原有老路情况看，设计现场现有水泥混凝土路面破损也较多；从拓宽情况看，本次设计中线与老路中线设计距离并不规律，决定了通过维修利用老水泥混凝土路面的可能性不大。因此，综合考虑以上因素，并考虑沥青混凝土路面在我省和杭州地区高等级公路中占绝大部分，施工单位对路面施工质量成熟的情况，决定采用沥青混凝土路面。

1）面层选用

对采用沥青混凝土路面(AC)、沥青玛蹄脂碎石路面(SMA)、排水路面(OGFC)，本设计对三种沥青混凝土面层结构进行比选见表 13-30。

表 13-30　　沥青路面结构方案比选表

沥青路面	AC 沥青混凝土面层	SMA 沥青玛蹄脂碎石面层	OGFC 开级配沥青磨耗层
技术特点	AC 是按密实级配原理设计组成的各种粒径颗粒矿料与沥青结合料拌和而成的设计空隙率较小的密实式沥青混凝土混合料	SMA 是一种由沥青、纤维稳定剂、矿粉及少量的细集料组成的沥青马蹄脂，填充间断级配的粗集料骨架间隙而形成的骨架密实结构混合料	OGFC 主要由粗集料嵌挤组成，细集料及填料较少，设计空隙率大的开级配、多孔性沥青混合料
优点	具有较成熟的技术条件和施工工艺，水稳性较好，造价较低	SMA 改善了矿料级配，使沥青路面的耐久性和高温稳定性明显提高，具有较好的高温稳定性和低温抗裂性，能保持较好抗滑能力和平整度等优点	OGFC 为开级配、多孔性路面，具有排水、减少水膜厚度，防止水漂及抗滑功能，可明显提高行车安全和降低噪声
缺点	路面耐久性、抗滑性相对较差	SMA 对路面材料要求和摊铺要求高，施工工艺及质量控制难度相对较大，造价贵	OGFC 需做防水层与排水等措施，施工工艺及质量控制难度较大；浸泡在水中的 OGFC 在车辆动荷载作用下，易产生路面病害；尘土污染堵塞空隙，后期养护困难
造价(按 4cm 面层厚度计)	38 元/m^2	52 元/m^2	49 元/m^2
后期养护	较容易	较困难	困难
方案比选结论	本工程重车运行情况并不突出，对沥青混凝土路面无特殊使用要求，因此采用技术条件成熟，造价相对较低的 AC 结构沥青混凝土作为上面层，即能满足道路需求，考虑到提高路面的路用性能，主线及连接线机动车道上面层沥青混凝土中添加 0.25%的玄武岩矿物纤维		

2）路面基层、底基层的材料比选论证

半刚性材料的特点是整体性强、承载力高、刚度大、水稳性好，且较为经济，其缺点主要是半刚性材料抗变形能力低、易产生开裂，形成反射裂缝。水泥稳定碎石及二灰碎石(石灰粉煤灰稳定碎石)均为良好的板体性结构，承载能力强。从技术上分析，两者都具有施工方便、技术成熟、水稳性好等优点；从强度上看，二灰碎石的后期强度更胜一筹。但考虑到境内粉煤灰来源缺乏，综合其使用性能和经济性，故基层、底基层材料采用水泥稳定碎石。其中，水泥稳定碎石要求采用振动法压实成型以提高基层的抗裂性能与强度，减少半刚性基层反射裂缝的产生。

3. 设计参数的选用

沥青路面设计采用标准轴载 BZZ-100，路面设计使用年限为 15 年。根据工可预测的交通量及车型组成情况，主线设计年限内一个车道的累计当量轴次为 655.178 万次，路面设计弯沉值为 25.99(1/100mm)；路面厚度根据设计弯沉值计算，并验算层底弯拉应力。采用 HPDS 程序计算，用计算和实践经验相结合的方法设计路面结构。设计参数按路面材料，“规范”推荐值进行选取，见表 13-31。

表 13-31　　路面结构材料参数表　　单位:MPa

材料名称	抗压模量		15℃劈裂强度
	20℃	15℃	
细粒式沥青混凝土	1400	2000	1.4
中粒式沥青混凝土	1200	1800	1.0
水泥稳定碎石基层(高剂量)	1200	—	0.5
水泥稳定碎石底基层(低剂量)	900	—	0.35
级配碎石	250	—	—

根据全线路基填土高度、地下水位和填筑材料情况，本工程路基属于干燥、中湿类型，为保证路基的强度和稳定性，要求土基顶面的回弹模量值 $E_0 \geqslant 40$MPa。

4. 路面结构设计(计算过程略)

根据上述对路面结构类型的综合分析及比较，参考本地区其他相同等级公路的路面结构形式，本工程全线路面结构形式及各层厚度如下：

(1) 主线新建机动车道及路缘带路面结构

上面层:5cm 细粒式沥青混凝土 AC-13C；

下面层:7cm 中粒式沥青混凝土 AC-20C；

封　层:乳化沥青碎石；

基　层:20cm 高剂量水泥稳定碎石(振动成型)；

底基层:20cm 低剂量水泥稳定碎石(振动成型)；

路面结构总厚度为 52cm，挖方路段增设 15cm 厚级配碎石垫层，总厚度为 67cm。

(2) 主线新建辅车道路面结构

上面层:4cm 细粒式沥青混凝土 AC-13C；

下面层:6cm 中粒式沥青混凝土 AC-20C；

封　层:乳化沥青碎石；

基　层:18cm 高剂量水泥稳定碎石(振动成型)；

底基层:18cm 低剂量水泥稳定碎石(振动成型)；

路面结构总厚度为 46cm，挖方路段增设 15cm 厚级配碎石垫层，总厚度为 61cm。

(3) 连接线机动车道、路缘带及辅车道路面结构

上面层:5cm 细粒式沥青混凝土 AC-13C；

下面层:7cm 中粒式沥青混凝土 AC-20C；

封　层:乳化沥青碎石；

基　层:20cm 高剂量水泥稳定碎石(振动成型)；

底基层:20cm 低剂量水泥稳定碎石(振动成型)；

路面结构总厚度为 52cm，挖方路段增设 15cm 厚级配碎石垫层，总厚度为 67cm。

14 水泥混凝土路面

水泥混凝土类路面，包括素混凝土、钢筋混凝土、连续配筋混凝土、碾压式混凝土、钢纤维混凝土等面层板和基(垫)层所组成的路面。就地浇筑的素混凝土路面，简称混凝土路面，它是以水泥与水合成的水泥浆为结合料，碎(砾)石为骨料，砂为填充料，按适当的配合比例，经加水拌和、摊铺、振捣、整平和养生而筑成，除了在接缝区和局部范围(边缘和角隅)外不配置钢筋的混凝土路面。

由于水泥混凝土路面能适应现代化交通重载、繁忙而快速的运输要求，而且经久耐用，因而在城市道路、厂矿道路、机场跑道和停车场上常被采用。由于它的水稳性好，特别适用于过水路面。又由于其能见度好，非常适宜用于隧道内路面。

14.1 水泥混凝土路面的特点、损坏现象及工作特性

1. 水泥混凝土路面优、缺点

1) 优点

(1) 强度高、刚性大和耐久性好。混凝土路面具有较高的抗压、抗弯拉和抗磨耗的力学强度(路用水泥混凝土抗弯拉强度达 4.0～5.5MPa，抗压强度达 30～40MPa，弹性模量达 $2.5\times10^4\sim4.0\times10^4$ MPa)，具有较高的承载能力和扩散荷载能力，耐久性好，一般可使用 20～30 年以上，能通过包括履带式坦克在内的各种车辆。

(2) 稳定性好。环境温度和湿度对混凝土路面的力学强度影响甚小，因而热稳定性、水稳定性和时间稳定性都较好，尤其是其强度随时间而逐渐增高，既不会像沥青路面那样出现“老化”现象，也不会象砂石路面那样出现“衰退”现象。抗油类侵蚀能力强，不会因受油类污染而损坏。抗洪能力也远比沥青路面强。

(3) 平整度和粗糙度好。虽设有接缝，但是它的表面很少起伏变形。路面在潮湿时仍能保持足够的粗糙度，使车辆不打滑而能保持较高的安全行车速度。

(4) 养护费用少、运输成本低。由于混凝土路面坚固耐久、经常性养护维修工作量小，故所需的养护费用很小(为沥青路面的 1/4～1/3)。而且路面平整、行车阻力小，能提高车速，减少燃料消耗、降低运输成本。

(5) 色泽鲜明，反光能力强，有利于夜间行车。

2) 缺点

(1) 有接缝。由于热胀冷缩的特性，混凝土路面必须设置许多接缝，而接缝是路面的薄弱点。接缝使施工和养护增加了复杂性，如处理不当，将导致混凝土路面板板边板角处破坏。接缝还容易引起行车跳动，影响行车舒适性。

(2) 施工后不能立即开放交通。施工后要经过 15～20 天的湿治养护，始能开放交通。

(3) 挖掘和修补困难。混凝土路面破坏后，挖掘和修补工作都很费事，且影响交通，修补后的路面质量不如原来的整体强度高。这对于有地下管线的城市道路是不利的。

(4) 阳光下反光太强，汽车驾驶员感觉不舒服。

(5) 对超载敏感。水泥混凝土是脆性材料,一旦荷载超出混凝土的极限强度,混凝土板将出现断裂。

(6) 对水泥和水的需要量大。修筑厚 0.2m、宽 7m 的混凝土路面,每 1000m 要耗费水泥约 400～500t、水约 200t,还未计入养生用水。

(7) 施工前准备工作较多。如设模板、布置接缝及传力杆设施等。

2. 水泥混凝土路面的损坏现象

混凝土路面的使用性能在行车和环境因素作用下逐渐变坏,其损坏形态同柔性路面的损坏形态大不相同,主要有以下几种:

(1) 断裂。混凝土路面板由于板内应力超过了混凝土的强度而出现横向或纵向断裂裂缝,或者角隅处的折断裂缝。产生过量应力的肇因是多方面的:板太薄或轮载过重;板的平面尺寸太大(使温度应力过大);地基过量塑性变形使板底失去支承;养生期间收缩应力过大;混凝土原材料、级配、施工不良,抗折强度未达设计要求等。断裂的出现,破坏了板的结构整体性,使板丧失大部分以至全部承载能力。因而,断裂可看作是混凝土面层结构破坏的临界状态。

(2) 碎裂。出现于横向接缝(主要是胀缝)两侧数十厘米宽的范围内。由于胀缝内的滑动传力杆排列不正或不能滑动,或者缝隙内落入坚硬的杂屑等,阻碍了板的伸长,使混凝土在膨胀时受到较高的挤压应力而裂成碎块。

(3) 唧泥。汽车行经接缝时,缝内喷溅出稀泥浆的现象称唧泥。在重轮载的频繁作用下,基层由于塑性变形累积而同面层脱离接触,水分沿接缝下渗而积聚在脱空的空隙内,在轮载作用下积水变成有压水同基层内浸湿的细料搅混成悬液,并沿接缝喷溅出。唧泥的出现,使面层板边缘部分和角隅部分逐渐失去支承,因而往往导致在离接缝 1.5～1.8m 处产生横向裂缝或角隅处断裂。

(4) 错台。横向接缝或裂缝两侧面层板端部出现的竖向相对位移称为错台。当接缝处仅有部分传荷能力时,轮载作用下相邻板的端部出现挠度差,沿接缝渗入的水分同面-基层界面空隙内来自路表、基层和路肩等处的碎屑相混杂,车轮驶经时,由于板端的挠度差,使水分带着碎屑抛向后方面层板-基层界面的空隙内,把后方板板端抬起。胀缝下部填缝板与上部缝槽未对齐,或胀缝两侧混凝土壁面不垂直,使缝侧两板在伸张挤压过程中,上下错位而形成错台。错台的出现,降低了行车的平稳性和舒适性。

(5) 拱起。混凝土路面板在热膨胀受到约束时,某一接缝两侧的数块板突然出现的向上拱起的屈曲失稳现象称为拱起。板收缩时接缝缝隙张开,填缝料失效,坚硬的碎屑落入缝内,致使板在而后受热膨胀时产生较大的热压应力,易使板出现纵向屈曲失稳现象。采用膨胀性较大的石料(如硅岩等)作粗集料,容易引起板拱起。

此外,还有一些非结构性的损坏现象,如剥落(起皮)、纹裂等。

由以上列举的主要损坏现象可以看出,影响混凝土路面使用特性的因素是多方面的,如轮载、温度、基层、接缝构造、水分、材料以及施工和养护情况等。因而混凝土路面设计时必须从多方面采取措施来保证它的使用寿命。这些方面组成了混凝土路面设计的主要内容:

(1) 材料组成设计——选择合适的材料和配合比,以获取高强、耐磨、防冻和耐久的混凝土面层板。

(2) 路基和基层设计——采取适当措施,为面层和基层提供能给予均匀支承的路基,并在路基有冰冻作用或膨胀土时,能控制其体积变化;合理选用基层类型,以减轻或防止板底脱空、唧泥和错台现象;基层顶面的当量回弹模量不能小于规定值。

(3) 板厚的确定——使轮载所产生的弯拉应力保持在混凝土强度所容许的范围内。

(4) 板平面尺寸的确定——将温度翘曲应力控制在容许范围内。

(5) 接缝构造设计——合理选择接缝类型，布置接缝位置，设计接缝构造，提高接缝的传荷能力。

(6) 路肩和排水设计——选择路肩材料与断面布置，结合路基排水，设计路面排水系统。

上述第(1)点材料组成设计的基本内容可参阅《道路建筑材料》等书籍和规范。本章主要叙述后五方面的内容，也即关于混凝土路面结构设计方面的内容。

3. 水泥混凝土路面的工作特性

水泥混凝土路面强度高、板体性强，在荷载作用下产生的变形较小，通常是处于弹性工作状态，故可将其视为弹性的板体。同时，由于板体在荷载作用下产生的挠度很小，混凝土板下地基(即板下各层次的总称)产生的变形也很小，可以把混凝土板下的地基看成是弹性地基。因此，水泥混凝土路面可看成是被支承在弹性地基上的弹性板。

在车轮荷载作用下，混凝土板产生弯曲，当荷载作用于板中部时，板顶面会出现压应力，而板底面则出现弯拉应力。当荷载作用于板角时，板底面出现压应力，而板顶面则出现弯拉应力。水泥混凝土有较高的抗压强度，因而板内产生的压应力对确定路面厚度影响不大，但板内所产生的弯拉应力则不容忽视，因为混凝土板的极限抗弯拉强度要比它的极限抗压强度低很多。所以当荷载较大而板较薄时，板内产生的弯拉应力就可能超过混凝土的极限抗弯拉强度，因而使板底部或顶部产生裂缝。在车轮荷载重复作用下，混凝土路面板由于达到疲劳强度极限，会在荷载应力低于极限抗折强度时发生开裂。因此，要使路面能够承受车轮荷载的长期作用，混凝土路面必须有足够的强度和厚度。

水泥混凝土路面在自然因素(温度及湿度)的作用下会在板内产生内应力。例如，当气温上升时，混凝土板的长度便欲随之伸长，但是板受到前后板的制约以及板底与基层摩阻力的制约而不能自由伸长，于是在板内便相应产生一定的受压内应力。相反，在气温下降时，混凝土板有随之缩短的趋势，受到相同的制约后，便会在板内产生受拉的内应力。当混凝土板顶和板底有温度坡差时，板因翘曲受阻而产生翘曲应力(拉或压应力)。这些内应力，特别是拉应力，有时与荷载产生的弯拉应力叠加在一起，超过混凝土板的抗折强度时，便会在板内产生纵向或横向裂缝。为了减少这些内应力，预先限定混凝土板开裂的位置，须将路面划分为较小尺寸的板，板间设有胀缩缝，缝有纵横之分，纵缝间距通常按一条车道宽度来定，横缝间距则可根据温度应力大小计算确定。

水泥混凝土是一种脆性材料，它在断裂时的相对伸长变形很小，在弯曲断裂时的表面相对拉伸变形只有0.0001～0.0003。因此，在荷载作用下，土基或基层的变形情况，对水泥混凝土板的影响很大，不均匀的变形会使板体与基层脱空，这种工作状态比板被均匀地支承时危险得多，所以要求板下的土基、基层既要有足够的强度，更要注意它的均匀性和水稳性。

水泥混凝土路面的这些特性，在进行设计时都要给予充分的重视，如果混凝土板的强度不足、厚度不够、分块尺寸与接缝设置不当，或土基与基层的均匀性、水稳性不好，就会导致水泥混凝土路面产生不同类型的裂缝，最终使路面破坏。水泥混凝土路面的这些工作特性，使它在设计方法上与沥青路面大不相同。

水泥混凝土路面设计的基本步骤如下：①确定路面的结构层次；②确定路面的设计参数；③ 确定水泥混凝土板的厚度；④ 确定水泥混凝土板平面尺寸；⑤ 确定接缝的构造(胀缩缝、传力杆等)。

14.2 水泥混凝土结构组合设计

1. *面层*

水泥混凝土路面的结构层次较沥青路面简单,一般由水泥混凝土板面层、基(垫)层和土基组成,通常将基(垫)层和土基合称为地基,地基起支撑路面板的作用。要求面层应具有足够的强度、耐久性、表面抗滑、耐磨及平整度,其弯拉强度、厚度和平面尺寸均应满足混凝土路面设计的要求。

普通水泥混凝土面层一般采用等厚形式断面,其厚度根据交通量大小,经应力计算确定。现行《公路水泥混凝土路面设计规范》(JTG D40—2011)提出了可供路面结构组合设计及初拟面层厚度时的建议参考范围,见表 14-1。在所建议的各级面层厚度参考范围内,设计轴载作用次数多,变异系数大,最大温度梯度大、基、垫层厚度或模量值低时,取高值。高速公路的施工水平只能达到中等变异水平等级时,可参照低变异水平等级的厚度范围的高限或者高于此高限选用。

表 14-1　　公路水泥混凝土面层厚度的参考范围

交通荷载等级	极重	特重				重			
公路等级	一	高速	一级		二级	高速	一级		二级
变异水平等级	低	低	中	低	中	低	中	低	中
面层厚度/mm	≥320	320～280	300～260	280～240			270～230	260～220	

交通荷载等级	中等				轻	
公路等级	二级		三、四级		三、四级	
变异水平等级	高	中	高	中	高	中
面层厚度	250～220	240～210		230～200	220～190	210～180

城市道路水泥混凝土路面面层厚度可参考表 14-2 所列并满足计算要求。

表 14-2　　城市道路水泥混凝土面层厚度的参考范围

交通等级	特重				重			
道路等级	快速路	主干路		次干路	快速路	主干路		次干路
变异水平等级	低	中	低	中	低	中	低	中
面层厚度/mm	≥260	≥250	≥240		≥240	≥230	≥220	

交通等级	中等				轻	
道路等级	次干路		支路	支路	支路	
变异水平等级	高	中	高	中	高	中
面层厚度/mm	≥210	≥200		≥200	≥180	≥180

混凝土面层板一般划分为矩形，纵、横向接缝应垂直相交，纵缝两侧的横缝不得相互错位。纵向接缝的间距(即板宽)宜在 3.0～4.5m 范围内选用。横向接缝的间距(即板长)应按面层类型和厚度选定：普通水泥混凝土面层宜为 4～6m，面层板的长宽比不宜超过 1.35，平面面积不宜大于 $25m^2$。在普通混凝土面层的建议范围内，所选横缝间距可随面层厚度增加而增大，随基层刚度的增加而适当缩短。

面层板的平面尺寸较大或形状不规则，路面结构下埋有地下设施，位于高填方、软土地基、填挖交界段等有可能产生不均匀沉降的路基段时，应采用接缝设置传力杆的钢筋混凝土面层。连续配筋混凝土、碾压混凝土和钢纤维混凝土等其他面层类型可依据适用条件选用，见表 14-3、表 14-4。

表 14-3　　公路水泥混凝土路面面层类型选择

面层类型		适用条件
连续配筋混凝土面层		高速公路
复合式面层	密级配沥青混合料上面层	极重、特重交通荷载的高速公路
	连续配筋混凝土下面层 设传力杆普通混凝土下面层	
碾压混凝土面层		二级及二级以下公路
钢纤维混凝土面层		高程受限制路段、混凝土加铺层
混凝土预制块面层		二级及二级以下公路桥头引道沉降未稳定段、服务区停车场

由于表面平整度难以满足要求以及接缝处难以设置传力杆，碾压混凝土不宜用作高速或一级公路以及承受特重或重交通的二级公路面层。

表 14-4　　城市道路水泥混凝土路面面层类型选择

面层类型	适用条件
连续配筋混凝土面层	特重交通的快速路、主干路
碾压混凝土面层	次干路以下道路、停车场、广场
钢纤维混凝土面层	标高受限制路段、收费站、混凝土加铺层和桥面铺装
普通水泥混凝土面层	各级道路、停车场、广场

2. *基层*

水泥混凝土路面的基层为路面板提供均匀而稳定的支承、防止唧泥、错台及冰冻等病害，延长路面使用寿命，要求基层平整、坚实，应具有足够的抗冲刷能力和一定的刚度。其中对水泥混凝土面层下基层的首要要求是抗冲刷能力。不耐冲刷的基层表面，在渗入水和荷载的共同作用下，会产生冲刷、唧泥、板底脱空和错台等病害，导致路面不平整，并加速和加剧面层板的断裂。基层的受冲刷程度与水的渗入、交通荷载作用的繁重程度和基层材料的抗冲刷能力有关。各类基层具有不同的抗冲刷能力，它取决于基层材料中结合料的性质和含量以及细料(小于 0.075mm)的含量。基层、底基层类型的选择根据交通等级按表 14-5 和表 14-6 选用。城市道路基层类型宜根据交通等级按表 14-7 选用。过湿路段和冰冻地区的潮湿路段不宜采用石灰土做基层。

表 14-5　公路适宜各交通等级的基层类型

交通荷载等级	基层材料类型
极重、特重	贫混凝土、碾压混凝土
	沥青混凝土
重	密级配沥青混凝碎石
	水泥稳定碎石
中等、轻	级配碎石
	水泥稳定碎石,石灰、粉煤灰稳定碎石

注:交通荷载分级见表 14-13。

表 14-6　公路适宜各交通等级的底基层类型

交通荷载等级	底基层材料类型
极重、特重、重	级配碎石,水泥稳定碎石,石灰、粉煤灰稳定碎石
中等、轻	未筛分碎石、级配砾石,或不设

注:交通荷载分级见表 14-13。

表 14-7　城市道路适宜各交通等级的基层类型

交通等级	基层类型
特重	贫混凝土、碾压混凝土、水泥稳定粒料、石灰粉煤灰稳定粒料、水泥粉煤灰稳定粒料
重	水泥稳定粒料、沥青稳定碎石基层、石灰粉煤灰稳定粒料、水泥粉煤灰稳定粒料
中或轻	沥青稳定碎石基层、水泥稳定类、石灰稳定类、水泥粉煤灰稳定类、石灰粉煤灰稳定类或级配粒料基层

各类基层和底基层适宜的压实厚度,应根据集料的公称最大粒径和压实效果要求而定,一般适宜压实厚度参见表 14-8 和表 14-9。因水泥混凝土路面具有较大的刚性和承载能力,增加基层或底基层的厚度,对于降低面层的应力或者减薄面层的厚度影响不大。因而混凝土面层下的基层或底基层不必很厚。如基层或底基层设计厚度超出适宜厚度,可采用分层铺筑和压实。

表 14-8　公路各种材料基层和底基层的结构层适宜施工层厚　单位:mm

材料种类			适宜施工层厚
贫混凝土、碾压混凝土			120～200
无机结合料稳定粒料			150～200
集料公称最大粒径	沥青混凝土	9.5	25～40
		13.2	35～65
		16	40～70
		19	50～75
	沥青稳定碎石	19	
		26.5	75～100
多孔隙水泥稳定碎石			100～150
级配碎石、未筛分碎石、级配砾石或碎砾石			100～200

表 14-9　城市道路各类基层最小厚度　单位:mm

基层类型		最小厚度
刚性基层	贫混凝土或碾压混凝土基层	150
	多孔混凝土排水基层	150

续表

基层类型			最小厚度
半刚性基层	水泥稳定类基层		150
	石灰稳定类基层		150
	水泥粉煤灰稳定类基层		150
	石灰粉煤灰稳定类基层		150
沥青基层	沥青稳定碎石基层(ATB)	ATB-25	80
		ATB-30	90
		ATB-40	120
	半开级配沥青碎石基层(AM)	AM-25	80
		AM-40	120
	沥青稳定碎石排水基层(ATPB)	ATPB-25	80
		ATPB-30	90
		ATPB-40	120
	级配碎石		80
	级配砾石		80

3. *垫层*

垫层主要设置在温度和湿度状况不良的路段上,以改善路面结构的使用性能。季节性冰冻地区,路面结构厚度小于最小防冻厚度要求时(表 14-10 和表 14-11),应设置防冻垫层,使路面结构免除或减轻冻胀和翻浆病害。在水文地质条件不良的挖方路段,路床土湿度较大时,设置排水垫层可以疏干路床土,改善路面结构的支承条件。垫层材料可选用砂、砂砾等颗粒材料,或者采用煤渣、矿渣等隔温性材料。

表 14-10　　公路水泥混凝土路面结构层最小防冻厚度　　单位:m

路基干湿类型	路基土类别	当地最大冰冻深度			
		0.50～1.00	1.00～1.50	1.50～2.00	>2.00
中湿路基	易冻胀土	0.30～0.50	0.40～0.60	0.50～0.70	0.60～0.95
	很易冻胀土	0.40～0.60	0.50～0.70	0.60～0.85	0.70～1.10
潮湿路基	易冻胀土	0.40～0.60	0.50～0.70	0.60～0.90	0.75～1.20
	很易冻胀土	0.45～0.70	0.55～0.80	0.70～1.00	0.80～1.30

注:① 易冻胀土——细粒土质砾(GM、GC)、除极细粉土质砂外的细粒土质砂(SM、SC)、塑性指数小于 12 的黏质土(CL、CH)。

② 很易冻胀土——粉质土(ML、MH)、极细粉土质砂(SM)、塑性指数在 12～22 之间的黏质土(CL)。

③ 冻深小或填方路段,或基、垫层采用隔温性能良好的材料,可采用低值;冻深大或挖方及地下水位高的路段,或基、垫层采用隔温性能稍差的材料,应采用高值。

④ 冻深小于 0.50m 的地区,可不考虑结构层防冻厚度。

表 14-11　　城市道路水泥混凝土路面结构层最小防冻厚度　　单位:m

路基类型	路基土质	当地最大冰冻深度			
		0.50～1.00	1.01～1.50	1.51～2.00	>2.00
中湿	低、中、高液限黏土	0.30～0.50	0.40～0.60	0.50～0.70	0.60～0.95
	粉土、粉质低、中液限黏土	0.40～0.60	0.50～0.70	0.60～0.85	0.70～1.10
潮湿	低、中、高液限黏土	0.40～0.60	0.50～0.70	0.60～0.90	0.75～1.20
	粉土、粉质低、中液限黏土	0.45～0.70	0.55～0.80	0.70～1.00	0.80～1.30

注:① 冻深小或填方路段,或基、垫层采用隔温性能良好的材料,可采用低值;冻深大或挖方及地下水位高的路段,或基、垫层采用隔温性能较差的材料,应采用高值。
② 冻深小于 0.50m 的地区,可不考虑结构层防冻厚度。

4. 路基

混凝土路面下的路基应稳定、密实、均质,对路面结构提供均匀的支承。通过混凝土路面结构传到路床顶面的荷载应力很小,因而,对路基承载能力的要求并不高。但路基出现不均匀变形时,混凝土面层与下卧层之间会出现局部脱空,面层应力会由此增加而导致面层板的断裂。因此,对路基的基本要求是提供均匀的支承,即路基在环境和荷载作用下产生的不均匀变形小。

路基是路面结构的基础,其对路面结构的支承能力采用路床顶的综合回弹模量值来表征,规范规定:轻交通荷载等级时不得低于 40MPa,中等或重交通荷载等级时不得低于 60MPa,特重或极重交通荷载等级时不得低于 80MPa。

城市道路路基顶面设计回弹模量值规定,对快速路和主干路不应小于 30MPa,对次干路和支路不应小于 20MPa。

高液限黏土及含有机质的细粒土不应用作高速公路和一级公路的路床填料或二级公路和二级以下公路的上路床填料。高液限粉土、塑性指数大于 16 或膨胀率大于 3%的低液限黏土不应用作高速公路和一级公路的上路床填料。因条件限制必须采用上述土作填料时,应掺加水泥、粉煤灰或石灰等结合料进行改善。

路基设计时应使路床处于中湿或干燥状态。压实度应达到表 12-6、表 12-7 的要求。影响路基强度和稳定性的地面水和地下水,必须采取拦截或排出路基以外的措施。

混凝土路面板与路肩交界处,路表水易渗入,引起板边缘下基层、垫层及土基含水过高、发软,在荷载重复作用下,导致唧泥、板边底缘脱空、断裂。路肩结构层次和材料,既要考虑承载能力,还应结合路面排水系统的布置和要求,使渗入路面的水有排水通道,迅速排离路面结构。路肩铺面可采用沥青混凝土或水泥混凝土面层。

由于从水泥混凝土路面设置的纵、横接缝及外侧边缘下渗的水量很大,应设置路面内部排水系统。可在面层下设透水基层,也可在路面结构边缘设置边缘排水系统,分别如图14-1和图14-2 所示。

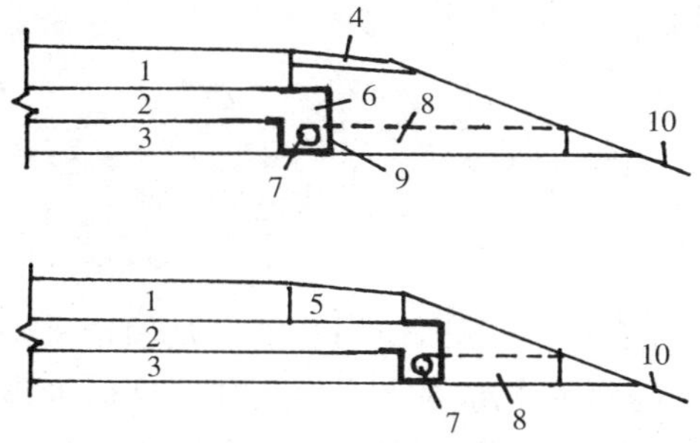

1—面层；2—透水基层；3—不透水底基层(垫层)；
4—沥青路肩面层；5—水泥混凝土路肩面层；6—集水沟；
7—集水管；8—横向排水管；9—反滤织物；10—坡面防护

图 14-1 透水基层排水系统

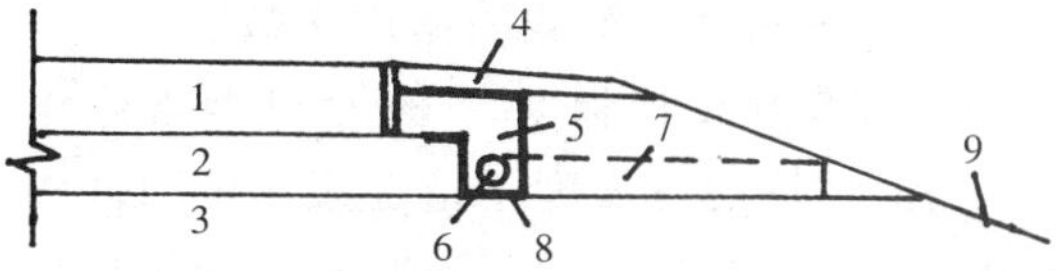

1—面层；2—基层；3—垫层；4—路肩面层；
5—集水沟；6—集水管；7—横向排水管；
8—反滤织物；9—坡面防护

图 14-2 纵向边缘排水系统

14.3 水泥混凝土路面厚度设计

14.3.1 设计理论

现行规范进行水泥混凝土路面结构分析采用弹性地基板理论，把结构层体系分为地基和板两部分。

对于除粒料类基层外，其他各类基层与混凝土面层应按分离式双层板模型进行结构分析。粒料类基层及各类底基层和垫层，应与路基一起视作多层弹性地基，以地基顶面当量回弹模量表征。水泥混凝土路面结构设计应以面层板在设计基准期内，在行车荷载和温度梯度综合作用下，不产生疲劳断裂作为设计标准；并以最重轴载和最大温度梯度综合作用下，不产生极限断裂作为验算标准。

结构设计包括以下内容：

(1) 结构组合设计。各层的结构类型、弹性模量和厚度的确定。

(2) 混凝土面板厚度的设计。

(3) 混凝土面板的平面尺寸与接缝设计。

(4) 路肩设计。

(5) 普通混凝土路面配筋设计。

(6) 技术经济方案比选。

14.3.2 公路设计指标与参数

1. 标准轴载与轴载换算

我国现行《公路水泥混凝土路面设计规范》(JTG D40—2011)规定，按疲劳断裂设计标准进行结构分析时，以 100kN 单轴-双轮组荷载作为设计轴载，对极重交通荷载等级的水泥混凝土路面，宜选用货车中占主要份额特重车型的轴载作为设计轴载。各级轴载作用次数 N_s 可按式(14-1)换算为设计轴载的作用次数。

$$N_s = \sum_{i=1}^{n} N_i \left(\frac{P_i}{P_0}\right)^{16} \tag{14-1}$$

式中 P_i——第 i 级轴载重，kN，联轴按每一根轴载单独计；

P_0——设计轴载重,kN;

n——各种轴型的轴载级位数;

N_i——i 级轴载的作用次数;

N_s——设计轴载的作用次数。

2. 可靠度设计标准、交通分级和累计作用次数

路面结构的可靠度是指在规定的时间内,在规定的条件下,路面使用性能满足预定水平要求的概率。各级公路水泥混凝土路面结构的设计安全等级及相应的设计基准期、目标可靠指标与目标可靠度,应符合表 14-12 的规定。交通等级按设计年限内设计车道临界荷位处所承受的设计轴载累计作用次数分为 5 级,如表 14-13 所示。

表 14-12　　可靠度设计标准

公路等级	高速	一级	二级	三级	四级
安全等级	一级		二级	三级	
设计基准期/年	30		20	15	10
目标可靠度	95%	90%	85%	80%	70%
目标可靠指标	1.64	1.28	1.04	0.84	0.52

表 14-13　　交通荷载分级

交通荷载等级	极重	特重	重	中等	轻
设计年限内设计车道承受设计轴载(100kN)累计作用次数 $N_e(10^4)$	$>1\times10^6$	$1\times10^6\sim2000$	$2000\sim100$	$100\sim3$	<3

设计基准期内设计车道的标准轴载累计作用次数,与第一年的交通量、交通组成和交通量的增长情况等因素有关。各交通参数应进行详细调查确定,按式(14-2)确定设计使用年限内设计车道的标准轴载累计作用次数 N_e:

$$N_e=\frac{N_s\times[(1-g_r)^1-1]\times365}{g_r}\times\eta \tag{14-2}$$

式中 N_e——设计基准期内设计车道所承受的设计轴载累计次数,轴次/车道;

t——设计基准期,见表 14-12;

g_r——基准期内货车交通量的年平均增长率(以分数计);

η——临界荷位处的车辆轮迹横向分布系数,按表 14-14 选用。

表 14-14　　车轮轮迹横向分布系数

公路等级		纵缝边缘处
高速公路、一级公路、收费站		0.17～0.22
二级及二级以下公路	行车道宽>7m	0.34～0.39
	行车道宽≤7m	0.54～0.62

注:车道、行车道较宽或者交通量较大时,取高值;反之,取低值。

3. 基层顶面的当量回弹模量

混凝土面板下的地基包括路基和根据需要设置的基、垫层,其整体路面结构为弹性多层体系。分析板内荷载应力时,应将其多层体系换算为半无限体,以其顶面的当量回弹模量作为半

无限地基的模量值。

1）新建公路板底地基当量回弹模量值

$$E_t=\left(\frac{E_x}{E_0}\right)^{\alpha}E_0 \tag{14-3(a)}$$

$$\alpha=0.86+0.26\ln h_x \tag{14-3(b)}$$

$$E_s=\sum_{i=1}^{n}(h_i^2E_i)/\sum_{i=1}^{n}h_i^2 \tag{14-3(c)}$$

$$h_x=\sum_{i=1}^{n}h_i \tag{14-3(d)}$$

式中　E_0——路床顶综合回弹模量，MPa；

α——与粒料层总厚度 h_i 有关的回归系数，按式(14-3(b))计算；

E_x——粒料层的当量回弹模量，MPa，按式(14-3(c))计算；

h_x——粒料层的总厚度，m，按式(14-3(d))计算；

n——粒料层的层数；

E_i，h_i——第 i 结构层的回弹模量(MPa)与厚度(m)。

2）原有柔性路面顶面的当量回弹模量值

在旧沥青混凝土路面上铺筑水泥混凝土面层时，原沥青混凝土路面顶面的地基综合当量回弹模量 E_t 可根据落锤式弯沉仪（荷载 50kN、承载板半径 150mm）的中心点弯沉的测定结果按式(14-4(a))，或根据贝克曼梁（后轴重 100kN 的车辆）的弯沉测定结果，按式(14-4(b))计算确定。

$$E_t=18\,621/w_0 \tag{14-4(a)}$$

$$E_t=13\,739w_0^{-1.04} \tag{14-4(b)}$$

$$w_0=\overline{w}+1.04s_w \tag{14-4(c)}$$

式中　w_0——路段代表弯沉值，0.01mm；

$\overline{w}$——路段弯沉平均值，0.01mm；

s_w——路段弯沉的标准值，0.01mm。

4. 水泥混凝土的设计强度与模量

混凝土板在行车荷载和环境因素（温、湿度变化）的反复作用下，将产生压应力和拉应力。一般来讲，混凝土的抗压强度足够，而板的开裂破坏，主要是由于板承受的弯拉应力接近或超过板的弯拉强度导致。因此，水泥混凝土路面的设计强度以弯拉强度为标准，采用 28d 龄期的弯拉强度，各交通荷载等级要求的弯拉强度标准值不得低于表 14-15 的规定。混凝土弯拉弹性模量以试验实测为宜，无条件时也可根据表 14-15 选用。

表 14-15　　普通水泥混凝土的设计弯拉强度与弹性模量

交通荷载等级	极重、特重、重	中等	轻
弯拉强度标准值 f_r/MPa	≥5.0	4.5	4.0
弯拉弹性模量 E_c/GPa	31	29	27

5. 荷载疲劳应力

1) 单层板模型

弹性地基单层板荷载疲劳应力按下式确定：

$$\sigma_{pr}=k_r k_f k_c \sigma_{ps} \tag{14-5}$$

式中 σ_{pr}——设计轴载在面层板临界荷位处产生的荷载疲劳应力，MPa；

σ_{ps}——设计轴载在四边自由板临界荷位处产生的荷载应力(MPa)，按式(14-6(a))确定；

k_r——考虑接缝传荷能力的应力折减系数，采用混凝土路肩时，$k_r=0.87\sim0.92$(路肩面层与路面面层等厚时取低值，减薄时取高值)；采用柔性路肩或者土路肩时，$k_r=1$；

k_f——考虑设计基准内荷载应力累计疲劳作用的疲劳应力系数，按式(14-7(a))确定；

k_c——考虑计算理论与实际差异以及动载等因素影响的综合系数，按公路等级查表14-16确定。

表 14-16　　综合系数 k_c

公路等级	高速公路	一级公路	二级公路	三、四级公路
k_c	1.15	1.10	1.05	1.00

$$\sigma_{ps}=1.47\times10^{-3}r^{0.70}h_c^{-2}P_S^{0.94} \tag{14-6(a)}$$

$$r=1.21(D_c/E_t)^{1/3} \tag{14-6(b)}$$

$$D_c=\frac{E_c h_c^3}{12(1-\nu_c^2)} \tag{14-6(c)}$$

式中 P_s——设计轴载的单轴重，kN；

h_c, E_c, ν_c——混凝土面层板的厚度(m)、弯拉弹性模量(MPa)和泊松比；

r——混凝土面层板的相对刚度半径，m；

D_c——混凝土面层板的截面弯曲刚度，MN·m；

E_t——板底地基当量回弹模量，MPa，新建公路按式(14-3)计算，旧柔性路面上加铺混凝土面层按式(14-4)确定。

其中，设计基准期内的荷载疲劳应力系数 k_f 按下式计算：

$$k_f=N_e^{\lambda} \tag{14-7(a)}$$

式中 N_e——设计基准期内设计轴载累计作用次数；

λ——材料疲劳指数，普通混凝土、钢筋混凝土、连续配筋混凝土，$\lambda=0.057$；碾压混凝土和贫混凝土，$\lambda=0.065$；钢纤维混凝土，按下式计算：

$$\lambda=0.053-0.017\rho_f\frac{l_f}{d_f} \tag{14-7(b)}$$

ρ_f——钢纤维的体积率；

l_f——钢纤维的长度，mm；

d_f——钢纤维的直径，mm。

最重轴载在面层板临界荷位处产生的最大荷载应力，按下式计算：

$$\sigma_{p,max}=k_r k_c \sigma_{pm} \tag{14-8}$$

式中 $\sigma_{p,max}$——最重轴载 P_m 在面层板界荷位处产生的最大荷载应力，MPa；

σ_{pm}——最重轴载 P_m 在四边自由板临界荷位处产生的最大荷载应力，MPa，按式(14-6(a))计算，式中的设计轴载 P_s 改为设计轴载 P_m（以单轴计，kN）。

2）双层板模型

混凝土面层板或上面层板的荷载疲劳应力 σ_{pr} 按式(14-5)计算，其中，荷载疲劳应力系数 k_f、应力折减系数 k_r 和综合系数 k_c 的确定方法，与单层混凝土板的相同。设计轴载 P_s 在上层板临界荷位处产生的混凝土面层板荷载应力 σ_{ps} 按式(14-9)确定。

$$\sigma_{ps}=\frac{1.45\times10^{-3}}{1+D_b/D_c}r_g^{0.65}h_c^{-2}P_s^{0.94} \tag{14-9(a)}$$

$$D_b=\frac{E_b h_b^3}{12(1-\nu_b^2)} \tag{14-9(b)}$$

$$r_g=1.21[(D_c+D_b)/E_t]^{1/3} \tag{14-9(c)}$$

式中 D_b——下层板的截面弯曲刚度，MN · m；

h_b, E_b, ν_b——下层板的厚度(m)、弯拉弹性模量(MPa)和泊松比；

r_g——双层板的总相对刚度半径，m；

h_c, D_c——上层板的厚度(m)和截面弯曲刚度，MN · m。

贫混凝土或碾压混凝土基层板或者下面层板的荷载疲劳应力，按式(14-10(a))计算。其中，疲劳应力系数 k_f 和综合系数 k_c 的确定方法与单层板的确定方法相同；设计轴载 P_s 在下层板临界荷位处产生的荷载应力按式(14-10(b))计算。

$$\sigma_{bpr}=k_f k_c \sigma_{bps} \tag{14-10(a)}$$

$$\sigma_{bps}=\frac{1.41\times10^{-3}}{1+D_c/D_b}r_g^{0.68}h_b^{-2}P_s^{0.94} \tag{14-10(b)}$$

式中 σ_{bpr}——下层板的荷载疲劳应力，MPa；

σ_{bps}——设计轴载 P_s 在下层板临界荷位处产生的荷载应力，MPa。

最重轴载在上层板临界位处产生的最大荷载应力按式(14-8)计算，其中，应力折减系数 k_r 和综合系数 k_c 的确定方法与单层混凝土板的相同；最重轴载在四边自由板临界荷位处产生的最大荷载应力 σ_{pm} 按式(14-9(a))计算，将设计轴载 P_s 改为最重轴载 P_m 即可。

6. 温度疲劳应力

1）单层板模型

临界荷位处产生的面层板温度疲劳应力按式(14-11)计算。

$$\sigma_{tr}=k_t \sigma_{t,max} \tag{14-11}$$

式中 σ_{tr}——面层板临界荷位处的温度疲劳应力，MPa；

$\sigma_{t,max}$——最大温度梯度时面层板产生的最大温度应力，MPa，按式(14-12)计算；

k_t——考虑温度应力累计疲劳作用的温度疲劳应力系数，按式(14-14)确定。

$$\sigma_{t,max}=\frac{\alpha_c E_c h_c T_g}{2}B_L \tag{14-12}$$

式中 α_c——混凝土的线膨胀系数，根据粗集料的岩性按表 14-17 取用；

T_g——公路所在地 50 年一遇的最大温度梯度，查表 14-18 取用；

B_L——综合温度翘曲应力和内应力的温度应力系数按式(14-13(a))计算。

表 14-17　　水泥混凝土线膨胀系数经验参考值

粗集料类型	石英岩	砂岩	砾石	花岗岩	玄武岩	石灰岩
水泥混凝土线膨胀系数/(10^{-6}·℃$^{-1}$)	12	12	11	10	9	7

表 14-18　　最大温度梯度标准值 T_g

公路自然区划	Ⅱ，Ⅴ	Ⅲ	Ⅳ，Ⅵ	Ⅶ
最大温度梯度/(℃·m^{-1})	83～88	90～95	86～92	93～98

注：海拔高时，取高值；湿度大时，取低值。

$$B_L = 1.77e^{-4.48h_c}C_L - 0.131(1-C_L) \tag{14-13(a)}$$

$$C_L = 1 - \frac{\sinh t\cos t + \cosh t\sin t}{\cos t\sin t + \sinh t\cosh t} \tag{14-13(b)}$$

$$t = \frac{L}{3r} \tag{14-13(c)}$$

式中　C_L——混凝土面层板的温度翘曲应力系数；

L——面层板的横缝间距，即板长，m；

r——面层板的相对刚度半径，m；

温度疲劳应力系数 k_t 按式(14-14)计算。

$$k_t = \frac{f_t}{\sigma_{t,max}} = \left[a_t\left(\frac{\sigma_{t,max}}{f_t}\right)^{b_t} - c_t\right] \tag{14-14}$$

式中，a_t，b_t 和 c_t 为回归系数，按所在地区的公路自然区划查表 14-19 确定。

表 14-19　　回归系数 a_t，b_t 和 c_t

系数	公路自然区划					
	Ⅱ	Ⅲ	Ⅳ	Ⅴ	Ⅵ	Ⅶ
a_t	0.828	0.855	0.841	0.871	0.837	0.834
b_t	1.323	1.355	1.323	1.287	1.382	1.270
c_t	0.041	0.041	0.058	0.071	0.038	0.052

2）双层板模型

双层混凝土板上层板的温度疲劳应力 σ_{tr}、最大温度翘曲应力 $\sigma_{t,max}$、给合温度翘曲应力和内应力作用的温度应力系数 B_L 的计算与单层板的相同，分别按式(14-11)、式(14-12)、式(14-13(a))计算，式(14-13)中的温度翘曲应力系数 C_L 按式(14-15(a))计算。下层板的温度疲劳应力不需计算分析。

$$C_L = 1 - \left(\frac{1}{1+\xi}\right)\frac{\sinh t\cos t + \cosh t\sin t}{\cos t\sin t + \sinh t\cosh t} \tag{14-15(a)}$$

$$t = \frac{L}{3r_g} \tag{14-15(b)}$$

$$\xi=\frac{(k_n r_g^4-D_c)r_\beta^3}{(k_n r_\beta^4-D_c)r_g^3} \tag{14-15(c)}$$

$$r_\beta=\left[\frac{D_c D_b}{(D_c+D_b)k_n}\right]^{\frac{1}{4}} \tag{14-15(d)}$$

$$k_n=\frac{1}{2}\left(\frac{h_c}{E_c}+\frac{h_b}{E_b}\right)^{-1} \tag{14-15(e)}$$

式中 ξ——与双层板结构有关的参数；

r_β——层间接触状况参数，m；

k_n——面层与基层之间竖向接触刚度，上下层之间不设沥青混凝土夹层或隔离层时，按式(14-15(e))计算；设沥青混凝土夹层或隔离层时，k_n 取 3000MPa/m。

7. 混凝土板尺寸检验

水泥混凝土路面结构设计要求在荷载应力和温度疲劳应力的综合作用下不产生断裂，其两者的叠加值不超过混凝土的抗弯拉强度，并以最重轴载和最大温度应力作用下不产生极限断裂进行验算，即应满足下列两式：

$$\gamma_r(\sigma_{pr}+\sigma_{tr})\leqslant f_r \tag{14-16}$$

$$\gamma_r(\sigma_{p,max}+\sigma_{t,max})\leqslant f_r \tag{14-17}$$

式中 σ_{pr}——面层板在临界荷位处产生的行车荷载疲劳应力，MPa；

σ_{tr}——面层板在临界荷位处产生的温度梯度疲劳应力，MPa；

$\sigma_{p,max}$——最重的轴载在临界荷位处产生的最大荷载应力，MPa；

$\sigma_{t,max}$——所在地区最大温度梯度在临界荷位处产生的最大温度翘曲应力，MPa；

γ_r——可靠度系数，依据所选目标可靠度，变异水平等级及变异系数通过计算确定或参考表 14-20 选用；

f_r——水泥混凝土弯拉强度标准值，MPa，按表 14-15 取值。

表 14-20　可靠度系数

变异水平等级	目标可靠度/%			
	95	90	85	80—70
低	1.20～1.33	1.09～1.16	1.04～1.08	—
中	1.33～1.50	1.16～1.23	1.08～1.13	1.04～1.07
高	—	1.23～1.33	1.13～1.18	1.07～1.11

14.3.3 城市道路设计指标与参数

1. 标准轴载与轴载换算

不同轴-轮型和轴载的作用次数应换算为标准轴载的当量轴次，按下式计算：

$$N_c=\sum_{i=1}^{n}\delta_i N_i\left(\frac{P_i'}{100}\right)^{16} \tag{14-18(a)}$$

$$\delta_i=2.22\times10^3 P_i^{-0.43} \tag{14-18(b)}$$

或

$$\delta_i=1.07\times10^{-5} P_i^{-0.22} \tag{14-18(c)}$$

或

$$\delta_i=2.24\times10^{-8} P_i^{-0.22} \tag{14-18(d)}$$

式中 N_c——100kN 的单轴-双轮组标准轴载的当量轴次；

P'_i——单轴-单轮、单轴-双轮组或三轴-双轮组轴型 i 级轴载的总重，kN；

n——轴型和轴载级位数；

N_t——各类轴型 i 级轴载的作用次数；

δ_i——轴-轮型系数，单轴-双轮组时，$\delta_i=1$；单轴-单轮时，按式(14-18(b))计算；双轴-双轮组时，按式(14-18(c))计算；三轴-双轮组时，按式(14-18(d))计算。

设计基准期内水泥混凝土面层临界荷位所承受的累计当量轴次按下式计算：

$$N'_e=\frac{N'_1\times[(1+\gamma)^t-1]\times 365}{\gamma}\eta_s \tag{14-18(e)}$$

式中 N'_e——水泥混凝土路面设计基准期内临界荷位所承载的累计当量轴次(次)；

N'_t——水泥混凝土路面设计车道使用初期的当量轴载日作用次数(次/d)；

η_s——水泥混凝土路面临界荷位处的车辆轮迹横向分布系数，按表 14-21 选用。

表 14-21　　车辆轮迹横向分布系数 η_s

道路等级		纵缝边缘处
快速路、主干路		0.17～0.22
次干路及以下道路	行车道宽>7m	0.34～0.39
	行车道宽≤7m	0.54～0.62

注：行车道较宽或者交通量较大时，取高值；反之，取低值。

水泥混凝土路面所承受的轴载作用，按设计基准期内设计车道所承受的标准轴载累计作用次数分为 4 级，见表 13-17。

2. 结构设计极限状态、可靠度系数

水泥混凝土路面结构设计以行车荷载和温度梯度综合作用产生的疲劳断裂作为设计的极限状态，应满足下式要求：

$$\gamma_c(\sigma_{pr}+\sigma_{tr})\leqslant f_r \tag{14-19}$$

式中 γ_c——水泥混凝土路面可靠度系数，根据所选目标可靠度及变异水平等级按表 14-20 确定；

σ_{pr}——行车荷载疲劳应力，MPa；

σ_{tr}——温度梯度疲劳应力，MPa；

f_r——28d 龄期水泥混凝土弯拉强度标准值，MPa。

3. 基层顶面的当量回弹模量

新建道路的基层顶面当量回弹模量按下式计算确定：

$$E_t=ah_x^bE_0\left(\frac{E_x}{E_0}\right)^{1/3} \tag{14-20(a)}$$

$$E_x=\frac{h_1^2E_1+h_2^2E_2}{h_1^2+h_2^2} \tag{14-20(b)}$$

$$h_x=\left(\frac{12D_x}{E_x}\right)^{1/3} \tag{14-20(c)}$$

$$D_x=\frac{E_1h_1^3+E_2h_2^3}{12}+\frac{(h_1+h_2)^2}{4}\left(\frac{1}{E_1h_1}+\frac{1}{E_2h_2}\right)^{-1} \tag{14-20(d)}$$

$$a=6.22\left[1-1.51\left(\frac{E_x}{E_0}\right)^{-0.45}\right] \tag{14-20(e)}$$

$$b=1-1.44\left(\frac{E_x}{E_0}\right)^{-0.55} \tag{14-20(f)}$$

式中 E_t——基层顶面的当量回弹模量，MPa；

E_0——路床顶面的回弹模量，MPa；

E_x——基层或垫层的当量回弹模量，MPa；

E_1，E_2——基层或垫层的回弹模量，MPa；

h_x——基层或垫层的当量厚度，m；

D_x——基层或垫层的当量弯曲刚度，MN · m；

h_1，h_2——基层或垫层的厚度，m；

a，b——与 E_x/E_0 有关的回归系数。

在旧沥青路面上铺筑水泥混凝土面层时，旧沥青路面顶面的当量回弹模量按下式计算确定：

$$E_t=13\,739w_0^{-1.04} \tag{14-20(g)}$$

式中，w_0 为以后轴载 100kN 的车辆进行弯沉测定，经统计整理后得到的旧路面计算回弹弯沉值(0.01mm)。

4. *水泥混凝土的设计强度与模量*

水泥混凝土的强度以 28d 龄期的弯拉强度控制，各交通等级的要求的弯拉强度标准值不低于表 14-22 的规定。

表 14-22　　水泥混凝土弯拉强度标准值　　单位：MPa

交通等级	特重、重	中	轻
水泥混凝土的弯拉强度标准值	5.0	4.5	4.5
钢纤维混凝土的弯拉强度标准值	6.0	5.5	5.0

5. *单层板荷载疲劳应力和温度疲劳应力*

水泥混凝土路面的临界荷位选在混凝土板的纵向边缘中部。标准轴载在临界荷位处产生的荷载应力按下式计算确定：

$$\sigma_{pr}=k_rk_fk_c\sigma_{ps} \tag{14-21(a)}$$

式中 σ_{pr}——标准轴载在临界荷位处产生的荷载疲劳应力，MPa；

σ_{ps}——标准轴载在四边自由板的临界荷位处产生的荷载应力，MPa；

k_r——考虑接缝传荷能力的应力折减系数，纵缝为设拉杆的平缝时，$k_r=0.87\sim0.92$(刚性和半刚性基层取低值，柔性基层取高值)；纵缝为不设拉杆的平缝或自由边时，$k_r=1.0$；纵缝为设拉杆的企口缝时，$k_r=0.76\sim0.84$；

k_f——考虑设计基准期内荷载应力累计疲劳作用的疲劳应力系数，按式(14-21(d))计算；

k_c——考虑偏载和动载等因素对路面疲劳损坏影响的综合系数,按表 14-23 确定。

表 14-23 **综合系数 k_c**

道路等级	快速路	主干路	次干路	支路
k_c	1.30	1.25	1.20	1.10

标准轴载在四边自由板临界荷位处产生的荷载应力按下列公式确定:

$$\sigma_{ps}=0.077\times r^{0.60}\times h^{-2} \tag{14-21(b)}$$

$$r=0.537h\left(\frac{E_c}{E_t}\right)^{1/3} \tag{14-21(c)}$$

式中 r——单层混凝土板的相对刚度半径,m;

h——混凝土板的厚度,m;

E_c——水泥混凝土的弯拉弹性模量,MPa;

E_t——基层顶面的当量回弹模量,MPa。

设计基准期内的荷载疲劳应力系数应按下列公式计算确定:

$$k_f=N_e'^{v} \tag{14-21(d)}$$

$$v=0.053-0.017\rho_f\frac{l_f}{d_f} \tag{14-21(e)}$$

式中 v——与混合料性质有关的指数,普通混凝土、钢筋混凝土、连续配筋混凝土,$v=0.057$;碾压混凝土和贫混凝土,$v=0.065$;钢纤维混凝土,v 按式(14-21(e))计算确定。

ρ_f——钢纤维的体积率;

l_f——钢纤维的长度,mm;

d_f——钢纤维的直径,mm。

单层混凝土板温度应力按以下步骤确定。

在临界荷位处的温度疲劳应力按下式确定:

$$\sigma_{tr}=k_t\sigma_{tm} \tag{14-22(a)}$$

式中 σ_{tr}——临界荷位处的温度疲劳应力,MPa;

σ_{tm}——最大温度梯度时混凝土板的温度翘曲应力,MPa;

k_t——考虑温度应力累计疲劳作用的疲劳应力系数。

最大温度梯度时混凝土板的温度翘曲应力按式(14-22(b))计算。

$$\sigma_{tm}=\frac{\alpha_c E_c h T_g}{2}B_x \tag{14-22(b)}$$

$$B_x=1.77e^{-4.48h}C_x-0.131(1-C_x) \tag{14-22(c)}$$

$$C_x=1-\frac{\sinh t\cos t+\cosh t\sin t}{\cos t\sin t+\sinh t\cosh t} \tag{14-22(d)}$$

$$t=l/3r \tag{14-22(e)}$$

式中 α_c——混凝土的线膨胀系数(1/℃),可取为 1×10^{-5}/℃;

T_g——最大温度梯度,查表 14-18 取用;

h——面层板的厚度,m;

B_x——综合温度翘曲应力和内应力作用的温度应力系数;

C_x——混凝土面层板的温度翘曲应力系数;

t——与面层板尺寸有关的参数:

r——面层板的相对刚度半径,m;

l——板长、即横缝间距,m。

温度疲劳应力系数可按下式计算:

$$k_t=\frac{f_r}{\sigma_{tm}}=\left[a\left(\frac{\sigma_{tm}}{f_r}\right)^c-b\right] \tag{14-22(f)}$$

式中,a,b,c 为回归系数,按所在地区的道路自然区划查表 14-24 确定。

表 14-24　　回归系数 a,b 和 c

系数	道路自然区划					
	Ⅱ	Ⅲ	Ⅳ	Ⅴ	Ⅵ	Ⅶ
a	0.828	0.855	0.841	0.871	0.837	0.834
b	0.041	0.041	0.058	0.071	0.038	0.052
c	1.323	1.355	1.323	1.287	1.382	1.270

6. *双层板荷载疲劳应力和温度疲劳应力*

双层混凝土板的临界荷位仍为板的纵向边缘中部。标准轴载在临界荷位处产生的上层和下层混凝土板的荷载疲劳应力 σ_{pr1} 和 σ_{pr2},分别按式(14-21(a))计算确定;但结合式双层板仅需计算下层板的荷载疲劳应力 σ_{pr2}。其中,应力折减系数、荷载疲劳应力系数和综合系数的确定方法,与单层混凝土板完全相同。

标准轴载在临界荷位处产生的分离式双层板上层和下层的荷载应力或者结合式双层板下层的荷载应力,应按下列公式计算:

$$\sigma_{pr1}=0.077r_g^{0.60}\frac{E_{c1}h_{01}}{12D_g} \tag{14-23(a)}$$

$$\sigma_{pr2}=0.077r_g^{0.60}\frac{E_{c2}(0.5h_{02}+h_xk_u)}{6D_g} \tag{14-23(b)}$$

式中 σ_{pr1},σ_{pr2}——双层混凝土板上层和下层的荷载应力,MPa;

E_{c1},E_{c2}——双层混凝土板上层和下层的弯拉弹性模量,MPa;

h_{01},h_{02}——双层混凝土板上层和下层的厚度,m;

h_x——下层板中面至结合式双层板中性面的距离,m;

k_u——层间结合系数,分离式时,$k_u=0$;结合式时,$k_u=1$;

D_g——双层混凝土板的截面总刚度,MN · m;

r_g——双层混凝土板的相对刚度半径,m。

下层板中面至结合式双层板中性面的距离可按下式计算:

$$h_x=\frac{E_{c1}h_{01}(h_{01}+h_{02})}{2(E_{c1}h_{01}+E_{c2}h_{02})} \tag{14-23(c)}$$

双层混凝土板的截面总刚度为上层板和下层板对各自中面的弯曲刚度以及由截面轴向力所构成的弯曲刚度三者之和,应按下式计算:

$$D_g=\frac{E_{c1}h_{01}^3}{12}+\frac{E_{c2}h_{02}^3}{12}+\frac{E_{c1}h_{01}E_{c2}h_{02}(h_{01}+h_{02})^2}{4(E_{c1}h_{01}+E_{c2}h_{02})}k_u \tag{14-23(d)}$$

双层混凝土板的相对刚度半径应按下式计算:

$$r_g=1.23\left(\frac{D_g}{E_t}\right)^{1/3} \tag{14-23(e)}$$

双层混凝土板温度应力按下式确定:

(1) 双层混凝土板上层和下层的温度疲劳应力 σ_{tr1} 和 σ_{tr2} 分别按式(14-22(a))计算确定,但分离式双层板仅需计算上层板的温度疲劳应力 σ_{tr1},结合式双层板仅需计算下层板的温度疲劳应力 σ_{tr2},其中,温度疲劳应力系数的确定方法与单层混凝土板相同。

(2) 分离式双层混凝土板上层的最大温度翘曲应力应按下列公式计算:

$$\sigma_{tm1}=\frac{\alpha_c E_{c1}h_{01}T_g}{2}B_x \tag{14-24(a)}$$

$$B_x=1.77e^{-4.48h_{01}}C_x-0.131(1-C_x) \tag{14-24(b)}$$

$$C_x=1-\left(\frac{1}{1+\xi}\right)\frac{\sinh t\cos t+\cosh t\sin t}{\cos t\sin t+\sinh t\cosh t} \tag{14-24(c)}$$

$$t=l/3r_g \tag{14-24(d)}$$

$$\xi=\frac{(k_n r_g^4-D_{01})r_\beta^3}{(k_n r_\beta^4-D_{01})r_g^3} \tag{14-24(e)}$$

$$r_\beta=\left[\frac{D_{01}D_{02}}{(D_{01}+D_{02})k_n}\right]^{\frac{1}{4}} \tag{14-24(f)}$$

$$k_n=\frac{1}{2}\left(\frac{h_{01}}{E_{c1}}+\frac{h_{02}}{E_{c2}}\right)^{-1} \tag{14-24(g)}$$

$$D_{01}=\frac{E_{c1}h_{01}^3}{12(1-\nu_{c1}^2)} \tag{14-24(h)}$$

$$D_{02}=\frac{E_{c2}h_{02}^3}{12(1-\nu_{c2}^2)} \tag{14-24(i)}$$

式中 σ_{tm1}——分离式双层混凝土板上层的最大温度翘曲应力,MPa;

B_x——上层混凝土板的温度应力系数;

C_x——混凝土板的温度翘曲应力系数;

t——与面层板尺寸有关的参数;

ξ——与双层板结构有关的参数;

r_β——层间接触状况参数;

k_n——面层与基层之间竖向接触刚度,上下层之间不设沥青混凝土夹层或隔离层时,按式(14-24(g))计算确定,设沥青混凝土夹层或隔离层时,k_n 取 3000MPa/m;

D_{01}——上层板的截面弯曲刚度,MN·m;

D_{02}——下层板的截面弯曲刚度,MN·m;

ν_{c1}——上层板的泊松比;

ν_{c2}——下层板的泊松比。

结合式双层混凝土板下层的最大温度翘曲应力下列公式计算确定:

$$\sigma_{tm2}=\frac{\alpha_c E_{c2}(h_{01}+h_{02})T_g}{2}\xi_2 B_x \tag{14-24(j)}$$

$$\xi_2=1.77-0.27\ln\left(\frac{h_{01}E_{c1}}{h_{02}E_{c2}}+18\frac{E_{c1}}{E_{c2}}-2\frac{h_{01}}{h_{02}}\right) \tag{14-24(k)}$$

$$B_x=1.77e^{-4.48(h_{01}+h_{02})}C_x-0.131(1-C_x) \tag{14-24(l)}$$

式中 σ_{tm2}——结合式双层混凝土板下层的最大温度翘曲应力，MPa；

ξ_2——结合式双层混凝土板的最大温度应力修正系数；

B_x——混凝土板的温度应力系数；

C_x——混凝土板的温度翘曲应力系数。

7. 混凝土板尺寸检验

水泥混凝土路面结构设计要求在荷载应力和温度疲劳应力的综合作用下不产生断裂，其两者的叠加值不超过混凝土的抗弯拉强度，即根据拟定的混凝土板厚度计算，验算结构极限状态是否满足下式要求：

$$r_c(\sigma_{pr}+\sigma_{tr})\leqslant f_r \tag{14-25}$$

当不满足时，应改选面层厚度，重新计算，直到满足要求为止。

14.4 水泥混凝土路面的接缝及相接处理

14.4.1 接缝类别及其布置

路面因划块设置了许多纵、横缝，而接缝是水泥混凝土路面结构的薄弱部位，易产生挤碎、拱起、错台、唧泥等结构性破坏，接缝设置得好与差，直接影响混凝土路面的使用性能和寿命。

1. 纵缝

纵缝是指平行于道路中线的接缝。纵缝主要有纵向施工缝和纵向缩缝。

一次铺筑宽度小于路面宽度时，应设置纵向施工缝，形式上可采用加拉杆的平口缝，如图 14-3 所示。

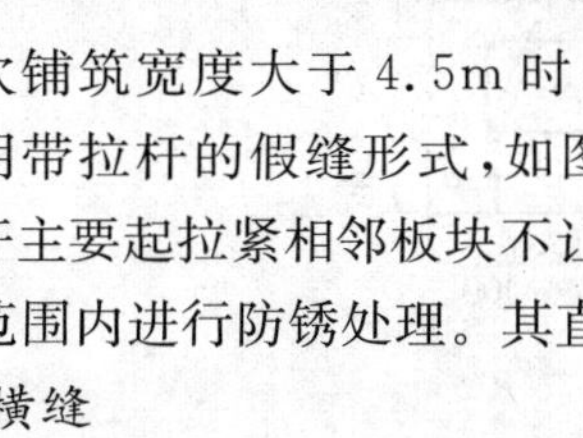

图 14-3 纵向施工缝构造

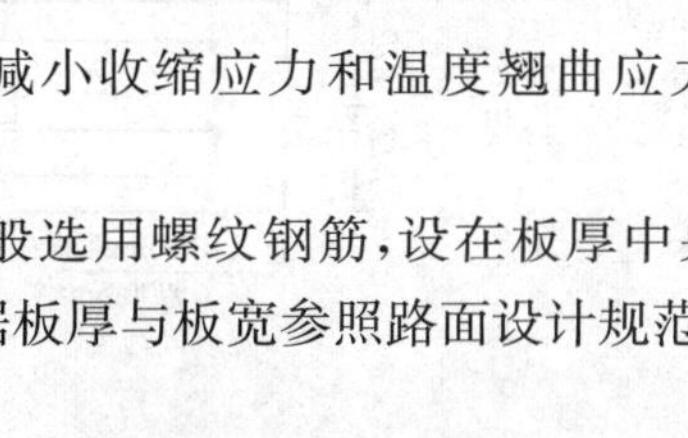

图 14-4 纵向缩缝构造

一次铺筑宽度大于 4.5m 时，应设置纵向缩缝，以减小收缩应力和温度翘曲应力。纵向缩缝宜采用带拉杆的假缝形式，如图 14-4 所示。

拉杆主要起拉紧相邻板块不让它们分离的作用，一般选用螺纹钢筋，设在板厚中央拉杆中部 100mm 范围内进行防锈处理。其直径、长度和间距可根据板厚与板宽参照路面设计规范确定。

2. 横缝

横缝是垂直于道路中线的接缝，包括缩缝、胀缝和施工缝。

1）横向缩缝

设置横向缩缝的目的是减小收缩应力和温度翘曲应力。横向缩缝间距即为板长，可采用等间距或变间距布置,相邻板的横缝应对齐。

横向缩缝采用假缝形式(图 14-5)。在交通繁重的道路上,为提高接缝传荷能力,减少错台现象,应在缩缝板厚中央处设置滑动式传力杆(图 14-5)。传力杆采用光圆钢筋。一半以上长度涂以沥青或套上塑料套。传力杆的长度、直径及横向间距,可据板厚参照路面设计规范确定。

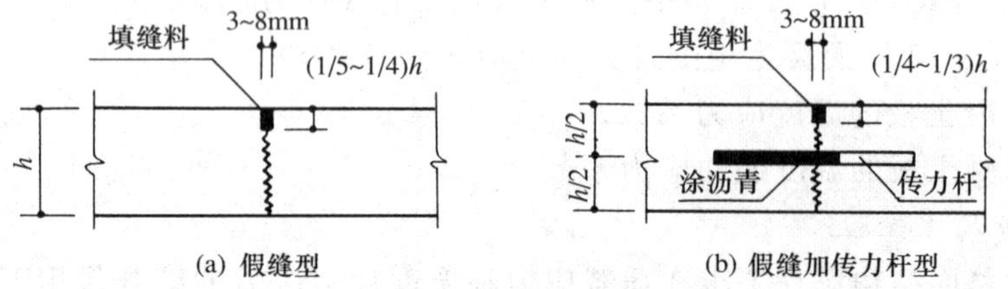

图 14-5 横向缩缝构造

2) 横向施工缝

因施工需要而中断混凝土浇筑时,应设置横向施工缝。一般采用加传力杆的平缝形式(图 14-6),传力杆的设置要求与缩缝内的相同,施工缝宜设在缩缝或胀缝位置处。

3) 胀缝

设置胀缝的目的是为混凝土面层的膨胀提供伸长的余地,以避免产生过大的热压应力。

邻近桥梁或其他固定结构物处,与沥青路面相接处,隧道口,小半径平曲线处,与水泥混凝土路面相交处,以及路面板厚度变化处,均应设置胀缝。

隧道内的路面受温差影响较小,可不设胀缝,但在隧道洞口附近应予设置。

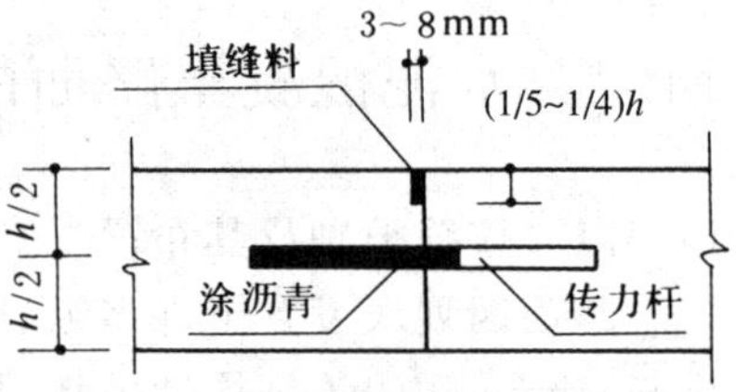

图 14-6 横向施工缝构造

胀缝采用平缝形式,缝宽 20～25mm,并在胀缝板厚中央处设置滑动传力杆,以提供传荷能力(图 14-7),传力杆用光面钢筋,杆长一半以上长度范围涂以沥青,涂沥青的一端端头加一铁皮或塑料套筒,筒底与杆端之间留出宽 30～40mm 的空隙,用木屑与弹性材料填充,使板伸长时传力杆能位移。传力杆的尺寸的布置与缩缝的相同。混凝土路面与桥涵、通道及隧道等固定构造物相衔接的胀缝无法设置传力杆时,可在毗邻构造物的板端部内配置双层钢筋网;或在长度为 6～10 倍板厚的范围内逐渐将板厚增加 20%,如图 14-8 所示。

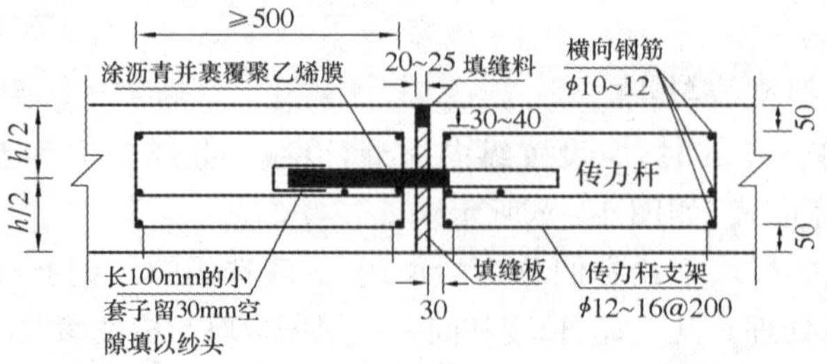

图 14-7 胀缝构造(尺寸单位:mm)

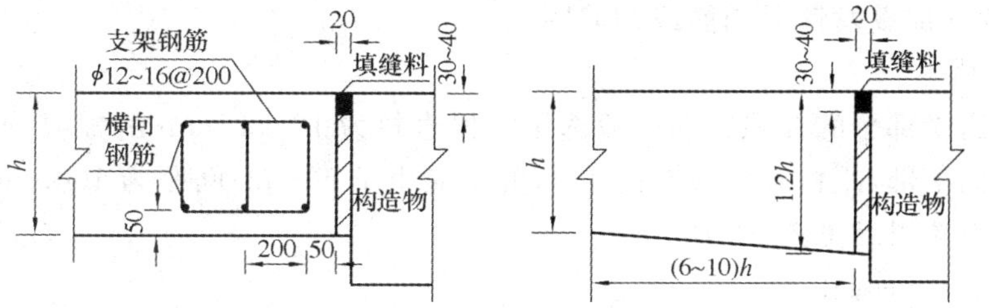

图 14-8 邻近构造物胀缝构造(尺寸单位:mm)

3. 接缝材料

接缝槽口超过 3mm 时,均需加以填封,填封材料有填缝料和填缝板。

填缝料应富有弹性、可压缩性大、不透水、耐疲劳,并能同混凝土表面黏附牢。常用的填缝料有:沥青玛蹄脂、沥青橡胶混合料、聚氯乙烯胶泥、聚氨酯及氯丁橡胶嵌缝条和沥青橡胶嵌缝条等。填缝板应选用能很好适应混凝土的膨胀收缩、施工时不易变形、耐久性良好的材料,如杉木板、沥青纤维板、泡沫橡胶板等。

4. 交叉口接缝的布置

相交道路均为水泥混凝土路面时,交叉口范围内的接缝布置(划块)会出现非矩形形状——梯形或多角形分块,若布置不当不仅影响观瞻、施工复杂,而且小锐角的板块容易折断,影响混凝土板的使用寿命。

交叉口接缝的布置应与交通流向相适应,并易于排水,整齐美观,施工方便;接缝宜正交,尽量将锐角放在非主要行车部位,且在板角处加设补强钢筋网或角隅钢筋;分块不宜过小,接缝边长不应小于 1m;接缝应对齐,一般不得错缝。图 14-9 为三种平面交叉口接缝布置示意。

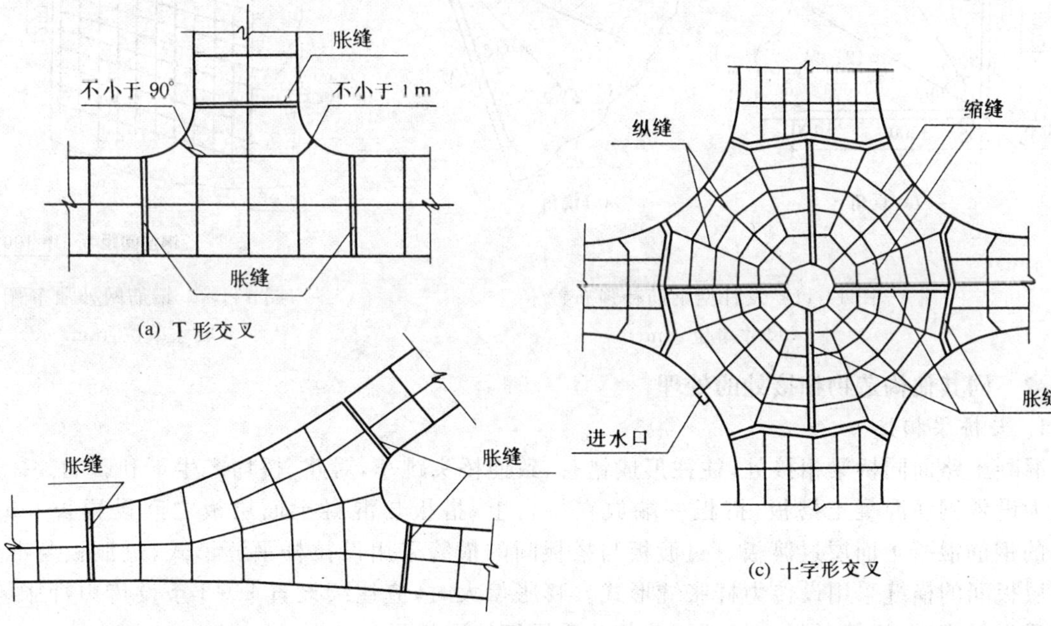

图 14-9 交叉口接缝布置示意

5. 补强钢筋

混凝土板纵、横自由边边缘下的基础,如有可能产生较大的塑性变形时,可沿板边缘加设补强钢筋,角隅处加设发针形钢筋或钢筋网。

1) 板边补强

混凝土板边缘部分的补强钢筋一般选用 2 根直径为 12～16mm 的螺纹钢筋,可据经验确定。布置在板的下部,距板底为板厚的 1/4,并不应小于 50mm;间距为 100mm,钢筋两端应向上弯起。具体布置可参见图 14-10。

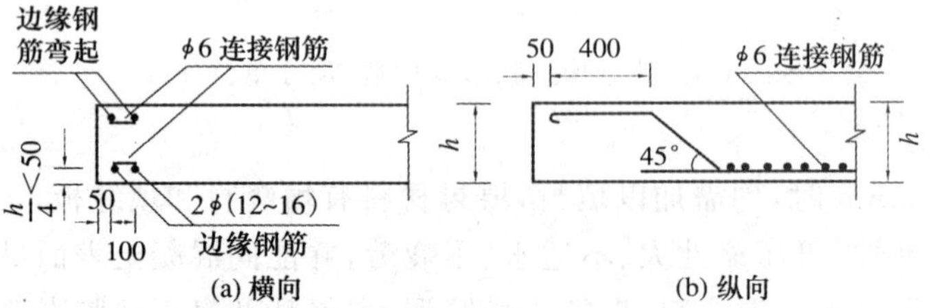

图 14-10 边缘钢筋布置(尺寸单位:mm)

2) 角隅补强

角隅部分的补强,可选用 2 根直径 12～16mm 的螺纹钢筋,布置在板的上部,距板顶不应小于 50mm,距板边为 100mm(图 14-11)。板呈锐角形时,也可采用双层钢筋网补强,钢筋可选用直径 6mm,布置在板的上、下部,距板顶和板底以 50～100mm 为宜(图 14-12)。

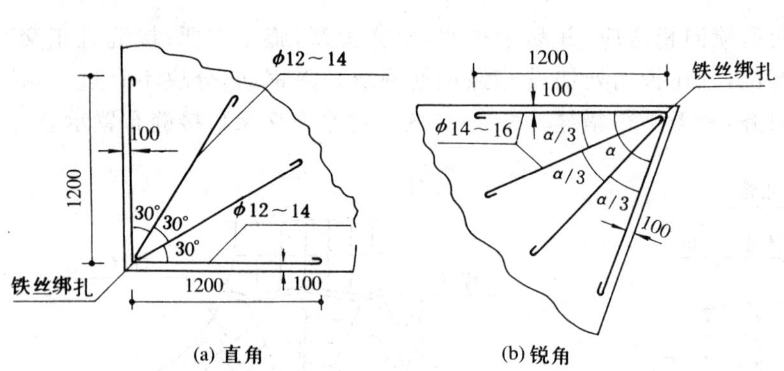

图 14-11 发针型钢筋补强布置(尺寸单位:mm)

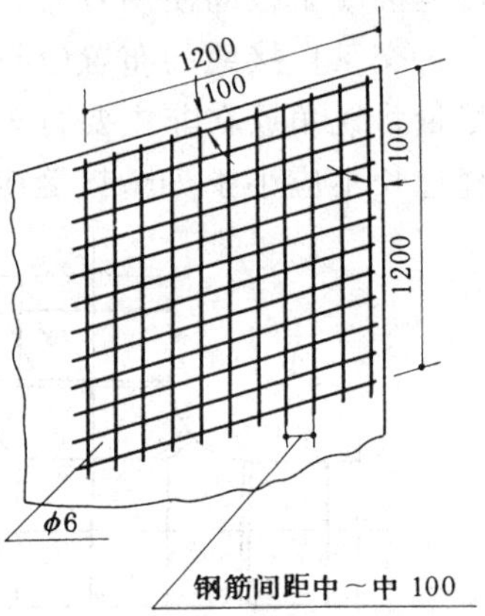

图 14-12 钢筋网补强布置(尺寸单位:mm)

14.4.2 同其他构造物相接处的处理

1. 与桥梁相接

混凝土路面同桥梁相接处,往往形成错台,致使桥头跳车,对路、桥均产生不利影响。一般措施为设置钢筋混凝土搭板,搭板一端放在桥台上,搭板与混凝土面层板之间设置长 6m～10m 的钢筋混凝土面层过渡板。过渡板与搭板间的横缝采用设拉杆平缝形式,过渡板与混凝土面层板间的横缝采用设传力杆胀缝形式。膨胀量大时,应连续设置 2～3 条设传力杆胀缝。当桥梁为斜交时,钢筋混凝土板的锐角部分采用钢筋网补强。

当已有的桥梁未设搭板时,可在混凝土面层与桥台间设置 10m～15m 的钢筋混凝土面层板;或设置由混凝土预制块面层或沥青面层铺筑的过渡板,其长度不小于 8m。

2. 与沥青路面相接

为避免混凝土路面与柔性路面相接处沉陷、错台或柔性路面受顶推而拥起,应设置不小于

3m 的过渡段。过渡段的路面采用两种路面呈阶梯状叠合布置，其下面铺设厚度混凝土过渡板的厚度不小于 200mm。过渡板顶面设置拉槽，沥青层与过渡板之间应黏结良好，过渡板与混凝土面层板相接处的接缝内设置拉杆。混凝土面层毗邻该接缝的 1～2 条横向接缝采用胀缝形式。

3. 构造物横穿道路

涵洞、管线等构造物横穿道路时，有可能产生不均匀沉陷或混凝土板由于荷载产生应力集中而易遭受破坏的地方，则应对构造物顶部及其两侧适当范围内的混凝土板，采用钢筋网加强。配置钢筋的目的是阻止开裂的缝隙张开，不使水和杂物进入隙内，影响板的使用寿命。

4. 雨水口和各种市政设施检查井

城市道路的混凝土路面中，常设有雨水口及各种市政公用设施的检查井，在这些结构物附近的混凝土板易发生裂缝以致破碎。所以雨水口和检查井周围 1.0m 范围在距混凝土顶面和底面 50mm 处布设双层防裂钢筋网、钢筋直径 12mm，间距 100mm。

14.5 水泥混凝土路面设计步骤

水泥混凝土路面的设计步骤如下：

(1) 收集交通资料。包括初始年日交通量、日货车交通量、方向分配系数、车道分配系数、设计使用期内交通量年平均增长率、各类货车的轴型和轴载组成等。

(2) 分析交通资料。计算设计车道的初始年日货车交通量和各级轴载作用次数。应用式(14-1)，将各级轴载的作用次数换算为标准轴载的作用次数，计算设计车道初始年日标准轴载作用次数 N_s。依据表 14-13 和表 14-12，按此 N_s 值确定设计道路的交通等级和设计使用期。依据公路等级和车道宽度，由表 14-14 选定车轮轨迹的横向分布系数 η。然后，按式(14-2)计算设计使用期内设计车道上的标准轴载累计作用次数 N_e。

(3) 初拟板平面尺寸，确定各种接缝的位置和构造，选定传力杆、拉杆、嵌缝料等材料。

(4) 确定路面内部排水的形式——边缘排水系统或排水基(垫)层系统。选择充填集水沟和筑做排水基(垫)层用的透水材料、集(出、排)水管材料、反滤织物等。必要时验算排水系统泄水能力。

(5) 初拟路面结构。按设计道路所在地的路基土质、水温状况、路面材料供应条件和性质、公路等级和交通繁重程度，进行结构层组合设计，初选各结构层的材料类型和厚度，选择相应的结构分析模型。

(6) 按表 14-15 所列的混凝土设计弯拉强度的最低要求，进行混凝土混合料组成设计。通过对设计混合料的强度测定，确定 28d 或 90d 的设计弯拉强度 f_r。通过试验或参照表 14-15确定相应的混凝土弹性模量 E_c。

(7) 确定基层顶面计算回弹模量。对于新建道路，按初选路面结构，参考表 11-5，确定土基回弹模量值，并根据式(14-3)，计算确定基层顶面的当量回弹模量值 E_t。

(8) 计算荷载疲劳应力和最大荷载应力。根据式(14-5)、式(14-8)和式(14-9)计算混凝土面层板(单层板或双层板的面层板)的最重轴载产生的最大荷载应力、设计轴载产生的荷载疲劳应力。

(9) 计算温度疲劳应力和最大温度应力。根据式(14-11)、式(14-12)分别计算混凝土面层板(单层板或双层板的面层板)的最大温度梯度产生的最大温度应力和温度疲劳应力。

(10) 检验在行车荷载和温度梯度综合作用下,是否满足下述极限状态要求:

$$\gamma_r(\sigma_{pr}+\sigma_{tr})\leqslant f_r$$

$$\gamma_r(\sigma_{p,max}+\sigma_{t,max})\leqslant f_r$$

如满足,则初拟路面结构和面层厚度或以作为混凝土板的计算厚度,如不满足,则改变初拟结构或板平面尺寸,重复(7)步以下的计算,直到上述条件满足为止。混凝土面层设计厚度取整至厘米。

(11) 贫混凝土板碾压混凝土基层或者双层板的下面层板,需计算其荷载疲劳应力,并检算荷载疲劳应力与可靠度系数的乘积是否小于其材料的弯拉强度标准值,即应满足式 $\gamma_r\sigma_{Bpr}\leqslant f_{br}$。

(12) 若不能同时满足第(10)步及第(11)步规定,则应改选混凝土面层板厚度或(和)调整基层类型或(和)厚度,重新计算,直到同时满足。

(13) 计算厚度加 6mm 磨损厚度后,应按 10mm 向上取整,作为混凝土面层的设计厚度。

公路水泥混凝土路面设计示例可参见《公路水泥混凝土路面设计规范》等书籍中所列。

关于旧水泥混凝土路面的加铺设计等内容,也请参阅上列书籍,此略。

14.6 水泥混凝土路面设计案例

[案例 14-1] 某城市道路水泥混凝土路面设计

1. 路面设计原则

路面设计应根据使用要求及气候、水文、地质等自然条件,密切结合当地实践经验,进行路基路面综合设计。

在满足交通量和使用要求的前提下,应遵循因地制宜、合理选材、方便施工、利于养护、节约投资的原则,进行路面设计方案的技术经济比较,选择技术先进、经济合理、安全可靠、有利于机械化、工厂化施工的路面结构方案。

2. 机动车道路面结构设计方案

项目所在地区位于公路自然区划Ⅳ5(江南丘陵过湿区),根据交通量、公路等级对路面结构强度的要求,结合沿线气候、土质、水文和材料供应等情况,进行路面形式与路面结构方案的比选,确定采用水泥混凝土路面。理由如下:

由于项目所在城镇城市道路全部是水泥混凝土路面,采用水泥混凝土路面主要考虑整个区域路况整体美观。

从养护来说,水泥混凝土路面前期养护费用小,而目前当地的养护公司里无沥青施工设备,如采用沥青混凝土路面,则今后的养护很成问题。

就水泥混凝土路面与沥青混凝土路面单位造价而言,沥青路面单位造价高于水泥路面单位造价就本段路而言,2.5km,故推荐水泥混凝土路面。

3. 工程路面结构形式及厚度(计算过程略)

机动车道路面结构:24cm 水泥混凝土面层(5.0MPa)+20cm 水泥稳定碎石基层(5.0%水泥含量)+15cm 级配碎石底基层。

非机动车道路面结构:20cm 水泥混凝土面层(5.0MPa)+15cm 水泥稳定碎石基层(5.0%水泥含量)+15cm 级配碎石底基层。

人行道结构:5cm 人行道砖+2cm 水泥砂浆+15cm 级配碎石底基层。

15　桥面及其他场地的铺装

除了在道路的车行道上须铺设路面满足车辆行驶要求外，在其他有车辆或行人通过的人工构造物或设施(如桥梁、广场、非机动车道及人行道等)上，都应根据不同的需要铺设相应的铺装层(或称铺面)，以提供良好的使用性能。本章主要简述各类铺装的特点及常见形式。

15.1　桥面铺装

桥面铺装是指铺筑在桥面板上的防护层，用以防止车轮(或履带)直接磨耗桥面板，并扩散车轮荷载，也为车辆提供平整防滑的行驶表面。

由于桥面铺装是设置在桥梁桥面系的上部，往往受桥面伸缩缝、钢板接缝及螺栓帽等局部构造的影响，而且桥梁高置于地面之上，更易受到气候环境的影响，所以其工作条件和作用与铺筑在土基上的路面结构层有较大区别，在结构上有其特定的要求。

15.1.1　桥面铺装的基本要求

(1) 重量轻。桥面铺装的厚度增大，一般不能使桥梁结构的整体刚度有所增强，却增大了桥梁的恒载，尤其对于大跨径桥梁，桥面铺装的重量对桥梁的经济性可能产生较大影响。因此，要求桥面铺装尽可能薄些，以减小重量。

(2) 挠曲性(延伸性)。桥梁在车辆荷载作用下会产生挠曲，使得桥面铺装也产生挠曲变形，因此，在重复荷载作用下，桥面铺装容易产生疲劳开裂。铺装材料的良好挠曲性，可减弱或避免铺装层的挠曲开裂。

(3) 变形稳定性。桥面铺装材料的弹性模量，一般远比桥面板的弹性模量小，铺装层又较薄(一般 5～8cm)，在车辆荷载作用下，桥面铺装处于比普通路面更为不利的受力状态。特别在高温季节，沥青类桥面铺装容易产生塑变、滑移，形成波浪、车辙。因此，要求铺装材料具有较好的抗变形稳定性，与桥面有很好的黏接，避免发生塑变和滑移。

(4) 不透水性。桥面铺装渗水，将导致钢桥面或混凝土内钢筋的腐蚀。所以，与普通路面相比，对桥面铺装的防渗水要求更高。

(5) 平整性。平整的桥面铺装，除能满足车辆行驶平稳舒适的要求外，还能减小车辆荷载对桥梁结构的冲击作用，改善桥梁的负荷条件，也有利于铺装表面的排水。

15.1.2　桥面铺装结构的组成

为了满足上述基本要求，桥面铺装一般采用沥青类混凝土面层。在钢筋混凝土桥上，也可采用混凝土桥面铺装。一个完整的桥面铺装，从上到下通常由以下几个层次组成(图 15-1)：

1. 铺装主体

铺装主体一般可分为上层和下层两个层次。

上层也称磨耗层或防滑层。用于抵抗车辆荷载对桥面铺装产生的磨耗与剪力，提供行车所需要的粗糙度。常采用沥青混凝土，厚 3～4cm。

下层的主要作用是校正桥面结构的凹凸不平，保证上层的铺筑厚度，有时也兼有防水作用，一般采用密实型沥青混凝土，厚度为 3～5cm。

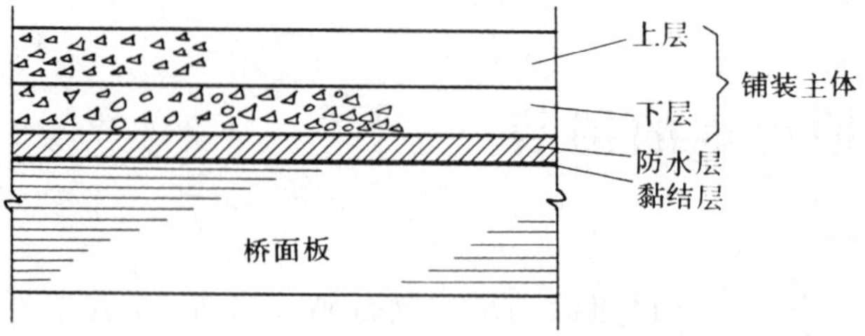

图 15-1　桥面铺装结构组成示意图

铺装主体的上、下两层应构成整体,形成稳定、耐久、平整、抗滑的铺装。也可不分上、下层,一次铺筑成铺装主体,比如采用 12cm 厚的钢筋混凝土。

2. 防水层

防水层位于铺装主体下面,用以阻止由铺装表面下渗的水分对桥面钢板或混凝土内钢筋的腐蚀。通常采用沥青砂胶、稀浆封层等,厚度一般小于 2cm。

3. 黏结层

黏结层也称首涂层,是位于桥面板与防水层之间的涂抹薄层。设置该层的目的在于保证桥面铺装与桥面板良好黏结。常采用专用防水涂料沥青、用橡胶或环氧树脂等改性的沥青、树脂等材料。黏结层也可视作为防水层的一个组成部分。

15.1.3　桥面铺装示例

1. 钢筋混凝土桥面板上的铺装

钢筋混凝土桥面板上的铺装可采用沥青混凝土或钢筋混凝土。

(1) 某大桥的主桥和引桥钢筋混凝土桥面板上的沥青混凝土桥面铺装(图 15-2)。

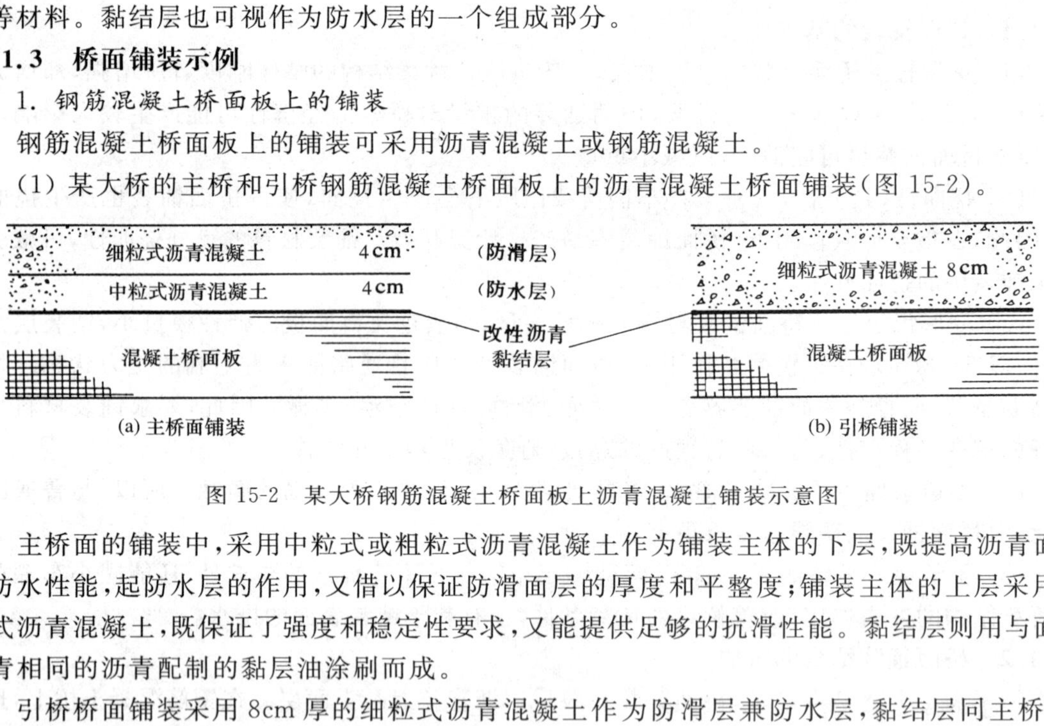

图 15-2　某大桥钢筋混凝土桥面板上沥青混凝土铺装示意图

主桥面的铺装中,采用中粒式或粗粒式沥青混凝土作为铺装主体的下层,既提高沥青面层的防水性能,起防水层的作用,又借以保证防滑面层的厚度和平整度;铺装主体的上层采用细粒式沥青混凝土,既保证了强度和稳定性要求,又能提供足够的抗滑性能。黏结层则用与面层沥青相同的沥青配制的黏层油涂刷而成。

引桥桥面铺装采用 8cm 厚的细粒式沥青混凝土作为防滑层兼防水层,黏结层同主桥面。由于引桥纵坡较大,配制的沥青混合料除满足防滑要求外,尚应避免推挤、车辙及裂缝等病害的出现。

(2) 某高速公路立交桥(预应力混凝土连续箱梁)的钢筋混凝土桥面铺装。

该立交桥的现浇箱梁顶要求达到不设找平层即可直接铺防水层。采用 2 布(玻璃丝布)6 涂(氯丁胶乳沥青涂料)柔性防水层,厚 1.2～1.5mm,其上铺 10mm 厚的氯丁胶乳沥青砂浆保护层。现浇水泥混凝土铺装面层,厚 13cm(包括 1cm 磨耗层),内设双层 ϕ10 间距 100mm×100mm 的钢筋网,连续配筋,全桥桥面铺装不设缝。

2. 钢桥面板上的铺装

钢桥面板上的铺装对防渗水和与桥面板黏结的要求比混凝土桥面板的更高。通常采用沥青混凝土铺装。图 15-3 为某钢桥桥面铺装结构的示意。防滑面层为 4cmSMA-13 型沥青混凝土，下设 6cmGA-10 型沥青混凝土中层，为了调整桥面路拱，加设环氧沥青混凝土调整层，其厚度在横向视调拱需要由边向桥中线逐渐加厚。在钢桥板与调整层之间涂刷沥青黏层油。

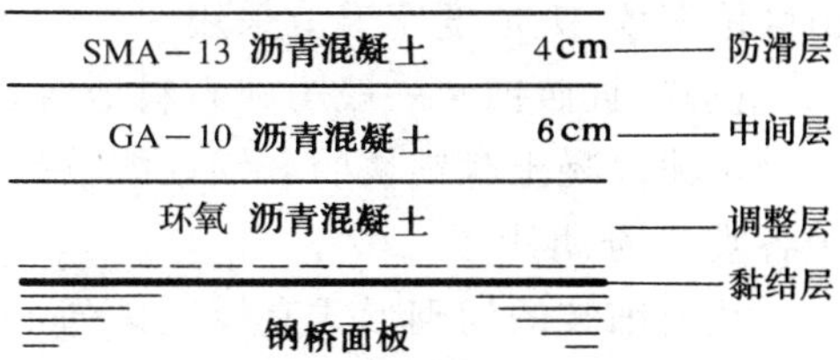

图 15-3 某钢桥桥面铺装示意

3. 人行天桥桥面铺装

人行天桥桥面铺装主要供行人行走，要求平整、舒适、美观，能与周围环境相协调。

人行天桥一般采用钢结构，钢桥面板上的铺装常采用：10mm 厚各种彩色聚胺酯合成橡胶、各种彩色的马赛克瓷砖、水磨石、紫红色缸砖以及现浇 4～6cm 厚内放 $\phi 6$ 间距为 200mm×200mm 钢筋网的（彩色）混凝土等。

15.2 广场、非机动车道及人行道铺装

15.2.1 广场铺装

不同功能的广场、广场内使用性质不同的部位，应相应设置不同的铺装。这类铺装的结构设计可参照本篇前几章所述路面结构设计的原理和方法，但应计入该广场（包括停车场等）在功能上的影响因素，例如汽车保养场内停放的车辆大部分为空载、停车场主要受静荷载作用等。

1. 广场内车道及场面的铺装

广场内的车道和场面，要通行车辆，应铺设较好的铺装层，沥青铺装、水泥混凝土铺装及砌块铺装均可采用。

1）沥青铺装

通常采用沥青混凝土、沥青碎石等沥青类面层铺装。

对于汽车保养场等专用性停车场，因维修车辆而滴漏机油，将腐蚀沥青面层，所以这类广场不宜采用沥青类面层铺装。

2）水泥混凝土铺装

主要指现浇水泥混凝土面层铺装。此种铺装为永久性结构，不怕机油腐蚀，适用于各种广场、停车场的车道及场面铺装。

应结合广场形状进行水泥混凝土板块划分。若用彩色混凝土，更能增加广场场地的图案色彩。在有纵横向交通的广场上，宜采用正方形板块，接缝宜布置成两个方向均能传递荷载的形式，当设传力杆时，一个方向的接缝采用普通传力杆，另一个方向的接缝采用滑动传力杆。高速公路收费广场和一般停车场都采用水泥混凝土铺装，见图 10-7。

由于混凝土面层不易翻修，故修筑时应一次埋设或预留地下管线。

3）砌块铺装

砌块铺装是指用水泥混凝土预制联锁块、条石、弹石、机砖、缸砖等块料铺筑面层的铺装。下设砂石类或水泥、石灰稳定类基层。这类铺装施工方便、工期短、翻修容易，便于今后埋设管线。

条石铺装经久耐用、抗腐蚀,一般铺筑在与古建筑配合的地坪或城市广场上。

弹石铺装是用六面大致相等的小方石铺砌而成,并可采取嵌花式铺砌,形式美观。通常在山区停车场、大坡度车道上采用。

机砖、缸砖铺装一般为缺石料地区,在交通量和车辆荷载不大的情况下采用。

水泥混凝土联锁块的嵌锁性能较好,有一定的承载能力,所以能适应一定的交通量。适用于各类广场、堆场。

块料铺装的铺砌形式有横向排列,人字形排列、斜向排列等(图 15-4 和图 15-5)。

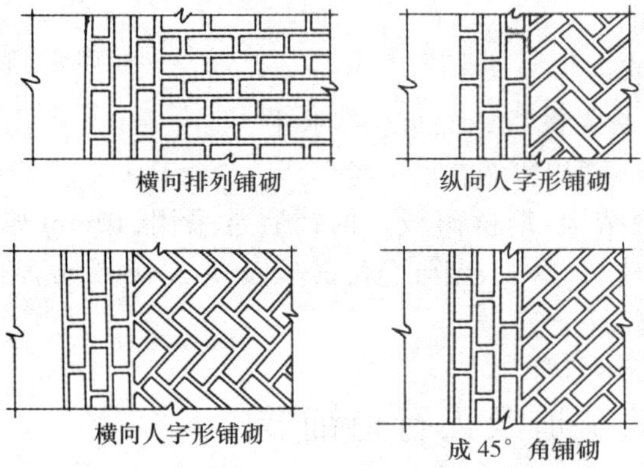

图 15-4　混凝土联锁块和条石铺砌的平面形式

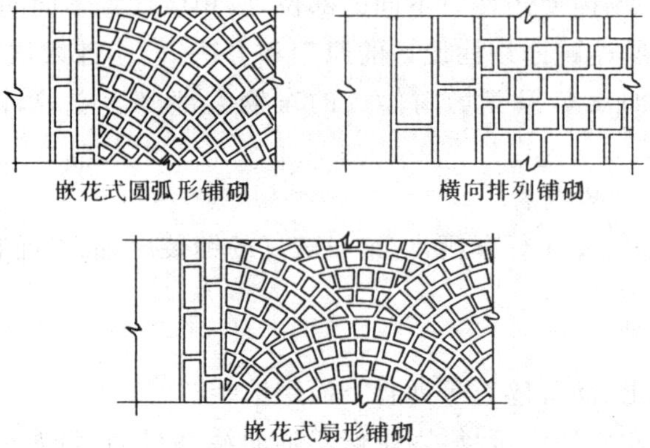

图 15-5　小方石铺砌的平面形式

2. 广场人流活动场地

广场上人流活动部分,主要以人群活动为主,偶尔也停放小汽车,其铺装结构特性与下述人行道相近。面层一般可采用预制混凝土块、细粒式沥青混凝土,也可采用机砖和缸砖等;基层可采用石灰土、砂砾等。

15.2.2　非机动车道铺装和实例

非机动车道主要供自行车、客货三轮车等行驶,由于荷载较轻,宜采用简单路面结构,尽量采用地方材料(尤其是基层)。由于沿路两侧单位出入的机动车,有时需在非机动车道上顺向行驶一段距离再进入机动车道,所以在确定非机动车道的铺装(或称路面)时,应考虑少量机动车辆行驶的要求。面层一般面层仍采用沥青混凝土,基层可采用石灰稳定类、工业废渣类、天然砂砾等。

图 15-6 为非机动车道透水路面的实例。

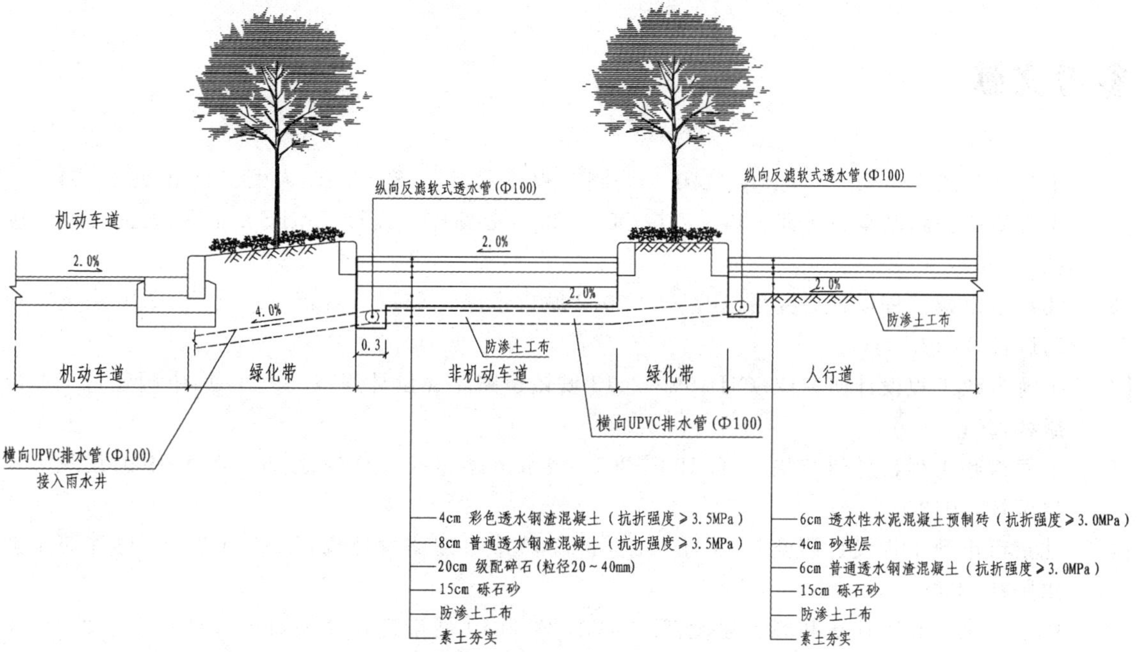

图 15-6　非机动车道和人行道透水路面的结构实例

15.2.3　人行道铺装和实例

人行道的铺装应平整、抗滑、耐磨和美观，其厚度应保证施工最小厚度的要求。面层可采用细粒式沥青混凝土、沥青石屑、水泥混凝土、各种规格的预制混凝土方砖和预制混凝土联锁块等；基层应有适当强度，并采用水稳性好的材料，如石灰土、砂砾等。

彩色的预制混凝土联锁块铺装，能拼铺出各种彩色图案、美化市容，已得到广为采用，见图 15-7(a)，(b)。人行道铺装结构和厚度见图 15-7(c)，(d)。人行道上街道出入口或单位车辆出入口处结构见图 3-7。

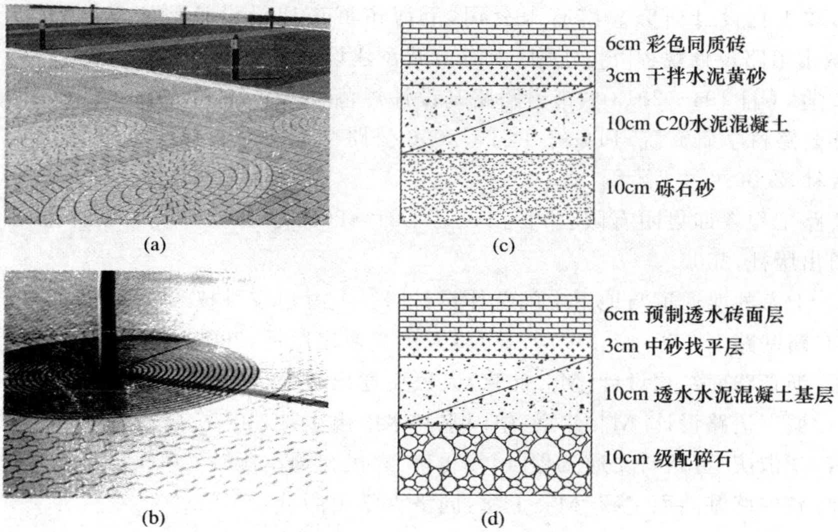

图 15-7　人行道路面结构实例

参考文献

[1] 中建标公路委员会.JTG B01—2014 公路工程技术标准[S].北京:人民交通出版社,2015.

[2] 中交第一公路勘察设计研究院. JTG D20—2006 公路路线设计规范[S].北京:人民交通出版社,2006.

[3] 北京市市政工程设计研究院.CJJ 37—2012 城市道路工程设计规范[S].北京:中国建筑工业出版社,2012.

[4] 上海市政工程设计研究院.CJJ 169—2012 城镇道路路面设计规范[S].北京:中国建筑工业出版社,2012.

[5] 上海市政工程设计研究院. CJJ 193—2012 城市道路路线设计规范[S].北京:中国建筑工业出版社,2013.

[6] 北京市市政工程设计研究院. CJJ 129—2009 城市快速路设计规程[S].北京:中国建筑工业出版社,2009.

[7] 中华人民共和国住房和城乡建设部. CJJ 152—2010 城市道路交叉口设计规程[S].北京:中国建筑工业出版社,2011.

[8] 上海市政工程设计研究院. CJJ 11—2011 城市桥梁设计规范[S].北京:中国建筑工业出版社,2011.

[9] 中交第二公路勘察设计研究院. JTG D30—2004 公路路基设计规范[S].北京:人民交通出版社,2005.

[10] 中交公路规划设计院有限公司. JTG D50—2006 公路沥青路面设计规范[S].北京:人民交通出版社,2007.

[11] 中交公路规划设计院有限公司. JTG D40—2011 公路水泥混凝土路面设计规范[S].北京:人民交通出版社,2011.

[12] 上海市政工程设计研究总院有限公司,上海市城市建设设计研究总院. DGJ 08—2106—2012 城市道路设计规程[S].上海:上海市城乡建设和交通委员会,2012.

[13] 同济大学. CJJ 194—2013 城市道路路基设计规范[S].北京:中国建筑工业出版社,2013.

[14] 交通部公路科学研究院.JTG/T D81—2006 公路交通安全设施设计细则[S].北京:人民交通出版社,2006.

[15] 中国公路工程咨询集团有限公司.JTG/T D21—2014 公路立体交叉设计细则[S].北京:人民交通出版社,2006.

[16] 罗建晖.上海外滩通道与地下空间总体设计[J].上海建设科技.2009(2):4-8.

[17] 邓学钧.路基路面工程[M]. 3 版.北京:人民交通出版社,2009.

[18] 姚祖康.沥青路面结构设计[M].北京:人民交通出版社,2011.

[19] 徐家钰.城市道路设计[M].北京:中国水利水电出版社,2005.

[20] 凌天清,李淑庆.道路与交通工程[M].北京:人民交通出版社,2008.

[21] 刘黎萍.新编路基路面工程[M].上海:同济大学出版社,2011.

[22] 张金水,张廷楷.道路勘测与设计[M].上海:同济大学出版社,2009.

[23] 姚祖康.公路设计手册——路面[M]. 3 版.北京:人民交通出版社,2006.